U0107484

不对称的博弈：

——美朝关系三十年（1988—2018）

An Asymmetric Game :

——The Thirty Years of US—DPRK Relations (1988—2018)

华艺出版社

本书为 2013 年度国家社科基金项目研究成果

目 录

第三章 "一揽子"

第四章　日内瓦之后

第五章　四轨并进

表 目录

绪　论

自冷战结束以来，朝鲜问题、朝鲜半岛问题一直是国际问题研究和东北亚地区问题研究中的热点，吸引了众多学者和媒体的关注，成为了普通民众关心和热议的话题。然而，什么是朝鲜问题？什么是朝鲜半岛问题？对它们如何进行界定？到目前为止，不仅国内学术界，国际学术界也还没有形成统一的认识，还存在着分歧，甚至是较大的分歧。什么是朝鲜问题？什么是朝鲜半岛问题？其内涵是什么？作为一个学术问题讨论，可以见仁见智，但如果涉及到决策，见仁见智的争论很容易使人视线模糊、如坠烟海，造成抱枝拾叶的后果，轻者会徒劳而无功，重者则会造成政策走偏和决策失误。

在笔者看来，朝鲜问题和朝鲜半岛问题是两个具有不同内涵但却密切相关的问题领域（issue-area）。从原初的意义而言，国际上所使用的"朝鲜问题"概念，其含义指的是朝韩关系（北南关系）及朝鲜半岛的统一问题。1953年签署的《朝鲜停战协定》第四条中的"朝鲜问题"以及1954年至1959年联合国大会每年召开的与朝鲜半岛相关会议通过的决议中的"the Korean Question（朝鲜问题或韩国问题）"都是在这种意义和内涵上使用这一概念的。冷战结束后，研究朝鲜半岛问题的学术界和一些学者也从狭义的角度使用"朝鲜问题"这一概念，主要指的是朝鲜民主主义人民共和国的政治、经济、社会、历史、外交和安全等问题。

然而实际上，朝鲜半岛问题是一个由众多问题群组成的复杂问题领域，主要包括三大类问题：第一类是朝韩关系（南北关系）及朝鲜半岛统一问题；第二类是朝鲜半岛体系内其他国家与朝韩的关系问题，如美日与朝鲜的关系（不）正常化问题、美韩同盟体制问题等；第三类是由于上述两类问题的存在而在朝鲜半岛衍生出来的诸如军备竞赛、朝核问题、停战机制向和平机制转换问题等，这使得朝鲜半岛问题在相当程度上与东北亚问题相重合。

在这三类问题中，第一类是最基础也是最核心的问题，是导致其他问题衍生而出的根源。如果南北关系和半岛的统一问题不存在，第二类和第三类中的许多问题都将不会产生、不会存在。同样，如果朝韩关系出现重大变化，朝鲜半岛实现统一，统一这一事件本身以及不同的统一方式都将会对第二类问题和第三类问题的发展与走向产生重大影响。

然而，这并非是说第一类问题的走向就单向式地决定着第二类和第三类问题的发展，事实上，由于国家力量和国际影响力的不同，由于制度与体制运行惯性的存在，第二类和第三类问题的发展状况对第一类问题的走向有着更大的甚至是决定性的影响。朝鲜半岛地区次体系（regional subsystem）的存在使得上述这三类问题之间形成了一个十分复杂而敏感的相互影响机制和政策互动空间，使得朝鲜半岛问题不仅成为面临众多困境而难以解决的问题，也引发出众多的疑问和争议。

面对这样一个复杂的问题组群，我们究竟该如何去理解和研究它？如何从影响问题发展的众多因素中发现和抽取出那些主要和关键的变量？

大约在十年前，笔者出版了一本专著《朝鲜半岛的安全结构》，其结论是"朝美关系是影响朝鲜半岛安全结构变迁的一个核心变量"。[①] 从朝鲜半岛问题产生的原初根源上看，南北关系和半岛统一是导致朝鲜半岛问题产生、发展和复杂性演化的基础性核心问题，但从对朝鲜半岛问题发展演化的影响因素和影响程度看，美朝关系则是最重要的变量，是研究和预测朝鲜半岛问题发展和朝鲜半岛地区局势走向的一条关键主线，美朝关系的一举一动、进与退、改善与破局都会牵动、引发朝鲜半岛问题组群中其他问题的一系列变化，进而对朝鲜半岛局势产生重大的、结构性的影响。2017 年至 2018 年间朝鲜半岛地区局势的发展和演变情势完全可以证明和支撑这一结论。

实际上，不只是近两年来美朝关系的发展演化在牵动甚至左右着朝鲜半岛地区局势的走向，自冷战体制结束之后，朝鲜半岛地区的数次危机都与美朝关系的发展有着直接的关系。

根据美国中央情报局（CIA）《世界概况》（the World Factbook）所提供的数据，美国国土面积为 983.3517 万平方公里，截止到 2017 年 7 月的人口规模为 3.266 亿，2016 年国内生产总值（GDP）为 18.62 万亿美元。而朝鲜国土面积为 12.0538 万平方公里，截止到 2021 年 7 月的人口规模为 2583.1 万，2013 年国

[①] 韩献栋：《朝鲜半岛的安全结构》，中国社会科学出版社 2009 年版，第 222 页。

内生产总值 280 亿美元。①

　　美国的国土面积是朝鲜的 81.55 倍，人口是朝鲜的 12.94 倍，以国内生产总值为代表的经济总量是朝鲜的 665 倍，从朝鲜首都平壤至美国首都华盛顿的直线距离约为 11000 公里。这是彼此相距万里、力量对比完全不对称的两个国家。

　　然而，这样两个国家之间的关系却成为了冷战后搅动朝鲜半岛地区局势最为剧烈的一组双边关系。从其产生的连带影响的复杂程度看，可以说这是当今世界最为复杂的双边关系。这大概是 160 余年前最初来到这一东方"神秘之国"的美国商人，甚至 70 多年前因接收日军投降而进入朝鲜半岛的美军将士们所未曾预想到的。

　　美国与朝鲜半岛的关系可以追溯至 19 世纪中叶。1852 年 12 月，美国的一艘捕鲸船出现在现韩国庆尚南道东莱的龙塘浦。三年之后的 1855 年 7 月 15 日，通过朝鲜海峡的美国船只"兄弟号"遭遇风浪，四名船员漂流至朝鲜半岛东海岸的通川，这是有史以来美国人与朝鲜半岛发生关系的最初记录。② 从此之后，不断有美国商船或捕鲸船来到朝鲜半岛。1866 年 8 月 9 日，美国武装商船"舍门将军号"（General Sherman）在朝鲜半岛西侧溯大同江而上来到平壤，并与朝鲜军民发生冲突，致使"舍门将军号"被焚，24 名船员全部死亡。为了报复朝鲜，美国组织了由五艘军舰组成的亚洲舰队，于五年之后的 1871 年 6 月 10 日发动了江华岛登陆作战。在朝鲜史上这一被称为"辛未洋扰"的江华岛战役中，朝鲜军民战死 350 人，美国军人战死三人。美军在占领江华岛 20 余日却仍未得到朝鲜政府明确的谈判表态后，遂于 7 月 3 日撤出了江华岛。

　　这一时期，受其国力所限，美国对朝鲜的利益要求十分简单，只是要求实行闭关锁国政策的朝鲜开埠通商，并允许自由传教。

　　1876 年 2 月，日本与朝鲜签署《朝日修好条约》（即《江华条约》）敲开了朝鲜的国门，也再次鼓舞了美国。1882 年 5 月，在清政府的主导下，美国与朝鲜签署了《美朝修好通商条约》（*Treaty of Peace，Amity，Commerce and*

---

① 　https://www.cia.gov/library/publications/resources/the-world-factbook/

② 　Earl Swisher: "The Adventure of Four Americans in Korea and Peiking in 1855"，*Pacific Historical Review XXI (August，1952)*，pp.239-241.

Navigation between United States and Korea），打开了美国商人和商品进出朝鲜的大门。一年之后的 1883 年 5 月，美国正式任命富特（Lucius H. Foote）为驻朝公使，朝鲜也派出以闵泳翊为全权大臣的报聘使，并于四年之后的 1887 年 8 月向美国派出了第一任驻美公使朴定阳，双方的外交关系正式建立，直至 1905 年 11 月。

在 1894 至 1895 年的中日甲午战争中，美国保持了中立立场，而在 1904 至 1905 年的日俄战争中则采取了实际上偏袒日本的政策。1905 年 8 月，美国居间斡旋了日俄之间的朴茨茅斯谈判，而在此之前，美国陆军部长塔夫脱作为总统代表与日本首相桂太朗进行了秘密谈判，并签署了《塔夫脱—桂太朗协定》，美国以日本不侵略菲律宾为条件承认了日本对朝鲜半岛的支配权。[①] 这一时期，秉持门户开放政策的美国，为了遏制掌控中国东北并觊觎朝鲜的俄国，采取了以牺牲朝鲜而联手英日的战略，为了促日抵俄，不惜将朝鲜拱手相让于日本。1905 年 11 月 17 日，朝日签署剥夺朝鲜外交权的《乙巳条约》后，美国随即就于六天之后的 11 月 23 日召回了驻朝公使。在美国召回驻朝公使一个月之后，朝鲜也于 12 月 30 日召回了驻美公使代办，1882 年开始的美朝外交关系在持续了 23 年之后戛然而止。

美国再次与朝鲜半岛发生关系是 40 年之后的 1945 年 8 月。为了接受驻守在朝鲜半岛 35 万名日军的投降，根据与苏联达成的以北纬 38 度线为界的接收方案，拥有 7.2 万名兵力的美军第 24 军团从 1945 年 9 月 8 日至 10 月底用了近两个月的时间完成了对半岛南部区域的接管。

但此时此刻，美国的国力、利益认知以及对利益范围的界定已与 19 世纪末和 20 世纪初截然不同。长期奉行孤立主义，偏安于北美养精蓄锐的美国借助第二次世界大战之机实现了由大国向超级大国的蜕变与飞跃。对同样借助第二次世界大战崛起为超级大国的苏联的战略预判以及二战后逐渐凸显的两极格局，改变了美国起初制定的对朝鲜实施托管的政策方案。从美军第 24 集团军进驻半岛南部区域的第二天起，美国就宣布对其实施军管，直至 1948 年 8 月 15 日在

---

① 塔夫脱与桂太朗的谈判是在连美国驻日公使都不知情的秘密状态下进行的，协定文书是在 19 年之后的 1924 年由泰勒·丹尼特发现并予以公开。Tyler Dennett: "President Roosevelt's Secret Pace with Japan", *Current History* (*Oct. 1924*), pp.15— 21.

其羽翼下孕育而生的大韩民国政府正式宣布成立。

大韩民国政府成立后，朝鲜民主主义人民共和国政府也随即于 1948 年 9 月 9 日在平壤正式宣告成立。

南北政府的成立意味着朝鲜半岛的正式分裂，同时也将美国的半岛政策在形式上分割为两个方面：对朝政策和对韩政策。但是，由于朝韩特殊关系（北南关系）以及统一问题的存在，美国的对朝政策和对韩政策实际上是统一的，彼此不仅构成了各自的一部分，而且相互之间在某种程度上还是各自的一种反映和体现。早在大韩民国政府成立之前的 1948 年 8 月 12 日，美国政府就发表了在法律上承认大韩民国政府的声明，而对于朝鲜民主主义人民共和国至今仍未给予外交和国际法上的正式承认，美朝韩之间形成的这种关系框架在相当程度上决定和制约了包括美朝关系在内的三方关系运行发展的逻辑与轨迹。

20 世纪 40 年代末期，美国对朝鲜半岛的政策是一种消极的防御性政策，它只是将选择了自由民主制度的韩国作为判断"共产主义集团"是否南下扩张"侵犯自由世界"的一种象征性存在。1949 年 6 月底驻韩美军的全部撤离以及 1950 年 1 月"艾奇逊防线"的出台，都说明了美国在朝鲜半岛并无积极的进取战略，制定这种政策的主要背景性原因是当时美国政策界的主流意见认为朝鲜半岛的战略价值低下。因此，它虽然不承认朝鲜的主权与合法性存在，但也不支持韩国李承晚政府的北进统一，虽然在政治、经济上给予了韩国积极的援助，甚至在军事上也给予了一定程度的支持，但却撤离了全部的驻韩美军，只保留了 500 人的军事顾问团。

然而，朝鲜战争的爆发不仅提升了韩国在美国大棋局中的战略价值，也大大改变了美国的朝鲜半岛和东北亚战略，对"朝鲜战争是一场苏联主导下'共产主义扩张战争'"的解读导致美国快速地介入了战争。在试图帮助李承晚政府完成北进统一，将整个朝鲜半岛纳入自己势力范围的积极进攻政策失败后，美国转向了积极的防御政策，与韩国结为同盟并在韩国驻军成为了这一政策的核心与主干。

朝鲜战争这场热战强化并固化了包括朝鲜半岛和东北亚地区在内的世界范围内的两极对峙格局，也构成了美国对日和对朝鲜半岛新政策的环境性背景。为了应对和阻止以苏联为首的共产主义势力的扩张，朝鲜战争期间的 1951 年 9 月和《朝鲜停战协定》签署后的 1954 年 10 月，美国分别与日本和韩国缔结了

《美日安全保障条约》和《美韩共同防御条约》，构筑了美国在东北亚的双边军事同盟体系，美韩与朝鲜在朝鲜半岛军事分界线两侧的对峙成为了冷战体制在东北亚地区最前沿、最直接的体现。

朝鲜战争之后，美国一方面与韩国结盟并在韩国驻军，另一方面对朝实施经济制裁和封锁。这两方面构成了美国对朝鲜半岛政策的主要内容，也构成了美国对朝政策的主要内容。这一政策组合一直持续到冷战结束之前的 80 年代后期才开始出现一些微妙的调整。

在整个冷战时期，美朝之间并无多少直接的互动，主要是通过军事停战委员会保持着有限的军事领域的接触与沟通。1968 年 1 月 22 日，美国"普韦布洛"号间谍船（USS Pueblo AGER-2）在朝鲜半岛东部海域作业时被朝鲜捕获后，美朝双方在板门店举行了秘密谈判，最后以美国书面承认错误、道歉，保证此类事件不再发生，朝方扣船、放人的方式予以解决。1969 年 4 月 15 日，朝鲜两架米格 -21 战机在朝鲜东海岸击落了美国海军一架 EC-121 侦察机，机上 31 名机组成员和实习人员全部遇难。1976 年 8 月 18 日，因美军士兵砍伐板门店共同警备区的一棵杨树，发生了两名美军士兵被朝鲜士兵砍死的事件，此事件一度导致双方关系剑拔弩张，最后以朝鲜发表书面声明表示遗憾而结束。

从 60 年代后期开始，随着国际局势的变化，双方之间也启动了一些民间层面的交流活动。1968 年 8 月，朝鲜得到美国政府的许可，邀请美国共产党代表团访问了平壤，之后又邀请了美国青年同盟代表团和全国法律家联盟代表团访问了平壤。70 年代初，中美关系改善后，朝鲜更加积极，1974 年 3 月 25 日召开的第五届最高人民会议第三次会议通过了就朝鲜半岛问题直接与美国进行协商的决议，并向美国提出了以《和平协定》取代《停战协定》的提案。而美国也于 1975 年 9 月 22 日在联合国第 30 次大会上，由国务卿基辛格提出了中美朝韩举行四方会谈以解决朝鲜半岛问题的提案，并要求周边国家对朝韩进行交叉承认。

但是，由于受东北亚复杂的冷战体制的结构性制约，冷战时期美朝之间的几起硬性对撞没有导致战争的再次爆发，而民间交流的启动和相互之间的隔空良性喊话也难以产生更多具体而有实际意义的结果，美苏两极冷战格局展现出其强大的制约力量。

然而，苏联的垮塌、冷战体制的崩溃、中苏与韩国建交等事件的发生导致东北亚、朝鲜半岛的安全格局发生了巨大的结构性变化，也促使地区体系内的各个行为体对各自的国家发展战略和安全战略进行了大幅度调整。借助苏联崩溃，美国一举成为全球唯一的超级大国，随着国际地位的变化，其利益认知和利益界定也发生了明显的变化，主导东北亚地区秩序成为了冷战后美国东北亚安全战略的主要目标，强化同盟体系、牵制甚或遏制可挑战其主导地位之国家的崛起成为了冷战后美国东北亚安全战略的主要内容。而美国在选择可挑战其主导地位的国家时，曾一度于 90 年代初短时间内瞄准日本，之后随即就发生位移锁定在中国身上。

经过 30 年发展一跃而成为中等经济强国的韩国也利用冷战体制的崩溃以及与中苏关系正常化所形成的有利国际环境，制定了主导南北关系发展、推进民族统一进程的国家战略。朝鲜也根据国际格局和国际环境的变化制定了自己的安全战略。

这些因素在相当程度上构成了美朝两国在冷战后互动与博弈的结构性环境。

1988 年 12 月，汉城奥运会结束三个月之后，美朝双方建立了"北京渠道"，开始进行驻华使馆参赞级官员之间的秘密接触与对话，这一渠道的运行一直持续到了 1993 年 5 月，为冷战结束前后美朝关系的启动与发展承担了重要的沟通作用。1993 年 3 月，以朝鲜发表退出《不扩散核武器条约》声明为标志的第一次朝核危机爆发后，从 1993 年 6 月至 1994 年 10 月，美朝间进行了三个阶段的副部长级高级会谈，双方最终签署了《日内瓦框架协议》，化解了第一次朝核危机。从此以后一直到 2000 年的六年间，美朝之间就落实和执行《日内瓦框架协议》以及为解决双方之间存在的问题和推动双边关系的发展，持续、交叉进行了核燃料问题谈判、轻水反应堆问题谈判、互设联络处磋商、四方会谈、遗骸问题磋商、导弹谈判、高级会谈等多个轨道上的多次谈判，使 90 年代中后期的美朝关系保持了虽然坎坷但有较大进展的发展状况。

与此同时，美朝关系在 90 年代中后期的良性发展也促动了朝韩关系和朝日关系的发展，从而使得 90 年代后期与 2000 年代初期的朝韩、朝日关系也焕发出勃勃的生机。

然而，2001 年美国政府换届、小布什政府上台、"9·11"事件以及 2003 年 1 月第二次朝核危机的爆发，不但使美朝关系回到了原点，也大大改变了朝韩关系和朝日关系的发展环境。与第一次朝核危机的应对与管理不同，为了管理第二次朝核危机，国际社会最终形成了由中、美、朝、韩、俄、日六方参与的多边谈判框架。从 2003 年 8 月至 2008 年 12 月，六方会谈机制共进行了六轮谈判，跌跌撞撞地运行了五年有余，产生了《9·19 共同声明》《2·13 共同文件》《10·3 共同文件》等数个重要的阶段性会谈成果。然而，随着 2009 年美国政府的换届和奥巴马政府的上台执政，不仅这些重要的会谈成果化为乌有，六方会谈机制本身也陷入长期的停滞。

从 2009 年 1 月至 2017 年 1 月，奥巴马政府执政八年。在这八年期间，美朝两国除了经过三次高级会谈并于 2012 年 2 月底达成《闰日协议》之后，双方再无政府间无论是双边还是多边框架内的直接对话，彼此间的互动方式也完全转变为威慑与反威慑的互怼模式。2017 年 1 月特朗普政府上台后延续、升级了奥巴马政府第二任期以来的美朝互动模式，"怒与火"的对抗程度可以说达到了冷战结束以来的最高峰值。然而，2018 年初之后，美朝关系与半岛局势突然变奏，经历了过山车式的变化，双方实现了历史上的首次首脑会晤，并签署了《联合声明》。

这就是自 80 年代后期至今 30 年间美朝之间互动的基本脉络与轨迹。值得注意的是，经过 30 年对话与对抗相间的博弈，双方之间在 80 年代末期存在的问题至今仍然存在，没有一个得到彻底解决，这在当今世界是绝无仅有的。20 世纪 60、70 年代，美国与越南曾短兵相接热战数载，但两国早在 1995 年就实现了双边关系的正常化；历经数十年的敌视与对峙，美国与古巴之间的矛盾也于 2015 年云散冰消，建立了大使级外交关系。尽管印度和巴基斯坦也于 20 世纪 90 年代后期成为事实上的拥核国，但今天美国仍与印巴保持了良好的合作关系。在同样是核问题的伊核问题上，美国也曾于 2015 年签署了中美俄英法德与伊朗达成的《联合行动全面计划》（即《伊核问题协议》），而唯独美朝关系，虽历经 30 年的互动，却仍无甚实质性进展；唯独朝核问题，虽历经数十载几度谈判，却依然不得化解。制度差异使然？核问题本身使然？究竟是一种怎样的逻辑在贯穿与制约着美朝关系 30 年的发展与演变？

单纯从学理的角度而言，双边间的相互政策决定着双边关系的状态。因此，美朝关系也主要是由美朝之间的相互政策决定的，所谓"一个巴掌拍不响"，说的即是这个道理。但是，美朝之间的实力对比是高度的不对称，因此主要是美国的对朝政策而不是朝鲜的对美政策在决定着双边关系的状态。那么，作为矛盾的主要方面——美国的对朝政策是如何形成的？什么因素在影响着美国对朝政策的制定？是什么原因导致 30 年间美国的对朝政策走过由同意接触到进行双边多轨谈判，再到多边谈判，而最后又重回对峙状态的这样一个周期？这其中反映了美国战略利益的何种变化，隐含着美国外交安全战略的何种变迁逻辑？

在第一次朝核危机的应对过程中，美国政府经历了从最初无所适从、各部门意见不一到组建朝鲜问题高级政策指导小组的过程，从而为政府内各部门之间政策共识的形成提供了一个临时性的组织保证架构，并最终以与朝鲜签署《日内瓦框架协议》的形式化解了第一次朝核危机。然而，这一组织架构并没有扩展到政府之外，使民主与共和两党之间形成共识。《日内瓦框架协议》也不是在美国国会立法层面通过的文件，从而为共和党通过国会对克林顿政府进行掣肘提供了可能与空间。为了协调民主、共和两党以及政府与国会之间的立场，90 年代后期美国政府任命了对朝政策协调官，而这一临时性职位在小布什政府时期最终发展成为常设性的职位——对朝政策特别代表，直至今日这一职位依然存在，而民主共和两党之间、国会与政府之间在朝鲜问题上的分歧似乎越来越少，共识越来越多。美国政府内负责朝鲜问题相关职官的变迁反映了朝鲜在美国东北亚战略布局中的地位发生了怎样的变化？是什么原因导致了这些变化？

1999 年克林顿政府应共和党人的要求成立了美韩日对朝政策三边协调和监督小组，这一机制虽在韩国卢武铉政府时期稍有弱化，但这一机制至今依然在运行。它在美国对朝政策的制定中起到了怎样的作用？美国政府为什么要成立这样一个协调机制？美韩日三国的对朝政策之间存在着一种怎样的相互影响和联动机制？

特朗普政府的突然转身是否意味着美国对朝政策的本质性转变？是否能够带来美朝关系的根本性突破？

如上这些问题都是值得也需要进行深入思考的问题，同样，从朝鲜方面来看，也有许多问题需要深思。

如今的国际关系学已经成为一门显学。随着我国实力的壮大、国际地位的提高以及国家和公众利益范围的扩大，社会与公众对国际问题的关注兴趣和需求也越来越强烈。然而，究其根本，国际关系学还是一门学问，一种科学，而且正在向着专业细分的方向发展。因而，对其进行学习和研究不仅需要专业的素养和规范的思维逻辑，更需要尽可能地做到信息充分，对于地区问题研究，更是如此。而这对于大多数非专业学习和研究者以及其他国际关系领域的专业学习和研究者而言，恐怕是没有条件能够完全做到的。

因此，笔者虽在绪论中提出了众多的问题，但并不准备明确地回答这些问题，只是想为思考和回答这些问题尽可能提供全面而系统的资料。基于这种考虑，在进行这项研究的过程中，笔者确立和秉持了"只述事实，不讲道理"的研究原则，沿着时间脉络，力争尽可能完整地还原和描述出美朝30年间的互动过程，廓清和梳理出美朝30年博弈与双边关系发展和演变的逻辑轨迹，为学界和公众思考复杂的美朝关系与朝鲜半岛问题提供系统的资料。笔者相信通过本书的阅读，读者心中会自有答案。

1988年是美朝持续30年博弈之大幕徐徐拉开的一年，因此，本研究的叙事也自1988年开始。

第一章　帷幕渐开

本章导读

　　20 世纪 80 年代末至 90 年代初，无论是全球战略格局，还是朝鲜半岛地区局势，都处于一个结构性变动的历史时期。在这一时期，发生了苏联解体，美国撤核，中苏与韩国建交，朝韩同时加入联合国等许多重大的历史事件。在发生结构性转换的大背景下，以汉城奥运会为契机，美朝建立了秘密的官方沟通通道——"北京渠道"，开始对包括凸显的朝鲜核开发问题在内的地区问题进行沟通，双边关系也出现松动，实现了朝鲜高级官员的首次访美。在美国撤核与朝美关系取得进展的情况下，朝鲜与国际原子能机构签署了《核安全保障协定》。同时，随着冷战结束，朝韩关系也开始快速发展，双方启动了高级会谈，签署了在南北关系史上具有重要意义和地位的《北南基本协议书》和《朝鲜半岛无核化共同宣言》。

　　冷战的结束、相关国家的战略和政策调整彼此推助、相互叠加，共同构筑、演绎出朝鲜半岛地区这一结构性转换的大背景，从而也徐徐拉开了冷战后美朝 30 年博弈的序幕。

第一节　"北京渠道"

一、奥运契机

1988 年 9 月 17 日，第 24 届夏季奥林匹克运动会在韩国首都汉城开幕。[①] 为了保证汉城奥运会的顺利举办，开幕之前，美国方面向朝鲜表示如果朝鲜不干扰汉城奥运会的举行，美国将推进美朝关系的发展。为期 16 天的汉城奥运会取得了巨大成功，许多尚未与韩国建立外交关系的国家也派出了代表团参赛，使其成为了现代奥林匹克运动史上的一届令人难以忘却的体育盛事。汉城奥运会于 10 月 2 日闭幕后，美国开始履行其对朝鲜的承诺，10 月 31 日，美国国务院发布了外交官行动指南，采取了一些有助于缓和美朝关系的措施，这些措施主要包括：（1）放松了美国公民前往朝鲜旅游方面的限制规定，允许美朝之间在学术、文化等非政治性领域的交流；（2）允许美朝之间在粮食、医药品等人道主义领域的贸易；（3）放松了对朝鲜公民入境签证发放的限制；（4）允许美国外交官在中立的环境中同朝鲜外交官的工作性接触，等等。（*The Washington Post*,
December 1, 1988.）

在这种情况下，1988 年 12 月，美朝两国的驻华大使在北京开始政务参赞级别的非正式接触。对于两国外交官在北京的非正式接触，美朝双方都十分谨慎，每次接触双方都要经过各自的复杂的审批程序。尽管如此，双方之间开通的这一秘密接触通道一直维持到了 1993 年 5 月。

至朝鲜与韩国同时加入联合国的 1991 年 9 月，通过"北京渠道"，美朝双方共进行了 18 次接触，就彼此关心的问题进行了说明和沟通。在双方的接触中，美国方面提出的主要关心的问题包括：（1）朝韩对话的实质性进展；（2）军事信任措施的构筑；（3）与国际原子能机构（International Atomic Energy Agency，简称 IAEA）缔结《核安全保障协定》；（4）返还朝鲜战争期间失踪美

---

① 韩国于 2005 年 1 月正式将其首都的汉字名称由"汉城"改为"首尔"。本书根据这一时间节点，2005 年 1 月之前使用"汉城"一词，2005 年 1 月之后使用"首尔"一词。

军士兵的遗骸；（5）证明放弃了恐怖行为；（6）禁止导弹及相关技术的出口；（7）改善人权状况；等等。朝鲜方面提出的主要关心的问题包括：（1）驻韩美军的撤离；（2）朝韩之间的军备缩减；（3）《停战协定》向《和平协定》的转换；（4）美韩"协作精神（Team Spirit）"军事演习的中止；（5）朝美直接对话与双边关系改善；（6）就美军士兵遗骸返还问题朝美两国政府之间缔结协议；等等。[①]

"北京渠道"的开通意味着美国对朝政策的初步调整。有专家认为以美朝开始接触为主要表现特征的美国对朝政策的调整可以追溯至 80 年代初期，[②]但美国对朝政策的这种微调，同 1988 年汉城奥运会的举办以及韩国新上任的卢泰愚政府推进的对朝政策有着更为直接的关系。1987 年 11 月，大韩航空 KAL858 航班爆炸事件使得将于 1988 年 9 月召开的汉城奥运会的安保问题成为美韩两国所关心的一个重要问题。因为担心朝鲜有可能会采取一些措施干扰汉城奥运会的举办，因此美国向朝鲜做出了将采取措施以改善双边关系的承诺。

与此同时，韩国卢泰愚政府上台后朝韩关系的发展也需要美国对其朝鲜政策做出一定的调整。

1988 年 2 月上台执政的卢泰愚政府积极推进了面向社会主义国家的"北方外交"。是年 7 月 7 日，卢泰愚政府发表了《为了民族自存和统一繁荣特别宣言》。在这份于朝韩关系史上被称为《7·7 宣言》的文件中，卢泰愚政府指出"'北韩'不是竞争与对决的敌对性对象，而应该看作是统一的同伴者，是'民族共同体'的一员"。在《7·7 宣言》中，卢泰愚政府还提出了开展朝韩同胞间的相互交流，允许海外同胞访问朝鲜，确认离散家属生死状况及住所，终止朝韩之间消耗性竞争外交等一系列具体的倡议。

为了展现其改善南北关系的诚意，《7·7 宣言》发表之后，卢泰愚政府又陆续推出了一些积极寻求改善南北关系的措施，如全面终止对朝鲜的诽谤广播，有限开放对国内讨论民族统一问题的限制，部分公开与朝鲜相关的资料，允许

---

① Richard H. Solomon: "The Last Glacier: The Korean Peninsula and the Post-Cold War Era", Subcommittee on Asia and the Pacific, Committee on International Relations, U.S. House of Representative, February 11, 1991, p. 17.

② Hajime Izume, "American Policy Toward North Korea and Japan's Role", Masao Okonogi ed., *North Korea at the Crossroads*, Tokyo: Japan Institute of International Affairs, 1988, p.180-183.

与朝方外交官的接触以及开展对朝贸易的一些预备性措施等。[①]

卢泰愚政府释放出的积极寻求改善南北关系的诚意以及所采取的具体措施得到了朝鲜方面的积极回应。1988 年，朝韩之间不仅开启了民间层面的红十字会会谈、体育会谈，而且政府层面的高级会谈、国会会谈等渠道也得以启动和开通。[②] 卢泰愚政府对朝政策的调整以及朝韩关系的发展成为美国调整对朝政策的一个促动因素，如果不调整对朝政策，有可能会影响到美韩关系，甚至还有可能会影响到它在朝鲜半岛问题上的主动权和操控力。

除了上述因素之外，美国调整对朝政策还有另外一个重要的原因，即 80 年代中期之后日益凸显的朝鲜核开发问题。

二、核问题凸显

1984 年美国的超现代 KH-11（super-modern KH-11）侦察卫星在例行侦察中拍摄到了朝鲜正在平安北道的宁边建设大型核反应堆的照片。美国的一些核安全专家分析了卫星照片之后认为，如果这个反应堆开足马力，一年之内即可提炼出制造一枚原子弹所需要的钚量。当时也有一些人持不同意见，美国能源部的一名分析专家就认为朝鲜在宁边建设的有可能是一座化学纤维工厂，[③] 因为宁边在地理上并不是一个十分隐蔽的地方，它位于平壤以北，直线距离平壤仅80 余公里[④]，如果是晴天，在平壤机场起飞或降落的飞机上肉眼就可以看到宁边在建设施的轮廓，但是看过卫星照片的美国情报分析人员和政府阁僚中的大部分人认为朝鲜在宁边所从事的是核开发活动。

在美朝处于尚未建立外交关系的情况下，为了掌握朝鲜核活动的具体情况，对美国而言，最好的办法就是将朝鲜的核活动置于国际原子能机构的监督之下，然而由于朝鲜还没有加入《不扩散核武器条约》（*Nuclear Nonproliferation*

---

① ［韩］金昌勋：《韩国外交：昨日与今天》，多乐园 2002 年版，第 177-178 页。

② ［韩］林东源：《南北高级会谈和北韩的协商战略》，载《北韩的协商战略与南北关系》，庆南大学极东问题研究所，1997 版，第 6 页。

③ ［韩］唐·奥博多佛：《北韩国与南朝鲜：两个高丽亚》（*The Two Koreas: A contemporary History*），东亚日报 1998 年版，第 242 页。

④ 宁边位于朝鲜平安北道的东南侧，距离平壤的交通距离为 103 公里，直线距离约 80 公里。

Treaty，简称 NPT），国际原子能机构也没有办法和能力对朝鲜的核活动进行监督。

朝鲜早在 1974 年 9 月就加入了国际原子能机构，从 1979 年 12 月开始还作为远东地区的代表在该机构内担任了为期两年的理事国。1977 年 7 月 20 日，朝鲜就 60 年代从苏联引进的 IRT-DPRK 研究型反应堆和临界设施与国际原子能机构签订了安全协定，并接受了国际原子能机构对该反应堆和临界设施的核查。[①] 从 1978 年开始，朝鲜与国际原子能机构进行技术合作，至 1991 年共从国际原子能机构获得了 575 万美元的资助，其中专家派遣费用 32 万美元、装备费用 456 万美元、研究员基金 87 万美元。[②]

与国际原子能机构虽有上述合作，但朝鲜一直没有加入《不扩散核武器条约》。而如果要通过国际原子能机构对朝鲜的核活动进行监督，掌握朝鲜的核开发现状，就必须使朝鲜加入《不扩散核武器条约》，但由于双方关系的未建交状态，美国又难以直接向朝鲜提出使其加入《不扩散核武器条约》的要求。在这种情况下，美国转向苏联，要求苏联说服朝鲜加入《不扩散核武器条约》。恰好这一时期美国与苏联正在进行着削减战略武器的谈判，为了维护自己的战略利益和防扩散形象，1985 年 12 月，苏联利用朝鲜内阁总理姜成山访问苏联之机承诺向朝鲜提供 4 期 VVER-440（MWe）轻水反应堆，但前提条件是朝鲜加入《不扩散核武器条约》。1985 年 12 月 12 日，姜成山总理代表朝鲜在莫斯科签署了协定，加入了《不扩散核武器条约》[③]，两周后，苏朝签署了《关于原子能发电站建设的经济技术合作协定》。

根据《不扩散核武器条约》第三条第一款和第四款的规定，加入该条约的国家应该与国际原子能机构签署《核安全保障协定》，相关的谈判工作应于条约生效后 180 天之内启动，在 18 个月之内签署并生效。这就意味着朝鲜应该

---

① IRT-DPRK 研究型反应堆于 20 世纪 60 年代前期从苏联引进，位于宁边，初始功率 2 兆瓦（MWt）。1965 年 8 月该装置第一次达到临界。参见 Jared S. Dreicer, "How Much Plutonium Could An IRT Research Reactor Like North Korea`s Produce?", *Science & Global Security*, 2000, Volume 8, p.275.

② ［韩］张哲运：《南北韩核政策比较研究》，韩国庆南大学 2005 年硕士论文，第 61 页。

③ Michael J. Mazarr, *North Korea and The Bomb: A Case Study in Nonproliferation*, St. Martin's Press, 1995, p.41.

在 1987 年 6 月之前同国际原子能机构签署《核安全保障协定》，而一旦朝鲜签署《核安全保障协定》，国际原子能机构也就具有了进入朝鲜并对其核活动进行监督的权力。但是，在朝鲜加入《不扩散核武器条约》之后，国际原子能机构在向朝鲜寄送《核安全保障协定》文本时出现失误，将用于核查单项核设施的文本 Type66，而不是全面核查的文本 Type153 寄往朝鲜。在 18 个月期限即将到期的 1987 年 6 月，国际原子能机构才发现此误，不得已再次向朝鲜寄送《核安全保障协定》文本，并将朝鲜签署的时限向后顺延 18 个月至 1988 年 12 月。然而在 1988 年 12 月的时限即将到来之际，朝鲜既没有签署《核安全保障协定》的表示，也没有就此事与国际原子能机构进行谈判的意思。在这种情况下，美国不得不调整不与朝正面接触的政策，而与美国进行直接接触与对话也正是朝鲜所期待的，于是美朝之间的沟通渠道——"北京渠道"遂得以建立。

第二节　美国撤核

一、布什的政策调整

1989 年 1 月布什政府上台后，为了使朝鲜与国际原子能机构签署《核安全保障协定》，一方面在形式上继续着"北京渠道"的工作级非正式接触，直接向朝鲜提出要求，要求其与国际原子能机构签署《核安全保障协定》，另一方面还从侧面进行了广泛的外交动员，向朝方施压。1989 年 2 月，美国国务院韩国科科长哈利·邓洛普（Harry Dunlop）访问苏联和中国，将朝鲜的核开发活动向两国进行了说明。邓洛普从 1983 年至 1987 年于美国驻韩国大使馆担任政务参赞，1987 年至 1989 年担任美国国务院韩国科科长。在邓洛普之后，美国国务卿詹姆斯·贝克（James Addison Baker）就朝鲜的核开发活动又同苏联和中国进行了更高层次的沟通。

1989 年 5 月，由五名美国专家组成的一个小组访问了汉城和东京，第一次将朝鲜的核开发活动向韩日两国政府进行了说明。随后韩国媒体《中央日报》报道说：美国中央情报局拥有的证据表明朝鲜已经在宁边建成了一座再处理设施。西方媒体随即转载了此篇报道。从此以后，朝鲜的核开发活动成为了美韩日等国媒体的一个热门报道话题，并开始为国际社会所知悉。

1989 年之后，中美关系急剧恶化，苏联国内局势也出现动荡，通过苏联和中国劝说朝鲜签署《核安全保障协定》的难度加大。为了诱使朝鲜尽早签署《核安全保障协定》，美国政府又进一步调整了对朝政策。1990 年，老布什政府在《与敌对国家贸易法》框架内放松了对朝鲜的经济制裁，允许美国公司向朝鲜出口食品、医药品等。

美国对朝政策的调整得到了朝方的回应。

自 20 世纪 70 年代以来，朝鲜通过各种渠道多次向美国提议举行朝美对话，并签署和平协定，但美方反应冷淡。1987 年 6 月，金日成在与来访的美国共产党代表团会谈时，向美国共产党提出开设朝美对话窗口的建议。①同年 10 月 1 日，朝鲜劳动党中央政治局委员许锬表示进行朝美对话是朝鲜劳动党的方针。1988 年 7 月 20 日，朝鲜最高人民会议常任委员会通过了关于朝美国会对话致美国国会的信，并向美国参众两院发出了该信函。②1988 年 11 月 7 日，朝鲜召开中央人民委员会、最高人民会议常任委员会和政务院联席会议，通过了名为《关于促进祖国自主性和平统一的综合性和平保障对策》的文件，提出了实现朝鲜半岛和平的方案。该方案的主要内容包括通过三个阶段实现驻韩美军与核武器撤除，通过三个阶段实施朝韩间的军备控制，通过朝美和朝韩对话缔结朝美和平协定和朝韩互不侵犯宣言等。③1989 年 5 月 31 日，朝鲜再次召开中央人民委员会、最高人民会议常任委员会和政务院联席会议，又一次提出了进行军备缩减的主张。④

对于朝美双方在北京的政务参赞级秘密接触，朝鲜方面非常重视，这是当时朝美之间唯一的一条直接对话通道。朝鲜一方面通过这条渠道向美方传递着自己的信息，另一方面也希望通过这一渠道的沟通，开启朝美间公开的高级对

---

① [朝]金日成：《关于我们人民为了社会主义建设和祖国统一的斗争：与美国共产党代表团的谈话（1988.6.24）》，《金日成著作集》（第 41 集），朝鲜劳动党出版社，1995 年版，第 160 页。

② 在信函中，朝鲜回顾了 1974 年和 1983 年提出的朝美缔结和平协定与三方会谈的提议，并提出了两国国会讨论缔结和平协定与缓解半岛紧张和相互关心事务的提议。参见[朝]朝鲜中央通讯社：《朝鲜中央年鉴 1988 年》，朝鲜中央通讯社 1989 年，第 306-307 页。

③ [朝]朝鲜中央通讯社：《朝鲜中央年鉴 1988 年》，朝鲜中央通讯社 1989 年，第 152-154 页。

④ [韩]徐辅赫：《脱冷战期的朝美关系》，善仁出版社 2004 年，第 167 页。

话，达到改善朝美关系的目的。在通过"北京渠道"进行的秘密接触中，朝鲜自始至终不断地向美方提出这种要求。

但是，在签署《核安全保障协定》问题上，朝鲜并不打算轻易做出承诺和让步，它深知签署《核安全保障协定》在自己的对美外交战略中的价值和意义，这是一张可以以此从美方获得更多利益的牌。1985 年 12 月，朝鲜加入《不扩散核武器条约》之后，在签署《核安全保障协定》问题上一直迟迟未动，是有着更多战略层面的考虑和算计的。1990 年初，朝鲜外交官道出了其中的玄机。在该年 2 月召开的国际原子能机构理事会上，朝鲜官员表示朝鲜要在美国撤除部署在韩国的战术核武器、取消对韩国核保护的前提下才会签署《核安全保障协定》。在美国撤除部署在韩国的战术核武器、取消对韩国的核保护之前，朝鲜不会履行《不扩散核武器条约》的义务。[①]

为了不使在签署《核安全保障协定》一事上所持有的强硬态度对朝美之间脆弱的北京秘密接触渠道产生不利影响，朝鲜在签署《核安全保障协定》问题上持强硬立场的同时，为了安抚美方，1990 年 5 月 28 日，应"北京渠道"秘密接触中美方提出的请求，朝鲜将五具朝鲜战争期间失踪的美军士兵遗骸通过板门店移交给美方。[②]

随着东欧剧变的发生以及苏联实力的衰退，美国逐渐占据了全球国际秩序的主导地位，传统的安全威胁在下降，非传统的安全威胁在上升。在这种大背景下，朝鲜的核开发问题遂成为了美国在朝鲜问题上最为关心的事项。

为了解决朝鲜的核开发问题，美国加强了对朝鲜的工作力度。1990 年 10 月，美国国务院负责东亚及太平洋事务的助理国务卿理查德·索乐文（Richard H. Solomon）将美方先前坚持的美朝关系改善的五个前提条件修改为一个。美方先前对朝鲜提出的改善美朝关系的五个前提条件是：（1）朝鲜放弃反美言论；（2）朝鲜保证停止对恐怖活动的支持；（3）返还朝鲜战争期间失踪的美军士兵遗骸；（4）开展韩朝对话；（5）与国际原子能机构签订《核安全保障协定》，而此时索

---

① Andrew Mack, "North Korea and Bomb", *Foreign Policy*, No.83, Summer 1991, pp. 90-91.

② ［韩］徐辅赫：《脱冷战期的朝美关系》，善仁出版社 2004 年，第 168 页。

乐文提出的一个前提条件就是朝鲜与国际原子能机构签署《核安全保障协定》。[①]

　　理查德·索乐文，1937 年出生，1960 年毕业于麻省理工学院，获科学学士学位。1966 年，索乐文获政治学博士学位，主攻中国政治；1966 年至 1971 年任教于芝加哥大学，担任政治学教授；1971 年至 1976 年进入国家安全委员会（NSC），负责亚洲事务。在此期间，在中美关系正常化问题上，他曾与美国总统国家安全事务助理基辛格共事。1976 年，索乐文进入兰德公司担任政治科学系的主任，直至 1986 年；1986 年进入美国国务院，任政策规划主任；1989 年 6 月至 1992 年 7 月，担任美国国务院助理国务卿，负责东亚及太平洋事务。在此期间，他曾经历了柬埔寨问题的巴黎谈判、推动朝韩间的核谈判等重大事件。1992 年 9 月至 1993 年 3 月，索乐文担任美国驻菲律宾大使，1993 年担任美国和平研究所的所长，1995 年获美国国务院外交公共服务奖，并因政策建议而获得韩国和泰国政府的奖励，2005 年，因其"作为一个政治科学家出色的公共服务"而获得美国政治科学协会的休伯特·汉佛莱奖。

二、美韩的沟通

　　为了诱使朝鲜在签署《核安全保障协定》问题上做出让步，美国派驻韩国的相关人士也开始考虑是否可以接受朝鲜的提议。1990 年秋，时任美国驻韩国大使唐纳德·格瑞克（Donald P. Gregg）、驻韩美军司令官罗伯特·里斯卡西（Robert W. Riscassi）与韩国卢泰愚总统的国家安全事务助理金宗辉对撤除美国部署在韩国的战术核武器一事进行了讨论和研究。10 月，格瑞克和里斯卡西致电助理国务卿索乐文，在电文中提出：为了推进与朝鲜的谈判工作，并避免使核武器问题在韩国成为一个重大的政治问题，建议政府撤除在韩国部署的战术核武器。[②] 对于格瑞克和里斯卡西的建议，美国政府最高决策层的意见不一，虽然参谋长联席会议主席鲍威尔将军赞同此议，但国防部长切尼等人表示反对。

① C. Kenneth Quinones, "North Korea: From Containment to Engagement", in Dae-Sook Suh and Chae-Jin Lee, ed., *North Korea After Kim Il Sung*, Boulder, London: Lynne Rienner, 1998, pp. 104-105.

② Leon V. Sigal, *Disarming Strangers: Nuclear Diplomacy with North Korea*, Princeton: Princeton University Press, 1998, p.28.

美国在韩国部署核武器开始于 20 世纪 50 年代中期。早在 1956 年，美国就开始了在韩国部署核武器的准备工作，该年 11 月，美国远东司令部常设作战程序（the U.S. Far East Command Standing Operating Procedure，简称 SOP）将韩国京畿道的议政府和安阳里两处驻韩美军基地选定为部署核武器的预备基地。1958 年 1 月，美国开始在韩国部署核武器，第一批部署的核武器主要包括"诚实约翰地对地导弹"（the Honest John surface-to- surface missile）、"斗牛士巡航导弹"（the Matador cruise missile）、"原子爆破弹药核地雷"（the Atomic-Demolition Munition nuclear landmine，简称 ADM）、"280 毫米大口径战炮"（the 280-mm gun）以及 "8 英寸榴弹炮"（203mm howitzer）等 5 种。1958 年 3 月，战斗轰炸机搭载用的核炸弹被运抵韩国。

1960 年 7 月至 1963 年 9 月，又有包括曲棍球（Lacrosse）、大卫·克洛科特（Davy Crockett）和军士（Sergeant）等 3 种地对地导弹系统被部署在韩国，反空和地对地双重任务耐克大力神导弹（The dual-mission Nike Hercules anti-air and surface-to-surface missile）和 155 毫米榴弹炮分别在 1961 年 1 月和 1964 年 10 月部署在韩国。冷战时期，美国在韩国部署的核武器于 1967 年达到顶峰，部署的核弹头数量达到 950 枚。从 1958 年至 1991 年，美国曾经部署在韩国的核武器多达 11 种，其中的四种只部署了数年即被撤除，而 203 毫米和 155 毫米榴弹炮等一直部署在韩国，时间长达 33 年。[1]

1990 年布什政府开始考虑撤除部署在欧洲的陆基战术核弹头。按照莱恩·希格（Leon V. Sigal）的说法，布什政府之所以考虑这个问题，是因为随着德国的统一和捷克斯洛伐克的转型，原来部署在西德而只具备打击东德和捷克斯洛伐克能力的短程核武器失去了战略上的价值，而如果核武器继续部署在德国，即将统一的德国政府也将会面临压力，于是参谋长联席会议主席鲍威尔将军指示一个联合小组就撤除部署在欧洲的核武器问题进行研究。[2]

1990 年 5 月初，美国国家安全委员会成员罗伯特·布莱克威尔（Robert Blackwill）和菲利普·泽力库（Philip Zelikow）提出报告建议，为了诱使苏联接

---

[1]　The Nuclear Information Project, A History of US Nuclear Weapons in South Korea, http://www. nukestrat.com/korea/koreahistory.htm.

[2]　Colin Powell, My American Journey, New York: Random House, 1995, p.540.

受德国的统一，除可以进行空中投放的核弹头之外，撤除部署在欧洲的所有核武器，并要求苏联对此做出回应。同时他们还建议美国政府就全球范围内的核裁军与短程导弹问题同苏联进行谈判。但该方案遭到了美国政府中欧洲主义者的反对，他们担心此方案在德国可能会引起大众的不满而导致全部核武器的撤除。为了避免出现谈判中经常发生的繁琐的讨价还价，该方案调整为单方面撤除核弹，并定于 1990 年 8 月 2 日实施，然而由于伊拉克入侵科威特事件的发生，撤核方案的实施被暂时搁置。①

就在美国政府就是否撤除部署在韩国的战术核武器一事犹豫不决之时，一些新闻媒体开始关注此问题并积极倡导将核武器撤出韩国。《纽约时报》于 1990 年 12 月 13 日和 1991 年 2 月 4 日两次发表评论，呼吁此议。在这种氛围下，从 1991 年 2 月中旬开始，韩国和美国的一些前政要和知名民间人士也加入了建议美国撤除部署在韩国的核武器的行列。1991 年 2 月 11 日，由美韩两国的一些前政要和知名人士发起组织的民间机构——美韩关系委员会向两国政府提交了一份研究报告，建议美国撤除部署在韩国的战术核武器。

美韩关系委员会成立于 1989 年，由两国参加 1989 年夏威夷大学东西中心举办的首尔国际问题论坛的 12 名前政界、企业界和学术界的知名人士组成。美方成员包括伯克利大学教授罗伯特·斯卡拉皮诺（Robert A. Scalapino）、花旗银行汉城支行副总经理乔·博斯（Jon Burns）、美国国务院负责东亚及太平洋事务的前助理国务卿加斯顿·西格（Gaston J. Sigur, Jr.）、驻韩美军前司令官约翰·维斯（John W. Vessy, Jr）、美韩关系委员会协调官查理·莫里森（Charles E. Morrison）、美国加利福尼亚大学教授克拉夫（Clough）。韩方成员包括前驻美大使金琼元、鲜京集团（现 SK 集团）会长崔踵贤、高丽大学教授韩昇洲、韩国开发研究院院长具本湖、前国防部长吴滋福、律师李太熙。由于参加美韩关系委员会的人士多是在两国具有一定影响的人物，该委员会的政策建议产生了较大的影响。与此同时，曾在里根政府时期担任过美军参谋长联席会议主席的亚洲问题专家——威廉·詹姆斯·克罗也公开提出了将核武器撤出韩国作为与朝鲜谈

---

① Philip Zelikow and Condoleezza Rice, *Germany Unified and Europe Transformed*, Cambridge: Harvard University Press, 1995, pp.304-305, pp.312-313; Leon V. Sigal, *Disarming Strangers: Nuclear Diplomacy with North Korea*, Princeton: Princeton University Press, 1998, p.28.

判的一张牌的主张。[1]

1991年春，美国驻韩大使格瑞克、驻韩美军司令官里斯卡西与韩国总统府和国防部的少数高级官员在汉城召开了一系列的非公开会议，对撤除部署在韩国的核武器问题进行了慎重的讨论。而在此之前，关于美国部署在韩国的核武器的数量及其位置等信息只是向韩国总统报告，关于核武器的任何讨论在韩国政界均被视为禁忌。[2]

然而，尽管有民间的呼吁和政府相关人士的研究和讨论，但美国政府对于将核武器撤出韩国一事仍然持犹豫不决的态度，不少人认为对付朝鲜的办法就是掐断其所有对外贸易直至其履行《不扩散核武器条约》的义务为止。韩国军方也对撤核将导致韩国对朝鲜防卫与威慑能力的下降表示担忧，曾经于1990年对撤核持赞同意见的卢泰愚总统本人在1991年的态度也有所改变。1991年7月2日至3日访美期间，卢泰愚总统坚持要求布什政府同意，在以后同朝鲜就核问题进行的任何谈判中，韩国而不是美国要承担领导角色。同时卢泰愚总统还坚持在双方的联合公报中要表明朝鲜接受核核查不能同任何其他问题联系起来。其意思是要告诉朝鲜，不能将其签署《核安全保障协定》问题与撤除部署在韩国的核武器问题联系起来。访美期间，卢泰愚总统得到了美国国务卿贝克的承诺，在美国撤除部署在韩国的核武器之前，美国将会同韩国进行充分的协商。[3]

1991年8月7日至8日，美国国防部副部长保罗·沃尔福威茨（Paul Wolfowitz）与韩国总统国家安全事务助理金宗辉在位于夏威夷珍珠港的美国太平洋司令部进行了为期两天的会议，对从韩国撤出核武器的问题进行了更加深入的讨论，会议是在保密的状态下进行的。虽然此次会议美国政府的目的是说服韩国政府安然接受可能会做出的撤核方案，在会上美国相关人士也表示为了韩国的防御没有必要一定要将核武器部署在韩国，但是会议最后并没有形成一个正式的结论。然而，8月9日，韩国的英文报纸——《韩国先驱报》（*Korea*

---

[1] ［韩］唐·奥博多佛：《北韩国与南朝鲜：两个高丽亚》，东亚日报社1998年版，第244页。
[2] ［韩］唐·奥博多佛：《北韩国与南朝鲜：两个高丽亚》，东亚日报社1998年版，第245页。
[3] Leon V. Sigal, *Disarming Strangers: Nuclear Diplomacy with North Korea*, Princeton: Princeton University Press, 1998, p.28.

Herald）援引"很多分析家"的看法报道说："作为推动北韩彻底放弃制造核武器计划的一个步骤，美国的核武器有可能撤出韩国。"（Korea Herald, August 9, 1991.）

　　1990 年 9 月 30 日苏联与韩国建立正式外交关系是美国撤除部署在韩国核武器的主张出现的一个重要背景，而 1991 年苏联发生的事态最终促使布什政府做出了撤核的决定。1991 年 7 月 31 日，苏联总统戈尔巴乔夫和美国总统布什签署了《削减和限制进攻性战略武器条约》。随后的 8 月 19 日苏联发生政变，叶利钦接管了权力。在这种情况下，为了诱导苏联履行刚签署不久的条约，经过 8 月底和 9 月初与其安全顾问的详细磋商之后，9 月 27 日，布什总统宣布美国将撤除在全世界部署的所有陆基与海基战术核武器。但在撤核宣言中，布什总统只涉及到了陆基和海基核武器，至于空基核武器问题，布什总统在宣言中只表示说欧洲的空掷核武器不在撤除之列。1991 年，美国部署在韩国群山美军空军基地的核武器大约有 60 枚炮弹和 40 枚 B61 炸弹。根据美国太平洋司令部的文件，所有部署在韩国的核武器都将从韩国撤除，参谋长联席会议主席向美军太平洋司令部司令建议撤除部署在韩国的核武器具有使用运输资产上的最高优先性，[①] 但首先从韩国撤除的是 60 枚核炮弹，40 枚 B61 核炸弹则留置到最后方才撤除。[②]1991 年 12 月 18 日，韩国卢泰愚总统正式发表了在韩国领土内没有了核武器的电视讲话。

第三节 《核安全保障协定》的签署

一、朝鲜的谨慎转向

　　为了阻止朝鲜的核开发计划，美国一方面通过"北京渠道"说服朝鲜签署《核安全保障协定》，另一方面还通过进行广泛的国际动员向朝鲜施压。1991 年 2 月，国际原子能机构召开理事会，美国将联合日本、澳大利亚、加拿大、波兰等五个国家共同签署的关于督促朝鲜签署《核安全保障协定》的文本作为国

---

① USCINCPAC: *Command History*，1991，Volume Ⅰ (U)，p.92. http://www.nukestrat.com/korea/CINCPAC91p90-93.pdf

② http://www.nukestrat.com/korea/withdrawal.htm.

际原子能机构理事会文件散发。① 然而，随着美国撤核方案的逐步确立，1991 年 5 月美朝之间的僵持也呈现出缓和的转机。1991 年 5 月 3 日，《华盛顿邮报》援引一名美国政府官员的话说美国政府愿意撤除部署在韩国的战术核武器。(*The Washington Post*, May 3, 1991.) 美方的动向和暗示得到了朝方的积极回应，1991 年 5 月 30 日，朝鲜驻维也纳国际原子能机构大使田仁彻表示，朝鲜准备与国际原子能机构就签署《核安全保障协定》一事进行谈判。② 一周之后，朝鲜外交部③ 巡回大使陈忠国在 6 月 7 日拜访了国际原子能机构总干事布利克斯（Hans Blix），向其通报了朝鲜将签署《核安全保障协定》的意向之后，宣布朝鲜的一个全权小组将于 7 月抵达维也纳，以制定出签署《核安全保障协定》的细节。④6 月 10 日至 15 日，国际原子能机构理事会召开第 35 次会议。会议期间，陈忠国于 13 日发表演说，阐明了朝鲜在《核安全保障协定》问题上的立场，并表示 7 月中旬进行协定文案的协商，9 月签署《核安全保障协定》。与此同时，6 月 10 日至 15 日，以朝鲜外交部条约局局长张文宣为首的三人外交小组也抵达维亚纳，就签署《核安全保障协定》问题同国际原子能机构进行了工作及实务上的接触。

这一时期，美朝在朝鲜签署《核安全保障协定》问题上的僵持之所以能够取得一些进展，除了与美国从韩国撤核计划的逐步确立有关之外，美朝之间直接的良性互动也起到了积极的作用。美朝双方不但通过"北京渠道"在 1991 年 6 月 1 日进行的外交接触中正式讨论了朝鲜签署《核安全保障协定》的问题，而且 1991 年 5 月下旬至 6 月 25 日，以朝鲜祖国和平统一委员会副委员长韩时海为团长的朝鲜代表团还对美国进行了长达一个月的访问，访美期间还与美国前总统里根进行了会见。而 1991 年 5 月 11 日至 18 日，以罗伯特·斯卡拉皮诺（Robert A. Scalapino）为团长的美国亚洲协会代表团也访问了朝鲜，同朝鲜外交部所属的裁军与和平问题研究所就朝鲜签署《核安全保障协定》和驻韩美军的

---

① ［韩］郑文宪：《南北韩与美国：南北关系的浮沉》，美峰出版社 2004 年版，第 122-123 页。

② T.R. Reid, "North Korea Will Discuss Nuclear Plant Inspection", *The Washington Post*, May 30, 1991.

③ 在 1998 年 9 月 5 日朝鲜第十届最高人民会议第一次会议决定将政府各部改称为"省"之前，朝鲜外务部门的名称为"外交部"。

④ Song Young Sun, "The Korean Nuclear Issue", *Korea and World Affairs*, Vol.15, No.3, 1991, p.482.

核武器问题进行了讨论。随后，以曾在汉城担任过联合国军司令官的理查德·斯蒂文（Richard Stilwell）为团长的国际安全研究所代表团也于 6 月 20 日到达平壤，6 月 21 日至 22 日又与朝鲜裁军与和平问题研究所就朝鲜半岛安全与美朝对话这一主题举行了圆桌会议。6 月 23 日至 24 日，美国参议院议员罗伯特·史密斯（Robert Clinton Smith）还与朝鲜最高人民会议代表兼对外文化联络委员会副委员长李成浩（音）在板门店就朝鲜战争期间失踪美军士兵遗骸的返还问题进行了会谈。在 6 月 24 日的会谈中，史密斯还在板门店朝方一侧的统一阁与朝鲜外交部副部长姜锡柱进行了 80 分钟的非公开单独会谈，双方就组成共同委员会以负责美军士兵遗骸的挖掘、返还等问题达成了原则协议。同日，朝鲜通过板门店向美方移交了 11 具美军士兵遗骸。移交仪式结束后，史密斯表示双方将尽快举行会谈，就共同委员会的性质、规模和运行程序等问题进行讨论。美朝之间的这些互动无疑对推动朝鲜签署《核安全保障协定》起到了积极的作用。

而从更大的视野看，朝鲜在核问题上的政策变化也与冷战结束后国际形势的变化以及朝鲜在外交战略上的调整有关。随着冷战的结束，朝鲜在确定以打开与美国关系为重点突破方向的同时，在朝日关系正常化问题上也采取了积极的姿态。1991 年 1 月至 5 月，朝日之间就关系正常化问题举行了三次会谈，在朝日会谈中也谈到了签署《核安全保障协定》的问题。① 而面对苏联已经同韩国建交的局面，朝鲜在加入联合国问题上的立场也进行了调整。1991 年 5 月 27 日，朝鲜外交部发表声明表示"将依照程序向联合国秘书长提出加入联合国的申请"，这实际上意味着朝鲜接受了朝韩同时加入联合国的方案。

1991 年 7 月 12 日至 16 日，朝鲜与国际原子能机构的代表在维也纳就朝鲜签署《核安全保障协定》问题进行了非公开的会谈，并就相关问题达成了协议。会谈之后，朝鲜官员表示朝鲜将于 9 月 16 日国际原子能机构大会召开时与国际原子能机构签署《核安全保障协定》。② 但是，9 月 12 日朝方率团参加国际原子

---

① 朝日两国关于关系正常化问题三次会谈举行的日期与地点分别是：第一次会谈，1991 年 1 月 30 日至 31 日，平壤；第二次会谈，1991 年 3 月 11 日至 12 日，东京；第三次会谈，1991 年 5 月 20 日至 22 日，北京。三次会谈的议题主要包括：（1）基本问题，（2）经济方面的问题，（3）国际问题，（4）其他方面的问题。

② Michael J. Mazarr, *North Korea and The Bomb: A Case Study in Nonproliferation*, St. Martin's Press, 1995, p.60.

能机构理事会会议的吴振宇表示："尽管我们在确定协定的文案方面采取了积极的立场，但至今美国在撤除核武器方面也没有采取肯定性的措施……如果美国继续对我们的核威胁，在签署《核安全保障协定》方面也难以取得进展。"

　　然而，就在美、朝以及国际原子能机构在朝鲜签署《核安全保障协定》问题上处于僵持之际，1991 年 9 月 27 日，布什总统发表了撤核宣言。此后，朝鲜随即于 9 月 28 日就以外交部发言人声明的形式表示："我们对美国单方面宣布将撤除其短程核武器表示欢迎，希望美国尽快付诸实施……如果美国实际撤除在南朝鲜的核武器，我们签署《核安全保障协定》之路也将打开。"（［朝］朝鲜中央通讯，1991 年 9 月 28 日）11 月 12 日，朝鲜通过外交部发言人发表谈话的形式再次表示与国际原子能机构签署《核安全保障协定》的前提条件是"应通过朝美协商保证美国的核武器不会威胁朝鲜的安全"。朝鲜将签署《核安全保障协定》与美国撤核、朝美对话联系了起来。

　　1991 年 11 月 12 日，美国智库战略与国际问题研究中心（CSIS）副主任威廉·泰勒（William J. Taylor）和美国社会科学院研究理事代表团抵达平壤，与朝鲜相关人士进行了交流。访朝结束之后的 11 月 21 日，威廉·泰勒在汉城说，朝鲜表示如果美国开始撤核，朝鲜将发表签署《核安全保障协定》的声明，并启动朝美对话和朝韩对话以解决核威胁和朝韩同时核查问题。（The New York Times, November 27, 1991）11 月 17 日至 19 日，朝鲜外交部裁军与和平研究所副所长崔禹镇受邀赴美参加美国乔治·华盛顿大学东亚研究所主办的研讨会，访美期间，崔禹镇暗示说朝鲜有可能于 1992 年 2 月签署《核安全保障协定》①。

　　11 月 25 日，朝鲜外交部就签署《核安全保障协定》问题正式发表声明，阐明了朝方在这一问题上的四点主张："第一，如果美国从南朝鲜开始撤除核武器，我们即签署《核安全保障协定》；第二，确认南朝鲜是否部署有美国核武器的核查与对朝鲜的核查同时进行；第三，为了协商核核查问题以及对朝鲜的核威胁问题，进行朝美协商；第四，如果北南均不开发核武器，表明双方对朝鲜半岛的无核地带化具有相同的意思，为了实现（这一目标），北南进行协商。"（［朝］朝鲜中央通讯，1991 年 11 月 25 日）从声明的内容看，朝鲜在签署《核安全保障协

---

① 　Michael J. Mazarr, *North Korea and The Bomb: A Case Study in Nonproliferation*, St. Martin's Press, 1995, p.64.

定》问题上只提出了一个前提条件，即美国从韩国撤核，但附带着，朝鲜还提出了同时核查、进行朝美协商和朝韩协商这三个要求。12 月 6 日，朝鲜《劳动新闻》发表评论表示："一旦确认美国开始撤除在南朝鲜的核武器，朝鲜就签署《核安全保障协定》……美国应该做出肯定性的反应。"（［朝］《劳动新闻》，1991 年 12 月 6 日）

12 月 17 日至 19 日，美国国会众议院外交委员会亚太小组委员会主席史蒂芬·索拉兹（Stephen J. Solarz）一行访问朝鲜，同金日成主席和外交部部长金永南进行了交谈，再次就朝鲜签署《核安全保障协定》一事进行了沟通。就在索拉兹一行在朝期间的 12 月 18 日，韩国卢泰愚总统正式发表了韩国已经无核的电视讲话。然而，对于卢泰愚总统的讲话，朝鲜并不认同和接受。12 月 18 日、19 日和 20 日，朝鲜方面连续三天通过《劳动新闻》和朝鲜中央广播电台评论的形式，要求美国正式宣布从韩国撤除核武器，尽早实现朝鲜半岛无核地带化，并表示如果美国开始撤核，朝鲜将签署《核安全保障协定》，进行同时核查。①

二、金容淳访美

朝鲜签署《核安全保障协定》问题在 1991 年没有能够取得突破，历史把这一课题留给了 1992 年。在 7 月份与国际原子能机构完成了相关文本的谈判之后，几近半年过去了，朝鲜仍然没有做出签署的决定。从其外交部的声明、《劳动新闻》以及中央广播电台评论的内容看，它是要求美国正式发表从韩国撤核的声明，并要求对朝鲜的核查与对韩国的核查同时进行，实现朝鲜半岛的无核地带化。从现实可能性和实际操作性上来看，这是难以实现的。对此，朝鲜应该是清楚的，明知难以实现，却依然反复主张，其真实的目的可能是退而求其次，以此打开朝美公开对话的渠道。1991 年 12 月，美国曾通过"北京渠道"向朝鲜表示过如果朝鲜同意签署《核安全保障协定》，履行相应的接受核核查的

---

① 参见［朝］《劳动新闻》，1991 年 12 月 18 日；朝鲜中央广播电台，1991 年 12 月 19 日；《劳动新闻》，1991 年 12 月 20 日。

义务，美国可以同朝鲜举行美朝间的高级会谈，[①]这给予了朝鲜某种期待。

1992 年新年伊始，持续半年的僵持局面出现了转机。1 月 7 日，朝鲜外交部发言人发表声明表示："在朝鲜半岛核问题可公正解决的环境与条件成熟的状况下，将在近日内签署《核安全保障协定》，随后将尽快根据法律程序予以批准，在与国际原子能机构商定的时期内接受核查。这一立场，我们也已经向国际原子能机构做了正式通报。"（［朝］朝鲜中央通讯，1992 年 1 月 7 日）

朝鲜没有附带任何前提条件地发表了外交部发言人声明，表示尽快签署《核安全保障协定》，朝鲜方面所说的"朝鲜半岛核问题可公正解决的环境与条件成熟的状况"指的是什么呢？一方面是朝韩之间的关系取得了重要进展，双方于 1991 年 12 月中旬签署了对双方关系进行规制与定位的《北南基本协议书》。同时，双方关于签署《朝鲜半岛无核化共同宣言》的协商也已经进入尾声，签署在即；另一方面是美韩于 1992 年初决定中止 1992 年的"协作精神"联合军演。同时，美国通过几个渠道向朝鲜表示已经撤除了在韩国部署的核武器（［朝］朝鲜中央通讯，1992 年 1 月 7 日），而更重要的是 1992 年初美朝双边关系取得了具有重要象征性意义的突破。

1992 年 1 月 19 日，以朝鲜劳动党中央国际部部长、劳动党负责国际事务的书记金容淳为团长的五人代表团启程访问美国，并于次日抵达纽约。1 月 22 日上午，以美国国务院排名第三的副国务卿阿诺德·坎特（Arnold Kanter）为首的美国代表团与以金容淳为首的朝鲜代表团在纽约美国驻联合国代表处举行了两国间的高级会谈，双方围绕着朝鲜核问题和两国关系的改善问题交换了意见。

金容淳，1934 年出生于平安南道，1954 年毕业于金日成综合大学，后前往莫斯科大学进行学习和研究，1956 年回国任职于朝鲜劳动党中央国际部。1970 年至 1972 年，金容淳任朝鲜驻埃及大使，1973 年被任命为对外文化联络委员会副委员长；1990 年 5 月担任朝鲜劳动党中央委员会秘书局书记，负责国际事务；1992 年 12 月任朝鲜劳动党中央政治局候补委员，并担任对韩事务书记；1993 年 4 月、8 月升任最高人民会议统一政策委员长和祖国和平统一委员会副委员长。1994 年 7 月，金容淳担任新设的亚洲

---

① Michael J. Mazarr, *North Korea and The Bomb: A Case Study in Nonproliferation*, St. Martin's Press，1995，p.60.

太平洋和平委员会委员长，总体负责对韩、对日和对美关系；2000 年 9 月
11 日至 14 日，曾作为金正日国防委员长的特使访问韩国。2003 年 6 月，
金容淳因交通事故入院治疗，同年 10 月 26 日去世。

此次美朝会谈是两国自 1953 年至 1992 年近 40 年来进行的首次高级会谈，
双方均进行了充分的准备。坎特的发言提纲事先经过美国国务院联合委员会的
审议，经过同意后向韩国和日本政府进行了通报。坎特在会谈中尽可能地用柔
和的语气阅读了发言提纲，他只是要求朝鲜接受国际原子能机构的核查，督促
朝鲜放弃核武器开发计划，但由于没有从更高层那里获得给予朝鲜任何许诺的
权限，在谈及美朝关系问题上，十分谨慎，不能使用"正常化"等字眼。作为
诱饵，上层允许他可以泛泛地言及美朝间以后的会谈，但由于事前已经就排除
进行后续会谈的可能性同韩国达成了一致，所以在会谈中，坎特特意向朝方人
员明确地表示此次会谈并不是美朝高级会谈的开始。①

朝鲜方面则非常重视这次会谈，金容淳等人身穿的西装甚至比坎特等人还
要高级，金容淳的老练和见识也给坎特留下了深刻的印象。会谈中，金容淳强
烈要求通过本次会谈以及与坎特的非公开会谈就朝美间的后续会谈达成原则性
协议，至少也要达成一个共同声明，但在这两项要求均遭到坎特的拒绝后，金
容淳并没有表现出失望，也没有向美方人员发火，其内敛程度非同一般。尽管
美朝之间的第一次高级会谈没有取得任何书面上的成果，但对朝鲜而言，毕竟
开启了这一通道，其意义绝非一般。1 月 24 日，朝鲜通过中央广播电台的报道
表示此次会谈"进行的令人满意"。（［朝］朝鲜中央通讯，1992 年 1 月 24 日）

坎特与金容淳的会谈使朝鲜看到了打开朝美高级对话通道的希望，也使其
在签署《核安全保障协定》问题上迈出了最后的一步。会谈结束八天之后的 1
月 30 日，朝鲜原子能部副部长洪根构与国际原子能机构总干事布利克斯在维也
纳签署了《核安全保障协定》。同日，朝鲜以外交部发言人谈话的形式表示："签
署《核安全保障协定》是我们共和国政府始终一贯、坚持不懈的斗争过程中取
得的光辉成果，是美国和南朝鲜当局顺应我们原则性要求的结果……我们共和
国政府将尽快批准协定，按照与国际原子能机构商定的程序接受核核查。"（［朝］

---

① ［韩］唐·奥博多佛：《北韩国与南朝鲜：两个高丽亚》，东亚日报社 1998 年版，第 251 页。

朝鲜中央通讯，1992 年 1 月 30 日）

从 1985 年 12 月朝鲜加入《不扩散核武器条约》至 1992 年 1 月签署《核安全保障协定》，其间经历了六年一个月的时光，美朝双方数年间围绕着朝鲜签署《核安全保障协定》的博弈最终尘埃落定。导致朝鲜签署此协定的因素不仅仅是美国撤除了部署在韩国的核武器和美朝高级会谈的启动，朝鲜内部政治状况的发展，此一期间朝韩关系的发展，美韩军事关系的调整以及在 1992 年 "协作精神" 联合军事演习问题上所展现出的灵活也都是重要的原因。

从朝鲜内部政治状况的发展情况来看，进入到 90 年代之后，培养和推举金正日作为朝鲜最高领导人的步伐明显加快。金正日于 1964 年在金日成综合大学政经学部毕业后，进入朝鲜劳动党中央组织指导部任指导员，1971 年担任劳动党中央宣传宣动部部长，1974 年 2 月担任劳动党中央政治局委员、组织指导部部长，1980 年 10 月担任劳动党中央政治局常委、中央军事委员会委员，1990 年 5 月任国防委员会第一副委员长。1991 年 12 月 24 日，朝鲜劳动党第六届中央委员会召开第 19 次全体会议，会议推举金正日为朝鲜人民军最高司令官。在这样一个重要而敏感的时期，对外方面，朝鲜也需要一个相对安定的外部环境，尤其是在对美关系方面。

第四节　朝韩关系的缓和

一、《北南基本协议书》

1988 年 2 月 25 日，上台执政的韩国总统卢泰愚在其就职典礼上就阐明了 "半岛问题的当事人解决原则"（卢泰愚总统就职典礼演讲稿《韩半岛问题基本上由南北韩当事者通过民主的方式和平解决》，1988 年 2 月 25 日），强调了朝鲜半岛问题应由韩朝双方作为当事人来解决的立场。《7·7 宣言》发表之后，卢泰愚政府又陆续出台了一系列积极的缓和朝韩关系的措施。1989 年新年记者招待会上，卢泰愚总统数次表明了愿举行南北首脑会谈的意向，强调要走向 "民族统合（integration）" 和 "民族自存的自主时代"。[1]

---

[1]　［韩］郑文宪：《南北韩和美国：南北关系的浮沉》，梅峰出版社 2004 年版，第 59-60 页。

卢泰愚政府上台之后对朝政策的调整一方面是基于国际环境的变化，另一方面也是基于其经济实力的增长，"汉江奇迹"的取得增强了韩国政府在处理南北关系问题上的自信，激发了其主导推进南北关系发展和统一进程的欲望。

而在 20 世纪 80 年代末期，朝鲜的对韩政策也出现了一些积极的变化。1988 年 1 月 1 日，金日成主席在新年致辞中提出了召开朝韩联席会议的主张，第二年又提出了召开朝韩政治协商会议的倡议。

在这种缓和的气氛中，朝韩之间的对话逐渐活跃，若干个对话渠道得以建立和启动。如表 1-1 所示，从 1988 年到 1992 年的四年间，朝韩双方共进行了 183 次会谈，超过了此前 20 年间朝韩对话次数的总和，特别是多达 131 次当局之间的高级会谈更使得南北之间的关系得到快速发展。[1]

表 1-1　朝韩对话状况（1971—1992）

1971 年—1979 年	1980 年—1987 年	1988 年—1992 年
红十字会会谈（71-77）：85	总理会谈预备（80）：10	高级会谈（89-92）：131
秘密接触（71-77）：13	红十字会会谈（84-85）：5	国会会谈（88-90）：11
调解委员会（72-75）：19	体育会谈（84-87）：7	红十字会会谈（89-92）：18
非正规渠道座谈（79）：3	经济会谈（84-85）：5	体育会谈（89-91）：23
乒乓球会谈（79）：4	国会会谈（85）：2	
总计：124 次	总计：29 次	总计：183 次

资料来源：［韩］林东源：《南北高级会谈和北韩的协商战略》，《北韩的协商战略和南北关系》，庆南大学极东问题研究所 1997 年版，第 7 页。

1988 年 12 月 28 日，韩国总理姜英勋致函朝鲜政务院总理延亨默，提议召开双方总理会谈，以综合性地协商和解决朝韩之间在各领域内构筑相互信任与缓解关系紧张问题，对此，朝鲜方面给予了积极回应。1989 年 1 月 16 日，延亨默回复同意召开朝韩高级政治军事会谈，并提议 2 月 8 日召开。从 1989 年 2

---

[1] 此一阶段的朝韩高级会谈分为预备会谈和正式会谈两个阶段。从 1989 年 2 月 8 日至 1990 年 7 月 26 日的一年半期间共进行了 8 次预备会谈，就会谈的名称、议题、时间、场所、代表团组成以及会谈形式等进行了协商。从 1990 年 9 月 5 日至 1992 年 9 月 17 日共进行了 8 次正式会谈。关于会谈的详细内容参见［韩］韩国统一院：《统一白皮书：1990》，第 126-146 页；《统一白皮书：1992》，第 152-175 页。

月 8 日至 1990 年 7 月 26 日，朝韩双方共进行了八次预备会谈和两次工作级代表接触，就正式会谈的名称、议题和程序等问题达成了协议。

1990 年 9 月 4 日至 7 日，第一次朝韩高级会谈在汉城举行。会谈中，韩方在提出包括相互承认和尊重等内容在内的《改善南北关系基本协议书》的同时，还提出了构筑政治军事信任八项方案和南北军备缩减推进方向五项方案。朝方则提出了在会谈过程中应遵守的三项原则：第一，再次确认和遵守《7·4 共同声明》中所阐明的自主、和平统一、民族大团结的祖国统一三大原则；第二，尊重民族共同的利益；第三，不做搅乱会谈气氛、干扰会谈进展的事情。同时，朝方还提出在第一次会谈中协商和解决加入联合国问题、美韩"协作精神"联合军演问题、被拘押的访朝者的释放问题等"三项紧急问题"。这次高级会谈没有取得具体的成果，但这是双方在冷战后举行的第一次高级会谈，具有重要的象征性和开启性意义。

一个多月之后的 10 月 16 日至 19 日，朝韩第二次高级会谈在平壤举行。在此次会谈中，韩方吸收了第一次会谈时朝方提出的三项原则的部分内容，提出了新的《南北关系改善协议书》，并向朝方提出了放弃对南革命路线、离散家属问题以及推进经济交流与合作等三项现实课题。朝方则在坚持第一次会谈提出的三项原则的同时，提出了《北南互不侵犯宣言（草案）》。

12 月 11 日至 14 日，第三次朝韩高级会谈在汉城召开。在此次会谈中，韩方再次提出了经过修订后的《南北关系改善基本协议书》，针对朝鲜提出的签署《北南互不侵犯宣言》的要求，韩方提出了在《南北关系改善基本协议书》签署之后一个月内双方通过组织和运行政治军事小委员会协商和解决签署《互不侵犯宣言》问题的方案。朝方则在吸收韩方在第二次会谈中所提方案部分内容的基础上，提出了《北南互不侵犯与关系缓和、合作宣言》，并要求双方签署。

第三次高级会谈之后，由于国际形势的变化，朝韩高级会谈停滞了较长的一段时间。在此期间，朝韩于 1991 年 9 月 18 日同时加入了联合国。

1991 年 10 月 22 日至 25 日，第四次朝韩高级会谈在平壤举行。由于双方已于 8 月份为准备第四次高级会谈进行了三次工作级代表接触，因此第四次会谈进行得比较顺利，双方就协议书的单一化，协议书的名称、内容、体系以及第五次高级会谈于 12 月 10 日至 13 日在汉城举行等问题达成了协议，并发表了《共同声明》。第四次高级会谈《共同声明》的发表标志着朝韩在推进双方关系的发展上取得了重大的进展。然而，就在双方之间的对话活跃展开的时候，凸显的朝核问题也成为了朝韩关系中的一个重要问题。

在朝鲜与国际原子能机构和美国之间就朝鲜签署《核安全保障协定》的交涉陷于胶着状态的情况下，为了劝说朝鲜签署《核安全保障协定》，接受国际原子能机构的核核查，在朝韩之间的对话中，韩国也提出了解决朝核问题的相关提议，介入了朝核问题。韩国介入朝核问题的一个重要原因是美国要求韩国在朝核问题的解决上发挥积极的作用。卢泰愚政府上台之后一直致力于推进朝韩关系的发展，虽然卢泰愚政府也十分关注朝鲜的核开发问题，但是它并没有将推进朝韩关系的发展与朝核问题的解决挂钩，而是采取了并行推进的政策。然而，在朝鲜签署《核安全保障协定》问题陷入僵局，且美国要求韩国介入的情况下，卢泰愚政府难以保持超然，遂将朝核问题楔入了南北关系中。

在朝韩第四次高级会谈中，韩方在提出"南北间缓和、不侵犯和交流合作的协议书（草案）"的同时，在朝核问题上，还督促朝鲜放弃核武器开发，接受国际原子能机构的核核查。对此，朝方则提出了"关于朝鲜半岛无核地带化宣言（草案）"和从朝鲜半岛内撤除核武器、韩国放弃吸收统一等提案①。朝鲜所提议的朝鲜半岛无核地带化方案的主要内容如下：第一，禁止核武器的试验、生产、引入、拥有和使用；第二，禁止部署核武器，禁止装载核武器的飞机、舰船等通过领空、领海，禁止其着陆和停泊；第三，禁止缔结接受核保护的协定；第四，禁止进行动员核武器与核装备参与的军事演习等。②

在这次高级会谈中，朝韩之间在核问题上的意见分歧较大，韩国认为朝鲜"只有首先接受国际原子能机构的核核查，才会具备讨论核问题的基本前提条件，只有如此，才能讨论韩半岛的核问题"。反之，朝鲜则认为"南朝鲜内的核

---

① 早在 1976 年 8 月举行的第五次不结盟国家首脑会议上，朝鲜就正式提出了朝鲜半岛无核地带化倡议。1980 年朝鲜在劳动党第六次全国代表大会上提出了朝鲜半岛无核与和平地带化主张。1985 年 12 月签署《不扩散核武器条约》时，朝鲜再次提出了无核地带化的主张。1986年朝鲜以苏联的无核地带方案为基础，提出了朝鲜半岛的无核地带方案。1990 年之后，朝鲜继续积极主张无核地带化方案，从 1990 年 9 月第二次朝韩高级会谈开始，朝鲜一直主张并强调着这个方案。[韩] 郭台焕：《韩半岛非核化问题与展望》，《统一问题研究》第 4 卷，1 号，1999 年春，第 177 页。

② [韩] 郭台焕：《韩半岛非核化问题与展望》，《统一问题研究》第 4 卷，1 号，1999 年春，第 178 页。

武器是在朝鲜接受核核查之前应该讨论的问题，这个问题在以后的北南高级会谈中应该予以讨论"。[①]

由于双方分歧较大，在核问题上的磋商没有能够取得成果。但是，在第四次高级会谈中，朝韩在推进双边关系的发展上取得了重要进展，双方在基本协议书的名称和内容等方面达成了协议，并发表了《联合新闻声明》。

在推进朝韩关系方面取得了重要进展之后，韩方加大了在朝核问题上的介入力度。1991 年 11 月 8 日，卢泰愚总统发表"韩半岛无核化与和平构筑宣言"，提出韩国"将不会制造、拥有、储藏、部署和使用核武器"，同时还表示"韩国的所有核设施将对国际核查开放"，并督促"朝鲜也采取相应的政策"。[②]卢泰愚政府提出《韩半岛无核化与和平构筑宣言》一方面是对朝鲜提出的《关于朝鲜半岛无核地带化宣言（草案）》的回应，另一方面也意味着韩国对朝鲜核问题政策的调整。先前韩国对朝核问题的政策和策略主要是想通过国际原子能机构来管理、控制朝鲜的核开发计划，但形势的发展使得韩国加强了在朝核问题上的介入力度，先前的单轨政策也转向了同时依靠国际原子能机构和从朝韩关系层面上形成新的制度或机制来管理朝鲜核计划的双轨政策轨道上。

1991 年 12 月 10 日至 13 日，第五次朝韩高级会谈在汉城举行，双方签署了在朝韩关系史上被称为"基本协议书"的《关于北南和解、互不侵犯与交流合作的协议书》。协议书对朝韩双方关系正式做出了"不是国家与国家之间的关系，而是面向统一的进程中暂时形成的特殊关系"的定位，这是在朝韩同时加入联合国，分别成为拥有国际法主权的联合国成员国之后，双方对彼此关系的法律界定。此外，协议书还对双方在和解、交流合作以及互不侵犯等方面做出了重要规定，《北南基本协议书》的签署标志着冷战后朝韩在推进双边关系的发展上取得了重大的进展。

二、《朝鲜半岛无核化共同宣言》

在签署《基本协议书》的第五次高级会谈中，韩国还紧急提出了包括序言

---

① ［韩］韩国统一院：《统一白皮书：1992》，第 155 页。
② ［韩］韩国统一院：《统一白皮书：1992》，第 453-455 页。

和五项内容的"关于韩半岛无核化共同宣言（草案）"。[①] 韩国之所以感到急迫，是因为 1991 年 7 月朝鲜与国际原子能机构就签署《核安全保障协定》的文本谈判就已结束，朝鲜原来表示在 9 月签署，但 9 月并未签署。在 11 月美朝之间的一系列沟通中，朝方透露只要美国撤除在韩国部署的核武器，朝鲜就会签署《核安全保障协定》，而此时美国的撤核即将结束，如果不能与朝鲜在核问题上尽快达成协议，显然韩国在此问题上将处于被动。

但是，韩国提出的无核化共同宣言（草案）却遭到了朝鲜的反对。在朝鲜看来，韩国在"谈论无核化的同时，又祈求核保护伞对自己的保护，这并不是真的要无核化"，"已经引进的其他国家的核武器原封不动，并允许外国的核武器在朝鲜半岛的领土、领海、领空通过，这样的无核化事实上是没有意义的"。（[朝]《劳动新闻》，1991 年 12 月 15 日）由于朝鲜的无核地带化方案和韩国的无核化方案存在较大的差距，第五次朝韩高级会谈在核问题上没有达成任何协议，但双方在发表的《共同声明》中表示：北方和南方在朝鲜半岛上应该没有核武器这一点的认识上是一致的，为了对核问题进行协商，双方决定于 12 月在板门店进行工作级接触。

随后，双方代表于 1991 年 12 月 26 日至 31 日在板门店进行了三次接触，讨论了核问题。在 12 月 26 日进行的第一次接触中，韩方代表认为朝鲜与国际原子能机构就朝鲜签署《核安全保障协定》的谈判已经结束，考虑到事情的紧急性，朝鲜最迟应于 1992 年 1 月 15 日之前签署《核安全保障协定》，并予以批准使之生效。对此，朝鲜认为《核安全保障协定》的签署问题是朝鲜与国际原子能机构之间要解决的问题，而且朝方已于 1991 年 11 月 12 日通过外交部发言人谈话的方式进行了表态，在不久的将来将自主解决，韩方要求朝方将签署《核安全保障协定》的日期定于 1992 年 1 月 15 日之前，是干涉朝鲜的内政。[②] 在第一次工作级接触中，尽管朝鲜对韩国的提议进行了反驳，但还是部分接受了韩国提出的无核化（草案）的内容，并提出了新的无核化共同宣言（草案）。朝鲜提出的新的无核化共同宣言（草案）将原来"关于无核地带化宣言"中的"无核地带化"概念调整为"无核化"，并删除了原来的（1）禁止装载核武器的飞机、

---

① ［韩］韩国统一院：《统一白皮书：1992》，第 198 页。
② ［韩］韩国统一院：《统一白皮书：1992》，第 202 页。

舰船等通过、着陆、停泊；（2）禁止缔结核保护协定；（3）共同努力促使美国撤除核武器，撤离驻韩美军，废弃核基地；（4）为了尊重无核地带而谋求对外性措施等内容，增加、修改为（1）核能源只用于和平目标；（2）不保有核再处理设施和铀浓缩设施；（3）朝鲜半岛无核化的验证；（4）为了履行共同宣言组建并运行"北南核控制委员会"等内容。①

12月28日进行的第二次接触中，韩国对第一次接触中朝鲜提出的无核化共同宣言（草案）的名称、序言和内容进行了部分修改，提出了新的《关于韩半岛无核化共同宣言（草案）》，并提议经过对共同宣言文本内容的讨论，进入文本整理阶段。在这次接触中，朝韩就序言与"核能的和平性利用"（第二条）、"不保有核再处理设施和铀浓缩设施"（第三条）、"共同宣言生效后一个月之内组成核控制共同委员会"等问题达成了一致。

在12月31日进行的第三次接触中，双方交换了对无核化共同宣言的意见，对尚未达成一致的条项进行了折中处理，②最后就签署关于朝鲜半岛无核化共同宣言问题达成了协议。③双方同意，经过各自必要的程序，于1992年2月19日召开的第六次高级会谈中使无核化共同宣言生效，作为事先的准备措施，双方于1992年1月14日和21日在板门店两次交换由双方总理签名的共同宣言文本。

1992年2月18日至21日，第六次朝韩高级会谈在平壤举行，双方宣布《北南基本协议书》《朝鲜半岛无核化共同宣言》生效。同时，在此次会议上双方还签署并生效了《北南高级会谈小委员会的构成、运行协议书》。

《朝鲜半岛无核化共同宣言》的签署使韩国具备了介入朝鲜核问题的法理性依据，使其在处理南北关系问题上又多了一把抓手。朝鲜处理这个问题在时间点的把握上也可以说是比较巧妙的。1992年1月30日朝鲜与国际原子能机构签署了《核安全保障协定》，而在此之前的1991年12月31日朝韩就无核化

---

① ［韩］韩国统一院：《统一白皮书：1992》，第202页。

② "禁止制造、使用核武器问题"（第一条），根据朝鲜的折中方案，明确表述为"制造""生产"，而"引入"一词则根据韩国的要求以"接收"代替。"相互核核查对象问题"（第四条），因朝鲜对韩国提出的"相对方选定的对象"表示反对，折中为"相对方选定、双方商议的对象"。

③ 《无核化共同宣言》全文参见［韩］韩国统一院：《统一白皮书：1992》，第487页。

共同宣言问题就达成了协议，1 月 14 日和 21 日交换签署文本，2 月 20 日宣布生效。朝鲜在与国际原子能机构签署《核安全保障协定》和与韩国签署《朝鲜半岛无核化共同宣言》问题上采取了基本均衡却错开一小步的推进策略，既照顾了韩国的体面与要求，又将其置于国际原子能机构之后。

根据《朝鲜半岛无核化共同宣言》，为了就其执行机构——朝韩核控制共同委员会的组成、运行等问题进行磋商，在朝韩第六次高级会谈期间的 1992 年 2 月 19 日，双方代表在平壤进行了第一次接触，随后至 3 月 14 日，双方代表又在板门店连续进行了六次接触，达成了《关于北南核控制共同委员会的组成、运行协议书》，发表了包含核核查规定、时间等内容的《共同声明》。3 月 18 日，双方总理签署并交换了《关于北南核控制共同委员会的组成、运行协议书》，次日即 3 月 19 日，朝韩核控制共同委员会开始启动办公。①

第五节 美韩军事关系的调整

一、驻韩美军的缩减

随着冷战结束以及美国全球战略的改变而进行的美韩军事关系的调整，也是朝鲜签署《核安全保障协定》、接受国际原子能机构核核查的一个促动因素。以东欧事态的发展、冷战结束以及 1989 年布什政府的上台为契机，美国国内以美国国会为中心，要求美国调整其全球安全战略、削减国防预算、降低财政赤字的呼声日益高涨。1989 年 7 月 31 日，美国国会参众两院通过了由民主党议员山姆·奴恩（Sam Nunn）和共和党议员约翰·华纳（John W. Warner）提出的包括削减驻韩美军等内容在内的 1990 年财政年度预算修正案。在此背景下，1990 年 4 月，美国国防部就美国的亚太战略问题向美国国会提交了一份名为《亚太地区的战略框架：面向 21 世纪》（*A Strategic Framework for the Asian Pacific Rim: Looking Toward the 21st Century*）[又名《东亚战略构想》（*East Asia Strategic Initiative*，简称 EASI）] 的文件。在这份文件中，布什政府认为在东亚和太平洋地区，传统的威胁正在发生变化，美国在东亚地区的军事存在与苏联内部的

---

① 《协议书》全文参见 [韩] 韩国统一院：《统一白皮书：1992》，第 488-489 页。

变化以及美苏间进行的军控谈判已经不相适应。同时，民族主义情绪也在东亚地区的一些国家内高涨，这些国家的领导人必然会面临来自于国内视美国在自己国家的军事存在为一种主权侮辱的大众舆论的压力，而且美国的国防预算也要面临大幅度缩减。在这种情况下，美国在未来 10 年内将经过三个阶段，完成对东亚地区的驻军进行总量上的缩减和结构上的调整。[①] 第一年至第三年为第一个阶段，这一阶段将从驻屯在东亚地区的 135000 名驻军中缩减 14000 名；第三年至第五年为第二个阶段，第五年至第十年为第三个阶段。后两个阶段，布什政府没有明确提出具体的撤军数量。关于 43000 名的驻韩美军，第一阶段将撤离包括 2000 名空军和 5000 名陆军在内的 7000 名驻韩美军，第二阶段将撤离 6500 名驻韩美军，前两个阶段结束后再制订第三阶段的撤军计划。在第三个阶段，如果韩国军队具备了防卫国家的主导能力，美国将只保留少量的驻军，并将研究解散美韩联合司令部。[②] 布什政府调整驻韩美军和美韩同盟的目标是通过撤离部分驻韩美军兵力和调整指挥结构使韩国成为自身防御的主导力量，而美国则由一个领导者的角色转型为一个辅助者的角色。

二、美韩同盟的调整

在美国将对其东亚战略进行调整的大背景下，1990 年 11 月 14 日，在华盛顿举行的第 12 次美韩军事委员会会议就第一阶段驻韩美军的缩减计划达成了协议，双方同意第一阶段缩减陆军 5000 名、空军 1987 名，1991 年底，完成缩减计划的 53%，1992 年底结束第一阶段驻韩美军的缩减计划。

根据驻韩美军的缩减计划以及 "韩国防卫韩国化" 的原则，1991 年美韩对两国的军事关系进行了微调，韩国将军被任命为美韩联合司令部下辖的地面联军司令部（Ground Component Command，简称 GCC）司令官，解散了由美军主导的负责非武装地带西侧防卫任务的美韩野战军司令部。从 1991 年 3 月 25 日

---

① Department of Defense, *A Strategic Framework for the Asian Pacific Rim: Looking toward the 21th Century*. Department of Defense Report to Congress, Washington, D.C., April 1990.

② Department of Defense, *A Strategic Framework for the Asian Pacific Rim: Looking toward the 21th Century*. Department of Defense Report to Congress, Washington, D.C., April 1990.

起，一直由美军将领担任的军事停战委员会联合国军一侧的首席代表由韩国将军担任，[①] 并加大了韩国军队在板门店共同警备区域的警备和防务责任。从 1991 年 10 月 1 日起，由驻韩美军第二师负责的板门店地区内军事停战委员会联合国军一侧的警备任务由韩国军队负责，两个警备哨所中的其中一个也由韩国军队管理。1992 年底，板门店共同警备区（Joint Security Area，简称 JSA）内 100 名美军警备兵力由韩国军队替换。

1991 年 5 月 19 日，美国发布了开始启动第一阶段缩减 7000 名驻韩美军的计划。然而由于朝鲜在签署《核安全保障协定》一事上迟迟未做表态，1991 年 11 月 21 日在汉城举行的第 23 次美韩年度安保协商会议上，两国相关人士集中对朝鲜核开发问题的解决方式以及驻韩美军的缩减等问题进行了讨论。在此次会议上，韩国明确表示了反对对朝鲜的核开发设施采取任何军事行动的意见，但韩国同意采取经济制裁或封锁，甚至对朝鲜领空实施进攻性侦察飞行等意见，美方则提出了延期缩减驻韩美军的建议。会议最后决定至朝鲜中止核开发之日推迟实施驻韩美军的缩减计划，双方还同意加强"协作精神"年度联合军演，包括动员 F-117 隐形战斗机（stealth fighter）、预警机、"爱国者"防空导弹等高科技军事装备参与军演。另一方面，美韩也表示，如果朝鲜签署《核安全保障协定》，可以考虑开放朝鲜对驻韩美军基地的国际核查。[②]

但随着朝韩高级会谈的顺利进行以及《北南基本协议书》的签署，朝鲜的核开发问题逐渐成为朝韩高级会谈的一个主要议题。为了使双方在朝鲜核开发问题上的会谈取得进展，韩国开始考虑中止 1992 年美韩"协作精神"联合军演问题。美韩"协作精神"联合军演开始于 1976 年，1978 年 7 月 27 日在美国圣地亚哥举行的第 11 次美韩年度安保协商会议上，双方正式做出了每年举行"协作精神"联合军演的决定。[③]1991 年 12 月 16 日，韩国副总理崔浩中表示，韩国是否继续"协作精神"联合军演将取决于朝韩之间在核问题上的对话取得进展

[①] ［韩］徐柱锡：《韩美安保合作 50 年的再照明》，韩国国防研究院研究报告书，1996 年，第 90、97 页。

[②] Michael J. Mazarr, *North Korea and The Bomb: A Case Study in Nonproliferation*, St. Martin's Press, 1995, p.64.

[③] ［韩］韩国军史编纂研究所：《韩美军事关系史》，2002 年版，第 623 页。

的状况。^① 在 1991 年 12 月 26 日朝韩双方的接触中，韩方表示如果朝鲜签署《核安全保障协定》，韩国将取消 1992 年的"协作精神"联合军演。12 月 31 日，朝韩就《朝鲜半岛无核化共同宣言》基本达成协议之后，1992 年 1 月 7 日，韩国国防部发表了停止举行 1992 年美韩"协作精神"联合军演的声明。朝鲜则随即于 1 月 8 日通过祖国和平统一委员会发表声明"表示欢迎"，认为这是"其一贯真诚的和平努力与反战和平运动的珍贵成果，是和平路线的胜利"，并要求"协作精神"联合军演"不光今年中止，应该永远中止，对于环太平洋（Rim of Pacific）和鹞鹰（Foal Eagle）等其他大规模军事演习也应该采取转换性的措施"，"在朝鲜半岛和平问题上负有直接责任的美国也应该立即看到北和南签署不侵犯（协定）、缓和得以巩固的变化之现实，并应该相应地做出从南朝鲜撤出军队和撤除核武器的负责任的回答"。（［朝］《劳动新闻》，1992 年 1 月 9 日）

---

① Michael J. Mazarr, *North Korea and The Bomb: A Case Study in Nonproliferation*, St. Martin's Press, 1995, p.67.(Yonhap report cited in FBIS-EAS, December 16, 1991.22.)

第二章　三国四方核博弈

本章导读

签署《核安全保障协定》之后，朝鲜于 1992 年 5 月初提交了核目录清单，国际原子能机构随即于 1992 年 5 月下旬至 1993 年 2 月初的半年时间内对朝鲜申报的核设施实施了六次临时核查。六次临时核查的结果是在废弃核燃料的再处理次数与钚的提取量上，国际原子能机构核查小组的发现与朝鲜的申报之间存在着"不一致性"，因此国际原子能机构向朝鲜提出对任何成员国都不曾使用过的特别核查。

国际原子能机构与朝方之间进行沟通未果后，国际原子能机构理事会于 1993 年 2 月 25 日通过了第 2636 号决议，并因此导致朝鲜于 3 月 12 日发表退出《不扩散核武器条约》声明，引发了第一次朝核危机。

在此之后，国际原子能机构理事会又分别于 1993 年 3 月 18 日、4 月 1 日和 9 月 30 日通过了第 2639 号、第 2645 号、第 2692 号三个决议，国际原子能机构大会也于 1993 年 10 月 1 日通过一个决议。不仅如此，国际原子能机构还将问题提交至联合国安理会，使其介入了朝核问题。安理会在 1993 年 4 月 8 日发表主席声明之后，还于 5 月 11 日通过了第一个涉朝核问题决议——第 825 号决议。

尽管有国际原子能机构理事会和国际原子能机构大会如此多的决议，尽管联合国安理会也置身其中，其间国际原子能机构与朝鲜之间也进行了多次的沟通，但"不一致性"问题始终没有得到解决，国际原子能机构所强烈要求的特别核查也没有能够得以实施。

朝鲜与国际原子能机构之间的纠葛看起来是源自于核问题本身，但实质上则远远超越了核问题本身的范畴，与半岛的国际政治，与朝鲜签署《核安全保障协定》之后朝美关系停滞不前、美国爽约高级会谈、重启美韩"协作精神"联合军演具有着重要的关联，而这些又与蹒跚的朝韩关系、朝韩核控制共同委员会和高级会谈机制的停止密切相关。

美朝韩与国际原子能机构这三国四方围绕着核问题展开的是一种十分微妙、敏感而复杂的互动，国际原子能机构以秉持技术与法律原则为立身之本，参与的却是美朝韩之间围绕着更为本质性的国家利益冲突而展开的政治博弈。

第一节　核核查

一、核目录清单

1992 年 4 月 9 日，朝鲜第九届最高人民会议第三次会议批准了朝鲜与国际原子能机构于 1992 年 1 月 30 日签署的《核安全保障协定》。随后，朝鲜于 4 月 11 日和 14 日分别通过朝鲜中央广播电台记者对宁边地区的采访报道和原子能工业部外事局局长会见《朝鲜新报》记者的方式公开了其核设施与核开发现状。

按照朝鲜方面公开的资料，朝鲜于 1974 年 1 月 23 日颁布了《原子能法》，现有的核设施包括宁边原子能研究基地、铀矿山的选矿和加工设施。宁边原子能研究基地的设施包括：（1）原子能发电站三座，其中一座已在运行，两座处于在建中。运行中的发电站即 5MWe 试验用原子能发电站，以使用天然铀为原料，反应堆为石墨减速——二氧化碳冷却型反应堆，生产电力和热暖。反应堆、涡轮发电机、燃料更换机等机械设备均为自产，于 1986 年完工。建设中的两座发电站，一座设计发电容量为 50MWe，计划于 90 年代中期完工。一座设计发电容量为 200MWe，计划于 90 年代末完工；（2）研究试验用原子反应堆两座，热功率为 8MWe，60 年代从苏联引进，已处于国际原子能机构的核查中；（3）宁边核研究中心，包括核物理研究所等。铀矿山选矿加工设施包括位于平安南道顺川的铀矿和黄海南道平山的铀矿，位于平安北道博川和黄海南道平山的选矿设施以及位于宁边的核燃料加工设施——核燃料棒加工厂。（[朝]朝鲜中央通讯，1992 年 4 月 10 日、4 月 14 日）

上述是朝鲜方面通过媒体公开的其核设施的情况。1992 年 5 月 4 日，朝鲜向国际原子能机构正式提交了它的核设施、核材料的目录清单，涉及到如表 2–1 所示的 16 个核设施，内容多达 150 页。

表 2-1 朝鲜提交的核设施目录清单

名称	数量	规模	地址	备注
IRT 研究型原子反应堆和临界设施	2		宁边核物理研究所	核查中
准临界设施	1		平壤金日成综合大学	已建成
核燃料棒制造和储存场所	2		宁边	已建成
试验用原子反应堆	1	5MWe	宁边核物理研究所	已建成
放射化学实验室	1		宁边放射化学研究所	建设中
原子能发电站	1	50MWe	宁边	建设中
原子能发电站	1	200MWe	平安北道（泰川）	建设中
发电用原子反应堆	3	每座 635MWe	新浦	建设计划
铀矿山	2		（顺川等）	已建成
铀精炼生产工厂	2		平山、博川	已建成

资料来源：[韩] 金荣允等：《北韩核问题与南北关系的进路》，统一研究院研究丛书 2002 年版，第 12 页。

在莱恩·希格（Leon V. Sigal）看来，朝鲜的提交动作和提供的资料比其与国际原子能机构签署的《核安全保障协定》所要求的更加快捷，也更加详细。根据朝鲜与国际原子能机构达成的协议，朝鲜在 1992 年 5 月末之前提交其核目录清单即可，而且莱恩·希格觉得最使人感到惊奇的是朝鲜承认它在过去已经提取了 90 克的钚。[①] 但实际上，朝鲜同时也将其核情况向 4 月底 5 月初访朝的美国卡内基基金会的专家进行了透露。卡内基基金会的访朝团由亚洲问题专家赛里格·哈里森（Selig Harrison）担任团长，于 4 月 28 日至 5 月 4 日访问了朝鲜。

二、"不一致性"问题

朝鲜提交其核设施与核材料目录清单几天后，5 月 11 日，国际原子能机

---

① Leon V. Sigal, *Disarming Strangers*: *Nuclear Diplomacy with North Korea*, Princeton: Princeton University Press, 1998, p.39.

构总干事布利克斯一行即抵达平壤，至 5 月 16 日对朝鲜进行了为期六天的访问。而就在布利克斯抵达平壤的前一天——5 月 10 日，朝鲜通过外交部发言人谈话的形式提出了对驻韩美军的核武器与核基地进行全面核查的同时核查主张。（［朝］朝鲜中央通讯，《外交部发言人谈话》，1992 年 5 月 11 日）在为期六天的访朝行程中，布利克斯等人参观了宁边的设施、泰川的 200MWe 核电站建设工地、博川和平山的铀矿石工厂以及平壤的研究中心。在其回程的路上，尽管布利克斯口风甚紧，却依然特别提到了位于宁边附近山中的一个巨大掩体和需要乘坐几分钟电梯方可到达的隧道。[1]

布利克斯访问朝鲜之后，国际原子能机构的核查小组开始依据《核安全保障协定》对朝鲜进行核查。从 1992 年 5 月 26 日至 1993 年 2 月 6 日的半年时间内，国际原子能机构的核查小组共对朝鲜核设施进行了六次临时核查，六次临时核查的时间分别是 5 月 26 日至 6 月 5 日、7 月 7 日至 7 月 20 日、9 月 1 日至 9 月 11 日、11 月 2 日至 11 月 14 日、12 月 14 日至 12 月 20 日、1993 年 1 月 26 日至 2 月 6 日。国际原子能机构的核查计划是首先通过实施临时核查以点检方式掌握朝鲜核设施和核材料的基本状况，然后再实施常规核查。虽然在分析了布利克斯访朝期间所拍摄的大量录像资料之后，国际原子能机构发言人戴维（David Kyd）在 1992 年 6 月初表示，这些录像资料显示出朝鲜的核设施还非常初级，还远不具备生产核武器用钚的能力，[2] 但是，在 1992 年 7 月进行了第二次临时核查之后，国际原子能机构核查小组还是发现了一些问题。

经过技术分析，国际原子能机构的专家认为朝鲜并不是如其所说的那样只进行过一次核废料的再处理，而是至少于 1989 年、1990 年和 1991 年进行过三次。国际原子能机构的科学家在比较了朝鲜提供的钚样品与已知的朝鲜钚废料的同位素品级之后，发现两者并不匹配。而在核查中，国际原子能机构的核查专家使用了一种高科技设备寻找到了镅 -241。镅 -241 是钚 -241 的一种衰变物质，随着时间的流逝进行衰变之后所产生的频谱能够提供再处理进行时间上的

---

[1] Michael J. Mazarr, *North Korea and The Bomb: A Case Study in Nonproliferation*, St. Martin's Press, 1995, p.83.

[2] Don Oberdorfer, "N. Korea is Far From A-Bomb, Video Indicates", *The Washington Post*, June 4, 1992. p.18.

信息。由于发现了镅-241至少存在三种不同的频谱，国际原子能机构的核查专家也相应地能够确定朝鲜进行核废料再处理的次数与时间。基于如上情况，国际原子能机构的核查小组要求朝鲜允许他们通过擦拭位于宁边的核再处理设施中保存过钚的金属手套箱和其他储存设施以收集另外的样品。

此时，美国的侦察卫星所拍摄到的照片也为国际原子能机构提供了一些新的情报信息。在分析侦察卫星所拍摄到的照片资料的过程中，宁边附近的两处场所引起了美国情报部门的注意。这两处场所中的一处是一个具有圆形和方形洞口、布局独特的户外设施，美国情报分析人员发现这个设施与苏联设计的用于储存固体和液体核废料的户外设施很像，而且该设施还毗邻一个核废料场，美国的侦察卫星照片显示就在国际原子能机构核查小组到达朝鲜几天之前，朝鲜的工人用泥土掩盖了该处地点。第二处场所是一个巨大的建筑，美国中央情报局称其为"筑体500（Building 500）"，这也被断定是一个钚废料的储存设施。1991年冬天美国的侦察卫星发现朝鲜的工人在宁边的主处理设施与"筑体500"之间挖了一条沟渠并铺设了管道，美国情报分析人员认为这条管道是用于秘密运输钚废料的，而且"筑体500"本身也有些神秘，卫星照片显示，刚开始是一个位于巨大混凝土基础结构之上的地表建筑，但后来这个建筑被从四周推起的巨大土堆所掩埋。

在得到美国的情报信息支持后，国际原子能机构的核查人员随即向朝方提出要对这两处场所进行参观，并得到了朝方的允许。因此，在第三次临时核查结束之后的9月11日和14日，国际原子能机构的核查人员分别对此两处场所进行了参观，发现第一处场所与核活动无关，但在参观第二处场所时，国际原子能机构的核查人员却发现该建筑有军事人员护守，且只有一层，并没有发现通往地下的楼梯，也没有明显的信息显示该建筑具有地下室，而且朝方官员也否认该建筑存在下层空间。

为了解决双方在钚提取量上结论不一致的问题，国际原子能机构总干事布利斯克在1992年11月向朝鲜方面提出了派遣高级官员访问朝鲜以与朝方就此事进行磋商的要求，但朝鲜方面却提出双方的磋商在维也纳进行。

1992年11月27日至12月5日，朝鲜原子能工业部部长崔学根访问了维也纳，在此期间的11月30日至12月1日，总干事布利克斯等国际原子能机构的高级官员同崔学根等朝方官员进行了接触与交流，布利克斯等人表达了国际原子能机构的关切，并且非正式地向朝方提出了向宁边派出一个特别核查小组以对 9 月 14 日参观过的"筑体 500"进行核查的请求，但朝方以该设施为军事设施并与核活动无关为由予以拒绝。[①] 布利克斯遂向朝方人员表示国际原子能机构对参观军事设施及非核设施并不感兴趣，但是如果国际原子能机构认为因与《核安全保障协定》的履行相关而有理由接近某处设施，那么就不能以军事设施为由而被排除在参观和核查的范围之外。然而，朝鲜方面立场坚定。

1993 年 1 月 17 日至 25 日，以巴拉迪为首的国际原子能机构代表团访问朝鲜，在 22 日和 23 日同朝方相关人员的会谈中，国际原子能机构的官员表示如果钚提取量不一致问题不能解释清楚，国际原子能机构就不能排除这样一种可能性，即朝方从 IRT 研究型反应堆或 5MWe 试验用反应堆中进行了核废料的再处理而却没有向国际原子能机构申报，如果这样，朝鲜具有另外的钚"这一存在"就不能被排除。同时，国际原子能机构的官员还强调了对两处设施尽快进行"接近"（access）的必要。在会谈中，国际原子能机构方面还明确指明了位于宁边附近的第二处设施的具体位置所在，并表示说已经做好了进行访问的准备，但朝鲜方面以此两处设施为军事设施而非核设施以及国际原子能机构使用了第三方的情报为由予以拒绝。

在 1993 年 1 月 26 日开始的第六次核核查期间，国际原子能机构和朝鲜又就钚提取量的"不一致性"问题进行了讨论，朝鲜方面也补充提供了一些资料，但国际原子能机构核查小组认为朝鲜的解释不够令人信服，档案证据也不够充分，因此又向朝方提出了在正式的核查过程中查看这两个被断定是核废料场的设施，但朝鲜仍然予以拒绝。

由此，国际原子能机构认为它从朝方获取的包括朝方的解释在内的资料，不足以使其在《核安全保障协定》的框架下履行其职责，特别是不能证实关于朝鲜核材料目录清单第一次报告的准确性与完整性。在这种情况下，1993 年 1 月末，国际原子能机构开始讨论正式向朝鲜提出对这两个可疑地点进行特别核查（special inspection）的可行性问题。由于在此之前国际原子能机构并没有实施过特

---

① *KBS news report cited in FBIS - EAS*, December 1, 1992; International Atomic Energy Agency Information Circular, April 8, 1993, http://www.iaea.org/Publications/Documents/Infcircs/Others/inf419.shtml

别核查，因此比较谨慎，要有足够充分合理且合法的理由才可向朝方正式提出。

国际原子能机构核查小组的第六次临时核查于 2 月 6 日结束后，2 月 9 日，国际原子能机构总干事布利克斯以朝鲜与国际原子能机构签署的《核安全保障协定》第 73（b）条①为依据要求朝鲜方面允许国际原子能机构接近如下资料和场所：（1）在追加的资料方面，国际原子能机构需要澄清在公布的和现存的钚提取量以及相关核废料及其性质方面朝方提供的资料与国际原子能机构的发现之间存在的不一致性。为了澄清这种不一致性，有必要提供诸如相关的历史记录、核废料及其处理场所的记录等资料。（2）在追加的场所方面，作为需要澄清工作的一部分，必须允许国际原子能机构核查小组"接近（access）"国际原子能机构秘书处有理由认为与核废料有关的两处场所并提取样品，这两处场所是国际原子能机构官员于 1992 年 9 月 14 日曾参观过的、位于放射性化学实验室东侧的一处设施，以及位于从曾展示给国际原子能机构核查人员的一处核废料储存地开始的一条道路另一端的一个场所。

三、退出《不扩散核武器条约》

1993 年 2 月 10 日，国际原子能机构向朝鲜发出了要求朝鲜接受特别核查的电函。2 月 15 日，国际原子能机构收到了朝鲜原子能工业部部长崔学根的答复。在答复中，崔学根并没有直接拒绝国际原子能机构的特别核查要求，而是表示说他将与一些专家赴维也纳以向国际原子能机构做进一步的澄清。2 月 18 日，崔学根率领一个专家小组前往维也纳并于 20 日抵达。到达维也纳之后，崔学根在同布利克斯等国际原子能机构官员会谈时，就钚提取量的不一致性问题进行了解释：朝鲜确实在 1975 年使用苏联提供的小型核研究设备对钚进行了少量的再处理，这是造成双方在钚提取量上意见不一致的原因。但是国际原子能机构并不接受这种解释，在布利克斯等人看来双方的接触没有取得"有意义的进展（meaningful progress）"。

---

① 第 73 条规定："机构可以按照第 77 条规定的程序进行特别核查：（a）以便核实特别报告中的资料；或（b）如果机构认为，朝鲜民主主义人民共和国提供的资料，其中包括朝鲜民主主义人民共和国所作的解释以及例行核查所获得的资料，还不足以使机构履行其按本协定规定的职责。"

2 月 22 日，崔学根发表了一个详细的说明，表示"朝鲜与国际原子能机构的分歧事实上只不过是一场误会而已"。但同一天朝鲜驻日内瓦大使李哲则表示，如果国际原子能机构继续执意要求特别核查，那么将会迫使朝鲜不再履行《核安全保障协定》框架下的义务。崔学根和李哲的不同表态可以理解为是朝鲜的一种刚柔并济的策略，其目的是想使国际原子能机构放弃特别核查的要求。但就在同日，布利克斯向国际原子能机构理事会就此事提交了一个报告。3 日之后的 2 月 25 日，国际原子能机构理事会召开会议通过了督促朝鲜接受对其未申报的两个设施实施特别核查的第 2636 号决议。该决议特别呼吁"朝鲜政府开展与国际原子能机构的充分合作，以使其能够履行其在《核安全保障协定》框架下的职责，积极而不迟延地对总干事于 2 月 9 日提出的'接近'追加资料和追加场所的请求做出回应"，申明"理事会认为对追加资料和场所的接近是必须而紧迫的"。决议还要求"总干事继续与朝方进行对话以期此问题的早日解决"，并在一个月之内向理事会报告。2 月 26 日，布利克斯正式向朝鲜发送了国际原子能机构理事会第 2636 号决议，并致电朝鲜原子能工业部部长崔学根，要求朝鲜接受国际原子能机构的特别核查要求。

3 月 10 日，崔学根致电布利克斯，拒绝了国际原子能机构的特别核查要求，并不点名地对布利克斯进行了指责。崔学根表示："我数次提到了我们对澄清'不一致性'以及你提出的对两个追加场所要求接近的观点、立场和解决办法，然而参与超级大国针对朝鲜战略的国际原子能机构秘书处的一些官员将本来通过临时核查没有任何困难就可以解决的问题，夸张而与事实不符地提交至 2 月份的理事会会议，理事会因此而做出不公正的决议，我们对此非常遗憾。现在美国和南朝鲜当局重启'协作精神'联合军事演习，他们正在动员大规模军事力量进行针对我们的核战争演习。在这种情况下，根据 3 月 8 日最高司令官下达的命令，从 3 月 9 日起我们国家进入准战争状态。在我们国家处于如此的政治军事环境下，我只能通知你，我们不得不保留关于接受核查小组履行 2 月理事会会议不公正决议的考虑。"[1]

---

[1] Communication Dated 1993-03-10 from the Minister for Atomic Energy of the DPRK to the Director General of the IAEA, http://www.iaea.org/Publications/Documents/Infcircs/Others/inf419. shtml#annex5.

而就在同日，布利克斯即复电崔学根，态度也是十分强硬，说："我必须通知你，你的国家'处于准战争'状态不能妨碍《核安全保障协定》的履行。……2月26日的决议案中，理事会所做出的对追加资料和两个地点接近的决定是'必须而紧迫的'，鉴于此，我请求你积极地考虑尽早接受国际原子能机构的核查小组，从决议通过之日起一个月之内，我须就此事向理事会汇报。"

国际原子能机构和布利克斯的强硬态度引起了朝方的强硬反弹。3月12日，朝鲜召开第九届中央人民委员会第七次会议，决定退出《不扩散核武器条约》，随后，以发表政府声明的方式予以公布，声明表示：

> 今天我们国家面临着一个严重的状况，威胁着我们国家的主权和安全。
>
> 美国和南朝鲜当局挑衅性地重启"协作精神"联合军事演习——针对朝鲜民主主义人民共和国的核战争的演练。与此同时，国际原子能机构秘书处的一些官员和一些成员国追随美国的领导通过决议，要求对我们与核活动无关的军事设施实施特别核查。
>
> 这是对共和国主权的侵犯，是对内政的干涉，是以扼杀我们社会主义为目的的敌对行为。
>
> 朝鲜民主主义人民共和国政府强烈谴责美国和南朝鲜当局这种不计后果地针对朝鲜人民的核战争阴谋，坚决反对国际原子能机构理事会做出的不公正决议。
>
> ……
>
> 朝鲜政府是在《不扩散核武器条约》的签署国既不在朝鲜半岛部署其核武器也不对朝鲜进行核威胁的前提下，才与国际原子能机构签署的《核安全保障协定》，并接受核核查。然而美国仍然继续其针对朝鲜的核战争威胁，远没有履行其作为一个有核国家在《不扩散核武器条约》框架下从南朝鲜撤出其核武器、解除其对朝鲜的核战争威胁的义务。
>
> ……
>
> 如果我们老老实实地接受国际原子能机构的不公正决议，将会使美国这一好战分子对朝鲜的间谍行为合法化，也会使我们所有的军事设施开始全面暴露。在国家仍然处于分裂和美国核威胁的特殊条件下，把我们的军事设施暴露于敌人面前将是完全不可想象的。

一个一个地满足其要求是美国常用的伎俩，这就是今天它要求开放一处军事设施，明天就会要求开放另一处。

如果我们拒绝接受对我们军事设施的"特别核查"，美国就会以朝鲜"不履行特别核查"为由将事情提交至联合国安理会以对朝鲜强加"集体制裁（collective sanctions）"，这正是美国已经策划好的前景。

国际原子能机构秘书处的一些官员遵照美国的指示，如此顽固地坚持对我们军事设施的"核查"，而忽视我们提出的对美国在南朝鲜的核武器和核基地进行核查的要求。这是明显地偏袒美国这一好战分子的行为。

朝鲜政府接受《不扩散核武器条约》是为了消除美国对朝鲜的核威胁，而不是为了某个人的利益而牺牲它的主权和安全。……所有的事实明确表明美国、对朝鲜的敌对势力以及国际原子能机构秘书处的一些官员正在借用《不扩散核武器条约》将我们这样一个非核武国家的主权和安全置于危险之地，扼杀我们的社会主义制度。

在目前这样一种非常的状况下，我们不再能够履行我们在《不扩散核武器条约》框架下的义务。朝鲜民主主义人民共和国政府决定退出《不扩散核武器条约》，以保卫它的最高利益。对美国的核战争演练和国际原子能机构秘书处一些官员对朝鲜的不公正行为而言，退出《不扩散核武器条约》是一项非常正义的自卫之举，在美国停止其对朝鲜的核战争威胁和国际原子能机构秘书处回到独立而公正的原则之前，朝鲜的原则立场将不会改变。

至此，朝鲜与国际原子能机构之间的合作因钚提取量的"不一致"和特别核查问题而产生的分歧最终无法弥合而破裂。导致这种结果发生的原因是复杂的，既因为国际原子能机构与朝鲜在履行相关协定的原则、行事风格等方面存在一定的差异，也涉及到美朝、朝韩关系的发展并不顺利等方面的原因。

国际原子能机构是国际原子能领域的政府间科学技术合作组织，它的行事风格和原则是依据技术原则行事。在它看来，既然朝鲜已经同它签署了《核安全保障协定》，它就要根据协定去行使自己的权利和履行自己的义务，以对国际社会负责，朝鲜不能以任何借口妨碍国际原子能机构行使自己依据协定而产生的权利，朝鲜也不能以任何借口不去履行自己依据协定而产生的义务，哪怕是处于"准战争"状态,只要朝鲜还在《不扩散核武器条约》框架之内。在朝鲜向国际原子能机构提交了核设施与核材料的目录清单之后,国际原子能机构在朝鲜从事核查工作的目的就是通过核查鉴别朝鲜所提交资料的真伪,掌握朝鲜的核现状,保证朝鲜的"核透明性"。

对朝鲜而言,国际原子能机构核查小组在核查中使用新设备和新技术的情况是其事先没有想到的。在 5 月 4 日提交的核目录清单之外,如果国际原子能机构再发现新的核设施和核材料,不仅是面子上过不去,另外也会失去一张很有效用的牌,所以,它坚决拒绝国际原子能机构对不在它提交的核目录清单上的另外两处设施进行特别核查。同时,签署《核安全保障协定》之后,美朝关系的停滞不前也使朝鲜十分失望。而且,在朝鲜看来,它在签署《核安全保障协定》之前,一直在强调对朝鲜和对驻韩美军基地实施"同时核查"。如今,在已经接受了六次临时核查之后,国际原子能机构还要求实施对任何国家都未曾使用过的特别核查,而对驻韩美军基地的"核查"提议根本无人理会,这也使得朝鲜十分委屈。

但在国际原子能机构看来,美朝关系发展如何是不能影响国际原子能机构的工作的,"同时核查"也是朝鲜单方面的主张和要求,从国际原子能机构这一方来说,它没有对驻韩美军的基地和设施进行核查的权力,而且美朝关系是否发展,"同时核查"是否实施,也不是朝鲜是否履行《核安全保障协定》的法定前提条件,因此美朝关系停滞不前和"同时核查"未能实施不能成为朝鲜不履行《核安全保障协定》的借口。

在无政府体系结构下,国际公法的履行实际上是一个国际政治的问题,在涉及到国家与政权安全问题的领域更是如此。国际原子能机构强调它与朝鲜要严格履行《核安全保障协定》,但朝鲜更看重涉及到朝美和朝韩关系等问题的朝鲜半岛国际政治的发展状况,这是造成双方合作最后破裂的主要原因。另外,瑞典外交官出身、具有法学博士头衔的布利克斯的"技术性"强硬个性与朝鲜在提交核资料和对待核核查问题上的"狡黠",强化了双方行事风格上的差异,也使彼此在相互认识和情感上产生了一定的隔阂。

在最终破裂之前,朝鲜方面曾"做工作"试图解决它与国际原子能机构之间的分歧。在国际原子能机构核查小组第六次临时核查结束之后的次日——1993 年 2 月 7 日,朝鲜通过外交部发言人会见朝中社记者的方式,向外界正式表明了反对对其军事基地进行核查的立场。2 月 12 日、13 日、16 日和 19 日,

表 2-3 朝韩核控制共同委员会会议

时间	性质	地点	朝方立场	韩方立场
1992.4.1	第二次会议	板门店和平之家	指责韩方提出实施相互核查规定目的不纯，提出对军事基地进行特别核查。	指责朝鲜提出《履行无核化共同宣言协议书》是迟延签署核查规定的手段，督促朝鲜尽快签署核查规定。
4.21	第三次会议	板门店统一阁	继续提出签署《履行无核化共同宣言协议书》及《验证朝鲜半岛无核化的核查规定》。	提出核查规定在5月19日之前缔结，要求朝鲜撤回《履行无核化共同宣言协议书》。
5.12	第四次会议	板门店和平之家	反对特别核查制度，在对履行协议书和核查规定的"一揽子"解决的前提下进行委员接触讨论核查规定问题。	根据特别核查制度实施"一揽子"彻底的核查，并提议双方进行委员接触以对核查规定进行文本讨论。
5.15 5.20 5.23	三次委员会接触	中立国监察委员会会议室	提出《履行无核化共同宣言协议书》及《验证朝鲜半岛无核化的核查规定》"一揽子"讨论的主张。	朝鲜疑取缔杯的事实和建设放射性化学实验室违反了《无核化共同宣言》，要求立即中止再处理设施的建设。
5.27	第五次会议	板门店统一阁	反对核查军事基地，主张《履行无核化共同宣言协议书》及《验证朝鲜半岛无核化的核查规定》"一揽子"解决。	认为南北之间不进行核查，南北关系也不可能取得进展，强调对军事基地进行核查不可避免。
6.30	第六次会议	板门店和平之家	国际原子能机构的核查已经消除了怀疑朝鲜进行核武器开发的根据，而现在剩下的事情就是对驻韩美军基地的核查。	强调接受特别核查制度以消除核疑惑。

续表

时间	性质	地点	朝方立场	韩方立场
7.21	第七次会议	板门店统一阁	强调国际原子能机构的第二次临时核查已经消除了朝鲜开发核武器的疑惑，再次主张对驻韩美军基地进行核查。	在首先讨论核查规定并签署之后再讨论履行协议书的前提下，提出了包括序言和六条内容在内的《履行朝鲜半岛无核化共同宣言的协议书》，强烈要求中断和废弃国际原子能机构核查所发现的大规模的再处理设施的建设，强调南北相互核查一定要另行进行。
8.31	第八次会议	板门店统一阁	双方在实施相互核查及相关问题上没有能够消除分歧，并决定就讨论核查规定的内容而进行委员接触。 第一章 无核化验证的情报交换 第二章 无核化验证核查团的构成、运行 第三章 无核化验证核查对象的选定 第四章 无核化验证的核查程序及方法 第五章 根据核查结果而进行的施政措施及争议的解决 第六章 安全保障和便利提供 第七章 修改、生效及其他	
9.19、9.30、10.14	三次委员接触	中立国监察委员会会议室		双方就核查规定的名称、序言以及第一章的各项内容进行了实质讨论，双方在核基地部分意见接近，但在核武器、核基地对象中就核物质与核设施部分意见相左。

续表

时间	性质	地点	朝方立场	韩方立场
10.22	第九次会议	板门店统一阁	谴责韩美第二十四次年度"安保协商会议"就开始准备"协作精神"军事演习达成的协议，提出了收回重启"协作精神"军事演习的决定、中断动员外国核武器等相关装备的军事演习以及以韩方收回"团队精神"军事演习为前提条件讨论履行协议书和核查行动等要求。	提出"协作精神"军事演习的重启与否完全是根据朝鲜核武器开发疑惑是否消除而决定的问题，今年内如果签署核查规定并实施核查的话，可以讨论"协作精神"军事演习中止的问题。
11.18	第十次会议	板门店和平之家	要求韩方收回重启"协作精神"军事演习的决定。	提出如果11月末签署核查规定，至迟12月中旬相互实施核查的话，"协作精神"军事演习的问题可以解决，强调为了实施没有任何禁区及死角地带的核查，特别核查制度是必要的。
11.27	第十一次会议	板门店统一阁	核核查之所以迟延的原因在于韩方坚持特别核查制度和对军事基地进行核查。	为了南北间核问题的解决和相关的实质性改善，因与无核化相关而提出对怀疑的军事基地进行核查是必要的，强调为了核查的持续进行，特别核查制度是必须的。

续表

时间	性质	地点	朝方立场	韩方立场
12.10	第十二次会议	板门店和平之家	韩方应该收回将实施相互核查与"协作精神"军演重启相联系的立场，要求韩方在12月15日之前收回重启"协作精神"军事演习的决定，无条件接受对驻韩美军核武器及核基地的核查，公开韩方核武器开发的真相。	再次表示如果12月21日第九次高级会谈之前实施第一次核互相核查的话，将解决"协作精神"军演的问题，提议为了有效地讨论相互核查问题立刻举行委员会接触。
12.14	委员接触		认为韩方的核查规定是要回避对驻韩美军基地的核查，反对对军事基地的核查和特别核查制度。	对军事基地的核查并不是对一般军事基地的核查，而是只对与无核化问题相关的军事基地的核查。
12.17	第十三次会议	板门店统一阁	指出韩方拥有大量的核的开发技术人才，技术开发已经进入了核武器的生产阶段，要求韩方立刻中止核武器的开发并公布其真相。	作为核查规定的基本构成要素，在保证对双方均衡核查的相互主义原则下，应该对地方进行没有禁区的核查，疑问的所有地方进行实施核查的特别核查制度是核心性问题。
93.1.25	委员长接触	板门店	对军事基地的核查并不是核控制共同委员会所负责的事项，而是军备缩减阶段由军事共同委员会所负责的事项，特别核查违反了《无核化共同宣言》第四条，	与相互核核查相关①只要是怀疑的，无论是什么地方，都要保障没有禁地的实施核查；②为了持续而适时地实施核查，一定要确立特别核查制度；③对军事基地的核查与无核化问题相关而是对一般军事基地而自是对无核化问题相关所提出怀疑的军事基地的核查，朝方拒绝韩方的核查规定提议没有理由。

资料来源：作者根据韩国统一部南北会谈本部资料整理。

由上表也可以看到，朝韩就相互核核查问题在 8 月底召开的核控制共同委员会第八次会议上也曾取得了一定的成果，但随后双方在核查问题上的矛盾越来越突出。而随着朝韩高级会谈机制在 1992 年 12 月的停止，以及韩国国防部于 1993 年 1 月 26 日宣布 1993 年"协作精神"联合军演将于 3 月 9 日至 18 日实施，朝韩核控制共同委员会机制也随即停止。

二、高级会谈机制的停止

1992 年 2 月，朝韩第六次高级会谈签署的《北南基本协议书》、《朝鲜半岛无核化共同宣言》和《高级会谈分委员会的构成、运行协议书》为朝韩关系的发展确立了一个基本的框架。以此为基础，双方通过发表联合新闻公告，确定了在 3 月 6 日通报分委员会委员名单和各委员会第一次会议召开的时间和地点。随后，至第七次高级会谈召开之前，各分委员会就履行《北南基本协议书》附属协议书的文本起草、联络事务所和共同委员会的构成、运行等问题进行了三次会议，5 月 6 日至 7 日，双方在汉城召开的第七次高级会谈就上述问题达成了一致。①

第七次高级会谈之后，朝韩设立的政治、军事和交流合作三个分委员会分别进行了数次的会议、委员长接触、委员接触。在 1992 年 9 月 15 日至 18 日的第八次高级会谈之前，虽然交流合作分委员会就附属协议书达成了一致，但政治和军事分委员会在附属协议书的起草与和解共同委员会的构成运行等问题上没有达成一致。9 月 15 日至 18 日，第八次朝韩高级会谈在平壤召开，经过各自的努力，双方在"南北和解共同委员会"的构成和运行以及各分委员会第一次会议召开的时间和场所等问题上达成了一致。②

---

① ［韩］韩国统一院：《统一白皮书》，1992 年，第 167-170 页。
② 双方决定：和解共同委员会的第一次会议于 1992 年 11 月 5 日在板门店朝方一侧的统一阁举行，军事共同委员第一次于 1992 年 11 月 12 日在板门店韩方一侧的和平之家举行，经济交流协力共同委员会第一次会议于 1992 年 11 月 9 日在板门店朝方一侧的统一阁举行，社会文化交流协力共同委员会第一次会议于 1992 年 11 月 26 日在板门店韩方一侧的和平之家举行，第九次高级会谈于 1992 年 12 月 21 日至 24 日在汉城举行。［韩］统一院《统一白皮书》，1992 年，第 174—175 页。

但是，在美韩于1992年10月做出在11月实施"花朗训练""鹞鹰"军事演习，以及启动1993年"协作精神"军事演习准备工作的决定之后，朝方在11月3日发表了南北和解、军事、经济和社会文化等四个共同委员会朝方委员长的《联合声明》，决定取消原定于11月举行的四个共同委员会的第一次会议。12月19日，朝韩高级会谈朝方代表团又发表了声明，决定不参加原定于12月21日至24日在汉城召开的第九次高级会谈，朝韩之间的高级会谈以及由于《基本协议书》的签署而启动的政治分委员会、军事分委员会以及交流合作分委员会等机制的运行也随之停止。

这一时期的朝韩关系在前期的发展应该说是比较顺利的，但随着双方关系发展的深入以及一些深层次问题和矛盾的出现，双方关系的发展开始出现障碍。在相对处于劣势的情况下，对于韩国要积极地全方位推进并试图主导南北关系发展的态势，朝鲜自然相当警惕。对朝鲜而言，它更愿意以控制南北关系发展的速度和领域来调控南北关系的发展，以"慢"制"快"，变被动为主动，处劣势而谋优势，而这自然会引起韩国的不满。在国际原子能机构已经启动对朝鲜核设施实施临时核查的情况下，韩国担心在朝核问题上可能会被边缘化，极力想尽快启动朝韩间的核核查，以置身其中，而这正是朝鲜所担心并极力防止的。朝韩之间关系的特殊性、统一问题的存在，以及双方尚未在实现统一的方式这一更为重大的问题上达成共识的情况下，朝鲜的担心和防范也是正常的。而这一时期，美韩两国均进入了政府换届的政治敏感期，这一因素也使得问题愈加复杂。政府换届可能会"冻结"高层的政策，使其更加"不作为"，而实务层面则有机会以惯例、例行行为为借口推行自己欲推行的政策。美韩决定重启1993年"协作精神"联合军演的决策时段恰恰处于美韩两国都进入政府换届的敏感期，在这样一个时期，两国军方在双方做出重启联合军演的决策过程中所起的作用是不可小视的。

第四节 安理会的介入

一、国际原子能机构第 2645 号决议

在朝鲜于1993年3月12日发表退出《不扩散核武器条约》的当天，国际

原子能机构总干事布利克斯就致电朝鲜原子能工业部部长崔学根，表示："我必须指出在提前三个月通知《不扩散核武器条约》的所有签署国和联合国安理会以使退出声明生效之前，《条约》和《核安全保障协定》仍然完全有效，因此退出《不扩散核武器条约》的声明并不能妨碍《核安全保障协定》的履行，我仍然如同 3 月 10 日向贵方的致电中那样，请求贵方积极地考虑在尽早的时日内接受国际原子能机构的核查小组。"

《不扩散核武器条约》第十条规定："每一个签署国均有行使其主权退出该条约的权利，如果它认为与该条约的主题事项相关的特殊事件危害到其最高利益，它必须提前三个月通知《不扩散核武器条约》的其他所有签署方和联合国安理会。"[1]

所以，在布利克斯看来，朝鲜是有权退出《不扩散核武器条约》的，但是，退出也是有程序的。如果 3 月 12 日朝方的声明算是对相关各方予以通知的话，那么，从法律上而言，朝鲜的退出声明在三个月之后的 6 月 12 日才能生效，而在此之前，朝鲜仍处在《不扩散核武器条约》框架之内，所以仍有接受国际原子能机构核核查的义务。

布利克斯完全是从法律和程序等技术性角度出发来履行其作为国际原子能总干事之职责的，对此无可厚非，甚至应该佩服布利克斯的认真和恪尽职守。但是，在朝鲜看来，核核查问题并不是一个单纯的技术性问题，它更是一个政治性问题，核问题本身的性质以及核不扩散体制本身所具有的缺陷造就了布利克斯与朝鲜的纠葛。

3 月 16 日，崔学根致电布利克斯，对"一些国家"甚至还包括布利克斯个人进行了指责。崔学根在电函中表示布利克斯在"没有与朝鲜方面达成协议的情况下将本不存在的'不一致性'问题提交至（国际原子能机构理事会）一些成员国，并将《核安全保障协定》履行问题国际化"，"存在的证据明确表明你加入了敌对国家的阴谋，一个敌对集团试图将我们的军事设施公开、解除我们的武装、最后扼杀我们社会主义制度的阴谋。……在这种情况下，我明确表示我们不能接受原子能机构的核查小组。我认为你不能推脱由此而产生的一切

---

[1] 《不扩散核武器条约》第十条第一款。

后果的责任"。^①

尽管受到了朝方对其个人的指责，布利克斯仍然坚守职责将其与朝方沟通的进展情况向国际原子能机构理事会进行了汇报。据此，国际原子能机构理事会于 3 月 18 日通过了第 2639 号决议。《决议》对国际原子能机构秘书处履行理事会决议的努力表示赞赏，认为朝鲜与国际原子能机构之间签署的《核安全保障协定》仍然有效，国际原子能机构为了采取必要的措施以解决分歧，对朝鲜是否遵守《核安全保障协定》的验证是必须而紧迫的，要求总干事采取所有适当的联系方式继续努力和对话，并向将于 3 月 31 日召开的理事会会议汇报朝鲜对 2 月 25 日通过的第 2636 号决议的反应情况。^②

3 月 19 日，布利克斯向朝方转达了国际原子能机构理事会的第 2639 号决议，重申了国际原子能机构的核查要求，并表示说，如果国际原子能机构的核查要求不能得到满足，在 3 月 31 日召开的国际原子能机构理事会上他将别无选择，只能报告说朝方没有遵守《核安全保障协定》。11 天之后的 3 月 30 日，布利克斯收到了朝方对其 19 日所发电传的回复，在回电中，崔学根表示："这又是一次你背离了公正和客观，试图通过施压来解决我们的问题的不公正行为。……借此机会，我想重申你所坚持的'特别核查'问题是一个不能讨论的问题。不过我也明确表示如果国际原子能机构秘书处希望就《核安全保障协定》的履行问题同我们协商，我们时刻准备着对此做出回应。"^③

3 月 31 日，国际原子能机构理事会会议召开，布利克斯在向会议的报告中表示："迄今，朝鲜依然是不遵守《核安全保障协定》第三条所规定的在该《协定》的履行中予以合作的一般义务，更具体地说是依然不遵守《核安全保障协定》的第 18 条、73 条、77 条和 71 条。因为朝鲜仍然继续拒绝 1993 年 2 月 9 日总干事提出的、理事会认为对验证是否遵守《核安全保障协定》而言是必须

① 参见《朝鲜原子能工业部部长向国际原子能机构总干事发送的通知》(*Communication Dated 1993-03-16 from the Minister for Atomic Energy of the DPRK to the Director General of the Agency*)，1993 年 3 月 16 日。

② 参见《国际原子能机构理事会决议》(Resolution adopted by the Board on 18 March 1993)，1993 年 3 月 18 日。

③ 参见《朝鲜原子能工业部部长崔学根向国际原子能机构总干事布利克斯发送的电传》(*Telex from Minister of Atomic Energy of DPRK，Choi Hak Gun to Director General Blix，1993-03-30*)，1993 年 3 月 18 日。

而紧迫的对追加情报和场所的接近（access），还继续拒绝出于临时核查目的的接近（access）。鉴于此，国际原子能机构无法证实《核安全保障协定》框架下要求保护的核材料不存在向核武器或核爆炸装置的转化。"[1]

根据布利克斯提交的报告，国际原子能机构理事会随即于4月1日又通过了第2645号决议，《决议》呼吁："朝鲜立即纠正其不遵守《核安全保障协定》的做法，包括不做任何迟延地同意总干事在2月9日提出的对特殊追加情报和两处场所的接近。""决定就朝鲜的不遵守（行为）和国际原子能机构无能力证实要求保护的核材料的不转化（问题）向国际原子能机构的所有成员国以及联合国安理会和联合国大会汇报"并"请求总干事代理事会做出如上报告，请求总干事继续努力和对话以全面履行《核安全保障协定》，并将任何有意义的进展报告理事会"。

国际原子能机构理事会通过的第2645号决议在语气上是比较强烈的，这在其历史上可以说是第一次。投票的情况是28票赞成，中国和利比亚两票反对，印度、巴基斯坦和越南等国弃权。[2] 而就在同一天，美国、俄罗斯、英国等《不扩散核武器条约》签署国也发表共同声明，对朝鲜所主张的退出《不扩散核武器条约》的理由提出了质疑。第2645号决议通过的当天，布利克斯就将决议文本电致朝鲜，表示国际原子能机构秘书处已为"在尽早的时日内向朝鲜派出核查小组"做好了准备，而且"愿意在任何时候恢复协商和对话，以期《核安全保障协定》得到全面履行"。

二、安理会第 825 号决议

根据国际原子能机构理事会第2645号决议，1993年4月6日，布利克斯向联合国安理会做了口头陈述并提交了书面报告。两天之后的4月8日，联合国安理会发表《主席声明》（*Presidential Statement*），表示"安理会成员对出现

---

[1] http://www.iaea.org/Publications/Documents/Infcircs/Others/inf419.shtml.

[2] Ghulam Murtaza Khoso, *Chronology of Conflict and Cooperation in Northeast Asia: Post-Cold War Era*, Published by Area Study Centre, Far East & South East Asia, University of Sindh, Jamshoro, Sindh –Pakistan . 2006, p.11.

的情况表示关注，在此他们重申《不扩散核武器条约》以及所有签署国对其予以遵守的重要性，安理会成员也表示了他们对朝鲜和韩国签署的《朝鲜半岛无核化共同宣言》的支持；安理会成员欢迎所有旨在解决目前状况的努力，尤其鼓励国际原子能机构继续与朝鲜的协商以及为了朝鲜内核验证问题的恰当解决而进行的建设性努力"。① 与国际原子能机构理事会 2645 号决议相比，4 月 8 日安理会《主席声明》的语气要柔和的多。

国际原子能机构理事会第 2645 号决议的通过引起了朝鲜强烈的反应，其重要原因是第 2645 号决议明确表示要将"不能证实核材料不转化问题"向安理会和联合国大会汇报。这是朝鲜最不希望看到并极力阻止的。4 月 5 日，朝鲜外交部发表声明，对国际原子能机构将朝核相关问题提交联合国安理会的做法进行了强烈的谴责，认为第 2645 号决议的通过是对"我们国家自主权和民族尊严的严重侵犯……国际原子能机构秘书处欲根据编造的资料进行核查，加入了美国要实现开放我们的军事设施、解除我们武装的阴险目的（的活动）……通过将我们的核问题提交至联合国的决议是为了要实现扼杀我们社会主义的不纯政治目标……所谓我们的核问题在本质上不是我们与国际原子能机构之间的问题，而是我们与美国之间的问题，因此这个问题不是在联合国框架内可以讨论的性质的问题，而应该是通过我们与美国之间的协商予以解决的问题"。（〔朝〕朝鲜中央通讯，1993 年 4 月 5 日）

朝鲜外交部 4 月 5 日声明明确提出了朝核问题是朝鲜和美国之间问题的主张，在强烈反对国际原子能机构将朝核问题提交至联合国的同时，为了缓和局势的紧张，诱导局势的发展，朝鲜又表示它"从来没有拒绝过《核安全保障协定》框架下的临时核查（ad hoc inspection）"，朝鲜的立场是"履行我们在《核安全保障协定》框架下的义务直至最后，并通过协商解决在履行中出现的问题"。②

1993 年 4 月 7 日至 9 日，朝鲜召开了第九届最高人民会议第五次会议，在

---

① 参见《联合国安理会主席声明》（*Statement by the President, on behalf of the members of the Council, 8 April 1993*），1993 年 4 月 8 日。

② 参见 *International Atomic Energy Agency*，GENERAL CONFERENCE，GC(XXXVII)/1084 26 *September 1993*，p.2. https://www.iaea.org/sites/default/files/gc/gc37-1084_en.pdf

此次会议上，金正日被推举为国防委员会委员长。由于处于这样一个敏感的时期，中国也不希望国际原子能机构将朝核问题提交至联合国，所以在国际原子能机构理事会通过第 2645 号决议时，投了反对票，中国的立场和态度是 4 月 8日安理会《主席声明》语气柔和的一个重要原因。

安理会在朝核危机问题上的柔和态度在 5 月 11 日通过的第 825 号决议中也得到了体现。5 月 11 日，联合国安理会召开第 3212 次会议，其时，安理会成员国为巴西、佛得角、中国、吉布提、法国、匈牙利、日本、摩洛哥、新西兰、巴基斯坦、西班牙、俄罗斯、英国、美国、委内瑞拉等 15 个国家，俄罗斯担任该月安理会轮值主席国。在朝鲜和韩国的要求下，会议还邀请了朝韩的代表参加，但朝韩代表只能参加讨论，没有表决权。在会议的讨论中，朝鲜驻联合国大使许钟指出，朝鲜政府于 3 月 12 日发表退出《不扩散核武器条约》的声明，主要原因是美国继续加强对朝鲜的核威胁，并操纵国际原子能机构秘书处的一些官员试图将朝鲜的军事基地公开化、解除朝鲜的武装。许钟表示，首先，与朝鲜加入《不扩散核武器条约》以及忠实地履行条约框架下的义务这一事实相反，美国却保持核武器在南朝鲜的部署，强化对朝鲜的核威胁，如此的威胁构成了对《不扩散核武器条约》以及 1968 年 6 月 19 日联合国安理会第 255 号决议的公然违反；第二，美国及其追随者杜撰了朝鲜的申报与国际原子能机构的发现之间的"不一致性"；第三，国际原子能机构秘书处的一些官员背离了国际组织官员的职能，变成了美国的奴仆；第四，朝鲜拒绝接受国际原子能机构对一些"怀疑场所"的不法核查，只是主权国家权利的正当行使，永远不能被看作是对《核安全保障协定》的不遵守；第五，由于不存在讨论朝鲜"不遵守"《核安全保障协定》和朝鲜退出《不扩散核武器条约》的法律和技术上的理由，安理会务必应该讨论美国以及国际原子能机构一些官员的行为（问题）。朝鲜退出《不扩散核武器条约》和履行《核安全保障协定》中的一些问题，不能被解释为威胁了世界和平与其他国家的安全，在联合国安理会讨论所谓的"核问题"是没有法律和技术上的理由的。签约国加入、终止、退出条约是一个独立国家主权范围内的合法行为，对此任何人都无权予以干涉。许钟还指出，美国等国提出的决议草案无视《联合国宪章》第六章第 33 条的规定，无视国际原子能机构的章程和争议应该通过协商与对话解决的国际法准则，其目的在于侵犯朝鲜的主权，由于它的不合理且与《联合国宪章》第二条第四款和国际原子能机构章程第三条 d 款相抵触，安理会应该拒绝该草案，这个草案的通过将会迫使朝鲜采取相应的自卫措施。在发言中，许钟还呼吁美国等国撤回该草案。

美国代表奥尔布赖特（Madeleine Korbel Albright）则表示，安理会讨论的问题是朝鲜没能遵守其在《核安全保障协定》框架下的义务，以及随后发出的意欲退出《不扩散核武器条约》声明的问题，她强调这些争议涉及到国际机构和国际社会，而不仅仅是一个国家。奥尔布赖特表示，如同其他国家一样，美国是在国际原子能机构的要求下向其提供情报和技术帮助，以支持对核材料和核设施保护的履行。对于一些国家是否遵守了《核安全保障协定》的要求，国际原子能机构主要是根据自己核查员获取的资料而做出的判断和结论，（国际原子能机构）成员政府提供的情报仅作为参考。此外，奥尔布赖特还否认美国对朝鲜进行了核威胁，指出美韩"协作精神"联合军事演习只是一次常规的防御性演习。

在阐释了各自的主张之后，联合国安理会对决议草案进行了投票，安理会15 个成员国中，中国和巴基斯坦投了弃权票，其余 13 个国家投了赞成票，会议通过了第 825 号决议。该决议表示：

> 注意到 1993 年 4 月 22 日朝鲜致国际原子能机构总干事，鼓励并督促其与朝鲜就《核安全保障协定》的履行进行协商的复函，也注意到朝方已经表达出其寻求问题解决的愿望，对近期朝鲜与国际原子能机构之间增进合作的迹象以及朝鲜与其他成员国之间接触的发展表示欢迎。

> 呼吁朝鲜重新考虑 1993 年 3 月 12 日信函中的宣告，重申其对《不扩散核武器条约》的承诺；进一步呼吁朝鲜尊重其在《不扩散核武器条约》框架下的不扩散义务，遵守 1993 年 2 月 25 日国际原子能机构理事会第2636 号决议中明确的《核安全保障协定》。

> 要求国际原子能机构总干事继续与朝方协商以期解决作为理事会调查结果主题的问题，并在适当的时候将其努力的情况向安理会汇报。

> 督促所有成员国家鼓励朝鲜对本决议做出积极的反应，鼓励它们促进问题的解决。①

---

① 参见《联合国安理会第 825 号决议》，http://www.un.org/en/ga/search/view_doc.asp?symbol=S/RES/825(1993).

安理会第 825 号决议措辞柔和，只是呼吁朝鲜尊重其在《不扩散核武器条约》框架下的不扩散义务，遵守《核安全保障协定》。早在 4 月 23 日美国就提出了一份决议草案，[1] 并联合法国、匈牙利、日本、新西兰、俄罗斯、西班牙、英国等国向安理会提出。安理会成员对这份草案进行了长时间的讨论，最后形成了这份措辞柔和的决议。其中的原因一方面在于中国一直对将朝鲜与国际原子能机构之间的纠葛问题提交至安理会持保留意见，并一直在强调通过对话解决问题，另一方面也是因为安理会 4 月 8 日发表《主席声明》之后，朝鲜与国际原子能机构之间的互动逐渐向良性方向发展，而且朝鲜与美国之间也开始了新的接触。这些因素使得安理会似乎看到了问题解决的希望，最终形成了语气和措辞相对柔和的第 825 号决议。

在安理会 4 月 8 日《主席声明》通过的当日，朝鲜原子能工业部部长崔学根就发表谈话释放出一些缓和的信息。崔学根表示朝鲜为国际原子能机构核查小组提供了充分的条件，国际原子能机构与朝鲜在资料上出现"不一致"不过是由于"计算方法和解释评价"的不同造成的，朝鲜"在未来三个月内继续履行其在《核安全保障协定》框架下的义务以及 3 月 30 日提出的在明确的条件下同国际原子能机构协商的立场"。[2]

随后，布利克斯于 4 月 16 日致电崔学根，要求朝鲜在是否准备接受核查小组、进行协商或两个方面均同意问题上进行表态，布利克斯同时还指出，安装在朝鲜核设施上的一些装置需要检修和更换。4 月 22 日，崔学根回布利克斯再次表明了朝鲜拒绝接受特别核查的立场，但是他却督促国际原子能机构就《核安全保障协定》的履行问题再次进行协商，同时还表示朝鲜从来没有拒绝过国际原子能机构因安全设备的检修和更换问题而对朝鲜进行的访问。[3] 崔学根 4 月 22 日至布利克斯的复电实际上是对 4 月 16 日布利克斯所提要求的接受，虽然朝鲜拒绝接受特别核查，但却表示愿意与国际原子能机构进行协商，并同意

---

[1] Michael J. Mazarr, *North Korea and The Bomb: A Case Study in Nonproliferation*, St. Martin's Press, 1995, p.117.

[2] 参见 *International Atomic Energy Agency*, *GENERAL CONFERENCE*, *GC(XXXVII)/1084 26 September 1993*, p.2. https://www.iaea.org/sites/default/files/gc/gc37-1084_en.pdf

[3] 参见 *International Atomic Energy Agency*, *GENERAL CONFERENCE*, *GC(XXXVII)/1084 26 September 1993*, p.3. https://www.iaea.org/sites/default/files/gc/gc37-1084_en.pdf

国际原子能机构的核查小组赴朝检修和更换设备。

收到朝方发出的积极信号后，4 月 22 日当天，布利克斯就致电朝鲜重申了国际原子能机构的特别核查要求，并表示秘书处欢迎"在维也纳与朝鲜的协商小组进行的协商"，"为了不使安全保障信息失去正确性以及没有偏见地协商《核安全保障协定》履行中的各种问题"，布利克斯建议朝鲜接受国际原子能机构的核查小组赴朝以执行与核查设备的检修与更换相关的紧急活动，并对将于 5 月最后一个星期开始的 5MWe 试验用反应堆重新加注燃料的活动进行观察。

4 月 28 日，崔学根回电布利克斯，表示朝鲜拒绝国际原子能机构进行特别核查要求的立场没有变化，同时崔学根还表示朝鲜将派出一个协商小组赴维也纳，也同意接受国际原子能机构执行设备检修和更换任务的核查小组，但拒绝了布利克斯提出的对 5MWe 试验用反应堆重新加注燃料活动进行观察的要求，主张"包括重新加注燃料在内的一些问题在即将进行的协商中进行讨论"。布利克斯当天即回电，表示国际原子能机构已准备好接受赴维也纳协商的朝鲜小组，询问了该小组的组成情况，并向朝鲜电传了所提议将赴朝的国际原子能机构核查小组的人员名单。

美国等国将其拟定的安理会决议草案在安理会内部传阅一事，虽然对朝鲜与国际原子能机构之间的互动有所影响，但由于美国的对朝政策也有所松动，使得这一时期三者之间的互动总体而言还是良性的。5 月 1 日，崔学根致电布利克斯，表示在联合国安理会内传阅的关于朝鲜核问题的决议草案，对于国际原子能机构与朝鲜之间的协商而言将是一个"很大的障碍"，但同时还表示"5MWe 试验用反应堆重新加注燃料仍处于技术和实际的准备阶段，因此重新加注燃料不会很快进行"。布利克斯当天就回复说国际原子能机构愿意随时接受朝鲜的协商小组，并要求派遣核查小组前往朝鲜以执行必要的检修工作。5 月 4 日，崔学根致电布利克斯表示接受国际原子能机构推荐的核查小组，并重复了朝鲜对安理会在"朝鲜正要派遣协商小组赴维也纳之时"传阅决议草案问题的关心。5 月 10 日，国际原子能机构的核查小组前往朝鲜，从 10 日至 14 日，核查小组在朝鲜进行了 5MWe 反应堆和放射化学实验室内与密封、检查和维修活动相关的必要业务工作。

4 月 8 日，安理会《主席声明》通过后，朝鲜与国际原子能机构之间的互动相对良性，而美朝双边之间新的接触也为朝鲜与国际原子能机构之间的互动提供了润滑剂。就在 4 月 22 日崔学根致电布利克斯释放出积极的信号后，美国当天就表示，它愿意与朝鲜举行高级会谈以帮助解决因朝鲜宣布退出《不扩散核武器条约》而引发的危机。[①] 随后，朝美双方于 5 月 5 日和 10 日通过"北京渠道"就开启双边的高级会谈问题进行了两次接触，这些都为联合国安理会第825 决议的定调创造了一个宽松的环境。

第五节　持续的博弈

一、核查小组再入朝

5 月 11 日安理会第 825 号决议通过之后，5 月 13 日，布利克斯致电崔学根表示国际原子能机构已经做好准备接受朝鲜的协商小组，并询问该小组的人员组成情况以及预计抵达维也纳的日期。但 5 月 17 日崔学根致电布利克斯，朝鲜政府对安理会 5 月 11 通过第 825 号决议表示遗憾，认为第 825 号决议的通过是"对朝鲜内部事务的干涉和国家主权的严重侵犯"，是朝鲜与国际原子能机构之间进行协商的障碍，"即使进行协商，也不可能取得良好的结果"，他督促布利克斯"消除障碍"，为尽早开始协商"创造一个良好的氛围"。[②]

美朝之间的接触开始后，应布利克斯的要求，朝鲜驻国际原子能机构大使李哲于 5 月 24 日和 6 月 7 日与布利克斯进行了两次接触。接触中，李哲表示在特别核查问题上朝鲜的立场没有变化，国际原子能机构应该为协商创造出一个"有利的气氛"，布利克斯则表示国际原子能机构已经做好了接受朝鲜协商代表团的准备。

6 月 11 日，布利克斯向按照预定计划召开的国际原子能机构理事会汇报了他与朝鲜沟通的情况，理事会要求布利克斯加强努力，尽快与朝鲜进行协商以保证《核安全保障协定》在朝鲜的继续适用。当天布里斯克即致电崔学根，要

---

① Douglas Jehl, "U.S. Agrees to Discuss Arms Directly with North Korea", *The New York Times*, April 23, 1993.

② 参见 *International Atomic Energy Agency*, *GENERAL CONFERENCE*, *GC(XXXVII)/1084 26 September 1993GC*, p.4. https://www.iaea.org/sites/default/files/gc/gc37-1084_en.pdf

求朝鲜对派遣协商小组赴维也纳一事进行表态，如果朝方打算派出协商小组，告知协商小组的构成情况以及抵达维也纳的预定日期。

美朝第一阶段高级会谈于 6 月 11 日发表《共同声明》之后①，6 月 16 日，布利克斯致电崔学根，表示朝鲜 6 月 11 日单方面决定中止了退出《不扩散核武器条约》声明的效力，依据国际原子能机构与朝鲜缔结的《核安全保障协定》第 26 条的规定，该《协定》继续适用。同时，布利克斯还重申了国际原子能机构秘书处准备随时与朝鲜进行协商的意愿，并再次询问了朝鲜协商小组的组成及其抵达维也纳日期的情况。6 月 25 日，国际原子能机构副总干事通知朝鲜政府，根据《核安全保障协定》，国际原子能机构打算向朝鲜派出一个核查小组以对朝鲜的核设施实施日常和临时的核查，同时还表示国际原子能机构愿意重启与朝鲜的技术性讨论以增进国际原子能机构对朝鲜核材料目录清单的理解。

对此，朝方分别于 6 月 26 日和 7 月 3 日以崔学根和原子能工业部的名义进行了回复，崔学根在 6 月 26 日的回复中仍抱怨国际原子能机构秘书处"忽视朝方提出的进行协商的建议，使理事会通过一个不公正的决议，并将朝鲜核问题提交至联合国安理会"。7 月 3 日朝鲜原子能工业部的回复重复了崔学根的抱怨，并表示"安装在我们核设施上的监视设备原封未动（intact）"。

7 月 12 日，布利克斯再次致电崔学根提醒朝方注意"《核安全保障协定》仍然是有效的，国际原子能机构有实施日常核查和临时核查的义务……这些业务国际原子能机构是不能授权他方代劳的……如果不履约，通过我们过去的合作而获取的与核安全保障相关的数据会失去有效性，这是不幸的"。同时布利克斯还再次表示了立即与朝方进行协商的愿意。

但是，朝鲜对布利克斯的提议依然反应冷淡。理论上为朝鲜与国际原子能机构重启协商创造了条件的美朝第二阶段高级会谈结束之后，国际原子能机构拟定了在 8 月 3 日至 14 日之间对朝鲜的七个核设施实施日常核查和临时核查的日程，并于 7 月 30 日将核查日程通知了朝鲜。但是，8 月 2 日，朝鲜常驻维也纳代表团告知国际原子能机构，朝鲜已经做好了准备，接受只进行更换录影带和核安全监视设备上供电电池业务的国际原子能机构小组。朝鲜的意思很明确，它可以接受国际原子能机构的核查小组，但并不允许核查小组进行日常和临时

---

① 关于美朝第一阶段高级会谈的情况，参阅第三章。

核查，只允许更换相关设备。

即使在这样的情况下，国际原子能机构也向朝鲜派出了核查小组。8月3日国际原子能机构的核查小组抵达朝鲜，但朝鲜方面拒绝核查小组接近5MWe反应堆和再处理设施。朝方的理由是它现在处于保留退出《不扩散核武器条约》的特殊地位情况下，因而并不承认国际原子能机构的完全核查权限，之所以允许国际原子能机构核查小组访问朝鲜，只不过是在技术上履行朝美高级会谈的结果而已。但国际原子能机构却认为，既然朝鲜没有退出《不扩散核武器条约》，那么，就应该承担作为一个条约的签署国应该承担的法律义务。

在接到核查小组从朝鲜发回的情况报告之后，8月5日，布利克斯致电崔学根表示"为了保持核安全相关信息知识的连续性，核查范围包括所有的控制和监督措施，而不仅仅局限于监视系统（Modular Integrated Video System，简称MIVS）"，布利克斯要求朝鲜"允许核查人员完成列入其清单的核查活动"。对此，8月6日，崔学根复电布利克斯表示，朝鲜"为核查人员对保持核安全相关信息的连续性所需要的核查活动提供了充分的条件……你提到的其他事情应该在即将进行的协商中讨论"，崔学根留有余地地拒绝了布利克斯的要求。

由于无法实施拟定的核查计划，原定于8月14日结束的核查活动提前结束，8月10日国际原子能机构的核查小组离开朝鲜。为了安抚颇为不快的国际原子能机构，也考虑到第二阶段美朝高级会谈所达成的约定，8月17日崔学根致电布利克斯，表示7月中旬朝美日内瓦会谈中"讨论了——作为可能举行的朝鲜和国际原子能机构协商的一个主要议题——国际原子能机构的不公正问题。……在这种讨论的精神下……我们准备与国际原子能机构代表团在平壤进行协商"。

"国际原子能机构的不公正"一直是朝鲜所坚持的一个主张。在美朝高级会谈中，美国不希望将"完全公正"等字样写入声明与国际原子能机构安全保障相关部分的内容中，以免产生国际原子能机构的确是不公正的印象。但是，如果要求朝鲜就接受特别核查问题启动与国际原子能机构的协商，就很难回避不使用"完全公正"这样一些强调原则的字眼。第二阶段美朝高级会谈发表的新闻公告，在表述朝鲜愿意与国际原子能机构协商的主题问题上的措辞是非常模糊的，采用了"与安全保障相关的悬而未决问题和其他问题"这样一种措辞。这赋予了朝鲜与美国和国际原子能机构进行掉阖的空间和机会。既然美国和国际原子能机构提出进行协商，那么朝鲜接受，但对朝鲜而言，协商的主题不是实施特别核查问题，而是国际原子能机构的"不公正问题"。朝鲜对美国和国际原子能机构希望同它协商的问题心知肚明，现在它将国际原子能机构的"不公正问题"作为协商主题提出，只是利用了美朝第二阶段高级会谈发表的新闻公告的模糊性。同时，对以此为主题进行协商的结果，它也是很清楚的，所以朝鲜提出在平壤而不是在日内瓦进行协商，这也使朝鲜省去派出协商小组赴维也纳而产生的外汇支出。

即便如此，国际原子能机构还是在一定程度上给予了积极的回应。8 月 19 日，布利克斯致电崔学根表示他准备派遣一个协商小组赴平壤，但在协商的主题范围方面，布利克斯强调"协商应该涵盖尚未解决（outstanding）的安全协定和其他问题"，"国际原子能机构小组准备讨论朝方可能提出的抱怨，本身也希望讨论尤其是包括最近一次核查的范围和结果的一些悬而未决的问题"。但 8 月 24 日崔学根在答复中表示："协商的主题将主要是国际原子能机构的不公正及其他相关问题。"

二、扩大的"不遵守的范围"

在双方于协商的主题上仍然存在着较大分歧的情况下，9 月 1 日至 3 日，由国际原子能机构副总干事率领的国际原子能机构小组赴平壤同朝鲜当局举行了磋商，但双方只是利用这一机会，进一步交换了在适用《核安全保障协定》上的意见，在解决悬而未决的问题方面没有取得任何进展。朝鲜方面重申了他们对国际原子能机构在朝鲜适用《核安全保障协定》方面"处事不当和不公正"的看法，并表示"只有当朝鲜充分地相信国际原子能机构严肃而真诚地纠正其不公正的行为时，才会准备与国际原子能机构就朝鲜核活动的安全保障相关的问题举行建设性的协商"。国际原子能机构小组详细地解释了在总章程和与朝鲜签订《核安全保障协定》框架下理事会和秘书处的作用，并强调国际原子能机构在朝鲜和其他任何地方一直都在客观公正地努力履行《核安全保障协定》。

在会谈中，国际原子能机构小组强调此次平壤协商除了讨论与《核安全保障协定》的"不公正适用"相关的问题，还应该关注尚未解决的安全保障问题，并重点提请朝鲜注意如下问题：

第一，为了实现国际原子能机构的核查目标，国际原子能机构的核查小组必须于 1993 年 9 月 28 日之前在朝鲜实施日常和临时核查，以便能够及时查实朝鲜核材料的场所和数量；

第二，作为日常履行《核安全保障协定》的一部分，在 5MWe 反应堆重新加注燃料时国际原子能机构的人员必须在场；

第三，针对朝鲜方面的宣称和解释与国际原子能机构的分析之间的不一致性，国际原子能机构需要对其发现进行澄清，也需要获取理事会 1993 年 2 月 25 日第 2636 号决议中规定的追加信息，并接近协议涉及的场所。

但是，朝方代表拒绝讨论上述任何问题，而是继续强调其原则立场，即"国际原子能机构应该坦白地承认其不公正性，并做出予以纠正的政治决策"，"国际原子能机构应该对其在不公正特别核查问题上引发争论、违反澄清不一致性的程序和使用第三国家错误情报的（行为）予以承认并道歉"。同时，朝方还要求"国际原子能机构应该立即撤回关于特别核查和不遵守（non-compliance）的所有决议"，"应该向那些负责任的成员国说明其不公正性"。

由于双方无法在协商的主题方面达成一致，国际原子能机构小组无功而返。9 月 8 日，国际原子能机构双管齐下，布利克斯和秘书处分别致电朝鲜。布利克斯在致崔学根的电函中对双方的协商"没有在任何未解决的问题上取得任何进展表示遗憾"，表示"国际原子能机构仍然准备继续协商，最好是在即将召开的理事会会议之前"。为此布利克斯在电函中还向朝鲜发出了在维也纳接受朝鲜协商小组的新邀请，同时布利克斯还表示"国际原子能机构也做好了准备在维也纳或平壤就悬而未决的不一致性（问题）进行另外的科学和技术上的讨论"。而国际原子能机构秘书处则将其拟定的自 9 月 25 日至 10 月 9 日在朝鲜实施日常和临时核查的日程通知了朝鲜，向朝方详细通告了计划中的核查活动的细节。秘书处明确表示："列入此次核查计划之内的活动的实施是必须的，也是非常重要的。"

9 月 13 日，崔学根致电布利克斯表示"继续协商是我们一贯的立场……我们准备着在平壤进行下一轮的协商，以作为 9 月初协商的继续"，"为了保持核安全保障信息的持续性，我们准备对 8 月初进行的那样的核查活动给予肯定性的考虑"。崔学根的复电传递出两个信息：第一，朝鲜愿意继续与国际原子能机构进行协商，但协商的主题并未明确；第二，朝鲜只接受 8 月初那样的更换相关设备的核查，实际上是拒绝了国际原子能机构秘书处提出的核查要求。

9月14日，布利克斯致电崔学根表示注意到了朝鲜当局对国际原子能机构的要求给予肯定性考虑的意愿，然而，虽然国际原子能机构于5月和8月向朝鲜派出的代表团有助于保持核安全保障信息的连续性，但这只限于朝鲜申报的两个核设施，"国际原子能机构能够实施的核查活动远未达到《核安全保障协定》的要求"。在致电中，布利克斯再次提到了9月8日国际原子能机构秘书处致朝鲜的电函中提出的在9月25日至10月9日之间进行日常和临时核查的要求，并表达了根据外交惯例下一轮协商希望在维也纳举行的意愿。

但是，9月20日，朝方复电表示"至今朝鲜接受国际原子能机构的核查……是为了履行朝鲜与美国之间所达成的政策承诺"。朝方认为，在目前朝鲜暂停退出《不扩散核武器条约》声明效力的"特殊情况下"，朝鲜接受国际原子能机构限于检修和更换安全设备之目的的核查已经足够了（more than enough）；国际原子能机构核查的范围将"取决于其偏袒和不公正（问题）如何得以解决、取决于朝鲜与美国之间的双边会谈取得怎样的进展"。[1] 对于布利克斯提出的下一轮协商，朝方表示希望在平壤举行，"因为下一轮的协商可以被看作是9月初平壤协商的继续。"

美国为美朝高级会谈的继续设置了朝鲜与国际原子能机构进行协商和与韩国展开对话两个条件，而朝鲜则为其与国际原子能机构的协商设置了朝美会谈继续并取得进展以及国际原子能机构纠正其"偏袒和不公正"两个条件，三国四方在核问题和相关问题上的互动上形成了一种互为前提的逻辑。

对于朝鲜的主张，布利克斯当天即致电朝鲜，强调当朝鲜中止了退出《不扩散核武器条约》声明的效力时，其作为成员的义务就会继续。《核安全保障协定》第26条规定"只要朝鲜是《不扩散核武器条约》的成员国，《协定》将继续有效"，这正是国际原子能机构有权利和义务在朝鲜履行安全保障的依据。而根据《核安全保障协定》的第三条，朝鲜也具有与国际原子能机构合作以促进安全保障实施的义务。6月和8月的核查活动实际上受到了限制。国际原子能

---

[1] 参见 *International Atomic Energy Agency*，*GENERAL CONFERENCE*，*GC(XXXVII)/1084/Add.1 26 September 1993*，Attachment 2，p.2. https://www.iaea.org/sites/default/files/gc/gc37-1084_en.pdf

机构现在必须实施特殊的安全保障活动，这对《核安全保障协定》的全面履行而言是必须的。朝鲜所提出的国际原子能机构应该将其活动限制在维护和更换安全设备的建议，与其在《核安全保障协定》框架下的义务是不相符合的。国际原子能机构在9月8日的电函中提出的核查活动必须作为一个整体看待，而不能被认为是一个可以从中做出选择的菜单，除非全部接受所有活动的实施，否则结论将是（朝鲜）不遵守（《核安全保障协定》）的范围正在扩大，布利克斯在电函中还要求朝鲜在9月22日之前就是否接受核查给予答复。

何谓"不遵守的范围正在扩大"？对于《核安全保障协定》而言，从技术的角度可以这样说，但是从国际法的角度而言，要么是遵守，要么是违反，是一个非此即彼、二中只能择其一的问题。布利克斯之所以提出这样一个概念是抱着一方面想向朝鲜施压，另一方面又不想把问题推向无解的死角以保有余地这样一种考虑的结果。布利克斯的用心可谓良苦，但朝鲜并不买账。

9月22日，崔学根复电布利克斯表示：第一，国际原子能机构"不能只是单方面地坚持要求我们接受核查，更应该提出适当的方法以寻求核问题公正彻底的解决"；第二，朝鲜半岛的核问题是因美国而衍生出的一个政治问题，这已经是一个"确定的事实（a confirmed fact）"——"这是一个因国际原子能机构的一些高级官员与目标在于绞杀朝鲜的美国的合作才使其变得如此复杂的一个问题。现在它已经导致朝鲜与美国的会谈不能取得进展"；第三，目前朝鲜正处于一个暂时中止退出《不扩散核武器条约》声明效力的特殊状况下，因此，与《核安全保障协定》的履行相关的问题应该通过协商认真地进行讨论；第四，朝鲜同意国际原子能机构提出的下一轮协商在维也纳举行的建议，认为10月初是一个比较好的时间，协商要围绕"国际原子能机构的偏袒和不公正问题、'不一致性'以及国际原子能机构提出的核查问题"进行；第五，对于国际原子能机构的核查，朝鲜"已经做好准备随时接受与8月初核查范围一样的国际原子能机构的进一步核查"。

在如上的复电中，朝鲜用"国际原子能机构的一些高级官员"这样一个表述再次对布利克斯个人进行了不点名的指责，并明确地指出朝鲜半岛的核问题是一个政治问题。但为了缓和气氛，朝鲜也释放出一些积极的信息，同意下一轮协商在维也纳举行，而不是继续坚持在平壤同国际原子能机构进行协商。在协商的主题上也没有继续固执地限定在"国际原子能机构的偏袒和不公正"问题上，而是将国际原子能机构的要求也包括进去，提出了一个更为综合的议题范围。

9月22日当天，布利克斯即致电崔学根表示：第一，秘书处欢迎10月初在维也纳与朝鲜举行协商的提议，建议协商在国际原子能机构全体大会结束之后的5日至8日举行，秘书处准备继续讨论朝鲜所抱怨的"国际原子能机构公正性的缺失"和如何解决悬而未决的"不一致性"问题；第二，秘书处注意到朝鲜与美国在一些政治性问题上进行的讨论，但是国际原子能机构与朝鲜之间关系的唯一法律基础和指导是《核安全保障协定》；第三，朝鲜似乎认为其所说的"处于一个暂时中止退出《不扩散核武器条约》声明效力的特殊状况下"就意味着与《核安全保障协定》的履行相关的所有问题都是悬而未决的，都是可以在协商中谈判的，但是在秘书处看来，应该将国际原子能机构对追加信息的要求以及总干事受命于理事会和联合国安理会与朝鲜进行协商的对追加场所的访问（特别核查）、秘书处需要对朝鲜声明的核材料与核设施实施临时和日常核查的活动区别开；第四，由于国际原子能机构1993年5月和8月只能实施受限制的活动，未完成的核查工作一直在累积，而根据国际原子能机构的标准的要求，情况紧急或已经超过有效时限；第五，如果特别核查不在9月27日之前开始，朝鲜会扩大其不遵守的范围，重要的核安全保障数据的连续性也将会失去；第六，秘书处重申其要求朝鲜接受国际原子能机构指定的核查，希望收到朝鲜通过回电形式做出的愿意接受国际原子能机构核查小组实施全面、特殊的核查活动的表示。

布利克斯之所以认为计划内的核查活动情况紧急或已过时限，是因为根据国际原子能机构的标准，朝鲜的 IRT 研究型反应堆、临界设施和次临界设施一年需要一次核查，对上述设施实施的最后一次核查是在1992年5月，因此实施下次核查的规定时限已经逾期。天然铀燃料制造工厂一年需要核查四次，国际原子能机构核查小组从1992年5月开始共对其实施了三次核查，最后一次是在1992年11月，应该实施的第四次核查也已经逾期，所以国际原子能机构也不能完成该设施最初目录清单的核实工作。核燃料棒的储存设施一年需要三次核查，但是只在1992年5月实施了一次核查。试验用5MWe反应堆的情况是其核心设备已处于监视之下，而监视系统需要每两个月更换一次录影带并进行录影设备的维护，如果要保持反应堆核心部件信息收录的连续性，需要在1993

年 9 月 28 日之前更换录影带。放射性化学实验处于关闭中，通过密封和监视措施，其状况信息的连续性得到了保持，但录影带以及录像设备需要在 9 月底进行更换和维护。[①] 因此，布利克斯认为情况紧急。

但 9 月 23 日崔学根回电布利克斯，表示："如果国际原子能机构与朝鲜举行协商的意愿真是严肃的，那么国际原子能机构必须立即取消其任何不公正决议的通过。"

此时正值国际原子能机构理事会第 824 次会议召开，在会议发言和讨论的过程中，朝鲜代表尹浩镇表示，在 1993 年 2 月理事会会议之前和期间，朝鲜就建议通过临时核查、协商，如果有必要，应通过召开国际研讨会讨论技术问题等方式，解决《核安全保障协定》履行中的问题，甚至还建议在朝鲜的核设施中进行联合试验，但是所有的建议均被忽视或拒绝；尹浩镇表示，今年早些时候，当被问及对朝鲜 5MWe 反应堆重新加注燃料的活动进行核查是否有助于验证第一次目录清单报告的完整性时，秘书处反应消极。然而，朝方认为，在那以后，国际原子能机构秘书处明显又改变了想法，现在对这一反应堆重新加注燃料活动实施核查非常感兴趣。既然如此，尹浩镇提出，如下三个问题有必要给予回答：第一，以情报信息为基础而要求实施特别核查是否完全必要？第二，谁来对特别核查要求宣布之后所发生的事情负责？第三，这一连串的事情服务于怎样的目的？如果对这三个问题给予回答，朝鲜乐意接受临时核查。[②]

美国代表并未在第 824 次会议上发言，但是在继续召开的第 825 次会议上，美国代表简·贝克（Jane Becker）做了一个较长的发言，她表示美国政府怀着很大的兴趣和关心注意到了总干事在本次会议上就解决履行《核安全保障协定》的困难没有取得进展的报告和陈述。理事会在 2 月和 4 月三次通过决议，并将问题提交至联合国安理会，行动果断而明确。她表示，遗憾的是，那些决议的基本内容仍待实施，美国对近期国际原子能机构与朝鲜之间以图达成积极

---

① 参见 *International Atomic Energy Agency*，*GENERAL CONFERENCE*，*GC(XXXVII)/1084/ Add.1 26 September 1993*，Attachment 1，pp.4-5. https://www.iaea.org/sites/default/files/gc/gc37-1084_en.pdf

② 参见 *International Atomic Energy Agency*，*GENERAL CONFERENCE*，*GC(XXXVII)/1084/ Add.1 26 September 1993*，Attachment 1，pp.19-20. https://www.iaea.org/sites/default/files/gc/gc37-1084_en.pdf

结果的协商的失败非常失望。美国希望 10 月初在维也纳重启协商的结果能够令人鼓舞，希望《核安全保障协定》履行中遇到的问题得到解决；作为《不扩散核武器条约》的一个成员，朝鲜仍有在《核安全保障协定》框架下接受国际原子能机构核查的义务。简·贝克说，如理事会所知，美国和朝鲜进行了旨在协助解决核问题的讨论，而在讨论中，美国表明了愿意采取一定的措施探讨朝鲜的安全关切问题的态度，也愿意与国际社会一道对朝鲜在轻水反应堆技术的转换方案中给予帮助，条件是朝鲜遵守包括在解决悬而未决的安全保障问题上与国际原子能机构进行全面合作在内的不扩散的义务，以及在有效的双边核查机制问题上与韩国达成协议。她认为，对于继续与朝鲜进行讨论的基础方面，美国政府已经清楚地表明朝鲜必须停止有可能恶化核态势的任何行为，这主要意味着朝鲜不再进行再处理，并与国际原子能机构全面合作以保持安全保障的连续性。

美方认为，国际原子能机构认定"核设施"场所并"接近"，是解决目录清单问题所必要的追加内容，在朝鲜同意其接近核设施之前，国际原子能机构已经指出为了保持安全保障的连续性，依照《核安全保障协定》，朝鲜必须允许重启日常和临时核查，这将使国际原子能机构向国际社会保证对宣布的核材料与设施的安全保障行之有效，也为美朝之间的进一步讨论奠定基础。没有对安全保障连续性的保证，美国便没有继续与朝鲜对话的基础，也将不得不认为朝鲜在解决悬而未决的问题方面没有考虑到美国的利益，美方会将这种结果向联合国安理会汇报。美国督促朝鲜接受国际原子能机构的日常和临时核查，以便安全保障的连续性得到保持。[①]

在此次理事会上，以西方国家为主的 21 个国家共同起草了一份名称为《国际原子能机构与朝鲜民主主义人民共和国为了实施与〈不扩散核武器条约〉相关的安全保障而缔结协议的履行》（*IMPLEMENTATION OF THE AGREEMENT BETWEEN THE AGENCY AND THE DEMOCRATIC PEOPLE'S REPUBLIC OF KOREA FOR THE APPLICATION OF SAFEGUARDS IN CONNECTION WITH THE*

---

① 参见 *International Atomic Energy Agency*，*GENERAL CONFERENCE*，*GC(XXXVII)/1084/ Add.1 26 September 1993*，Attachment 1，pp.26-28. https://www.iaea.org/sites/default/files/gc/gc37-1084_en.pdf

TREATY ON THE NON- PROLIFERATION OF NUCLEAR WEAPONS）决议草案，目的是希望此次理事会会议为下一周即将召开的国际原子能机构大会讨论朝核问题提供程序和法律上的依据。最后，会议对这份名称为 GOV/2692 的决议草案文件进行了投票表决，美、英、德、法等 29 个国家投了赞成票，中国、利比亚、巴基斯坦、叙利亚以及越南等国投了弃权票。

1993 年 9 月 30 日，国际原子能机构第 37 届大会召开，朝核问题作为第 23 项议题列入会议日程。10 月 1 日大会通过了决议，决议"对朝鲜没能履行其安全保障义务，以及最近因不接受《核安全保障协定》所要求的、国际原子能机构制定的临时和日常核查而扩大的不遵守的范围表示严重关切，督促朝鲜在《核安全保障协定》的履行中立即与国际原子能机构进行全面合作，决定将名称为《国际原子能机构与朝鲜民主主义人民共和国为了实施与〈不扩散核武器条约〉相关的安全保障而缔结之协议的履行》条项列入第 38 届大会的议程之内"。[①]

因"不一致性"问题，从 1993 年 2 月至 10 月，国际原子能机构理事会分别于 2 月 25 日、3 月 18 日、4 月 1 日和 9 月 30 日通过了第 2636 号、第 2639 号、第 2645 号和第 2692 号四个决议，而 4 月 8 号安理会发表主席声明，5 月 11 日安理会通过第 825 号决议，10 月 1 日国际原子能机构大会又通过决议。国际社会试图通过这种方式向朝鲜施压，使其全面接受国际

原子能机构的要求。国际社会和国际原子能机构的目的是通过核查（包括特别核查）掌握朝鲜的核现状，保障朝鲜的核透明性，但这却是朝鲜极力要保守的"家底"秘密，如果失去这点"家底"，它还能拿什么来撬动美国的政策调整，改变自身的不利处境呢？

在 1993 年 3 月 12 日朝鲜宣布退出《不扩散核武器条约》之后，国际原子能机构与朝鲜通过布利克斯与崔学根之间的电函来往进行了多次的沟通与互动。在 5 月份之前，双方沟通的主要问题是朝鲜是否应该接受特别核查问题，但随着联合国安理会第 825 号决议的通过和美朝高级会谈的启动，问题变得越来越复杂。朝鲜先是提出双方协商的问题应是国际原子能机构的"不公正"问题，

[①] 参见 *International Atomic Energy Agency*，*GENERAL CONFERENCE*，*Thirty-seventh regular session Agenda item 23*，*GC(XXXVII)/RES/624*，*1 1 October 1993*）. https://www.iaea.org/sites/default/files/gc/gc37res-624_en.pdf

要求国际原子能机构承认和道歉，之后又提出协商要围绕"国际原子能机构的偏袒和不公正问题、'不一致性'以及国际原子能机构提出的核查问题"等问题进行，另外还提出了朝鲜半岛的核问题是因美国而衍生的一个政治问题，以及朝鲜宣布暂时中止退出《不扩散核武器条约》声明效力而产生的"特殊地位论"等。朝鲜向国际原子能机构所提出的这些主张都是不可能解决的，其结果只能是扯皮，其间朝鲜还在协商的地点是维也纳还是平壤反复变化，这其中的原因一方面是因为朝鲜与国际原子能机构之间的协商受到了美朝关系变化的影响，另一方面也反映了朝鲜颇具特色的谈判协商战略。朝鲜始终没有明确拒绝过国际原子能机构提出的协商要求，只是在协商的主题上它要把控，始终给国际原子能机构以希望，但实际推进上难度又很大，就是在这样无休止的纠扯中，时间在流逝，事实也逐渐被"既定化"。

布利克斯与崔学根在 9 月 22 日的函电来往中曾就 10 月初在维也纳进行继续协商达成了意向性一致，但随着美朝第三阶段高级会谈的推迟，随着 9 月底国际原子能机构理事会会议和国际原子能机构大会的召开以及 10 月 1 日决议的通过，孕育中的 10 月初国际原子能机构与朝鲜在维也纳的协商也随即流产，而国际原子能机构的核查人员于 1993 年 8 月 10 日离开朝鲜之后再次进入朝鲜则是七个月之后即 1994 年 3 月初了。在此期间，朝鲜"不遵守的范围"是否继续扩大，这恐怕是只有朝鲜自己知道的事情了。

第三章　"一揽子"

本章导读

在国际原子能机构与朝鲜之间因钚提取量的"不一致性"和特别核查问题陷入僵局后，美国不得不站到前台，启动了与朝鲜的高级会谈。从 1993 年 6 月至 1994 年 10 月，双方共进行了三个阶段的高级会谈。而在第二阶段的高级会谈之后，美朝通过"纽约渠道"的工作级会谈，就三国四方间的互动曾经达成过"12.19 协议"和"2.25 协议"，但复杂的利益纠葛与联动机制使得两个协议最后均未得到彻底履行，使得第三阶段的高级会谈直至一年之后方得以举行。而在此期间，安理会于 1994 年 3 月 31 日和 5 月 30 日两次通过《主席声明》，而朝鲜则在 1994 年 6 月 13 日宣布退出国际原子能机构，美国则开始探讨"奥西拉克方案（Osirak option）"，朝鲜半岛地区山雨欲来，第二次朝鲜战争似有一触即发之势。

在半岛局势危如累卵之际，美国前总统卡特赴朝斡旋，从而为美朝双方展现灵活调整政策提供了契机和出口，使双方启动了第三阶段的高级会谈，并签署了《日内瓦框架协议》，也最终为持续多年的核博弈暂时画上了一个句号。

第一节　美朝高级会谈

一、第一阶段会谈

在国际原子能机构与朝鲜之间的关系因钚提取量的"不一致性"问题陷入僵持局面之后，美国不得不直接站出来表态，1993 年 4 月 20 日，克林顿政府通过国务院发言人表达了愿意举行美朝高级会谈的意向。随后，朝鲜于 4 月 21 日通过外交部发言人回答朝中社记者提问的形式表示朝鲜通过与美国的协商解决问题的基本立场没有变化，期待美国不要只停留在口头上，而应采取进一步的实际行动。如果朝美会谈启动，核问题、相互核查等问题都可以进行讨论。（[朝]朝鲜中央通讯，1993 年 4 月 21 日）在这种情况下，美朝通过"北京渠道"分别于 5 月 5 日和 10 日进行了两次接触。在此基础上，美国国务院东亚及太平洋事务局韩国科科长查理斯·卡特曼（Charles Kartman）与朝鲜驻联合国副大使金正洙（Kim Jong Su）又于 5 月 17 日至 21 日在纽约进行了两次接触，最终双方达成了于 6 月 2 日开始举行副部长级高级会谈的协议。5 月 26 日，朝鲜通过外交部发言人会见记者的形式，正式发布了朝美将于 6 月 2 日举行高级会谈的消息。

6 月 2 日至 11 日，以美国国务院负责政治军事事务的助理国务卿罗伯特·加卢奇（Robert Gallucci）为团长的美国代表团和以朝鲜外交部第一副部长姜锡柱为团长的朝鲜代表团，在美国驻联合国代表处举行了第一阶段的高级会谈。

双方的代表团各由八名代表组成。美国代表团由来自于国家安全委员会、国务院、国防部、参谋长联席会议以及军控和裁军委员会等机构的代表组成，但其中可以被称为朝鲜问题专家的只有国务院韩国科科长查理斯·卡特曼、国务院韩国科官员肯尼斯·凯诺内斯（Kenneth Quinones）以及国务院朝鲜问题观察员罗伯特·卡林（Robert Carlin）三人，这三位朝鲜问题专家此后均较深程度地介入了 90 年代美国对朝政策的制定和执行。国务院负责东亚及太平洋事务的助理国务卿帮办托马斯·哈伯德（Thomas C. Hubbard）也参加了会谈。

罗伯特·加卢奇出生于 1946 年，是意大利裔美国人，在 1974 年加入美国军控和裁军署之前从事学术工作，1978 年成为美国国务院情报调查局的部门负责人。在离开外交界之后，他于 1991 年 4 月回到纽约担任联合国特别委员会副主任，监督伊拉克的裁军。1992 年 7 月，罗伯特被任命为美国国务院负责政治军事事务的助理国务卿。

查理斯·卡特曼 1975 年进入美国国务院，1977 至 1982 年任职于美国驻日大使馆，1985 年至 1987 年担任国务院日本科副科长，1996 年 6 月起担任美国国务院东亚太平洋事务第一助理国务卿帮办，1998 年 7 月被任命为特使负责建立朝鲜半岛和平机制问题的四方会谈，并担任美国驻朝鲜半岛能源开发组织①代表和执行理事会主席，2001 年 4 月退休。自 2001 年 5 月起，他开始担任朝鲜半岛能源开发组织执行主任。

肯尼斯·凯诺内斯曾作为外交官任职于美国驻韩国大使馆，能操一口流利的韩语，是第一位访问朝鲜的美国外交官。1995 年至 1996 年，他曾作为美国国务院联络处官员在朝鲜宁边核能研究中心和平壤生活九个月之久，1997 年退休。

罗伯特·卡林于 1971 年至 1989 年在美国中央情报局担任情报分析官，从 1974 年开始跟踪朝鲜事务，1989 年至 2002 年任美国国务院情报调查局东北亚科科长。他作为高级政策顾问参与了 1992 年至 2000 年美朝间的所有会谈，2002 年至 2006 年担任朝鲜半岛能源开发组织的高级政策顾问，曾访问朝鲜数十次。

朝鲜代表团成员除外交部第一副部长姜锡柱之外，还包括外交部巡回大使金桂冠、驻联合国大使许钟以及朝鲜外交部美国局的李勇浩、李根等人，金桂冠、李勇浩、李根等也成为了此后朝鲜对美政策制定和执行的重要参与人物。

美朝第一阶段会谈分别于 6 月 2 日、4 日、10 日以及 11 日进行了四次。

在 6 月 2 日的第一次会谈中，双方讨论的主要议题包括朝鲜回归《不扩散核武器条约》、国际原子能机构的特别核查以及美韩"协作精神"联合军演等问题。美国方面强调，为了朝核问题的解决，朝鲜应尽快回归《不扩散核武器条约》，而且国际原子能机构一定要实施特别核查；如果朝鲜在设定的时限之内拒

---

① 关于朝鲜半岛能源开发组织，请参阅本书第四章第二节相关内容。

绝回归《不扩散核武器条约》，国际社会将采取强烈的应对措施，有可能实施制裁。同时，美国还对朝鲜拒绝国际原子能机构参观核燃料棒的更换和放射性化学实验室表示出担忧，强调美国绝不允许朝鲜进行核武器开发。

朝鲜方面则认为退出《不扩散核武器条约》是经过深思熟虑之后做出的政治决断，这不能成为谈判的对象；《朝鲜半岛无核化共同宣言》已经包含了禁止核武器和相关的核查规定，可通过该《宣言》解决核问题。朝方表示，在朝韩间相互核查规定的运行过程中，国际原子能机构也可以通过另外的协商参与核查。如果安理会通过制裁决议，朝鲜将认为是对朝鲜的宣战，对此朝鲜将采取随意更换核燃料棒和开发核武器等自卫性的措施。但朝方同时还表示为了解决核燃料棒的更换问题，可以进行协商。如果美国在轻水反应堆方面给予技术援助，朝鲜将中止启动放射性化学实验室。

此外，朝鲜还向美方提出取消美韩"协作精神"联合军演、保障不使用核武器、不在朝鲜半岛内部署核武器等要求。对此，美方表示如果朝方的态度首先变化，将推迟1994年的"协作精神"联合军演，不使用核武器的问题也将进行具体的研究，还可以对驻韩美军的基地进行示范性核查以确认美方已经撤核。

6月4日，双方进行了第二次会谈。在会谈中，朝方再次要求美方不对朝鲜使用核武器、中止"协作精神"联合军事演习、撤离驻韩美军等要求，并表示不可能重新考虑退出《不扩散核武器条约》的问题，在延长退出的时限方面也没有得到平壤的指示。美方则再次要求朝鲜回归《不扩散核武器条约》，接受特别核查。如果朝鲜坚持先前立场，联合国安理会的制裁将是不可避免的。而如果朝方愿意在6月10日之前举行后续的会谈，美方则予以响应，但不保证对6月12日以后的会谈能够做出反应。如果朝方同意，可以提高会谈代表的级别。

在第二次会谈之后，应朝方代表团的邀请，6月7日美国代表团成员肯尼斯·凯诺内斯与朝鲜代表团官员李勇浩在纽约赫尔姆斯利酒店（Helmsley Hotel）的一个咖啡馆进行了非正式的接触，进一步进行了沟通。凯诺内斯向李勇浩重申了美国在《联合国宪章》基础上对朝鲜的安全保证，李勇浩则提出加卢奇的安全保证承诺是否可以以一种共同声明的形式发布。李勇浩之所以提出这种要求，是因为对朝鲜而言，美朝共同声明的象征性意义是很重要的，它可以向外界传递出这样一种信息，即美国是将朝鲜作为一个平等的协商伙伴来看待的。

对此，凯诺内斯则表示如果朝鲜不退出《不扩散核武器条约》，他同意发表共同声明这个想法。[①]

在 6 月 10 日举行的第三次会谈中，美国坚持要求朝鲜回归《不扩散核武器条约》等既定立场，朝鲜则表现出了一定的灵活性，暗示了在提高朝美会谈级别的条件下朝鲜愿意继续留在《不扩散核武器条约》之内和履行《朝鲜半岛无核化共同宣言》的意思，双方还达成了 6 月 11 日举行第四次会谈的协议。

6 月 11 日，美朝双方举行了第四次会谈，双方就朝鲜暂停退出《不扩散核武器条约》和美朝继续进行高级会谈等问题达成一致，发表了《共同声明》，其内容如下[②]：

美利坚合众国与朝鲜民主主义人民共和国之间的政府级会谈（government-level talks）自 1993 年 6 月 2 日至 11 日在纽约进行。

以助理国务卿罗伯特·加卢奇为团长的美利坚合众国政府代表团和以外交部第一副部长姜锡柱为团长的朝鲜民主主义人民共和国政府代表团参加了会谈。

会谈中，双方就朝鲜半岛核问题的彻底解决讨论了一些政策性问题，双方表明了对符合防止核扩散目标的《朝鲜半岛无核化共同宣言》的支持。

朝鲜民主主义人民共和国和美利坚合众国就如下原则达成协议：

——保证不使用包括核武器在内的武力和武力威胁。

——包括全面安全保障的公正性适用，相互尊重主权，不干涉内政在内的无核化之朝鲜半岛的和平与安全。

——支持朝鲜半岛的和平统一。

在此情况下，双方政府同意继续在平等公正的基础上进行对话。

与此相关，朝鲜民主主义人民共和国政府认为有必要并单方面决定暂停

---

① Joel S. Wit, Daniel B. Poneman, Robert L. Gallucci, *Going Critical: The First North Korean Nuclear Crisis*, Washington, D.C.: Brooking Institution Press, 2004, p.59.

② Joel S. Wit, Daniel B. Poneman, Robert L. Gallucci, *Going Critical: The First North Korean Nuclear Crisis*, Washington, D.C.: Brooking Institution Press, 2004, pp. 419-420.

（suspend）退出《不扩散核武器条约》（声明）的生效。

朝鲜发表退出《不扩散核武器条约》政府声明的时间是 1993 年 3 月 12 日。根据《不扩散核武器条约》的相关规定，退出声明的生效时限为 3 个月之后，这意味着朝鲜的退出声明将在 6 月 12 日生效。但就在朝鲜的退出声明即将生效的前一天——6 月 11 日，美朝发表了如上《共同声明》。上述的《共同声明》译自英文版本，单从文本本身来看，有一点值得注意，就是"suspend"一词的法律含义。"suspend"的中文对应词是"中止"或"暂停"，其法律上的涵义是"因某种特殊情况的发生而使程序暂时停止，待特殊情况消失后，程序继续"。美朝《共同声明》明确表示朝鲜单方面决定中止退出《不扩散核武器条约》声明的生效，但美朝双方对这一表述的法律效力的认识是不同的。在朝鲜看来，它之所以暂停退出《不扩散核武器条约》是因为美朝之间要继续在平等公正的基础上进行对话，暂停的含义是最后决定的推迟，其暂停行为将使其处于一种特殊的状况（extraordinary circumstance）下。在这种特殊的状况下，其法律地位则是未定的，并不产生一定要接受核查或采取其他措施的义务。但在美国看来，既然朝鲜已经中止了退出《不扩散核武器条约》的行为，那么，它仍旧是一个《不扩散核武器条约》的正式签署国，因此仍要履行条约规定的全部义务。国际原子能机构也持同样的观点。对朝鲜"暂停退出《不扩散核武器条约》生效"的法律意义的不同解读，成为随后国际原子能机构与朝鲜之间持续争执与龃龉不断的一个重要原因。

6 月 11 日的美朝《共同声明》是两国在冷战后签署的第一份政府间书面文件。签署书面文件时故意采用模糊甚至有歧义的措辞是外交谈判中的惯用手法，遇到在某些方面不能达成协议或共识的情况更是如此。美朝此次高级会谈是在双方尚未建立正式外交关系的背景下进行的，此前除"北京渠道"和 1992 年只有一次的高级会谈外，双方通过"纽约渠道"也曾经进行过接触，但次数寥寥，因此双方对彼此的谈判手法和语言习惯并不熟悉。谈判之前，加卢奇就苦于得不到更多的如何同朝鲜人谈判的建议和资料。来自参谋长联席会议的代表曾将一本参与过朝鲜战争停战谈判的美国人所撰写的《共产主义者如何谈判》（How Communists Negotiate）的书提供给加卢奇，但加卢奇并未从中得到多少帮助。双方谈判的进行过程也是十分艰辛，6 月 10 日拟定《共同声明》的谈判共持续了九个小时，精疲力竭的谈判代表们很难有足够的精力对文本的每个字词精斟细酌，况且谈判还是在相关国家的高度关注下进行，留有解释的空间和回旋的余地也有可能成为谈判双方心照不宣的默契。因此，《共同声明》在文本措辞和内容方面留下了可能会引发争议和分歧的机会与空间。尽管如此，它的签署暂时使事态避免了进一步的恶化，为双方继续开展磋商和对话奠定了基础。

二、第二阶段会谈

第一阶段高级会谈之后，美朝双方于 6 月 27 日进行了第二阶段高级会谈的预备会谈，就第二阶段会谈的场所、进行方式等问题进行了沟通。在这一时期，美朝军方在板门店就美军士兵遗骸问题进行了几次工作级的接触，双方达成了 7 月 12 日向美方移交 17 具美军士兵遗骸的协议。（［朝］平壤广播电台，1993 年 7 月 9 日）7 月 12 日，朝鲜通过板门店将 17 具美军士兵的遗骸移交给美方，这一举措为美朝第二阶段高级会谈的进行创造了良好的气氛。

1993 年 7 月 14 日至 19 日，以加卢奇和姜锡柱为团长的美朝第二阶段高级会谈在日内瓦美国和朝鲜代表处交替进行。如同第一阶段的会谈一样，在代表团的人员组成上，美国更综合，12 名成员中的五名来自于国务院，其余七名来自于驻国际原子能机构代表处、国家安全委员会和国防部等机构。朝鲜则显得出处单一，十名代表团成员有九名来自于外交部。

7 月 14 日的第一次会谈在美国代表处进行，会谈共持续了八个小时。会谈中，朝鲜向美方提出了一大揽子要求，几乎涉及到了朝鲜半岛问题的所有方面，包括双方签署美国不对朝鲜使用核武器的书面保证，美方宣布不在朝鲜半岛部署核武器，停止"协作精神"以及其他大规模军事演习，朝鲜半岛停战机制向和平机制的转换，将朝鲜从支持恐怖组织国家名单中除名以及支持高丽联邦共和国统一方案等。

美方代表则督促朝鲜就特别核查问题与国际原子能机构进行协商，并强调了朝韩对话对解决核问题的重要性。美方代表提出朝鲜不再进行核燃料再处理，更换 5MWe 反应堆核燃料棒时允许国际原子能机构核查小组参观，接受国际原子能机构的临时核查，开始与国际原子能机构协商以解决特别核查问题，开始朝韩对话以履行《朝鲜半岛无核化共同宣言》等，并表示如果朝方接受上述提议，第三阶段高级会谈可以在 8 月初召开。对此，朝方以 8 月初举行第三阶段会谈在时间上有困难为由予以拒绝。

第二次会谈于 7 月 16 日在朝鲜驻日内瓦代表处进行。会谈中，朝方没有执拗于第一次会谈中提出的全部问题，而是重点提出了引进轻水反应堆的问题，要求美国提供援助将现在运行中的石墨反应堆转换为轻水反应堆。

美方则强调国际原子能机构的核查问题和朝韩对话的重启问题是一定要解决的问题，提供轻水反应堆援助是核问题解决之后再探讨的问题。此次会谈进行的仍是十分艰难，一直持续到傍晚。其间，朝方为双方代表精心准备了午餐，姜锡柱和加卢奇利用共进午餐这样一个氛围稍微轻松的机会进行了较为深入的沟通。但是轻松氛围的意思表示并不意味着就是正式会谈开始后的立场，尽管 16 日的会谈持续到傍晚，但并没有取得有意义的结果。然而会谈结束时朝方一外交官员的妻子为会谈人员送来一大托盘麦当劳汉堡，这一设计和安排为会谈的结束创造了一个友好的气氛，平缓了因正式会谈时的争吵而引起的不快，也为下次会谈创造了条件。

两天之后的 7 月 18 日，为了避开媒体的干扰，美朝双方代表在日内瓦湖岸边的里奇蒙德（Le Richemond）酒店进行了一次会谈。这次会谈是应朝方的要求进行的，美方并没有派出其代表团的所有成员，只有加卢奇、托马斯·哈伯德和翻译三人参加，其用意大概是以此种方式展示美方对会谈的冷淡和消极态度，目的是向朝方代表团施压。而姜锡柱却率领了朝方的全班人马出席。会谈持续了三个半小时，双方仍是围绕着美国提供轻水反应堆援助与朝鲜接受国际原子能机构的核查、朝韩开始对话的先后顺序问题展开争论。姜锡柱表示："如果美国不承诺提供新型反应堆，朝鲜就不可能开始与国际原子能机构就特别核查问题进行协商。"而加卢奇则坚持只有朝鲜同意与国际原子能机构进行协商、不拒绝特别核查，双方才能进行下一次会谈。

7 月 19 日，应朝方的要求，美朝代表在美国驻日内瓦代表处进行了第二阶段高级会谈的最后一次会谈，双方就第二阶段会谈的结果在面向媒体的新闻公告方面达成了一致。如下是朝方代表团公布的《新闻公告》的内容：

朝鲜民主主义人民共和国代表团与美利坚合众国代表团自 1993 年 7 月 14 日至 19 日为解决核问题在日内瓦进行了第二阶段的会谈。

双方再次确认了 1993 年 6 月 11 日朝美《共同声明》的原则。

美利坚合众国再次确认了自己承诺的保证不使用包括核武器在内的武力、不以武力相威胁的原则。

双方认为朝鲜民主主义人民共和国希望以轻水反应堆取代现有的石墨反应堆及其相关设施。

作为最终解决核问题的一个环节，以可以实现的轻水反应堆的解决为前提，美国支持轻水反应堆的引进，并表明了与朝鲜民主主义人民共和国一起研究引进方法的意愿。

双方一致认为完全公正地适用国际原子能机构的保障对于强化国际核不扩散体制而言是必须的。以此为基础，朝鲜民主主义人民共和国表明了尽快开始与国际原子能机构就与安全保障相关的悬而未决的问题和其他问题进行协商的意愿。

朝鲜民主主义人民共和国和美利坚合众国也再次确认了履行北南关于《朝鲜半岛无核化共同宣言》的重要性，朝鲜民主主义人民共和国再次确认了依然具有尽快就包括核问题在内的各种问题开始北南会谈的意愿。

为了讨论与轻水反应堆的引进相关的技术问题以及与核问题的解决相关的悬而未决的问题，并为朝鲜民主主义人民共和国和美利坚合众国之间全盘关系的改善奠定基础，朝鲜民主主义人民共和国与美利坚合众国达成协议，在两个月之内举行下一次会谈。

第二阶段高级会谈并没有能够像第一阶段高级会谈那样，达成比较正式的《共同声明》，而只是就面向媒体的新闻公告方面达成了一致，在公开的方式上也不同于第一阶段所采用的共同发表《共同声明》形式，而是以各自的方式进行公开，这种安排反映出双方或某一方对会谈结果的不满意或存在某种顾虑。

由于情况紧急，第一阶段高级会谈主要是解决使朝鲜留在《不扩散核武器条约》之内的问题。而这个问题一旦解决之后要继续进行会谈的话，会谈的主题马上就会触及到朝鲜与国际原子能机构、朝鲜与韩国以及美朝关系上的一些深层次问题。对朝鲜而言，在第二阶段的会谈中，虽然在第一次会议上提出了众多的问题和要求，但从第二次会议起它开始专注于轻水反应堆问题，希望在提供援助以引进轻水反应堆方面得到美国的明确承诺，但最后得到的结果是美国"支持（support）"轻水反应堆的引进。对美国而言，在本阶段的会谈中，它希望朝鲜明确表示接受国际原子能机构的特别核查，答应启动与韩国的会谈，但得到的只是朝鲜表明的尽快与国际原子能机构就"悬而未决"的问题和"其他"问题进行协商的意愿以及朝鲜"依然具有"与韩国开始会谈的意愿。双方的保留使会谈结束的并不愉快，虽然双方约定两个月之内举行下一次会谈，但是实际上美国人却在如上的新闻公告中为下一次会谈的举行设定了两个前提条件：一个是朝鲜启动与国际原子能机构之间就解决"不一致性"问题的协商，另一个是朝鲜启动与韩国的会谈。而朝鲜也在其中预设了一道防线——"完全公正地适用国际原子能机构的保障"。如果国际原子能机构继续坚持"不公正"，那么朝鲜与国际原子能机构之间的"不一致性"问题就很难取得进展，如果在"不一致性"问题和朝韩会谈问题上没有进展，美国也就不会答应朝鲜进行第三阶段高级会谈，这就是其中的美、朝与国际原子能机构之间关系的逻辑。事实上，正是由于朝鲜与国际原子能机构之间的沟通未果，预定在两个月之内举行的美朝第三阶段会谈也随即流产，直至一年之后的 1994 年 7 月才得以启动，而在这一年期间，朝鲜半岛地区局势真可谓是暗潮涌动，波诡云谲，惨烈的战火几乎再度重燃。

第二节 "大揽子"与"小揽子"

一、"12·29 协议"

尽管美朝双方约定下一阶段的高级会谈于两个月之内举行，但是随着朝鲜与国际原子能机构之间在核查问题上的协商迟迟没有结果，美朝之间关系的发展也随之陷入僵持局面。

8 月 2 日，朝鲜《劳动新闻》发表题为《需要各方具有诚意的努力》的评论，评论指出："我们决定与国际原子能机构进行协商，不是为了讨论特别核查，而是为了纠正国际原子能机构的不公正。我们在日内瓦会谈中提出了引进轻水反应堆的提案，有了轻水反应堆，就不需要生产制造核武器所需要的钚，（这）毫无保留地展示了我们的和平性核政策的纯洁性和透明性。美国应该做出法律上的不使用核武器和不在南朝鲜部署核武器的保证，应该停止'协作精神'联合军事演习。美国既然表示出提供轻水反应堆的意思，就不要再提出这样那样的借口或不恰当的前提条件，应专注于它的实施。北南对话最要紧的是进行特使交换以实现首脑会谈，首脑会谈实现之时，《朝鲜半岛无核化共同宣言》和其他问题会得到符合民族共同利益的解决。朝鲜半岛的核问题是否能够得到根本解决，取决于相关当事国具有多少诚意的努力，下一阶段的朝美会谈是否能够顺利进行也取决于美国的态度。"（[朝]《劳动新闻》，1993 年 8 月 2 日）

从《劳动新闻》评论的内容来看，第二阶段美朝高级会谈之后，朝鲜将注意力和突破的方向基本集中在了美国方面。会谈结束后，朝鲜方面发表的《新闻公告》还表示尽快开始与国际原子能机构就"与安全保障相关的悬而未决的问题和其他问题"进行协商，但此时则退居为"纠正国际原子能机构的不公正"问题，而这是国际原子能机构所不可能接受的，朝鲜此议等于封死了它与国际原子能机构的协商之门。在朝韩关系方面，朝鲜在《新闻公告》中表示朝鲜"依然具有尽快就包括核问题在内的各种问题开始北南会谈的意愿"，但此时则提议进行特使交换，讨论首脑会谈，一旦首脑会谈实现，无核化问题和南北关系的其他问题都会得到解决。这等于是撇开原已启动并运行、现处于停滞状态的朝韩高级会谈机制和核控制共同委员会机制而另起炉灶，如果韩方接受这一提议，《朝鲜半岛无核化共同宣言》以及核控制共同委员会的法律效力都有可能会受到动摇和质疑。考虑到这些因素，日后推进的难度之大就会可想而知。

8 月 4 日，韩国以内阁总理黄寅性的名义向朝鲜提议启动处于停滞状态的朝韩核控制共同委员会，但朝于 8 月 9 日通过朝韩高级会谈朝方代表团发言人谈话的形式，对韩国的提议予以拒绝。朝方表示："北南核控制共同委员会在实务层面上已经陷入停滞状态的情况下，这样的会议再继续的话，对于问题的正确解决没有帮助……当前包括核问题在内的双方之间的问题最合理最快捷的解决之路，是最高级别的特使交换。"

朝鲜与国际原子能机构的协商和与韩国的对话，都难以如第二阶段美朝高级会谈所规划的那样得以启动，推进第三阶段美朝高级会谈的情况也就可想而知了。

第二阶段高级会谈结束后，美朝之间一直保持着非公开状态下的工作级对话渠道上的沟通，美国务院韩国科官员凯诺内斯和国务院亚洲防扩散办公室主任盖瑞·萨默尔（Gary Samore）代表美国政府不断地来往于华盛顿和纽约之间，同朝鲜驻联合国大使许钟和副大使金正洙等人保持着联系、进行着沟通。在 9 月初朝鲜与国际原子能机构之间的协商仍未出现转机之时，9 月 7 日，美国政府决定派加卢奇在板门店或海外其他什么地方与姜锡柱会晤，以推动朝鲜与国际原子能机构之间的协商，但却因韩国的反对而流产。^①在两个月期限即将到来之际的 9 月 12 日，加卢奇致函姜锡柱，措辞严厉地表示如果朝鲜不能满足国际原子能机构的要求，会将未来的美朝会谈置于危险的境地。^②但 9 月 14 日，姜锡柱在回复加卢奇的信函中表示朝鲜暂停退出《不扩散核武器条约》是以朝美会谈的继续为基础的……如果第三轮会谈的前景黯淡，朝鲜将不会无限期地冻结其 5MWe 反应堆的运行。^③

在加卢奇和姜锡柱之间通过沟通仍未能就美朝与国际原子能机构三者之间的良性互动达成一致的情况下，原定于 9 月 20 日之前举行的美朝第三阶段高级会谈也不得不向后推延。9 月底国际原子能机构理事会会议和国际原子能机构大会的召开，以及 10 月 1 日国际原子能机构大会决议的通过，使得朝鲜与国际原子能机构之间的纠葛更难以解开，从而也给美朝高级会谈的继续蒙上了一层厚厚的阴影。

9 月 9 日至 13 日，加卢奇访问韩国就相关问题同韩方相关人士进行了沟通。在同韩国外交部部长韩昇洲和副总理韩完相会谈时，韩方提出了以"综合性方法（comprehensive approach）"代替前期的"逐步推进（step-by-step）"方法的方案，即如果加卢奇和姜锡柱的下一次会谈能够解决核问题，那么就与朝鲜开始第四轮会谈以推进美朝关系实现正常化。加卢奇本来已经对"逐步推进"方案的实施效果产生了怀疑，因而韩方的这一建议得到了他的赞同，后来被称为"大揽子（big package）"的方案即由此萌芽。^④

① Joel S. Wit, Daniel B. Poneman, Robert L. Gallucci, *Going Critical: The First North Korean Nuclear Crisis*, Washington, D.C.: Brooking Institution Press, 2004, p. 92.

② Joel S. Wit, Daniel B. Poneman, Robert L. Gallucci, Going Critical: The First North Korean Nuclear Crisis, Washington, D.C.: Brooking Institution Press, 2004, p.89.

③ Joel S. Wit, Daniel B. Poneman, Robert L. Gallucci, *Going Critical: The First North Korean Nuclear Crisis*, Washington, D.C.: Brooking Institution Press, 2004, p. 90.

④ Joel S. Wit, Daniel B. Poneman, Robert L. Gallucci, *Going Critical: The First North Korean Nuclear Crisis*, Washington, D.C.: Brooking Institution Press, 2004, p. 92.

　　但问题是如何打开眼前的僵局，启动美朝之间的会谈。为了试探朝方，美方开始利用并创造一些机会同朝方接触。10 月初，朝鲜外交部副部长宋元昊（音）赴美参加第 48 届联合国大会，美国相关人员借此机会与其进行了接触，对朝鲜的外交思路进行了试探。当美方人员提到"大揽子"方案时，朝鲜外交官反提出了"小揽子"方案的建议。这个"小揽子"方案的内容是朝方接受国际原子能机构扩大的核查，美方同意停止美韩"协作精神"联合军演、对轻水反应堆方案给予认真地讨论、放松经济制裁等内容。①

　　随后，10 月 9 日至 12 日，美国国会众议院东亚及太平洋事务委员会主席艾克曼（Gary Ackerman）对朝鲜进行了为期四天的访问。11 日，金日成主席接见了艾克曼一行。对于艾克曼的访朝，美国官方表示说并不代表克林顿政府，但内情如何则是不言而喻的。在艾克曼访朝之前，他曾数次会晤国务院助理国务卿温斯顿·罗德（Winston Lord），其访朝的三名陪同人员中有两名是国会的工作人员，另一名则是国务院韩国科的肯尼斯·凯诺内斯。在回程的路上，尽管对于与同金日成主席会谈的情况，艾克曼口风甚紧，不愿多言，只表示"金日成非常关心我的陈述（presentation），我也非常关心他的（陈述）"，但艾克曼的访朝显然是建设性的，也得到了朝方的欢迎。12 日离朝时，艾克曼被朝方允许从板门店进入韩国，成为了第一个经过非武装地带由朝鲜进入韩国的美国公民。②

　　而更有意义的是，在艾克曼访朝期间，凯诺内斯还同朝鲜外交官进行了更为实质性的接触，尽管临行前凯诺内斯被严格告诫不能与朝鲜官员进行协商（negotiation），但朝鲜并不愿意放过这个表达的机会。朝方官员将一个具有明显勾划修改痕迹的、关于"大揽子"和"小揽子"方案的新建议交给了颇为被动的凯诺内斯，要求其带回华盛顿。这次的"小揽子"方案与 10 月初的方案相比稍有微调。朝方接受国际原子能机构扩大的核查，而要求美方同意中止（suspend）"协作精神"联合军演，为中止"协作精神"联合军演和启动加卢奇与姜锡柱的下次会谈确定一个明确的日期，并确保不对朝鲜使用核威胁。"大揽

---

① Joel S. Wit, Daniel B. Poneman, Robert L. Gallucci, *Going Critical: The First North Korean Nuclear Crisis*, Washington, D.C.: Brooking Institution Press, 2004, p. 93.

② SAM JAMESON, "U.S. Lawmaker Enters S. Korea From the North", *Los Angeles Times*, October 13, 1993.

子"方案的内容是朝鲜同意留在《不扩散核武器条约》框架之内，全面遵守《核安全保障协定》，实施朝韩间的《朝鲜半岛无核化共同宣言》，而要求美国缔结和平协定（包括不对朝鲜使用武力的法律上的约束保证），负责向朝鲜提供轻水反应堆，与朝鲜的外交关系实现全面正常化，承诺在朝韩之间实施均衡政策等。

艾克曼返美后，克林顿政府的相关人士经过分析和评估，比较倾向于"小揽子"方案。随后以哈伯德、萨默尔和凯诺内斯为代表的美国代表团，与朝鲜驻联合国大使许钟为代表的朝鲜代表团通过"纽约渠道"进行了四次会谈。朝鲜于 10 月 29 日通过平壤广播电台以介绍其他各国媒体报道的形式，公开了美朝在纽约接触的情况。（［朝］平壤广播电台，1993 年 10 月 29 日）

设想出"一揽子"方案的初衷是想避免实施"逐步推进"方案时极容易形成的互为前提的僵局，但双方一旦进入如何实施"小揽子"方案的谈判阶段，仍然难以避免陷入类似的困境。会谈中，美方要求朝方接受扩大的核核查，开始与韩国的对话，而后才有可能中止"协作精神"联合军演，才会宣布启动美朝第三阶段高级会谈的日期。而朝鲜却恰恰相反，提出只有中止"协作精神"联合军演和确定第三阶段高级会谈的日期，才能接受扩大的核核查，开启与韩国的对话。

在美朝通过"纽约渠道"进行沟通期间，朝鲜四次向美方移交了朝鲜战争期间的美军士兵遗骸，为双方的沟通创造了良好的气氛。早在 8 月 24 日，朝鲜与美国通过在板门店的沟通签署了《遗骸问题协议书》，就美军士兵遗骸的调查、挖掘和移交的程序和方法问题达成了协议。根据这一协议，朝鲜分别于 11 月 30 日、12 月 7 日、12 月 14 日和 12 月 24 日向美方移交了 33 具、31 具、33 具和 34 具美军士兵遗骸，总数达 131 具。

"纽约渠道"的沟通进行了两个多月，最后双方于 12 月 29 日达成了一个初步的协议，双方约定在同一天采取四项措施，并以同时和相互行动的原则付诸实施。此四项措施是：（1）国际原子能机构开始对秘书处 9 月 8 日至朝鲜信函中指定的七处设施进行核查；（2）朝鲜启动与韩国的对话，准备双方的特使交换；（3）韩国宣布取消"协作精神"联合军演；（4）美国与朝鲜宣布加卢奇和姜锡柱下一阶段会谈的日期。

"12·29 协议"只是双方达成的一个初步协议，一些重要的细节仍未敲定。首先，双方只是同意在"同一天"采取行动，而具体在哪一天并未确定；其次，朝鲜与国际原子能机构对七处设施核查的细节问题仍存在分歧；同时，朝韩双方之间只是为交换特使而进行对话，能不能确定特使交换日期也仍是未知，而且美朝下一阶段会谈的日期也未确定。因此说，"12·29协议"在许多具体的细节问题上还有待进一步落实，而一旦在任何一个问题和环节上产生纠缠、出现变数，整个协议即刻就会有化为乌有的危险。

二、"2·25协议"

1994年年初，曙光似乎微露。1月4日，许钟通过"纽约渠道"告知美方，表示朝鲜愿意开始与国际原子能机构进行对话。三天之后的1月7日，国际原子能机构安全保障部门主任伯瑞考斯（Dimitri Perricos）与朝鲜驻国际原子能机构代表尹浩镇就核查问题在维也纳开始了会谈，双方的会谈分别于1月7日、10日、17日、19日、24日和25日进行，前后共进行了六次，主要是围绕着美朝"12·29协议"中规定的对朝鲜七处设施实施核查的问题展开。朝方表示愿意接受国际原子能机构所提出的对大部分核设施进行核查活动的要求，但对一些设施的核查协定则需要等到国际原子能机构核查小组到达宁边之后再确定。对新建的再处理工厂和5MWe反应堆进行新的核查活动，朝方表示也可以接受，但相关的约定也需要国际原子能机构的核查人员到达朝鲜之后再确定。

国际原子能机构所提出的核查活动，包括检查关键设备上已被启封的封条、取样和伽马图谱（gamma mapping）分析等，这些技术手段主要是用来确定核材料是否已经被转化为用于核武器的制造。取样有助于国际原子能机构的核查员发现钚的线索，而伽马图谱分析主要是通过探测放射水平的变化查明核活动的情况。考虑到1993年8月核查时发生的情况，国际原子能机构坚持此次核查双方必须在核查小组前往朝鲜之前在维也纳达成协议。经过几次你攻我防的胶着之后，尹浩镇口头同意了国际原子能机构的核查要求，并要求国际原子能机构开出一份核查活动清单。但在国际原子能机构开出清单之后，朝方表示大部分可以接受，但仍然拒绝取样和进行伽马图谱分析等核查活动，而这两项恰恰是国际原子能机构核查活动计划中的核心部分。

1月21日，朝鲜通过外交部发言人会见朝中社记者的形式，对国际原子能机构提出的七处核设施实施全面核查的要求进行了谴责，并予以拒绝。发言人表示朝鲜"接受的核查是与因临时中止退出条约效力发生而所处的特殊地位相适应、为了核安全保障连续性的核查，不是定期或非定期的核查。国际原子能机构应该根据朝美之间达成的协议，在此次协商中，确定与保证安全保障的连续性相应的核查范围……依据《核安全保障协定》的定期、非定期核查问题，如果召开第三阶段朝美会谈就'一揽子'方案达成协议，将会顺利地解决"。

（［朝］朝鲜中央通讯，1994 年 1 月 21 日）

由于国际原子能机构与朝鲜之间不能在核查范围和核查手段问题上达成一致，双方的磋商随即陷入僵局，年初微露的曙光亦随之为多云所覆盖。

为了打开国际原子能机构和朝鲜在维也纳会谈的僵局，美朝开始迂回性尝试，朝鲜基督教联盟向美国著名的福音传教士比利·格雷姆（Billy Graham）发出了赴朝传教的邀请。格雷姆是一位颇受尊敬的传教士，其家族与朝鲜有着深厚的渊源。1992 年 3 月 31 日至 4 月 4 日格雷姆曾利用赴朝传教的机会首次会晤了金日成主席，并为布什总统传递了信息。在收到朝鲜的邀请后，格雷姆将他于 1 月底访问朝鲜的计划告知了美国国务院，克林顿政府遂决定通过格雷姆的访朝以做尝试。在格雷姆与克林顿总统进行过交谈之后，格雷姆派其助手与美国国家安全委员会的托尼·雷克（Tony Lake）和丹·伯纳曼（Dan Poneman）进行了磋商与研究，最后克林顿政府决定对朝信息的传递以口头方式进行，而口信的内容及格雷姆携带总统口信这件事情本身暂时保密。1 月 27 日，前往朝鲜途中的格雷姆路过北京，美国驻中国大使芮效俭（Stapleton Roy）拜访了他。芮效俭向格雷姆传达了克林顿总统致金日成主席的口信，口信内容甚为简单，称克林顿总统希望在新的一年里美朝两国在解决核问题上取得快速的进展，这能为双边关系的进一步改善提供条件。

新的一年即 1994 年，这一年美国国会将进行中期选举。

格雷姆的来访受到了朝鲜的热烈欢迎。27 日，朝方在人民文化宫举行了欢迎宴会，28 日，外交部部长金永南与格雷姆进行了会谈。更重要的是，29 日金日成主席还与其进行了长谈。在交谈中，格雷姆以更为和缓的语调传递了克林顿总统的口信。金日成主席则表示出希望与克林顿总统举行首脑会晤的愿望，请求格雷姆在朝美领导人之间担任"中间人"，并表示他愿意在朝美首脑会晤时签署一份承诺不制造核武器的文件。格雷姆则表示，如果核危机能够成功解决，他自己认为美朝首脑会晤也是有可能的。

2月1日，格雷姆携金日成主席至克林顿总统的秘密信息而返，克林顿政府在对格雷姆访朝之行所获得的信息进行了评估之后决定以向朝鲜派出非正式特使的方式对朝鲜的政策再次进行试探，非正式特使的人选初步确定为美国国会众议院军事委员会主席罗纳德·戴尔伦斯（Ronald Dellums）。戴尔伦斯曾计划于1993年底访问朝鲜，但因故而取消。2月8日，美国国家安全委员会（The National Security Council）主要成员委员会（the principals committee）批准了戴尔伦斯的访朝计划。美国希望以戴尔伦斯访朝这件事本身所含有的政策信息说服朝鲜在即将召开的国际原子能机构理事会会议之前与国际原子能机构达成协议。对于金日成主席提议的美朝首脑会晤，克林顿政府也准备通过戴尔伦斯告诉朝鲜领导人，如果核危机能够成功解决，这是可能的。为了以防万一，不在信息沟通上产生差错和误解，美国还准备将如上政策信息通过"纽约渠道"向朝方进行通报。

为了准备戴尔伦斯的访朝，加卢奇、雷克、伯纳曼等人在字斟句酌地敲定戴尔伦斯即将传递的语言信息，尤其是涉及到首脑会晤问题时所使用的表达方式的同时，克林顿政府还督促戴尔伦斯办公室尽快与朝鲜驻联合国代表处联系，以办理访朝的相关事宜。

克林顿政府对格雷姆朝鲜之行的积极反应，朝鲜方面也明显看到了眼里，并给予了积极的回应。2月12日，姜锡柱致函加卢奇，表示金日成主席致力于通过对话解决核问题，既然国际原子能机构的要求已经有所缓和，那么朝鲜愿意与国际原子能机构重开对话。2月15日，尹浩镇访问国际原子能机构总部，与伯瑞考斯举行了会晤。经过协商，朝鲜和国际原子能机构达成了"2·15协议"。国际原子能机构认为所谓的"2·15协议"并不是一份可视其为核查正式基础的协定，而是一份与《核安全保障协定》的要求相一致的核查活动的详细清单，但朝鲜方面却将其看成了一份正式的协议。就在同一天，通过"纽约渠道"，哈伯德也告诉许钟，克林顿总统致力于通过对话解决核问题。既然朝鲜与国际原子能机构在维也纳已经达成了协议，双方应该开始接触以讨论"12·29协议"的实施问题，但对于举行美朝首脑会晤问题，哈伯德则没有提到。

局势的发展似乎再次呈现转机。2月21日，朝鲜通过外交部发言人会见记者的形式，对国际原子能机构的核查问题正式表态。朝方表示："这次达成协议（'2·15协议'）的核查是与我们临时中止退出《不扩散核武器条约》效力的特殊地位相应的核查，以确认上次核查之后核物质没有用作其他目标、保证核安全保障的连续性为基本使命……定期、不定期的核查是朝美第三阶段高级会谈开始后核问题'一揽子'解决的范围内讨论的问题，即是吵吵也不是现在要解决的问题，（'12·29'协议）就朝美双方为'一揽子'解决核问题而立即采取的措施——即我们为保证安全保障的连续性而接受必要的核查问题，南朝鲜方面提出的为了交换特使而进行实务接触，我们对之进行肯定性考虑的问题，美国方面宣布中止 1994 年'协作精神'联合军演问题，朝美共同宣布朝美第三阶段高级会谈的日期问题达成了协议……现在如果美国不能就同时行动措施达成协议，附加不当的条件或施加压力，为核问题的解决设置障碍的话，我们与国际原子能机构之间已经达成协议的事项将不会得到履行。"（［朝］朝鲜中央通讯，1994 年 2 月 21 日）

如前所述，"12·29 协议"只是一个初步的协议，协议规定了三国四方将实施的四项措施，但并没有明确实施的具体日期。它之所以能够达成，从朝鲜方面而言，主要因为它是朝美"纽约渠道"协商的结果，此时的"纽约渠道"是朝美之间唯一正式的联系渠道。朝鲜需要这一渠道保持畅通，并希望通过这一渠道取得外交实惠，因此需要给它注入一些活力。但这一阶段，朝鲜对美外交的主要目标就是使美国明确承诺朝美第三阶段高级会谈的启动日期，尽早启动朝美第三阶段高级会谈，并尽可能地将韩国边缘化，减少韩国对朝美关系发展的干扰和影响。对美国而言，它之所以初步答应启动美朝第三阶段高级会谈，目的是想诱使朝鲜接受国际原子能机构的核查查，同时考虑韩国的要求，将朝韩特使问题纳入美朝会谈的框架中，尽量不使韩国被边缘化，以免美韩同盟关系受到影响。在朝鲜与国际原子能机构就核查问题达成了"2·15 协议"之后，剩下的问题就是美国方面应该采取的措施了。

2 月 22 日，美朝通过"纽约渠道"进行了接触。在会谈中，许钟反对美国将朝韩特使交换作为朝美第三阶段高级会谈启动的前提条件，表示把（与韩国）交换特使问题置于优先地位将赋予韩国在朝美对话问题上的否决权，这将会影响朝鲜接受国际原子能机构核查的意愿。经过三天的讨论，2 月 25 日，美朝在"12·29 协议"的基础上又达成了新的协议，即"2·25 协议"，其内容主要是 1994 年 3 月 1 日美朝韩与国际原子能机构三国四方同时采取如下四项措施：（1）朝鲜允许国际原子能机构完成核查；（2）朝鲜与韩国开始工作级会谈以协商交换特使问题;(3)美国和朝鲜宣布第三阶段高级会谈将于 3 月 21 日开始;(4)韩国宣布暂停"协作精神"联合军演,而美国对此表示赞同。同时,双方还在协议上附加了一个不对外公开的单边表述,朝方明确表明在交换特使问题上还没有达成协议。

在朝韩于交换特使问题上尚未取得进展的情况下 ①,美国同朝鲜达成"2·25 协议"是否意味着它可以撇开韩国而单独推进与朝鲜的关系呢?事实并非如此,对美国而言,当时最为重要的是让国际原子能机构的核查人员尽快回到朝鲜。同时,国际原子能机构理事会召开在即,如果对朝鲜核计划的进展状况不明不白,也不利于理事会任何决议的通过。而最为重要的是美国手里掌控着可以叫停一切进展的杀手锏,如果朝韩交换特使问题难以取得进展,如果国际原子能机构的核查活动不彻底或不满意,它可以随时停止或取消加卢奇和姜锡柱的会谈。实际上,美国国务院在公布如上协议内容的同时,还做了一个公开的单边声明:"关于 1994 年'协作精神'联合军事演习和美朝第三轮对话问题的履行,建立在国际原子能机构的核查得到全面实施和南北间的核对话通过特使交换而继续进行的前提之上。"② 正是因为掌握着这种操控力和杀手锏,美国在朝韩特使交换问题尚未解决的情况下,还是与朝方达成了"2·25 协议"。

对朝鲜而言,它非常清楚国际原子能机构的核查对美国的重要性,因此它尽力利用美国对核查问题的关注,降低其他方和其他问题的分量和影响。为了安慰韩国,它同意了启动与韩国的工作级会谈。通过"2·25 协议",朝鲜不仅得到了美国在朝美第三阶段高级会谈启动日期上的明确承诺,而且还从美韩双方那里得到了中止 1994 年"协作精神"联合军演的明确表示。因此,"2·25 协议"对朝鲜而言是一个不小的外交成果。

然而,面对"2·25 协议",韩国的心里并不舒服。尽管韩国政府对该协议

---

① 1993 年 5 月 25 日,朝鲜向韩国提议交换双方最高领导人任命的特使之后,双方于 1993 年 10 月 5 日、15 日和 25 日进行了三次工作级接触,第四次接触原定于 11 月 4 日进行,但由于韩国国防部长权宁海在 11 月 2 日出席韩国 KBS 电视节目时表态说应对军事上可能发生的偶发性挑衅是国防部在此次韩美安保协商会议要讨论的问题,第四次接触遂遭到朝方拒绝。美朝"12·29 协议"达成后,朝鲜一直对朝韩特使交换问题持消极态度,直至 1994 年 3 月 3 日才进行第四次工作级接触。

② Department of State daily briefing, March 3, 1993. Leon V. Sigal, *Disarming Strangers: Nuclear Diplomacy with North Korea*, Princeton: Princeton University Press, 1997, p.105.

障协定》而实施的定期和非定期核查，而是在朝鲜暂时中止退出《不扩散核武器条约》声明效力的特殊状态下的核查，但国际原子能机构则将其视为基于朝方签署的《核安全保障协定》上的核查，双方分歧的焦点即在于此。

国际原子能机构与朝鲜在核查问题上产生了如此的不愉快，毫不意外的是，朝韩就特使交换问题进行的谈判也同样艰难。

2月28日，韩国以电话通知的方式向朝鲜提议3月1日在板门店韩方一侧的和平之家举行工作级接触以讨论交换特使问题。3月1日，朝鲜也同样以电话通知的方式，提议朝韩的工作级接触于3月3日在和平之家开始，韩方予以接受，但比美朝"2·25协议"规定的3月1日启动的日期晚了两天。朝韩之间为交换特使而进行的工作级接触分别于3月3日、9日、12日、16日、19日进行了五次。在五次工作级接触中，双方围绕着特使交换的程序、特使的任务、特使的访问顺序和访问日期等问题进行了协商，但始终未达成一致。在3月19日的接触中，韩方代表指出朝方提出与会谈无关的问题是故意延迟和回避实务程序的协商，要求朝鲜立即停止对韩国领导人的诽谤、中伤，即刻停止针对韩国的敌对宣传，要求朝鲜明确表明特使交换中最优先解决的问题是协商、解决核问题。对此，朝方代表认为韩国政府宣布重启"协作精神"联合军演、引入"爱国者"导弹[1]是放弃特使交换的宣言、是战争宣言，而一旦战争爆发，首尔将是一片火海。[2]

虽然进行了五次工作级接触，但朝韩双方始终没有在特使交换问题上达成一致。第五次接触之后的当天，韩国副总理李荣德发表声明，宣布朝韩为交换特使而进行的工作级会谈破裂。

由于在国际原子能机构的核查问题和朝韩交换特使问题上均进展不顺、出现变故，美朝"2·25协议"中规定的两国于3月21日启动第三阶段高级会谈的约定也随即流产，"2·25协议"未能得到彻底履行。

---

[1]　1994年1月26日，美国国防部副部长（Frank Wisner）表示美国决定驻韩美军将部署"爱国者"反导导弹。

[2]　朝韩会谈资料：《为特使交换而进行的工作级代表接触》，http://dialogue.unikorea.go.kr/data/talksummary/367

四、安理会《主席声明》

美朝 "2·25 协议" 在执行上遭遇挫折，随之而来的局面也不可能是仅仅止步于僵持，国际原子能机构以技术原则为中心的工作风格也成为了局势继续走向激化的 "鼓风机"。3 月 16 日，布利克斯就核查结果向国际原子能机构理事会提交非正式报告之后，理事会决定就此问题于 3 月 21 日召开特别理事会。

但是对于美国而言，在国际原子能机构特别理事会上以及特别理事会之后对事态应该采取什么样的应对举措，是需要紧急做出决定的事情。3 月 19 日，美国国家安全委员会主要成员委员会召开了只限于主要成员参加的会议，会议除了讨论在韩国部署 "爱国者" 导弹、重新安排 "协作精神" 联合军演等问题之外，还集中讨论了在特别理事会之后应该采取的下一步的行动问题。会议决定采取将朝核问题提交联合国的 "逐步升级（gradual escalation）" 战略，而将问题提交至联合国之后将会产生什么样的结果，中国的态度至关重要。

根据克林顿政府的要求，美国驻联合国代表团确立了这样一种政策精神，即争取中国对最大程度的严厉措施的支持，以宣示国际社会的决心。中国有可能会通过行使否决权阻止进一步的多边行动，要防止或推迟这种情况的发生。[1] 其实，美国驻联合国代表团也相信中国知道并接受安理会做出某种反应的不可避免性，而只是要在要求朝鲜履行不扩散义务和支持外交努力之间保持某种平衡。因此，美国所确立的行动原则是快速行动。3 月 21 日，国际原子能机构召开特别理事会，此前一天，美国代表团就准备了一份决议草案，呼吁朝鲜允许国际原子能机构核查小组完成 3 月份的核查活动，呼吁国际原子能机构向安理会报告近期的进展情况。但美的主张却遭到了要求对朝鲜立即采取更为严厉的制裁措施的法国的反对。会议开始后，布利克斯的发言为即将通过的决议的内容定下了一个基调。布利克斯表示，总体而言，朝鲜内安全保障的连续性仍然没有被打破，但国际原子能机构不能断定宁边的核材料是否被转为它用，因为国际原子能机构没有能够于再处理工厂重建安全保障的连续性。会议最后以 25 票赞成、一票反对、五票弃权、四个国家没有投票的结果通过了 GOV/2711

---

[1]　Joel S. Wit, Daniel B. Poneman, Robert L. Gallucci, *Going Critical: The First North Korean Nuclear Crisis*, Washington, D.C.: Brooking Institution Press, 2004, p152.

号决议，其中利比亚反对，中国等五国弃权。决议特别呼吁朝鲜立即允许国际原子能机构完成其所要求的核查活动，要求国际原子能机构总干事将此决议案向所有会员国散发，并提交至联合国安理会和联合国大会。①

国际原子能机构特别理事会第 2711 号决议的通过引起了朝鲜方面的强烈反应。3 月 24 日，朝鲜原子能总局②发言人发表谈话，表示"这完全是一个颠倒黑白的结论。……我们是处在暂时中止退出《不扩散核武器条约》声明效力的特殊状态下，因此我们没有义务接受《核安全保障协定》下的常规和临时核查的义务。眼下我们允许的只是维持安全保障连续性的核查。……如果国际原子能机构秘书处真的愿意看到我们'核问题'的公正解决，它应该立即采取措施收回建立在国际原子能机构'不能就核材料在朝鲜的核设施中是否被转用得出结论'的不公正评估之上的'决议'"。③朝鲜驻国际原子能机构代表要求将这份谈话内容向所有成员国散发。

尽管朝鲜方面反对，3 月 24 日，布利克斯仍向联合国安理会提交了国际原子能机构核查结果的报告书。3 月 25 日，安理会召开会议，美国向会议提交了一份决议草案。一般而言，正常的程序是五个常任理事国先就欲通过的草案达成一致，然后再提交至安理会，但此次美国行动迅速。面对美国的这种突击行为，3 月 25 日，中国常驻联合国副代表、特命全权大使陈健表明了中国的立场，对美国起草的安理会对朝决议案草案的内容和形式表示反对，陈健表示如果采用内容积极而稳健的解决朝核问题的主席声明的形式，中国将持支持的意见。④随后，会议主要围绕着草案中美国视其为本质性条款的"进一步行动（further action）"条款进行了讨论。在各方争执不下的情况下，新西兰代表柯林·基廷（Colin Keating）提出了一个折中方案，建议用"必要时进一步审议"取代"进一步行动"。在这种情况下，美国驻联合国代表团向克林顿政府提出了三种可供

① *GC (XXXVIII) /19, 16 September 1994*，p.3. https://www.iaea.org/sites/default/files/gc/gc38-19_en.pdf
② 从 1994 年初开始，朝鲜原子能工业部更名为原子能总局。
③ *INFCIRC/438, 14 April, 1994*。https://www.iaea.org/sites/default/files/publications/documents/infcircs/1994/infcirc438.pdf
④ 《朝韩对话日志（1993.5.20— 1994.4.15）》，http://dialogue.unikorea.go.kr/data/kdialogue/408；jsessionid=6515317A68DA07C3E61C29FA3A23F124

选择的方案，其一是继续推进含有"进一步行动"条款的决议案，后果是中国有可能投否决票或弃权。如果这样，则会向朝鲜传递出五个常任理事国出现分裂的信息，而一旦如此，安理会也将不可能会有进一步的行动。其二是美国接受包含有新西兰代表建议的主席声明。如果中国同意，主席声明虽然在力度上要比决议弱一些，但也表明安理会发出的是一致的信息，安理会的权威也会得到尊重。第三是与中国开始有可能是旷日持久的沟通与协商，且只有使中国改变立场，这种做法最终也才会有意义。考虑到每一种方案的可行性及其可能产生的后果，克里斯托弗指派加卢奇赴纽约集中精力与其他常任理事国进行沟通之后，克林顿政府最后选择了第二种方案。

3月31日，联合国安理会第3357次会议通过了《主席声明》。《主席声明》①表示：

安理会注意到1993年6月11日朝鲜民主主义人民共和国决定暂停退出条约后原则上已接受由原子能机构核查其申报的七个核场址，以及朝鲜民主主义人民共和国原子能总局发表的声明（S/1994/319）"，"安理会还注意到原子能机构理事会关于遵守事项的调查结果和原子能机构总干事1994年3月22日给安全理事会的报告（S/1994/322），并表示关切原子能机构因此不能就是否有核材料被转用或再处理或其他活动得出结论。

安理会呼吁朝鲜民主主义人民共和国允许原子能机构核查员完成1994年2月15日原子能机构与朝鲜民主主义人民共和国议定的核查活动，作为履行其根据原子能机构—朝鲜民主主义人民共和国保障协定承担的义务并遵守《条约》所规定的不扩散义务的第一步。

安理会要求朝鲜民主主义人民共和国与大韩民国重新开始对话，其目的是执行《朝鲜半岛无核化共同宣言》。

安理会呼吁同朝鲜民主主义人民共和国进行对话的会员国按照1994年2月25日达成的协议继续此种对话。

---

① 联合国安理会：《安理会主席声明》S/PRST/1994/13，31 March，1994. https://www.securitycouncilreport.org/atf/cf/%7B65BFCF9B-6D27-4E9C-8CD3-CF6E4FF96FF9%7D/Disarm%20SPRST199413.pdf

安理会决定继续积极处理此案，并在必要时进一步审议此事项，以便充分执行原子能机构—朝鲜民主主义人民共和国保障协定。

对于 3 月 31 日安理会《主席声明》，4 月 4 日，朝鲜以外交部发言人发表声明的形式做出回应，表示安理会要求朝鲜接受国际原子能机构"额外的无理核查"是"强加给朝鲜的一种不公正的要求"，"我们的'核问题'不是应拿到联合国安理会讨论的问题，朝鲜已经按照与美国和国际原子能机构的协议，充分地接受了保障安全连续性的核查。即使在核查过程中产生了一些意见分歧，也应该是在当事者即国际原子能机构和朝鲜之间加以解决的问题。这使（我们）看到了联合国安理会使用双重标准，被美国利用以实现其对朝鲜的敌对政策。在美国推翻它对我们的所有承诺、一边倒地施加压力的情况下，为了朝美会谈，我们单方面冻结的和平性核活动将不得不正常进行……美国和南朝鲜当局此次以联合国安理会主席声明试图阶段性地扩大对我们的压力，这是绝对行不通的……以力量对力量、以对话对对话是我们坚定不移的意志和政策。"（［朝］朝鲜中央通讯，1994 年 4 月 4 日）

五、退出国际原子能机构

国际原子能机构的核核查、朝韩对话与特使交换、美朝关系等，全部陷入了一个因互设为前提而无法获得突破性进展的死结和僵局，朝鲜核问题日趋复杂。为了协调各部门的意见和立场，1994 年 4 月 4 日，克林顿总统同意组建一个朝鲜问题高级政策指导小组（Senior Policy Steering Group On Korea），由加卢奇担任主任，国家安全委员会负责核不扩散问题的高级主任丹尼尔·伯纳曼（Daniel Poneman）担任副主任，该小组被赋予了直接向国家安全委员会主要成员委员会汇报的权力。助理国务卿加卢奇担任朝鲜问题高级政策指导小组主任，级别与大使同列，从而使得他从负责政治军事事务的助理国务卿职务上脱身，专事朝鲜事务，[①] 而在此之前，美国并没有一个专门负责朝鲜问题的高级专员。

---

① Leon V. Sigal, *Disarming Strangers: Nuclear Diplomacy with North Korea*, Princeton University Press, 1998, pp.108— 109.

组建跨部门的朝鲜问题高级政策指导小组主要出自于美国驻韩国大使吉姆·莱尼（James Laney）的建议，而随着朝核问题的复杂化，美国其他一些机构和部门也有人持相同的意见。1994 年 2 月，国防部长助理阿什顿·卡特（Ash Carter）也向国家安全委员会负责核不扩散问题的伯纳曼递交了一份备忘录，建议组建一个跨部门的机构负责制定对朝鲜的战略。[①]

吉姆·莱尼在向国务院官员阐述了他的想法而未得到回应之后，便通过他的朋友——民主党议员山姆·纳恩（Sam Nunn）见到了白宫办公厅主任麦克·麦克拉蒂（Mac McLarty）。在此之后，国务卿克里斯托弗要求加卢奇设计一个提高美国对朝政策的协调性和一致性的方案。加卢奇则建议参照管理美国对中国政策的模式，由一位助理国务卿主持一个由各部部长以下的高级官员参加的特殊会议来负责协调各部门的对朝政策。

4 月 16 日，美国国家安全事务助理安东尼·雷克（Anthony Lake）指示组建朝鲜问题高级指导小组（Senior Steering Group on Korea，简称 SSK），以协调日常的外交、国会和公共事务活动，并保证其与军事和情报部门工作的一致性。由于雷克的支持，加卢奇和伯纳曼得以受邀参加五角大楼涉及朝鲜事务的日常会议。

以加卢奇为首的朝鲜问题高级指导小组的成立，意味着朝鲜问题在美国外交日程上重要性的提高，也较大程度地改善了美国政府相关部门之间协调机制不足的现状。在该机构组建之前，美国没有一个专门负责朝鲜核问题的高级官员。由于彼此之间立场、观点和利益的不一致，美国政府各部门之间发生了诸多的纠葛，尤其是在国务院和国防部之间。国务院持"保护优先（safeguards-firsters）"的立场，它最关心的是保护核不扩散机制，明确朝鲜的核历史，认为使朝鲜重返《不扩散核武器条约》、履行《核安全保障协定》（包括接受核核查）是最为优先的政策课题，而国防部则持"解除优先（dismantlement-firsters）"的立场。国防部认为，阻止朝鲜生产更多的可用于制造核武器的钚比保护核不扩散机制更具有优先性，《核安全保障协定》不能阻止朝鲜钚的增加，因为在《不扩散核武器条约》框架下仍会允许朝鲜进行相应的核活动，也可以继续生产钚，

---

① Joel S. Wit, Daniel B. Poneman, Robert L. Gallucci, *Going Critical: The First North Korean Nuclear Crisis*, Washington, D.C.: Brooking Institution Press, 2004, p.166.

因此国防部主张应该将注意力集中在冻结和解除朝鲜主要的核设施上，尤其是反应堆和再处理工厂。[①]

　　1994 年 4 月中旬，朝鲜半岛的核危机进入到了一个异常敏感而危险的时期。4 月 16 日至 19 日，访问中国之后的加卢奇访问了韩国，与韩国副总理兼统一院院长李荣德、外交部部长韩昇州等进行了交流。而 19 日至 21 日，美国国防部长佩里也访问韩国，在与韩昇州会晤时，佩里问道如果外交手段失败、制裁也被证明不起作用时，韩国做何打算，韩昇州没有回答，而在与韩国国防部长李炳台会晤时，佩里表示："我们不会发起战争，我们也不会挑起战争。但我们不应该（因为缺乏准备而）招致战争。"随后，佩里访问日本时，对日本防卫相爱知和男（Kazuo Aichi）提出要求，要求日本准备支持美国的军事计划，并表示美国不会在不与日本协商的情况下采取行动。爱知和男则表示日本正在准备特殊的立法以便允许对朝鲜半岛发生的紧急军事情况做出反应。

　　而就在佩里抵达韩国的 4 月 19 日，美国的"爱国者"导弹也运抵韩国南部城市釜山。在韩国部署"爱国者"导弹最初是由驻韩美军司令官盖瑞·路克（Gary E.Luck）将军提议的，1993 年 11 月，路克正式与美军参谋长联席会议主席沙利卡什维利（John Shalikashvili）讨论过此事，并在 12 月份得到了美国国防部的支持，只等克林顿总统的最后决定。但是，韩国政府却反对在韩国部署"爱国者"导弹。然而，随着美朝"2·25 协议"的"流产"以及朝韩特使交换谈判的破裂，金泳三政府最终接受了将"爱国者"导弹部署在韩国的方案。

　　针对这种情况，朝鲜方面于 4 月 19 日通知国际原子能机构，它将于近日对 5MWe 试验用核反应堆添加燃料。4 月 20 日，朝鲜外交部向国际原子能机构理事会发出一份关于核问题的备忘录，并要求向所有成员国散发。在备忘录中，朝鲜主要围绕着它在《不扩散核武器条约》中特殊地位的起源及其本质、朝鲜政府在维护核安全保障连续性的持续努力以及国际原子能机构在朝鲜核问题上使用双重标准的不公正性等三个问题进行了解释和说明。同日，朝方还就宁边 5MWe 原子反应堆核燃料棒更换一事通告国际原子能机构理事会，并发出了邀请函。

[①] Joel S. Wit，Daniel B. Poneman，Robert L. Gallucci，*Going Critical: The First North Korean Nuclear Crisis*，Washington，D.C.: Brooking Institution Press，2004，p.140.

4月28日，加卢奇致函姜锡柱警告朝鲜说如果朝方卸载核燃料棒，须要同国际原子能机构达成满意的安排。四天之后姜锡柱告诉加卢奇核燃料棒的卸载作业将于5月4日开始，并告知如果"一揽子的解决过程"启动，国际原子能机构可以选择和分离燃料棒。加卢奇当天即回复朝方表示如果国际原子能机构的核查人员不在现场而朝鲜卸载核燃料棒，美国将会认为朝方已经不再希望通过对话解决双方在核问题上的僵持。[①]

4月27日和28日，朝鲜分别通过外交部发言人记者会见和发表声明的形式阐明了朝鲜在解决核问题上的立场。在27日的记者会见中，朝鲜外交部发言人表示："为了和平性核活动事业的正常化，作为其中的一个环节，根据5MWe试验用原子能发电站的运行计划，将要对核燃料棒进行更换。在召开朝美会谈的前景处于目前这种不明朗的状况下，我们的石墨反应堆系统的运行不能无限期的冻结。对核燃料棒更换活动的观测、依据废弃核燃料棒计数器而进行的所有燃料的测定、对替换下来的所有燃料的封存和监视、与封条和监视器材有关的活动、对运行和会计记录等文件而进行的检查等为充分保证安全保障的连续性而需要的核查内容，都可以包括进国际原子能机构的现场活动中……万一在核燃料的替换过程中，提出了属于定期或不定期核查范围内的问题，在朝美会谈'一揽子'解决核问题之后可以被允许。"（[朝]朝鲜中央通讯，1994年4月27日）在记者会见中，朝鲜外交部发言人还发出了国际原子能机构小组可以进入朝鲜的信息，但进去后所进行的活动要局限在为了保证核安全保障的连续性范围之内，朝鲜的理由是因为第三阶段朝美会谈无望，而朝鲜仍处于特殊地位的过渡期中。

在4月28日外交部的声明中，朝鲜则直接向美国提出了进行谈判建立和平机制的倡议。声明表示："1991年3月任命没有资格的南朝鲜的将军作为首席代表，从而使停战机构丧失了自身的功能。朝鲜半岛正在形成的全盘态势要求，如果要消除朝美之间的敌对关系、保障朝鲜半岛真正的和平与安全，就必须以和平协定取代停战协定、确立取代现停战机构的和平保障体制。为此，我们向美国提议为了确立在实际上可以保证朝鲜半岛和平与安全的新的和平保障

---

① Joel S. Wit, Daniel B. Poneman, Robert L. Gallucci, *Going Critical: The First North Korean Nuclear Crisis*, Washington, D.C.: Brooking Institution Press, 2004, p.172.

机制而进行协商。"（［朝］朝鲜中央通讯，1994年4月28日）为了配合其建立和平机制的要求，4月28日，朝鲜通报将撤离板门店军事停战委员会朝方一侧的代表。4月29日，朝鲜的一个武装小队在板门店进行了武力示威。4月30日，朝鲜空军近20架飞机又在军事停战线附近区域进行了示威飞行。

5月2日，朝鲜致函美国表示它将要开始添加核燃料，同日加卢奇致函答复姜锡柱督促朝鲜延迟卸载核燃料棒，并就因延迟卸载而产生的安全问题同国际原子能机构联系，加卢奇建议将废弃核燃料的处理问题放在第三轮高级会谈中石墨反应堆转化为轻水反应堆的背景下处理。在信函中，加卢奇表示，如果朝方在没有国际原子能机构人员在场的情况下卸载核燃料棒，美国将不得不认为朝鲜不再希望通过对话解决核问题，这对美国和朝鲜而言意味着继续努力以通过协商的方式追求核问题的解决将是不可能的。[1]

5月3日，朝鲜通过外交部发言人会见记者的形式，批评国际原子能机构在5MWe试验用核电站卸载核燃料棒时选择部分燃料棒予以保管以待将来测试的不当要求之后，5月4日，朝鲜又向国际原子能机构提出，可以对添加核燃料的过程进行监控以阻止废弃核燃料的转移，但不能留置燃料棒的样品以备将来的化验，对此国际原子能机构予以拒绝。5月5日，加卢奇致函姜锡柱表示："如果朝鲜在不允许国际原子能机构同时选择和储存一些核燃料棒以备将来监测的情况下卸载核燃料，将会使国际原子能机构永远丧失掉这种能力。我们也不得不断定朝鲜没有通过我们之间广泛深入的讨论解决核问题的意思。"

5月7日，朝鲜不允许国际原子能机构对有关堆芯进行核查活动，更没有提供相关堆芯的历史资料，即有关堆芯初始报告的正确的、完整的资料，且在此情况下，朝鲜开始从5MWe实验用核反应堆卸载燃料棒，并于5月12日通知国际原子能机构，它已经开始从反应堆中卸载核燃料棒。5月15日，朝鲜外交部发言人通过会见朝中社记者的方式对朝方的卸载行为进行了说明，朝方表示："在朝美之间就向轻水反应堆转型协议的履行变得遥远的情况下，石墨反应堆的运行不能无限期的进行冻结以致蒙受经济上的损失，而且从技术安全的角度来看，核燃料棒的更替也不能再延迟。实际上，燃料棒的更替作业是在国际

---

[1] Leon V. Sigal, *Disarming Strangers: Nuclear Diplomacy with North Korea*, Princeton University Press, 1998, p.115.

原子能机构设置的监视器的监视下进行的，替换下来的核燃料棒不会用作其他目的，对此毫无担心的理由。我们不过刚开始进行核燃料棒的更替作业，仍然存在着问题解决的可能性，现在的问题取决于国际原子能机构以什么样的姿态出面（解决问题）。"（［朝］朝鲜中央通讯，1994 年 5 月 15 日）

5 月 21 日，朝鲜又通过《劳动新闻》评论的形式再次对其卸载行为的正当性进行了说明，评论指出 "5MWe 试验用核电站里的燃料棒是 1986 年安装进去的，我们为了为朝美会谈创造有利的环境延迟了燃料棒的更替，因此已有相当数量的燃料棒损坏。由于如此的紧迫性，如果国际原子能机构不在一个指定的时间采取相应的措施，很明确就是不得不承认了赋予我们在相关场所取下封条的权利。在这样的情况下，作为最后的让步措施，即是现在，朝美之间的'一揽子'解决方案如果能够成功，解除我们的特殊地位，尽管在燃料棒更替的过程中，我们也可以允许选择、保管一部分燃料棒等待定期和不定期的核查。在这样的条件下，由于技术安全上的原因，我们更替燃料棒的作业不能再予迟延。"[①]《劳动新闻》说得很明白，如果朝美之间的"一揽子"解决方案能够成功，朝鲜可以允许国际原子能机构选择、保管一部分卸载下的核燃料棒。

朝鲜于 5 月 7 日开始卸载核燃料棒，八天之后，即 5 月 15 日，国际原子能机构的核查人员前往朝鲜，并于 5 月 17 日至 24 日进行了相关的核查工作。但在此期间的 5 月 20 日，国际原子能机构向联合国安理会报告说朝鲜在没有提前协商的情况下进行废弃核燃料的卸载，严重违反了《核安全保障协议》，这也是 5 月 21 日《劳动新闻》发表评论的背景因素。5 月 24 日，国际原子能机构又派出了一个代表团赶赴平壤，并在 25 日至 27 日与朝方就核燃料棒的更替问题进行了协商，但协商未果。5 月 27 日，布利克斯向联合国秘书长提交了一份朝核问题报告书，报告称："尽管国际原子能机构与朝鲜在 25 日至 27 日之间进行了广泛的讨论，但双方并没有就如何推进安全措施的实施问题达成协议。同时，国际原子能机构的谈判小组注意到朝鲜的核燃料卸载工作一直以一个非常快的速度进行。如果朝方的卸载作业继续目前的速度，国际原子能机构按照自

---

① ［朝］佚名：《对于我们核燃料棒的更替作业，无论是谁都不能说三道四》，《劳动新闻》，1994 年 5 月 21 日。

己的标准选择、分离和保存废弃核燃料的机会将在数日内丧失。如果这样，国际原子能机构将不能判定朝鲜境内应处于安全保护之下的全部核材料在事实上是否处于安全保护中。"

布利克斯实际上是说，国际原子能机构验证朝鲜在过去积累的钚的能力将在数天内丧失。

在这种情况下，5 月 30 日，联合国安理会再次发表了《主席声明》，《声明》表示：

> 安理会审议了 1994 年 5 月 27 日原子能总干事给秘书长的信，严重关切原子能机构的评价，即如果 5MWe 反应堆以同样的速度进行卸料工作，原子能机构根据其标准选择、分离和封装燃料棒以供日后测量的机会将在数天内消失。
>
> 安理会强烈督请朝鲜民主主义人民共和国根据原子能机构在这方面的要求，只以保存燃料测量的技术可能性的方式在 5MWe 反应堆进行卸料工作。
>
> 安理会要求原子能机构和朝鲜民主主义人民共和国立即就必要的技术措施进行协商。
>
> 安理会要求原子能机构总干事将原子能机构核查员留在朝鲜民主主义人民共和国，监测 5MWe 反应堆的活动。
>
> 安理会决定继续积极处理此案，必要时安全理事会将进一步审议，以便充分执行原子能机构——朝鲜民主主义人民共和国保障协议。[1]

与 3 月 31 日安理会的《主席声明》相比，5 月 30 日的安理会《主席声明》在措辞上明显要严厉得多。5 月 25 日至 27 日，国际原子能机构与朝鲜的协商是如何进行的呢？5 月 28 日，朝鲜通过外交部发言人会见记者的形式对此进行了一些说明，朝方表示："这次协商主要讨论了在朝美之间'一揽子'解决核问题、我们接受定期和不定期核查的情况下，国际原子能机构为了能够测量乏燃

---

[1] 联合国安理会：《主席声明》，1994 年 5 月 30 日。http://www.un.org/ga/search/view_doc.asp?symbol=S/PRST/1994/28&referer=http://www.un.org/en/sc/documents/statements/1994.shtml&Lang=C

料棒所需要的技术上的保存方法问题。在协商中，国际原子能机构一方首先提出了核燃料棒的选择和分离、保管的方法，但由于这违反了我们的特殊地位从而原则上是不能接受的，对此双方达成了谅解。我方认为适用于核燃料棒更替作业的方法是现状况下可以选择的唯一方法，我们在本着接受国际原子能机构意见的方向上继续进行核燃料棒的更替作业，并保证国际原子能机构以后任何时候提出的协商提议都将予以接受。关于我们提出的方案，虽然这次协商最终没有达成协议，但通过协商，使得我们的方案得到了进一步的完善，也最大程度地表示了我们将在国际原子能机构的管理下和平进行核活动的善意。"（〔朝〕朝鲜中央通讯，1994 年 5 月 28 日）

　　对于替换下来的核燃料棒，朝鲜方面采取的是"整体收集、混合保管"的方法。对此，国际原子能机构在协商中表示"注意到了（这一点）"，将"抱有诚意进行慎重的研究"。国际原子能机构的上述表示被朝鲜理解和解释为双方就朝鲜进行卸载核燃料棒的方法达成了谅解，因此与国际原子能机构不同，它不认为协商失败了，并表示在任何时候都会接受国际原子能机构的协商提议，以为后续的进展留下余地。

　　但是，6 月 2 日，国际原子能机构向联合国提出的报告书认为："为通过测定而查明朝鲜过去的核燃料是否转为它用而需要进行的核燃料棒的选择工作已经不可能了。为验证朝鲜的核物质是否转为它用，必须要获取朝鲜境内所有安全措施的信息并查看（approach）设施。"

　　然而朝鲜并不认为如此，联合国安理会 5 月 30 日《主席声明》一通过，朝鲜方面就于 6 月 1 日和 2 日分别通过外交部发言人和原子能总局发言人声明形式，表示现在"核燃料棒的更替采用了完全保留后期技术测定的可能性的方法"进行的，国际原子能机构向安理会提出不适当的评价报告使得安理会过急地通过了《主席声明》。6 月 7 日，朝鲜原子能总局局长朴勇南（音）致函布利克斯，再次强调了"现在进行中的宁边 5MWe 反应堆核燃料棒的更替方式是可以验证过去核物质是否转为它用的，国际原子能机构得出否认这一点的结论是很不负责任的轻率行事"。

　　国际原子能机构与朝鲜自说自话，它们之间的较劲进一步升级。基于 6 月 2 日的报告，6 月 10 日，国际原子能机构理事会通过了 GOV/2742 号决议。在该决议中，理事会对朝鲜没有执行理事会和大会的决议表示遗憾，并认定朝鲜正在继续扩大其不遵守"保障协定"的行为，进而理事会决定，按照国际原子能机构《规约》第 12 条 C 款的规定，中止向朝鲜提供原子能机构的非医学援助。

对于国际原子能机构理事会的决议，朝鲜方面针锋相对。6 月 13 日，朝鲜外交部发言人发表声明，宣布朝鲜立即退出国际原子能机构。声明表示："今后，我们将不再接受国际原子能机构任何规定或决定的约束。在我们的特殊地位下，为保证核安全保障连续性而接受过的视察不能继续进行，今后国际原子能机构的视察人员在我国不能再从事任何活动。"

依照国际原子能机构《规约》第 18 条 D 款"加入国将其意思以书面形式向他国通报，即可以从国际原子能机构退出。他国即刻向国际原子能机构理事会和全部成员国通报"的规定，同日，朝鲜外交部部长金永南向美国国务卿克里斯托弗发出外交照会，表示国际原子能机构理事会"通过对朝鲜实施制裁的不公正决议损害了朝鲜的最高利益，悍然侵犯了朝鲜的主权和尊严，造成了使朝鲜不能够再同国际原子能机构保持正常关系的环境……""我们越接受核查，我们同国际原子能机构秘书处打交道越多，问题就会变得越糟而难以解决，这是我们从接受国际原子能机构核查的经历中所获得的严肃的教训和结论。所有这些事实表明，国际原子能机构秘书处以核查为借口已经在追求一种不诚实的扼杀政治目的，而不是核问题的公正解决。鉴于国际原子能机构秘书处不顾我们强烈的反对和警告，通过不公正的'决议'，我被授权通过您通知美国政府——原子能《规约》的保存国，按照国际原子能机构《规约》第 XVIII 条第 D 段规定，朝鲜民主主义人民共和国决定自 1994 年 6 月 13 日起退出国际原子能机构。"

第三节　危机的化解

一、"三手同时推进"战略

1994 年 4 月中旬，访问韩日协调了彼此间的对朝政策回到美国之后，佩里召集所有四星将军和舰队司令，在五角大楼召开了一次会议讨论实施应对第二次朝鲜战争的计划所需要的措施问题。[1]5 月 19 日，佩里、参谋长联席会议主席约翰·沙利卡什维利、驻韩美军司令官盖瑞·路克等向克林顿总统提交了一份说明。

而在 4 月底，朝鲜问题高级指导小组也逐渐确立了同朝鲜举行第三轮高级会谈的谈判立场。美国的要求分为两个部分，第一部分包括要求朝鲜回归《不扩散核武器条约》，在临时核查和常规核查方面全面与国际原子能机构进行合作，采取措施解决钚的"不一致性"问题，原则上同意特别核查，在履行《朝鲜半岛无核化共同宣言》方面取得进展，禁止进行再处理和从反应堆中提取废弃核燃料，禁止导弹出口等。如果朝鲜接受上述要求，美国则同意不部署和不使用核武器，在最低的层次上推进双边关系的发展，解除一些制裁措施，组建一个多边的能源机构，推动朝鲜与联合国开发计划署的合作以及对美国基地的尝试性核查。[2]在这一方案的酝酿过程中，虽然加卢奇曾试图将如果朝鲜全面遵守《不扩散核武器条约》，美国将承诺不首先使用核武器这样的表述纳入该方案中，但这一意图不仅遭到了美国国防部核专家的反对，也遭到了日本的反对。尽管如此，这也是自 1992 年 1 月美朝间第一次高级会谈之后美国政府首次形成的跨部门间的一致。

5 月 9 日，美朝进行了第三阶段高级会谈的工作级接触，就核燃料棒的替换和追加核查问题达成了协议。同日，美国国家安全委员会主要成员委员会召开朝鲜问题会议，在佩里的主导下，会议决定，如果朝鲜允许国际原子能机构完成 3 月份的核查，允许核查员观察废弃核燃料棒的替换和储存，以防止用于核武器的制造和保证最后澄清"不一致性"问题的可能性，美国将同意启动高级会谈。

但是，随着朝鲜与国际原子能机构在 5MWe 试验用反应堆乏燃料棒卸载问题谈判的失败，局势遽然紧张起来。6 月 6 日至 13 日，朝鲜劳动党中央政治局委员、国防委员会副委员长、人民军总参谋长崔光率朝鲜军事代表团对中国

---

[1] Joel S. Wit, Daniel B. Poneman, Robert L. Gallucci, *Going Critical: The First North Korean Nuclear Crisis*, Washington, D.C.: Brooking Institution Press, 2004, p.179.

[2] Leon V. Sigal, *Disarming Strangers: Nuclear Diplomacy with North Korea*, Princeton University Press, 1997, pp.111-112.

进行了长达七天的访问。7 日，中国国家主席江泽民在中南海会见了崔光一行，中国人民解放军总参谋长张万年、国防部长迟浩田等中国军方的高级将领参加了会见，[①]13 日，中国人民解放军中央军委副主席刘华清在钓鱼台会见了崔光一行，[②]而在这一天，朝鲜宣布退出国际原子能机构。

6 月 14 日，美国国家安全委员会主要成员委员会召开会议，决定采取"三手同时推进"的对朝政策：一是强化驻韩美军的军事装备，二是强化对朝鲜的制裁，三是不放弃外交努力。同时，会议还提出了"奥西拉克选项（Osirak option）"方案，即对宁边的核设施实施先发制人打击，这一名称来自于 1981 年 6 月 7 日以色列对伊拉克奥西拉克的核反应堆实施空中打击的事例。

6 月 15 日，美国在联合国安理会开始散发基于"逐步升级制裁战略（a strategy of graduated sanctions）"而起草的决议草案。草案的内容包括前期警告性的安理会主席声明，然后经过一个月的宽限期，如果朝鲜驱逐国际原子能机构的核查员，退出《不扩散核武器条约》或进行钚的再处理，接下来就是分阶段的政治经济制裁。第一阶段的制裁措施包括强制性禁止武器及其配件的出售，暂停所有发展性援助，禁止除客运之外的空中通行，禁止技术和科学方面的合作，禁止文化、商业和教育方面的交流，禁止参与体育赛事，要求（但不是必须）削减外交活动的次数和规模；第二阶段冻结大部分汇款；第三阶段的制裁措施并没有明确，但可能包括石油在内的贸易禁运措施。对于这样一个方案，中国有可能不会接受，如果联合国安理会不能采取行动，美国准备撇开联合国另组同盟实施制裁，[③]紧张的局势似乎在向着一发而不可收拾的地步发展。

然而，紧张的局势最终因美国前总统卡特的朝鲜之行而化解。

二、卡特访朝

美国驻韩国大使詹姆斯·雷尼（James Laney）在上任之前曾担任位于亚特

---

① 张荣典：《江泽民会见朝鲜军事代表团指出加强发展中朝友谊是坚定不移的方针》，《人民日报》，1994 年 6 月 8 日。

② 张益俊：《刘华清会见朝鲜军事代表团》，《人民日报》，1994 年 6 月 14 日。

③ Leon V. Sigal, *Disarming Strangers: Nuclear Diplomacy with North Korea*, Princeton University Press, 1997, p.153.

兰大的埃默里大学的校长，而卡特中心即位于此。随着朝鲜半岛核局势的日趋紧张，雷尼于 5 月份拜访了卡特，表示在目前的情况下，没有办法直接同金日成沟通，并力促卡特介入目前的危机。早在 1991 年初和 1992 年卡特曾收到过访问卡特中心的朝鲜客人发出的访问平壤的邀请。6 月 1 日，卡特致电克林顿总统表达了他的不安，于是，6 月 5 日，白宫安排加卢奇前往亚特兰大向卡特介绍了目前的情况。听完加卢奇的介绍后，卡特更加感到了"问题的严重性"和直接同金日成主席交流的必要性。6 月 6 日，卡特致电副总统戈尔表示非常希望赴朝。对于卡特的访朝要求，克林顿政府重要官员的意见并不一致，副总统戈尔倾向于支持，国务卿克里斯托弗则持保留意见，特别是曾在卡特政府工作过的一些官员担心卡特固执己见的个性，一旦他与政府的意见不一致，有可能会"放大炮"，这会影响到政府的政策。总统国家安全事务助理雷克则模棱两可，只是在戈尔的说服下，雷克也感到同金日成主席面对面交谈或许能够取得一些成果。考虑到这些情况，克林顿总统决定支持卡特的朝鲜之行，但克林顿政府明确表明卡特的朝鲜之行只是一次私人性质的旅行。

6 月 8 日，卡特给白宫的说明中明确表示他的朝鲜之行代表的只是卡特中心，而不是美国政府。同日，他也致函朝鲜外交部部长金永南表示他的旅行是非官方的，但美国政府完全知晓，并予以支持。6 月 9 日，卡特中心正式宣布了卡特即将访朝的消息，并再次强调了卡特访朝的私人性质。在 6 月 10 日上午国家安全委员会主要成员委员会会议上，卡特的访朝自然成为了主要的讨论话题。尽管多数人还是认为卡特并不是一个合适的人选，因为在保持清晰和一致最为关键的时刻，他可能会偏离美国政府的政策，释放出混杂的信息，但是决定既然已经做出，而卡特的朝鲜之行将使金日成得到美国立场的一个清晰而直接的转达，同时在准备采取制裁这一强制措施，但仍没有一个清晰的出口战略以便使朝鲜能够体面地后退的情况下，卡特的访朝或许可以为朝鲜提供一个这样的后退通道。会议最后认为这一险是值得冒的，但一定要将卡特与美国政府择清楚，于是会议最后决定国家安全事务助理雷克、加卢奇和国家安全委员会成员丹尼尔·伯纳曼（Daniel Poneman）下午前往机场面见将于三点十五分抵达华盛顿的卡特，向其说明美国政府的立场。雷克向卡特表明，他的作用在于为朝鲜提供一个出口，而不是向朝鲜提供一个美国的新政策，美国政府没有授权给卡特使其代表美国政府，其平壤之行也没有得到美国政府任何明确的指示或官方的背书。"我们要向您充分的介绍情况，以便您能够准确地描述美国政府的立场。"随后，由加卢奇组织一些朝鲜问题专家向卡特详细介绍了包括《不扩散核武器条约》、朝鲜核计划以及朝鲜内部领导体制的情况。

6月13日下午四点，卡特一行抵达韩国汉城金浦机场。15日早上，卡特一行穿过非武装地带进入朝鲜。卡特抵达平壤后首先与朝鲜外交部部长金永南进行了会谈，金永南向卡特表示国际原子能机构的核查员将被驱逐，并且除非第三轮朝美会谈达成协议，否则不准回到朝鲜

16日上午，金日成主席在锦绣山宫殿会见了卡特，并举行了会谈。卡特表示他是以私人身份来访，但克林顿政府知晓并予以支持。会谈中，卡特强调国际原子能机构应该被允许对核燃料棒实施持续而不间断的监督，但是国际社会并不确定朝鲜是否打算允许这种监督。金日成表示，朝鲜没有制造也不需要核武器，然而尽管他是国家元首，但没有人相信他；如果美国能够帮助朝鲜获得新的轻水反应堆，朝鲜愿意拆除它的石墨型反应堆，并回归《不扩散核武器条约》，在保证朝鲜核计划的透明性上也不会再有问题。金日成主席表示，他曾经向访问过朝鲜的加里·阿克曼（Gary Ackerman）、比利·格雷厄姆（Billy Graham）、威廉·泰勒（William Taylor）和塞利格·哈里森（Selig Harrison）等人都传递过同样的信息。

由于朝方曾通知国际原子能机构留驻朝鲜的核查员，他们的签证将于6月22日到期，超过6月22日，他们在朝鲜的留驻将是非法的，于是卡特直截了当地问金日成主席，他是否同意允许国际原子能机构的核查员继续留驻朝鲜，金日成主席表示同意，随后卡特表示他将向克林顿政府建议支持朝方提出的新反应堆方案和新一轮美朝对话的要求。

16日下午，卡特又同朝鲜外交部第一副部长姜锡柱进行了单独会谈，但是与金日成的表态不同，姜锡柱却表现出一种强硬的姿态。他极力阐释朝鲜添加核燃料的决定，并表示说在卡特抵达平壤时，驱逐国际原子能机构的核查员和掐断监视设备的决定已经做出，因为美国正试图对朝鲜实施制裁，"这个国家的人民和军队现在已经做好行动准备应对制裁，如果通过制裁措施，您在这里所做的一切工作都将枉费心机。"同时，姜锡柱还表示对两处核场所的特殊核查也是不能考虑的。但是，卡特也很会寻找时机予以反击，在卡特表示姜锡柱的想法有悖于金日成主席时，姜锡柱很快改变口风，表示（朝核计划）全部的透

明性都是可能的，只是应在双方建立更多的信任之后，而在姜锡柱看来，双方建立更多信任的一个重要表现就是华盛顿支持朝鲜获取新的反应堆。在与姜锡柱的会谈接近尾声时，卡特感到他已经取得了一个突破，朝鲜方面已经同意国际原子能机构的核查员继续留驻，而美国方面只要同意提供轻水反应堆方面的援助，承诺不对朝鲜进行核打击，朝鲜即重返《不扩散核武器条约》。在卡特看来，这些是美国可以做到的。卡特觉得他需要采取一种措施将双方的这种脆弱的口头承诺固定住，否则很可能又会很快走向破裂，但卡特又没有代表克林顿政府签署协议的外交授权，于是卡特决定借助媒体，以媒体报道这种形式给双方造成既成事实，随行的美国有线电视新闻网（CNN）为卡特提供了这种便利。

对于卡特要通过媒体发声，美朝双方政府似乎都没有更多的准备。在与姜锡柱会谈结束时，卡特再次强调说他计划要在美国有线电视新闻网宣布"朝鲜方面已经明确表示同意国际原子能机构的核查员留驻朝鲜"。姜锡柱听后有些紧张，要求在卡特去之前看看他的发言稿，并要求卡特推迟一天再去接受采访。

美国方面更感到突然，在平壤时间 16 日晚上，卡特将要接受美国有线电视新闻网采访时，华盛顿正在召集国家安全委员会主要成员委员会会议。一个星期之前，克林顿总统召集所有的四星级联合和战区指挥官讨论了朝鲜半岛的战争计划。这次会议克林顿要决定是否授权实施该计划的第一阶段，会议召开之前，克林顿总统分析了"奥西拉克方案"的利与弊。就在早上，克里斯托弗、加卢奇、国防部长佩里、副部长史洛康（Walter Slocombe）和参谋长联席会议主席约翰·沙利卡什维利将军共进了早餐，讨论了军事方案，并向克林顿总统起草了一份共同的建议书。会议进行中，卡特从平壤打来电话，并指名道姓要加卢奇去接电话。卡特和加卢奇的通话时间约为 20 分钟，通话结束时卡特表示他计划马上去有线电视新闻网。当加卢奇告诉正在开会的国家安全委员会成员卡特将要接受有线电视新闻网的采访时，雷克和克里斯托弗等人十分意外，会议陷入一片沉寂。随即会议休会，观看有线电视新闻网对卡特的采访。

在有线电视新闻网的采访中，卡特宣布金日成主席已经承诺不驱逐国际原子能机构的核查员，不拆除核查小组的监视设备，卡特还表示，朝鲜也愿意放弃旧的反应堆以换取新型的反应堆，而且如果美朝两国追求对话，（朝鲜核计划的）透明性也是可以保证的。在暗示国务卿克里斯托弗甚至克林顿总统级别的对话有助于问题的解决之后，卡特表示美国政府追求制裁的方法是错误的。他同金日成主席的会晤对于缓解半岛危机是非常重要而肯定的一步，并断定今后局势向何处发展取决于克林顿政府。

卡特试图通过接受媒体公开采访这种方式对美朝两国进行约束，但是卡特的"断定今后局势向何处发展取决于克林顿政府"的发言，实际上却把"球"踢向了克林顿政府，而对克林顿政府而言，虽然卡特得到了朝鲜允许国际原子能机构核查员和监视设备继续在朝工作的承诺，但这并不是新的内容，卡特的讲话内容中也没有提到朝鲜放弃再处理的问题。

如何对卡特的电视讲话做出回应而又不留下卡特好像是政府官方特使的印象，联想到肯尼迪政府处理古巴导弹危机时的经验，克林顿总统表示，在外交和心理上最好的方法就是把卡特的电视讲话看作是最有利于美国的利益，然后以表明卡特的讲话与政府解释并不一致的方法将负担转嫁给朝鲜。这一方针确立之后，雷克要求加卢奇、伯纳曼和戈尔副总统的国家安全事务助理莱恩·福尔斯（Leon Fuerth）起草了一份总统声明，其内容如下：

> 今天有报道称朝鲜人（North Koreans）在与卡特总统的讨论中可能提出了解决国际社会之关心的新措施，表示国际原子能机构的核查员和监视设备将留驻原地，朝鲜以新的轻水反应堆技术取代现在的核计划的愿望对于核扩散可起到较大的阻止作用。如果朝鲜也以此表示愿意在对话进行期间冻结其核计划，这会是一个有希望的发展。
>
> 如果今天的发展意味着在对话进行中，朝鲜真的、可验证地准备冻结其核计划——并且我们希望如此——那么我们愿意重启高级对话，同时，我们将继续在联合国框架内进行关于实施制裁的磋商（consultations）。①

这一份声明实际上将克林顿政府与卡特择清楚了，而且又把"球"踢了回去，卡特的媒体发言只是媒体的报道，朝鲜的真实态度如何需要朝方自己表态确认。在陪同克林顿总统会见完记者之后，加卢奇又留下回答了记者关心的一些具体问题。加卢奇表示如果朝鲜通过外交渠道确认它不再对反应堆添加

---

① Joel S. Wit, Daniel B. Poneman, Robert L. Gallucci, *Going Critical: The First North Korean Nuclear Crisis*, Washington, D.C.: Brooking Institution Press, 2004, p.229.

核燃料，或不再对废弃的核燃料进行再处理，美国准备启动第三轮协商。从加卢奇的表态看，美国实际上提高了进行第三轮高级会谈的条件。在此之前，美国的条件是朝鲜不再进行钚的分离，但可以继续生产更多的钚。因为运行中的 5MWe 反应堆的铀 238 用中子冲洗可以产生用于制造核武器的钚 239，只要朝鲜不从废弃的核燃料中分离钚，美国就可以重启谈判，但现在美国提出朝方既不能进行钚的分离也不能进行钚的生产，这意味着美国要朝方关闭 5MWe 反应堆。

对卡特的朝鲜之行，金泳三政府本来就不太支持，认为卡特的平壤之行会削弱对朝鲜的施压战略（the strategy of turning up the heat），为此金泳三总统曾致电克林顿总统，表示卡特的朝鲜之行是个错误，尤其是在制裁方案获得了越来越多支持的这样一个时期。在看到了卡特的电视访谈之后，金泳三政府更是不快，一是认为从平壤的角度看产生了明显的既成事实，二是担心被边缘化。为了防止卡特的平壤之行对美韩同盟关系可能产生的不利影响，就在加卢奇会见记者之前，国务卿克里斯托弗致电韩国外交部部长韩昇州，表示卡特与金日成的会晤既可能是取得进步的基础，也可能是进一步的拖延战术，美国将继续致力于推进制裁直至获取更多的信息。

为了防止卡特可能出现的偏离美国政府政策轨道的行为，克林顿政府决定由国家安全事务助理雷克与卡特进行一次调子强硬的通话。17 日清晨，在卡特的反驳中，雷克向卡特阐释了克林顿政府的新立场，通话气氛冷淡。

17 日，金日成主席又邀请卡特乘船游览了大同江。游览期间，卡特考虑到克林顿政府的立场，对其先前的表示做了一些修正。在再处理问题上，卡特表示在《不扩散核武器条约》框架下具有理论上的可能，但是又有可能是同美国进行协商的一个障碍，而且朝鲜也不必对废弃核燃料进行再处理，它只能埋掉乏燃料棒。对此，朝方并没有当场表态，而同时又给了卡特两项新的谅解条件：一是金日成主席同意建立美国—朝鲜联合小组，以挖掘朝鲜战争期间死亡的美军士兵遗骸；二是金日成主席同意举行朝韩首脑会晤。金日成主席表示，他无条件接受金泳三总统提出的在"任何时间、任何地点"举行南北首脑会晤的提议，并请卡特向韩方传递这一信息。

6 月 18 日，在板门店迎接卡特的驻韩大使雷尼在卡特到达板门店之前与华盛顿通了电话，华盛顿指示雷尼一定要激怒卡特，于是雷尼告诉卡特立场再后退一些，谈谈制裁，集中谈谈朝鲜应采取的措施以保证与加卢奇下一次会谈的成功。雷尼还告诉卡特回到美国后在数天之内不能面见克林顿总统，只能与副总统戈尔或国家安全事务助理雷克交流此次的平壤之行，并建议卡特先回家，一两周之后再去华盛顿。卡特果然生气了，在板门店为采访的记者们摆了几个姿势之后，便前往汉城。

在汉城的美国大使官邸，卡特与副总统戈尔通了电话，气氛同样是复杂而紧张。在电话中戈尔解释，说朝鲜表示继续冻结反应堆以重启美朝间的对话是不够的，在重启对话之前，美国需要朝鲜三项承诺：（1）不从废弃的核燃料中进行钚的再处理；（2）不重新启动 5MWe 反应堆；（3）不驱逐留驻在宁边的国际原子能机构的核查员。同时，戈尔还表示美国政府并没有停止促使联合国安理会通过一个制裁决议的努力。卡特表示，关于制裁问题，在离开朝鲜之前，他已经向朝方明示美国并没有停止这方面的工作，但与金日成之间的协议可以构成停止惩罚性行动和开启协商的基础。关于再处理问题，卡特表示朝鲜已经停止了核活动，然而朝鲜不会永远地放弃再处理，除非以其他种类的能源取代它的反应堆，而在会谈进行期间，卡特确信朝鲜不会进行再处理。经过与雷克的沟通，戈尔表示朝鲜停止再处理的期限只适用于美朝对话期间，这在一定程度上弥合了克林顿政府与卡特之间的分歧。最后克林顿政府调整了首先让卡特回家一两周之后再来华盛顿的政策，双方商定卡特利用周末时间在华盛顿做一个短暂的停留，以便首先向美国政府的官员简单介绍其平壤之行的情况。

6 月 19 日，卡特回到华盛顿，但克林顿总统并没有结束在戴维营的周末休假，只是与卡特通了电话，在雷克的办公室迎接卡特的有加卢奇、伯纳曼、负责东亚及太平洋事务的助理国务卿温斯顿·洛德以及副国家安全事务助理桑迪·博格（Sandy Berger）。在听取了卡特的情况介绍之后，6 月 20 日，白宫召集了一个代表民主与共和两党意见的专家会议，除包括总统克林顿、副总统戈尔、国家安全事务助理雷克、副国家安全事务助理博格、国务卿克里斯托弗以及国防部长佩里等在内的美国国家安全委员会主要成员委员会成员全部到场之外，智库和学术界的一些重量级人物，如老布什政府时期的副国务卿阿诺德·坎特（Arnold Kanter），前驻韩大使唐纳德·格瑞克（Donald Gregg）和詹姆斯·李洁明（James Lilley），负责东亚及太平洋事务的前助理国务卿理查德·索乐文（Richard Solomon），美国亚洲学术专家主任罗伯特·斯卡拉皮诺（Robert Scalapino），赛里格·哈里森（Selig Harrison），布鲁金斯研究所的珍妮·诺兰（Janne Nolan），卡内基基金会的防扩散专家伦纳德·斯派克（Leonard Spectpr），美国和平研究所的前国务院官员艾兰·龙伯格（Alan Romberg）等也参加了会议。参会专家依然意见不一，格瑞克认为通过协商解决问题是可行的，哈里森也认为卡特的访朝已经创造出一个巨大的外交机会，但坎特则表示怀疑。这一时期，《新闻周刊》做了一个舆论调查，68% 的受访者支持政府重启与朝鲜的会谈，28% 反对；42%的受访者并不认同克林顿政府对朝鲜问题的处理，认同者占 31%，其他不发表意见——美国民众的意见出现了严重的分化与龟裂。在这种情况下，克林顿政府开始考虑是否可以将卡特所说的开端转换成一个真正的外交上的突破，会议决定分别由卡特和加卢奇向金日成和姜锡柱发出一个照会（Diplomatic Note）以证实对卡特与金日成所达成的一致的理解。

6 月 20 日晚，加卢奇致函姜锡柱。在信中，加卢奇表示："我的政府已经收到了前总统卡特在金日成主席的请求下所传递的关于朝鲜愿意回到全面遵守《不扩散核武器条约》和国际原子能机构《核安全保障协定》，以及希望以轻水反应堆取代石墨反应堆及相关技术作为全面解决核问题的一部分的信息……前总统卡特也传达了金主席关于朝方在美朝对话进行的过程中的承诺，将允许国际原子能机构的核查员和监视设备驻留宁边核设施以及将冻结朝鲜核计划的主要部分。基于这些承诺，我们认为你们愿意冻结核计划，即意味着在美朝对话继续进行期间朝鲜将不再对 5MWe 反应堆添加核燃料，也不再进行核废料的再处理，我们也认为朝鲜将允许国际原子能机构对已宣布的核设施进行为维护核安全保障连续性所需要的核核查。"最后加卢奇表示如果得到朝方对上述问题的确认，美国将愿意最早于 7 月 6 日在日内瓦举行对话。[①]

同日，卡特也以同样的内容致函金日成主席。本来对于卡特的访朝及其访朝成果就存在争议，但克林顿政府最后决定以按照有利于美国政府利益的方式对卡特的访朝结果进行解释，然后再争取朝鲜方面的确认，这等于以把"球"踢给朝方的方式又掌握了主动权。

6 月 22 日，姜锡柱回复加卢奇，表示："就此而论，我们明确表示在朝美

---

① Joel S. Wit, Daniel B. Poneman, Robert L. Gallucci, *Going Critical: The First North Korean Nuclear Crisis*, Washington, D.C.: Brooking Institution Press, 2004, p238.

信任构筑进程中和我们提议的'一揽子'解决核问题的框架内，我们愿意全面履行《不扩散核武器条约》和与国际原子能机构签署的《核安全保障协定》，愿意以轻水反应堆取代现在的石墨反应堆，在朝美对话进行过程中，我们愿意冻结我们核计划的主要部分。在不久的将来，我愿向您保证，为了第三轮会谈，我们既不准备对 5MWe 反应堆添加新的燃料，也不对废弃燃料进行再处理，并允许为了安全保障连续性的（核）核查，包括维持国际原子能机构核查员的留驻，维持国际原子能机构在宁边核设施的监视设备。"[①] 姜锡柱在回信中并没有对美方提出的于 7 月 6 日举行第三轮会谈的建议表示反对，只是出于航班上的便利，建议 7 月 8 日举行第三轮会谈。

美国政府相关官员看到朝方的回复后甚感震惊，在过去的经验中，朝方从来没有过像这样不带任何修改或反提议就接受美方提出的全部条件的情况。随后，克林顿总统在白宫的简报室宣布："今天下午我们已经收到了朝鲜方面的正式确认，在两国间新一轮对话进行期间，朝方将冻结其核计划的主要部分。美方将通知朝方愿意于下个月早些时候在日内瓦启动新一轮的对话，在此期间美国将停止其追求联合国安理会制裁的努力。"

同日，朝鲜也接受了韩国举行首脑会晤预备会谈的提议，以朝鲜内阁总理姜成山的名义，向韩方发出的回复也同样没有任何的修改。6 月 24 日，美朝双方通过"纽约渠道"正式达成了于 7 月 8 日重启美朝高级对话的协议。6 月 28日，朝韩之间也进行了首脑会晤的首次预备性接触。

三、第三阶段高级会谈

1994 年 7 月 8 日，以加卢奇和姜锡柱为代表的美朝第三阶段高级会谈在朝鲜驻日内瓦代表处举行。对美国而言，会谈的主要议题依然是朝鲜要采取什么样的措施解除其钚的生产计划及履行其核不扩散义务的问题。为此，加卢奇表示，展示金日成主席所说的"朝鲜并不希望制造核武器"的最好办法，就是将

[①] Leon V. Sigal, *Disarming Strangers: Nuclear Diplomacy with North Korea*, Princeton University Press, p164; Joel S. Wit, Daniel B. Poneman, Robert L. Gallucci, *Going Critical: The First North Korean Nuclear Crisis*, Washington, D.C.: Brooking Institution Press, 2004, p.239.

朝鲜的废弃核燃料运出朝鲜，美国可以派遣专家赴宁边参与这项工作。而朝鲜方面的主要关注则是尽早引进轻水反应堆和双边关系的正常化问题。姜锡柱表示，如果美国采取切实的步骤保证向朝鲜提供轻水反应堆，双方可以在核问题上达成一个彻底的解决方案，为此，姜锡柱反复表示朝鲜需要美国方面一个明确的承诺，即政府间的协议，以便为新反应堆提供资金和建设方面的保证，朝鲜计划中的新反应堆的发电量到 2000 年达到 2000 兆瓦。在第一天的会谈中，双方利用各种机会进行了充分的交流，并使用了谈判中惯用的手法，如相互试探、相互摸底、缓打手中的底牌等。为了博得美国方面最大程度的让步，朝方提出了分阶段解除其核计划的方案。加卢奇则向朝方代表团介绍了美方的路线图，表示如果朝鲜同时采取步骤，美国将在政治、经济、安全和能源等方面准备采取措施。对此，姜锡柱表示非常感兴趣。从双方的表态看，第一天会谈气氛轻松，彼此主张之间的契合度也较高，通过外交途径解决美朝之间问题的前景似乎看到了曙光。

然而，7 月 8 日金日成主席突然逝世。所幸的是金日成主席的离世没有为美朝之间的高级会谈画上终止符。

朝鲜是于当地时间 7 月 9 日中午 12 点通过广播和电视特别节目公布金日成主席离世消息的。其时，克林顿总统正在意大利的那不勒斯参加 G7 峰会，对金日成主席的逝世如何表态成了一个需要紧急处理的问题。经过内部的商讨之后，克林顿政府决定向朝鲜人民而不是朝鲜政府致送悼词，以免给外界留下正式承认朝鲜政府的印象。当地时间 7 月 8 日，克林顿总统发表声明，表示"我代表美国人民，就金日成主席逝世向朝鲜人民表达诚挚的哀悼，我们感谢他在重启两国政府对话方面表现出的领导力。我们希望对话能够适当地进行下去。"在日内瓦的加卢奇也接受朝鲜方面的邀请前往朝鲜驻日内瓦代表处进行了吊唁，在签字簿的留言也同美国官方保持了一致，"语言不能表达我对朝鲜人民的同情"。而就在加卢奇离开朝方代表处之前，朝方人士告诉他朝鲜方面对会谈的立场没有变化，服丧期过后，将重新启动会谈。

7 月 21 日，美朝双方通过"纽约渠道"达成了第三阶段高级会谈于 8 月 5 日在日内瓦重启的协议。7 月 22 日，双方各自通过外交部门公布了这一消息。8 月 5 日，美朝第三阶段高级会谈的第二次会谈如期在日内瓦举行。会谈中，美方表示，如果朝鲜接受 7 月 8 日美国提出的路线图计划的话，美国准备以总统信函的形式承诺将尽总统的所有权力在财政和建设方面推进朝鲜的轻水反应堆项目。所谓7月8日美方提出的路线图就是朝鲜回归《不扩散核武器条约》、遵守《核安全保障协定》、接受特别核查、确认对朝韩间《朝鲜半岛无核化共同宣言》的承诺、冻结核计划、不对5MWe反应堆重新添加燃料、停止两个大型反应堆的建设、不再对储存池中的废弃核燃料进行钚的分离、在技术上可能的情况下尽快将废弃核燃料运出国外、朝鲜同意解除其所有的核计划并同时开始轻水反应堆的建设。加卢奇表示，因为没有一个国家能独立承担如此大的费用投入，新反应堆项目将是多国参与的，在这一多国参与的财团中，美国将承担领导性的作用，但韩国将承担主要的作用，美国的公司将是主要的签约公司以担负起监理该项目的全部责任，并提供反应堆的主要部件。为了补偿关闭5MWe反应堆而产生的损失，在冬季来临之前，美方将向朝鲜提供常规能源，而且要进行一项耗资数百万美元的研究和能源调查以确认改造和升级朝鲜的电力输送网，并暂时提供电力以至新的反应堆建成。但是，对于美方的提案，朝方没有立即给予答复。

8月8日，双方的会谈继续进行，在长达九个小时的谈判中，姜锡柱提出了朝鲜的路线图。朝方的路线图包括：第一，一旦收到美国总统的承诺，两个大型反应堆的建设将被冻结，在新的反应堆开始运行时，两个大型反应堆将被拆除。作为损失能源的补偿，美方每年提供50万吨重油；第二，为了美国的"面子"，废弃核燃料将被储存在宁边，美国的专家小组可以在防腐蚀问题上提供帮助以便使其不必进行再处理，且再处理工厂的建设将停止，而一旦收到美国总统的信件，关闭工厂；第三，朝鲜方面接受加卢奇提出的多边参与反应堆项目的提议，但希望美国方面承担领导者的角色。朝鲜的方案拒绝将废弃核燃料运出国外，拒绝接受国际原子能机构的特别核查，而且对于美方提出的确认对朝韩间《朝鲜半岛无核化共同宣言》的承诺，姜锡柱根本没提。

经过汤姆·哈伯德（Tom Hubbard）和金桂冠连续几日的协商之后，8月12日，美朝双方发表了一个《联合声明》（Agreed statement），重申了1993年6月所确定的原则，并就以下四个方面的问题达成了一致：（1）朝鲜同意用轻水反应堆取代石墨反应堆，美国将帮助朝鲜获得一个2000MWe的轻水反应堆发电站，在轻水反应堆建成发电之前，美国将设法使朝鲜获得替代石墨反应堆的能源，在美国确保朝鲜得到轻水反应堆之后，朝方将中止两个新的核反应堆的建设；（2）美朝准备在对方首都设立外交代表处，减少贸易和投资壁垒，以此作为两国关系走向全面正常化的第一步；（3）为实现朝鲜半岛的和平与稳定，美国将向朝鲜做出不使用或不威胁使用核武器的保证，同时，朝鲜将执行朝韩间《朝鲜半岛无核化共同宣言》；（4）朝鲜将继续遵守《不扩散核武器条约》，执行《条约》所规定的安全保障协议。《联合声明》强调以上四点将包括在未来的最后协议中，为达成最后协议，双方还将继续谈判，双方商定下轮谈判将于9月22日仍在日内瓦举行。此前，双方将举行专家级磋商，研究更换核反应堆、储存核燃料棒、提供替代能源、设立联络处等问题。《联合声明》还表示，朝鲜同意继续冻结核活动。①

9月10日至13日，美朝双方的专家就互设联络办公室问题在平壤进行了讨论，而与此同时的9月10日至14日，美朝双方的专家小组在德国柏林就轻水反应堆问题举行了为期四天的谈判，美国代表团由国务院地区防扩散局副科长盖瑞·萨默尔带队，成员主要是来自于美国能源部的谈判专家。朝鲜方面由对外经济委员会副委员长金正宇带队，成员也多为技术专家。会谈的议题主要集中在轻水反应堆的类型和美国对朝鲜的能源补偿问题上。朝鲜方面希望采用美国型或德国型的轻水反应堆，并以安全性问题为借口排斥韩国型轻水反应堆，会谈地点安排在柏林也是出于这方面的考虑。但是美国方面表示，成立的朝鲜半岛能源开发组织②负责与轻水反应堆建设相关的所有财政、技术和行政方面的事务，美国为主签约方，韩国为副签约方，并强调韩国的参与是必须的，因为除了韩国之外，没有其他国家愿意承担如此大的一笔建设费用。美国将在朝鲜半岛能源开发组织中承担领导作用，并将邀请其他一些国家参与。由于美国倾向于采用韩国型反应堆，而朝鲜方面拒绝采用韩国型反应堆，因此柏林专家会谈没有达成一致，但双方在会谈结束后发表的联合新闻声明中表示，两国决定继续进行该问题的讨论。

几乎就在同一时间段，加卢奇访问了日本和韩国，同日韩方面商讨了美国向朝鲜提供什么样的总统保证以及轻水反应堆的建设资金问题，而朝鲜方面于

① 周少平：《美朝发表＜联合声明＞双方就4个问题达成协议》，《人民日报》，1994年8月14日。

② 关于朝鲜半岛能源开发组织，参见本书第四章第二节相关内容。

9月13日通过板门店向联合国军方面移交了14具美军士兵遗骸。

1994年9月23日至10月17日，美朝第三阶段高级会谈第三次会谈在日内瓦进行。会谈初期，加卢奇提出了五项要求:(1)一旦收到克林顿总统的保证，朝鲜冻结其钚的生产计划，包括5MWe反应堆，美国将提供煤炭或石油以补偿因反应堆的冻结而损失的电力;(2)废弃核燃料需要立即运出朝鲜;(3)朝鲜必须拆除其所有已经冻结的核设施;(4)朝鲜必须回归《不扩散核武器条约》，履行《核安全保障协定》，包括接受特别核查;美国可以在特别核查的时间问题上展现灵活，但特别核查应该在美国提供任何新的核技术之前完成;(5)朝鲜应改善与韩国的关系，尤其是履行《朝鲜半岛无核化共同宣言》。朝鲜方面的主张则集中在克林顿总统的保证问题上，对于特别核查问题、废弃核燃料运至国外的问题、履行《朝鲜半岛无核化共同宣言》问题以及韩国在新的反应堆建设中承担主要作用的问题一概持否定性态度，朝方认为在朝美之间的信任未建立之前，谈论特别核查是不可思议的，将试验用反应堆的废弃核燃料运至国外也是难以想象的，而对于朝韩之间的《朝鲜半岛无核化共同宣言》，朝方认为这与朝美之间的谈判无关，而如果韩国方面在新的反应堆项目中承担中心性的作用，朝方则认为新反应堆将是一个"特洛伊木马"。

双方方案的契合度依然很低。9月24日是周六，双方的谈判副手汤姆·哈伯德和金桂冠进行了沟通，并形成了一个共同的草案。然而，在9月26日的会谈中，姜锡柱又提出了一个新的方案，姜锡柱所提新方案的主要特点就是"分阶段":如果美国提供总统的承诺，提供某种形式的能源援助，朝鲜将冻结两个在建的核反应堆，从试验用反应堆产生的废弃核燃料在国际原子能机构的监督下储存，但5MWe反应堆将重启，而且只有在新的反应堆开始运行之后，朝鲜方面再考虑关闭它的运行，重新加入《不扩散核武器条约》，将废弃核燃料运往国外，实施特别核查，并拆除核设施。

由于姜锡柱的新方案与美国的方案仍然相距甚远，于是从9月30日开始第三阶段高级会谈第三次会谈休会，加卢奇等返回美国，朝鲜代表团仍留驻日内瓦，双方之间以盖瑞·萨默尔与李勇浩为代表维持着工作级的对话。

10月3日，美国国家安全委员会主要成员委员会召开会议，会议讨论的主要问题是日内瓦谈判和特别核查的延迟问题。会议决定，对朝鲜核设施的特别核查可以延迟至新反应堆的核心部件提供之时，这大概需要五年左右的时间。

在废弃核燃料的处理问题上，会议做出了立即罐装储存的决定，但在运至国外的时间问题上展现了某种灵活性。同时，会议决定奥尔布赖特在联合国安理会温和地发起通过制裁决议方面的讨论，以配合日内瓦的谈判。

从 10 月 8 日起，双方的会谈继续举行，至 11 日，双方在废弃核燃料的处理问题和朝鲜核设施的拆除问题上取得了一致，朝鲜同意不再启动 5MWe 反应堆，不再生产废弃核燃料，并将储存废弃核燃料，不进行再处理，但废弃核燃料不立即运出朝鲜，运出朝鲜的时间定于第一期反应堆的核心部件提供并完成反应堆建设之时。在拆除朝鲜核设施的问题上，双方同意在第一期反应堆竣工、第二期反应堆开始建设之时，朝鲜拆除其核设施。10 月 13 至 14 日，双方以哈伯德和金桂冠为主进行了谈判，解决了许多文本上的问题。此后的几天，双方谈判的主要问题集中在了朝韩对话问题上，即在美朝即将签订的协议中是否提及以及如何提及朝韩对话的问题，如果提及朝韩对话，是否提及对话开始的时间，朝韩对话是否是提供轻水反应堆的前提条件。至 17 日，双方决定对这一问题采取相对模糊的处理方式。至此，持久而艰苦的美朝第三阶段高级会谈结束，在经过加卢奇回华盛顿与美国决策层沟通后，双方于 10 月 21 日在日内瓦签署了《框架协议》。

四、《日内瓦框架协议》

从内容构成来看，《日内瓦框架协议》主要包括四部分内容：

第一部分是关于双方合作以轻水反应堆发电站替代朝鲜的石墨反应堆及其相关设施。这一部分的主要内容如下：

1. 根据美国总统 1994 年 10 月 20 日的保证函，美国将保证在 2003 年年底前向朝鲜提供发电能力大体达到 2000MWe 的轻水反应堆项目。美国将领导组建一个国际财团为提供给朝鲜的轻水反应堆项目提供财政支持，美国将代表这一国际财团作为就轻水反应堆项目与朝鲜方面的主要联系方。美国将代表国际财团做出最积极的努力，保证在本文件签署之后的六个月之内与朝鲜方面确定轻水反应堆的供应合同，合同会谈将在本文件签署之后尽快启动。

2. 根据美国总统 1994 年 10 月 20 日的保证函，美国将代表国际财团对因冻结朝鲜的石墨反应堆及其相关设施至第一期轻水反应堆完工之日而产生的能源（损失）做出补偿安排，替代能源将以用于供热和电力生产的重油形式提供。根据已经达成的供应计划，重油的提供将在本文件签署之日三个月之内开始，每年 50 万吨。

3. 在得到美方提供轻水反应堆的保证和提供过渡能源替代的安排之后，朝鲜将冻结其石墨反应堆及相关设施，并最终将拆除这些反应堆及相关设施，朝鲜石墨反应堆及相关设施的冻结将在本文件签署之后的一个月内全面实施。在这一个月期间和冻结期间，国际原子能机构将被允许监测冻结，朝鲜方面将为以此为目的的国际原子能机构提供全面的合作，轻水反应堆项目完工之日朝鲜将完成石墨反应堆及相关设施的拆除。在轻水反应堆建设期间，美朝双方将合作找到一种方法安全地储存 5MWe 试验用反应堆的废弃核燃料，并用一种不涉及朝鲜境内再处理的安全方法处理燃料。

4. 美国和朝鲜将在本文件签署之后尽快举行两组专家会谈。一组会谈，专家将讨论替代能源和以轻水反应堆取代石墨反应堆相关的问题；另一组会谈，专家将讨论废弃核燃料的储存和最终处理的特殊安排问题。

第二部分是关于双方全面实现政治经济关系正常化。这一部分的主要内容包括：

1. 在本文件签署之后的三个月内，双方将降低包括电信服务和金融往来在内的贸易和投资壁垒。

2. 双方通过专家级的协商解决领事和其他技术性问题之后，将在各自的首都开设联络办公室。

3. 随着在各自关心的问题上取得进展，美国和朝鲜将其双边关系升级至大使级。

第三部分是关于双方共同致力于朝鲜半岛的无核化与半岛的和平与安全。这一部分的主要内容包括：

1. 美国将对朝鲜提供正式的保证，不威胁或使用核武器。

2. 朝鲜将持续地采取措施实施朝韩间的《朝鲜半岛无核化共同宣言》。

3. 框架协议有利于创造出一种推进双方对话的国际气氛，随着这种气氛的形成，朝鲜将参加朝韩对话。

第四部分是关于双方共同致力于强化国际核不扩散机制。这一部分的主要内容有：

1. 朝鲜将留在《不扩散核武器条约》之内，并将允许该条约之下的《核安全保障协定》的实施。

2. 在轻水反应堆的供应合同签署之时，将依照朝鲜与国际原子能机构签署的《核安全保障协定》，启动不局限于冻结设施的特别和常规视察。在等待供应合同缔结期间，为了满足核安全保障连续性的要求，国际原子能机构将继续核查包括冻结设施在内的建筑。

3. 在轻水反应堆的主要部分完成且核心核部件（Key Nuclear Components）交付之前，朝鲜将全面遵守其与国际原子能机构的保障协定，包括为了验证朝鲜所有初始核材料报告的准确性和完整性，朝鲜与国际原子能机构协商采取的、国际原子能机构认为有必要的措施。①

美朝《日内瓦框架协议》的签署最终为双方从 80 年代后期开始的核博弈暂时画上了一个句号。从其内容看，《协议》具有"一揽子"的性质，涉及到了朝鲜核计划的冻结、美朝关系与朝韩关系的发展、半岛地区的和平与安全以及核不扩散体制的稳定与强化问题。与美朝高级会谈进行期间曾提出过的"大揽子"方案相比，两者的精神与原则虽然一致，但在涉及到的具体问题上存在一些差异，《日内瓦框架协议》没有明确提到美韩联合军演的中止以及《和平协议》的签署问题，更没有提到驻韩美军的撤离问题，这是双方妥协的产物。美国方面以承诺提供补偿、改善双边关系、放缓对朝鲜核透明性的澄清为代价换取了朝鲜留在核不扩散体制之内，而朝鲜方面在得到美国提供补偿和改善双边关系的承诺之后，也不再执拗于牵涉面更广、解决难度更大的《和平协议》签署以及驻韩美军和美韩同盟问题。

第一次朝核危机发生在冷战体制刚刚结束之后不久，这是一个美国的全球战略和地区战略都在进行重大调整的时期。冷战结束之初执政的布什政府和克林顿政府并没有独立的对朝政策，也没有与朝交涉方面的经验，这是由冷战体制下朝鲜的战略影响和地位所决定的。在以大国对抗为主要特征的冷战体制下，对美国而言，似无更多的必要制定独立的对朝政策。基于冷战体制的结束所引发的巨大变化，克林顿政府在上台执政一年半之后的 1994 年 7 月才制定出"介

---

① Joel S. Wit, Daniel B. Poneman, Robert L. Gallucci, *Going Critical: the First North Korean Nuclear Crisis*, Washington, D.C.: Brooking Institution Press, 2004, pp.421-423.

入与扩展（Engagement and Enlargement）"的整体国家安全战略，朝鲜只是因为它的核开发计划才进入了美国决策者的视野，美国也只是从解决朝核问题和维护核不扩散体制稳定的角度才开始重视朝鲜。利用国际原子能机构来管理朝鲜核问题，在确保朝鲜核计划透明性的基础上予以冻结和解除是美国对朝核问题最初的政策目标构想，而保持自己"核家底"的不透明并以此博得美国更多的政策调整是朝鲜的对美战略设计，实力不对称的双方在战略目标上这种契合度十分低下的不对称博弈引发了第一次朝核危机。

在管理危机的过程中，克林顿政府中的强硬派曾一度设想使用武力手段解决朝核问题，但朝鲜所拥有的巨大威慑能力[1]以及认为朝鲜很快就会崩溃的主观认识等其他一些因素最终使克林顿政府放弃了这一选项。在难以立即掌握朝鲜核透明性的情况下，如果不立即冻结朝鲜的核计划，朝核问题将会更加严重。宁边在建的 50MWe 反应堆和泰川在建的 200MWe 反应堆如果建成并运行，美国中央情报局估计每年将生产大约 275 公斤的武器级钚，以此，朝鲜每年可生产 40 多枚核武器。[2]这种前景展望以及将于 1994 年 11 月举行中期选举的政治日程，最终使克林顿政府的朝核政策由初期的"在确保透明性基础上的冻结并解除"调整到了冻结优先的政策方向上。

旷日持久的谈判也使朝鲜方面感到了以核开发计划为工具毕其功于一役地撬动美国调整包括美韩同盟、《和平协定》等问题在内的半岛政策的难度之大。因金日成主席的突然离世，国内政治日程也出现了重大的变化，这些因素使得朝鲜在对美谈判中调整了先前制定的部分政策目标，最终使得双方达成了妥协。

以加卢奇为首的美国国务院官员主导设计并实施了这一时期的对朝政策。克林顿总统以总统信函形式担保的《日内瓦框架协议》也只是在狭义的政府层面——行政层面上签署，并不需要美国国会的批准。但是，由于美国国内的政治制衡结构，在行政性协议的实施上，一旦涉及到需要国会审议通过的财政预算问题，就有可能受到国会的制约。而由于政治理念的不同，或由于只是为了

---

[1] Michael O'Hanlon, Mike M. Mochizuki, *Crisis On The Korean Peninsula: How to deal with a Nuclear North Korea*, McGraw-Hill, 2003.

[2] Jonathan D. Pollack, "The United States, North Korea and the End of the Agreed Framework", *NAVAL WAR COLLEGE REVIEW*, 2003, p.18.

表现差异而刻意追求差异的政党政治的因素，属于民主党的克林顿政府所签署的行政性协议，也会受到共和党的质疑，而一旦共和党执政，也存在着被修正或被推翻的可能。同时，《日内瓦框架协议》在轻水反应堆问题上也还存在着一些不明确之处，还需要进一步谈判，轻水反应堆建设中也将会存在着诸多的不可预知因素，美朝、朝韩双边关系发展等条款的履行也将涉及到更复杂的问题，这些因素都决定着《日内瓦框架协议》的履行绝不会一帆风顺，而日后《日内瓦框架协议》的实施履行过程完全印证了这一点。

第四章　日内瓦之后

本章导读

　　为履行《日内瓦框架协议》，美朝从 1994 年 11 月开始就废弃核燃料棒保管与处理问题、向朝鲜提供轻水反应堆问题以及互设联络办公室问题进行了多次的会谈与协商。虽然在朝鲜废弃核燃料棒的处理问题和向朝鲜提供轻水反应堆问题上，双方签署的协议与《日内瓦框架协议》规定的时限相比稍有迟延，在互设联络办公室问题上也始终没有取得突破，但总体而言，《日内瓦框架协议》在初期得到了切实的履行。经过四轮会谈，美朝在废弃核燃料棒的保管问题上达成协议，从 5MWe 石墨反应堆中卸载下的 8000 余根废弃核燃料棒得以安全封存。经过三轮会谈以及后续的吉隆坡会谈，美朝签署了"吉隆坡协议"。在此基础上，经过双方的磋商，朝鲜半岛能源开发组织与朝鲜签署了《轻水反应堆供应协定》。

第一节 良性互动的开启

一、良好的开局

1994 年 10 月 20 日，美国总统克林顿致函朝鲜领导人金正日，表示美国将采取措施，保证美国和朝鲜 21 日在日内瓦签署的协议得到履行。克林顿在信中表示，他将行使自己的一切职权，采取措施，使向朝鲜提供轻水反应堆发电站的资金和建设得到保障，并筹措在第一号轻水反应堆发电站建成之前提供替代能源所需要的资金。核反应堆如果并非因朝鲜的责任而不能建成时，克林顿将行使他的一切职权，在得到美国国会批准后，由美国直接负责完成。关于替代能源，如果并非因朝鲜的责任得不到提供的话，他也将行使自己的一切职权，在得到国会批准后，由美国直接负责提供。克林顿在信中还表示，只要朝鲜履行美朝《框架协议》，他将坚持上述行动方向。①

10 月 20 日，朝鲜方面也通过外交部发言人谈话形式表示："框架协议充分、令人满意地反映了我们在解决核问题上的一贯立场和我们主动提出的倡议。框架协议如果圆满地得到履行，将会对消除朝美之间的敌对关系和构筑相互间的信任做出大的贡献，我们所谓的核问题也将会最终消失。"（［朝］朝鲜中央通讯，1994 年 10 月 20 日）

美朝《日内瓦框架协议》的签署得到了国际社会的广泛欢迎和支持，中国外交部就此发表谈话，表示中国政府欢迎朝鲜和美国就解决朝核问题签署框架协议，赞赏有关方面为此所做出的努力。② 联合国安理会也于 11 月 4 日发表《主席声明》，肯定朝鲜和美国在日内瓦签署的关于朝鲜核问题的框架协议，认为这是"迈向朝鲜半岛无核化和维持该地区和平与安全的一个积极步骤"。③

---

① 新华社：《克林顿致函金正日保证美国履行和问题协议》，《人民日报》，1994 年 10 月 23 日。

② 新华社：《就朝美签署协议外交部发言人发表谈话》，《人民日报》，1994 年 10 月 23 日第 4 版。

③ "STATEMENT BY THE PRESIDENT OF THE SECURITY COUNCIL", S/PRST/1994/64，4 November 1994. http://www.un.org/en/ga/search/view_doc.asp?symbol=S/PRST/1994/64.

但不容忽视的是，《日内瓦框架协议》只是美国政府在行政层面所签订的一项协议，克林顿政府也只是以总统信函的形式履行承诺，如果美国国会对《日内瓦框架协议》持有不同的看法，协议的履行也将会面临重重障碍，甚至还存在违约的危险。1994 年 11 月 4 日，民主党在国会中期选举中失利，这不但强化了国会内部本来就已经存在的质疑，甚至放大了反对签署《日内瓦框架协议》的声音，而且美国国内舆论对克林顿政府也不是特别有利。为此，克林顿政府一方面加大了对媒体和舆论的引导，另一方面也通过对以老布什和福特为代表的已卸任总统的解释、说明和说服工作，弱化国内质疑或反对的力量和声音。

朝鲜方面也给予了积极配合与合作，不但在履约问题上采取了积极的举措，同时也加大了对包括批评者在内的美国国会议员的访朝邀请工作。11 月 1 日，朝鲜通过外交部发言人回答朝中社记者提问的形式，表示朝鲜政务院决定从 11 月初开始停止 50MWe 和 200MWe 石墨反应堆的建设，为此朝鲜正在采取相应的必要措施。朝鲜相关部门决定中止 5MWe 试验用原子能发电站的启动，撤出准备重新添加的核燃料棒，冻结放射性化学实验室等相关设施。11 月 18 日，朝鲜外交部发言人再次通过回答朝中社记者提问的形式，表示朝鲜正在诚实地履行朝美《日内瓦框架协议》。（［朝］朝鲜中央通讯，1994 年 11 月 18 日）

《日内瓦框架协议》签署之后，美朝双方在纽约就举行履行《框架协议》的专家谈判问题进行了一系列的工作级接触，就专家谈判的日程达成了一致。双方同意，11 月 12 至 19 日在平壤举行专家谈判，讨论朝鲜核废料的安全保管问题；11 月 30 日起在北京举行专家谈判，讨论签订提供轻水反应堆的合同问题；12 月 6 至 10 日在华盛顿举行专家谈判，讨论相互在各自的首都开设联络办事处问题。

11 月 12 日，由美国国务院军控和裁军局副局长罗万·沃尔夫（Norman Wolf）率领的美国专家代表团一行 11 人抵达平壤，双方开始就朝鲜使用过的核燃料棒的安全保管问题进行了谈判。朝鲜代表团以原子能研究中心放射化学研究所所长李相根为团长，双方讨论和谈判的主要问题是从宁边核反应堆拆除的约 8000 根核燃料棒的安全保管问题。对于这个问题，美朝双方在日内瓦谈判中曾经讨论过，当时美国希望将朝鲜的废弃核燃料棒运出朝鲜，在第三国保存，但遭到朝鲜拒绝。在双方不能达成一致的情况下，《日内瓦框架协议》在这一问题上做了妥协处理，只是说朝鲜将不对废弃核燃料进行再处理，至于卸载下的核燃料棒最后如何处理，由双方通过举行专家磋商做出最后的安排。此次磋商从 14 日开始，至 18 日结束。磋商的具体结果双方都没有公布，但美国方面认为取得了令人瞩目的进展。在朝期间，美国代表团访问了宁边，并被允许对相关的设施进行拍照和采取措施以便设计用于保管和储存废弃核燃料的设备。① 朝鲜方面也于 18 日通过外交部宣布，朝鲜已按照朝美核问题框架协议的要求采取了措施，完全关闭了其石墨核反应堆及其他相关设施。朝方将信守诺言，不对从核反应堆中拆卸下来的 8000 根核燃料棒进行处理。②

几天之后的 11 月 23 日，由五名成员组成的国际原子能机构技术小组抵达朝鲜。从 25 日至 28 日，国际原子能机构技术小组同朝鲜原子能总局就国际原子能机构如何继续开展在朝鲜的工作问题进行了磋商。在此期间，国际原子能机构技术小组成员还前往宁边和泰川进行了实地观察，确认了朝鲜已经按照朝美《日内瓦框架协议》规定，冻结了宁边 5MWe 实验用反应堆和放射性化学实验室，停止了泰川的 200MWe 石墨反应堆的建设施工。依照朝鲜方面的说法，本次朝鲜与国际原子能机构的磋商是在"真诚、合作的气氛中进行的，一些问题将在下一次的协商中继续讨论"。（［朝］朝鲜中央广播电台，1994 年 11 月 28 日）

国际原子能机构随后将其技术小组在朝鲜的谈判和考察情况通报给了美国政府，美国方面也随即通过国务院发言人迈克尔·麦柯里在例行新闻发布会上表示，这个消息对美国来说是"十分令人鼓舞"的，这也证明朝鲜"已开始履行美朝框架协议"，美国希望国际原子能机构技术小组在此次检查中与朝方的合作能够成为今后一系列监督检查工作的范例。

二、朝方的外交努力

为了配合和策应克林顿政府对美国国会的说服工作，朝鲜方面也积极面向美国国会参众两院展开了外交努力。1994 年 12 月 11 日至 12 日，美国国会参议院民主党议员保罗·西蒙（Paul Simon）和共和党议员弗兰克·穆尔科夫斯基

---

① 　C. Kenneth Quinones，"Korean Peninsula Energy Development Organization (KEDO)：A Bridge Too Far?" International Studies Association Conference，Chicago，March 2006，p.9.

② 　新华社：《姜春云回见朝劳动党友好代表团》，《人民日报》，1994 年 11 月 19 日第 4 版。

（Frank Murkowski）率领的国会代表团一行十人，应朝鲜最高人民会议外交委员会的邀请，对朝鲜进行了访问。美国国会访问团是乘坐美国军用飞机飞抵平壤顺安机场的，这是自朝鲜战争停战以来美国飞机首次在朝鲜机场降落，其象征意义十分重大。美国国会代表团访朝期间，与朝鲜副总理兼外交部部长金永南、朝鲜劳动党中央国际部书记金容淳、朝鲜外交部副部长宋浩景等人进行了会谈。访朝结束后通过板门店南下韩国之前，穆尔科夫斯基在会见朝鲜记者时表示："我们得到的印象是贵国政府将诚实地履行美朝《框架协议》，我们在访问期间对美丽的贵国具有了良好的印象。"作为共和党议员的穆尔科夫斯基原来对美朝《日内瓦框架协议》持强烈的批评态度，但在访朝之后就不再发出批评的声音了。

在国会代表团访朝之后，美国众议院民主党议员比尔·理查森（Bill Richardson）一行四人，应朝鲜外交部的邀请，又于12月17日访问朝鲜。理查森一行访朝的目的是同朝鲜政务院副总理兼外交部部长金永南等人就履行美朝《日内瓦框架协议》和改善美朝关系问题交换意见。理查森一行原定完成访朝计划后于19日上午经板门店前往韩国，但就在17日，驻韩美军的一架直升机进入朝鲜江原道金刚郡二浦里上空，被朝鲜人民军击落，机上有两名飞行员，其中一名死亡。美国政府通过理查森获知这一情况后，要求他就美军飞机被击落一事与朝鲜有关方面进行交涉。另外，12月20日，驻韩美军与朝鲜军方也在板门店就美军直升机进入朝鲜领空事件进行了工作级接触。在接触中，驻韩美军向朝鲜方面递交了一份声明，要求朝方尽快释放直升机飞行员博比·霍尔（Bobby Hall）准尉，归还飞行员希尔蒙（David Hilemon）准尉的遗体，并提供有关霍尔准尉的健康状况以及事件经过的详细情况。但朝鲜方面表态说，对这一事件的调查还尚未结束，具体事项将在调查完毕后通报。后来经过双方的交涉，朝鲜方面同意先将死亡飞行员希尔蒙的遗体移交给美方。12月22日上午，朝鲜人民军在板门店将希尔蒙的遗体移交给美国军方，一直滞留朝鲜的理查森一行也于此日离开朝鲜前往韩国。12月26日，驻韩美军和朝鲜军方高级官员在板门店再次举行会晤，讨论释放飞行员霍尔的问题，但双方的磋商并没有取得实质性进展。朝鲜方面强调，由于对这一事件的调查仍在继续，因而尚不能确定释放霍尔的日期，但双方同意将再次举行会晤，继续讨论该问题。

在这种情况下，克林顿政府派出了助理国务卿帮办托马斯·哈伯德（Tomas Hubbard）赴平壤与朝鲜方面专门讨论释放霍尔的问题。12月28日至30日，哈伯德作为克林顿总统的特使访问了平壤，同朝鲜外交部第一副部长姜锡柱等朝鲜政府相关人士就美军直升机进入朝鲜领空事件进行了会谈。12月29日，霍尔出具了自白书，对事件的经过进行了说明，并承认这是一种"侵犯领空、不能接受的犯罪行为"。①30日，双方达成了政府层面的谅解函（understanding），其内容如下：

美利坚合众国和朝鲜民主主义人民共和国谅解函

关于美国军用直升机1994年12月17日侵入朝鲜领空事件，美国助理国务卿帮办托马斯·哈伯德作为代表美国政府的总统特使于1994年12月28至30日访问平壤，协助与朝鲜官员商讨相关事宜。

最后，双方达成如下谅解：

1. 美方承认美国军用直升机侵入朝鲜领空的不法行为。美方对此表示诚挚的歉意，并向朝方保证将采取措施防止此类事件的再次发生。

2. 双方同意通过适当的通道保持军事联系，以确定和采取措施防止威胁朝鲜半岛和平与安全之事件的再次发生。

12月30日，哈伯德一行通过板门店前往汉城。与此同时，朝鲜军方在板门店军事分界线将霍尔及其所携带的物品移交给美国军方。

朝鲜中央广播电台、平壤广播电台等朝鲜媒体对霍尔撰写自白书的内容以及朝美达成谅解的情况进行了报道。从这一事件的解决过程和最后结果看，朝鲜在这一事件的处理上可谓用心做足了文章，分阶段、分层次的处理不但使克林顿政府派出了总统特使，还答应了开通朝美之间的军事联系通道，确定和采取措施防止威胁朝鲜半岛和平与安全事件的发生。这是朝鲜欲废弃军事停战委员会这一机制，建立朝美军方之间双边的直接接触与沟通机制的一次尝试，其目标是把这次因突发事件而进行的朝美双边之间的军事接触机制化、制度化。

但美国方面对此态度十分谨慎，哈伯德离开平壤赴汉城之后表示，他对于朝鲜送还因进入朝鲜领空而被俘的美军飞行员感到高兴，美国将继续推进美朝

---

① 新华社：《美被俘飞行员发表自白书 承认入侵朝领空罪行》，《人民日报》，1994年12月30日第7版。

关于核问题框架协议的实施，"朝鲜至今诚心诚意地履行美朝关于核问题协议的有关条款，美国也有必要诚实地履行自己应尽的义务。"但是，在谈到他与朝鲜签署的关于本次事件的谅解函中有关保持美朝军事接触的条款时，哈伯德说，"美国没有通过美朝军事渠道商讨问题的打算"，"美朝军事接触今后仍将通过军事停战委员会的各种渠道进行"。哈伯德的意思很明确，美国可以与朝鲜保持军事接触，但通道还是军事停战委员会机制。谅解中所说的"适当的通道"，在美国看来就是军事停战委员会。然而，问题是因朝鲜方面的退出，军事停战委员会已在事实上处于瘫痪状态。"适当的通道"在朝鲜看来，就是另辟美朝双边间的蹊径。

三、废弃核燃料棒问题会谈

1995 年 1 月 5 日，美国国防部发言人表示，朝鲜民主主义人民共和国正按照美朝 1994 年 10 月签署的《框架协议》冻结其核计划，美国将在本月内把重油运往朝鲜。美国国防部一名高级官员也在记者招待会上表示，"迄今为止，朝鲜已经关闭了位于宁边的一座 5MWe 核反应堆，并不再向它添加燃料"。此外，朝鲜还按照美朝《框架协议》停止了另外两座更大的核反应堆的建设，封闭了与宁边石墨反应堆有关的实验室、核燃料仓库、核燃料制作装置和其他有关设施，朝鲜的"这些做法都得到了国际原子能机构监督人员的证实，而且是按照美朝《框架协议》的时间表进行的"。这位官员同时表示，在朝鲜冻结其核计划已得到证实的情况下，执行美朝《框架协议》的决定性阶段可告结束。这样，美国将按照协议在本月内向朝鲜运送五万吨重油（价值约 470 万美元）用于发电，第二批大约十万吨重油预计也将于 1995 年 9 月份运抵朝鲜。

1995 年 1 月 15 日，美国向朝鲜提供的首批重油 22450 吨从韩国的丽水港出发运往朝鲜。该批重油全部由美国向韩国的湖南精油公司购买，租用原中国中海发展股份有限公司的"大庆 94 号"油轮运送，"大庆 94 号"油轮经由日本海运抵朝鲜北部港口先锋港。第二批重油 27550 吨，由利比里亚船只于 17 日运往朝鲜先锋港。1 月 21 日，国际原子能机构再次向朝鲜派出了核查员以监督朝鲜核设施的冻结情况。

1995 年 1 月初，美朝双方在履行《日内瓦框架协议》的第二部分——改善双边经济关系方面也出现了积极的进展。1月9日，朝鲜外交部发言人在回答朝中社记者提问时表示，朝鲜政府决定从1月中旬起解除美国商品进入朝鲜市场以及美国商船进入朝鲜港口的两项限制措施。限制美国商品入境和限制美国商船入港是朝鲜在同美国的经贸关系中仅有的限制措施。

朝鲜做出上述政策调整之后不久，美国方面也给予了积极的回应。1995年1月20日，美国国务院正式宣布部分解除对朝鲜的经济制裁，其内容主要包括四个方面：（1）允许美朝进行电话和电信直通业务，公司可以使用信用卡在两国间进行旅游和开展其他与旅游有关的业务，新闻界可以在两国互设记者站。（2）允许朝鲜使用美国的银行系统进行银行业务往来，但这些业务往来不能在美国直接进行。解除对属于朝鲜公民而不属于朝鲜政府的财产的冻结。（3）允许美国钢铁制造业从朝鲜进口耐火材料——菱镁矿石。（4）双方可以就将来在华盛顿和平壤互设联络处问题着手进行工作；考虑让美国公司到朝鲜参加以轻水反应堆取代石墨减速反应堆的工程以及供应替代能源、处理使用过的核燃料等工作。

这是美国继80年代末期以后又一次采取的、解除对朝鲜经济制裁的措施，美国国务院表示，美国做出上述决定是为了履行1994年美朝核问题框架协议，是对朝鲜决定冻结其核计划、核设施以及与美国和国际原子能机构进行合作的初步反应。

在这种积极的缓和气氛中，继1994年11月14至18日在平壤的第一轮会谈之后，美朝两国核问题专家于1995年1月18日至20日在平壤就朝鲜的废弃核燃料棒的安全保管问题举行了第二轮会谈。由美国的核专家组成的代表团一行于1月17日抵达平壤，代表团团长仍由罗万·沃尔夫担任。会谈期间，两国核专家就如何安全保管及最终处理朝鲜于1994年5月从宁边的5MWe石墨反应堆中取出的8000余根废弃燃料棒进行了协商。1月21日，双方发表了《联合新闻声明》，但《声明》没有谈及会谈的成果，只是说双方专家就从5MWe试验用反应堆中卸载的废弃核燃料棒的安全保管和最终处理问题进行了协商。1月23日，朝鲜中央广播电台的报道表示说，会谈是"有益的、建设性的"，"取得了富有意义的进展"。本轮会谈中，双方讨论了保存8000余根废弃核燃料棒的冷却水箱的水质检测以及朝方提出的废弃核燃料棒处理方案的效果问题。会谈结束后，由两名美国科学家、一名国务院官员和一名翻译组成的代表小组还前往宁边原子能研究中心进行现场考察，考察一直持续到 2 月初，了解存放在那里的 8000 余根废弃核燃料棒的保管状况。[1]

1995 年 2 月 2 日，克林顿总统在华盛顿会见了正在美国访问的朝鲜宗教界和学者代表团团长、朝鲜天主教徒协会中央委员长张载哲，这是美国总统首次会见来自朝鲜的人士。会见时，克林顿总统还请张载哲转达他对朝鲜领导人金正日的问候，并表示希望美朝两国通过履行美朝《框架协议》使两国关系得到改善。

1995 年 6 月 13 日，美朝吉隆坡轻水反应堆会谈达成协议后，[2]美国的重油供应问题专家代表团和废弃核燃料棒的保管及处理问题专家代表团分别于 6 月 17 日和 21 日抵达平壤。美国重油问题专家代表团共由三名代表组成，其中包括加卢奇办公室主任詹姆斯·皮尔斯（James Pierce）。6 月 18 日至 24 日，美朝双方专家就美国向朝鲜提供重油问题进行了会谈，双方会谈的焦点问题是防止重油转为它用和供应日程的问题。经过磋商，双方在原则上达成了协议。

6 月 22 日至 27 日，美朝关于储存和处理废弃核燃料棒问题的第三轮谈判在平壤举行。美国代表团由七名成员组成，罗万·沃尔夫继续担任团长。在朝期间，美国方面确认了废弃核燃料棒的储存状态，并安装了冷却装置，双方同意通过美国技术人员的下次访朝正式实施水箱净化作业。

根据第三轮谈判达成的协议，7 月 25 日至 29 日，美朝在平壤就朝鲜废弃核燃料棒的保管和处理问题进行了第四轮谈判，此次参加谈判的美国代表团共由七名成员组成，其中也包括了肯尼斯·凯诺内斯。访朝期间，美国专家检查了冷却装置和发动机的启动状况，为进行水箱净化作业进行了准备工作，同时还与朝鲜就将 15 吨级的净化装备运入朝鲜一事达成一致。

美朝之间颇为顺畅的互动，也为国际原子能机构在朝鲜工作的逐步恢复创造了条件。9 月 12 日，国际原子能机构代表团抵达平壤，至 9 月 18 日就确认朝鲜主要核设施的封存和更换监视设备问题与朝方进行了会谈。

11 月 22 日，根据《日内瓦框架协议》，由美方负责向朝鲜提供的第一年度 15 万吨重油全部提供完毕，而从下一年度开始，向朝鲜提供的重油则由朝鲜半

---

[1]　C. Kenneth Quinones, "Korean Peninsula Energy Development Organization (KEDO): A Bridge Too Far?" International Studies Association Conference, Chicago, March 2006, p.10.

[2]　关于美朝轻水反应堆谈判的情况，参阅本章第二节轻水反应堆问题会谈。

岛能源开发组织负责。[①]

　　在《日内瓦框架协议》履行初期，对于克林顿政府而言，资金问题是其面临的一个重要问题。美国国会内，尤其是以鲍勃·多尔（Robert Joseph "Bob" Dole）和约翰·麦凯恩（John McCain）为代表的共和党议员对《日内瓦框架协议》持强烈的反对意见，提出要尽早召开朝核问题听证会，重新考虑履行美朝《框架协议》，向朝鲜提供重油违背了美国国会关于禁止向恐怖国家提供援助和支援的法律规定的精神，等等。在这种情况下，由美国国会专门通过预算用于购买向朝鲜提供的重油是不可能的，因此克林顿总统只能在政府范围内筹措资金。购买第一批五万吨重油所需要的资金约 500 万美元，来自于美国国防部，而参加朝鲜废弃核燃料棒保管项目（The Spent Fuel Project）第二轮谈判的美方人员赴朝的经费，则是由美国国务院军控与裁军局和能源部提供的。[②] 为了解决经费问题，国务院派肯尼斯·凯诺内斯向国会众议院对外关系委员会做相关进展和经费问题的说明，但当即就遭到了国会多数党助手彼得·布鲁克斯（Peter Brookes）的反对。按照肯尼斯·凯诺内斯的说法，封存朝鲜的 8000 余根废弃核燃料棒需要投入的费用不少于 3000 万美元。[③] 而在 1995 年 6 月之前，克林顿政府主要是依靠国防部和能源部的资金推进该项目。起初，克林顿政府承诺相关的工作于 1994 年 12 月启动，但直到 1995 年 7 月，相关的主要设备才运抵宁边的原子能研究中心，直到 1997 年 10 月，8000 余根废弃核燃料棒才得以全部安全封存，该项目也才最终结束。

第二节　轻水反应堆问题会谈

一、三轮会谈

　　美朝签署《日内瓦框架协议》20 多天之后的 11 月 18 日，美韩日三国相

---

① 新华社：《简讯：美国和 KEDO 向朝鲜提供重油》，《人民日报》，1995 年 11 月 22 日第 7 版。

② C. Kenneth Quinones, "Korean Peninsula Energy Development Organization (KEDO)：A Bridge Too Far?" International Studies Association Conference, Chicago, March 2006, p.9.

③ C. Kenneth Quinones, "Korean Peninsula Energy Development Organization (KEDO)：A Bridge Too Far?" International Studies Association Conference, Chicago, March 2006, p.10.

关部门的政府官员在华盛顿举行会谈，讨论了如何落实美朝核框架协议的问题。三国一致同意成立一个多边机构，机构名称暂定为"朝鲜能源开发组织（Korean Energy Development Organization，简称 KEDO）"，这一多边机构将负责向朝鲜提供轻水反应堆，处理朝鲜的废弃核燃料。

成立朝鲜能源开发组织，由它负责美朝达成协议后相关项目的运行，这样一个概念和想法萌芽于 1993 年 7 月美朝第二阶段高级会谈期间，当时由于会谈谈到了以轻水反应堆替代朝鲜石墨反应堆的问题，因而萌生出这样一个想法。然而，在 1994 年夏天之前，这一设想并未获得多少认可和支持。在加卢奇和哈伯德于 1994 年 7 月访问韩国和日本之后，这一概念逐渐引起关注。当时日本赞赏这个概念，但在提供资金方面比较犹豫，韩国方面则表示可以提供大部分资金。韩日之所以支持这一设想，主要是因为韩日都可以借此介入被美朝双边会谈屏蔽的朝核与朝鲜问题。韩日方面表态后，克林顿政府高层也逐渐支持这一建议。

1994 年 11 月 30 日至 12 月 2 日，美朝两国代表在北京就向朝鲜提供轻水反应堆一事举行了第一轮专家会谈。美朝代表团各由十名成员组成，美方代表团团长为国务院核不扩散科长盖瑞·萨默尔，朝方代表团团长为对外经济委员会副委员长金正宇。会谈在美国和朝鲜的驻华大使馆轮换进行。此轮会谈是双方在提供轻水反应堆问题上召开的第一次专家会谈，双方交换了各自的意见和立场。会谈结束后，双方发表了《联合新闻声明》，表示双方将于 1995 年 1 月举行第二轮会谈。

1995 年 1 月 28 日至 2 月 1 日，美朝双方举行了第二轮轻水反应堆问题会谈，但会谈地点移往德国柏林。会谈在美国驻德国大使馆和朝鲜驻德国代表处之间轮流举行，[①] 双方代表团团长仍由盖瑞·萨默尔和金正宇担任，轻水反应堆的类型和签约主体问题是此轮会谈的核心议题。在此次会谈举行之前的 1 月 9 日至 12 日，美韩日三国在华盛顿举行了工作级会议，再次确认了向朝鲜提供的轻水反应堆应该采用"韩国型"轻水反应堆的立场。因此，在美朝第二轮会谈中，美方强调韩国在提供轻水反应堆项目中将起主导性作用，因而必须采用"韩国型"轻水反应堆。在签约主体问题上，美方认为应该由负责向朝鲜提供轻水反

---

① 朝鲜和德国于 2001 年 3 月建立大使级外交关系，在此之前，朝鲜在德国柏林设有代表处。

应堆的朝鲜能源开发组织与朝鲜签署。但是，朝鲜方面则认为在"有偿"提供轻水反应堆的情况下，自己作为购买者，是有选择权利的，而且缔约主体也应该是美国和朝鲜。

在第二轮轻水反应堆问题会谈中，美朝双方在轻水反应堆类型和签约主体问题上没有达成一致，但在会谈结束后，双方发表了《新闻公告》。《新闻公告》的主要内容包括：（1）双方再次确认了各自根据 1994 年 10 月 21 日《框架协议》规定的时间和事项，以及就缔结向朝鲜提供轻水反应堆的协定问题而进行合作的立场；（2）双方在会谈中取得了一系列进展——为了缔结提供轻水反应堆的协定，双方认为将要进行协商的主要问题包括反应堆类型和提供的范围、财源、合同缔结方式、核安全责任以及相关而必要的担保问题，双方还进行了有关核安全问题的技术协商；（3）双方的下轮会谈将在 1995 年 3 月中旬尽快举行。

在第三轮会谈举行之前的 3 月 2 日至 3 日，美韩日三方在华盛顿举行高级会议，就成立国际联合体一事达成了一致，将即将成立的国际联合体命名为"朝鲜半岛能源开发组织（The Korean Peninsula Energy Development Organization，简称 KEDO）"。在会议发表的《联合新闻公告》中，美韩日三方明确表明对朝提供的轻水反应堆将采用"韩国型"反应堆。但是，3 月 7 日，朝鲜通过外交部发言人会见朝中社记者的形式，再次表明了拒绝接受"韩国型"反应堆的立场，认为美国所谓的"从政治、财政和技术性的角度只能选择韩国型反应堆"的说法是为"南朝鲜当局不纯的政治性目的"辩护，"南朝鲜型轻水反应堆并没有技术上的安全保证"，"4 月 21 日之前能否缔结提供轻水反应堆的协定是决定朝美《框架协议》命运的关键性问题"，"如果是因为执拗于采用南朝鲜型反应堆的美国的态度，在规定的期限内不能缔结协定，我们也将不得不下定决心，采取相应的行动"。（［朝］朝鲜中央通讯，1995 年 3 月 7 日）

《日内瓦框架协议》第一条第一项第二款明确规定自《框架协议》签署之日起六个月之内，即在 4 月 21 日之前，美国代表国际联合体与朝鲜签署供应轻水反应堆协议。如果在规定的期限之内，美国不能与朝鲜签署相关协议，朝鲜会采取什么样的"相应的行动"呢？

3 月 2 日，朝鲜外交部第一副部长姜锡柱致函加卢奇表示，如果在规定的期限之内不能缔结相关协定，朝鲜将不得不考虑核设施的冻结问题，具体而言，即是要考虑是否解除 5MWe 试验用反应堆及其他一两个核设施的冻结问题，如果在 4 月 21 日之后缔结协议，在缔结协议之日再重新冻结启动的核设施。

3 月 8 日，美国、韩国和日本在纽约召开了"朝鲜半岛能源开发组织"成立预备会议，共有 20 多个国家的代表出席了这次为期两天的会议。预备会议结束后，美国、韩国和日本于 3 月 9 日签署了成立"朝鲜半岛能源开发组织"的协议，这意味着朝鲜半岛能源开发组织正式成立。美韩日签署的协议明确表示，成立这样一个国际组织的目的是向朝鲜提供轻水反应堆、过渡能源和财政援助，并实施履行美朝《框架协议》所必要的其他措施。①

而就在同一天，朝鲜政府重申，如果美国及其盟友继续强迫朝鲜接受"韩国型"轻水反应堆，那么将断送美朝去年 10 月签署的核框架协议。当天朝鲜在日内瓦也发表了一项声明，声明援引朝鲜外交部发言人的话说，如果因美国坚持其立场而使朝鲜不能在《框架协议》规定的时间内得到轻水反应堆，那么，朝鲜政府将不得不采取相应的对策。

然而，美国方面仍然立场坚定。针对朝鲜的表态，也就在同一天，美国国务院通过发言人表示说："我们在这个问题上的立场同以前完全一样，即除了'韩国型'反应堆之外没有别的选择。"召开筹建"朝鲜半岛能源开发组织"的会议"不可能是偶然的巧合"，这一行动"证明除此（韩国反应堆）之外没有别的选择"。

在双方互不妥协的对峙中，由于意识到克林顿政府所面临的国内政治状况，考虑到朝美关系在近期出现的积极进展，朝鲜方面最终做出了让步。3 月 17 日，朝中社发表评论指出，新成立的"朝鲜半岛能源开发组织"拟在向朝鲜提供的轻水反应堆上挂上韩国标签，是阻碍朝美《框架协议》履行的根本原因。如果没有韩国标签，朝鲜与该组织之间协商的前景将会比较明朗，问题可能会得以顺利解决。② 事实上，朝鲜的上述表态意味着朝鲜的立场开始出现松动，即只要反应堆不挂韩国的牌子，朝鲜是可以接受的。朝鲜方面的态度变化也使得有所延迟的美朝第三轮轻水反应堆问题谈判得以启动。

3 月 25 日至 27 日，美朝第三轮轻水反应堆问题会谈继续在德国柏林举行，

---

① AGREEMENT ON THE ESTABLISHMENT OF THE KOREAN PENINSULA ENERGY DEVELOPMENT ORGANIZATION. http://www.kedo.org/au_history.asp

② 新华社：《短讯——朝指出反应堆不应挂韩国招牌》，《人民日报》，1995 年 3 月 18 日。

会谈仍然以在美国驻德国大使馆和朝鲜驻德国代表处之间轮流举办的形式进行，美朝代表团团长也仍由盖瑞·萨默尔和金正宇担任，会谈的核心问题也仍然是轻水反应堆的类型问题。会谈原定的日程是 3 月 29 日结束，但由于双方的立场仍然难以调和，会谈于 27 日宣布休会，提前结束。

在会谈中，美方强调了以下几点立场：第一，只能向朝鲜提供"韩国型"轻水反应堆；第二，在提供轻水反应堆的项目中，韩国发挥中心性的作用是重要的；第三，以后朝鲜半岛能源开发组织将成为与朝方进行轻水反应堆问题协商的主体，而明确表明提供韩国标准型轻水反应堆是朝鲜半岛能源开发组织与朝鲜进行对话的基础。

但是，朝鲜方面坚持不接受"韩国型"轻水反应堆，不接受韩国在轻水反应堆项目中承担中心性作用。作为替代方案，朝鲜要求提供美国 CE（Combustion Engineering）公司的 CE-80 型轻水反应堆，韩国可以在其中部分参与。

在第三轮轻水反应堆问题会谈中，美国仍坚持了既定的立场，而朝鲜的立场稍有松动。采用"韩国型"轻水反应堆，使韩国在向朝鲜提供轻水反应堆项目中发挥中心性作用，是朝鲜半岛能源开发组织成立之前就已经确定下来的原则。在这个问题上，美国原来也曾经设想使美国公司承担主要作用，但受到了来自韩国方面的极大压力。就在美朝第三轮轻水反应堆会谈之前的 3 月 23 日至 24 日，美韩两国在华盛顿召开了高级战略对话，再次确认了"除'韩国型'反应堆之外无替代"的立场。考虑到轻水反应堆的资金来源，更考虑到不对美韩同盟造成伤害，美国方面不得不接受韩国的意见，在对朝谈判中立场坚定。

虽然美朝在第三轮轻水反应堆问题会谈中没有达成一致，但双方约定下次会谈于 4 月中旬在柏林举行，27 日结束会谈时也在技术上采用了"休会"这样的措辞。因此，尽管此次会谈双方没有达成一致，但对于会谈的未来和前景似乎也并不是特别的悲观。

二、"吉隆坡协议"

根据《日内瓦框架协议》的规定，关于轻水反应堆问题的谈判应在协议签署之后的六个月之内，即 1995 年 4 月 21 日之前结束。第三轮会谈提前结束后，国际社会开始对美朝两国轻水反应堆谈判的前途表示担心。然而，美国国务卿克里斯托弗在 3 月 27 日表示，在柏林举行的关于向朝鲜提供轻水反应堆问题的美朝第三轮会谈没有达成协议，但也没有破裂。两天之后的 29 日，朝鲜外交部发言人在会见朝中社记者时也表示说，前几天朝美在柏林举行的关于向朝鲜提供轻水反应堆问题的第三轮会谈中，朝方为打破在反应堆类型问题上的僵局，已提出了"重大方案"，美国方面承诺对这个方案进行研究。朝美双方决定暂时休会，后续会谈将于 4 月中旬在柏林举行。（［朝］朝鲜中央通讯，1995 年 3 月 29 日）

4 月 7 日，美国国务院发言人在记者招待会上宣布，美朝将于 4 月 12 日在柏林恢复关于向朝鲜提供轻水反应堆问题的第三轮会谈。3 月 27 日美朝第三轮会谈休会后，美朝一直保持着"书面形式的接触"，而同时，美国与韩日两国也就这一问题进行了磋商。那么，朝鲜代表团在 3 月 27 日所提出的"重大方案"的具体内容是什么呢？朝鲜的这一"重大方案"的主要内容包括：只要提供的反应堆是由美国设计并主导建造、不出现"韩国"字样的反应堆，朝鲜就可以接受。根据朝鲜的新建议，美国在同韩国和日本以及美国国内的有关公司进行了密切的磋商之后，拟定了以下几种解决方案：方案一，反应堆由美国负责设计，但由美、韩、日等国参与建造，最后以美国的名义向朝提供；方案二，实际仍由韩国建造，但在反应堆上一概不标明"韩国制造"；方案三，部分采纳朝鲜的建议，以"朝鲜半岛能源开发组织"的名义与俄罗斯签订部分建造合同。

4 月 12 日，美朝双方代表在柏林继续第三轮会谈，但会谈于 14 日再次休会。4 月 19 日，会谈虽然恢复并继续进行，但 4 月 20 日的会谈在开始 15 分钟后即告中断，双方没有就轻水反应堆的供应问题达成任何协议，也没有就举行再次会谈达成一致意见。

会谈中断后，朝方代表团负责人宣布，谈判已经破裂，会谈不会继续下去，而美国代表团则强调，美方愿意继续谈判。4 月 20 日，美国国务院也通过新闻发言人表示，美国希望美朝双方能就轻水反应堆问题继续进行谈判，在达成协议之前朝鲜保持对现有核设施的冻结。同时，美方还表示，如果朝鲜拒绝继续谈判，将目前处于冻结的核设施解冻，美国将与盟国磋商向联合国安理会重提朝鲜核计划的问题，并谋求对朝鲜实施制裁。

4 月 21 日是美朝《日内瓦框架协议》签署六个月之际的日子，也是《框架协议》所规定的完成轻水反应堆问题谈判的最后时限。该日，美国国务卿克里斯托弗直接呼吁朝鲜与美国重开谈判，以免《日内瓦框架协议》的履行受到影响。克里斯托弗表示轻水反应堆供应问题"并非是一个不可解决的问题"，他提议提高美朝谈判的规格，在5月初举行更高一级别的会谈，并建议将会谈地点由柏林转移到美朝两国签署《框架协议》的日内瓦。

克里斯托弗的提议得到了朝鲜方面谨慎的回应。4月22日，朝鲜通过外交部发言人会见朝中社记者的方式表示："由于美国政府不适当地要求我们接受南朝鲜型轻水反应堆，而使第三轮轻水反应堆工作级会谈没有取得成果，我们通过参加工作级会谈的代表得到了关于会谈的具体报告，政府层面将以美方的真实意图为基础采取必要的决定性对策。"（〔朝〕朝鲜中央通讯，1995年4月22日）朝鲜方面刻意强调了美朝轻水反应堆会谈的工作级性质，显示出对克里斯托弗提出的提高谈判规格之提议的兴趣。

4月24日，姜锡柱致函加卢奇，再次表示朝鲜方面将在确认美国政府对朝鲜在轻水反应堆问题上之主张的态度之后再决定是否接受美方的提议。随后，朝鲜陆续于4月25日、4月27日通过平壤广播电台评论、《劳动新闻》评论等形式表态，一方面继续谴责美国方面不适当的做法，另一方面表示："对话、战争都已准备妥当……以对话应对话、以力量对力量是我们人民和军队特殊的气质和坚强的意志。""对5MWe试验用反应堆是否添加燃料的问题完全是我们自主权范围之内的问题。"[1]4月27日，朝鲜驻联合国公使韩成烈在接受日本《读卖新闻》采访时更是表示："我想即是接受高级会谈，也有可能采取措施部分解除对核设施的冻结。"

嘴上强硬的背后很有可能预示着实际政策的变化。5月初，朝鲜的态度发生了较大的转变。5月1日，美国国务院发言人尼古拉斯·伯恩斯（R. Nicholas Burns）表示，朝鲜外交部副部长姜锡柱通过朝鲜驻联合国代表团致函助理国务卿加卢奇，表示朝鲜政府"同意无前提条件地与美国举行较高一级的会谈"。朝鲜在4月22日外交部发言人的发言和4月24日姜锡柱至加卢奇的信函中均表示在确认美国对朝鲜在轻水反应堆问题上政策的态度之后，再决定是否同意与美国举行高级会谈，为什么在5月初态度发生明显变化了呢？

---

[1]　参见〔朝〕平壤广播电台评论，1995年4月25日；《劳动新闻》评论，1995年4页27日；平壤广播电台评论，1995年4月27日。

原因主要在于以下两点：其一，如果继续坚持既定的立场，僵局很可能难以打破，如果这样，将会影响到包括重油供应在内的整个《日内瓦框架协议》的履行问题；其二，朝鲜希望借启动朝美高级会谈之机在停战机制向和平机制的转换问题上取得进展。4 月 30 日，朝鲜以介绍"朝鲜统一与和平国际联络委员会"会报的形式，提出了"世界广泛的政界和社会界要求美国尽早同意确立新的和平保障机制"。（［朝］朝鲜中央通讯，1995 年 4 月 30 日）

关于确立朝鲜半岛新的和平机制的问题，早在 1994 年 4 月 28 日，朝鲜就通过外交部发言人声明形式，向美国提出以朝鲜与美国之间的和平协定取代《停战协定》，以新的机构取代停战机构，确立新的和平保障机制，但美国对此一直不予任何回应。在 1994 年 12 月 30 日因驻韩美军直升机侵入朝鲜领空事件而达成的谅解中，美国虽然答应了"通过适当的通道保持军事联系"，但并不是通过朝鲜所希望的朝美双方"另辟的蹊径"，而是仍然要依托军事停战委员会机制，而这并不是朝鲜所希望的。在轻水反应堆问题的谈判处于僵持难解的情况下，如果过于执拗于轻水反应堆类型问题，有可能会影响到整个《日内瓦框架协议》的履行。而如果在轻水反应堆类型问题上做一些让步，在和平机制问题上能够有所突破的话，对朝鲜而言则是另一个重大的收获。出于这种考虑和算计，朝鲜在做出无条件接受美国举行高级会谈提议的同时，在瓦解停战机制方面又采取了更进一步的措施。5 月 3 日，朝鲜人民军板门店代表部发表声明，宣布封闭中立国监察委员会朝鲜一侧办公室，对出入共同警备区域实施限制措施。5 月 12 日，朝鲜外交部发言人发表谈话再次提出了与美国建立"新的和平保障机制"的主张，认为要合乎要求地履行朝美《框架协议》，最优先应该做的是确立新的和平保障机制，以取代将两国关系定性为敌对关系的停战机制。

在得到朝鲜的明确答复后，5 月 3 日，美国复函建议 5 月中旬在日内瓦恢复轻水反应堆问题会谈，然而朝鲜在 5 月 5 日的回信中又就谈判的时间和地点问题提出了与美国的建议完全不同的意见。

5 月 7 日，加卢奇离开华盛顿前往汉城。5 月 10 日，美韩日三方在汉城举行会议，就"韩国型反应堆"问题达成了协议，三方同意将不再继续坚持在提供的轻水反应堆名称上注明"韩国标准型反应堆"的字样，但在朝鲜半岛能源开发组织向朝鲜提供轻水反应堆的协议上，必须坚持韩国起主导作用的原则。会议结束后，三方发表了《联合公告》。《公告》表示说，三国在磋商中就向朝鲜提供轻水反应堆、重启南北对话、履行朝美《框架协议》以及朝鲜半岛能源开发组织的正式运行等问题广泛地交流了意见。三国认为，只有通过对话才能改善南北关系，彻底履行朝美《框架协议》以及确保朝鲜半岛的永久和平。为了促使朝鲜接受此次美韩日达成的协议，三方将在重油提供、美国放宽对朝鲜的限制、美国在朝鲜设立联络处以及韩国对反应堆附属设施追加投资等问题上做出让步。①

5月20日，停滞达一个月之久的美朝轻水反应堆问题第三轮谈判重启，但会谈地点调整到了马来西亚首都吉隆坡，会谈以在美朝两国驻马来西亚大使馆轮流举行的方式进行。在5月5日致美国的复函中，朝鲜拒绝了美国在日内瓦恢复谈判的提议，提议谈判地点定在平壤，但美国方面以在平壤没有使馆和通讯设备为由予以拒绝，会谈地点最后定在了吉隆坡。同时，会谈代表的级别也比原来计划的要低，原计划美国代表团团长为助理国务卿加卢奇，朝鲜代表团团长为外交部第一副部长姜锡柱，但由于朝鲜方面表示姜锡柱不能离开平壤参加会谈，最后美朝双方代表团团长分别由助理国务卿帮办哈伯德和副外长金桂冠担任，美方代表团由九名成员组成，而朝鲜代表团由七名成员组成。

轻水反应堆问题谈判本是由双方的技术专家主导的技术性谈判，在基于技术性标准而进行的专家谈判难以取得进展的情况下，双方启动了级别更高的政治性谈判，政治性谈判解决的不是技术性问题，而是通过政治会谈展示双方对专家技术性谈判的政治意愿和态度的问题。在通过政治谈判展现出双方愿意继续谈判的意向之后，专家技术谈判还要进行，因此第三轮谈判后半段的吉隆坡会谈是以一种政治会谈与专家技术会谈交叉、并进的形态展开的。在通过政治性会谈展现出双方愿意谈判的意愿之后，5月23日双方在吉隆坡开始专家会谈。专家会谈中，哈伯德和金桂冠均未出席，会谈则是由更低一级的官员主持。

吉隆坡会谈的核心议题仍然是"韩国型轻水反应堆"的问题，但如前所述，朝鲜在会谈中也提出了对美缔结和平协定的问题。在轻水反应堆问题上，美国依然坚持提供"韩国型轻水反应堆"的立场，而朝鲜则坚持认为"韩国型"反应堆并不存在，所谓的"韩国型"反应堆只不过是按照美国的技术和设计而制

---

① 徐宝康：《朝美日就朝核问题协调立场 不再坚持注明韩国型反应堆》，《人民日报》，1995年5月12日。

造，然后贴上韩国标签的反应堆而已。除此之外，在会谈中，朝鲜方面还提出了反应堆配套设施方面的要求。输配电设施、道路港湾设施、核燃料加工厂、原子能发电站的模拟操作设施等与轻水反应堆发电站建设相配套的设施，需要投入的资金约十亿美元。在1994年美朝日内瓦会谈中根本没有涉及到这个问题，3、4月份美朝在柏林举行的第三轮专家会谈中，朝鲜代表团团长金正宇曾提出过这个问题，而这次朝鲜方面正式提出，从而成为美朝轻水反应堆问题会谈中的一个新问题。

为了配合吉隆坡的谈判，6月5日，朝鲜通过外交部发言人会见朝中社记者的形式以及6月8日通过《劳动新闻》评论的形式，提出了"轻水反应堆的配套设施美国应全部负责"的主张。朝方表示："关于轻水反应堆类型的选定问题，我们重视以哪个国家的技术和设计为基础而生产的产品，至于是在哪里生产的并不是特别的介意，这是我们一贯坚持的立场……关于提供轻水反应堆的范围问题，根据朝美《框架协议》，美国负责轻水反应堆发电站（建设），其必要的场地平整、地基结构建设等全盘工程也应该负责。因此从场地平整等初始阶段开始至轻水反应堆建设完工为止，在其运营所需要的全部条件准备好之前，我们将不会出一分钱。"（［朝］朝鲜中央通讯，1995年6月5日）

虽然在会谈中朝鲜提出了配套设施建设这个问题，但是这并没有影响到会谈最终取得进展。6月6日，吉隆坡会谈出现转机。在该日举行的会谈中，双方就轻水反应堆型号、签订合同方式、美国承担的责任以及施工场地费用等主要问题达成了原则协议。6月7日，双方为草拟共同文件进行了具体的事务性协商之后，6月10日，美朝代表在会谈中就解决向朝鲜提供轻水反应堆问题达成了一项继续接触的"暂时谅解"。同日，加卢奇访问韩国，同韩国副总理罗雄培、外务部长孔鲁明等就"韩国型"轻水反应堆、韩国的中心性作用以及南北对话等问题进行了磋商。在磋商中，韩国方面虽然仍向美方表明了必须把"韩国型"轻水反应堆和韩国的中心性作用明确地写进"协议书草案"中的强硬立场，但最终韩国方面做出了让步。

韩国方面的让步为美朝吉隆坡会谈创造了宽松的环境。6月13日，美朝双方在吉隆坡发表《联合公报》，宣布美朝就解决轻水反应堆问题达成了协议。

美朝《联合公报》的主要内容如下：

美国政府再次确认 1994 年 10 月 20 日总统承诺函的效力，保障提供轻水反应堆和代替能源。在美国主导下，朝鲜半岛能源开发组织将根据《日内瓦框架协议》，保证向朝鲜民主主义人民共和国提供轻水发电站的资金和设备。如《框架协议》所指出的，在提供轻水反应堆项目中，美国是朝鲜民主主义人民共和国的基本相对方，且因此，为了履行基本相对方的作用，由美国公民担任朝鲜半岛能源开发组织的代表团和实务工作团的团长。

轻水反应堆由两座各为 100 万 KW 发电能力、拥有两个冷却塔的加压型轻水反应堆组成，由朝鲜半岛能源开发组织负责选定，原子反应堆为技术改良型反应堆，现在正在生产中，由美国负责初始设计。

代表朝鲜政府的朝鲜对外经济委员会与朝鲜半岛能源开发组织尽快缔结一站式（Turn Key）轻水反应堆供应协定。以该《联合公报》为基础，朝鲜民主主义人民共和国尽快与朝鲜半岛能源开发组织就轻水反应堆提供协定中未解决的问题进行会谈。为了确定轻水反应堆建设和运行之所需，朝鲜半岛能源开发组织进行场地调查。场地调查和场地平整的费用包含在轻水反应堆项目的范围之内，负责轻水反应堆建设的主签约方由朝鲜半岛能源开发组织选定。轻水反应堆项目全部的监督和监理工作由美国公司负责，该公司由朝鲜半岛能源开发组织选定。朝鲜民主主义人民共和国公司参与必要的执行组织工作以推进轻水反应堆项目。

为履行《框架协议》中的其他条款，双方约定采取如下措施：

双方专家尽快在 6 月中旬在朝鲜进行磋商，就《框架协议》规定的供应重油的阶段性日程以及相关的协助措施达成协议，朝鲜半岛能源开发组织作为执行协议的主体立刻采取必要的措施供应重油。

加快履行 1995 年 1 月 20 日双方关于朝鲜废弃核燃料安全保管问题而举行的专家会谈达成的一致意见，为此，美国专家代表团尽快在 6 月中旬访问朝鲜，着手履行事宜。①

吉隆坡会谈从 5 月 19 日开始至 6 月 12 日结束，断断续续地持续进行了 20 多天，会谈期间共举行了 22 次公开会议，包括 19 次全体会议和三次工作级会

---

① 根据朝鲜方面公布的《联合公报》内容而翻译。

议。美朝吉隆坡会谈最终之所以能够取得突破，主要有三个方面的原因：

第一，由于双方在"韩国型轻水反应堆"问题上都有所让步。美国方面在与韩国磋商之后不再坚持必须挂贴"韩国型轻水反应堆"标签，而朝鲜方面则放弃了由美国公司最终制造的立场，同意由朝鲜半岛能源开发组织作为协商主体和主签约方。虽然美朝吉隆坡《联合公报》中没有明确表明必须提供"韩国型轻水反应堆"，但是《联合公报》中由朝鲜半岛能源开发组织选定反应堆类型的规定实际上确定了向朝鲜提供的轻水反应堆为"韩国型反应堆"。因为 3 月 9 日美、韩、日三国签署的成立朝鲜半岛能源开发组织协定的第二条第一款已经明确规定"机构的目标之一是筹措和提供轻水反应堆项目的资金，根据机构与朝鲜将缔结的供应协定，该轻水反应堆项目由各为 1000MWe 容量的两座韩国标准型反应堆组成"。

第二，在反应堆类型方面，朝鲜虽有所让步，但在轻水反应堆发电站建设的配套设施建设方面，朝鲜是有所得的。日内瓦谈判和签署的《日内瓦框架协定》并没有涉及到这个问题，而美朝吉隆坡《联合公报》明确规定了轻水反应堆的供应范围包括场地选定、勘测以及平整等，所需的相关费用也都纳入了轻水反应堆建设项目中。

第三，吉隆坡会谈之所以能够获得突破，也是由于美国在提供重油问题上向朝鲜施加了压力。

在美朝吉隆坡会谈之前的 5 月 18 日，美国国务卿克里斯托弗在美国参议院拨款委员会外交行动小组作证时说，美国获悉朝鲜把美国提供的一小部分重油转用于钢铁厂，而不是按照协议用于发电，因此在确保重油不再被转用之前，美国将不再向朝鲜提供重油。克里斯托弗表示，在轻水反应堆供应问题得到解决之前，"我们将不讨论石油问题，我们也不再提供任何石油"，美国暂时中止了向朝鲜提供重油。

向朝鲜提供重油是美朝《日内瓦框架协议》的一部分，美国暂停向朝鲜提供重油一方面是因为美方认为朝鲜方面挪用了重油用于钢铁生产而不只是用于发电和取暖，另一方面也是因为面临资金和经费方面的困难，但克林顿政府又不想使外界把暂停重油供应与美朝轻水反应堆谈判，甚至与整个《日内瓦框架协议》的履行问题联系起来，因此 5 月 19 日，美国国务院发言人伯恩斯对克里斯托弗 18 日的讲话又做了一次澄清，重申美国没有把解决向朝鲜供应重油的问题与供应轻水反应堆问题联系在一起。伯恩斯在新闻发布会上表示，他被授权重申："美国的基本政策是：只要朝鲜继续冻结其核计划，美国就继续执行去年10月达成的框架协议。""就我们所知，迄今为止，朝鲜一直冻结着其核计划。"6月2日，克林顿政府通过国务院发言人谢利表示说，美国建议向朝鲜派出一个技术小组，以核查美国向朝鲜提供的重油是否被全部用于发电的问题，技术小组将同朝鲜方面讨论对重油使用进行监督的措施，其结果将影响美国是否向朝鲜提供下一批重燃料油。美国通过发言人伯恩斯和谢丽释放的信息是美国不会不向朝鲜提供重油，但是朝鲜必须同意建立一个机制，确保提供的这些重油只能用于取暖和发电。然而，不管是出于什么理由，美国暂停向朝鲜供应重油，自然对朝鲜产生了压力。

在重油供应问题上向朝鲜施加压力的同时，6月3日至6日，美国国会众议院议员比尔·理查森访问朝鲜，就轻水反应堆以及改善美朝关系等问题与朝方交换了意见。理查森一行在6月5日会见了朝鲜劳动党中央国际部书记、朝鲜最高人民会议统一政策委员会委员长金容淳，理查森的访朝以及与金容淳的会晤对美朝吉隆坡会谈起到了润滑和助力的作用。

三、《轻水反应堆供应协定》

美朝在吉隆坡达成协议之后，在轻水反应堆问题上，美国开始退居幕后，朝鲜半岛能源开发组织开始走上了前台。1995年3月9日朝鲜半岛能源开发组织正式成立后，3月19日在纽约召开的第一届理事会议上，斯蒂芬·博斯沃思（Stephen Bosworth）被任命为该机构的执行主任。此前，博斯沃思曾担任过美国驻突尼斯和菲律宾大使以及美日基金会主席等职务，而此后博斯沃思于1997年至2001年担任美国驻韩国大使，2009年之后担任奥巴马政府的对朝政策特别代表。

1995年8月15日至21日，朝鲜半岛能源开发组织代表团访问朝鲜，代表团以美朝吉隆坡协议为基础组建，由包括美韩日三方的专家和行政人员在内的15名成员构成，团长为美国能源部官员索·罗森（Sol Rosen）。访朝期间，代表团与朝鲜方面的专家就轻水反应堆的选址问题进行了磋商，并对备选地——咸镜南道新浦的地址、地形、水文气象以及建设环境等情况进行了实地考察。

罗森率团访问朝鲜之后，从 1995 年 9 月 11 日开始，朝鲜半岛能源开发组织与朝鲜之间进行了多次高级会谈和专家会谈。9 月 11 日至 12 日，双方在吉隆坡举行了高级会谈，朝鲜半岛能源开发组织方面由执行主任博斯沃思担任团长，成员共有 17 名。朝鲜方面由外交部本部大使许钟担任团长，成员包括副部长金桂冠在内共有 11 名。9 月 12 日，双方发表《联合公告》表示此次会谈是向朝鲜提供轻水反应堆的政治性过程的一个环节，双方表示为了尽早缔结关于轻水反应堆的协定而共同努力，为此双方同意作为此次磋商的继续，在吉隆坡继续举行专家级会谈。随后，双方于 9 月 13 日至 15 日在吉隆坡举行了专家会谈，朝鲜半岛能源开发组织方面由美国国务院的盖瑞·萨默尔担任首席代表，朝鲜方面由外交部北美局副局长李勇浩担任首席代表，专家会谈首席代表的级别比高级会谈的级别略低。

在此次高级会谈和专家会谈中，朝鲜方面认为，轻水反应堆问题是朝美在解决核问题过程中派生出的政治性问题，因此无论到哪里美国都应该主导谈判。对朝鲜而言，它现在希望的事情就是绑定美国，不能让美国完全退居幕后。从朝鲜方面在会谈的人事安排上来看，它主要是面向美国来商谈轻水反应堆供应问题的。许钟、金桂冠、李勇浩等都是长期与美国打交道的美国通，而朝鲜半岛能源开发组织和美国方面也的确给了朝鲜这样的希望，担任朝鲜半岛能源开发组织一方首席代表的萨默尔本身就是美国国务院负责防扩散方面的官员，在前不久举行的美朝轻水反应堆会谈中还担任了美方代表团的团长。然而，朝鲜半岛能源开发组织方面虽然承认轻水反应堆问题是由政治性问题引起的，但同时也认为这并不完全是一个政治性问题。

这次专家会谈的核心议题主要集中在了轻水反应堆的供应范围和偿还条件问题上。通过磋商，双方虽然确认了一些原则，在一些具体的技术性问题上交换了意见，但没有达成一致。

9 月 30 日至 10 月 1 日，朝鲜半岛能源开发组织与朝鲜又在纽约举行了专家会谈。随后从 10 月 16 日至 12 月 14 日，双方在纽约同时举行了高级会谈和专家会谈。会谈期间，从 10 月 24 日至 11 月 7 日，以索·罗森为团长的朝鲜半岛能源开发组织调查团访问朝鲜。调查团由包括韩日专家在内的 19 名成员组成，对轻水反应堆建设的备选地——新浦进行了第二次调查，并在新浦设置了地震观测仪。经过考察，调查团认为新浦具备良好的条件，并表示将进一步进行更为精密的调查活动。

从 10 月 16 日开始的朝鲜半岛能源开发组织与朝鲜之间的高级会谈和专家会谈进行了近两个月的时间，轻水反应堆的供应范围和建设费用的偿还问题仍是会谈的主要议题。12 月 15 日，双方最终就轻水反应堆的供应范围、偿还方法、安全标准、赔偿问题等达成一致，在纽约签署了《轻水反应堆供应协定》（*AGREEMENT ON SUPPLY OF A LIGHT-WATER REACTOR PROJECT TO THE DEMOCCRATIC PEOPLE`S REPUBLIC OF KOREA BETWEEN THE KOREAN PENINSULA ENERGY DEVELOPMENT ORGANIZATION AND THE GOVERNMENT OF THE DEMOCRATIC PEOPLE`S REPUBLIC OF KOREA*）。

该《协定》由序言、正文（18 条）和四个附件组成。序言明确规定了朝鲜半岛能源开发组织、美国和朝鲜的角色。缔结协定的主体是朝鲜半岛能源开发组织和朝鲜政府，根据美朝《日内瓦框架协定》，朝鲜半岛能源开发组织负责轻水反应堆项目的财政和供应，美国方面负责与朝鲜接触。

正文前十条的内容大体如下：

第一条（供应范围）：朝鲜半岛能源开发组织一站式向朝鲜提供由两座发电容量各为 1000MWe 加压型轻水反应堆组成的轻水反应堆项目。反应堆类型由朝鲜半岛能源开发组织选定，为美国负责设计和相关技术开发的改良型反应堆，现在正在生产中；

第二条（偿还方法）：朝鲜半岛能源开发组织负责轻水反应堆的经费，朝鲜在各期反应堆竣工后的包括三年过渡期在内的 20 年内一年两次以无息方式平均额度偿还，可以采用现金或货物方式偿还。偿还的额度以轻水反应堆项目合同的技术明细、公正合理的市场价格、朝鲜半岛能源开发组织向缔约方和转包方支付的金额等为基础，由朝鲜半岛能源开发组织和朝鲜共同决定。

第三条（交付日期）：2003 年竣工，三号附属文件中包含了根据《日内瓦框架协定》朝鲜方面需要履行的义务，供应轻水反应堆与三号附属文件中规定的朝鲜履行义务互为条件。竣工即意味着性能试验结束，竣工后朝鲜立即向朝鲜半岛能源开发组织发放各发电站的接收证书。

第四条（履行结构）：朝鲜半岛能源开发组织选定主签约方，签订商业供应合同，为监理轻水反应堆项目的实施，选定美国企业作为项目监理方。为了保证轻水反应堆项目迅速顺利的推进，KEDO 与朝鲜方面共同采取并推进必要的实质性措施，包括采用轻水反应堆项目各方间有效的接触与合作等方式，KEDO 与签约方可以在现场及邻近港湾、机场等直接相关的区域内设立办公室。朝鲜承认朝鲜半岛能源开发组织的独立性法律地位，赋予朝鲜半岛能源开发组织及其职员特权和豁免权，采取保护朝鲜半岛能源开发组织及其签约方所有派出人员的人身安全的措施，允许依据国际惯例而享有的领事保护。

第五条（场址选定和调查）：选定咸镜南道的新浦市琴湖里，实施场址调查。

第六条（品质保障和保证）：竣工时，朝鲜半岛能源开发组织应保障 1000MWe 轻水反应堆的性能，保证竣工后两年之内主要机器材和施工的品质，起初装入的核燃料依据核电业界的惯例。

第七条（培训）：朝鲜半岛能源开发组织根据核电行业的规定和制度，制定综合性的培训方案。

第八条（运行与维护）：除了依照协定的附件一所规定的之外，朝鲜半岛能源开发组织将援助朝鲜通过与其选定的供应商之间的商业合同获得轻水反应堆的燃料，朝鲜半岛能源开发组织将援助朝鲜获得备用部件、消耗品、特殊工具以及技术服务等。在朝鲜半岛能源开发组织要求的情况下，朝鲜放弃轻水反应堆使用后核燃料的所有权，同意将使用后的核燃料运出国外。

第九条（服务）：朝鲜对轻水反应堆项目竣工所需要的所有许可申请应迅速地免费处理，免除朝鲜半岛能源开发组织、签约方及其职员的税金和关税。朝鲜不妨碍该项目所有的派遣人员使用以及接近朝鲜指定以及朝鲜半岛能源开发组织与朝方商定的合适、有效的道路（包括海上与航空通道），并允许接近这些通道。根据轻水反应堆项目的进展，必要时考虑追加通道。

第十条（核安全与控制）：朝鲜半岛能源开发组织承担保障轻水反应堆发电站的设计、制造、施工、试验、试运行等符合核安全规定和技术标准等方面的责任，朝鲜在场地调查完成后向朝鲜半岛能源开发组织颁发场地交付证书。朝鲜以对预备安全性分析报告书的研究为基础，在发电站基础挖掘工程进行之前向朝鲜半岛能源开发组织发放建设许可,以最终安全性分析报告书的研究为基础,在核燃料最初装入之前向朝鲜半岛能源开发组织发放试运行许可。

《协定》的第 11 条至第 18 条分别为核事故责任、知识产权、保障、不可抗力、争议解决、违约时的措施、修改、生效等,其中的第 18 条规定,《协定》在签署之日起即刻生效。代表双方签字的分别是朝鲜半岛能源开发组织执行主任博斯沃思和朝鲜外交部巡回大使许钟,签署日期是 1995 年 12 月 15 日,这也就意味着该协定在 12 月 15 日生效。

四、轻水反应堆项目进展

《轻水反应堆供应协定》签署之后,朝鲜半岛能源开发组织与朝鲜方面的磋商以及轻水反应堆项目的前期准备工作进展顺利。《协定》签署的次日,即 12 月 16 日,以杰森·沙普伦(Jason Shaplen)为团长的朝鲜半岛能源开发组织代表团即抵达平壤,对新浦地区进行了第三次调查。本次调查主要是进行精密的地形勘察和测量作业,确定将要建设的反应堆、涡轮、控制室等主要建筑的精确位置,并对其进行坐标化。

此后,从 1996 年 1 月至 7 月,朝鲜半岛能源开发组织方面又几次向朝鲜派出代表团对新浦地区实施调查,并就领事保护、通行、通信等问题与朝鲜进行了磋商,签署了相关的《议定书》。

1996 年 1 月 16 日,以杰森·沙普伦为团长的朝鲜半岛能源开发组织代表团抵达平壤,将对新浦地区进行第四次调查。代表团共由 20 名成员组成,其中包括专家 18 名。这 18 名专家分为四个小组,其中地质勘察三个组,物理探测一个组。本次调查主要是对新浦地区实施地质和地震反应的钻探作业。为了实施调查,此次进朝,朝鲜半岛能源开发组织调查组还携带了钻探装备三台、用于地层结构调查的物理探测装备一台以及近两个集装箱的各种工具和辅助设备,调查组的调查活动共持续了 40 天。

1996 年 4 月 27 日,朝鲜半岛能源开发组织代表团到达平壤对新浦地区实施第五次调查。5 月 22 日,朝鲜半岛能源开发组织与朝鲜初步签署了《特权、豁免和领事保护议定书》，规定朝鲜方面赋予朝鲜半岛能源开发组织职员和会员国代表外交官层次的特权和豁免待遇，赋予朝鲜半岛能源开发组织缔约者的派出人员刑事、民事和行政裁判权的豁免，这在实际上是赋予了朝鲜半岛能源开发组织职员及会员国代表外交官层次的人身安全保障。关于轻水反应堆方面，议定书规定朝鲜半岛能源开发组织具有法人资格，在朝鲜拥有土地等资产，并负责维护轻水反应堆建设现场的秩序。

6月14日，朝鲜半岛能源开发组织与朝鲜方面又初步签订了《通行议定书》《通讯议定书》。在通行方面，规定朝鲜半岛能源开发组织人员和物资运输可利用善德机场，在基础挖掘工程开始之前，可指定更有效率和经济性的航空线路，沿海岸15 ~ 20海里开设驳船和小型船舶的物资运输海路；在通讯方面，规定可使用邮件，朝鲜半岛能源开发组织的人员可以使用朝鲜国内和国际的邮政服务。开工仪式之后24个月之内设置独立的卫星通信设施，可使用便携电话。

7月6日，朝鲜半岛能源开发组织方面的第六次调查团到达平壤，与朝鲜进行了最后的磋商。7月11日，朝鲜半岛能源开发组织与朝鲜在纽约正式签署了上述三个《议定书》。1997年1月8日，朝鲜半岛能源开发组织与朝鲜方面又在纽约就轻水反应堆建设签署了《用地议定书》和《服务议定书》。随后，朝鲜半岛能源开发组织于3月1日向朝鲜派出了第七次调查团。

在朝鲜半岛能源开发组织与朝鲜就领事、通行、通讯、用地和服务等方面达成协议之后，1997年4月9日，其代表团乘船抵达朝鲜新浦市洋化港，从4月9日至15日，与朝鲜方面就轻水反应堆用地的施工问题举行了第一次高级专家会谈。此次朝鲜半岛能源开发组织代表团规模庞大，共由54名成员组成，其中韩方代表40名、美方代表3名、日方代表3名，朝鲜半岛能源开发组织事务局职员8名。在韩方的40名成员中，轻水反应堆计划团8名，统一院、建设交通部、海洋水产部等相关单位专家各1名，韩国电力公社的相关人员19名。代表团乘坐韩国海洋大学的实习船"大国家号"由韩国东海港出发，这是自半岛分裂以来第一次由韩方大规模参与的人员团队通过海路抵达朝鲜，既是对与朝鲜签署的《通行议定书》的检验，又具有重要的象征性意义。这次专家会谈主要是围绕着朝韩间的通信通邮问题、朝鲜人力物资的使用问题、出入境和海空通道的利用程序、金融服务等已达成协议的后续履行措施以及电气、用水等间接基础设施的调查确认等问题而进行的。

在 4 月进行了第一次高级专家会谈之后，5 月 31 日朝鲜半岛能源开发组织高级专家代表团到达平壤，从 6 月 1 日至 6 日，与朝鲜方面进行了第二次专家会谈，朝鲜中央广播电台对会谈举行的消息进行了简单的报道。6 月下旬，朝鲜外交部巡回大使许钟率领朝鲜代表团访问美国，与以博斯沃思为团长的朝鲜半岛能源开发组织代表团经过会谈后，双方签署了议定书，就不履行轻水反应堆建设费用的偿还义务而要采取的措施进行了约定，至此，朝鲜半岛能源开发组织和朝鲜方面就轻水反应堆项目建设所涉及到的相关事项和问题全部达成了协议。7 月 28 日，朝鲜半岛能源开发组织在新浦琴湖开设了办公室。

1997 年 8 月 19 日，轻水反应堆项目开工建设仪式在咸镜南道新浦琴湖地区举行，朝鲜原子能总局局长李再善、朝鲜外交部巡回大使许钟、朝鲜半岛能源开发组织执行主任博斯沃思以及韩日代表等 80 余人参加了开工仪式。克林顿总统为开工仪式发来了贺信，博斯沃思、韩国轻水反应堆项目计划团团长统一部官员张瑄燮、朝鲜外交部巡回大使许钟分别进行了发言。

克林顿总统在贺信中表示，三年前，美国与朝鲜通过《框架协议》为缓和朝鲜半岛紧张局面迈出了一大步，他认为，此后，在朝鲜半岛能源开发组织的成立、工地工程的启动等一系列协议及其后续议定书的协商中，在国际原子能机构监视朝鲜维持核冻结的过程中，以及为了履行向朝鲜提供重油等协议事项的讨论中，美国与日韩同盟国，当然还包括朝鲜，一起做出了共同的努力。克林顿总统强调，轻水反应堆建设将对朝鲜半岛的和平与安全做出重要的贡献，轻水反应堆技术的利用与朝鲜核安全措施的履行是国际社会防扩散目标的中心要素。他总结说，历史性的工程启动仪式要求所有当事国更多的努力，如果各方具备合作精神，数十年间朝鲜半岛的紧张和敌对是可以克服的。

博斯沃思在发言中表示，在此地举行的轻水反应堆用地工程动工仪式意味着过去两年间韩国、日本和美国履行了承诺，三国以会员国的财政援助履行了朝鲜半岛能源开发组织每年向朝鲜提供 50 万吨重油的约定。他强调，朝鲜半岛能源开发组织与轻水反应堆项目的主签约方——韩国电力公社一起成功完成了对轻水反应堆用地的深度调查。朝鲜半岛能源开发组织与朝鲜就用地平整工程所必需的供应协定和六个议定书，签订了具体的谅解备忘录，因此，今天的启动仪式意味着两年间努力的成果。

张瑄燮在发言中表示，朝鲜半岛能源开发组织的轻水反应堆事业是为了保证朝鲜半岛的和平与稳定，免受包括核在内的战争威胁而开始的事业，是所有当事国为了实现如上理想而努力的产物；轻水反应堆事业的未来虽然不能只乐观地认为如此顺利，但确信即使有任何的难关和困难，所有当事方都应该施以最大的努力予以克服。张瑄燮说，在琴湖地区推进的轻水反应堆建设事业是构筑半岛的和平，促进民族繁荣的过程；在南北分裂后，这是南北建设人员第一次体验作为"一个民族"共同努力，期待通过他们的努力，开启南北关系缓解并合作的序幕。

许钟在发言中表示，三年前，朝鲜与美国通过日内瓦的对话和协商，同意从根本上解决核问题，而作为解决的方法，签署并生效了以美国提供轻水反应堆、我们冻结核设施为主要内容的朝美《框架协议》。他提出，核问题是朝美之间历史性不信任和不正常关系所产生的冷战的产物，这一并不短暂的过去所留下的教训是，朝美《框架协议》的主要事项——轻水反应堆项目提供事业，只有在轻水反应堆不被政治利用之时，特别是朝美之间达成协议的同时行动原则得到彻底遵守之时，轻水反应堆事业的实现才会圆满地推进。许钟强调，轻水反应堆的启动仪式只不过是实施朝美《框架协议》和轻水反应堆供应协议的第一步，如要完成轻水反应堆建设，还应走更长的路。（［韩］《朝鲜日报》，1997 年 8 月 20 日）

虽然在发言中，各方所强调的重点并不一致，但开工仪式的举行也标志了轻水反应堆建设进入了一个新阶段，标志着近三年前美朝签署的《日内瓦框架协议》的履行进入了一个新阶段。

1997 年 11 月 25 日，朝鲜半岛能源开发组织执行理事会召开会议，确定了向朝鲜提供两座轻水反应堆的总预算为 51 亿 7850 万美元。至 11 月 25 日，琴湖地区面积达 21 万平米的工程用地进行着平整作业，朝韩共计 220 名的劳动者进行着修筑道路、办公室、通信设施、油类储藏设备、用水设备以及岩石爆破等工程作业，完成了工程量的 25%，重型装备已经进入了 40 台。之后，朝鲜半岛能源开发组织又与朝鲜方面签署了《质量保障》《人员训练》《反应堆移交》《工程费偿还》以及《安全》等六七个议定书。

从 1994 年 10 月 21 日美朝签署《日内瓦框架协议》到 1997 年 8 月 19 日举行轻水反应堆建设工程启动仪式，几乎用了三年时间。此间，美国与朝鲜、朝鲜半岛能源开发组织与朝鲜的技术性谈判均费力费时、旷日持久，这大概是1994年美朝签署《日内瓦框架协议》时所没有预想到的。而1997年开始的亚洲金融危机又使得承担轻水反应堆项目主要建设费用的韩国遭受到重大经济打击，这些因素都影响到了轻水反应堆的建设进度，影响到了《日内瓦框架协议》所规定的在2003年底完成工程项目建设计划之目标的实现。

第三节　互设联络处协商

美朝《日内瓦框架协议》第二条第二款明确规定"双方在通过专家级的磋商解决了领事和其他技术性问题之后，在各自的首都开设联络办公室"。

据此，1994年12月6日至9日，美朝双方政府代表团在华盛顿就互设联络处问题进行了为期四天的会谈，美国代表团以美国国务院负责朝鲜问题的韩国科副科长林恩·特克（Lynn Turk）为团长，朝鲜代表团以朝鲜外交部北美局副局长朴锡石为团长。会谈是在"合作和建设性"的气氛中进行的，12月9日，双方发表了《联合新闻声明》（Joint Press Statement）。通过此次会谈，双方就互设联络处的领事问题以及所涉及到的主要技术性问题达成了协议，签署了允许外交官行李通过板门店和领事问题的备忘录。但是，此次会谈没有解决各自联络处的选址问题。为此，双方同意于1995年互派专家代表团到对方首都进行选址调查。

1995年1月31日至2月3日，美国国务院韩国科副科长林恩·特克率领美国代表团访问了朝鲜，就美国驻朝联络处的选址问题与朝方进行了第二次商谈。美国方面意向中的联络处选址定在了原东德驻朝鲜的大使馆，并就该使馆建筑物维修等问题与朝鲜方面进行了磋商。

1995年4月，朝鲜驻联合国的工作人员也访问了华盛顿，就联络办公室的选址进行了考察，但却没有明确的意向。随后，事情发生了一些微妙的变化。7月，朝鲜方面对曾经达成的允许美国外交官行李通过板门店的备忘录提出异议，认为外交官及其行李通过板门店以及通讯问题在技术上存在安全问题，向美方通报表示不允许美国外交官及其行李通过板门店。同时，朝方还向美国方面提出希望美国在朝鲜驻华盛顿联络办公室的设置方面给予财政支持。

1995年9月25日至29日，美朝双方就开设联络办公室问题在平壤举行了第四次专家协商，美国代表团团长由美国国务院朝鲜问题负责人杰弗里·戈德斯坦（Jeffrey Goldstein）担任。在平壤期间，美国代表团还对瑞典和德国代表处所在的区域进行了考察。双方就"相互临时领事保护权"达成了协议，决定在双方的联络办公室设立之前，由瑞典驻朝鲜大使馆代理行使在朝美国人的领事保护职责，在美朝鲜人的领事保护权由朝鲜驻联合国代表处行使。

1996 年 8 月，美国方面将斯宾塞·理查森（Spence Richardson）内定为首任驻朝鲜联络办公室主任，但双方在开设联络办公室问题上的进展并不明显。1997 年 3 月 28 日至 29 日，美国国会参议员特德·史蒂文斯（Ted Stevens）率领参议院代表团访问朝鲜时，与朝鲜副总理洪成南等就相互开设联络办公室问题进行了交流。1997 年 12 月，美朝双方达成了为了准备联络办公室的开设相互派遣临时人员的协定，但结果并没有成行。1998 年 1 月，尽管美国又将伊万斯·雷维尔（Evans Revere）内定为驻朝鲜联络办公室主任，但双方始终没有在这个问题上获得突破性进展。

美朝双方之所以在互设联络办公室问题上没有取得突破性进展，可能是跟 1997 年美朝关系的发展状况有关。1996 年 11 月 5 日，克林顿再次当选为美国总统之后，美朝之间开启和建立了四条对话通道与交流机制，[①] 这在相当程度上，尤其是对朝鲜而言，降低了互设联络办公室的重要性与价值。

---

① 关于美朝在 20 世纪 90 年代后期建立的交流对话机制，参阅第五章《四轨并进》。

第五章　四轨并进

本章导读

　　1995 年美朝在废弃核燃料棒保管问题和轻水反应堆问题上达成协议之后，双方的关系展现出了良好的发展势头。美朝两国出于各自的政策目标和国家利益考虑，开通和建立了四方会谈、遗骸问题协商、导弹谈判、高级会谈等四个谈判渠道和机制，保持了彼此间的对话和沟通。

　　四方会谈机制从 1997 年 8 月至 1999 年 8 月共举行了三次预备会谈和六轮正式会谈，但由于在会谈的核心问题——议题问题上始终没能取得一致，最终无果而终。导弹问题谈判从 1996 年 4 月至 2000 年 11 月共进行了六轮会谈，最终达成了协议，只等克林顿总统访朝时签署，但最终随着克林顿总统访朝行程的取消和美国政府的换届，会谈成果也最终没能得到落实。但美朝之间围绕着美国士兵遗骸问题的磋商与合作进行得比较顺利，双方之间建立的"卡特曼—金桂冠"这一高级会谈机制也得到了长期的维护与运行。

　　这些相互交叉、连接且相互影响的沟通渠道与谈判机制的开通、建立和运行，使 90 年代后期的美朝关系尽管受到了"金仓里地下设施疑惑"等问题的干扰，但总体呈现出良好的发展态势，直至实现了朝鲜国防委员会副委员长、人民军总政治局长赵明录与美国国务卿奥尔布赖特的互访，从而也使两国关系的发展达到了历史上的一个高峰。

第一节　四方会谈

一、美韩倡议

1996 年 4 月中旬，美国总统克林顿访问韩国。4 月 16 日，美韩两国元首在韩国济州岛举行首脑会晤，双方发表了《为增进朝鲜半岛的和平而举行四方会谈的共同宣言》(*South Korea-U.S. Joint Announcement on Proposal to Hold a Four-Party Meeting to Promote Peace on the Korean Peninsula*)，提议举行由中、美、朝、韩参加的"四方会谈"，讨论半岛的和平问题。

美韩之所以提议召开四方会谈，其背景因素主要有两个：其一是朝鲜方面的因素，其二是韩国方面的因素。

从朝鲜方面看，早在 1991 年 3 月军事停战委员会联合国军一方的首席代表由韩将军黄源琢少将担任之后，朝鲜就开始对停战机制采取否定其地位和价值的措施，认为韩国不是签署《朝鲜停战协定》(以下称《停战协定》)的当事方，因而不承认韩军将领担任联合国军首席代表的地位，对军事停战委员会的正式会议也不再继续参加。[①] 在美朝日内瓦谈判期间，朝鲜提出的主张之一就是由和平协定取代《停战协定》。1994 年 4 月 28 日，朝鲜通过外交部声明表示："在过去 40 年期间，美国作为《停战协定》的实际当事者，不但将规定自身义务的协定文本系统性地蹂躏扼杀，还使停战监察机构也处于瘫痪状态"，"1991 年 3 月通过任命没有资格的南朝鲜将军担任军事停战委员会首席代表，而使停战机构不再能够履行自己的功能"，"如要真正保障朝鲜半岛的和平与安全，《停战协定》一定要转化为和平协定，建立可替代现行停战机构的和平保障体制"，因此，"为了建立新的可实际保证朝鲜半岛和平与安全的和平保障体制，提议同美国进行商谈。"([朝]《劳动新闻》，1994 年 4 月 29 日)

但是，朝方的提议并没有得到美方的回应。随后，朝鲜便又陆续采取了

[①]　Kim Byung Hong, "North Korea`s Perspective on the U.S.-North Korea Peace Treaty", *Journal of Northeast Asian Studies*, Vol.13, No.4, 1994, pp.87-88.

一些使停战机制不能正常运行的措施。1994 年 5 月 24 日，朝鲜撤出了其驻军事停战委员会的代表，设立了新的替代机构——"朝鲜人民军板门店代表部"（KPAPMJ Mission）。1994 年 12 月 15 日，朝鲜要求中国撤出驻军事停战委员会代表。随后，朝鲜又于 1995 年 2 月 28 日使波兰撤离了其驻中立国监察委员会的代表。在中国和波兰各自调回和撤出了驻军事停战委员会和中立国监察委员会的代表之后，两个机构均不能正常运行。在这种情况下，朝鲜人民军板门店代表部于 1995 年 5 月 3 日发表声明表示，去年 4 月朝鲜政府提出了关于建立新的和平保障机制的建议，但美国方面对这项建议未做出任何积极反应，相反却取消了从韩国缩减驻军的计划，并在非军事区南方一侧"构筑军事设施，最近又调入大量坦克、装甲车、火炮等重型武器"。针对美国方面在非军事区南方一侧进行的"军事挑衅行为"，朝鲜决定在非军事区北方一侧采取如下三项措施：①封闭全部朝鲜方面管理的板门店中立国监察委员会办公室、休息室和娱乐室；②美国军人、记者以及中立国监察委员会成员未经允许一律不得越过板门店共同警备区朝鲜一侧。如果美国方面继续默许在非军事区南方一侧增加武装力量和进行军事挑衅活动，朝鲜方面也将"采取相应措施"。①

随着美朝在轻水反应堆问题上的谈判取得进展，双方关系展现出良好的发展势头，朝鲜方面更是加强了在和平协定问题上的攻势。1995 年 6 月 30 日，朝鲜以 1975 年 11 月 18 日联合国大会第 30 次会议通过朝鲜半岛问题决议 30 周年为由，发表了《外交部备忘录》，在《备忘录》中提出了与美国缔结和平协定、解散驻韩联合国军司令部的主张。

1995 年 7 月 4 日，朝鲜以人民军板门店代表部代表李灿福中将的名义向担任联合国军司令部计划参谋部长的美军少将史密斯（L. Smith）寄发了一封信，督促美国采取积极态度举行朝美将军会谈。9 月 19 日，朝鲜再次通过朝中社报道的形式谴责美国将核武器和新型军事装备运进韩国，督促与美国构筑新的和平保障协定。

在看到美国方面对自己的提议没有任何反应之后，1996 年 2 月 22 日，朝鲜通过外交部发言人谈话的形式，提出了朝美之间缔结"暂时协定"的建议，以作

---

① 张友新、徐宝康：《朝在板门店对美采取措施 美韩反对朝方决定》，《人民日报》1995 年 5 月 5 日。

为朝美之间缔结和平协定的中间性措施。朝方表示，如果要想在朝鲜半岛确立保障安全、综合与永久和平的机制，朝美之间就应缔结和平协定，但考虑到美国的对朝政策和朝美关系的现状，为了防止朝鲜半岛爆发武装冲突和战争，朝鲜认为应该确立最低程度的制度性机制，为此朝方提议：（1）为了消除朝鲜半岛上的武装冲突和战争威胁，和平地维护停战状态，朝美之间缔结暂时协定。暂时协定包括军事分界线和非武装地带的管理，武装冲突和偶发事件发生时的解决方法，共同军事机构的组成、任务和权限，暂时协定的修订、补充等。在和平协定缔结之前，由暂时协定代替《停战协定》。（2）为了履行和监督暂时协定的履行，在板门店组织和运行代替军事停战委员会的朝美共同军事机构。（3）为了讨论缔结暂时协定和组建朝美共同军事机构问题，朝美两国举行会谈。（［朝］朝鲜中央通讯，1996 年 2 月 22 日）

1996 年 3 月 8 日，朝鲜人民军板门店代表部发表《人民军板门店代表部备忘录》。在《备忘录》中，朝方表示："由于美国单方面的废弃，《停战协定》关于军事分界线和非武装地带的第一条只剩下条文而起不到任何实际性的作用，由于美国单方面系统性地破坏停战监督机构的功能和作用；在 1991 年 3 月 25 日任命南朝鲜将军担任军事停战委员会联合国军方面的首席代表，使军事停战委员会完全瘫痪。为了应对停战体制的瘫痪状态，我们做出了努力，提议以新的和平保障机制取代旧的停战机制，但仍未看到美国方面的肯定性反应。万一美国不响应我们的协商提议，拖延时间，为了以新的机制取代旧的停战机制，我们最终将采取主动性的措施。"

3 月 20 日，朝鲜再次通过朝鲜中央广播电台呼吁美方对签署朝美暂时协定做出积极回应。朝方认为"签署暂时协定的提议不仅是完全符合《停战协定》的直接当事方，而且还完全符合所有有关国家利益的合理提议"，

"以解决核问题的朝美协议为代表，与朝鲜半岛的和平与稳定相关的所有问题仍然只有朝鲜和美国才可以解决"。

在直接与美方缔结和平协定的要求遭到美方"不予反应"方式的拒绝后，朝方又稍做迂回提出了缔结暂时协定的方案。从这个方案的内容看，朝方的目标就是要以朝美之间的协定和双边组成的军事机构取代《停战协定》和军事停战委员会。

然而，这对美国而言，是非常困难的，美朝双边之间签署取代《停战协

定》的和平协定实际上即意味着停战机制发生了重大变化，会引起一系列的连锁反应，如果没有十足把握，美国对待此事将会是十分慎重的。而且，从维护美韩同盟的角度考虑，美国也是不可能置韩国于事外而与朝鲜直接讨论构建新的半岛和平体制问题的。在朝鲜提议之后，美国国务院发言人尼古拉斯·伯恩斯表示："美国不考虑与朝鲜缔结任何不包括韩国的协定。"3 月 19 日，美国国务院助理国务卿帮办温斯顿·洛德在美国国会众议院外交委员会亚太小组委员会听证会上也强调"构筑半岛新的和平机制是南北之间决定的事"。

考虑到美韩关系，美国是不会撇开韩国而与朝鲜谈论半岛和平协定问题的。但是，对于朝鲜这种持续的要求签署和平协定的攻势，在美朝关系正在比较顺畅发展的环境下，找到一种更加巧妙、具有弹性的应对办法比一味地不予理会、不做反应，对美国而言，似乎更好。

其二是韩国方面的因素。冷战后韩国制定的最为重要的国家战略是主导韩朝关系发展，推进统一进程。在韩国看来，包括朝核问题在内的所有半岛问题的解决，韩国都应该而且要发挥主导性作用。将韩国排斥在外，美朝以双边签署《日内瓦框架协议》的方式冻结了朝鲜的核计划，化解了第一次朝核危机。这在金泳三政府看来，尽管结果还比较满意（也许并不是完全满意），但是对于这个过程，心里则不免五味杂陈。于是金泳三政府充足了马力，一定要在轻水反应堆工程建设中占据主导地位，发挥主导作用。最后终于如愿以偿，以负担轻水反应堆建设的大部分费用为筹码，占到了轻水反应堆项目建设的主导地位上。

但是，这毕竟是一个多边的、功能只限于轻水反应堆的援建项目，对韩国而言，远远不够，尤其是看到朝鲜在日内瓦谈判结束之后利用各种机会接近美国，试图直通美国，美朝关系发展也颇为顺畅之后，韩国十分担心自己在半岛事务，尤其是在涉及到军事停战体制、和平机制等这样一些关系到朝鲜半岛和东北亚地区和平与安全的重大问题上被边缘化。为此，韩国一方面拽住美国，另一方面则试图利用朝鲜因自然灾害出现困难之机改善因核问题和金日成主席逝世时的"吊唁风波"而冷却的南北关系。

为了打通与朝鲜的关系，韩国尝试了人道主义援助的方法。1995 年 3 月 7 日访问德国的金泳三总统在演说中表示，韩国"具有以低息方式长期向朝鲜提供其所需原料、粮食等物资的想法"。金泳三总统的表态得到了朝鲜的积极回应。6 月 9 日，朝鲜向韩方提议由朝鲜三千里总会社和韩国大韩贸易投资振兴公社于 13 日在北京磋商，但韩国的原则和方针是"先政府间会谈，后民间商社接触"。于是，双方于 6 月 17 日至 21 日在北京进行了副部长级政府间会谈，就韩国向朝鲜提供大米问题达成了协议。协议对韩国向朝鲜提供大米的数量、方式、提供日程、包装方式、下次会谈日期等方面进行了约定，约定韩国以无偿方式向朝鲜提供大米 15 万吨，具体由韩国大韩贸易投资振兴公社与朝鲜三千里总会社负责执行，在协议签署后十天内发出第一艘韩国运粮船舶，通过海上通道运抵清津、罗津港。大米以 40 公斤袋包装，包装上不做标记。双方的下次会谈于 1995 年 7 月中旬举行。[①]

　　随后，双方又分别于 7 月中旬和 9 月底进行了两次会谈，三次"大米会谈"的主要争议及结果如表 5-1 所示。

表 5-1　朝韩"大米会谈"的主要争议及结果

日程	朝方主张	韩方主张	结果
第一轮会谈 （1995.6.17—1995.6.21）	①民间会谈 ②要求援助 150 万吨 ③海路运输 ④协议书不公开	①当局会谈 ②援助量为 5 万吨 ③陆路运输 ④协议书公开	①会谈主体上，朝鲜方面使用对外经济合作促进委员会的名称 ②援助 15 万吨 ③海路运输 ④协议书对记者以不公开报道为前提公开
第二轮会谈 （1995.7.15—1995.7.19）	①经济合作问题可在一定范围内讨论 ②拒绝标记大米原产地 ③第三轮会谈在第三国非公开方式举行	①大米援助与返还"86优胜号"以及南北经济合作挂钩 ②标记大米原产地③第三轮会谈在半岛内(首尔、平壤或板门店)举行	就第三轮会谈的日程和场所达成一致，决定 8 月 10 日在北京举行
第三轮会谈 （1995.9.27—1995.9.30）	要求追加大米和水灾援助	在援助大米之前先返还"86 优胜号"，并说明安承运牧师事件真相	破裂

资料来源：［韩］梁云哲：《1995 年南北北京大米会谈：过程和教训》，世宗研究所，研究论文 98-05，第 88 页。

[①] ［韩］韩国统一部：《统一白皮书：1995 年》，第 240-241 页。

　　由于双方的目的存在一定的差异，朝韩之间的"大米会谈"进行得并不顺利。因遭受水灾，朝鲜面临粮食困难，为了解决眼下迫在眉睫的问题，它同韩国坐在了一起讨论粮食援助问题，但它又对韩国进行会谈的政治性意图抱有强烈的戒备心理和警戒心态。在会谈中，朝方提出会谈属民间会谈性质、拒绝标记大米原产地以及协议书不公开等主张，其目的是尽量淡化会谈的政治性影响，而韩国却抱有尽力以此为契机打通朝韩关系的意图。韩国在会谈中提出会谈性质为当局间会谈、援助大米通过陆路运输、将会谈场所移至半岛内以及援助与南北经济合作挂钩等主张，都反映出韩国欲借此机会运作南北关系的战略意图。朝韩各自抱有的不同目的以及一些干扰因素的存在决定着朝韩"大米会谈"不会顺利。根据第一轮会谈达成的协议，6月25日，韩国方面开始向朝方提供大米援助，但随着"Sea Apex 号"悬挂国旗事件[①]和"Venus 号"滞留事件[②]的发生，高涨的韩国国民的保守主义情绪对韩国政府产生了不小的压力，而朝日"大米会谈"[③]的成功也减轻了朝鲜在粮食问题上的压力，强化了它同韩国谈判的底气，各种因素综合在一起最终导致了朝韩"大米会谈"的破裂。

　　"大米会谈"的破裂意味着韩国试图从正面突破、打开朝韩关系的尝试与努力的失败。在这种情况下，韩国不会超然于朝美关系的继续发展，不会坐视朝美排斥韩国的参与而探讨半岛事务，尤其是军事安全事务。为了推进南北关

---

① 1995年6月25日，载有200吨大米的韩国船只"Sea Apex 号"从韩国江原道东海港出发驶向朝鲜清津港。在到达导航线之后，朝方要求在该船雷达桅杆上悬挂朝鲜国旗。按照国际惯例，"Sea Apex 号"悬挂了朝鲜国旗，但在进入清津港之后，朝方要求降下该船所悬挂的韩国国旗，结果从该船到岸时的6月27日上午8点至大米卸载完毕时的28日10点45分，该船桅杆上只悬挂朝鲜国旗。

② 运送援助大米的韩国船只"Venus 号"于1995年7月31日从韩国浦项港出发，于8月1日进入清津港开始卸载，计划于8月3日或4日卸载完毕。但8月2日，该船的一等船员李良天用藏在床铺下方的相机以清津港为背景拍摄了14张照片，随后朝鲜清津港检查所职员登船将相机没收而去。8月5日下午两点又将李良天带走，直至八天之后的13日李良天才回至船上，"Venus 号"因此而滞留清津港多日。

③ 朝日"大米会谈"于1995年2月通过朝日在新加坡的秘密接触开始。在接触中，朝日两国就因金日成主席的离世而延期的日本联合执政党使节团早日访朝、日本向朝鲜提供大米援助等问题初步达成协议。朝韩第一轮"大米会谈"达成协议之后的6月23日，朝日"大米会谈"正式开始，经过三次会谈，两国于6月28日达成了日本尽快以有偿方式向朝鲜提供30万吨大米的协议。详细的谈判过程，参见［韩］梁云哲：《1995年南北北京大米会谈：过程和教训》，世宗研究所，研究论文98-05，第39-45页。

系的发展，它一定要将自己楔进美朝关系的发展过程中，牵制美朝关系的发展。

　　对美国而言，《日内瓦框架协议》的签署尽管在美国国会有一些非议，但毕竟冻结了朝鲜核计划的继续发展，这在某种程度上也是克林顿政府的一种政绩。因此，即使为了国内政治上的需要，克林顿政府也得努力去推动朝鲜履行其在《日内瓦框架协议》中的承诺，而如果能在美军士兵遗骸送还、控制朝鲜导弹开发计划等问题上取得进展，那更是锦上添花，但这些都是需要朝鲜方面的合作与配合的。为了赢得朝鲜的合作与配合，克林顿政府也需要在一定程度上接受朝鲜方面的要求，在推动美朝双边关系发展方面采取一些积极的措施。但是，在朝鲜提出朝美签署和平协定、构筑半岛和平机制这个牵涉到朝鲜半岛和东北亚地区安全结构重构和战略格局重组的大问题上，克林度政府是不敢轻易答应和触动的。而不对朝鲜的提议做出回应，又很有可能会影响到朝鲜方面对《日内瓦框架协议》的履行，影响双方在美军士兵遗骸送还和朝鲜导弹问题上的谈判与合作。为了回应朝鲜方面的提议，钝化朝鲜在和平机制问题上的攻势，与其统以拒绝、"不予理睬"等方式做出回应，还不如转守为攻，以一种更具弹性的政策回应朝鲜，这样既可以弱化朝鲜的攻势，又可以安慰在南北关系上受挫的韩国。出于各自的战略考虑，美韩联合提出了举行四方会谈的倡议。

二、十六个月的磨合

　　美韩提出举行四方会谈提议两天之后的 4 月 18 日，朝鲜就通过外交部发言人接受朝中社记者提问的形式做出回应。朝方表示："四方会谈的提议并不具体。和平保障问题是作为《停战协定》的当事者——我们和美国之间应该讨论决定的问题。为什么美国提出该提议，其宗旨和目的（我们）还不能明确的理解。召开四方会谈提议是《停战协定》基本当事者之间本着要缔结真正的和平协定的目的而提出，还是抱有其他目的，现在还不清楚。由于南朝鲜当局（的原因），北南之间虽然签署、发表了《互不侵犯、和解与合作的协议》，但对话中断，协议也没能得到履行。四方会谈是否与此关联尚且未知，美国方面的提议是否含有其他的意图，是否具有现实性，仍处于观察中，因此现在还难以做过多的评论。"（［朝］朝鲜中央通讯，1996 年 4 月 18 日）这是朝鲜方面对美韩领导人召开四方会谈提议做出的首次公开反应。

1996 年 5 月 7 日，朝鲜再次通过外交部发言人回答朝中社记者提问的形式，对美韩的提议进行表态。朝方表示说："美国的四方会谈提议是在我们人民军果断单方面采取不遵守与非武装地带相关条款的自卫性措施的背景下发表的，我们始终一贯地主张朝鲜半岛的和平保障问题是我们与美国之间应该讨论决定的问题，而四方会谈提议对我们所关心的和平保障问题如何解决未有任何阐明。我们将抱着最大的忍耐和克制等待来自于美国方面的说明，是否支持四方会谈提议是我们了解后再决定的问题，而不是任何第三方可以训示的问题。"（［朝］朝鲜中央通讯，1996 年 5 月 7 日）

9 月 2 日，朝鲜外交部发言人发表谈话表示，"美军对南朝鲜超过半个世纪的占领带来了民族分裂的悲剧，而且在冷战已经结束的今天正在成为朝鲜半岛和平与实现统一的障碍"，"作为冷战留下的最后遗产，朝鲜半岛问题和平解决的方法是清除朝鲜战争的结果——停战体制，确立新的和平保障体制"，"美国在 4 月 16 日发表的济州岛宣言中表示四方会谈的目标是为准备永久性的和平协定而启动的过程，如果这是事实，美军的撤出问题应该成为会谈的主题。如果美国方面没有在四方会谈中讨论驻韩美军立即撤出的意思，那样的会谈形式到哪里都没有用"，"在现阶段，我们认为美国答应签署暂时协定提议也是符合美国利益的"。（［朝］朝鲜中央通讯，1996 年 9 月 2 日）

美韩提出举行四方会谈的倡议后，等待朝鲜方面的回应，但朝鲜在初期的反应基本上是消极的，而且直接面向美国，强调朝美双边讨论半岛和平保障问题的合理性。对韩国提都不提，其目的很明确，就是要将韩国排斥在外。但是，9 月 2 日朝鲜方面的表态突然转变，变得更具主动性和进攻性，表示四方会谈可以举行，但会谈的主题应该是讨论驻韩美军的撤出问题，这实际上又将问题踢给了美国。

1996 年 9 月 18 日，因朝鲜武装潜水艇进入韩国领海，双方发生小规模冲突，朝韩关系骤然紧张。事件发生后，朝鲜方面分别于 9 月 22 日、26 日和 27 日通过人民武力部发言人谈话，政府、政党、团体非常联席会议决定以及朝中社声明等形式对事件的性质进行说明，表示人民军训练中的一艘潜水艇因机械故障漂流至江陵海岸触礁，船员遭到无情的杀害，要求韩国立即无条件地送还生存的军人和死亡者遗体，作为被害者的朝鲜对施害者拥有百倍的报复权力。

随着朝韩关系和半岛局势的紧张，美韩两国国内也出现了暂停推进轻水反应堆项目的主张和声音。在这种情况下，为了安抚韩国，美国国务院助理国务卿帮办温斯顿·洛德访问韩国，10月12日，美韩两国发表了《共同声明》，通过《共同声明》表达了这样四点意思：（1）两国对朝鲜的武装侵入以及对韩国的报复威胁表示深深的忧虑，再次确认两国之间巩固的同盟关系和联合防卫体制；（2）美国确认对韩国的安保承诺，将构筑紧密的共助体制；（3）针对朝鲜违反《停战协定》的行为，将继续推进安理会框架内的措施，并对朝鲜方面的进一步挑衅行为保持警戒态势；（4）督促朝鲜重启南北对话、履行美朝《日内瓦框架协议》和响应四方会谈。对此，朝鲜外交部发言人随即于10月15日表示，把潜水艇事件与朝美《日内瓦框架协议》的履行联系起来是不妥当的。"如果真是这样，我们也将不得不抛弃《日内瓦框架协议》。"（[朝]朝鲜中央通讯，1996年10月15日）

嘴上虽是这样说，而一旦破局，对朝方恐怕也是不利的。为了与美国方面进行沟通，10月23日，朝鲜外交部美洲局局长李亨哲访问美国，10月24日和10月30日，李亨哲与美国国务院韩国科科长马克·民顿（Mark C. Minton）就《日内瓦框架协议》的履行、双边关系以及8月份在朝鲜因间谍嫌疑而被捕的韩裔美国人亨齐克（Karl Hunziker）的释放等问题进行了交流。

亨齐克的释放问题成了朝鲜向美方施压的工具。韩裔美国人亨齐克于8月24日被朝鲜以非法入境从事间谍活动为由被捕，当时朝鲜并未对外公布。"潜水艇事件"发生之后的10月6日，朝鲜通过朝中社委托平壤广播电台的方式对外公布说："8月24日，接受南朝鲜安企部的间谍任务，以侦探为目标，秘密入境的美国人亨齐克被社会安全机构逮捕拘留。"

朝鲜的策略的确起到了一定的作用，在李亨哲访美之后，11月25日至27日，美国国会众议院议员比尔·理查森访问朝鲜，以督促朝鲜释放亨齐克。朝鲜方面也果然给了理查森面子，11月27日亨齐克被释放，并于当日与理查森议员一起返美。

为了督促朝鲜参与四方会谈，11月19日至21日，美国国务卿克里斯托弗访问中国，与中国国家主席江泽民、国务院总理李鹏和外交部部长钱其琛进行了会谈。会谈后，克里斯托弗在会见记者时表示："为了四方会谈取得成果，美国向中国提出了给予积极合作的邀请。"

但是，朝鲜于11月28日通过平壤广播电台的《事实评论》对此进行了表态。朝方表示，"最近，美国国务卿请求他方说服我们答应参加四方会谈和北南对话的行为，并不是要解决问题的行为，而是怀着试图形成对其有利的舆论环境的不纯企图"，"四方会谈中，美国若不讨论驻南朝鲜军队的撤离问题，这种形式的会谈到哪里都没有用"，"无论是谁加入、说服，我们都不会改变我们的主见和立场，我们的问题，我们知道，我们将会处理"，"美国要想真心解决朝鲜半岛问题，就不能把既不是当事者又没有责任的第三方拉进来，应该接受我们建立新的和平保障体制的提议"。（［朝］平壤广播电台，1996 年 11 月 28 日）

1996 年 12 月初，朝鲜外交部美洲局局长李亨哲再次访美，从 12 月 9 日至 28 日，李亨哲与美国国务院韩国科科长马克·民顿共进行了十次工作级会谈，就"潜水艇事件"、轻水反应堆建设、美朝关系、四方会谈等问题进行了广泛的交流和讨论，最后，双方就"潜水艇事件"的解决、四方会谈等问题达成了协议。美国方面同意放松对朝鲜的制裁措施，并提供粮食援助。朝鲜方面则同意对"潜水艇事件"进行道歉，同意重启废弃核燃料棒的储存工作，并表示它具有听取四方会谈说明会的意愿。

12 月 29 日，朝鲜以外交部发言人的名义发表声明表示："朝鲜民主主义人民共和国外交部发言人根据指示，对导致极大人身生命损失的 1996 年南朝鲜江陵海域的'潜水艇事件'表示深深的遗憾。朝鲜民主主义人民共和国将努力不使此类事件再次发生，为了朝鲜半岛巩固的和平与稳定与相关方共同努力。"（［朝］平壤广播电台，1996 年 12 月 29 日）12 月 30 日，韩方将"潜水艇事件"中死亡的朝鲜军人的遗体移交给朝方，"潜水艇事件"告一段落。

李亨哲与马克·民顿会谈之后，美朝通过美国国务院韩国科副科长戴维·斯特劳普（David Straub）与朝鲜驻联合国公使韩成烈继续进行着接触和沟通。12 月 30 日，朝鲜通过朝鲜中央通讯表达其具有听取四方会谈说明会的意愿。经过斯特劳普与韩成烈之间的"纽约渠道"沟通后，美朝双方于 1997 年 1 月 11 日达成了"四方会谈说明会将于 1 月 29 日在纽约举行"的协议。随后，美国国务院韩国科科长马克·民顿于 19 日至 21 日访问韩国，向韩国进行了说明。

1997 年 1 月 21 日，世界上最大的粮食贸易公司美国嘉吉（Cargill）公司代表团抵达平壤，就美国允许向朝鲜出口 50 万吨粮食一事与朝鲜方面进行了磋商，但双方没有就具体的实施问题达成协议。随后，朝鲜方面于 1 月 24 日建议将原定于 1 月 29 日举行的四方会谈说明会延期至 2 月 5 日。但 1 月 30 日，韩成烈向美国方面正式通报说朝鲜将不参加四方会谈说明会。2 月 3 日。朝鲜方面又再次提议将四方会谈说明会延至 3 月初。

这一期间，对于是否参加四方会谈说明会，朝鲜的态度反复变化，并不是因为它举棋不定，而是另有所图。2 月 21 日，朝鲜外交部发言人表示，朝鲜方面将派代表团赴美参加于 3 月 5 日在纽约举行的四方会谈说明会和朝美副部长级会谈。

这就很明显了，朝鲜代表团赴美参加的不仅仅是四方会谈说明会，而且还有朝美副部长级会谈，而且后者对朝鲜来说更重要。1 月底朝鲜向美方通报将不参加四方会谈说明会之后，美朝通过"纽约渠道"持续进行了沟通，沟通的结果是朝鲜同意参加四方会谈说明会，而美国同意与朝鲜举行副部长级会谈。

1997 年 3 月 1 日，朝鲜半岛能源开发组织方面的第七次轻水反应堆用地调查团访问朝鲜，而朝鲜也派出了以外交部副部长金桂冠为团长的代表团赴美。对朝鲜而言，与美国的副部长会谈是更重要的，这从会议日程的安排上也可以看出。美朝副部长级会谈举行的日期是从 3 月 3 日至 18 日，在此期间，朝鲜代表团参加了 3 月 5 日举行的四方会谈说明会。将四方会谈说明会的日程套进朝美高级会谈的日程之中，朝鲜想向外界表达的是参加四方会谈说明会只不过是捎带着做的事情，而真正重要的是朝美高级会谈。

以查尔斯·卡特曼和金桂冠为首的美朝间的第一次副部长级会谈，为期长达半月之久，在纽约和华盛顿两地交叉举行，双方围绕着美军士兵遗骸问题、重启导弹会谈问题、开设联络办事处以及粮食援助等问题进行了广泛的讨论并达成了一致，美国方面同意采取措施解除美国银行对朝鲜资金的冻结以及允许美国民用飞机通过朝鲜领空等。

卡特曼于 1975 年乔治城大学毕业后进入国务院工作，1977 年至 1982 年在美国驻日本使馆政务处工作，并担任过驻札幌总领事，回国后任职于美国国务院日本科，1985 年至 1987 年担任副科长。在此之后，卡特曼在国务院政治军事事务局（the Bureau of Politico-Military Affairs）做高级政策分析员，主要专注于中国以及中国台湾事务，其间作为立法助理被借调到美国国会，在众议院外交事务委员会亚洲事务小组委员会工作。1996 年 6 月，他被任命为国务院负责东亚及太平洋事务的助理国务卿帮办。在此之前，卡特曼曾在美国驻韩国使馆担任政治参赞、副大使、国务院韩国科科长等职。1998 年 7 月 27 日，卡特曼被任命为特使负责四方会谈，2001 年至 2005 年担任朝鲜半岛能源开发组织执行主任。

在金桂冠访美前后，以朝鲜基督教道联盟中央委员会委员长康永燮为团长的朝鲜基督教道联盟代表团一行五人从 3 月 7 日至 26 日对美国进行了访问。而 4 月 4 日至 7 日，美国国会众议员托尼·霍尔（Tony Hall）访问了朝鲜，与外交部副部长金桂冠就美朝双边关系交换了意见。此间，美国政府向朝鲜提供了2500 万美元（五万吨玉米）的无偿援助，朝中社于 4 月 15 日对此进行了报道。在美朝双边积极互动、美国向朝鲜提供无偿粮食援助的情况下，经过一年期间的磨合，推进四方会谈的工作终于出现了一些进展。

4 月 16 日至 21 日，美、朝、韩三方在纽约举行了四方会谈后续说明会。说明会的第一天，以金桂冠为团长的朝鲜代表团就原则上表示接受四方会谈的立场，但在说明会最后一天的 20 日，金桂冠又提出了"首先朝、美、韩举行三方会谈，之后再使中国参加"的所谓"3+1"方案。随后朝鲜又分别于 4 月 23日和 24 日通过驻联合国公使韩成烈的发言和朝中社报道的方式，正式阐明了以"3+1"方式推进朝鲜半岛和平会谈的立场。

5 月 3 日，朝鲜通过外交部发言人会见朝中社记者的形式，再次阐释了其"3+1"会谈方式的主张。朝方认为，"以四方会谈说明会中提出的问题看，现在还不具有可使四方坐在一起的信任关系"，"四方会谈要实现自己的目标，应依据公正、平等的原则进行，可现在并不具有这样的保证"，因此朝方"提出了继续三方会谈，形成可以保证平等的气氛，最终实现四方会谈召开的现实性立场"，"我们提出的'3+1'方式的会谈提案既不是为四方会谈设置的前提条件，更不是反对召开四方会谈"，"我们已经做好了与有关方就实现四方会谈的问题继续进行协商的准备，正密切地观察着美国和南朝鲜的反应"。

5 月 4 日至 13 日，美朝双方在纽约就 1997 年度美军士兵遗骸的挖掘工作进行了商谈，并达成了协议。[①] 5 月 27 日，美国国会参议院议员马克斯·博卡斯（Max Baucus）率领的美国参议员代表团抵达平壤，对朝鲜进行了为期两天的访问。在这样的背景下，7 月 2 日，美朝韩三方在纽约举行了副部长助理级会

---

① 关于美朝双方美军士兵遗骸问题磋商的具体情况，参阅本章第三节《遗骸问题协商》。

谈，达成了"四方会谈预备会议于 8 月 5 日在纽约举行"的协议。随后，美国于 7 月 14 日在已经给予价值 2500 万美元粮食援助的基础上，再次给予朝鲜价值 2700 万美元粮食的无偿援助。（[朝]朝鲜中央广播电台，1997 年 7 月 17 日）

7 月 20 日至 22 日，以美国国会参议院军事委员会前委员长萨姆·诺恩（Sam Nunn）为团长的代表团访问朝鲜，代表团由五人组成，除萨姆·诺恩外，还有美国前驻韩国大使詹姆斯·莱尼（James Laney）、美国国务院韩国科副科长戴维·斯特劳普（David Straub）、美国国防部朝鲜半岛事务官理查德·芬恩（Richard Finn）以及在美韩裔律师金硕洙（音）。诺恩一行从日本横田驻日美军基地搭乘美国空军飞机抵达平壤。在朝期间，美代表团分别同朝鲜外交部副部长金桂冠、外交部第一副部长姜锡柱、人民军板门店代表部代表李灿福中将等围绕着双边关系进行了交谈。

在美朝关系的发展颇为顺畅的氛围下，自 1996 年 4 月美朝首脑联合提出举行四方会谈倡议之后，经过 16 个月的试探、折冲与磨合，1997 年 8 月，四方会谈机制终于得以启动。

三、四方会谈的进程

1997 年 8 月 5 日至 7 日，四方会谈第一次预备会谈在纽约举行，中方代表团长为外交部部长助理陈健，美方代表团团长为国务院助理国务卿帮办查尔斯·卡特曼，朝方代表团团长为外交部副部长金桂冠，韩方代表团团长为外务部第一副部长助理宋英植，四方代表团各由六名成员组成。会议讨论了举行正式会谈的日期、地点、代表团层次和进行方式等问题。在上述问题上，四方基本达成了一致，同意正式会议在预备会谈结束后六周以内举行，会谈地点定于日内瓦，代表团的层次为部长级或高级会谈，进行方式则为全体会议＋小委员会会议。但是，此次预备会谈在会谈的主题问题上没有达成一致。会谈中，韩方代表团提出将"朝鲜半岛和平体制的确立问题"与"紧张缓解与信任构筑问题"合并为一个单一主题——"朝鲜半岛和平体制构筑与紧张缓解问题"，但朝鲜方面坚持将朝美之间缔结和平协定和驻韩美军的地位问题纳入会谈的议题之中，并提出将"禁止从外部引进军事装备问题"作为会谈的主题。由于在正式会谈的主题问题上没有达成一致，会议最后原则上决定在 9 月 15 号以后的那一周举行第二次预备会谈。

随着美朝高级会谈和四方会谈预备会的启动，美朝之间的交流互动也逐渐频繁起来。1997 年 8 月，有两拨美国代表团访问了朝鲜。8 月 9 日，美国有线电视新闻网负责国际问题的总经理乔丹率团抵达平壤，并在 8 月 12 日与朝鲜劳动党中央国际书记金容淳在万寿台议事堂进行了交谈。8 月 10 日至 11 日，由美国国会众议院情报委员会委员长波特·高斯（Porter Goss）率领的众议院情报委员会代表团也访问了朝鲜，并与朝鲜外交部第一副部长姜锡柱进行了会谈。

美朝之间的频繁交流互动推动了两国关系的发展，也为四方会谈的推进创造了良好的气氛，第一次预备会谈也已经约定 9 月 15 号之后的那一周举行第二次预备会谈。然而，突然发生的"张承吉事件"为第二次预备会谈的如期举行带来了新的变数。

8 月 22 日，朝鲜驻埃及大使张承吉夫妇离开大使馆后未归。同一时间，张承吉大使的哥哥——朝鲜驻法国巴黎贸易代表部张承浩参事及其夫人、儿女一同行踪不明。8 月 26 日，美国国务院发言人詹姆斯·鲁宾（James Rubin）公开说张承吉大使及其哥哥、夫人等向美国提出了避难请求，美国已予以接受。随即，朝鲜外交部发言人就于 8 月 27 日表示"张承吉及其兄张承浩因犯罪嫌疑处于被解职并受到召回指示以接受法院调查的状态，按照国际法的惯例应将罪犯引渡回共和国接受审判"。但詹姆斯·鲁宾随即也表态说"不能接受（朝方）遣返张大使的要求，张大使一行将在处于保护的状态下继续滞留美国"。9 月 2 日，朝鲜外交部发言人通过会见朝中社记者的形式再次对此事进行表态，认为这是美国中央情报局运作的，并要求美方引渡张承吉。

"张承吉事件"发生后，朝方分别于 8 月 28 日、9 月 2 日通过朝鲜驻联合国代表处副代表李根表态、外交部副部长金桂冠向美国致函以及外交部发言人会见朝中社记者等方式表示："美国如此不适当的处事，会对四方会谈的预备会谈产生深刻的影响、会对朝美关系中悬而未决问题的解决造成巨大的障碍。"

在通过公开方式相互施压的同时，美朝双方也分别于 8 月 27 日和 9 月 2 日通过"纽约渠道"进行了沟通。在沟通中，朝鲜向美方提出尽快遣返张承吉以及为了解决此事而进行高级政治对话的建议，美方则一直坚持"张承吉事件"不能影响四方会谈召开的立场。尽管双方意见相左，但最后还是达成了 9 月 10 日至 11 日在北京举行副部长级会谈的共识。

9月10日至11日，美朝在北京举行了副部长级高级会谈，美方代表团长是国务院助理国务卿帮办查尔斯·卡特曼，朝方代表团长为外交部副部长金桂冠。在10日的会谈中，朝鲜提出了如下四项要求：（1）改善朝美关系；（2）返还张承吉携逃的公款；（3）防止类似事件再次发生；（4）对朝鲜进行人道主义粮食援助。而美方则提出在四方会谈预备会谈中再讨论张承吉事件的提议，对此，朝鲜予以拒绝。在11日的会谈中，朝方的立场有所调整，表示如果美国能够创造出一种气氛在"张承吉事件"上给予说明，朝方将参加四方会谈第二次预备会谈。最后双方同意于9月16日在纽约举行副部长级会谈讨论"张承吉事件"和重启导弹会谈等问题，而无论9月16日的会谈结果如何，四方会谈第二次预备会谈都按计划于9月18日至19日进行。

9月10日，位于美国康涅狄格州的非营利组织——"美国爱心（AmeriCares）"租用美国民航飞机飞抵平壤，向朝鲜捐赠了医药品和医疗器具。"美国爱心"租用的民航机是从纽约出发，经过阿拉斯加飞抵平壤的。该组织此次向朝鲜提供医药等人道主义援助，不仅需要获得美国财务部和商务部的许可，而且因租用民用飞机，还需要获得美国交通部和联邦航空局的同意，美国政府的相关部门可以说是大开绿灯。

9月17日，美国再向朝鲜释放善意。该日，国务院发言人詹姆斯·鲁宾在新闻发布会上表示，美国将对"美国人对朝鲜的债务履行案件数和金额"进行调查，这意味着美国将解决冻结的朝鲜资产的问题。1950年12月，美国根据《与敌对国家贸易法》等法律，通过银行系统冻结了涉朝的金融结算。至1994年末，冻结的资产规模大约为2000万美元，1995年1月因为在部分程度上放松了对朝鲜的经济制裁，大约解禁了550万美元规模的被冻结资产。

在美朝举行高级会谈、美国政府和民间不断向朝方释放善意的氛围下，四方会谈第二次预备会谈没有受到太大的影响，如期举行。9月18日至19日，中美朝韩四方代表在纽约哥伦比亚大学举行了四方会谈第二次预备会谈，在本次会议上，朝方提出了粮食援助问题，要求在举行正式会议之前，对朝鲜进行粮食援助。韩方认为粮食援助问题是在人道主义范围内可以讨论的问题，与四方会谈无关。正式会谈的主题设定是第二次预备会谈的核心议题，但各方没有在这个问题上形成一致意见，在第三次预备会谈的举行日期问题上也没有达成一致，四方会谈再次面临不确定性。

9月21日，朝鲜外交部发言人通过会见朝中社记者的形式对四方会谈第二次预备会谈表态，朝方表示第二次预备会谈破裂的原因在于美国，今后（的政策）将视美国的行动而决定。

10月8日，朝鲜劳动党中央委员会、朝鲜劳动党中央军事委员会发表"特别报道"，推举金正日为朝鲜劳动党总书记。同日，美国国务院发言人鲁宾表示："希望金正日总书记的就任与参与四方会谈联系起来，进而实现南北关系和美朝关系的改善。朝鲜半岛和平问题是否会产生有可能性的结果，今后我们密切关注朝鲜的行动。"而在同一天，美国也通过国务院相关人员表示："将不会向朝鲜发送祝贺的信息。"然而，就在金正日就任总书记之后不到一周的时间，美国国会众议员托尼·霍尔就率团于10月14日抵达朝鲜，对朝鲜进行了为期四天的访问。16日，霍尔与朝鲜副总理兼外交部部长金永南进行了会谈。在朝期间，该代表团还向朝鲜提供了价值500万美元的紧急医药品援助，并于17日离开平壤。10月25日，另一个美国政府代表团访问平壤，该代表团以美国国际开发署（AID）代理副署长莱恩·罗杰斯（Len Rodgers）为团长，是为了调查朝鲜粮食问题的实际状况而访问朝鲜的。10月26日，朝中社对此进行了公开报道。

10月25日，由中国外交部部长助理陈健率领的外交部代表团也抵达平壤，对朝鲜进行了访问。（［朝］朝鲜中央通讯，1997年10月26日）10月26日至11月3日，应美国总统克林顿的邀请，中国国家主席江泽民访问美国，10月29日，中美举行首脑会晤，并发表了《联合声明》。中美在《联合声明》中直接谈到了四方会谈问题，双方表示："中美作为亚太地区的大国，愿加强合作，共同应对面临的各种挑战，为促进本地区的稳定与繁荣做出积极贡献。双方认为，维护朝鲜半岛的和平与稳定具有重要意义，双方通过四方会谈推动建立半岛的持久和平，并继续就此进行磋商。"[①]

中美首脑的联合表态对朝鲜产生了一定的压力，同时，中美也通过派出代表团访朝，对朝进行说服，并提供经济援助，最终使朝鲜的态度发生了变化。

11月4日，朝鲜通过外交部发言人会见朝中社记者的方式表态说："至今，四方会谈之所以没有召开是因为美国在会谈议题问题和当事者地位问题上还没

---

① 佚名：《中美发表联合声明》，《人民日报》，1997年10月31日。

有消除我们的担心"，"现在舆论中的杂音反倒不过是对正在趋好的氛围泼凉水的行为"，"我们是否会参加四方会谈，在其中谈什么，是不会根据任何人的督促和压力，完全是根据我们自己的决心而决定的问题"，"如果四方会谈符合朝鲜半岛永久的和平与稳定，我们会参加，否则我们不会参加"。（［朝］朝鲜中央通讯，1997 年 11 月 4 日）朝方的态度发生了转变。

　　11 月 10 日至 16 日，中美朝韩四方在纽约举行了工作级会谈，就第三次预备会谈的日期、场所以及正式会谈的议题等问题进行了讨论，初步达成了协议。11 月 21 日，四方会谈第三次预备会谈在哥伦比亚大学举行，本次会谈讨论的主题是正式会谈的议题，会谈以全体会议、四方首席代表会议等方式进行。由于在工作级会谈中，四方已经就正式会谈的议题进行了沟通和讨论，本次预备会谈进行得比较顺利，上午十点开始，下午三点结束。朝鲜接受了韩国提出的"朝鲜半岛和平体制构筑与紧张缓解问题"这样一个综合性的单一议题方案，在会谈中，朝方也没有继续提出粮食援助问题。最后，会谈以美国国务院助理国务卿帮办卡特曼宣读四方《联合新闻公告》（*Joint Press Announcement*）的方式结束，四方《联合新闻公告》的主要内容如下：

> 　　四方会谈预备会谈代表团从 1997 年 8 月 5 日至 11 月 21 日在纽约进行了会谈，四方认识到在朝鲜半岛缓解紧张与建立永久和平的重要性，达成一致如下：
> 　　四方会谈全体会议将于 1997 年 12 月 9 日在瑞士日内瓦举行。
> 　　四方会谈的议事日程将是"朝鲜半岛和平机制的建立和紧张缓解的相关问题"。
> 　　四方会谈代表团的有关细节将在全体会议召开之前公布。
> 　　四方代表团对为三次预备会谈提供设施便利的哥伦比亚大学表示感谢。

　　出于各方面的考虑，在第三次预备会谈中，朝鲜没有再继续坚持将驻韩美军和朝美签订和平协定问题明确纳入四方会谈的议题之中，也没有再提粮食援助问题。《联合新闻公告》在具体的文字表述上使用了"和平机制的建立与紧张缓解的相关问题"这样一个模糊的表述，照顾了朝鲜的主张。但是，在第三次预备会谈结束后，朝鲜外交部发言人于 11 月 23 日通过会见朝中社记者的形式又表示说"在四方会谈中，集中讨论驻韩美军撤离和朝美之间和平协定的缔结问题，在这样的前提条件下，（朝鲜）才同意了举行正式会谈"。

朝鲜方面的如此表态立即遭到美方的否认，华盛顿时间 11 月 23 日，美国国务卿奥尔布赖特在美国广播公司（American Broadcasting Company，简称 ABC）发表谈话说："驻韩美军的撤离问题不是（四方会谈）的优先议题……美军在朝鲜半岛担负着重要的作用，将会继续屯驻。"

四方会谈第三次预备会谈结束后，以金桂冠为团长的朝鲜代表团继续滞留美国，并于 11 月 26 日访问了美国国务院，与国务院助理国务卿帮办卡特曼进行了会谈，双方就美国放松对朝鲜的经济制裁、开设联络办公室、重启导弹会谈以及移交美军士兵遗骸等问题广泛交换了意见。会谈虽然没有明确而具体的成果，但会谈在美国国务院举行这一点本身就具有比较大的象征性意义。12 月 4 日，美国国会国家安全会议基金（National Security Caucus Fund，简称 NSCF）韩国安全研究项目代表团抵达平壤，对朝鲜进行了访问。代表团在访朝期间，就向朝鲜提供种子、化肥、农药和农业器械等问题与朝方进行了磋商。

卡特曼和金桂冠在美国国务院的会谈为四方会谈的启动注入了活力。按照四方第三次预备会谈时达成的协议，1997 年 12 月 9 日至 10 日，中美朝韩四方会谈第一轮会谈正式在日内瓦举行。

从各代表团的成员构成看，美韩代表团成员来自于多个政府部门，结构较为均衡。美国代表团团长为国务院负责东亚及太平洋事务的助理国务卿陆士达（斯坦利·罗斯，Stanley Owen Roth），成员包括国务院负责东亚及太平洋事务的助理国务卿帮办卡特曼以及来自于国家安全委员会（NSC）、国防部、联合参谋部以及军备控制与裁军署（Arms Control and Disarmament Agency，简称 ACDA）等部门的专家和官员。韩国代表团团长为驻法国大使李时英，成员来自于青瓦台、总理室、统一院、外务部和国防部等多个部门。中国代表团团长为外交部副部长唐家璇，驻日内瓦代表处代表沙祖康参加了会谈，成员主要来自于外交部。朝鲜代表团团长为外交部副部长金桂冠，成员来自于外交部和祖国和平统一委员会。

陆士达（斯坦利·罗斯），1983 年 1 月为美国众议院外交委员会亚太小委员会的顾问成员，主要负责美国对亚太地区的政策，包括外交援助、军售、贸易等问题。1993 年 7 月，陆士达担任美国国务院负责东亚及太平洋事务的助理国务卿帮办，1994 年 3 月，他开始担任总统特别助理和国家安全委员会负责亚洲事务的高级主任；1996 年，加盟美国和平研究所；从 1997 年 8 月至 2001 年 1 月，担任美国国务院负责东亚及太平洋事务的助理国务卿。

在正式会议召开之前的 12 月 7 日和 8 日，美韩之间、中韩之间进行了双边间的非正式接触。在 9 日开始的会谈第一天，举行了全体会议和首席代表会议。在全体会议上，瑞士外交部副部长凯伦伯格（Jakob Kellenberger）致了欢迎辞，各方代表团团长按照美、韩、中、朝和朝、中、韩、美的顺序分别发表了致辞和主旨演说，并推举了下次会议的主席国。各方通过主旨演说阐释了各自的政策主张，其具体内容如表 5-2 所示：

表 5-2 四方会谈第一轮会谈各方主张

朝鲜	韩国	中国	美国
①认为四方会谈是朝美对话和北南对话同时推进的场所；②朝美缔结和平协定，撤离驻韩美军；③美国放松对朝鲜的制裁措施。	①为了构筑半岛稳固的和平应该准备基本的框架，为此：a. 构筑以韩朝为中心的和平体制；b. 为了缓解紧张与构筑信任，同时讨论南北《基本协议书》和《无核化共同宣言》的履行问题；c. 至和平体制构筑之时，遵守现在的《停战协定》；②为了有效地进行正式会谈，有必要设立与议题相应的小委员会。	①发挥建设性作用以使四方会谈取得进展，和平体制尽早确立；②希望朝韩通过对话缓解紧张局面，朝美关系改善。	①希望美朝关系改善；②和平协定缔结之前，遵守现《停战协定》；③探索在四方会谈的框架内灵活运用南北《基本协议书》的方案；④自由设定讨论的主题，有弹性地运行会谈组织。

在第一轮会谈中，朝鲜方面提出了三项政策主张，第一是在四方会谈框架内同时推进朝美对话和北南对话，这在某种程度上与美、韩的政策主张一致，是美、韩可以接受的，而实际上，美朝之间的对话一直在进行着。朝鲜提出的第二项政策主张是朝美缔结和平协定和驻韩美军撤离，这是朝鲜在预备会谈阶段一直在提倡和要求的，但也是美国和韩国方面所不能接受的。第三项是要求美国放松对朝鲜的制裁。

和平机制建立之前，各方遵守现行的《停战协定》，这是美国和韩国都提出的主张，中国方面只是提出了两点原则性主张。从四方的主张看，韩国是希望把四方会谈运行成以朝韩为中心的会议机制，希望通过这一机制推进和主导南北关系的发展，而朝鲜则希望通过四方会谈这一框架，推进朝美关系的发展。

在会谈中，美国和韩国方面还提议，为了使四方会谈能够取得成果，组建与议题性质相应的小委员会，而朝鲜则认为对具体议题问题的讨论应该比程序问题更优先，朝美缔结和平协定和驻韩美军撤离应作为具体议题。

在为期两天的第一轮会谈中，各方只是初步阐释了自己的政策主张，启动了这一议程。整体来看，第一轮会谈的气氛基本还是友好和建设性的，会议最后发表了《主席声明》，其主要内容包括：（1）通过抽签决定下一轮会谈主席国按照中国、韩国、朝鲜、美国这样的顺序担任；（2）第二轮会谈于 1998 年 3 月 16 日在日内瓦举行；（3）为了准备第二轮会谈，第一轮会谈的主席国于 1998 年 2 月初在北京召集由各代表团的局长级干部参加的临时小委员会会议；（4）临时小委员会将研究第二轮会谈中讨论的问题，并建议第二轮会谈对其进行审议。

对于第一轮会谈，中美两国都给予了积极、肯定的评价。美国国务院发言人在 12 月 10 日表示："这轮四方会谈是在友好的气氛中进行的建设性会议。"中国外交部部长助理陈健也于 12 月 11 日表示："通过四方会谈确立朝鲜半岛和平机制将为朝鲜半岛的和平与稳定做出贡献，会谈最终将取得成功。"朝鲜方面也在 12 月 13 日通过外交部发言人会见朝中社记者的方式表示："会谈的成功取决于各方地位的平等和保证相互之间信任的气氛。"

而几乎在第一轮四方会谈举行的同时，美韩也在华盛顿举行了第 29 次年度安全协商会议，会议发表的《共同声明》对于四方会谈、南北会谈以及履行《朝鲜半岛无核化共同宣言》重要性等问题也都有所涉及。①

1998 年 1 月 15 日至 18 日，以美国国会参议院军事委员会民主党首席成员卡尔·莱文（Carl Levin）议员为团长的代表团访问了朝鲜。在朝期间，莱文与朝鲜外交部副部长金桂冠、人民军板门店代表部副代表李灿福以及世界粮食计划署（WFP）驻平壤代表进行了会谈，并访问了宁边、平壤第三医院以及美军士兵遗骸发掘现场平安北道的球场郡等地，双方围绕着美朝关系、朝鲜半岛局势

---

① ［韩］国防部军史编纂研究所：《韩美军事关系史》，2003 年，第 794-796 页。

以及对朝粮食援助等问题交换了意见。访朝结束之后，莱文一行又访问了韩国，并与韩国外务部长柳宗夏以及总统当选人金大中等进行了面谈，介绍了访问朝鲜的情况。

没有大的波澜，四方会谈第二轮会谈如期于 1998 年 3 月 16 日至 21 日在日内瓦举行。会谈举行之前的 3 月 13 日，美朝在柏林进行了非公开的双方会谈，以国务院助理国务卿帮办卡特曼和外交部副部长金桂冠为团长的美朝代表团围绕着美国放松对朝鲜的制裁、开设相互联络办公室、重启导弹谈判以及美军士兵遗骸等问题广泛交换了意见。随后的 3 月 14 日，四方代表团的副团长在日内瓦举行了预备会议，就 16 日至 21 日正式会谈的日程和进行方式达成了一致。

1998 年 3 月 16 日至 21 日，四方会谈第二轮会谈在日内瓦欧洲自由贸易大厦的国际会议室进行。此次会议美朝双方的代表团长没有变化，仍由陆士达和金桂冠担任，但中国和韩国的代表团团长进行了调整，中国代表团团长由外交部部长助理陈健担任，韩国代表团团长由外交通商部副部长助理宋永植担任。①

中国担任本轮会谈的主席国，会谈以全体会议、团长会议、副团长会议、双边协商等方式进行。第二轮会谈中，各方的基本立场和主张如表 5-3 所示。

表 5-3　四方会谈第二轮会谈各方主张

朝鲜	韩国	中国	美国
①作为实现半岛和平的基本问题，驻韩美军撤离与朝美缔结和平协定问题一定应该给予讨论和解决；②在一个议题之下，从可以具体讨论的问题开始进行讨论，据此再讨论小委员会等问题。	①为了构筑半岛的和平体制，实际的当事方从讨论阶段到进行实践都应该承担中心性的作用；②为了在和平体制构筑问题与缓解紧张、构筑信任问题上达成协议，有必要设立两个小委员会；③为了履行南北《基本协议书》，启动南北共同委员会将有助于半岛的和平构筑与紧张缓解。	①本次会谈应该推进的主要任务是确定组织问题，协商解决各种相关的问题；②为此，可具有几种方法。	①现在的《停战协定》应该向永久性的和平体制转换，转换之前有必要遵守现《停战协定》；②希望在缓解紧张的具体内容上达成协议，找到更多的方案，为此应该组建两个小委员会。

---

① 金大中政府于 1997 年 2 月 25 日上台后对政府部门进行了调整，原来的外务部调整为外交通商部。

　　在第二轮会谈的进行过程中，驻韩美军撤离问题、朝美缔结和平协定问题以及小委员会的组建问题成为各方讨论的主要议题。韩美认为半岛和平体制的实际当事方是朝鲜与韩国，而驻韩美军是依据联合国安理会的决议而产生的。在小委员会设置问题上，四方意见基本一致，同意设置小委员会，但朝鲜方面坚持在小委员会内首先要讨论驻韩美军的撤离问题。

　　第二轮会谈虽然在设置小委员会的必要性问题上达成了原则性共识，并同意通过适当的途径决定下轮会谈的召开，但实际上悬念是不小的，主要原因在于各方在议题问题上还存在较大甚至是根本性的分歧。

　　第二轮会谈结束后，朝鲜分别于 3 月 21 日和 3 月 23 日通过报道媒体评论和外交部发言人谈话的方式对四方会谈第二轮会谈表态。朝方表示："我们正密切地关注着朝美接触和四方会谈背后正在开展的（美韩）军事训练。我们怀疑美国将之描绘为和平会谈的四方会谈只不过是以军事力量扼杀朝鲜之意图的伪装而已。""我们要求将美军撤离问题与朝美和平协定问题设定为议题，对此美方采取拒绝的立场，从而导致本轮会谈没有取得进展。美军撤离、朝美缔结和平协定是我们的原则立场。除此，我们不会讨论其他的问题。我们再一次感觉到有必要首先和美国坐下来解决放弃对朝敌对政策、关系正常化、朝美缔结和平协定等问题之后，其他会谈的参与方再以同等的地位参加会谈。今后会谈的前景则完全取决于美国的态度。"

　　由于在议题问题上的分歧，四方会谈的前景开始变得暗淡，直到 1998 年 10 月 21 日，第三轮四方会谈才得以举行。在此期间，韩朝和美朝之间都进行了一些双边间的互动。4 月 11 日至 17 日，朝韩代表在北京举行了会谈，双方讨论了对朝鲜进行化肥援助和离散家属问题，但没有取得成果。而在 4 月 21 日至 5 月 14 日，美国的调查团访问了朝鲜，对朝鲜战争期间失踪的美军士兵遗骸进行了挖掘工作。①

　　为了向美国施加压力，一方面，朝鲜外交部于 4 月 30 日发表了《备忘录》，再次阐明了美军屯驻韩国的不正当性，要求驻韩美军立刻撤离。另一方面，5 月 7 日朝鲜还通过外交部发言人会见朝中社记者的方式表示，美国并没有放松对朝鲜的经济制裁，轻水反应堆建设速度缓慢，重油也没有能够按照计

---

① 关于美朝双方美军士兵遗骸问题磋商的具体内容，参阅本章第三节《遗骸问题协商》。

划提供。这样下去，朝鲜将不得不解除对核设施的冻结，废弃核燃料棒的保存工作也不会再进一步推进，将不得不采取更为安全的保存措施。（[朝]朝鲜中央通讯，1998 年 5 月 7 日）

5 月 31 日，美国大学生篮球队受邀访朝，并与朝鲜国家男子篮球队进行了一场友谊赛，朝鲜队以 127 比 83 的比分战胜了美国大学生篮球队，6 月 1 日，朝鲜通过中央广播电台对此进行了报道。而从 5 月 9 日至 22 日，美国鹦鹉螺研究所（Nautilus Institute）向朝鲜派遣了技术工程师，在平安南道温泉郡建设了 15KW 级风力涡轮一号塔。美国鹦鹉螺研究所于 1993 年开始了一个名为《东北亚和平与安全网络》（Northeast Asia Peace and Security Network，简称 NAPSNet）的项目，开始对朝鲜问题进行研究。在开始研究朝鲜问题之后，研究所组织了鹦鹉螺朝鲜风电小组（Nautilus Wind Power Team in DPRK），推进在朝鲜的风力发电站建设项目。1997 年 11 月 21 日至 12 月 6 日，鹦鹉螺研究所经过与朝鲜方面的磋商，双方签署了名为《美朝再生能源示范村建设项目》的小型风力发电站的建设项目，该项目由位于弗吉尼亚州的奥尔顿·琼斯基金会（W. Alton Jones）提供资金支持。1998 年 5 月 9 日至 16 日，美国的风电专家将风电设备运送到了平安南道温泉郡，从 5 月 18 日至 22 日，双方的工程师建设了一号发电机组。这个项目将建设七台机组，生产的电力向医院、学校、农业设施和一般家庭供应。

美朝双方在开展民间层次交流的同时，军事领域的交流也有所启动。6 月 23 日，朝鲜人民军和联合国军之间在板门店举行了自 1991 年以来的第一次会谈，朝鲜人民军代表团由人民军板门店代表部李灿福中将率领，联合国军方面则由美国空军少将迈克尔·海登（Michael Hayden）率领。在会谈中，联合国军方面提出了"潜水艇事件"问题，认为这是严重违反停战机制的事件，而朝鲜方面则提出了朝美缔结和平协定及驻韩美军撤离问题。

朝鲜人民军与联合国军的这次会谈实际上是双方妥协的产物。自 1991 年 3 月军事停战委员会联合国军一方首席代表由韩国将领担任后，军事停战委员会一直处于停滞状态，停战线南北两侧之间的沟通机制中断。此后，朝鲜方面一直向美方提议就半岛的和平与安全问题举行朝美之间的军事会谈，但美国除了在个别偶发事件和美军士兵遗骸问题上与朝鲜之间有军方的接触外，对于朝鲜的提议基本持拒绝的态度。1998 年 2 月 12 日，朝鲜方面迂回一步，提出了举行朝鲜人民军与联合国军之间将军会谈的提议。对此，美韩一方面感到军事分界线两侧确实有重建联络机制的必要，另一方面也希望有一种办法能够钝化甚至化解朝鲜的对美军事外交攻势，于是，双方于 6 月 8 日达成了举行朝鲜人民军与联合国军之间将军级会谈的协议。对于这个会谈的性质，美韩方面强调这是在停战机制框架内的会谈，但朝鲜方面并不是太在意美韩对会谈的定性。在它看来，尽管美韩方面强调会谈是在停战机制框架内的会谈，但这是它一方单独与联合国军举行的会谈，与 1991 年 3 月之前停战机制内的会谈完全不同，而且联合国军一方还照顾了朝鲜方面的情面，由美军将领而不是韩军将领担任代表团团长（代表团有韩军将领参加）。这对朝鲜而言，似乎离朝美军方之间直接的会谈更近了一步。6 月 25 日，朝中社对会谈的情况进行了报道，显示出对会谈的举行持比较满意的态度。（［朝］朝鲜中央通讯，1998 年 6 月 25 日）

7 月 23 日，朝中社报道说朝鲜和一些美国企业最近在平壤成立了促进经济合作共同委员会。在《日内瓦框架协议》签署后，随着美国政府逐步放松对朝鲜的经济制裁，一些美国企业也逐渐显示出对朝鲜的兴趣，朝鲜政府为了创造出朝美关系全面发展的气氛，与一些美国企业共同发起成立了这个委员会。

在第三轮四方会谈前景不明朗，美朝关系其他方面的发展尚且具有一些进展的情况下，1998 年 8 月 17 日，美国《纽约时报》爆料说怀疑存在着朝鲜建设地下核设施的可能性，《纽约时报》的这一爆料反倒成了推动美朝关系和四方会谈继续发展的动力。《纽约时报》报料四天之后的 8 月 21 日，美朝双方在纽约开始举行高级会谈，这次高级会谈一直持续到了 9 月 5 日。在会谈中，双方讨论了朝鲜的地下核设施疑惑问题，也讨论了四方会谈问题，双方提议 10 月举行四方会谈第三轮正式会谈，会谈的具体日期和场所通过四方工作级的接触决定。①

美朝双方在第三轮四方会谈的举行问题上达成一致后，美国方面也继续释放善意，对朝鲜追加了 30 万吨粮食援助。9 月 28 日，美朝还就把朝鲜从支持恐怖主义国家名单中除名问题进行了会谈。而 10 月 1 日至 2 日，美朝在纽约进行了第三轮导弹问题会谈。②

---

① 关于本次高级会谈的详细内容，参阅本章第四节《高级会谈》。

② 关于美朝导弹会谈的详细情况，参阅本章第二节《导弹问题谈判》。

经过七个多月的停滞，1998 年 10 月 21 日至 24 日，四方会谈第三轮会谈在日内瓦欧洲自由贸易协会大厦举行。尽管距离第二轮会谈只有七个月的时间，但本轮会谈使人产生了强烈的物是人非之感，除朝鲜代表团团长仍由外务省副相金桂冠担任外 ①，中国、美国和韩国的代表团团长均有所变化。中国代表团团长由前驻印尼大使钱永年担任，美国代表团团长不再由陆士达担任，而是由参加过第一、第二轮会谈的助理国务卿帮办卡特曼担任，但此时卡特曼的身份已经是朝鲜半岛和平谈判特使，专伺半岛和平问题会谈。韩国也设立了专门负责四方会谈问题的大使，由朴建雨担任。会谈举行前一天的 10 月 20 日，四方代表团的副团长在日内瓦举行了预备会议，就会谈日程和进行方式达成了一致。21 日开始的正式会谈由韩国担任主席国，会谈以全体会议、团长会议、副团长会议、双边协商等多种方式交叉进行。在主旨发言中，朝鲜主张"先讨论议题，再组建小委员会"，并提出了驻韩美军撤离、朝美缔结和平协定、禁止向半岛内输入武器、停止美韩联合军演等问题。中国、美国和韩国则主张先"组建小委员会，再讨论议题"。此外，韩国方面还提出了组建两个小委员会和四方会谈机制化的建议。

第三轮正式会谈最终在两个小委员会的组建和运行、下次会谈的时间等问题上达成了协议，签署了组建和运行两个小委员会的备忘录，并发表了《联合新闻公告》，其内容如下：

> 本次会谈中，四方严肃地进行了有益和建设性的讨论，同意组建两个小委员会分别讨论朝鲜半岛和平机制的构建和紧张缓解问题，同时还签署了关于成立和运行两个小委员会的备忘录。
>
> 会议决定第四轮四方会谈将于 1999 年 1 月 18 日至 22 日在日内瓦举行，在正式会谈举行的前一天召集副团长级会议讨论正式会谈的组织安排事宜。主席国自上轮会谈结束时起将负责下次会谈的准备工作，并担任下轮会谈预备会议的主席国。

---

① 1998 年 9 月 5 日，朝鲜召开第十届最高人民会议第一次会谈，会议决定政府各部改称为"省"，部长改称为"相"。

关于两个小委员会的组建问题，会谈四方签署的备忘录中规定：小委员会中各方的代表团团长由正式会谈代表团的成员担任，每个代表团成员的数量由各代表团根据自己的判断决定，根据需要，专家可以随团参加小委员会会议；在第四轮全体会议举行期间，小委员会将开始实质性的工作，在每次全体会议举行期间召集，在每轮会谈结束之前向全体会议汇报其工作。小委员会会议的主席由全体会议的主席国成员担任。

第三轮四方会谈结束后，11 月 8 日至 12 日，美国国会众议院议员托尼·霍尔访问了朝鲜。而 11 月 16 日至 18 日、12 月 4 日至 11 日、1999 年 1 月 16 日至 17 日，美朝双方就金仓里地下核设施疑惑问题分别在朝鲜和美国举行了三次会谈。① 双方虽然没有达成具体的协议，但同意继续会谈也为四方会谈的持续创造了有益的气氛。

按照第三轮会谈的约定，1999 年 1 月 18 日至 22 日，四方会谈第四轮会谈在日内瓦欧洲自由贸易协会大厦如期举行。中美朝韩代表团团长如同第三轮会谈时一样，仍由钱永年、卡特曼、金桂冠和朴建雨担任。本轮会谈的主席国由朝鲜担任，19 日召开了全体会议，一天之前的 18 日召开了由各国代表团副团长参加的预备会议，会议以全体会议、小委员会会议和双边协商等方式进行。在 19 日的全体会议上，各方进行了主旨发言。在主旨发言中，朝鲜表示美国仍对朝鲜采取敌对政策，四方会谈各参加国的平等地位也没有得到保障，朝鲜半岛的紧张局势正在激化，因此应该讨论驻韩美军撤离和朝美之间签订和平协定的问题。美韩则认为两个小委员会的组建是会谈所取得的进展，通过两个小委员会讨论实质性问题，从容易的问题开始逐步走向困难问题的解决。中国方面也持相近的主张。

1 月 21 日至 22 日举行了两个小委员会会议。在和平机制构建小委员会中，中美朝韩的首席代表分别为中国外交部亚洲司司长张九桓、美国国务院东亚及太平洋事务顾问尹汝尚（Philip Yun）、朝鲜外务省美洲局副局长张昌川、韩国外交通商部北美局局长权钟洛。紧张缓解小委员会中，中美朝韩的首席代表分别为中国外交部亚洲司副司长宁赋魁、美空军大校布鲁斯·莱姆金（Bruce Lemkin）、朝鲜驻联合国代表处副大使李根、韩国国防部军备控制官刘镇奎。

---

① 关于美朝金仓里地下核设施疑惑问题会谈的详细情况，参阅本章第四节《高级会谈》。

在本轮会谈中，虽然四方在两个小委员会的名称和议题问题上没有取得一致，但实际上已经启动了两个小委员会的运行，最后四方发表了《联合新闻公告》，《联合新闻公告》表示：

> 四方以认真的态度达成了有益的、建设性的协议，在两个小委员会的运行程序上取得一致，进行了实质性意见交换，并向全体会议汇报了小委员会会议进行的情况，期待今后在推进实质性问题上取得进展。
>
> 第五轮会谈将于 1999 年 4 月中旬在日内瓦举行。
>
> 在小委员会的运行程序上，小委员会的工作遵循全体一致的原则，未取得一致的问题依照小委员会首席代表会议、正式会谈首席代表会议、全体会议这样的程序探索解决方案，小委员会的工作内容以书面形式向全体会议报告，各方可以自由地提出自己的意见。

总的来看，第四轮会谈取得了一定的进展，但是，进展的取得只是因为会谈没有在实质性问题——议题问题上过于纠缠与执拗。在两个小委员会的名称和应讨论的议题尚未确定，还存在较大分歧的情况下，启动了两个小委员会，这在某种程度上也可使人预见到以后会谈的进行状况。

会谈之前的 1 月 6 日，朝鲜《劳动新闻》发表了题为《应下决断》的评论，评论指出："美国的好战势力已经做好了北侵战争的准备，正在战争的导火线之处寻找点火的借口。我们与美国处于交战关系，朝鲜半岛的停战体制并不存在"，"在这样的条件下，朝鲜半岛的紧张局势走向何种态势谁也不能预测。为了防止这种事情的发生，打开和平局面，朝美之间应该缔结新的和平协定"，"美国在南朝鲜驻军是为了对我们进行武力进攻，因此朝鲜半岛的和平时常受到威胁，如果美国不拿出勇气，作为和平的敌人，将受到更为严厉的谴责和抨击"。（［朝］《劳动新闻》，1999 年 1 月 6 日）从评论的内容看，朝鲜仍会在第四轮会谈中要求朝美签署和平协定，要求驻韩美军撤离朝鲜半岛。但在四方会谈已经启动，朝美之间其他双边机制的运行又颇为顺畅的情况下，为了羁縻美国，朝鲜也不会将这两项主张设定为参与四方会谈的前提条件，它的谈判战略是无论会谈在进行方式上采取什么形式，但在内容和议题上一定要将这两项主张设定为会谈的主要议题，因此第四轮会谈展现的是在会谈运行形式上有进步但会谈实质无进展的状况。

第四轮会谈结束后，美朝分别于2月27日至3月15日、3月29日至30日在纽约和平壤就金仓里地下设施疑惑问题进行了第四次会谈[①]和第四轮导弹问题谈判。[②]

比约定的时间稍有迟延，第五轮四方会谈于1999年4月24日至27日在日内瓦欧洲自由贸易大厦举行。本轮会谈的主席国由美国担任，中美朝韩四方代表团团长仍由第四轮会谈代表团团长钱永年、卡特曼、金桂冠和朴建雨担任，但两个小委员会的首席代表所有调整。

在紧张缓解小委员会中，中方首席代表由外交部亚洲司副司长宁赋魁担任，美方首席代表由联合参谋部的迈克尔·莫斯利（Michael Moseley）担任，朝方首席代表由朝鲜驻联合国代表部副代表李根担任，韩方首席代表由国防部军备控制官刘镇奎担任。

在和平机制构筑小委员会中，中方首席代表由中国驻朝使馆公使衔参赞李滨担任，美方首席代表由国防部负责韩国问题的托德·哈维（Todd Harvey）担任，朝方首席代表由外务省美洲局长张昌川担任，韩方首席代表由外交通商部北美局长权钟洛担任。

4月23日举行了各方代表团副团长会议，24日举行了全体会议，然后25日和26日举行了小委员会会议，中间穿插了双边间的接触和沟通。

在会谈中，朝方认为是美国坚持对朝鲜的敌对政策才使得四方会谈没能取得进展，因而继续提出驻韩美军撤离和朝美签署和平协定等根本性问题应作为议题。韩国方面提出了设立和运行南北军事当局之间的直通电话、主要军事训练的通报与参观以及军方人际交流等发展南北军事交流关系的具体建议。

由于各方在小委员会的名称和议题方面仍然没有能够取得一致，第五轮会谈仍然没有达成协议，最后会谈发表了《联合新闻声明》（*JOINT PRESS STATEMENT*），其主要内容如下：

> 组建起来以分别讨论朝鲜半岛上的紧张缓解与在朝鲜半岛建立和平机

---

① 关于本次会谈的具体情况，参阅本章第四节《高级会谈》。

② 关于本次会谈的具体情况，参阅本章第二节《导弹问题谈判》。

制问题的两个小委员会在 4 月 25 日至 26 日举行了会谈，两个小委员会的运行是按照第四轮会谈达成一致的程序进行的。

在小委员会中，（成员们）自由交换了（各自）在实质性问题上的详细观点。小委员会向全体会议汇报了他们的活动，并注意到在其报告中各方立场上存在的严重分歧。

四方同意在下轮会谈中继续讨论实质性问题和日程的建议，四方同意在下轮会谈中考虑和形成一些措施以缓解朝鲜半岛的紧张。

四方也同意在下一轮会谈中采取措施进一步探索朝鲜半岛将来和平机制的轮廓。

第六轮四方会谈将于 1999 年 8 月在日内瓦举行，会谈召开之前的前一天举行由各方副团长参加的预备会谈以讨论全体会议的组织安排工作。根据已经确立的程序，新的主席国—— 中国将负责下轮会谈的准备工作。

第五轮四方会谈结束后，美朝双边关系继续着顺利发展的势头。1999 年 5 月 18 日，美国政府响应世界粮食组织的号召，宣布再次决定通过世界粮食组织向朝鲜提供 40 万吨粮食的援助，朝鲜方面也通过中央广播电台于 5 月 22 日就美国的援助决定进行了报道。

随后，美国对朝政策协调官威廉·佩里（William James Perry）作为克林顿总统特使于 5 月 25 日至 28 日访问了朝鲜。佩里的随行人员共有七名，包括美国国防部前副部长助理阿什顿·卡特（Ashton B. Carter）、国务院顾问温迪·谢尔曼（Wendy R. Sherman）、佩里的顾问尹汝尚、国防部少将华莱士·格雷格森（Wallace C. Gregson）、国务院韩国科科长伊万斯·雷维尔、国家安全委员会会议亚洲问题顾问李侃如（Kenneth Lieberthal）以及一名翻译。

早在 5 月 23 日，朝鲜方面就通过中央广播电台和平壤广播电台报道了这一消息，并通过主要媒体对佩里一行在朝鲜的行程和活动进行了报道。

在佩里一行到达平壤的 5 月 25 日当天，朝鲜方面在平壤木兰馆举行了盛大的欢迎宴会，外务省第一副相姜锡柱、劳动党中央委员会第一副部长崔镇洙、外务省副相金桂冠、人民军板门店代表部代表李灿福等出席了宴会。5 月 26 日，佩里一行与最高人民会议常任委员会委员长金永南在万寿台议事堂进行了会谈，劳动党中央书记崔泰福、姜锡柱、人民军总参谋部对外事业局局长李相宇（音）少将等参加了会谈。佩里向金永南递交了克林顿总统至金正日国防委员长的亲笔信。

但佩里一行并未能够与金正日委员长见面，据朝中社5月29日报道，5月28日金正日委员长率领国防委员会第一副委员长赵明录、人民军总参谋长金永春等去部队视察，而视察的对象选定了近卫首尔金策第四炮兵师团，并在师团的前方指挥所观测了停战线以南地区。

尽管未能与金正日委员长面谈，但佩里以总统特使的身份访朝也为美朝关系的发展创造出良好的气氛。

佩里访朝之后，美国国会参议院议员罗伯特·托利切利（Robert Tolichelli）也于7月10日抵达平壤，对朝鲜进行了访问。而8月3日至4日，美朝在日内瓦举行了卡特曼和金桂冠之间的高级会谈，讨论了朝鲜的导弹问题。

美朝关系的良好发展，保证了四方会谈第六轮会谈的启动。1999年8月5日至9日，四方会谈第六轮会谈如期在日内瓦欧洲自由贸易大厦举行。

如期举行的第六轮会谈在代表团团长方面没有变化，中美朝韩代表团团长仍由钱永年、卡特曼、金桂冠和朴建雨担任，但小委员会各方的团长有一些调整。和平机制构筑小委员会中美朝韩代表团长分别由中国外交部亚洲司副司长宁赋魁、美国国务院东亚及太平洋事务顾问尹汝尚、朝鲜外务省美洲局长张昌川和韩国外交通商部北美局长宋旻淳担任。紧张缓解小委员会中，中美朝韩代表团团长分别由中国驻朝使馆公使衔参赞李滨、美国联合参谋部准将西奥多·利（Theodore W. Lay）、朝鲜外务省美国科科长朴明国、韩国国防部军备控制官刘镇奎担任。朝鲜方面明显降低了小委员会代表团长的级别，由局级降至处级。

本论会谈的主席国由中国担任，8月4日举行了由各代表团副团长参加的预备会议，8月5日举行了全体会议，8月6日和7日举行了小委员会会议，中间也穿插进行了双边的沟通与协调。本轮会谈继续了上轮会谈对半岛和平机制的建立与紧张缓解等核心问题的讨论，中韩都提出了一些新的建议，各方具体的主张如表5-3所示。

表 5-3　四方会谈第六轮会谈各方主张

朝鲜	韩国	中国	美国
①驻韩美军撤离问题是开展南北对话最基本的措施，是表明美国对朝是否信任的标尺，这个问题应成为议题；②朝美是《停战协定》的主要当事者，在新的和平协定的缔结过程中也应该是当事者。	①督促四方在缓解紧张小委员会中就南北军事当局之间设置直通电话等军事性信任构筑措施达成协议并履行，强调由易到难的方法；②为了在缓解紧张局势方面取得实质性进展，启动板门店将军级会谈和南北共同军事委员会；③为了构筑和平机制必要而实质性的基础和条件，和平机制的形式应以朝韩为主要的当事者签署南北和平协定书，中美作为保证者签署保障此协议效力的追加议定书。和平机制的内容应包括终止战争状态宣言以及不使用武力等构筑信任的措施和军控措施。	①为了缓和半岛的紧张局势，构筑信任，提议制定出具有约束效力的行为规范以防止偶然时间的发生；②提出了朝鲜半岛和平协定草案，内容包括终止战争状态宣言，不侵犯、不干涉内政等军事信任构筑措施。	①强调沟通对于缓和紧张局势和构筑信任的重要性，提出了与韩方所提出的设置南北军事当局直通电话相似的主张；②强调驻韩美军是美韩之间的问题，而不是与其他方可以讨论的问题；③同意韩国提出的和平协定的内容和形式，强调与和平机制相关的协议应以缓解紧张与构筑信任的协议为基础推进。

　　此轮会谈是小委员会组建后对相关问题讨论最多、最深的一轮会谈，对于相互之间了解他方在这一问题上的立场和政策具有积极的意义，但由于会谈真正触及到了一些核心问题，如一方不做较大的让步，要想取得成果也是比较难的。第六轮会谈最后发表了《联合新闻声明》，声明表示"所有各方一致认可四方会谈制度化的价值，同意尽快安排下一轮会谈，同意在四方工作级会议上决定第七轮会谈的日程"。

　　根据既定的程序安排，下一轮会谈将由韩国担任主席国，但是第六轮会谈并没有在第七轮会谈的具体日期问题上取得一致。8 月 9 日的会谈闭幕式上，朝鲜代表团团长金桂冠表示如果不讨论驻韩美军撤离和朝美签订和平协定问题，今后朝鲜将不再参加四方会谈。8 月 12 日，朝鲜外务省发言人通过会见朝中社记者的形式也表达了同样的意思。（［朝］朝鲜中央通讯，1999 年 8 月 12 日）果然，第六轮会谈之后，四方会谈再也没有得到启动。

四、无果而终

自 1997 年 8 月中美朝韩四方举行第一次预备会谈至 1999 年 8 月举行第六轮会谈，四方会谈机制整整运行了两年。在两年的运行过程中，中美朝韩四方围绕着缓和半岛地区紧张局势与构建半岛和平机制问题进行了讨论，但最终没有达成任何实质性的协议，无果而终。

然而，如果说四方会谈机制完全失败，不免也有所偏颇。在四方会谈机制运行过程中，虽然各方在具体的议题设置上存在分歧，但都认为缓解紧张气氛与构建和平机制是关系到朝鲜半岛地区和平与稳定的核心问题，四方会谈应该集中讨论这两个问题，只是在如何缓解紧张气氛与如何构建和平机制的具体问题上存在程度不同的分歧，甚至是对立。在四方会谈机制运行的两年间，四方通过这个机制和平台阐述了自己在涉及半岛和平与安全这一重大问题上的主张，增进了相互之间的了解，而这一机制的运行本身对于缓解半岛地区的紧张局势也有着积极的作用和意义。

四方会谈之所以在两个议题上没有产生任何实质性的成果，最主要的原因是因为这两个问题实际上涉及到了朝鲜半岛和平与安全领域最为核心的问题，如果按照朝鲜方面的提议，在四方会谈中讨论驻韩美军的撤离与朝美缔结和平协定问题，并达成协议的话，则会引发朝鲜半岛、东北亚甚至是整个东亚地区安全格局的重大调整。因此，这两个问题一定是在美国准备对其朝鲜半岛和东北亚政策做出重大战略性调整的前提下才会答应进行谈判的。90 年代中后期，克林顿政府的对朝政策在相当程度上展现出包容性的特征，在数个渠道开通了与朝鲜的接触与对话，但是这并不意味着它要对其东北亚战略进行调整。基于这样的战略意图，在四方会谈中，美国的谈判策略基本是赞同韩国、配合韩国，拒绝与朝鲜讨论驻韩美军和朝美签署和平协定问题。

第二，从韩国方面来说，举行四方会谈是金泳三政府在朝鲜实施"通美封南"战略的背景下，出于牵制美朝关系发展，打通被封闭的韩朝关系的目的才与美国联合提议的。对于金泳三政府的想法，朝鲜心知肚明，而且并不准备给金泳三政府机会。1996 年 4 月 16 日美韩联合提议后，经历一年多的折冲，直到 1997 年 12 月 9 日，第一轮四方会谈才得以举行，而此时韩国已经处于总统大选的前夜。1998 年 2 月 25 日上台执政的金大中政府吸取了被批评为没有

"统一哲学"的金泳三政府对朝政策上的教训，将通过和平、和解、合作的实践以改善朝韩关系设定为对朝政策的目标，推行"阳光政策"，立足于政经分离原则，强调"先民后官、先经后政、先给后得"十二字方针，致力于推进朝韩关系的改善。1998 年 4 月 30 日，金大中政府发表了《活跃南北经济的措施》，随后在 1998 年 10 月至 12 月之间，金大中政府又先后修订了《关于南北交流合作的法律实行令》《关于南北经济合作事业处理的规定》等五部涉及到朝韩经济交流合作的法律。在这样的背景下，1998 年 11 月，韩国民间通过海路赴金刚山旅行开始启动。

民间和经济层面的交流与合作推动和促进了政府层面的接触。1999 年 4 月 23 日至 6 月 3 日，朝韩当局代表在北京进行了五次（含一次预备接触）非公开的副部长级接触，达成了"韩国于 6 月至 7 月向朝鲜提供了 20 万吨化肥，双方从 6 月 21 日起举行副部长级政府会谈以讨论离散家属与彼此关心的问题"的协议。6 月 22 日至 26 日、7 月 1 日至 3 日，朝韩双方在北京又举行了两次副部长级会谈。[①] 随后，从 2000 年 3 月开始，朝韩双方为进行首脑会谈启动了特使接触和准备性接触，[②] 直至 6 月 15 日双方实现了历史上的首次首脑会谈。

首脑会晤之后，朝韩关系全面打开，政治领域开启了南北部长级会谈，军事领域开启了国防部长级会谈和军事工作级会谈，经济领域启动了南北经济合作促进委员会会议和经济合作工作级接触。这些会谈和接触均是在朝鲜半岛内部（或朝鲜或韩国）举行。[③] 朝韩当局之间接触、会谈渠道的恢复和启动，大大提高了韩国的自信，赋予了其从双边关系层面运作南北关系的机制和机会，降低了四方会谈机制对韩国的价值，也弱化了它希望通过四方会谈这一多边机制来运作南北关系的积极性。

第三，从朝鲜方面来看，对于启动四方会谈，它本来就是消极的，它感兴趣、致力于推进的是启动朝美双边之间的会谈。90 年代后半期克林顿政府的包容政策在某种程度上使朝鲜的上述战略颇有成就，双方建立了"卡特曼—金桂

---

① ［韩］韩国统一部：《南北对话年表：1999》，第 176、167 页。

② 从 2000 年 3 月 9 日至 4 月 8 日，朝韩双方分别在新加坡、上海、北京等地进行了五次首脑会晤特使接触。从 2000 年 4 月 22 日至 5 月 18 日，朝韩双方又在板门店举行了五次首脑会晤前的准备接触。

③ http://dialogue.unikorea.go.kr/ukd/bd/usryear/List.do#none

冠"高级会谈机制、导弹问题谈判机制、遗骸问题的军方接触机制等多个通道。对朝鲜而言，保持这些机制或通道的运行与畅通比四方会谈更为重要，更有价值。与其通过四方会谈机制，朝鲜更愿意通过这些双边机制在对美关系上获取进展和突破。它对四方会谈的态度由观望到参与，主要是出于不使其影响到朝美双边沟通机制运行的考虑，实际上朝鲜并非不知道在四方会谈机制中讨论驻韩美军撤离和朝美签署和平协定的难度，既然明确拒绝参与不合适，会影响到朝美双边机制的发展，那么就参与，提出一些本不具有解决现实性的问题，来消磨对方对这一机制的兴趣。所以当四方会谈机制的运行触及到核心性问题之后，朝鲜就一直坚持将驻韩美军的撤离和朝美签署和平协定作为会谈的主题。在正面坚持这一强硬立场的同时，朝鲜还从两个侧面出击分拆美韩，一方面接受美国方面的要求，于1998年6月启动了联合国军司令部与朝鲜人民军之间的将军级会谈。在1998年6月之后，联合国军司令部与朝鲜人民军举行了数十次将军级会谈，讨论了违反《停战协定》事件问题。这在美国看来朝鲜仍然在实际上承认着《停战协定》的效力和停战机制，从而也在一定程度上降低了国际社会对停战机制危机严重程度的认识。另一方面，在对韩方面，借韩国政府换届之机，对韩主动出击，发动了和平攻势。1999年2月3日，朝鲜在人民文化宫召开政府、政党、团体联席会议，发表了《致南朝鲜当局和海内外政党、团体和各界人士的一封信》，向金大中政府提出了在1999年下半年举行"南北高级政治会谈"的提议。（［朝］朝鲜中央广播电台，1999年2月3日）朝鲜羁縻美国、取悦韩国的政策巧妙地减轻了来自于美韩因其在四方会谈机制中顽固坚持强硬立场而施加的压力，并最终软性逼瘫了四方会谈机制。

中国是《朝鲜停战协定》的签署方，因此，从法理上而言，当然也是参与停战机制运行的当事方与半岛和平机制构建的当事方。但在四方会谈机制的准备阶段，中国没有参与，只是在1997年8月预备会谈启动后，中国才开始参与。在四方会谈机制两年多的运行过程中，中国起到了积极的、建设性的作用，尤其是在第五轮会谈中，中国提出了明确的《朝鲜半岛和平协定的草案》。但是，由于这是一个复杂的多边机制，美韩朝三方的"异床异梦、同床异梦"使得任何一方都难以在这一会谈机制中起到主导性作用，四方会谈如果能够有所成果，中国自然会积极促进并乐观其成，而如果其他各方要放弃这一机制，只要半岛的和平局面能够保持，中国也会持尊重他方的态度。

相关各方在战略、政策目标和实际利益等方面的不同考虑和算计，最终导致四方会谈机制无果而终。

第二节 导弹问题谈判

一、朝鲜导弹开发历程

自 20 世纪 60 年代初，朝鲜就开始关注导弹与火箭开发问题，但在 80 年代中期之前，朝鲜并不具备自己研发、制造、试验发射导弹的能力，主要是从苏联等国家引进或合作开发地对地导弹。在 1962 年底至 1963 年初，朝鲜从苏联引进了一枚 S-75Dvina 型地对地导弹部署在平壤附近。1965 年朝鲜成立咸兴军事大学，开始培养军工人才。80 年代初，朝鲜从埃及引进了苏制 R-17E，即飞毛腿 B 型导弹和火箭炮底盘车 MAZ-543，利用逆向工程（reverse engineering）方法，积累地对地导弹的研发能力。以这些前期的工作为基础，1984 年 4 月和 9 月，朝鲜共进行了六次自己生产的飞毛腿 A 改良型导弹的发射试验，成功了三次。[1]飞毛腿 A 改良型弹道导弹，弹头重一吨，飞行距离约 300 公里。朝鲜发射试验虽然成功，但是没有进行实战部署。[2]1985 年，朝鲜又独自成功开发了弹头重一吨、射程为 320 公里至 340 公里的飞毛腿 B 模仿型地对地弹道导弹，并从 1986 年开始进行批量生产。[3]有专家认为飞毛腿 B 模仿型地对地弹道导弹即韩国方面所称的"劳动 -1 号"，朝鲜自称为"火星 -5 号"，事实如何，并不确定。[4]1989 年朝鲜又开发了弹头重量为 700 公斤、射程为 500 公里的飞毛腿 C 相似型导弹，并从 1991 年开始进行规模生产和实战部署。[5]

1990 年 5 月，朝鲜首次进行了中程弹道导弹"劳动"导弹的发射试验，但

① Joseph S. Bermudez Jr., *A History of Ballistic Missile Development in the DPRK*, Monterey: Monterey Institute of International Studies，1999，pp.10- 11.

② David Wright and Timur Kadyshev，"The North Korean Missile Program: How Advanced Is It?"，*Arms Control Today 24-3*，24-3，1994，p.9.

③ ［韩］洪容构：《北韩的导弹开发战略》，统一研究院，1999 年，第 16-17 页。

④ ［韩］张哲云：《南北韩导弹竞争史：玄武 Vs. 火星》，善仁出版社，2015 年，第 151 页。

⑤ ［韩］洪容构：《北韩的导弹开发战略》，统一研究院，1999 年，第 17 页。

发射失败。1993 年 5 月 29 日和 30 日，朝鲜在咸镜北道花台郡舞水端里附近利用移动发射台向东和东南方向发射了四枚导弹。[①] 这四枚导弹的飞行距离分别为一枚 100 公里，两枚不到 100 公里，一枚 500 公里。美国的情报机关在观测了发射试验之后，认为假定弹头重量是一吨的话，"劳动"导弹的最大飞行距离可到达 1000 公里。

在朝鲜进行"劳动"导弹发射试验十多天之后的 6 月 11 日，日本政府表示其掌握了朝鲜成功进行"劳动"导弹发射试验的情报，为了不使导弹直接到达日本，朝鲜调高了三枚导弹的发射角度，面向日本海进行了发射，而另一枚飞行了 550 公里，并命中了目标，这枚导弹的飞行距离可达 1000 公里。四天之后，日本政府方面再次表示朝鲜的"劳动"导弹作为武器几乎达到了最后的开发阶段，具有在数日内进行实战部署的可能，而且朝鲜的"劳动"导弹具备了可以飞越大阪，打击距离朝鲜 1300 公里的东京的能力。[②]

1994 年 2 月，美国通过情报卫星的拍摄，发现朝鲜正在生产两种两级形态的地对地弹道导弹，地点位于平壤郊外山阴洞的研究开发中心。美国情报部门将其中的一种长度较短、弹头较小的导弹称为"大浦洞 -1 号"，另外一种长度较长、弹头较大的导弹称为"大浦洞 -2 号"。美国的专家经过分析后推测认为"大浦洞 -1 号"的一级是"劳动"导弹，二级是飞毛腿 B 型或飞毛腿 C 型导弹，而"大浦洞 -2 号"的一级是中国的东风 -3 地对地弹道导弹或四个"劳动"导弹的发动机捆绑在一起的形态，二级使用的是"劳动"导弹。[③]

二、六轮导弹问题谈判

1994 年 10 月，美朝签署《日内瓦框架协议》暂时冻结了朝鲜的核开发计划之后，朝鲜的大规模杀伤性武器运载工具——导弹的开发和出口问题成了美国在其对朝政策领域中最为关心的事情。1995 年 6 月，美朝在轻水反应堆问题

---

① ［韩］洪容杓：《北韩的导弹开发战略》，统一研究院，1999 年，第 32 页。

② ［韩］朴洪永（音）：《日本对朝鲜导弹问题的观点：对劳动 1 号、大浦洞 1、2 号，光明星 2 号发射的反应和措施》，载《国际问题研究》11-2，2011 年，第 137-138 页。

③ IISS, *North Korean Security Challenges: A Net Assessment*, London:IISS, 2011, pp.135-136.

上的谈判达成协议之后，朝鲜的导弹开发问题逐渐凸显出来。

对美国而言，它是将导弹问题看作是大规模杀伤性武器扩散问题的一部分的。在朝鲜的核计划被冻结后，如何对朝鲜的导弹开发、生产、出口等问题进行管理就成为了美国关心的一个重要问题。1996 年 3 月 19 日，美国国务院负责东亚及太平洋事务的助理国务卿温斯顿·洛德在美国众议院外交委员会亚太小委员会听证时表示，朝鲜的核冻结之后，美国所关心的朝鲜问题主要是部署在前线的常规军事力量和导弹、生化武器，[①]美国希望能够通过谈判对朝鲜的导弹开发，尤其是出口进行管理。在这种背景下，1996 年 4 月 8 日，美国与韩国在华盛顿进行了工作级磋商，达成了通过导弹谈判讨论朝鲜导弹的出口、开发、部署等问题的协议。

对朝鲜而言，它也希望能够通过导弹谈判打通朝美接触的另一个通道，争取美国调整对朝政策和改善朝美关系。因此，尽管 4 月 18 日《劳动新闻》发表的社论表示导弹开发"属于自主权范围之内的问题，不允许美韩说三道四……导弹谈判是要解除我们的武装，对我们进行暗杀"。（［朝］《劳动新闻》，1996 年 4 月 18 日）但是，朝鲜并没有拒绝美方提出的进行谈判的要求。如果拒绝，有可能会影响美朝关系的改善，影响到正在顺利发展的美朝关系。因此，与其拒绝，接受谈判，并灵活利用之，有可能更能实现自身利益的最大化。而美国对朝鲜的这种意图也很清楚，4 月 19 日，美国国务院发言人表示，即将举行的美朝会谈不会讨论美朝缔结和平协定等导弹问题以外的问题。

1996 年 4 月 20 日至 21 日，美朝双方在德国柏林进行了第一轮导弹谈判，谈判是以非公开的方式进行的。美国代表团团长由助理国务卿帮办、防扩散和军备控制问题专家罗伯特·埃因霍恩（Robert Einhorn）担任，朝鲜代表团团长由外交部美洲局局长李亨哲担任。

第一轮导弹谈判，双方主要是试探彼此的立场。美方向朝方暗示如果朝鲜不向伊朗、叙利亚等国出口导弹，并加入导弹技术控制机制（Missile Technology Control Regime，简称 MTCR），美国方面可以将朝鲜从支持恐怖主

---

① Winston Lord, *Testimony of The Assistant Secretary of State For East Asian and Pacific Affairs*, *Ambassador*, *House Committee on International Relations*, Subcommittee on Asia and The Pacific, March 19, 1996.

义国家名单中除名，并放松对朝鲜的经济制裁。而朝鲜一方面指出导弹的开发、生产和部署都是属于主权范围内的事情，另一方面还提出了朝鲜体制的保障、朝美缔结和平协定、撤出驻韩美军所部署的导弹等主张，甚至还提出了驻韩美军作用的变迁、朝美军事会谈机制化等要求。

第一轮谈判并没有取得具体的成果，4 月 21 日谈判结束后美国方面发表声明表示"本次会谈的议题是导弹扩散的问题。这次会谈是一个良好的开端，会谈将继续进行，会谈的方式将随后决定"。

1996 年 10 月 16 日，美国《纽约时报》报道说朝鲜将重新开始"劳动 -1 号"导弹的发射试验。同日，美国即通过国务院发言人尼古拉斯·伯恩斯进行表态说"朝鲜的导弹计划对周边国家和全世界是一种威胁，任何违反防止大规模杀伤性武器扩散目标的国家都将付出代价"。而朝鲜方面于 10 月 23 日以外交部发言人会见朝中社记者的形式表态说："以美国为首的一些国家指责说我们正在进行中程导弹发射试验准备，并以此说紧张状况加剧，对朝鲜半岛的形势表示忧虑而试图引起关注。发射试验作为我们主权范围之内的事情，任何人也没有干涉的权利，没有说三道四的依据。准备发射试验的条件成熟，或一旦认为有必要，在任何时候都可以进行。如果关心朝鲜半岛的和平与安全，他们就应该从正在进行的联合军事演习和武力强化行为开始进行克制。"（［朝］朝鲜中央通讯，1996 年 10 月 23 日）

话说得虽是强硬，但朝鲜在中程导弹发射试验方面还是比较克制的，没有进行"劳动"导弹的发射试验。

1997 年 6 月 11 日至 13 日，美朝在纽约进行了第二轮导弹问题谈判，双方代表团团长继续由罗伯特·埃因霍恩和李亨哲担任。在会谈中，美方继续要求朝鲜中断导弹的生产、出口、部署，并加入导弹技术控制机制，而朝鲜方面也继续主张导弹开发是自主权范围之内的事情。会谈依然没有结果，双方只是就这一问题形成了一个沟通的机制和讨论问题的平台。

1998 年 6 月 16 日，朝鲜通过朝中社的报道第一次公开了进行导弹开发和出口的事实。朝方表示："对我们而言，导弹问题是与我们人民的自主权、生存相关的问题，今后我们也将进行导弹开发和试验。如果美国对我们导弹的'担心'真的是出自于考虑保障东北亚地区的和平与安全，那就应该尽早响应我们缔结和平协定的提议。我们所从事的导弹出口是以赚取外汇为目标的，是目前的状况对我们提出的要求。如果美国真的要阻止（我们）导弹的出口，就应该尽早解除经济制裁，走到因导弹出口的中止而实施经济补偿的道路上来。"（［朝］朝鲜中央通讯，1998 年 6 月 16 日）

这是朝鲜方面第一次公开承认自己从事导弹出口的事实。从 80 年代中期开始，朝鲜即向中东国家出口导弹，每年赚取的外汇有数十亿美元，但朝鲜自己从未公开提及过。这次朝鲜公开承认导弹出口，可能主要是基于以下几个背景因素：

第一，第二轮导弹问题谈判结束后，美国通过几种渠道与朝鲜方面进行了接触与沟通，以便能够使谈判继续，但朝鲜方面态度消极。朝鲜之所以态度消极，主要是因为核开发计划被冻结之后，导弹问题成了能够牵引美国改善对朝政策的一张重要的牌，在这个问题上，不能轻易让步；二是因为美朝两国通过四方会谈、美军士兵遗骸问题上的协商保持了沟通渠道的畅通，减轻了朝鲜一定要通过这一问题的谈判保持与美方接触的压力；三是因为持进步倾向的金大中政府上台执政，这有可能成为影响美朝互动的新变数。1998 年 6 月 1 日，韩国新任总统金大中在访美之前会见《纽约时报》记者时表示"放松对朝经济制裁并不一定要附加条件"，这正是朝鲜所期望的。然而，6 月 5 日，美国在对韩国总统访美的背景进行说明时表示"美国的对朝经济制裁措施是与半岛的军事威胁、导弹、支持恐怖主义相联系的，如果朝鲜没有变化，难以（放松制裁）"。与韩国新政府的态度相比，在放松对朝经济制裁方面，美国更为保守。

第二，朝鲜前驻埃及大使张承吉在朝鲜向中东出口导弹方面起着不小的作用。现在既然已经出走美国，相关的资料和机密也难免会泄出，况且美朝已经就朝鲜的导弹问题进行了两轮谈判。与其被动坚持既有立场，还不如公开问题，直接向美国挑明自己的要求，这样，还有可能取得正面突破。除此之外，在 90 年代后期，朝鲜困难的经济状况也是一个重要的背景因素。如果能够以在导弹问题上的让步博得美国的经济补偿，对于缓解经济上的困难也是有帮助的。

1998 年 9 月初，曾经的"朝鲜要进行导弹发射试验"的传说终于有了实际性动作。9 月 4 日下午五点，朝鲜通过朝中社、平壤广播电台和中央电视台的报道说，朝鲜于 8 月 31 日 12 点七分在咸镜北道花台郡舞水端发射场成功发射了一颗人造卫星，卫星于 12 点 11 分正确进入自行轨道。报道还详细介绍说，朝鲜的科技工作者运用多级运载火箭成功发射了这颗人造卫星。火箭为三级运载火箭，第一级掉落在距离发射场 253 公里、北纬 40 度 51 分、东经 139 度 40 分的东海（日本海）公海上，第二级掉落在距离发射场 1646 公里、北纬 40 度 13 分、东经 149 度七分的太平洋公海上，第三级与第二级分离 27 分钟之后进入轨道。目前，卫星在离地球最短距离 218.32 公里、最长距离 6978.2 公里的椭圆轨道上运行，运行周期为 165 分六秒。卫星上搭载了必要的探测设备，卫星正在以摩斯电码 27MHZ 发送歌颂金正日将军的歌曲，而此次发射的运载火箭和卫星百分百是依靠自己的智慧和技术开发的。（［朝］朝鲜中央通讯，1998 年 9 月 4 日）

对于朝鲜方面的报道，国际社会反应不一。中国方面在 9 月 4 日只是援引朝中社的报道进行了报道，俄罗斯塔斯社则于 9 月 4 日报道说俄罗斯宇宙飞行追踪中心确认朝鲜成功地发射了一颗人造卫星。日本方面一边怀疑一边担心，认为如果朝鲜发射的是人造卫星，凭借日本的技术能力，是可以探测到的，但实际上没有探测到。而美国方面则是国防部与国务院的意见不一致。9 月 4 日，美国国防部相关官员表态说朝鲜发射的不是卫星而是导弹，而国务院发言人在 9 月 14 日正式表态说，朝鲜"8 月 31 日发射的是小型人造卫星，但失败了，没有进入轨道"。

然而，无论发射的是卫星还是导弹，朝鲜进行发射所使用的技术是弹道发射技术。9 月 8 日，朝鲜《劳动新闻》发表题为《火箭发射体》的文章，公布了参与火箭发射的科技工作者名单，并详细公开了多级火箭的开发过程、发射目标和运送火箭的结构等。9 月 27 日，朝鲜又通过中央广播电台报道了 9 月 26 日朝鲜劳动党中央军事委员会和国防委员会共同在木兰馆为参加火箭发射的科技工作者、劳动者举行的庆祝宴会，赵明录、金永春、金镒喆、全炳浩、金铁万等参加了宴会。

朝鲜方面使用"火箭发射体"一词，其用意很明显，即向外宣示它已经掌握了中程弹道导弹的发射技术。朝鲜选择在 8 月 31 日发射、9 月 4 日公布发射消息这样的时间点也是有其自己的考虑的。从朝鲜国内状况来看，9 月 5 日，朝鲜举行了第十届最高人民会议第一次会议，在本次会议上修改了宪法、选举了国家领导机构，并推举金正日为国防委员会委员长。国内政治日程上如此重大的事件，是需要一些拿得出手、能够提振士气、凸显政绩的举措的。从国际层面来看，自 8 月 21 日开始，美朝在纽约举行以卡特曼和金桂冠为团长的高级会谈，导弹问题也是其中的议题之一。自 1997 年 6 月中旬美朝进行了第二轮导弹问题谈判之后，已经过了一年有余，美国方面好像并不急迫。针对这种情况，朝鲜也需要为正在纽约进行的高级会谈提供一张硬牌。结果，9月5日结束的卡特曼和金桂冠之间的高级会谈在朝鲜导弹问题上达成了于10月第一周在纽约举行下一轮谈判的协议。

1998年10月1日至2日，美朝在纽约美国驻联合国代表处举行了第三轮导弹问题谈判，美方代表团仍由国务院负责防扩散问题的助理国务卿帮办罗伯特·埃因霍恩担任团长，朝鲜代表团团长则调整为由外务省美洲局副局长张昌川担任。在10月1日的会谈中，美国方面提出了朝鲜8月底发射"人造卫星"的事情，要求朝鲜在导弹开发和出口方面进行克制，加入导弹技术控制机制，如果朝鲜方面接受，在双方关系方面可以实现某种程度的改善。朝鲜则强调导弹的开发、生产和部署都是属于主权范围内的事情，如要停止出口需要给予经济补偿，如果美国在今后三年期间每年给予十亿美元的补偿，可以停止导弹的出口。

在第一轮和第二轮的谈判中，美国方面虽然坚持和主张朝鲜不但要停止出口，而且还要停止开发、生产和部署，但它的政策目标重点是要朝鲜停止导弹出口。第二轮谈判结束后，为了向朝鲜施加压力，美国在1997年8月20日采取了对朝鲜相关企业实施制裁的措施，禁止美国和另外第三国（未披露）的企业向朝鲜的两个企业——龙角山贸易会社和高丽富强贸易会社出口导弹技术控制机制所规定的装备和技术，实施期限为两年。美国希望通过有针对性的制裁来向朝鲜施压，这也可能是朝鲜在1998年8月底利用多级火箭技术发射"人造卫星"的一个背景因素。

在第三轮谈判中，朝鲜方面也终于亮出了部分底牌，只要美国给予经济补偿，朝鲜可以停止导弹出口。之所以说是部分底牌，是因为朝鲜只是表示可以以经济补偿换取停止出口，但它并没有在导弹的开发、生产和部署问题上做出任何表态或承诺。将一个问题分拆为几个部分进行谈判，实际上是将一张牌转换成了多张牌，这是谈判中常用的手法。朝鲜看得很清楚，美国最为关心的还是导弹出口问题，既然如此，就拿出你关心的问题来谈，最大程度地引起你的兴趣，也最大程度地满足自己的愿望，这可能是美朝第三轮导弹问题谈判中朝鲜的思路。美朝第三轮导弹问题谈判尽管没有达成具体的成果，但双方似乎找到了共同的兴趣点。

1999 年 2 月 27 日至 3 月 15 日，美朝就金仓里地下设施疑惑问题在纽约举行的第四次谈判中，① 也就双方举行第四轮导弹问题谈判的时间和地点达成了一致。

1999 年 3 月 29 日至 30 日，美朝在平壤进行了第四轮导弹问题谈判，双方的代表团长仍由罗伯特·埃因霍恩和张昌川担任。在谈判中，朝鲜将其导弹的出口与开发、生产、部署拆分成两个方面的问题来谈。一方面如果美国要求朝鲜停止导弹出口，就需要提供现金补偿，另一方面，如果要求朝鲜停止导弹的开发、生产和部署，美国就应该放弃对朝鲜的敌对政策。而美国方面却将朝鲜导弹的开发、生产、部署以及出口等所有方面都包括在朝鲜导弹开发项目之内，将其作为一个综合性的议题提出。美方认为中止导弹出口和停止再次发射试验是需要紧急采取的措施，再次进行导弹发射试验并不利于朝鲜的安全和国家利益。美国不会对朝鲜进行现金补偿，但如果朝鲜给予积极回应，美国可以从改善两国关系的角度采取措施放松对朝的经济制裁。朝方则表示，只要美国维持对朝鲜的敌对政策，导弹开发计划就没有进行谈判的余地。在导弹出口问题上，如果能够进行补偿，可以进行讨论。

两天的谈判并没有使双方达成协议，但双方同意尽早举行下轮谈判，具体的时间和地点通过"纽约渠道"再进行磋商。然而，第五轮导弹问题谈判直到一年三个月之后的 2000 年 7 月才得以举行。

2000 年 7 月 10 日至 12 日，美朝第五轮导弹问题谈判在马来西亚吉隆坡举行，双方代表团团长仍由罗伯特·埃因霍恩和张昌川担任，此时张昌川已经升任外务省美洲局局长。在谈判中，朝鲜方面继续提出如果中断导弹出口，美国方面需每年提供十亿美元现金作为补偿，而开发、生产和部署的问题属于自主权问题，不能作为谈判的对象。美国方面仍然坚持不予补偿现金，并要求朝鲜停止导弹开发的立场。

2000 年 10 月 23 日至 24 日，美国国务卿奥尔布赖特的访朝为双方的导弹谈判提供了获得突破的契机。11 月 1 日至 3 日，美朝第六轮导弹问题谈判仍在马来西亚吉隆坡举行，双方代表团团长依旧由罗伯特·埃因霍恩和张昌川担任。在会谈中，双方围绕着朝鲜导弹问题进行了综合性的讨论。通过谈判，双方在

---

① 关于美朝金仓里地下设施疑惑问题的谈判，参阅本章第四节《高级会谈》。

朝鲜停止远程导弹的开发、发射试验，停止中短程导弹的出口和撤除已经部署的短程导弹等方面达成了一致。但是双方并没有发表《联合新闻声明》或《公告》之类的文件，而是以各自发表《新闻公告》的方式对谈判结果进行了说明。

朝鲜方面对媒体表示，本次谈判是以金正日国防委员长与奥尔布赖特国务卿之间就导弹问题的谈话为基础而进行的，在具有建设性、真诚的气氛中，双方对所提出的问题进行了具体的讨论，谈判结果以后予以告知。

美国方面在《新闻公告》中表示，这次谈判是以奥尔布赖特国务卿访问朝鲜时与金正日国防委员长谈话中所讨论的导弹问题为基础而进行的具体的、建设性的、实质性的（会谈），双方在包括导弹出口问题、开发计划问题在内的综合性问题上达成了协议，并深入讨论了朝鲜方面提出的卫星代理发射问题。本次谈判虽然留下了将要解决的重要问题，但双方在共同关心的问题上进一步拓宽了（共同）认识。

从双方发布的《新闻公告》的内容来看，措辞尽管不尽相同，但却内含着相当的一致性。在本轮谈判中，双方在朝鲜人造卫星的代理发射问题上原则上达成了一致，只是在代理发射的次数、场所、技术转让等问题尚需进一步商谈。在朝鲜停止导弹出口问题上，美国虽然不同意补偿现金，但也表示出可以通过国际经济机构实施援助的间接方式对朝鲜进行补偿的意愿。

美朝第六轮导弹问题谈判是在美朝关系取得巨大进展的氛围中进行的，国务卿奥尔布赖特的访朝以及接下来即将进行的克林顿总统的访朝与美朝首脑会晤，都给予了朝鲜极大的鼓舞。为了维护双方关系上这种良好的发展势头与前景，朝鲜方面在导弹问题上展现出了灵活与诚意。然而，随着美国下届总统选举的进行以及克林顿总统访朝计划的取消，双方在导弹问题谈判中所取得的成果也开始面临着新的变数。

第三节　遗骸问题协商

一、遗骸问题的背景

在朝鲜战争中，美军失踪士兵人数共计为 8168 名，美国方面推测其中的 5500 名失踪士兵的遗骸在朝鲜。《朝鲜停战协定》签署后，朝鲜在 1954 年向美国方面移交了 1868 具美军士兵的遗骸以后，遗骸问题被搁置下来。1988 年 12 月，美朝在北京开始参赞级外交官接触后，在 1990 年 4 月 26 日举行的第八次参赞级接触中，双方开始讨论朝鲜战争期间牺牲的美军士兵遗骸的挖掘与移交问题，并于 5 月 14 日达成了通过板门店返还五具美军士兵遗骸的协议。1990 年 5 月 28 日，朝鲜通过板门店向美国方面返还了五具美军士兵遗骸。朝鲜方面由最高人民会议议员兼对外文化联络委员会副委员长李成浩（音）带队，美国方面共有以国会众议员蒙哥马利（Gillespie V. "Sonny" Montgomery）为代表的八名国会议员出席，移交后的美军士兵遗骸经汉城运往夏威夷。

向美方返还美军士兵遗骸为双方关系的发展创造了一种良好的气氛，随后美朝又就这一问题进行了多次正式或非正式的接触和讨论。1991 年 6 月 24 日，美国国会参议员罗伯特·史密斯（Robert Smith）与朝方代表李成浩在板门店经过商谈，就"美军士兵遗骸追加返还与挖掘问题组建美朝共同委员会"达成了协议。随后，双方又分别于 1991 年和 1993 年就这一问题进行了两次磋商之后，于 1993 年 8 月 24 日达成并生效了《关于返还美军士兵遗骸等问题的协议》。但是，由于受到朝鲜核问题以及朝核危机的影响，遗骸问题美朝共同委员会并没有能够实际组建与运行。至 1994 年之前，朝鲜方面共向美国返还了 208 具美军士兵的遗骸，而这 208 具美军士兵遗骸均是朝鲜单方面进行挖掘的。

二、遗骸问题协商进程

1994 年美朝在核问题上达成协议之后，美军士兵遗骸问题再次引起了美国方面的关心。1996 年 1 月 10 日至 13 日，美朝双方在夏威夷就美军士兵遗骸挖掘和移交问题举行了核问题解决之后的第一次协商，但双方在共同挖掘小组的成员组成以及美方给予的补偿金额方面没有达成一致意见。

随后，双方又于 1996 年 5 月 4 日至 9 日在纽约进行了第二次遗骸问题协商，美方由国防部副部长助理詹姆斯·沃尔德（James Wold）担任首席代表，朝鲜方面则由外务省局长金炳洪（音）担任首席代表。经过谈判，双方在共同挖掘小组的组成问题上原则上达成了一致，并于 5 月 9 日公开了协议。协议的主要内容如下：

美方对过去朝鲜在遗骸挖掘和移交方面所做的工作表示感谢，并同意向朝鲜方面支付 200 万美元作为补偿。双方约定于 6 月上旬就共同挖掘遗骸问题举行工作层面的谈判，并期待年内着手启动共同挖掘工作，也相信此协议的达成会对美朝关系的改善做出贡献。

美朝第二次遗骸问题协商只是就双方组建共同发掘小组达成了原则上的一致，但对于共同小组的人员组成、调查方法、调查和挖掘时间、场所等一些实施遗骸挖掘工作所必须解决的细节问题并没有达成一致，留待将在 6 月上旬举行的实务层面的谈判来解决。

1996 年 5 月 26 日至 28 日，美国国会众议院议员比尔·理查森（Bill Richardson）在美国国务院韩国科副科长理查德·克里斯滕森（Richard Christensen）和国防部负责遗骸问题的副处长阿伦·利奥塔（Jay Alan Liotta）陪同下对朝鲜进行了访问。理查森是接受朝鲜方面的邀请而访朝的。在朝期间，理查森一行与朝鲜外务省第一副相姜锡柱、副相金桂冠等人进行了会谈，双方就《日内瓦框架协议》的履行问题、美军士兵遗骸的挖掘和移交问题以及四方会谈等问题交换了意见。理查森就四方会谈的重要性进行了说明，并督促朝鲜参与四方会谈，但朝鲜要求美国议会在缓解对朝的经济制裁、提供粮食援助方面给予帮助。

6 月 8 日，由美国国防部负责遗骸问题的副处长阿伦·利奥塔率领的美国国防部代表团抵达平壤，就美军士兵遗骸的挖掘和移交问题与朝方进行了谈判。谈判于 6 月 10 日至 14 日举行，最后双方于 6 月 14 日达成协议。协议规定双方将在 1996 年 7 月和 9 月进行两次挖掘工作，美国方面提供挖掘工作所需要的所有装备和物资，并保障朝在遗骸挖掘时所支出的全部费用。

7 月 10 日至 30 日，美朝双方在平安北道云山郡进行了第一次美军士兵遗骸共同挖掘作业，共挖掘出 12 具美军士兵遗骸，并移交给美方。随后，由于朝鲜潜水艇进入韩国领海事件的发生，计划原定于 9 月份实施的共同挖掘作业没有能够得到实施。

1997 年 5 月 4 日至 14 日，美朝双方在纽约就 1997 年度美军士兵遗骸的挖掘工作进行了磋商和谈判。朝鲜代表团虽有军方人士参加，但代表团仍是以外务省的名义派出的，团长仍由外务省局长金炳洪担任，美方代表团仍是由国防部派出，团长为国防部副部长助理詹姆斯·沃尔德。5月14日，双方达成协议，同意重新启动共同挖掘工作，并举行专家级工作接触。美方同意提供事先探测和共同挖掘所需要的人力、装备和设施。

根据5月14日达成的协议，6月25日至27日，美朝双方在纽约举行了专家级工作商谈，就1997年度共同进行遗骸挖掘工作的时间、场所、参与人员、物质保障、人身安全以及通讯保障等具体问题进行了讨论，最终达成了于7月、9月、10月在平安北道云山郡共同实施三次遗骸挖掘作业的协议。（［朝］朝鲜中央通讯，1997年6月30日）此次专家级工作会谈，双方的参加人员均全部为军方人员，朝鲜代表团团长为人民军板门店代表部副代表朴林洙，美方代表团团长为国防部负责遗骸问题的副处长阿伦·利奥塔。双方约定三次共同挖掘作业的具体实施时间为第一次7月15日至8月3日、第二次8月23日至9月11日、第三次10月4日至23日。美方为每次挖掘作业向朝鲜方面提供10.55万美元的支持以及支付所动员车辆、装备的保管费用，向人民军提供粮食援助。

1997年8月初，美国方面的相关人员访问了朝鲜战争博物馆，对朝鲜战争相关的资料进行了调查，挖掘出的美军士兵遗骸也通过板门店向美方进行了移交。1997年美朝共同实施的三次遗骸挖掘作业，共挖掘出六具美军士兵遗骸。这一年双方在遗骸问题上的合作颇为顺畅，也为这一渠道持续保持通畅注入了动力。

1997年12月和1998年3月，美朝双方在纽约又进行了两次工作级会谈，就1998年的联合遗骸挖掘计划进行了协商，并达成了协议。根据双方达成的协议，1998年4月21日，美国遗骸问题调查团抵达朝鲜，至5月14日，进行了失踪美军士兵遗骸的挖掘作业。此次美国调查团共由十名法医学和人类学专家组成，朝鲜方面也派出了近80名士兵予以协助，挖掘地点主要是在平安北道的球场郡，这一带在朝鲜战争时期属于美二师团的防地。经过20多天的挖掘，挖掘出两具美军士兵遗骸。

但是，这两具美军士兵遗骸在5月15日通过板门店向美国方面移交时出现问题，没有完成移交。在5月15日移交时，朝方向美方提出直接将这两具遗骸移交给美方，美国方面拒绝了朝鲜的要求，主张朝鲜方面应该将这两具美军士兵遗骸移交给军事停战委员会联合国军一方，从而导致移交没能实现。

5月16日，朝鲜人民军驻板门店代表部通过朝中社发表谈话，对美国进行了指责，认为是因为美国方面不恰当的处事导致两具美军士兵遗骸没有完成移交。朝鲜方面认为："美军遗骸共同挖掘工作协议书是朝美签署的，法律上的当事者是朝美，实际履行者也是朝鲜人民军和美国国防部，联合国军方面没有介入的理由。1997 年 12 月双方在纽约达成的协议明明白白地写明了通过板门店移交挖掘出的遗骸，并没有说向联合国军方面移交。遗骸挖掘是双边之间的人道主义问题，美国要将联合国军拉进来的不纯的政治性主张，（我们）是绝对不能接受的。"（［朝］朝鲜中央通讯，1998 年 5 月 16 日）

关于美军士兵遗骸的移交接收方问题，1994 年之前，的确有朝鲜直接向美国方面移交的先例。90 年代初，出于提高自己在美国政界和社会的形象，达到改善朝美关系的目的，朝鲜共向美国移交了单方面进行作业挖掘出的 208 具美军士兵遗骸，这些遗骸基本是美国方面直接接受移交，由国会议员等一些政界人物前来与朝方对接。但是，美朝在核问题上达成妥协后，于 1996 年启动共同挖掘遗骸问题的磋商时，环境发生了变化，此时，朝鲜已经制定了废弃《朝鲜停战协定》和军事停战委员会以图实现朝美签署和平协定的战略。为达到此目的，朝鲜一方面需要瘫痪军事停战委员会，并尽力将联合国军在涉及半岛安全的事务中边缘化，另一方面需要直接打通与美国的关系，特别是需要在人民军与美国军方之间建立直接的联系，而美军士兵遗骸的挖掘和移交正是一个最合适不过的事由。因此，可以看到在与美国方面就遗骸问题进行的谈判中，刚开始的谈判，朝鲜派出的团队基本上是由外交系统的干部组成，但在涉及到具体细节的工作级谈判中，朝鲜代表团全部是由军方干部组成，且由人民军板门店代表部的主要领导担任团长，朝鲜方面的用心很明显，就是利用遗骸问题发展美朝两军关系。

但是，对于朝鲜的这种意图，美国也是很清楚的，同时也是很警惕的。在与朝鲜签署的协议书中关于遗骸的移交与接收是这样规定的："挖掘出的遗骸在作业现场将由美国方面保管以进行法医分析，然后由美国挖掘小组的高级成员从指定的人民军板门店代表部成员签字接收遗骸之后将在板门店移交。"协议只说在板门店移交，但没有明确指明向谁移交。1997 年移交三次挖掘出的美军士兵遗骸时，朝方也是向美方提出直接向美军方移交，但在遭到美国拒绝后，最后还是移交给了联合国军方面。

尽管双方在遗骸接收方问题上出现了一些分歧，但并没有太大影响到 1998年的挖掘工作。在实施了第一次挖掘作业之后，美朝双方又共同进行了四次挖掘，其中第二次和第三次的挖掘地点仍是平安北道球场郡，时间为 6 月 30 日至 7 月 23 日和 8 月 11 日至 9 月 2 日，各挖掘出三具美军士兵遗骸。第四次和第五次的挖掘地点是平安南道价川市，时间为 9 月 15 日至 10 月 9 日和 10 月 17 日至 11 月 5 日，各挖掘出五具和九具美军士兵遗骸。1998 年美朝共挖掘出 22 具美军士兵遗骸，美国方面比较满意，向朝鲜支付了 62.2 万美元的挖掘费用。虽然在遗骸移交接收方问题上，朝鲜方面试图进行突破，建立从谈判到移交一条完整的朝美军方接触和联系的通道，甚至是制度化的机制，遭到美方的拒绝，但朝鲜方面也承认共同挖掘美军士兵遗骸的工作对朝美关系的改善产生了积极的影响。

1998 年美朝共同实施的第五次联合挖掘工作基本顺利，11 月 5 日最后一次挖掘工作结束后，11 月 6 日，朝鲜通过板门店向美国方面移交了挖掘出的九具美军士兵遗骸。但是由于美韩两国从 10 月 27 日至 11 月 7 日实施了"鹞鹰"联合军事演习，给半岛局势和美朝联合遗骸挖掘工作带来了一些负面性影响。1998 年 11 月 9 日，朝鲜通过《劳动新闻》评论的方式对美韩"鹞鹰"联合军演进行了谴责，认为是"'协作精神'军事演习的翻版"，是"北侵战争"演习。（［朝］平壤广播电台，1998 年 11 月 9 日）而在同一天，朝鲜也通过朝中社报道了 11 月 6 日朝鲜通过板门店向美国方面移交九具美军士兵遗骸的情况，并表示以后的挖掘工作是否能够继续、是否会取得成果，全部取决于美国方面。朝鲜在同一时间，一方面谴责美韩针对自己的联合军演，另一方面又彰显自己在遗骸问题上的人道主义精神和负责任的态度。从这些方面来看，只要美国方面愿意继续保持两军之间的接触，同意向朝鲜方面提供补偿，朝鲜是不会以美国军方不直接接收而是通过联合国军接收遗骸为由而停止与美国的合作的，90 年代中后期美朝关系顺利发展的大环境决定着朝鲜在遗骸问题上基本上会采取合作的态度。

1998 年 12 月 9 日至 12 日，美朝双方在纽约就 1999 年的共同挖掘工作进行了磋商，双方最终就 1999 年的挖掘次数、地点和费用补偿等问题达成了一致。双方决定 1999 年度共实施六次挖掘，每次挖掘，美国向朝鲜方面支付 20.9 万美元的补偿。据此，1999 年 4 月 20 日至 5 月 13 日，双方在平安北道球场郡和云山郡实施了 1999 年度第一次共同挖掘作业，挖掘出六具美军士兵遗骸，5 月 14 日朝鲜向美方进行了移交。之后双方又于 10 月和 11 月联合进行了两次挖掘，分别挖掘出四具和三具美军士兵遗骸。10 月 25 日和 11 月 11 日，朝鲜方面将挖掘出的美军士兵遗骸移交给美方。值得注意的是，这两次遗骸移交，美国方面接受了朝鲜方面所希望的也一直在向美方提出的不通过联合国军而是直接向美国军方移交的要求。

1999 年 12 月 15 日至 17 日，美朝双方在德国柏林就 2000 年度的美军士兵遗骸挖掘问题进行了会谈，双方代表团团长仍旧由美国国防部负责遗骸问题的副处长阿伦·利奥塔和朝鲜人民军板门店代表部副代表朴林洙担任，但会谈没有达成协议，最后以失败告终。事后，美国国防部宣称说是因为朝鲜方面坚持要将遗骸问题与对朝的人道主义援助挂钩，导致了会谈的失败。

2000 年 6 月 7 日至 9 日，美朝在马来西亚吉隆坡就美军士兵遗骸的挖掘和移交问题再次进行了会谈，双方代表团团长仍由阿伦·利奥塔和朴林洙担任。经过协商，双方达成了一致，约定从 2000 年 6 月 25 日至 11 月 11 日在平安北道云山郡和球场郡联合进行五次美军士兵遗骸挖掘作业，每次约 25 天左右。参加挖掘工作的美国专家小组由 20 名专家组成，移交的美军士兵遗骸在美军仪仗队的护送下从平壤搭乘军用飞机送往日本横田美国空军基地。

根据美朝达成的协议，2000 年美朝双方于 6 月 27 日至 7 月 21 日、7 月 25 日至 8 月 19 日、8 月 22 日至 9 月 16 日、9 月 19 日至 10 月 14 日、10 月 17 日至 11 月 11 日进行了五次联合挖掘作业，分别挖掘出 12 具、14 具、9 具、15 具、15 具，总共 65 具美军士兵遗骸。11 月 12 日，最后一次挖掘出的 15 具遗骸在平壤进行了移交仪式之后直接送往了位于夏威夷的美军中央鉴定中心。

从 1996 年至 2000 年，美朝双方在联合挖掘美军士兵遗骸问题上的合作基本顺利。遗骸问题，无论是美国社会，还是政界，都是一个十分关心的问题。对此，朝鲜十分清楚，因而在这个问题上，朝鲜十分积极，并试图通过遗骸问题的谈判和联合挖掘工作，在朝美军方之间建立直接的联系通道。最终，朝鲜的目标在某种程度上得到了实现，1999 年 10 月之后挖掘出的美军士兵遗骸不再通过板门店先在形式上移交给联合国军，而是在平壤举行朝美之间的移交仪式之后，直接送往夏威夷美军中央鉴定中心。

2000 年的联合挖掘工作结束后，双方约定在 12 月中旬举行会谈就下一年的联合挖掘计划进行磋商。但随着美国政府的换届以及新上任的布什政府对朝政策的调整，最终使得双方在这一问题上的合作逐渐停滞了下来，双方之间就这一问题而建立的联络协商通道也最终关闭。

第四节　高级会谈

一、"卡特曼—金桂冠"机制

在 1997 年 3 月之前，虽不断有美国国会议员等政界人士访问朝鲜，与朝鲜高层进行对话，但两国政府之间机制性的互动多是在工作级层面上进行的。随着美朝在轻水反应堆问题谈判、导弹问题谈判以及美军士兵遗骸问题上的谈判取得进展，美朝关系出现了良好的发展势头。为了说服朝鲜参加四方会谈，1997 年 3 月 3 日至 18 日，美朝在纽约举行了由卡特曼和金桂冠为首席代表的高级会谈，这是在《日内瓦框架协议》签署之后美朝双方第一次副部长级高级会谈，双方就双边间的问题进行了全方位的讨论。①

严格来说，卡特曼与金桂冠之间的会谈只能勉强称之为高级会谈，双方团长的地位稍有不对等。卡特曼此时的职务是国务院负责东亚及太平洋事务的助理国务卿帮办，金桂冠为副部长，卡特曼的官职级别要低于金桂冠。直到 1998 年 7 月 27 日，卡特曼被任命为朝鲜半岛和平谈判特使之后，卡特曼的官职级别才至少在形式上达到了与金桂冠平级。

1997 年 3 月，"卡特曼—金桂冠"机制建立后，美朝双方通过这一机制保持了比较密切的沟通，从而使这一机制在 90 年代后期美朝关系的发展中发挥了重要而特殊的作用。

从卡特曼与金桂冠举行第一次高级会谈的 1997 年 3 月至 2000 年 5 月，双方分别于 1997 年 3 月、1997 年 9 月、1998 年 8 月、1998 年 11 月、1999 年 1 月、1999 年 2 月至 3 月、1999 年 6 月、1999 年 8 月、1999 年 9 月、1999 年 11 月、2000 年 1 月、2000 年 3 月、2000 年 5 月、2000 年 7 月、2000 年 9 月至 10 月共举行了 15 次高级会谈。1997 年 9 月，在北京举行的第二次会谈，双方主要讨论了"张承吉事件"、重启导弹问题谈判以及四方会谈说明会问题。②1998 年 8 月至 1999 年 6 月举行的五次高级会谈，双方主要是围绕着双边关系、《日内瓦

---

① 关于卡特曼和金桂冠第一次会谈的具体情况，参阅本章第一节四方会谈。

② 相关的具体情况，参阅本章第一节四方会谈。

框架协议》的履行，尤其是金仓里地下设施疑惑问题进行了讨论和沟通。[①]1999年 8 月和 1999 年 9 月在柏林举行的高级会谈主要是围绕着朝鲜导弹问题谈判进行了沟通。[②]

在 90 年代中后期，卡特曼和金桂冠不仅主导着美朝双边之间的高级会谈，而且还在四方会谈框架内领导着各自的代表团。每当四方会谈机制的运行或双方导弹问题的谈判遇到障碍难以前行时，双方就会通过这一平台和机制进行沟通，进行润滑，为推动美朝关系在 90 年代后期的顺利发展起到了重要的作用。

二、"金仓里问题"谈判

1998 年 8 月 17 日，美国《纽约时报》发表了一篇题为《美国情报机构发现朝鲜核弹工厂》的报道，报道引用美国情报机构的情报，在第一版用了大量文字并在第四版插用图片详细报道了美国发现朝鲜正在平安北道宁边郡西北方向 40 公里处的大馆郡金仓里一带建设大型地下核设施的情况。报道一出，世界舆论为之哗然，第二天世界主要的媒体纷纷转载。在《日内瓦框架协议》签署且正在履行的情况下，朝鲜正在金仓里建设"地下核设施"的报道迅速吸引了全世界的关注。

"金仓里问题"爆出后，美朝双方都快速地做出了反应。1998 年 8 月 21 日，双方在纽约的美国驻联合国代表处举行了以卡特曼和金桂冠为团长的高级会谈，此次会谈一直持续到 9 月 5 日，以全体会议和团长会议等方式进行，共举行了七次会议。在会谈中，双方围绕着《日内瓦框架协议》的履行以及双边间的问题进行了讨论。朝鲜方面指责美国没有完全履行《日内瓦框架协议》，轻水反应堆建设、对朝供应重油以及放松对朝鲜的经济制裁等方面进展缓慢，并强调如果这种状态持续，朝鲜将会解除对核设施的冻结。同时，朝鲜还要求美国取消对朝鲜的支持恐怖主义国家的指定。美国一方面表示会按照既定的计划向朝鲜提供重油，另一方面则向朝鲜提出要对四方会谈和导弹问题谈判持积极的态度、遵守《日内瓦框架协议》的规定，并提出了对朝鲜在金仓里建设地下核设

---

① 相关的具体情况，参阅本节下一部分"金仓里问题"谈判。

② 相关的具体情况，参阅本章下一部分"金仓里问题"谈判。

施的怀疑。经过多次的协商，双方最后达成了一致，并发表了一份《联合新闻公告》。

在《联合新闻公告》中，双方除原则性地再次确认对全面履行《日内瓦框架协议》的承诺，还同意采取一些旨在促进履行《日内瓦框架协议》的措施，处理双边和地区的关切，以为朝鲜半岛的和平与稳定做出贡献。《联合新闻公告》的具体内容如下：

第一，双方将继续认真地讨论以澄清美国所关心的朝鲜特定地下设施的性质，同意通过"纽约渠道"确定继续会谈的时间和场所。

第二，美国重申了其承诺，确保朝鲜如《框架协议》中所明确规定的那样将得到重油供应和轻水反应堆。1998 年的重油供应将于 9 月中下旬重新开始，在年内完成。轻水反应堆工程建设将于 11 月份正式开始。

第三，朝鲜将于 9 月中旬重启对其宁边残存废弃核燃料棒的密封作业，并将迅速而不中断的完成。

第四，双方将于 10 月 1 日所属的那一周在纽约重启导弹问题会谈。

第五，双方提议 10 月举行四方会谈第三轮正式会谈，会谈的具体时间和场所通过四方工作级的接触决定。双方希望在第三轮正式会谈中在工作级小组的组成问题上产生结果，以讨论缓和紧张与以永久和平安排取代《停战协定》的问题。

第六，双方将在 9 月份重启协商，讨论将朝鲜从支持恐怖主义国家名单上的除名问题。

为了弄清楚朝鲜金仓里地下设施的性质问题，经过"纽约渠道"的沟通，1998 年 11 月 16 日至 18 日，由美国朝鲜半岛和平谈判特使卡特曼和朝鲜外务省副相金桂冠领导的美朝高级会谈在平壤举行。在会谈中，美方代表团向朝方表示他们担心位于平安北道大馆郡金仓里的一处地下设施与核有关，要求访问现场，以消除疑惑。朝鲜方面强调该处设施与核开发无关，也不涉及任何被禁止的核活动，朝方可以允许对这一场所进行一次访问，但是如果进行现场访问，查明不是核设施的话，美国要对这种"侮辱"给予三亿美元的补偿，对此，美方予以拒绝。

本次会谈，双方在如何解决"金仓里地下设施疑惑"问题上并没有达成协议，但双方同意尽早举行下次会谈，会谈的场所等具体事项通过"纽约渠道"商定。

会谈结束后，朝中社于1月18日不带任何评论地报道了卡特曼访问朝鲜并与金桂冠副相就双边间悬而未决的问题进行了讨论的事实。

经过"纽约渠道"的沟通，美朝双方就"金仓里地下设施疑惑"问题于1998年12月4日至11日在纽约和华盛顿进行了第二轮谈判。本轮谈判共举行了三次会议，12月4日至5日的第一次会议在纽约举行，12月7日至8日的第二次会议在华盛顿举行，12月10日至11日的第三次会谈又回到纽约举行。在谈判中，朝鲜方面表示此处设施是"国家安全上的重要设施"，如要进行现场调查，需要事先给予补偿。美国方面则强调对这一设施的现场接近（access）权是根据《日内瓦框架协议》产生的，对怀疑进行核开发的设施当然具有接近的权利，因此，补偿是不可能的。双方在本轮谈判中仍然没有达成协议，但双方同意通过后续的协商决定第三轮会谈的日期和地点。

1999年1月16日至17日，以卡特曼和金桂冠为团长的美朝代表团就"金仓里地下设施疑惑"问题举行了第三轮谈判，这轮谈判的地点调整到日内瓦，之所以将谈判地点调整到日内瓦主要是考虑1月18日至23日第四轮四方会谈将在日内瓦举行这一因素。

在举行谈判之前的1月7日，朝鲜以"朝鲜反核和平委员会"的名义发表《告发状》，谴责美国迟延履行《日内瓦框架协议》，并要求美国补偿由此而产生的损失。"朝鲜反核和平委员会"是朝鲜于1986年10月成立的组织，委员长为朝鲜劳动党中央负责国际问题的书记金容淳。《告发状》主要有如下三项内容：第一，朝方认真地履行了核冻结义务，但美国方面在轻水反应堆主体工程建设上未动工，重油供应迟滞，经济制裁也未解除，《日内瓦框架协议》中的任何一项都没有正常地履行。第二，对《日内瓦框架协议》的蹂躏是美国对朝暗杀战略的产物。第三，美国应对朝鲜进行经济补偿。因美国的拖延行为，造成朝鲜核能工业的四年空白，造成朝鲜能源的困难状况，致使社会主义经济全盘受到影响，只是直接经济损失就达数百亿美元。按照国际规范和惯例，美国应该给予相应额度的补偿，无论以什么样的方式，也一定应该补偿到这样的额度。1月11日，朝鲜又通过外务省发言人会见记者的方式表示，在补偿方法上，也可以不使用现金而以其他合适的方式进行。

因轻水反应堆主体建设工程的停滞，新问题出来了，朝鲜开始要求经济补偿。朝鲜的意图很明显，就是要求美国为迟延履行《日内瓦框架协议》的行为进行经济补偿，如果美方想要访问金仓里，也要进行经济补偿，至于以什么方式进行补偿，朝方的态度比较灵活，可以不以现金方式。

1999 年 1 月 16 日至 17 日卡特曼和金桂冠的谈判没有取得成果，因为 18 日即将举行第四轮四方会谈，因此双方约定在 1 月 23 日第四轮四方会谈结束后，于 1 月 23 日至 24 日继续进行谈判。在 1 月 23 日至 24 日的后续谈判中，美国仍然坚持不予补偿的立场，但表露出可以从人道主义角度给予粮食援助的意思。从法律的角度而言，"补偿"是基于某种行为所产生的一种法律上的后果的行为，朝鲜之所以要求"补偿"，理由是美国没有完全按照约定履行《日内瓦框架协议》，因而美国要对这种行为承担责任，但这是美国所不愿承认的，所以美国考虑对朝进行人道主义粮食援助，以换取朝鲜的让步。

1999 年 2 月 27 日至 3 月 15 日，以卡特曼和金桂冠为团长的美朝代表团就"金仓里问题"在纽约举行了第四轮谈判。经过近 20 天的沟通和谈判，双方最终达成协议，3 月 16 日，双方发表了《联合新闻声明》。在《联合新闻声明》（Joint Press Statement）中，双方再次确认了 1994 年 10 月 21 日《日内瓦框架协议》中双方的承诺和 1993 年 6 月 11 日美朝《共同宣言》中所表达的两国关系的原则。朝鲜决定在 1999 年 5 月初次邀请美国代表团，为美方提供"满意的对位于金仓里之设施的接近（satisfactory access）"，并允许追加的访问以消除美国对于该处设施将来用途的担忧，美国则决定采取措施改善两国的政治经济关系。

同日，美国国务院发言人鲁宾在会见记者的例行新闻发布会上透露了双方协议中的一些更具体的细节内容。鲁宾表示，在访问金仓里的时间上，1999 年 5 月进行第一次访问，2000 年 5 月进行第二次访问，经过两次访问，如果仍有疑惑，还可以进行追加访问。美国方面则通过世界粮食计划署向朝鲜提供与去年规模相当的粮食援助，约 50 万吨，通过非政府组织向朝鲜提供示范农业援助项目。同时，双方还就第四次导弹问题谈判的时间达成了一致——双方将于 3 月 29 日在平壤举行第四轮导弹问题谈判。

在卡特曼和金桂冠达成协议后，3 月 31 日至 4 月 3 日，美国国务院韩国科副科长乔尔·维特（Joel Wit）访问了平壤，与朝鲜外务省参赞韩成烈就美国代表团访问金仓里的问题进行了磋商。5 月 11 日，朝鲜中央通讯报道说，朝鲜外务省已邀请美国派出代表团访问金仓里。随后，卡特曼于 5 月 14 日访问平壤，在美国代表团访问金仓里问题上最终达成协议。

5 月 18 日，为了推进对金仓里进行现场调查的工作，美国政府工作级代表团抵达平壤，代表团团长由国务院韩国科副科长乔尔·维特担任，成员共有 14 名，分别是来自于国务院、国防部和能源部等部门的专家。5 月 20 日至 24 日，美国代表团对金仓里的地下设施进行了第一次现场调查活动。5 月 27 日，美国国务院发言人鲁宾在例行新闻发布会上表示，在调查活动的进行过程中，朝鲜方面给予了合作，无限制地允许接近现场，使调查活动得以迅速结束。调查团在超大的地下设施中发现了一个具有空隧道的未完工场所。从现在开始将对调查团的活动进行慎重的技术性分析，然后再做出判断。从鲁宾的表态看，美方对这次金仓里的调查是比较满意的。而朝鲜方面之所以表现得让美国满意，也是有其特殊考虑的，美国调查团赴金仓里进行现场调查的时期正是美国前国防部长威廉·佩里作为总统特使即将访朝的前夕，创造出一种积极的合作气氛是很重要的。

1999 年 6 月 23 日至 24 日，以卡特曼和金桂冠为团长的美朝高级会谈在北京举行。本次高级会谈是在美国代表团对金仓里进行现场调查之后，调查结果公布之前的时间节点上，应朝鲜方面的提议而举行的，会谈场所在北京也是依据朝鲜方面的提议而决定的。在会谈期间，双方代表团围绕着金仓里调查结果、朝鲜导弹问题、《日内瓦框架协议》履行问题、第六轮四方会谈问题等进行了广泛的交流与讨论。

就在会谈进行期间，美国国务院发言人鲁宾于 6 月 23 日在金仓里问题上表示："偌大的空隧道留下了疑惑，但现在还没有（证据）可以支撑得出（朝鲜）违反了关于核冻结的基本协议的结论。"

鲁宾的表态虽有保留，但基本澄清了一个事实，即虽然怀疑朝鲜在金仓里搞这样一处巨大的地下设施的目的，但这处地下设施没有用来从事核开发活动，至少到目前为止是这样。随着鲁宾的表态，喧嚣一时的"金仓里地下设施疑惑"问题也告一段落。

根据卡特曼与金桂冠在 1999 年 3 月达成的协议，2000 年 5 月 23 日至 27 日，美国再次派出由 12 名专家组成的代表团对金仓里进行了第二次现场调查，结论基本与第一次调查一样。5 月 30 日，美国国务院对第二次金仓里现场调查进行了说明，表示第二次调查与一年前一样，确认了地下设施中存在一个未完工状态的巨大隧道，从现在开始将对调查团的活动进行技术性分析，之后有可能做出追加性的判断和报告。在本次调查活动中，朝鲜方面对调查团的现场调查没有限制，使人看到了其比较合作的态度，从而使得调查团的调查工作迅速结束。在美国国务院这次表态之后，"金仓里地下设施疑惑"问题最终成为过去。

三、对朝政策协调官与"佩里报告书"

1998 年 11 月，美国前国防部长威廉·佩里被克林顿政府任命为对朝政策协调官。对朝政策协调官是一个临时性的职位，克林顿政府之所以设置这样一个职位，主要是应美国国会的要求。1998 年 11 月 3 日，美国国会举行中期选举，虽然共和党的席位有所下降，民主党的席位有所上升，但共和党仍然以多数席位控制着参众两院。[①] 而在对朝问题上，国会中持强硬立场的共和党议员对克林顿政府的对朝包容政策持强烈的批评态度，为了全盘考察和评估美国的对朝政策，共和党议员要求克林顿政府设置这样一个职位。

佩里被任命为对朝政策协调官之后，利用八个月的时间，走访了包括中、韩、日等国在内的大量专家和政府官员，并于 1999 年 5 月访问了朝鲜，与朝鲜高层进行了广泛的交流。在此之后，佩里于 1999 年 9 月 15 日向国会提出了《佩里报告书》。[②]

《佩里报告书》主要由八个部分组成，第一部分为对美国的对朝政策进行基本性评估的必要。在这一部分中，佩里团队肯定了美朝《日内瓦框架协议》的积极作用，肯定了克林顿政府的朝核政策，认为"《框架协议》可验证地冻结了宁边钚的生产，因此朝鲜现在最多保有少量的、很可能是 1994 年之前的运行分离出来的裂变材料。如果没有《框架协议》，朝鲜现在很有可能已经生产足够多的、可制造出相当数量核武器的钚。但是，尽管在《框架协议》之下，对

---

① 张焱宇、吕其昌：《美国中期选举结果》，载《国际信息资料》，1998 年第 11 期，第 14 页。

② Dr. William J. Perry, *Review of United States Policy Toward North Korea: Findings and Recommendations*, October 12, 1999.

宁边钚的生产设施可验证的冻结取得了关键性的成就，但评估小组对朝鲜有可能持续进行的与核武器相关的工作表示严重关切。1994 年之后的几年也见证了射程延长的朝鲜弹道导弹的开发、试验、部署和出口，其中一些具备了潜在的发射到美国领土的能力。"

"自 1994 年谈判之后，其他方面也都出现了明显的变化。朝鲜已经由金日成体制过渡到领导风格不同的金正日体制，而经济出现了明显的恶化。韩国金大中政府则已经开启了对朝接触政策，作为一个具有重要国际影响的领导人，作为我们的盟友和 37000 名美国士兵的东道主，金大中总统的见解和看法对于实现美国在朝鲜半岛上的安全目标是关键性的，除非与韩国的政策进行协调，否则美国的政策不会成功。如今韩国的接触政策为美国的政策创造了与 1994 年十分不同的条件和机会。另一个亲密的盟友日本在近年也对朝鲜更加关心，1998 年 8 月朝鲜发射飞越日本本土的大浦洞导弹更强化了这种关心。虽然国会通过了为轻水反应堆项目提供资金的决议，政府也希望保留《框架协议》，但朝鲜第二次导弹发射很可能会对日本国内对《框架协议》的政治支持基础产生严重的影响，会对其内部关于安全政策的决定产生广泛的影响。"

报告书的第二部分为朝鲜半岛安全状况的评估。在这一部分里，佩里团队主要评估了朝鲜半岛的安全状况，认为在本地区美国和盟友是力量强大，且有充分准备的。事实上，自 1994 年以来，美国既强化了自己的力量，也加强了与盟友组建联合力量的计划与程序。但是与在科威特和伊拉克的"沙漠风暴行动"十分不同，朝鲜半岛人口稠密，考虑到朝鲜百万军队部署在非武装地带附近，在美国的经验中，朝鲜半岛另一场战争的战斗强度将是自 1953 年朝鲜战争以来史无前例的，美国、韩国、朝鲜很可能有数十万军人和平民死亡，数百万人成为难民。因此，在目前的情况下，朝鲜半岛上的两侧在军事方面对战争的威慑是稳定的。这种相对的稳定，如果不被打破，能为各方提供时间和条件追求半岛的永久和平，最后结束朝鲜战争，很可能最终导致朝鲜半岛人民的和平统一，而这是美国政策的最终目标。

但是朝鲜拥有的核武器或远程导弹，尤其是核弹的结合，会削弱这种相对的稳定，因此评估小组认为美国对朝政策的迫切关注必须放在结束其与核武器和远程导弹相关的活动上。当美国面对结束这些核活动的任务时，美国对朝鲜任何政策的制定会受到三个因素的制约：第一，虽然逻辑上预示着朝鲜存在的明显的问题将最终导致它的体制会发生变化，但没有证据表明变化是马上就要发生的，因此美国的政策是必须与一个"是然"、而不是一个美国所希望的朝鲜政府打交道；第二，对 37000 名美国在韩国的驻军以及更多的增援他们的人、对朝鲜半岛南北两侧的居民、对地区内美国的盟友和朋友，一场毁灭性战争的风险要求美国要谨慎而有耐心地追求它的目标；第三，虽然《框架协议》在美国、韩国和日本，实际上在朝鲜都有批评，但《框架协议》已经可验证地冻结了宁边钚的生产，也为我们今年与朝鲜就金仓里地下设施的成功会谈奠定了基础。解冻宁边是朝鲜最快捷而确定的核武之路，美国安全政策的目标要求美国去补充《框架协议》，而一定不能削弱它或废弃它。

报告书的第三部分为地区内国家包括韩国、日本、中国和朝鲜的观点。评估小组认为韩国与美国在利益上并不完全一致，在一些重要的方面有重叠。日本与韩国一样，在利益上与美国也不一致，但是重叠性更强一些。中国在维护半岛的和平与稳定上具有重要的利益，意识到了半岛局势紧张程度不断加强的含义，也意识到了朝鲜弹道导弹对美国的国家导弹防御和战区导弹防御建设是一种重要的原动力，这都不是中国所希望的。中国也意识到朝鲜的核武会激发地区内的军备竞赛，会削弱不扩散机制，而中国作为一个拥核国，维护核不扩散机制是有利益的。由于这些原因，在很多方面，中国对朝鲜核导计划的关心与美国是一致的。虽然中国不会与美韩日协调它的政策，但运用它自己的交流渠道阻止朝鲜追求这些计划是符合它的利益的。因充满了的脆弱感，朝鲜政府已经发起了一个广泛的"奉献"运动，提出了"自给自足""主权和自主国防"等相关的宣传口号和政策试金石，朝鲜视外界在其国家推动的民主与市场改革为一种削弱其政权的企图。它严格地控制着外国的影响和与外国的联系，朝鲜看起来重视改善与美国的关系，尤其希望从美国长期实施的广泛的经济制裁中解脱出来。

报告书的第四部分为主要的发现。评估小组认为有六点发现：第一，朝鲜拥核与持续地开发、试验、部署和出口远程导弹会破坏朝鲜半岛核威慑的相对稳定性。第二，美国及其盟友可快速而肯定地赢得朝鲜半岛上的第二次战争，但人身和财产损失将远远超过美国在近期的任何一次经历，在朝鲜核武器和弹道导弹问题上，美国必须在所采取的行动不会削弱遏制或增强朝鲜失算的情况下追求目标。第三，如果通过合作结束朝鲜核武与远程导弹的活动能使稳定性得以保持的话，美国应该准备与朝鲜建立更为正常的外交关系，并加入韩国的接触与和平共存政策。第四，解冻宁边是朝鲜最快捷可靠的拥核路径，因此美国及其盟友应该维护并实施《框架协议》。如果没有《框架协议》，估计朝鲜每年会再处理足够多的钚，生产相当数量的核武器。《框架协议》的局限性，如没有可验证地冻结所有与核相关的活动，没有涵盖弹道导弹等，最好通过补充而不是取代《框架协议》的方案解决。第五，没有韩国和日本实际上的支持与执行上的合作，美国对朝鲜的任何政策都不会成功。确保三边的合作应该是可能的，因为三方的利益虽然不尽一致，但却有着重要且确定的重叠（overlap in significant and definable ways）。第六，考虑到（半岛）状况的内在风险和孤立、猜疑的朝鲜谈判风格，成功的美国政策，即使在面临挑衅的情况下，也需要稳定和坚持。现在采取的方法一定要持续到未来，超越本届政府的任期，因此，政策及其持续的履行具有尽可能广泛的支持和国会持续的参与是必要的。

报告书的第五部分为考虑和放弃的政策选项。评估小组认为有"维持现状""瓦解朝鲜""改革朝鲜""购买目标（'Buying' our objective）"四个政策选项。"维持现状"就是一方面以具有充分准备的武力和牢固的同盟形成强大的威慑，另一方面在存在的导弹谈判、遗骸问题谈判以及履行《框架协议》中与核相关的条款之外，保持与朝鲜的有限接触。"维持现状"选项的倡导者认为随着《框架协议》可验证地在宁边的实施，可使朝鲜在数年内不能获得更多的裂变材料以制造核武器，没有核武器，朝鲜的导弹项目可以通过现行（尽管日期不能确定）的双边导弹会谈安全地解决。因此美国的核心安全目标正在一个与威胁的发展相适应的时间表上追求着，美国的政策不需要改变。

然而，评估小组反对"维持现状"，反对的理由不是因为从美国安全利益的视角看，"维持现状"是不可接受的，而是因为担心它不可持续。"维持现状"除了不能直接表达美国的关切之外，很容易想象把维持现状带向危机的情况。例如，朝鲜一次远程导弹的发射，无论是不是采用试图把卫星送入轨道的形式，对美国、日本、甚至韩国国内对《框架协议》的政治支持都会产生影响。在这种情况下，朝鲜将会暂停对《框架协议》的遵守，解冻宁边，使半岛再次进入1994年那样的危机。这样的一个前景显示出维持现状的不稳定性，因此，即便是美国愿意，也不可能维持现状。

"瓦解朝鲜"即是追求加快金正日政权的终结，评估小组认为此政策选项不可取，因为即使假定这样的战略能够成功，也需要很长的时间才能实现，因此这个战略的时间表与朝鲜推进核导计划的时间表是不一致的。而且这样的政策将冒着毁灭性战争的风险，也不会得到地区内美国盟友的支持，最后施压政策伤及更多的是朝鲜的百姓而不是政府。

"改革朝鲜"即促使朝鲜加快政治经济改革，以更好地惠及朝鲜民众，并为其以和平方式融入国际社会奠定基础。但评估小组认为朝鲜政府将强烈地抵制改革，视其与瓦解政策无异。而且，"改革"政策与"瓦解"政策一样，都需要时间，比朝鲜继续推进核导计划需要的时间更长。

在目前工业和农业下滑的状况下，朝鲜不时表示愿意以"交易"方式解决美国在其核武器活动和弹道导弹出口方面的关切以换取硬通货，"购买目标"即是以经济补偿换取朝鲜在核导开发活动上让步。评估小组坚定认为以物质补偿换取安全的政策只会鼓励朝鲜的进一步敲诈，还会鼓励扩散者更多地参与到类似的敲诈中，如此的战略不会也不应该得到控制着美国政府钱包的美国国会的支持。

由于评估小组认为这几个政策选项都有问题，因此，他们在第六部分提出了一个综合性、统合的方法：双路径战略。他们认为美国要追求彻底的、可验证的保证朝鲜没有核武器计划，也要追求彻底的、可验证的停止其超过导弹技术控制机制（MTCR）参数的导弹试验、生产、部署，彻底停止此类导弹以及与之相关设备和技术的出口。通过谈判彻底停止朝鲜不稳定的核武和远程导弹计划，这条路径将导致朝鲜半岛形成稳定的安全环境，为更为持久的和平与结束东亚地区的冷战创造条件。

在这条路径上，美国及其盟友将以逐步与相互的方式减轻朝鲜视之为威胁的压力。这反过来会给予朝鲜政权信心，即它能够与美国以及它的邻居和平共存，并追求它自己的经济和社会发展。如果朝鲜消除它的核与远程导弹的威胁，美国与朝鲜关系正常化，放松对朝鲜的经贸制裁，并采取其他积极的措施为朝鲜提供机会。如果朝鲜准备沿着这条路径行动，韩日已经表明他们也将准备以协调但平行的轨道改善与朝鲜的关系。

而第二条路径是，美国需要采取行动遏制不能通过协商消除的威胁。如果朝鲜拒绝第一条路径，美国及其盟友就不得不采取其他的措施保证他们的安全，遏制威胁。美国及其盟友的措施应该追求保持《框架协议》不受影响，并尽可能地避免直接的冲突。

评估小组认为半岛的离散家属团聚问题、《南北基本协议书》的履行问题、绑架日本人问题等这些美朝直接谈判以外的问题在美朝关系改善之后再进行认真的处理，朝鲜的生化武器问题最好在多边的框架内处理，而半岛的统一问题应该是由半岛人民去决定的事情。同时，美国也一定不能从韩国撤出驻军，撤军会大大削弱目前形成的强大的威慑力，不利于地区的和平与稳定。

在第七部分中，评估小组认为这种双路径战略具有六个优势：可获得盟友的全面支持，可利用美国谈判优势，不改变对战争的稳定威慑，建立在《框架协议》的基础之上，能够把美国及盟友的朝鲜核导问题相关短期目标与朝鲜半岛长期和平的长期目标联系起来，不依赖于朝鲜特殊行为或意图。所谓"不改变对战争的稳定威慑"即美国不会把驻韩美军作为谈判的问题，也不会约束美国的战区导弹防御计划与韩日的参与。

最后，在第八部分，评估小组提出了五项政策建议。第一，对朝鲜的核武和弹道导弹相关计划采取一个全面而综合的方案；第二，在美国政府内建立一个强而有力的机制执行对朝政策，在国家安全委员会主要成员委员会（Principals Committee）和助理委员会（Deputies Committee）的指导下，在国务院维持运行一个人数少而高级别的跨部门朝鲜问题工作小组，由大使级高级官员担任主席，以协调对朝政策；第三，继续去年三月建立的新机制以保证与韩国、日本的紧密协调；第四，采取措施，实施持续的、跨党的、长期的对朝鲜问题的观测；第五，批准为应对朝鲜近期包括发射远程导弹在内的持续挑衅而准备的行动计划。

克林顿政府之所以任命对朝政策协调官是因为在 90 年代后期，尤其是 1998 年 8 月底朝鲜发射"人造卫星"和"金仓里地下设施疑惑"问题发生后，美国国内尤其是国会内部围绕着美国对朝政策的争论越来越激烈。日本方面因为担心朝鲜的导弹问题，国内也有人对向轻水反应堆提供资金援助提出了质疑，而韩国新上台执政的金大中政府却制定了对朝"包容政策"，美韩日三方对朝政策的步调出现了不一致。同时，伴随着金正日体制的正式确立，《日内瓦框架协议》签署时期在美国政界普遍流行的"朝鲜即将崩溃"的论调也逐渐消散。美国在提供重油方面的迟滞、轻水反应堆建设进度缓慢等问题也招致朝鲜的严重不满。这些因素都向美国和克林顿政府提出了一个问题——美国的对朝政策是否需要调整？美国是否需要继续履行《日内瓦框架协议》？于是克林顿政府任命佩里为对朝政策协调官，走访相关各国，对美国的对朝政策进行了全面评估。

《佩里报告书》对克林顿政府后期的对朝政策起到了明显的影响。在报告书提出之前的 1999 年 6 月，为了协调各自的对朝政策，美韩日三国就成立了三边协调与监督小组（the Trilateral Coordination and Oversight Group）。① 而在 8 月 26 日至 8 月 29 日，曾多次访问朝鲜的美国国会民主党众议员托尼·霍尔（Tony P. Hall）也再次访问朝鲜，朝鲜方面通过朝鲜中央通讯高调报道了霍尔前往平壤、沙里院、惠山等地考察以及与外务省副相金桂冠会谈的情况。结束访朝活动后，前往汉城的霍尔在 8 月 30 日会见了记者，介绍了此次访问朝鲜的情况，他介绍说，此次访问了沙里院的学校和孤儿院等单位，直接可以确认的是学生们恶劣的营养状况、不良的生长发育情况、出生率下降和新生儿平均体重下降的情况，并指出朝鲜的粮食危机状况以及替代食品存在着问题，督促韩国和日本给予积极的人道主义救助。同时，霍尔还提到了他几次和金桂冠副相就朝鲜导弹、核等其他问题进行了长时间讨论的事实。

1999 年 9 月 7 日至 11 日，卡特曼与金桂冠在柏林举行了高级会谈，美方代表团成员有国家安全会议负责亚洲问题的秘书官杰克·普里查德（Jack Pritchard）以及国防部相关部门的官员，朝鲜代表团成员主要有前驻联合国公使韩成烈、前四方会谈预备会谈代表郭溶学（音）等。会谈讨论了朝鲜的导弹发射以及两国间的其他问题。在会谈中，美国方面提出以朝鲜中止发射导弹为条件解除对朝鲜的经济制裁措施，而朝鲜方面则认为解除对朝鲜的经济制裁措施是 1994 年《日内瓦框架协议》所规定的美国的义务，美国方面应履行承诺。同时，会议还讨论邀请姜锡柱访问美国等改善两国关系的问题。此次会谈展现出一个积极的信号，即讨论了朝鲜外务省第一副相姜锡柱的访美问题，预示了双方欲升级两国关系的愿望。

卡特曼与金桂冠柏林会谈后，克林顿政府于 9 月 17 日宣布放松对朝鲜的经济制裁措施。而朝鲜方面也于 1999 年 9 月 24 日单方面宣布在朝美会谈期间，暂停进行导弹发射试验，这意味着只要美国同意与朝鲜举行会谈，朝鲜就不再

---

① 关于美韩日三边协调与监督小组的详细情况，参阅 US-ROK-Japan trilateral coordination in the implementation of the Perry Report.

继续进行导弹发射试验。而此时第六轮四方会谈已经结束，朝鲜已经不再打算参与四方会谈，所以朝鲜所说的会谈，就是朝鲜与美国双边之间的高级会谈。

四、"奥—赵互访"

1999 年 11 月 15 日至 19 日，以卡特曼与金桂冠为首的美朝高级会谈在柏林举行，双方主要交流了双边关系的改善以及高级会谈的日程等问题。会谈没有产生具体的文件，但会谈结束后，朝方首席代表金桂冠表示双方"就两国关系改善和准备高级会谈问题进行了磋商，磋商是在真挚、建设性和务实性的气氛中进行的。双方代表团将各自把会谈中讨论的问题向平壤和华盛顿汇报"。

2000 年 1 月 22 日至 28 日，卡特曼和金桂冠在柏林再次举行会谈，双方围绕着举行高级会谈的日程、议题以及两国间的其他问题进行了广泛的交流和讨论，并就举行高级会谈问题达成了一致。会谈结束后，参加会谈的朝鲜外务省美洲局副局长韩成烈表示："在这次会谈中，双方在我方高级代表团访问华盛顿等双边间的问题上取得了进展，具体的情况稍后将在首都发布。"美国国务院韩国科科长伊万斯·雷维尔也表示说："为了高级会谈的具体准备工作，此次会谈取得了非常好的进展。"

1 月 30 日，朝鲜方面通过外务省发言人会见朝中社记者的形式，对卡特曼和金桂冠的会谈进行了公开。朝鲜外务省发言人表示："从 1 月 22 日到 28 日，朝美在柏林举行了定期的、连续的副部长级会谈。在会谈中，双方就以我们的高级干部访问华盛顿等双边间的问题进行了真挚的讨论。双方以华盛顿高级会谈为目标，为了形成有利于会谈的条件和氛围，在 2 月末将再次举行副部长级会谈，对将我们从支恐国家名单中除名等问题继续进行深入的讨论。"很显然，在朝鲜人眼里，卡特曼和金桂冠之间的会谈已经是定期性、连续性的了，而且对卡特曼和金桂冠在 1 月末的会谈是比较满意的。

1 月 31 日，美国方面也按照约定，由国务院发言人鲁宾发布了声明，表示美国方面已经同意了朝鲜高层人士 3 月中旬访问华盛顿，这对于美朝关系的改善和东北亚、亚太地区的和平与稳定都将提供一个不错的机会，为此，美朝将于 2 月召开预备会谈。

卡特曼与金桂冠为了美朝更高级人士的会谈而进行的会谈比原定的日期稍

有后延，于 3 月 7 日在纽约开始。从 3 月 7 日至 15 日，美朝双方围绕着以高级
会谈为代表的两国间的问题进行了交流和讨论，朝鲜方面提出了重油供应补偿
等《日内瓦框架协议》的履行、支恐国家名单除名等问题，会谈虽然没有达成
具体的协议，但双方约定通过"纽约渠道"商定在近期内再次举行会谈的日程。
本次会谈之所以没有达成协议，主要原因在于会谈原定的议题是主要讨论朝鲜
高层人士的访美问题，但在会谈中，朝鲜方面提出了《日内瓦框架协议》的履
行迟滞问题，并要求美国进行补偿。会谈结束后的 3 月 18 日，朝鲜通过外务省
发言人会见朝中社记者的形式进行表态说："作为定期性朝美会谈的持续，朝美
在纽约进行了副部长级会谈，双方充分地讨论了因轻水反应堆建设的迟滞而造
成的电力损失的补偿问题和支恐国家名单除名等两国间悬而未决的问题，双方
同意继续进行多个渠道的会谈，以讨论双边间悬而未决的问题。美国方面承认
了要求电力补偿的正当性，双方讨论了实现补偿的方式问题。"（［朝］朝鲜中央通讯，
2000 年 3 月 18 日）但 3 月 15 日美国国务院发言人鲁宾则发布声明表示："双方讨论
了以朝鲜高级代表团访美为代表的悬而未决的问题，将继续进行导弹问题会谈
和《框架协议》履行问题会谈，并确认了美国方面对金仓里地下设施追加访问
的协议。"

美朝的表态稍有差异，可以肯定的是在卡特曼与金桂冠的会谈中，一定谈
到了对轻水反应堆建设进度的迟滞是否以及如何进行补偿的问题，但很明显双
方没有在这个问题上达成一致，从而也使得双方在会谈的主要议题——朝鲜高
级代表团的访美问题上没有敲定。3 月 29 日，朝鲜方面通过《劳动新闻》发表
题为《美国需要履行的义务要算清》的评论向美国施压。评论表示："在轻水反
应堆建设迟滞已经明显无疑的情况下，美国应该采取措施补偿电力损失，这是
签署《框架协议》的当事者——我们和美国立即要决定的问题。如果电力损失
的补偿问题得不到解决，我们将不得不再次发展我们的核动力工业，如果这样，
《框架协议》终将被废弃。"（［朝］《劳动新闻》，2000 年 3 月 29 日）

在彼此间进行较劲与僵持中，经过"纽约渠道"的沟通，美朝双方于 5 月
24 日至 30 日在罗马再次举行了高级会谈，卡特曼和金桂冠继续主导了双方的
会谈。会谈中双方讨论了《日内瓦框架协议》的履行、放松对朝经济制裁和导
弹问题谈判的准备等问题。

2000 年 6 月 19 日，美国通过《联邦公报》（Federal Register）刊登了克林

顿政府采取的放松对朝经济制裁的措施，这标志着克林顿政府于 1999 年 9 月 17 日公布的解除对朝经济制裁措施的正式生效。克林顿政府采取的主要措施有：（1）修改了依据《与敌对国家贸易法》（*The Trading with the Enemy Act*）而制定的《外国资产管制条例》（*The Foreign Assets Control Regulations*），不再限制包括在美朝鲜人在内的美国人对朝汇款以及个人或商业上的金融、资产交易；（2）修改了依据《出口管制法》（*The Export Control Act*）而制定的《出口管制条例》（*The Export Administration Regulations*），允许美国生产的消费品和劳务出口，允许进口朝鲜的原材料和物资，允许对朝鲜农业和矿业进行投资；（3）废除了根据《防卫物资法》（*The Defense Production Act*）制定的《T-2（44CFR part 403）条例》；（4）美国船舶和飞机可对朝鲜输送物资，可以运行美国至朝鲜的包机。

但是，克林顿政府在放松对朝鲜经济制裁措施的同时，也设定了一定的限制。首先根据美国法律，如果被指定为支持恐怖主义国家，会禁止对其出口可做军用和军民两用的商品和技术，禁止依据《对外援助法》《农业贸易与开发法》《进出口银行法》而进行的援助，禁止国际金融机构对其发放贷款；无财政部部长的允许，禁止美国人与其政府之间的金融往来等。而根据《导弹技术控制机制》（*MTCR*）等与防扩散相关的法律，也会禁止出口可做军用和军民两用的商品和技术，禁止根据《对外援助法》《农业贸易与开发法》《进出口银行法》而进行的援助。

因此，克林顿政府是有保留的，因为朝鲜仍被指定为支恐国家，美朝之间的导弹问题谈判也仍没有取得明显的进展。但是，尽管如此，与美国政府 1995 年 1 月 20 日第一次放松对朝鲜的经济制裁措施相比，[①]这次采取的措施在相当程度上解除了金融、投资和贸易等方面的规定，具有较大的实际性意义。值得注意的是，克林顿政府此次解除对朝制裁措施的时间点是在朝韩首脑会晤几天之后，考虑到朝韩关系的快速发展，以介入寻求平衡与牵制的想法也是存在的。实际上，就在朝韩首脑会晤的 2000 年 6 月 15 日当天，美国就宣布通过世界粮

---

① 1995 年 1 月 20 日第一次解除对朝鲜的经济制裁措施主要有：（1）部分解除了对朝鲜资产的冻结；（2）允许使用美国的银行系统；（3）允许进口朝鲜产菱镁矿；（4）允许开设美朝直通电话；（5）美国人赴朝旅游自由化，允许使用信用卡支付个人经费支出；（6）允许媒体机构在朝开设办公室。

食计划署向朝鲜提供五万吨粮食援助。（［朝］朝鲜中央广播电台，2000 年 6 月 18 日）

美国部分解除对朝鲜经济制裁的措施得到了朝方的积极回应。6 月 20 日，朝鲜外务省发言人通过回答朝中社记者提问的形式，一方面向美国提出全面解除对朝经济制裁的要求，另一方面也再次重申了去年 9 月 24 日做出的"在与美国的高级会谈进行期间，将暂时中止卫星发射"的表态。

2000 年 7 月 19 日至 21 日，美朝在柏林举行了"卡特曼—金桂冠"机制在 2000 年的第四次会谈，双方围绕着 7 月 26 日至 27 日东盟地区论坛（ARF）召开期间美朝外交长官会谈的议题、导弹问题以及朝鲜高级代表团的访美问题等进行了广泛的讨论。

7 月 26 日，东盟地区论坛召开，朝鲜派出了以外务相白南淳为团长的代表团。7 月 28 日，朝鲜正式宣布加入东盟地区论坛，成为东盟地区论坛的第 23 位成员国。参加东盟地区论坛期间，白南淳外相开展了积极的外交活动，与多个国家的外务长官进行了双边会谈，尤其是在 7 月 28 日，还与前来参会的美国国务卿奥尔布赖特举行了双方会谈，就两国间的问题广泛地交换了看法和意见。

东盟地区论坛之后的 8 月 9 日至 10 日，美国国务院负责恐怖主义问题的协调官迈克尔·希弗（Michael Schiffer）访问了平壤，与朝鲜副外相金桂冠就将朝鲜从支恐国家名单除名问题举行了会谈，但会谈没有达成任何书面性的成果。事后，朝鲜方面不像卡特曼与金桂冠会谈那样通过外务省发言人会见朝中社记者的形式对会谈的情况做些介绍，此次会谈之后，朝鲜方面没有做任何的公开表态，而美国国务院发言人理查德·鲍彻（Richard Boucher）在 8 月 11 日举行的例行新闻发布会上表示"此次会谈集中讨论了将朝鲜从支恐国家名单除名而采取的前提措施问题"。

9 月 4 日，朝鲜最高人民会议常任委员会委员长金永南赴美国纽约参加联合国千年首脑会议，中途在德国法兰克福机场办理搭乘美国航空公司 176 次航班赴纽约的登机手续过程中，航空公司方面要求朝鲜代表团成员脱掉外套和鞋子进行安检，并表示"被打上不良印记的八个国家都要接受这样的安检"。朝鲜方面认为这是美航方面接受了美国政府的指示，认为朝鲜是"不良国家"，才对朝鲜代表团成员及其所携带的物品进行如此检查的。美国方面已经邀请了朝鲜，却又在中途以飞行安全问题为由无理取闹，这说明美国对朝鲜的敌对政策毫无任何改变。于是，朝鲜代表团以拒绝接受安检表示抗议，并取消了访问美国的日程，于 9 月 6 日启程返回朝鲜。这件事情的发生是由于在沟通上存在问题，是否另有原因不得而知。美国航空公司方面表示没有接到朝鲜驻德国代表处关于金永南委员长乘机的通报，美国国务院发言人约瑟夫·洛克哈特（Joseph Lockhart）也表示：“那一天，美国正等待着朝鲜代表团参加千禧大会，却发生了这样不幸的事件。这起事件是民间航空公司与朝鲜代表团之间在航空安全检查过程中偶然发生的，与美国政府无关。”9 月 7 日，美国国务卿奥尔布赖特也致函朝鲜外相白南淳表示遗憾，而朝鲜方面则通过外务省发言人谈话将奥尔布赖特的“遗憾”表示称为“正式道歉”，此事件也最终告一段落。

金永南中途取消访美事件并没有对美朝关系的发展产生太大的影响。9 月 27 日至 10 月 2 日，卡特曼和金桂冠在纽约举行了 2000 年的第五次会谈，双方围绕着朝鲜导弹问题、支恐国家名单除名问题、《日内瓦框架协议》的履行问题以及朝鲜赵明录特使的访美日程等问题进行了广泛的交流与讨论。通过此次会谈，双方“在许多方面取得了相当的进展”，首先，双方最终确定了朝鲜国防委员会副委员长、人民军总政治局长赵明录作为朝鲜最高领导人金正日的特使访问美国的日程。美国在 9 月 29 日通过国务院发言人声明的形式，发表了赵明录次帅将作为金正日国防委员长的特使于 10 月 9 日至 12 日访美，并将与美国总统克林顿会晤的消息。朝鲜方面也于 10 月 1 日通过中央广播电台进行了正式的报道。

其次，双方在支恐国家问题上取得了一定的进展。10 月 6 日，美国方面以国务院发言人的名义发表了双方达成的《关于国际恐怖的共同声明》。《声明》表示：（1）反对所有形式的恐怖主义；（2）在消除恐怖主义方面进行合作（包括不对恐怖团体提供物质性援助，不对恐怖分子提供隐身场所，对恐怖分子进行审判等）；（3）鼓励联合国所有成员国加入防止恐怖主义的 12 个协定；（4）交换国际恐怖主义情报，努力解决双方之间悬而未决的问题；（5）依据满足美国法律条件的情况，在将朝鲜从支恐国家名单除名问题上进行合作。

在卡特曼和金桂冠讨论的四个问题中，导弹问题另有谈判机制，《日内瓦框架协议》的履行，美国方面主要是通过朝鲜半岛能源开发组织平台进行磋商，因此双方在“卡特曼—金桂冠机制”上最为关心的事情就是支恐国家名单除名问题和赵明录特使访美问题，而后一个问题是双方为了提升两国关系已经酝酿了很长时间的问题了。

2000 年 10 月 8 日至 12 日，赵明录特使率领的朝鲜高级代表团访问美国，朝鲜代表团由来自于国防委员会、外务省和朝鲜驻联合国代表处的 15 名成员组成，其中包括外务省第一副相姜锡柱、美洲局局长张昌川、美国科科长朴明国以及驻联合国大使李炯哲、副大使李根等人。赵明录一行的日程十分紧张，10 月 8 日抵达旧金山的当天就与前对朝政策协调官佩里进行了会谈，共进了晚餐。10 月 9 日，赵明录一行抵达华盛顿，朝鲜半岛和平谈判大使卡特曼负责接待。10 月 10 日，在举行由奥尔布赖特主持的欢迎仪式后，克林顿总统会见了赵明录，赵明录向克林顿总统递交了金正日国防委员长的亲笔信，奥尔布赖特主持了晚餐。在此期间，对朝政策协调官温迪·谢尔曼与姜锡柱还进行了另外的会谈。10 月 11 日，不但奥尔布赖特和赵明录之间举行了会谈，而且赵明录还与美国国防部长威廉·科恩（William Cohen）进行了面谈。10 月 12 日，朝鲜代表团结束访问，启程经北京回国。

赵明录特使一行对美国的访问取得了丰硕的成果，双方签署并发表了《联合公报》（*Joint Communique*）。根据朝鲜方面公布的情况，《联合公报》的主要内容以及所涉及到的问题，依照顺序如下：

① 关于朝鲜半岛形势和双边关系

朝鲜和美国认为随着历史性的北南首脑会晤，朝鲜半岛的环境已经发生了变化，双方决定将采取措施从根本上改善双边关系，以进一步强化亚太地区的和平与稳定。在缓和朝鲜半岛的紧张态势、以巩固的和平保障体制取代 1953 年的《停战协定》，正式结束朝鲜战争等方面，双方一致认为存在四方会谈等若干方法。

美国认为改善双边关系符合 21 世纪两国人民的共同利益，同时有利于亚太地区的和平与稳定，并具有采取新的措施改善两国关系的愿望。双方决定以 1993 年 6 月 11 日的《共同声明》所指出的、1994 年《框架协议》再次确认的原则为基础，消除疑虑，实现相互信赖，共同努力维护可建设性处理相互关心之事的氛围。为此，双方再次确认了两国关系应以相互尊重主权和不干涉内政原则为基础，意识到通过双边和多边框架维持正常的外交接触是有益的。双方同意合作发展互惠性的经济合作与交流，双方讨论了尽快安排经济贸易专家相互访问的事宜。

② 导弹问题

双方一致认为导弹问题的解决对于双边关系的根本改善和亚太地区的和平与稳定将做出重要的贡献。作为构筑新型关系的一种努力，朝鲜已向美方通报，在与导弹相关的会谈持续进行期间，将不再发射任何的远程导弹。

③《日内瓦框架协议》履行问题

朝美两国保证加倍努力完全履行《日内瓦框架协议》规定的各自义务的承诺，坚定地认识到这样做对实现朝鲜半岛的无核化和安全是重要的，为此，双方一致确认更加明确地履行《日内瓦框架协议》规定的义务。

与此相关，双方注意到对金仓里地下设施的接近有利于消除美国的担忧。

④人道主义

双方注意到近年来人道主义已经成为双方共同关心的事情，在此领域的合作已经开始。

朝鲜方面对美国在粮食和医药品领域的援助，对满足朝鲜人道主义需要方面做出了有意义的贡献，朝鲜对此表示感谢。

美国方面对朝鲜在朝鲜战争时期失踪的美军士兵的遗骸挖掘工作所给予的合作表示感谢，双方同意为了在尽可能大的程度上调查确认失踪者的工作迅速取得进展而努力。

双方同意为了讨论以上问题和其他人道主义问题而继续进行接触。

⑤恐怖主义问题

双方同意如2000年10月6日《共同声明》所指出的那样，支持、鼓励反对恐怖主义的国际努力。

⑥朝韩关系

赵明录特使向美国方面通报了历史性的北南首脑会晤的成果以及近几个月北南对话的情况。

美国方面表示为了实现南北之间缓和紧张、加强合作的倡议，包括现行的南北对话继续取得进展和成果以及加强安全对话，坚定承诺将以所有合适的方法给予合作。

⑦克林顿访朝

朝鲜国防委员会委员长金正日向克林顿总统直接表达了邀请其访朝的意愿，为了准备克林顿总统访问朝鲜相关事宜，双方同意美国国务卿奥尔布赖特在近期内访问朝鲜。

为了准备国务卿奥尔布赖特的访朝，10 月 17 日，克林顿政府派出了以助理国务卿帮办托马斯·哈伯德为团长、由 50 多名成员组成的代表团访问了朝鲜。随后，美国和朝鲜分别于 18 日和 20 日通过国务院发言人和朝鲜中央广播电台公布了美国国务卿奥尔布赖特将于 23 日至 24 日访朝的消息。美国国务院发布的信息十分详细，称国务卿奥尔布赖特一行将于 22 日上午乘专机从华盛顿出发，途经驻日美军横田空军基地，于 23 日上午抵达平壤，23 日至 24 日访问朝鲜之后，25 日前往汉城，与韩日高级官员进行会谈。

按照既定的日程，10 月 23 日至 24 日，美国国务卿奥尔布赖特率领一个包括方方面面人士在内的重量级代表团访问朝鲜，代表团成员包括对朝政策协调官温迪·谢尔曼、国务院负责东亚及太平洋事务的助理国务卿陆士达、国务院负责防扩散问题的助理国务卿罗伯特·艾因霍恩、国务院负责人权问题的助理国务卿赫拉德·高（Herald Go，韩国名为高兴洙）、朝鲜半岛和平谈判大使查尔斯·卡特曼（Charles Cartman）、联合参谋长辅佐官兼国务卿军事辅佐官沃尔特·多兰、白宫国家安全会议负责亚洲事务的局长杰克·普里查德、国务院发言人理查德·鲍彻、国防部第一副部长詹姆斯·博德纳（James M. Bodner）、国务院负责恐怖问题的协调官迈克尔·希弗等，这个代表团可以说包括了克林顿政府与朝鲜直接打交道的所有部门的相关负责人士。

奥尔布赖特一行在朝鲜两天的访问日程安排可谓是满满当当。10 月 23 日，代表团到达平壤，在参观了锦绣山纪念宫之后，就与国防委员会第一副委员长、人民军总政治局长赵明录举行了会谈。随后，在访问了正白第二幼儿园之后，该代表团在百花园迎宾馆与金正日国防委员长举行了第一次会谈，奥尔布赖特向金正日国防委员长转交了克林顿总统的亲笔信。下午与金正日委员长一起在五一体育场观看了由十万名演员参演的集体操表演。晚上，朝方在百花园迎宾馆举行了盛大的招待晚宴，金正日国防委员长亲自主持了晚宴。

10 月 24 日上午，奥尔布赖特一行在万寿台议事堂分别与朝鲜最高人民会议常任委员会委员长金永南和外相白南淳进行了会谈。中午，国防委员会第一副委员长赵明录主持了午宴。下午，在百花园迎宾馆，奥尔布赖特与金正日委员长再次举行了会谈，随后奥尔布赖特在高丽饭店举行了新闻发布会。晚上，奥尔布赖特在木兰馆主持答谢晚宴，金正日委员长等朝鲜高层出席。

10 月 25 日，奥尔布赖特一行离开平壤前往汉城。在两天的访朝行程中，奥尔布赖特与金正日委员长等朝鲜最高层就导弹问题、支恐国家名单除名问题、失踪美军士兵的尸源确认问题、缓和朝鲜半岛紧张局势的具体措施等进行了广泛而深入的交流和讨论，其中还就 11 月初将于马来西亚举行的导弹谈判问题达成了协议，只是留待克林顿总统访朝时签署。但在支持恐怖主义国家名单除名问题上，双方没有达成具体的协议。尽管如此，国务卿奥尔布赖特的访朝，作为历史上美国最高级别官员的访朝，也标志着自 90 年代中后期以来持续发展的美朝关系达到了最高峰。

第六章　踟躇的八年（一）

本章导读

90 年代中后期美朝关系的顺利发展对南北关系、朝日关系产生了重要的影响，从而使朝鲜半岛局势总体呈现出缓和的发展态势。2001 年上台执政的布什政府用半年左右的时间对克林顿政府的对朝政策进行评估之后，也制定了主调为基本持续而非变化的对朝政策。但是作为保守政党——共和党一贯持有的强硬底色、"9·11 事件"的爆发以及对南北关系、朝日关系发展失控的担忧等因素的综合作用，最终导致了第二次朝核危机的爆发。

在第二次朝核危机爆发后，因布什政府致力于中东地区的反恐战争以及中国等国家的斡旋，最终形成了一个多边而非双边的对话框架。

从 2003 年 8 月至 2005 年 9 月，经过长达两年时间的折冲樽俎，第四轮六方会谈终于在包括朝核问题在内的半岛问题的解决上取得重大突破，发表了《9·19 共同声明》。但《9·19 共同声明》的最主要特点是原则性，在所有涉及到的各方面问题的落实和推进上都尚需进一步的细化。

第一节　持续还是变化？

一、两份评估报告

2000 年 11 月 7 日，美国举行第 54 届总统选举，但直到 12 月 13 日民主党总统候选人戈尔才发表电视讲话承认败选，另一位候选人共和党的乔治·布什发表胜选演说。在此期间，朝鲜方面十分谨慎，比较担心美国政府的换届会对朝美关系的顺利发展带来不利影响。就在 11 月 7 日美国选举的当天，《劳动新闻》发表了题为《我们关于朝美关系的原则立场》的评论文章，表示："《朝美联合公报》作为朝美一起确定改善两国关系立场的历史性文件，不仅仅是新闻报道性的，也具有国际法的效力，因此双方具有履行《朝美联合公报》的义务。""我们将根据尊重主权和不干涉内政的原则，为发展朝美关系，做出具有诚意的努力。美国也应该彻底遵守与我们的约定，应该做出自己的努力。"（［朝］《劳动新闻》，2000 年 11 月 7 日）随后，朝鲜于 11 月 18 日通过中央广播电台报道了美国总统选举的消息之后，直到 12 月 17 日才又通过中央广播电台不加评论地报道了一个多月以来美国国内在选举问题上的混乱以及乔治·布什当选为下一届美国总统的选举结果。

在美国国内因选举问题而处于混乱之际，国会众议院议员托尼·霍尔于 11 月 25 日至 28 日再次访问朝鲜，这是霍尔四年来的第六次访朝。访朝期间，霍尔与朝鲜外务省副相金桂冠等朝鲜高层人士进行了会谈，并访问了平壤、平安南道温泉郡、平安北道博川郡以及咸镜北道清津等地。霍尔此次访朝主要是为了考察朝鲜的粮食状况和讨论人道主义援助问题。结束访朝之后，霍尔前往韩国，并于 29 日在美国驻韩国大使馆举行了记者招待会，介绍了此次访朝的情况。霍尔表示说，在朝期间与朝鲜高层就对朝鲜的人道主义援助问题进行了磋商，并向朝鲜方面转达了克林顿总统督促朝鲜努力做出改变的口信。在朝鲜取得了一系列外交成果的情况下，霍尔原认为朝鲜的电力、医疗、粮食等状况可能会有所好转，但在考察了几个地方之后，他表示看到的状况反倒是在恶化。

在记者招待会上，霍尔还提到了朝鲜方面期待克林顿总统能够访朝的希望，然而，克林顿总统最终在其任期内也没有能够实现对朝鲜的访问。

在克林顿总统任职末期，虽然他仍在延续着对朝鲜的包容和接触政策，但这一政策也受到了国会内共和党议员的强烈制约和批评。就在对朝政策协调官佩里提出对朝政策报告前后，国会内外的共和党也积极行动，提出了以《阿米蒂奇报告》《朝鲜咨询小组报告》等为代表的政策评估和政策建议报告。

阿米蒂奇（Richard L. Armitage）曾在 1981 年至 1983 年担任过美国负责亚洲和太平洋事务的助理国防部部长。1999 年 2 月 26 日，阿米蒂奇联合国家战略研究所（Institute for National Strategic Studies）的约翰内斯·宾恩德尼克（Johannes A. Binnendijk）等国会、军队和研究界的十名人士提出了所谓的《阿米蒂奇报告》。[①] 在报告中，阿米蒂奇等人认为《日内瓦框架协议》是必要的，但应对由朝鲜所造成的多种威胁是不够的。《日内瓦框架协议》签署之后曾有三种假设：即（1）《框架协议》已经终止了朝鲜的核计划；（2）朝鲜的"硬着陆（崩溃时伴随着侵略）"应该避免；（3）《框架协议》会诱导朝鲜对外部世界开放，开启南北渐进的缓和进程。但这三个假设正在发生变化，因此美国需要新的政策，而新的政策必须将《框架协议》看作是对朝政策的开始而不是问题的结束。在阿米蒂奇等人看来，美国的对朝政策是碎片化的（fragmented），履行《框架协议》、四方会谈、导弹问题谈判、粮食援助、遗骸问题协商等政策的组成部分主要是在各自的轨道上运行，对于如何将分散的部分整合起来，缺乏整体的战略或关注。因此阿米蒂奇等人提出了一个新的综合性的管理朝鲜威胁的方案。然而，尽管这个方案也包含着外交的途径，但强化威慑是主要的、中心性的。

如何强化威慑呢？阿米蒂奇等人提出，第一，要采取鼓励日本领导人加速"防卫指针"立法时间表的政策；第二，美国应该召集美日韩三国国防部长协商会议讨论朝鲜半岛的突发事件，该会议尤其应该考虑采取措施，实施增强力量的选项，包括在增加围绕着汉城的反炮兵雷达（counter-battery radar）、在日本部署更多的"爱国者"、公开声明在深化导弹防御合作和联合军演等问题方面达成一致；第三，应该划出一条"红线"，美国应该联合韩国、日本，表明什么是不可接受的行为，强调朝鲜的军事挑衅行为是不可容忍，且会招致反击的；第

---

① Richard L.Armitage, *A Comprehensive Approach to North Korea*, Institute for National Strategic Stuides, Number 159, March 1999.

四,五角大楼应该对美国在韩国的军事存在进行评估,（这种评估）不是着眼于减少（驻军）,而是为了保证美国的军队能够最佳地应对朝鲜的性质不断变化的威胁;第五,作为一个独立但却相关的行动,五角大楼和驻韩美军司令官应该进行评估,确定所需要的监视、雷达和其他武器的组合,以提高汉城针对轰炸或突然袭击的防御能力。为强调对同盟的承诺,美国也应该宣布准备增强战区的力量。

在外交方面,阿米蒂奇等人提出,第一,总统应该任命一位特定的人选负责与国会领导们的磋商,并直接向总统汇报,这一措施的目的在于将问题提升至最高决策层;第二,外交应该需要协调韩日的政策以积极地影响朝鲜的行为,并强化军事威慑;第三,美国应该提议美韩日三边外交部部长层面的协商会谈,目标应该是任命高级专人,建立协调机制,将问题提升至总统日程中的国家安全优先的层次,三方协调应该在综合提议的责任分工方面达成谅解;第四,中国的责任是重要的,美国和中国在朝鲜半岛问题上享有共同的利益。美国期盼中国采取正确的行动,积极的合作将提升中美关系。但是如果因不充分合作而发生冲突,中国将承担重责。而如果美国的外交失败,保持朝鲜"生命支持"的担子将直接由中国承担。

阿米蒂奇等人建议,美国同朝鲜的谈判要讨论《框架协议》、导弹、常规威胁、粮食／经济援助／制裁、安全保障、正常化等问题。关于《框架协议》,阿米蒂奇等人认为美国应该尊重已经存在的承诺,但同时也应该强调因朝鲜的行为,1994 年 10 月以后政治安全环境已经大大恶化,为了继续对《框架协议》的支持,可疑场所和导弹问题的解决是必须的。美国应该注意到可疑场所被《框架协议》的"保密条款（confidential minute）"所覆盖,美国的目标是有一个可靠的机制来不断提高现有场所的透明性,但却受到限制。美国应该单边表明综合的一揽子决议应该包括朝鲜内任何一处可疑场所。为使朝鲜迅速遵守国际原子能机构的保障协定,美国需要为《框架协议》下国际原子能机构的核查做出准备,朝鲜在其保留的关于过去核活动的历史记录方面给予合作是关键性的。除此之外,新的谈判应该包括早日将目前保留在宁边的废弃核燃料移出朝鲜。

关于导弹问题,阿米蒂奇等人认为朝鲜的导弹问题已经成为一个比《框架协议》签署时远为突出的问题。在导弹问题上,美国的短期目标是中止试验和出口，长期目标是使朝鲜接受导弹技术控制机制（the Missile Technology Control Regime）的约束。他们认为，如果朝鲜继续出口导弹，且美国确认这一事实，美国应表明其将根据《联合国宪章》赋予的自卫权行动，并尽其所能拦截导弹运输船只。

关于常规威胁，美国应提出建立互信机制的相关建议，以达到缩减双方常规军事力量的目标。任何新的和平机制都应以减少常规威胁为目的。

关于粮食／经济援助／制裁，阿米蒂奇等人认为美国应该继续提供一些人道主义粮食和医药援助，但同时也要在分配的透明性上提出要求。在朝鲜发生改变的情况下，美国也要准备进一步放松制裁，支持朝鲜成为国际金融机构的成员。如果朝鲜采取了必要的措施，美国及其盟友也应该考虑在世界银行或亚洲开发银行内建立朝鲜重建基金（Korean reconstruction fund）。

关于安全保障和关系正常化，美国应该与韩国、日本提议召开有美、俄、中、日、韩、朝参加的六方会议处理朝鲜的安全问题。如果朝鲜方面满足美国在安全上的关切，美国也应该准备走向全面的关系正常化。

如果外交失败，美国将不得不考虑两个均没有吸引力的选项，一个是与拥有运载系统且拥核的朝鲜共生并对之进行威慑，另一个是具有不确定性的先发制人打击。

在阿米蒂奇等人提出报告之后，1999 年 11 月，朝鲜咨询小组（North Korea Advisory Group）也提出了一份政策建议报告。朝鲜咨询小组是 1998 年 8 月朝鲜发射卫星后，应美国国会众议院议长丹尼斯·哈斯特（J. Dennis Hastert）的要求，由国会中的九名共和党高级成员组成的小组。哈斯特只要求咨询小组回答一个问题，即："朝鲜是否比五年前对美国的利益构成更大的威胁？"咨询小组的报告长达数十页，共有五章。这五章的内容分别是第一章《朝鲜的大规模杀伤性武器计划》，第二章《朝鲜的常规力量》，第三章《朝鲜对国际社会稳定的威胁》，第四章《持续的朝鲜政府》，第五章《人权和朝鲜人民》。朝鲜咨询小组的报告主要依据美国政府、国际机构的资料以及国会研究服务局（the Congressional Research Service，简称 CRS）和美国审计总署（the General Accounting Office，简称 GAO）提供的信息，并组织行政机构的官员、情报机构的分析员以及民间身份的专家召开了一系列的情况通报会，最后结合国会研究服务局的七份报告和审计署的两份报告而成，其结论是自 1994 年以来，朝鲜对美国国家安全构成的综合性威胁增加了。[1]

　　阿米蒂奇以及朝鲜咨询小组基本上都是在佩里提交报告前后提交的报告，基于美国国内政治因素的影响，克林顿总统不能无视这些报告的存在，在一些问题上接受了阿米蒂奇等人的建议。如阿米蒂奇提议建立美韩日三边协调机制，于是，1999 年 6 月，美韩日成立了三边协调与监督小组（TCOG）。但是，从整体来看，克林顿政府基本上还是接受了佩里报告的建议，延续了对朝鲜的包容和接触政策。然而，这并不是说克林顿政府可以完全不顾国内政治的结构性制约，不顾强硬派共和党议员的反对而直通平壤。在执政末期，他需要考虑政府换届的结果，需要考虑政策要留有余地这一因素，以不至于为下届政府带来太大的包袱和负担。

　　如果说《阿米蒂奇报告》只是被克林顿政府稍有接受的话，那么，它却对布什政府的对朝政策则起到了较大的指导作用。早在布什参加总统竞选期间，阿米蒂奇就作为布什的外交政策顾问参加了赖斯领导的"火神队（The Vulcans）"。布什胜选执政后，阿米蒂奇于 2001 年 3 月被任命为副国务卿后，担任该职一直到 2005 年。

　　布什竞选成功后，在政权交接过程中，包括克林顿和奥尔布赖特等人在内的克林顿政府的核心人士都规劝即将上任的布什政府接受多年来推进的对朝政策的成果，在导弹问题上最后达成协议。从 1997 年至 2001 年担任美国国务院负责东亚及太平洋事务助理国务卿的陆士达也撰文指出国务卿奥尔布赖特访朝之后克服了东北亚地区安全上的最大威胁因素，认为朝鲜半岛紧张气氛的缓和会带来驻韩美军地位的变化，会对美国的国家利益产生不利影响的看法是不妥当的。[2]

　　然而，由于所秉持的政治理念的不同，以及"不当家不知柴米油盐贵"的身份职责差异以及竞选策略等方面的原因，在布什竞选期间，以赖斯（Condoleezza Rice）和保罗·沃尔福威茨（Paul Wolfowitz）为代表的布什竞选团

[1]　Benjamin A. Gilman, *Report to The Speaker U.S. House of Representatives*, North Korea Advisory Group: November 1999.

[2]　Secretary-Designate Colin L. Powell, *Confirmation Hearing by Secretary-Designate Colin L. Powell*, Washington, DC, January 17, 2001. https://2001-2009.state.gov/secretary/former/powell/remarks/2001/443.htm

队中的一些人士就不断地抛出对克林顿政府对朝政策的批评言辞。2001 年 1 月
17 日，被提名为国务卿的鲍威尔（Colin L. Powell）在参议院外交委员会人事听
证会上也表示，朝鲜所具有的常规力量已经超过了自卫的水平，导弹开发也没
有中止，因此要对与朝鲜的关系进行全面的再评估。[①]

二、持续而非变化

2001 年 1 月 20 日，布什政府正式上台执政后便指示对包括对朝政策在内
的美国的外交政策进行全面的评估。由此到布什总统发表对朝政策声明的 6 月
6 日，美国暂停了继续推进克林顿政府的对朝包容和接触政策，关闭了克林顿
政府时期开通的多个美朝对话通道。然而，这并不意味着布什政府就完全放弃
和推翻了克林顿政府的对朝政策。在此期间，或出于制度和政治结构等运行惯
性上的原因，或出于政治理念上的原因，美国出台的涉朝政策或相关人士的发
言、表态使人感觉颇为混乱。

2001 年 3 月初，韩国总统金大中访问美国，虽然布什总统在 3 月 7 日举行
的美韩首脑会谈上表示支持韩国的对朝包容政策，但在会谈之后的记者招待会
上又显示出对朝鲜领导人的怀疑心态，并明确地表示没有在近期就导弹问题与
朝鲜进行谈判的计划。而国务卿鲍威尔则提出改善美朝关系的前提条件是朝鲜
中断核导开发，并削减常规武器。3 月 9 日，美国国务院以发言人理查德·鲍彻
午间新闻简报的形式提出了布什政府对朝政策的六项原则：（1）美韩日政策协
调；（2）支持朝鲜半岛紧张局势的缓和；（3）正确、现实性理解朝鲜政权；（4）
全面再评估对朝政策；（5）逐一核查美国的对朝谈判；（6）对朝鲜大规模杀伤
性武器扩散的担忧。[②]

以国务院新闻发言人午间新闻简报的形式发布政策原则尽管不代表政府的
正式政策，但也在某种程度上预示着政策的方向。在这样的气氛中，一项因制

---

① Colin L. Powell, *Statement of Colin L. Powell*, *Secretary of State-Designate*, *Hearing before the Committee on Foreign Relations*, U.S. Senate. January 17.

② U.S. State Department Spokesman Richard Boucher, *Daily Briefing*, Washington, DC, March 9, 2001, https://2001-2009.state.gov/r/pa/prs/dpb/2001/1176.htm

度性惯性的存在而出台的政策使得这种气氛更加浓重。4 月 30 日，美国国务院按照惯例发布了《2000 年度恐怖主义报告》（*Patterns of Global Terrorism 2000*），继续将伊朗、伊拉克、叙利亚、利比亚、古巴、苏丹和朝鲜指定为支持恐怖主义国家。依据美国国务院的说法，将朝鲜指定为支持恐怖主义国家的依据主要有两个：（1）为日本"淀号"劫机案的犯罪分子继续提供隐身之地；①（2）美国掌握朝鲜向国际恐怖组织直接或间接出售武器的证据。

但是，与此同时，布什政府的一些人士又在不同的场合不断表明美国具有与朝进行接触、重开对话的意向。5 月 9 日，副国务卿阿米蒂奇访问韩国，在与金大中总统的会谈中，向金大中总统转交了布什总统的亲笔信，布什总统在信中表示美国支持韩国政府的对朝包容政策，在评估美国对朝政策的过程中会尽可能考虑金大中总统的意见以及将继续维护《日内瓦框架协议》。同时，阿米蒂奇还透露布什政府的对朝政策评估工作将于 6 月初结束。5 月 26 日，国务院负责东亚及太平洋事务的助理国务卿詹姆斯·凯利（James Kelly）在夏威夷召开的美韩日三边协调与监督小组（TCOG）会议上也表示，美国对朝政策的基本方针是在 6 月中旬与朝鲜重开对话，以彻底核查包括核导以及常规武器在内的悬而未决的问题为前提，从头开始与朝鲜进行谈判。

2001 年 6 月 6 日，布什政府结束了近五个月的对朝政策评估，以总统书面声明的形式发表了对朝政策评估声明。在声明中，布什总统表示，他已经指示国家安全团队与朝鲜在一个广泛的议题上与朝鲜开始认真地讨论。议题包括：（1）改进关于朝鲜核活动的《日内瓦框架协议》的履行问题；（2）对朝鲜导弹开发计划实施可验证的限制与禁止导弹出口；（3）降低常规军备的威胁态势问题。布什总统表示美国将在对朝鲜采取综合性办法的背景下与朝鲜进行讨论，如果朝鲜对如上问题做出积极的反应并采取适当的措施，美国将进一步努力扩大对

---

①　1970 年 3 月 31 日，日本学生运动出身的左翼组织"赤军派"九名成员劫持了从东京羽田机场飞往福冈的日本航空公司俗称"淀号"的 351 航班客机。当时飞机上包括七名乘务人员在内共有 129 人。"赤军派"成员先在福冈释放了 23 名乘客，后在韩国金浦以日本运输政务次官关山村新治登机为条件释放了剩余乘客和四名空姐。"淀号"最后于 4 月 3 日飞抵朝鲜后，关山村新治和三名乘务人员回国，九名"赤军派"成员要求滞留朝鲜，并得到朝鲜当局的允许。

朝鲜民众的援助，放松对朝鲜的制裁，并采取其他的政治性措施。①

从书面声明的内容来看，布什政府并没有打算完全抛弃克林顿政府的对朝政策，而是有条件接受并扩大与朝鲜谈判的议题，即有条件接受克林顿政府签署的《日内瓦框架协议》，继续克林顿政府与朝鲜的导弹问题谈判，并将缩减常规军备问题纳入双方谈判的框架中。客观来讲，这对朝鲜而言，并不是不可接受的。在处于政府领导人更替的政权交接过渡期内，能够延续接触与对话可能比接触、对话会取得什么样的成果更重要。

6月13日，在布什总统发表对朝政策评估声明之后仅仅一周的时间，美朝双方就在纽约进行了布什上台后第一次正式的官方接触，讨论了重启对话的准备工作问题。美国方面的代表是杰克·普里查德，朝鲜方面参加接触的是朝鲜常驻联合国代表李炯哲和副代表李根。普理查德在克林顿政府时期曾担任白宫国家安全会议亚洲问题秘书官，政府换届后，接替卡特曼担任朝鲜半岛和平谈判大使，而卡特曼已于2001年5月转任朝鲜半岛能源开发组织执行主任。在双方的接触中，普理查德向朝鲜方面说明了布什政府对朝政策评估的结果，重启美朝对话的方针，并试探了朝鲜方面对重启对话的时机、地点等方面的看法。李炯哲则表示首先向平壤汇报，一两周之后向美方反馈朝方的立场。

布什政府的对朝政策定调后不到一周，双方就启动"纽约渠道"进行了接触，这对双方关系的持续发展是具有积极意义的。双方接触结束后，美国国务院也表示这次接触"讨论了双边会谈的准备问题，是务实的、有意义的会谈"。

然而，布什政府的对朝政策基调没有得到朝鲜方面的积极回应。李炯哲表示一两周后向美国反馈朝鲜对布什政府对朝政策的意见，但是不到一周时间，朝鲜就通过另外的方式对布什总统的声明和6月13日美朝"纽约渠道"的接触做出了正式的回应。6月18日，朝鲜外务省发言人发表谈话表示："6日美国提议重启对话是值得注意的事情。""美国所提出的磋商议题，与核导以及常规武器有关，追求试图解除我们武装的目的，不能不认为是单方面的、附前提条件的和敌对的。朝美关系中所有悬而未决问题发生的根源是对我们构成威胁的美国的敌对政策。""如果美国真正具有对话的意愿，应该将履行《框架协议》和

---

① George W. Bush, "Statement on Completion of the North Korea Policy Review", June 6, 2001, http://www.presidency.ucsb.edu/ws/index.php?pid=45819

《朝美联合公报》的实践性问题作为议题。我们的常规武器，作为自卫的手段，在驻南朝鲜的美军退出之前，绝不能成为讨论的对象。目前，应该将因轻水反应堆建设迟滞而产生的电力损失的补偿问题优先设定为议题。"（［朝］朝鲜中央通讯，2001 年 6 月 18 日）

朝鲜外务省发言人的谈话虽然表示朝鲜关注布什政府重启对话的提议，但实际上是公开拒绝了布什政府的提议。可能是出于国内政治宣传上的需要或是谈判策略上形成的惯性等因素使然，在美国进行选举和政府换届过程中，朝鲜方面刚开始的表现警戒而谨慎，但在布什政府上台后，又表现得有些急躁。对于进入布什政府的一些保守人士的发言，共和党议员的一些政策建议是否能够真正成为布什政府的正式政策，实际上是需要观察的。但朝鲜方面在布什总统上台的次日，即 1 月 21 日，就通过外务省发言人针对布什政府外交安全团队一些人士在对朝政策上的"强硬发言"发表了谈话。谈话的内容大体具有如下几点意思：第一，如果这些人的"强硬"成为新政府正式的立场，问题是十分严重的；第二，朝美双方具有依据《框架协议》和《联合公报》，消除敌对关系，解决彼此担忧的义务，在美国保障朝鲜安全的时候，朝鲜也将会解决美国对安全的担忧，这是朝鲜不变的立场；第三，在导弹问题上，朝美之间没有任何的协议，现在朝鲜也不必拘束于上届政府时期在导弹问题上的提议。朝鲜不能无限期延长导弹发射试验的中止，针对任何时候的任何情况都已经做好了准备。
（［朝］朝鲜中央通讯，2001 年 1 月 21 日）

随后，在 2001 年 2 月份，朝鲜又连续两次派出外交官前往华盛顿与美方接触，督促美方重启与朝鲜的对话。一次是朝鲜常驻联合国代表李炯哲和副代表李根前往华盛顿向布什政府表达了朝鲜希望启动对话的愿望，另一次是朝鲜外务省北美局局长韩成烈率领一个小规模代表团以了解国际金融制度为名访问华盛顿。但李炯哲和韩成烈均被告知，美朝对话要等到政府的政策评估结束之后。

对朝鲜而言，它对美国新政府的政策就是要力促布什政府完全继承克林顿政府的对朝政策，遵照《日内瓦框架协议》和《美朝联合公报》处理与朝鲜的关系。3 月 3 日，朝鲜又通过外务省发言人会见朝中社记者的形式对美国进行批评，并督促美国履行《日内瓦框架协议》。随后，从 3 月中旬至 3 月底，朝鲜方面动员了《劳动新闻》、平壤广播电台、中央广播电台等媒体对美国进行了持续的谴责与批评，个别次的批评还涉及到了布什总统及其政府某些成员个人。客观上讲，这种做法对于督促布什政府制定出朝鲜所希望和期待的对朝政策是难以产生有积极意义的帮助的。

　　在 6 月 18 日朝鲜以外务省发言人会见朝中社记者的形式做出公开表态后，美国方面并没有将朝鲜的这种回应看作是朝鲜政府正式立场的表达，它一方面要求朝鲜给予直接的回应，[①]另一方面仍然通过高层表态呼吁与朝鲜重启对话。7 月 27 日，美国国务卿鲍威尔在与韩国外交通商部长官韩昇州会谈时再次表示："美国已经准备好在朝鲜愿意的时间、愿意的场所与朝鲜开展没有任何条件的对话。而无论美朝对话重启与否，美国将继续考虑从人道主义角度提供粮食援助。"[②]甚至在"9·11 事件"之后，美国国务院仍在呼吁与朝鲜重启对话。11 月 26 日至 27 日，在旧金山召开的美韩日三边对朝政策协调监督会议上，率团参会的美国国务院负责东亚及太平洋事务的助理国务卿詹姆斯·凯利又再次表示美国准备同朝鲜进行真正的对话，具有在任何时候和任何地方与朝鲜会面的意愿。国务院发言人理查德·鲍彻在 11 月 28 日也表示美国将响应国际机构的呼吁，继续对朝鲜进行粮食援助，将从人道主义角度对近期世界粮食计划署提出的计划进行详细的研究。[③]

　　因此，可以说布什政府在其执政初期基本上是继承了克林顿政府的对朝政策，用主要是延续而非变化这一表述更能准确地描述美国对外政策的特征，尤其是对朝鲜半岛政策。[④]但"9·11 事件"的发生所引发的布什总统本人的关注点从国内问题向国际问题的转移以及美国政府内国防部强硬派在政策决定过程中影响力的增强，最终使得布什政府的对朝政策发生了调整。

---

① Richard Boucher, Spokesman, *Daily Press Briefing*, U.S. Department of State, July 3, 2001, www.state.gov/r/pa/prs/dpb/2001/index.cfm?docid=3951.

② Secretary Colin L. Powell, *Remarks With Republic of Korea Minister of Foreign Affairs and Trade Han Seung-Soo*, U.S. Department of State, July 27, 2001, www.state.gov/secretary/rm/2001/index. cfm?docid=4325.

③ Richard Boucher, Spokesman, *Daily Press Briefing*, U.S. Department of State, November 28, 2001, www.state.gov/r/pa/prs/dpb/2001/index.cfm?docid=6494.

④ C. Kenneth Quinones: "Dualism in the Bush Administration`s North Korea Policy", *Asian Perspective*, Vol.27, No.1, 2003, p.198.

三、凯利访朝与铀浓缩计划

"9·11"恐怖袭击事件的发生对朝鲜触动很大，事件发生之后的第二天，朝鲜就通过外务省发言人会见朝中社记者的形式发表谈话，表明了朝鲜反对恐怖主义行为的立场，随后朝鲜又于11月3日宣布加入《禁止向恐怖主义提供资助的国际公约》（*International convention for the suppression of the financing of terrorism*）和《反对劫持人质国际公约》（*International convention against the taking of hostages*）。

但是，随着10月7日美国及其联军对基地组织和塔利班发动军事打击的阿富汗战争的开始，美国国内对朝鲜的态度也逐渐转向强硬。10月25日，美国"朝鲜人权问题委员会"宣布成立，该委员会由里根政府时期曾担任国防部副部长的弗雷德·艾克（Fred Ickle）担任委员长，主要负责监督援朝粮食的分配、"脱北者"政治难民资格认证以及对朝鲜民众渗透外部信息等工作。10月26日，美国国务院发布的《国际宗教自由年度报告》（*Annual Report on International Religious Freedom*）将朝鲜指定为没有宗教自由的特别关注（particular concern）国家。11月19日，美国国务院负责军控和国际安全事务的副国务卿约翰·博尔顿（John R. Bolton）在瑞士日内瓦召开的《禁止生物武器公约》（*Biological Weapons Convention*）第五次评估会上发表主旨演讲时将朝鲜与本·拉登的基地组织、伊拉克一起指定为威胁国际安全的生物武器的开发国。[1]11月26日，布什总统在记者招待会上，针对记者关于阿富汗战争之后美国是否扩大反恐战争的提问时表示，为了判断朝鲜是否开发大规模杀伤性武器，希望朝鲜接受美国的核查小组访问朝鲜。[2]11月29日，美国国务院副发言人菲利普·里克（Philip T. Reeker）在会见外国媒体记者时也表示，根据在其他国家的经验，国际原子能机构的验证程序需要三年以上的时间，与朝鲜半岛能源开发组织在朝鲜建设轻水反应堆核心部件的提供时期和日程相适应，为了完成核核查，朝鲜应该立刻

---

[1] Jenni Rissanen, "Acrimonious Opening for BWC Review Conference", *Biological Weapons Convention (BWC) Review Conference Bulletin*, November 19, 2001, www.acronym.org.uk/bwc/revcon1.htm.

[2] The White House, *President Welcomes Aid Workers Rescued from Afghanistan*, November 26, 2001, www.whitehouse.gov/news/releases/2001/11/20011126-1.html.

接受国际原子能机构的核核查。

美国的强硬使朝鲜十分不满，朝鲜方面在通过外务省发言人会见记者发表谈话、《劳动新闻》评论等形式对美国的政策予以谴责的同时，对美国"扩大反恐战争的可能性"更是十分警惕。尽管如此，朝鲜方面也在尽力满足美国方面提出的要求。2001 年 12 月 1 日至 4 日，朝鲜半岛能源开发组织理事会执行主任卡特曼访问了朝鲜。2002 年 1 月 15 日至 19 日，国际原子能机构技术小组依照 2001 年 11 月与朝鲜方面达成的协议，访问了包括同位素研究所在内的宁边的核设施。

这应该是一个积极的信号，但是并没有也难以阻止布什政府在整体推进反恐战争的大背景下对朝鲜认识的持续恶化。2002 年 1 月 30 日，布什总统发表国情咨文（*President Delivers State of the Union Address*），表示"朝鲜是一个以导弹和大规模杀伤性武器武装，但却饿其国民的体制"，朝鲜、伊朗、伊拉克以及它们的恐怖组织盟友"构成了目的在于威胁世界和平的邪恶轴心"。[①] 布什总统将朝鲜定性为"邪恶轴心"的一员，虽然美国国务院的官员对此有所保留，但这一观点立刻得到了国防部长拉姆斯菲尔德以及国家安全顾问莱斯等人的支持，也使得这些人在布什政府决策中的影响力增大。2 月 6 日，美国中央情报局局长乔治·特内特（George J. Tenet）在参议院情报委员会听证会上也表示将朝鲜认定为"邪恶轴心"一员的根据是其弹道导弹的威胁，他预测在 2015 年左右美国将很可能面对来自朝鲜、伊朗，甚至伊拉克等国家的洲际导弹的威胁。[②]2 月 20 日，美韩两国在汉城举行首脑会谈之后，布什总统在与金大中总统共同会见记者时，再次表示朝鲜是个不顾民众死活、不透明的政权。3 月 10 日，《纽约时报》部分公开了美国国防部的《核态势评估报告》（*Nuclear Posture Review*），该报告书将朝鲜等七个国家设定为可以进行核打击的对象国。报告书指出在非使用核武而不能打击的目标、受到核与生化武器的攻击以及突然发生的军事事态等几种情况下，可以使用核武器，如应对朝鲜对韩国的攻击、大陆对台湾的攻

---

① *President Delivers State of the Union Address*. https://georgewbush-whitehouse.archives.gov/news/releases/2002/01/20020129-11.html

② George J. Tenet，*Worldwide Threat-Converging Dangers in a Post 9/11 World*，Senate Select Committee on Intelligence，February 6，2002. https://www.cia.gov/news-information/speeches-testimony/2002/senate_select_hearing_03192002.html.

击、伊拉克对以色列及其周边国家的攻击等都可以使用核武器。[1]

　　在如此的气氛中，2002年1月10日，美国国务院朝鲜半岛和平谈判大使普理查德与2001年12月接替李炯哲担任朝鲜驻联合国代表处代表的朴吉渊在纽约进行了接触。在初次之后，双方的接触因布什总统"邪恶轴心"发言而一时中断，但随后双方又分别于3月13日、3月20日进行了两次接触。在接触中，双方集中讨论了重启美朝对话以及美国特使访问朝鲜的问题。（［韩］韩联社，2002年3月27日）

　　4月3日至6日，韩国总统外交安全统一特别助理林东源访问了朝鲜，林东源回到韩国后在记者招待会上表示朝鲜方面已经接受了韩国方面提出的接受普理查德特使访朝的建议。为此，4月11日，美国国务院朝鲜半岛和平谈判大使普理查德紧急访问韩国，听取了林东源的访朝结果说明以及朝鲜方面对重启美朝对话、美国特使访朝等问题的意见。但是就在普理查德访问韩国的同一天，朝鲜外务省发言人通过会见朝中社记者的形式表示："朝美一定应该重启对话，但是现在还不是时候，美国与朝鲜在同等的地位上进行对话，对话才可以重启。"4月30日，美国白宫发言人阿里·弗莱舍（Ari Fleischer）正式发表声明，表示朝鲜方面已经通过其联合国代表处向美国国务院通报，它已经做好了与美国开始进行对话的准备，为此，美国也将做一些事情，以决定对话的日期和其他具体事项。（［韩］《朝鲜日报》，2002年5月1日）

　　美朝重启对话似乎有望，尽管美国国务院于5月21日发布的《2001年度恐怖主义报告》（*Patterns of Global Terrorism 2001*）仍将朝鲜列为支持恐怖主义国家，但并没有影响到美朝要重启对话的势头。6月14日，普理查德大使与朴吉渊大使在纽约再次进行会晤，就普理查德作为特使访朝、美朝重启对话等问题进行了沟通。随后美韩日三方又于6月17至18日在旧金山召开了对朝政策协调监督小组会议，对美朝在纽约的接触和美国特使访朝问题继续进行了协调和磋商，并最终形成了一致意见。6月25日，美国方面向朝方通报了7月10日向朝鲜派遣助理国务卿凯利作为特使访朝的计划。在此期间的6月7日，美

---

[1]　U.S. Department of Defense, "Pentagon's new nuclear targets in terror age", *The New York Times*, March 10, 2002; *Nuclear Posture Review*[Excerpts], January 8, 2002. www.globalsecurity. org/wmd/library/ policy/dod/npr.htm.

国政府宣布向朝鲜提供十万吨粮食援助。

但是，美方的通报并没有得到朝鲜方面的积极回应。6月25日，这一"反对美帝斗争的日子"，朝鲜各地到处举行了声讨美国的群众集会，《劳动新闻》等媒体也发表社论、评论，对美国的对朝敌对政策进行集中批判和谴责。同时，朝鲜还就6月13日在韩国发生的驻韩美军装甲车轧死两名韩国女中学生事件进行了大量的报道和谴责。6月27日，美国国务院韩国科科长爱德华·董（Edward Dong）与朝鲜常驻联合国副代表李根进行了接触与沟通，但并未取得成果。随后，6月29日朝韩之间发生了"黄海交战"事件，韩朝关系趋向紧张，美朝关系也开始变得前景不明。7月2日，美国国务院发言人鲍彻在例行新闻发布会上表示，美国"已于昨天（1日）晚上向朝鲜驻联合国代表部通报原来预定10日派遣特使访问朝鲜（的事情）已不在计划中，原因是到目前为止，我们还没有收到平壤方面的答复"。鲍彻同时还表示"美国同时也向朝鲜通报说黄海上发生的南北海军舰艇之间的交战事实上造成了使美国难以接受美朝对话的气氛"。（［韩］《朝鲜日报》，2002年7月3日）

鲍彻的表态可能对朝鲜产生了压力。7月25日，朝鲜方面以朝韩部长级会谈朝方代表团团长金烈成（音）的名义向韩方代表团致函，对"黄海交战"事件的发生表示遗憾，并提议进行工作级接触以启动第七次部长会谈。金烈成表示："对不久前偶然发生的武力冲突事件表示遗憾，双方应共同努力使此类事件不再发生。我们认为重启中断的当局对话，完全恢复北南关系，为了实现缓和与合作而积极地采取措施符合6.15共同宣言的根本精神。"（［朝］平壤广播电台，2002年7月25日）

同日，即7月25日，朝鲜还通过外务省发言人会见朝中社记者的方式就朝日关系表态，发言人表示："朝日国交正常化会谈在2000年10月进行了第11次会谈以来处于中断状态。朝日之间不正常关系的持续不符合两国人民的利益。基于这种认识，7月31日在文莱举行东盟地区论坛期间，朝日将举行外务相级会谈。在会谈中，双方将对朝日国交正常化中提出的原则性问题和悬而未决的问题交换意见。"（［朝］中央广播电台、平壤广播电台，2002年7月25日）

7月26日，朝鲜又通过外务省发言人会见朝中社记者的方式就朝美关系和美国向朝鲜派遣特使问题表态，发言人表示："美国现布什政府执政之后至今，朝美对话处于中断状态。不久前，美国为了说明重启朝美对话的立场，提出向平壤派遣特使，对此我们已经同意。对于派谁来当特使是美国的事情，因西海（黄海）交战而取消的特使如果继续派遣，我们将以一贯的立场对待。"（〔朝〕中央广播电台，平壤广播电台，2002 年 7 月 26 日）

　　7 月 29 日至 8 月 1 日，第九届东盟地区论坛在文莱首都斯里巴加湾举行，论坛举行期间的 7 月 31 日，朝鲜外相白南淳与日本外相川口顺子举行了会谈，双方发表了包括重启国交正常化谈判等四项内容的《联合新闻声明》。7 月 31 日东盟地区论坛会议召开之前，白南淳外相与美国国务卿鲍威尔举行了约 15 分钟的会谈，就重启美朝对话交换了意见。双方约定将重启对话，作为重启对话的一个环节，美国派国务院负责东亚及太平洋事务的助理国务卿凯利作为特使访朝。在论坛上，白南淳外相发表演说表示："以朝鲜半岛为中心的东北亚地区在冷战时期，即是现在也是世界上局势最尖锐的地区。为了消除朝鲜半岛的紧张状态，实现和平与统一，为地区安全做出贡献，如《6·15 北南共同宣言》所确立的，北和南应排除外部势力的干涉，集中我们民族自己的力量，实现国家的统一。结束美国对朝鲜的敌对政策和朝美停战关系是重要的，只有美国也开始期待双方间没有前提条件的对话，才会开启朝美之间建立信任，公正地解决朝美之间悬而未决问题的前景。"

　　这一时期朝鲜方面十分积极，朝日外相会谈及其《联合新闻声明》的发表、白南淳外相与鲍威尔国务卿会晤以及白南淳外相的演讲内容等，朝鲜均通过中央广播电台、平壤广播电台及时做了报道，特别是在 8 月 1 日的报道中还明确对美国派遣助理国务卿凯利作为特使访朝的提议表示欢迎。

　　东盟地区论坛结束之后，朝韩关系和朝日关系发展顺利。8 月 2 日至 4 日，朝韩在金刚山举行了第七次部长级会谈的工作级接触，就第七次部长级会谈的举行日期、场所等问题发表了《联合声明》。8 月 12 日至 14 日，朝韩第七次部长级会谈在汉城举行，双方就南北经济合作、当局之间的军事会谈、离散家属团聚、体育文化交流、第八次部长会谈等事项达成了协议，并发表了《联合声明》。

　　8 月 18 日至 19 日，朝日在平壤进行了红十字会会谈，双方就 1945 年以前失踪的在日朝鲜人和六名失踪日本人的身份进行了确认和相互通报，并就在朝日本人女性于 10 月下旬访问故乡问题达成了一致，发表了《联合声明》。^① 随后，8 月 25 日至 26 日，朝日又在平壤举行了外交当局之间的局长级会谈，就双边关系改善和国交正常化、人道主义援助等问题进行了讨论，发表了具有六项内容的《联合新闻声明》。而更使人吃惊的是，9 月 17 日，日本首相小泉纯一郎闪击访问朝鲜，与金正日国防委员长举行了历史上的首次首脑会晤，双方发表了具有四项内容的《朝日平壤宣言》。^②

在此期间，朝鲜人民军和联合国军之间的将军级会谈自 2000 年 11 月中断了 19 个月之后，也于 8 月 6 日在板门店重启。双方阐述了各自对"黄海交战"问题的立场，就"防止此类事件再次发生，所有问题通过对话解决"等事项达成了协议。9 月 12 日，朝鲜人民军和联合国军之间又召开了第 14 次将军级会谈，就开放东部海域非武装地带部分区域的问题达成了协议。协议规定开放韩国猪津至朝鲜温井里的铁路和松岘里至高城的道路所穿越的军事分界线和非武装地带的部分区域，将此部分区域划为南北管理区域。因开放而产生的相关技术性、实际性问题以及南北管理区域内提出的军事性问题，由南北军方协商处理。这一协议的达成实际上是推进南北道路连接项目和发展南北关系所提出的客观要求，为进一步推进南北关系的深入发展创造了条件。

---

① 本次红十字会会谈为双方红十字会之间的第四次会谈，前三次会谈的时间分别为 1997 年 11 月、1998 年 1 月和 2000 年 9 月，分别就 15 名、12 名和 16 名在朝日本人访问故乡问题达成了协议。

② 《朝日平壤宣言》共有四条，主要内容包括：①为了尽快实现邦交正常化，双方倾注所有努力，为此决定 2002 年 10 月中旬重启邦交正常化谈判。②日本方面诚恳地接受过去它对朝鲜实行的殖民统治给朝鲜人民带来的巨大损害与痛苦的历史事实，并对此表示深刻的反省和真诚的道歉。双方同意，两国在实现邦交正常化以后，日本方面将通过无偿提供资金、长期低息贷款等方式，与朝鲜方面开展经济合作，日本方面还将通过日本的国际合作银行等机构向朝鲜提供融资和信用贷款。双方将相互放弃追索两国及两国国民涉及 1945 年 8 月 15 日前遭受损失的财产。③双方确认将遵守国际法，互不采取威胁对方安全的行为。关于与日本国民生命与财产安全有关的悬而未决的问题，朝鲜方面确认，这种令人遗憾的问题是在朝日两国关系处于不正常情况下发生的。朝鲜今后将采取适当措施防止再次发生这种问题。④为了维护和强化东北亚地区的和平与稳定，双方确认将相互进行合作。双方确认以该地区相关国家之间的相互信赖为基础构建合作关系的重要性。双方一致认为，随着本地区有关国家间实现关系正常化，构筑旨在谋求本地区信任框架是重要的。为了一揽子解决朝鲜半岛的核问题，双方确认将遵守所有有关国际协议。双方确认有必要促进有关国家之间的对话，以谋求解决包括核与导弹问题在内的安全保障方面的问题。朝鲜方面表示，愿根据本宣言的精神，将冻结导弹发射的时限继续延长至 2003 年以后。

在朝韩关系和朝日关系顺利发展的环境和氛围下，因"黄海交战"事件而处于停滞状态的美朝关系也逐渐有所松动。8月28日，美国国务院发言人鲍彻表示将重新启动推进特使访朝事宜。9月6日至7日，美韩日三国对朝政策协调监督小组召开会议，对各自的对朝政策进行"对表"后，9月23日至24日，美朝通过"纽约渠道"再次进行了接触。10月3日至5日，美国国务院负责东亚及太平洋事务的助理国务卿凯利作为总统特使的访朝最终成行。

凯利是克林顿政府时期国务卿奥尔布赖特访朝之后近两年以来访问朝鲜的最高级别的美国官员。在此期间，以国务院为主导推进的美国特使访朝一事之所以进展缓慢屡被推迟，一方面是由于受到"黄海交战"等事件的影响，另一方面，也是更主要的，是因为美朝双方彼此政策上的冲突，而冲突表现在特使问题上，首先是表现在特使的人选问题上。布什政府执政后，通过"纽约渠道"与朝方进行接触的是普理查德，他的正式身份是朝鲜半岛和平谈判大使，这是因四方会谈机制的启动而设置的一个职位。布什政府曾打算派普理查德访朝，但如果他作为特使访朝，在给人的感觉是继续推进四方会谈的印象会比较强烈。因此，对朝鲜来说，它更希望像凯利这样的国务院负责东亚及太平洋事务的主要官员作为特使访朝。2002年8月7日，轻水反应堆发电站地基水泥浇筑仪式在新浦市金湖地区举行，普理查德作为朝鲜半岛能源开发组织执行理事会的理事赴朝参加了浇筑仪式，但并未有与朝方官员接触或对话的其他日程安排。这似乎有些不正常，至少普理查德正式的身份是朝鲜半岛和平谈判大使，参与半岛事务，正常的情况是应该利用他参加地基水泥浇筑仪式的时机做出一些其他的外交安排，但实际上却没有。很明显，朝鲜方面似乎是在等待更高级别的官员访朝。然而，凯利特使的访朝却加速了半岛局势的恶化。

凯利访朝并没有像朝鲜方面预想的那样，借此重新启动因美国政府换届而中断的朝美高级对话，而是直接提出了朝鲜的铀浓缩问题，这是朝鲜所始料不及的。10月3日，凯利与朝鲜副外相金桂冠会谈，当凯利接受上级指令以不出示证据的方式直接向金桂冠表示美朝进一步接触的前提条件是朝鲜立即停止铀浓缩计划时，金桂冠否认了朝鲜有铀浓缩计划。但是，在凯利离开朝鲜之前最后与朝鲜外务省第一副相姜锡柱会谈时，姜锡柱明确表示朝鲜正在进行铀浓缩项目，而且认为《框架协议》已经无效。①

美国国务院并没有立即公布助理国务卿凯利的访朝结果，直到 10 月 15 日才召开记者电话会议披露了一些细节，这其中似乎隐藏着一些玄机。

可用来制造核武器的有两种裂变材料：一种是武器级的钚——含有足够比例的钚 -239 同位素的核裂变副产品，另一种是浓缩至 93% 的含有铀 -235 同位素的铀。天然的铀中，铀 -235 的含量只有 0.7%，因此如要利用铀制造核武器，首先需要将铀进行浓缩。将天然铀进行浓缩有几种方法，而空气离心技术是最实际、最经济的方法。

《日内瓦框架协议》只是冻结了朝鲜申报的与其现有的核计划相关的设施，从国际法的角度严格来说，朝鲜方面并不具有允许国际原子能机构核查其未申报的设施的义务。而且，铀浓缩设施也可服务于完全合法的民用目标项目，可以用于制造为轻水反应堆提供动力的低浓缩铀（the low-enriched uranium）。尽管根据国际原子能机构的规定，这样的设施也必须申报并接受核查，但许多加入《不扩散武器条约》的国家都拥有这样的再处理能力却并未申报。

1995 年朝鲜半岛能源开发组织与朝鲜方面签署的《轻水反应堆供应协定》承诺"朝鲜半岛能源开发组织按照核工业的标准实践，为每个轻水反应堆发电站提供最初装载的燃料"，但对于反应堆的日常运转，朝鲜半岛能源开发组织有义务帮助朝鲜获得轻水反应堆电站的燃料，而合同要与朝鲜选定的供应商签署。《轻水反应堆供应协定》的这一规定为朝鲜留下了空间，将最终选择轻水反应堆核电站燃料供应商的权利留给了朝鲜。

90 年代后期，就有一些零星的报道说朝鲜对离心分离机技术作为一种获取尔穆德斯（Joseph S. Bermudez, Jr）认为朝鲜在这方面的兴趣最早可追溯到 80 年代后期。1999 年和 2000 年期间，韩日方面也声称获取的一些情报显示朝鲜对铀浓缩技术感兴趣。

尽管美国方面获取了这些信息，但布什政府上台之初并没有将其公之于众，也没有打算与朝鲜讨论这些问题。一方面是因为美国正在准备对伊拉克发

---

① James Kelly, "United States to North Korea: We Now Have a Pre-Condition", *YaleGlobal Online*, 12 December 2002. http://yaleglobal.yale.edu/content/united-states-north-korea-we-now-have-pre- condition.

动战争，不想被其他地区的事务分散精力，另一方面也是因为美国官员相信朝鲜还没有实际的浓缩能力，而要获得这些技术仍需几年的时间，因此这个事情并不急。①

　　然而，朝韩关系，尤其是朝日关系的快速发展使布什政府改变了初衷。美国政府并不希望南北关系和日朝关系发展得过于迅猛。但是，在美朝关系的踯躅中，不但朝韩关系突飞猛进，一路高歌，并没有受到"黄海交战"事件的太多影响，而且朝日关系的发展速度也出乎美国的想象和预料，这使得美国颇为担心。2002 年 8 月 27 日，美国国务院副国务卿阿米蒂奇访问日本，与小泉首相会谈时被告知 8 月 30 日将公布小泉首相访问朝鲜的计划。而对于此，日本方面并未与美国进行事先的沟通，这使得美国政府和相关部门的官员十分吃惊。②9月 12 日，小泉首相访问联合国，布什总统亲自向小泉首相介绍了朝鲜的核活动。在小泉首相赴朝前夕，美国驻日大使霍华德·贝克（Howard Baker）也向小泉首相介绍了美国中央情报局的最新发现。在不能推迟或阻止小泉首相访问朝鲜的情况下，美国方面多次向小泉首相介绍朝鲜核活动的情况，至少是希望日本方面不能太无视这个问题的存在，最好是在小泉首相访朝期间提出这个问题，美国最终的目的和希望是日朝关系能够按照其所希望和可以控制的节奏和进度去发展。但是，在访朝期间，小泉首相只是从督促朝鲜履行先前承诺的角度谈及了核问题，他虽然也向朝方传递了"美国对朝鲜的核计划十分关心，希望朝方接受核查，以照顾美国的关切"等信息，但是，在美国最为关心的铀浓缩和朝鲜导弹问题上，小泉首相并没有传递出"急迫"的信息，他最关心的是"绑架问题"。

　　小泉首相的"闪电式"访朝使布什政府感到它正在直接面对着东北亚政治与安全局势突然且难以预测的变化，感觉到存在着一种美国的半岛政策选择正在被其他国家的政策日程所左右的可能性，这种可能性会使平壤以牺牲美国的利

①　Jonathan D. Pollack, "THE UNITED STATES, NORTH KOREA, AND THE END OF THE AGREED FRAMEWORK", *Naval War College Review*, Summer 2003, Vol. LVI, No. 3, p.33.

②　Jonathan D. Pollack, "THE UNITED STATES, NORTH KOREA, AND THE END OF THE AGREED FRAMEWORK", *Naval War College Review*, Summer 2003, Vol. LVI, No. 3, p.34.

益为代价而取得与美国盟友关系的实质性突破。① 因此，美国必须要为东北亚急剧变化的形势"踩刹车"，使韩日的对朝政策回到美国的节拍上。于是，在小泉首相访问朝鲜一周之后，美国宣布了助理国务卿凯利的访朝计划。包括朝韩日等国，甚至包括一些美国人在内，都曾预想凯利的访朝可能会给美朝关系的停滞不前带来转机和突破，但结果却恰恰相反。在凯利访朝之前，美国不仅没有与国际原子能机构方面进行沟通，而且在凯利到达平壤后，也没有向朝方展示任何证据，直截了当切入主题，端出了铀浓缩问题。这在朝鲜看来，既突然，又无礼。在紧急召开了一夜的会议之后，朝鲜做出了承认表态，② 而这正是美国所需要的。

10月25日，朝鲜外务省发言人发表谈话，就凯利访朝之后国际上开始关心的朝鲜铀浓缩问题正式表态。外务省发言人表示："我们针对变化了的形势和具体的状况，采取了一系列的对策，为活跃经济而采取了一些措施……美国特使在没有任何根据的情况下说我们以制造核武器为目标推进铀浓缩计划，违反了《日内瓦框架协议》。朝鲜半岛的核问题是由于从半世纪前美国就采取对朝鲜的敌对政策而产生的问题，布什政府将我们认定为'邪恶轴心'，将我们纳入核'先发制人'打击的对象，这对我们而言是明明白白的宣战书，使朝美《联合公报》和《日内瓦框架协议》完全丧失了效力。""我们对美国特使已经明确表明，为了应对美国强化的核扼杀威胁，守护我们的自主权和生存权，朝鲜应该持有核武器，甚至比其更强大的武器。""我们已经表明在如下三项条件下具有通过谈判解决该问题的意向。第一，认可我们的自主权，第二，承诺互不侵犯，第三，对我们的经济发展不设置障碍……美国如果通过《互不侵犯条约》承诺包括不使用核在内的互不侵犯，我们也具有消除美国安全关切的意向。"（[朝]朝鲜中央广播电台，2002年10月25日）

朝鲜外务省发言人的谈话并没有明确承认铀浓缩计划，但至少也表明朝鲜具有在某种情况下进行铀浓缩的意向。此后，朝鲜半岛的局势逐渐回到了按照美国设想的路径发展的轨道。凯利访朝之后，布什政府采取了如下三项措

---

① Jonathan D. Pollack, "THE UNITED STATES, NORTH KOREA, AND THE END OF THE AGREED FRAMEWORK", *Naval War College Review*, Summer 2003, Vol. LVI, No. 3, p.35.

② Don Oberdorfer, "My Private Seat at Pyongyang's Table", *The Washington Post*, Opinion section, 10 November 2002.

施：第一，发表声明对朝鲜的浓缩铀计划表态，并与日本、韩国发表《联合声明》。第二，中断对朝鲜的重油供应。11 月中旬，美国召开国家安全委员会会议决定 11 月对朝鲜的重油供应按照计划提供（已有 42500 吨运往朝鲜），从 12 月开始中断对朝鲜的重油供应。随后，美国将自己的决定向韩日做了通报。11 月 15 日，朝鲜半岛能源开发组织在华盛顿召开理事会，讨论了对朝鲜的重油供应和轻水反应堆发电站建设问题，会议最终决定从 12 月开始中断对朝鲜的重油供应。第三，与国际原子能机构方面进行沟通，在国际层面和国际机构层面进一步凸显朝鲜的铀浓缩计划。11 月 29 日，国际原子能机构召开理事会并通过决议，指出朝鲜的铀浓缩计划和其他秘密的核活动违反了《不扩散核武器条约》以及朝鲜与国际原子能机构签署的《核安全保障协定》等国际条约规定的义务，要求朝鲜提供相关信息，开放对相关设施的核查，以可验证的方法放弃所有的核武器开发计划。

12 月 12 日，朝鲜外务省发言人发表谈话表示："美国 14 日发布中断重油供应的决定，并从 12 月开始实际中断。美国单方面所宣扬的（我们）承认了核开发计划，是一种随意的表达，对此我们感到没有必要专做评议。""在《日内瓦框架协议》已在实际上处于被抛弃的状况下，我们决定立即解除在每年提供50 万吨重油供应的前提下才采取的核冻结措施，立即重启电力生产所需的核设施的运行和建设。核设施再次冻结的问题完全取决于美国。"（［朝］朝鲜中央广播电台，平壤广播电台，2002 年 12 月 12 日）

12 月 13 日，朝鲜致函国际原子能机构要求拆除对朝鲜所有核设施的封条和监控摄像机。随后，朝鲜从宁边 5MWe 原子能发电站开始拆除废弃核燃料棒储藏室、放射性化学实验室、核燃料棒制造设施的封条，并中断了监控摄像机的运行。12 月 27 日，朝鲜原子能总局局长李再善致函国际原子能机构总干事巴拉迪（Mohamed Elbaradei），向其通报了启动放射性化学实验室和驱逐国际原子能机构核查员的情况。但是，朝鲜方面也并没有把门彻底关死。12 月 29 日，朝鲜外务省发言人发表谈话表示，因美国单方面采取的措施，"朝鲜曾经所处的在《不扩散核武器条约》中的特殊地位已经处于危险状态……核问题是美国以缔结互不侵犯协定给予该问题法律上的安全保障即可解决（的问题），在任何情况下都不是国际性的问题。如果其他国家关心核问题的解决，应该站在公正的立场上发挥正当的作用，推动美国站出来与我们对话。"（［朝］朝鲜中央广播电台，

2002 年 12 月 30 日）

朝鲜一方面强调自己仍在《不扩散核武器条约》中处于一种特殊的地位，还没有完全退出《不扩散核武器条约》，另一方面又显示出通过其他国家的调和启动与美国进行对话的愿望。从这些情况来看，朝鲜方面所采取的如上措施仍属于向美国施加压力的范畴，朝鲜希望通过这些措施，能够开启与布什政府的对话。然而，使局势向何处发展已经是布什政府决定的事情，朝鲜难以影响。对于朝鲜的呼吁，美国只需稳坐，不需做任何反应，朝鲜就会沿着设定的路径往下走，况且美国还不是完全静观。

2003 年 1 月 6 日，在美国的要求下，国际原子能机构召开了特别理事会，通过了督促朝鲜遵守《核安全保障协定》的决议。同日，美国、韩国和日本召开了三方对朝政策协调监督小组（TCOG）会议，释放出一致的"要求朝鲜完全弃核"的声音。牵制韩日与朝鲜改善关系的进程，使国际原子能机构从国际机构层面介入——在美国采取这些措施的情况下，朝鲜只能往前走。

国际原子能机构理事会通过决议四天之后，即 1 月 10 日，朝鲜发表了政府声明。声明表示："美国在 2002 年 11 月 29 日之后又于 2003 年 1 月 6 日唆使国际原子能机构通过反对我们的决议。在美国要扼杀我们、国际原子能机构也再次鲜明地成为美国对朝鲜敌对政策工具的状况下，我们再也不能留在《不扩散核武器条约》之内，使国家的安全和民族的尊严遭受侵害。朝鲜民主主义人民共和国政府为了应对国家的最高利益正在遭受极度威胁的严重事态，为了守护国家和民族的自主权、生存权和尊严，宣布退出《不扩散核武器条约》（声明）的效力即刻自动发生，宣布随着退出《不扩散核武器条约》，完全不再接受依据《不扩散核武器条约》第三条而与国际原子能机构之间签署的《核安全保障协定》的约束。我们虽然退出了《不扩散核武器条约》，但没有制造核武器的意愿。在现阶段，我们的核活动仍然局限于以电力生产为代表的和平性目标。如果美国放弃对我们的扼杀政策，中止对我们的核威胁，我们也将会通过朝美之间独立的验证，对我们不制造核武器给予证明。"（[朝]朝鲜中央广播电台，平壤广播电台，2003 年 1 月 10 日）

朝鲜以发布政府声明的方式宣布退出《不扩散核武器条约》，也再一次引发了朝鲜半岛的核危机。

第二节 六方会谈

一、三方会谈

朝鲜以发布政府声明的形式宣布退出《不扩散核武器条约》，等于把球踢给了美国，但此时，美国正在准备对伊拉克的战争，它并不想在朝鲜问题上分散精力，它只想使朝鲜半岛地区快速变化的局势放慢速度。因此它首先放出的信息是"对话"，但对话不是要与朝鲜进行双边间的对话，而是多边的。2003年1月14日，布什总统在会见波兰总统克瓦希涅夫斯基时发表演说，表示美国"当然愿意与朝鲜进行对话，但这个国家不能做的是勒索，要做的是利用这个机会把中国、俄罗斯、韩国和日本带到谈判桌前和平地解决这个问题"。[①]

美国的意图比较明确，即将不在双边框架内与朝鲜开展对话，随后布什总统针对"多边"提出了一个"5+5方案"，所谓"5+5方案"即联合国安理会五个常任理事国中美俄英法，再加上朝鲜、韩国、日本、欧盟和澳大利亚。[②]

与此同时，国际原子能机构方面也在继续推进。2003年1月12日，国际原子能机构再次召开特别理事会，讨论将朝核问题提交至联合国的问题。2月12日，国际原子能机构最终决定将朝核问题提交至联合国安理会，而安理会于4月9日召开会议讨论了朝核问题。

美国推动国际原子能机构介入朝核危机，并通过国际原子能机构将朝核问题提交至联合国安理会，目的在于规制包括韩日在内的其他国家的对朝政策，强化对朝鲜的压力。在此期间，为了与朝鲜方面进行沟通，联合国秘书长安南分别于1月14日至18日、3月18日至22日两次派出加拿大籍石油矿产商人出身的联合国外交官莫里斯·斯通（Maurice F. Strong）作为个人特使访问朝鲜。在访朝期间，斯通还与朝鲜最高人民会议常任委员会委员长金永南、朝鲜外相

[①] George W. Bush, *Remarks by President Bush and Polish President Kwasniewski*, Washington, D.C., January 14, 2013.

[②] C. Kenneth Quinones, "Dualism in the Bush Administration`s North Korea Policy", *Asian Perspective*, Vol. 27, No.1, 2003, p.220.

白南淳等就联合国的对朝援助和朝核等问题交换了意见，但最终并没有能够阻止朝核问题被提交至联合国安理会。

对于美国上述两项政策的动向，朝鲜方面均持反对的立场，朝鲜始终认为朝核问题是朝美双边之间的问题，无论是多边框架内讨论朝核问题，还是将朝核问题提交至联合国安理会，都是在将朝核问题国际化。2003 年 1 月 25 日，朝鲜外务省发言人通过会见朝中社记者表示："最近美国主张应通过所谓的 5+5 多边会谈讨论朝鲜半岛核问题，这是在回避自己在核问题上的责任，怀有通过国际化的方式对我们施压的不纯企图。如果试图以多边会谈回避自己的责任，问题就会更加复杂。和平解决核问题的唯一方法是美国以平等的姿态进行直接会谈，除此之外，别无他路。这是我们不变的原则性立场，对于任何形态的多边会谈，我们都绝对不会参加。"（［朝］《劳动新闻》，2003 年 1 月 26 日）

对于美国和国际原子能机构将朝核问题提交至联合国安理会的做法，朝鲜也同样持坚决反对的立场。4 月 1 日，在联合国军控委员会会议上，朝鲜驻联合国大使朴吉渊发表主旨演说强调："朝鲜半岛核问题只有通过朝美直接对话才能解决，其他国家介入反而只能成为障碍。"（［朝］平壤广播电台，2003 年 4 月 8 日）而在 4 月 9 日安理会开会讨论朝核问题三天之前，即 4 月 6 日，朝鲜外务省发言人发表声明，对安理会召集会议讨论朝核问题的做法更是给予了强烈的谴责。外务省发言人在声明中表示："将朝鲜半岛核问题在安理会内进行处理的行为本身就是战争的前奏曲。安理会讨论伊拉克问题成为美国发动战争的借口……在无视联合国，强行发动战争的美国的参与下召集的安理会会议，无论是怎样的决定，我们都将不会承认。"（［朝］朝鲜中央广播电台，2003 年 4 月 7 日）

但是，到了 4 月中旬，朝鲜的态度出现微妙的变化。4 月 12 日，朝鲜外务省发言人通过会见朝中社记者的方式透露了愿意接受多边会谈的意思。发言人表示："为了解决核问题，应该召开当事方——我们和美国之间的直接会谈。我们不是《不扩散核武器条约》的缔约国，将核问题国际化没有任何根据，通过国际化也解决不了这一问题。我们主张直接对话，是为了确认美国是否具有放弃对朝鲜敌对政策的政治性意志……问题在于美国，如果美国为了解决核问题具有勇敢改变对朝政策的想法，我们也将不会拘泥于对话的形式。"（［朝］平壤广播电台，2003 年 4 月 12 日）

朝鲜的态度之所以有所松动，大体上可能有这样几个原因：第一，联合国安理会已经讨论了朝核问题，如果继续坚持原有的立场，有可能会影响到联合国主导的对朝援助；第二，4 月 10 日，美英联军攻克巴格达，伊拉克战争事实上进入收尾阶段，布什政府可以更专注于朝核问题，随之而来的压力也将会进一步增大；第三，中国等国的斡旋也起到了一定的作用。基于这几种因素，在看到朝美双边对话难以成事的情况下，与其执拗于坚持双边会谈的立场，倒不如展现灵活态度，更能掌握影响和塑造局势发展的主动权。

为了掌握会谈的主动权，4 月 18 日，朝鲜通过外务省发言人会见朝中社记者的方式，就即将在北京举行的中朝美三方会谈发表谈话，发言人表示："在北京举行的朝美会谈中，中国方面发挥提供场所的国家的作用，与核问题相关的本质性的问题在朝美双方之间进行讨论。伊拉克战争所给予的教训是，为了守护国家的安全和民族的自主权，仍然需要具有强大的物理性的遏制力。我们从去年 12 月重启核活动，3 月初已经向以美国为代表的相关国家进行了中期通报，现在 8000 余根废弃核燃料棒的再处理工作已经顺利进行到最后阶段。如果美国具有勇敢地改变对朝政策的意愿，我们已经阐明了不拘泥于对话形式的立场。这次会谈我们就要对美国的意愿进行确认。"（［朝］朝鲜中央广播电台，2003 年 4 月 18 日）

朝鲜外务省发言人要表达的信息主要有两个：其一，虽然会谈由中朝美三方参加，但中国的作用只限于提供场所，真正的会谈方是朝鲜和美国，也就是说在朝鲜看来会谈形式虽然是三方会谈，但实质上则是双边会谈；其二，8000 余根废弃核燃料棒的再处理工作已经接近尾声，朝鲜在实质性拥核的道路上又前进了一步，美国需要接受这个现实。

4 月 23 日至 25 日，由中朝美参加的三方会谈在北京钓鱼台国宾馆举行。美国代表团团长由国务院助理国务卿凯利担任，代表团由国家安全委员会、国务院和国防部的官员组成。朝鲜派出的代表团团长级别较低，由外务省北美局副局长李根担任。中国方面，外交部亚洲司司长傅莹参加了会谈。在 4 月 22 日抵达北京的当日，美国代表团就与中国外交部副外长王毅进行了讨论，23 日的会谈结束后，王毅副外长设宴招待了美朝代表团。

24 日的会谈讨论了朝鲜放弃核开发、对朝鲜的体制保障以及三方会谈扩大的问题。美国代表团团长凯利提出了一个所谓的"大胆的方案（bold approach）"，即朝鲜通过可验证的方法完全、永远地放弃核武器开发计划，美国给予体制保障和经济再建援助；在会谈形式上，韩国和日本参加，将三方会谈扩大为多方会谈，而且会谈不但要讨论朝鲜的核问题，还要讨论朝鲜导弹的开发和出口、常规武器的后方部署等问题。朝鲜代表团团长李根则提出，美国应该首先停止对朝鲜的敌对政策，解除安全威胁，才能抓住解决其所担忧的核问题的主线。李根强调，伊拉克战争的教训是为了守护国家的自主权，应该解除安全上的担忧，因此朝美需要缔结互不侵犯协定。关于体制保障问题，李根强调，应该采用需要美国国会批准的条约或协定的方式而不是美国政府曾研究过的总统书信或共同声明的方式。

在 25 日的会谈中，朝鲜方面提出了一个"四阶段同时行动方案"，而美国方面只是继续坚持"朝鲜先弃核"方案。据凯利说，在 23 日会谈会场的走廊上，李根拽着他说朝鲜已经拥有了核武器，这一表态引起了国际社会的强烈反应。美朝之间立场的对立以及朝鲜已经"拥核"的消息使得各国感觉到需要进一步评估朝鲜的核现状和现行政策，也使得北京三方会谈没有产生任何结果而结束。

二、第一轮会谈

北京三方会谈后，美国一方面直接向朝鲜施压，另一方面还继续采取措施积极推动形成国际联盟。继 4 月 30 日美国国务院在《年度恐怖主义报告》中继续将朝鲜指定为支持恐怖主义国家之后，5 月布什总统利用访问波兰之机提出了"防扩散安全倡议（Proliferation Security Initiative）"。5 月 14 日与 5 月 23 日，美国分别与韩国、日本举行了首脑会晤，强调韩日参与多边框架解决朝核问题的必要。6 月 3 日，在法国埃维昂举行的 G8 会议上通过了督促朝鲜放弃核开发计划的声明。

北京三方会谈结束之后，朝鲜的立场和态度经历了一个微妙的反复过程。从 4 月底至 5 月中旬，朝鲜多次通过媒体强调"以后朝美对话能否重启完全取决于美国是否放弃对朝鲜的敌对政策"（［朝］朝鲜中央通讯，2003 年 4 月 29 日），"朝鲜半岛无核化的命运全部取决于美国的政策"。（［朝］朝鲜中央广播电台，2003 年 4 月 30 日）在看到美国没有任何积极的反应后，5 月下旬，朝鲜的态度出现了一些灵活的变化。5 月 25 日，朝鲜外务省发言人发表谈话表示"如果朝美之间先进行对话，朝鲜将接受多边会谈"的立场。发言人表示说："到现在为止，美国对我们的提案不发表任何意见，只执着于五方会谈的会谈形式问题。我们的立场是先继续进行朝美双边之间的会谈，然后可以接受美国提出的多边会谈。"（［朝］朝鲜中央广播电台，2003年5月25日）

5月30日至6月1日，美国国会众议院军事委员会副委员长柯特·韦尔登（Curt Weldon）率领美国议员代表团访问朝鲜。韦尔登一行六人乘坐美国政府的专机抵达平壤，访朝期间，美国议员访朝团拜访了朝鲜最高人民会议议长崔泰福和外相白南淳，并与外务省副相金桂冠进行了数次会谈。此外，议员团还提出了访问宁边核设施的要求，但朝鲜方面答应下次予以安排。访朝结束后，朝方为美国议员团提供方便，使他们乘坐美国军用飞机前往汉城。

朝鲜方面及时通过中央广播电台和平壤广播电台对韦尔登一行的访朝活动进行了详细的报道和介绍，这意味着朝鲜方面对此次美国议员团的访问还是比较满意的。

但是，在朝鲜对朝美会谈展示出灵活的态度后，美国方面仍无积极的回应。6月13日，美韩日三方对朝政策协调与监督小组在夏威夷召开会议，三方不仅在韩日两国参与多边会谈方面达成协议，还讨论了如何应对朝鲜的"毒品交易"、"伪造货币"以及8月末中断轻水反应堆水电站建设工程的问题。在会上，美国方面表示，因为朝鲜半岛能源开发组织与朝鲜方面没能就电力损失赔偿达成一致，未能签订协议，所以包括原子反应堆排水设施在内的主要组件不能运往朝鲜，8月末将不得不中断轻水反应堆建设。

在这种情况下，朝鲜不得不从有条件接受多边会谈的立场又回退一步。6月18日，朝鲜外务省发言人发表声明表示不再对多边会谈予以期待。发言人表示："美国说我们秘密贩卖毒品等，对我们集中进行诽谤宣传，并采取海上封锁等敌对行为，是对《停战协定》的抛弃，是宣战布告。多边会谈的主张不是为了核问题的和平解决，而是美国掩盖其孤立扼杀行为的伪装而已。在美国采取行动恶化局势的情况下，我们对美国的任何多边会谈都不再予以期待。"（［朝］朝鲜中央广播电台，平壤广播电台，2003年6月18日）

6月29日，朝鲜外相白南淳致函联合国安理会轮值主席国俄罗斯外长拉夫罗夫，阐述了五点主张。第一，安理会应该对"邪恶轴心""先发制人"以及以此为基础的政策是否符合《联合国宪章》的精神做出判断；第二，安理会应该分辨和鼓励美国的多边会谈主张和朝鲜的"先朝美对话"主张哪一种更有利于问题的解决；第三，朝鲜依照程序退出了《不扩散核武器条约》，并没有违反国际义务，安理会不应该采用双重标准；第四，美日等国构筑防扩散安全倡议（PSI）对朝鲜施压是否具有正当性，安理会应该具有对此做出判断的道德性义务；第五，美国增强兵力武器装备和海上封锁计划是违反《停战协定》的行为，通过这样的行为使《停战协定》无效的时候，朝鲜提出另一种遏制力的需要是不可避免的。（[朝]朝鲜中央广播电台，2003年6月29日）朝鲜之所以致函安理会轮值主席国，是因为此时美国已经拟定了草案，正试图在安理会框架内通过主席声明对朝鲜施压。7月7日，《劳动新闻》发表评论，再次强调了反对将朝核问题提交至联合国安理会进行讨论的立场。（[朝]《劳动新闻》，2003年7月7日）

美朝在会谈形式问题上互不相让，彼此僵持的同时，在美军士兵遗骸问题上却展现出另一种风景。2003年7月10日至12日，美朝两国军方在泰国曼谷就重启美军士兵遗骸挖掘问题举行了会谈，美方代表团团长为美国国防部负责战争俘虏和失踪者问题的副部长助理杰里·詹宁斯（Jerry D.Jennings），朝方代表团团长为朝鲜人民军板门店代表部李灿福中将，双方达成了协议，决定实施四次挖掘，美国支付210万美元经费，这似乎意味着什么。

7月12日至15日，中国外交部副部长戴秉国作为中国政府特使率团访问朝鲜。访朝期间，戴秉国特使与朝鲜最高人民会议常任委员会委员长金永南、外相白南淳进行了会晤，与朝鲜外务省第一副外相姜锡柱进行了会谈，并于14日会见朝鲜国防委员会委员长金正日时，向其转交了中国国家主席胡锦涛的一封亲笔信。访朝之后，戴秉国副部长随即于7月17日访问了美国。

戴秉国副部长前后访问朝美，在朝美之间进行沟通斡旋，一个重要的原因是伴随着美朝之间持续的僵持和对立，朝核问题的状况在快速恶化。7月8日，美朝曾通过"纽约渠道"在纽约进行了秘密接触，美国方面的代表是对朝和平谈判大使普理查德和国务院韩国科科长戴维·斯特劳普（David Straub）等人，朝鲜方面的代表是朝鲜驻联合国大使朴吉渊和副大使韩成烈。在接触中，朝方向美方通报说至6月30日朝鲜已经对宁边的8000余根废弃核燃料棒处理完毕，宁边的5MWe反应堆也已在运行中，在适当的时间将继续进行提取钚的作业，而且还将重新启动50MWe和200MWe反应堆的建设工程。

中国的积极斡旋起到了重要的作用，7月31日，美朝双方在纽约再次进行了接触。在接触中，朝方向美国方面提出了不再经过三方会谈直接召开六方会谈，并进行朝美双边会谈的方案。8 月 1 日，朝鲜通过外务省发言人会见朝中社记者的方式，公布了 7 月 31 日朝美纽约接触中提出的方案。8 月 4 日，朝鲜再次通过外务省发言人发表谈话的形式表示："在我们主动、爱好和平的努力下，为解决朝美之间核问题的六方会谈不久将在北京召开……最近在纽约进行的朝美双边接触中，我们提出了在北京召开六方会谈，在其框架内进行朝美双边会谈的大胆提案，这标志着我们愿意通过对话和平解决朝核问题的立场所具有的最大雅量。美国放弃了'先弃核，后对话'主张，同意了我们的六方会谈提案，并提出在其框架内进行朝美接触，相互阐明各自的立场，进行讨论。这次会谈将明确地在国际社会面前展示美国是否真的具有改变对我们的政策的意愿。"（［朝］平壤广播电台，2003 年 8 月 5 日）

　　朝方发表接受多边会谈的谈话之后，相关国家又进行了一系列的穿梭外交活动。8 月 7 日至 9 日，中国外交部副部长王毅率外交部代表团访问了朝鲜。8 月 11 日至 16 日，朝鲜外务省副相宫石雄率团访问了俄罗斯。8 月 13 日至 14 日，美韩日三方在华盛顿进行了协商和沟通，8 月 13 日至 15 日，中国外交部部长李肇星率团访问了韩国。

　　美朝之间持续半年之久的多边与双边对话主张上的僵局，最后以双方不同程度的让步而实现突破。朝鲜在看到举行朝美双边对话无望后，换了一种思路，与其在对话形式上继续与美国顶牛，还不如接受多边对话框架并加以利用。在这种判断下，朝鲜拒绝了美国提出的召开五方会谈的提议，主动提出了召开包括俄罗斯在内的六方会谈的方案，但是，这并不意味着朝鲜就放弃了自己原来所坚持的立场。8 月 13 日，朝鲜外务省发言人就参加六方会谈的立场发表谈话，发言人表示："我们参加六方会谈的宗旨是：第一，要明确确认美国改变政策的意愿。我们认为如果签署具有法律约束力的互不侵犯条约、建立外交关系、扫除我们与其他国家进行经济合作的障碍，就可以看做美国放弃了对朝鲜的敌对政策。我们将通过美国对四月北京会谈时我们提出的解决核问题提案的回答来判断美国是否改变了政策。第二，我们不是要求礼物式的安全保障、体制保障，而是就互不攻击缔结具有法律性保障的互不侵犯条约。第三，任何在美国放弃对朝敌对政策之前的早期核查，都是对我们内政的粗暴干涉，是对自主权的侵害，是绝对不可能的。在确认美国放弃对我们的敌对政策、停止对我们的核威胁之后，才可以讨论通过核查进行验证的问题。"（［朝］朝鲜中央广播电台、平壤

广播电台，2003 年 8 月 13 日）

通过外务省发言人的谈话，朝鲜方面明确表达的意思是虽然朝鲜接受了多边会谈的形式，但它是为了确认美国是否具有缔结互不侵犯条约、与朝鲜建立外交关系等放弃对朝敌对政策的意愿而接受的，而且在确认美国放弃敌对政策之前，不会接受核核查。

美国方面也没有因为朝鲜接受了多边会谈，就停止了对朝鲜的威慑。就在六方会谈召开前夕的 8 月 13 日至 23 日，美国与韩国举行了"乙支·焦点透镜"联合军演。除此之外，美国还积极推进防扩散安全倡议的联合训练，这些都为六方会谈的进行带来了诸多的干扰因素。

8 月 27 日至 29 日，由中朝美韩俄日六国参加的六方会谈第一轮会谈在北京钓鱼台国宾馆举行。中国代表团团长由外交部副部长王毅担任，朝鲜代表团团长由外务省副相金永日担任，美国代表团团长由国务院负责东亚及太平洋事务的助理国务卿詹姆斯·凯利担任，韩国代表团团长由外交通商部次官助理李秀赫担任，俄罗斯代表团团长由外交部副部长亚历山大·洛休科夫担任，日本代表团团长级别稍低，由外务省亚洲和大洋局局长数中三十二担任。

正式会谈举行之前的 8 月 26 日，各国进行了双方、三方间的接触。27 日上午举行了全体会议，在中国首先作为东道主国致辞之后，其他各方依据英文国名第一个字母的顺序，依次由朝鲜、日本、韩国、俄罗斯和美国致辞。在各自的致辞结束后，各国团长按照相反的顺序进行了主旨发言。各国的主旨发言长短不一，美方和朝方的发言包括翻译时间在内共用了一小时 50 分钟，俄罗斯、韩国、日本各自用了 20 分钟、22 分钟和 26 分钟。下午的会议三点开始，中国做了最后的主旨发言之后，各国之间包括美朝在内进行了双边接触，交换了意见。28 日的全体会议对 27 日各国的主旨发言进行了进一步的讨论。经过全体会议以及双边的接触和沟通，各方在解决问题、不使局势进一步恶化等诸多问题上达成了共识。然而，当中国方面提交一份共同声明草案时，美国和朝鲜均认为没有充分反映自己的意见。在 29 日的全体会议上，各方同意尽快举行第二轮会谈，但是没有确定会谈举行的日期和地点。因各方在共同声明问题上没有达成一致，第一轮会谈最后以中国作为东道主国进行总结的形式闭幕。会谈中，各方提出的主张及会谈结果如表 6-1 所示。

表 6-1　六方会谈第一轮会谈各方立场

美国	朝鲜	中国	韩国	日本	俄罗斯	结果
①朝鲜放弃核计划得以验证后，再讨论体制保障和其他悬而未决的问题；②提出"三阶段方案"①。	①美国放弃对朝敌对政策以后，朝鲜放弃核开发计划；②提出"四阶段同时行动"方案②。	①坚持朝鲜半岛无核化目标；②通过和平对话方式解决问题。	①提出了"三阶段平行措施"方案；②核问题解决时对朝提供较大力度的援助。	核、导弹、"绑架问题"解决时，给予朝鲜经济援助，实现邦交正常化。	①朝美所担忧的事项同时解除；②朝鲜体制安全由国际保障。	达成四点共识：①通过和平方式解决问题；②有必要解决朝鲜的安全关切；③朝核问题分阶段、并行、综合解决；④不采取导致局势恶化行为，通过外交渠道尽快就下轮会谈的日期、场所达成一致。

三、第二轮会谈

六方会谈第一轮会谈结束后，美国一方面继续强化驻韩美军的装备和战斗力量，将"爱国者-3"防空导弹实战部署在韩国，并配备了一个攻击用直升机大队和新型无人侦察机，另一方面还采取积极措施推进防扩散安全倡议（PSI）的具体实施。7月30日在伦敦召开的工作级运行会议上，拟定了以防扩散安全倡议为基础确定的海空拦截训练的计划，9月13日至14日，美国、澳大利亚、日本和法国根据该计划，在澳大利亚东北方120海里的公海上，动员四艘舰艇和800余名官兵进行了第一次防扩散安全倡议海上联合训练，主要是针对运送

① 美国提出的"三阶段方案"：第一阶段，朝鲜发布弃核意向宣言，回归 NPT；美国扩大人道主义粮食援助。第二阶段，朝鲜开始弃核；美国调查朝鲜的能源需求状况，并将朝鲜从支持恐怖主义国家名单除名。第三阶段，朝鲜完全弃核；美国提供能源。

② 朝鲜提出的"四阶段同时行动方案"：第一阶段，美国继续提供重油供应，扩大人道主义援助；朝鲜宣布放弃核计划。第二阶段，美国与朝鲜缔结互不侵犯条约，补偿电力损失；朝鲜冻结核设施，允许对核设施进行监控，接受核查。第三阶段，朝美、朝日建交；朝鲜导弹问题解决。第四阶段，轻水反应堆建设工程竣工；朝鲜拆除核设施。

大规模杀伤性武器及其运载体系以及相关物质的船舶进行拦截、检查而进行了演练。

在强化对朝鲜军事压力的同时，美国在第二轮会谈的举行问题上，以守为攻，不做积极表态，等待和观察朝鲜下一步的举动。但朝鲜方面对六方会谈的表态十分明朗和强硬。8月30日，朝鲜外务省发言人通过会见记者的方式表态说："在本轮会谈中，美国全然没有放弃对朝敌对政策的意愿，提出了比原来的先弃核的主张更为露骨的条件，而对我们提出的依据一揽子方案的同时行动原则全面否定……我们对于这种有百害而无一益的会谈将不再具有任何的兴趣和期待。这将使我们进一步确认为了守护自主权，只有继续强化作为自卫性措施的核遏制力。"（［朝］朝鲜中央广播电台、平壤广播电台，2003年8月30日）

9月3日召开的朝鲜第十一届最高人民会议第一次会议更是将通过《关于接受外务省就朝美之间的核问题所采取的对外措施的决定》作为会议的一项日程。本次最高人民会议共有三项日程，另外两项是推举金正日为国防委员会委员长和选举国家机构组成人员。由此可见朝鲜方面在宣示政策方向上的力度。《决定》表示，核问题是美国对朝鲜敌对政策的产物，在六方会谈中，美国无视我们正当的提案，只是强硬提出先弃核的要求；在美国不打算与我们和平共存、试图解除我们武装的状况下，外务省阐明了这样的会谈没有太多的必要，在维持强化核遏制力之外没有其他选择余地的立场，最高人民会议支持外务省所采取的所有措施，决定采取相应的对策。

为了向美国施压，10月份，朝鲜以通过外务省发言人谈话和会见记者的方式发出了更为强硬的信息。10月2日，朝鲜外务省发言人发表谈话表示："最近关于朝鲜停止了核设施的启动，10月、11月举行下一轮六方会谈的说法是没有根据的。我们对8000余根废弃核燃料棒的处理已经结束，提取的钚已经改变用途用在了强化核遏制力上，以后产生的核燃料棒到时也将进行再处理。在六方会谈的召开问题上，我们完全没有承诺。在美国没有意愿放弃对朝鲜敌对政策的情况下，我们根据第十一届最高人民会议第一次会议的决定，将继续维持和强化核遏制力。"（［朝］朝鲜中央通讯，2003年10月2日）10月16日，朝鲜外务省发言人在会见朝中社记者时表示："将我们指定为核先发制人打击对象的布什政府如果拼命地反对同时行动方案，我们除了采取继续维持强化自卫性核遏制力的措施之外，没有其他选择。虽然美国煽动舆论，把朝鲜半岛核问题说成是我们与周边国家关系问题，而自己退居后位，正在试图摆脱责任，但是到时候，我们将采取措施物理性地公开我们的核遏制力。"（［朝］朝鲜中央广播电台，2003 年 10 月 17 日）

由 "废弃核燃料棒的再处理已经结束，提取的钚已经改变了用途" 到 "采取物理性措施公开核遏制力"，朝鲜的目的只有一个，就是要美国放弃朝鲜 "先弃核" 立场，接受朝鲜的 "基于一揽子方案的同时行动原则"。当然，朝鲜在坚持强硬立场的同时，也采取了外交上的努力。在第 58 届联合国大会召开之际，9 月 30 日朝鲜外务省副相崔守宪在第 58 届联合国大会上发表了演说，阐释了朝鲜的主张，而在此之前，崔副相还于 9 月 25 日和 26 日分别参加了在联合国召开的 77 国集团外长会议和不结盟运动外长会议。

2003 年 10 月下旬，僵持的美朝之间展现出了一丝灵活的迹象。10 月 20 日，美韩两国元首借参加 APEC 之机在泰国曼谷举行了首脑会谈，并发表了《联合新闻声明》。《声明》表示布什总统对 "以看到朝鲜弃核取得进展为前提，如何在多边框架内提供安全保障进行了说明"。《声明》本身没有明确说明具体的安全保障内容，只是说布什总统对提供安全保障方案进行了说明，而实际上布什总统在说明中提出了提供 "书面不侵犯保障" 的方案。

美国的动向，立即引起了朝鲜方面的积极回应。10 月 25 日，朝鲜通过外务省发言人会见朝中社记者的形式对布什总统的提案表态："如果布什总统的发言出自于要和我们和平共存的意图，对于实现以同时行动原则为基础的一揽子方案起到肯定作用的话，我们有考虑的意愿。我们的立场是从朝美依据同时行动原则，通过一个个解决问题的过程，积累信任，奠定共存基础的期待出发。如不能确认接受共同行动原则的意图，在目前的状态下，谈论六方会谈时机尚早。"（［朝］朝鲜中央广播电台、平壤广播电台，2003 年 10 月 25 日）

也许布什总统在曼谷的表态只是临时考虑到韩国卢武铉政府的因素而做出的，因为在表态之后并没有实质性的措施出台。10 月 16 日，朝鲜驻联合国副大使韩成烈邀请曾于 5 月底、6 月初访问过朝鲜的美国国会众议院军事委员会副委员长柯特·韦尔登再次访朝。韦尔登接受了邀请并决定由六、七名议员组成访问团，计划从 28 日至 31 日在朝访问四天，日程包括与朝鲜最高领导人金正日委员长会面，并访问宁边核设施等。但韦尔登的访朝计划因白宫的反对而最终取消。

在美朝的僵持中，10 月 29 日至 31 日，由中国全国人大常委会委员长吴邦国率领的国家代表团访问朝鲜。访朝期间，吴邦国委员长与朝鲜领导人金正日、最高人民会议常任委员会委员长金永南、内阁总理朴凤柱，与朝方就双边关系和朝核问题等广泛交换了意见。在朝核与六方会谈问题上，双方均表示通过对话和平解决核问题，为此双方原则同意继续六方会谈进程。朝方表示，如果六方会谈能够成为实现以同时行动原则为基础的一揽子方案的过程，朝方愿意继续参加六方会谈，中方强调朝美双方的关切必须同时解决。吴邦国委员长的访朝和朝鲜"原则上同意继续六方会谈进程"的表态为局势朝着向好的方向发展提供了动力。

11月15日至17日，朝鲜半岛能源开发组织理事会执行主任卡特曼一行抵达平壤。美国和朝鲜半岛能源开发组织方面原计划决定于8月停止轻水反应堆发电站建设工程，但因第一轮六方会谈的启动而没有实施。随着第二轮六方会谈的"难以启动"，停止工程建设的问题再次提上日程。早在卡特曼访朝之前，美国方面就放风说将拆除建设现场的设备，并准备将这些设备运出朝鲜。11月6日，美国国务院发言人亚当·雷利（Adam Ereli）就表示朝鲜具有允许从发电站建设现场安全拆除装备的义务。对此，朝鲜一方面表示不允许将建设现场的设备拆除、运出朝鲜，并要求赔偿电力损失，另一方面还表示"我们从来没有承认过铀浓缩计划"，否认自己进行铀浓缩活动。（[朝]平壤广播电台，2003年11月29日）尽管如此，11月21日，朝鲜半岛能源开发组织仍然通过其发言人宣布，考虑到朝鲜没有满足继续轻水反应堆建设事业的条件，决定从12月1日起轻水反应堆建设工程中断一年。

12月9日，朝鲜更为主动地提出了更具体的方案。该日，朝鲜通过外务省发言人会见记者的形式表示："六方会谈能否重启，取决于是否能够就一揽子方案的第一阶段同时行动措施达成一致。"关于"一揽子方案第一阶段的同时行动措施"，朝鲜提出朝鲜方面核冻结，美国方面将朝鲜从支恐国家名单中除名，解除政治、经济、军事制裁和封锁，提供重油和电力等能源援助。

但美国方面仍不为所动，继续软硬兼施的两面政策。12月24日，美国政府同时做出两项决定，一是在《国际宗教自由年度报告》中将朝鲜指定为严厉压制宗教自由的"特别忧虑国家"，一是宣布通过联合国粮食计划署向朝鲜提供六万吨粮食援助。2003年2月，美国政府曾决定向朝鲜提供十万吨粮食援助，但在2月提供了四万吨之后，受朝核危机的影响，没有继续提供。此次宣布继续提供剩余的六万吨，在某种程度上也是将其作为施加影响的一种手段使用的，至少也可以展现出一种姿态。

为了影响布什政府，朝鲜方面在邀请美国国会众议院军事委员会副委员长柯特·韦尔登访朝失败之后，2004 年 1 月 6 日至 10 日，朝鲜邀请了美国斯坦福大学的约翰·刘易斯（John Lewis）教授和洛斯阿拉莫斯（Los Alamos）国家实验室的前主任兼首席研究员西格弗里德·赫克（Sigfried Hecker）访问了朝鲜。朝鲜方面于 1 月 10 日通过外务省发言人会见记者的形式表示："使他们看到了朝鲜具有再处理废弃核燃料棒、工业级提取钚规模的能力、装备以及技术性诀窍。"随后，朝鲜又于 1 月 12 日通过外务省发言人会见记者的形式表示，如果美国具有"补偿换冻结"的意愿，则朝鲜具有冻结石墨反应堆核活动的意愿。（〔朝〕朝鲜中央广播电台，2004 年 1 月 13 日）

朝鲜的目的在于向美国展示朝鲜已经对 8000 余根废弃核燃料棒处理完毕且具有继续提取钚的能力的现实，并逼迫美国接受这种现实，在六方会谈问题上做出让步，但是美国并不认可朝鲜的这种"现实"。2004 年 1 月 21 日至 22 日，美国国会参议院外交委员会举行朝鲜问题听证会。21 日，美国有线电视新闻网（CNN）以"朝鲜能制造核装置，没有'令人信服'的证据（No 'convincing evidence' North Korea can build nuclear device）"为题对听证会的情况进行了报道，有线电视新闻网引用了参加访朝的赫克研究员的话——"宁边访问团无法确认朝鲜所提出的已经完成废弃核燃料棒再处理的主张是否是事实"。而 1 月 22 日，《华盛顿邮报》也拿出一整版的篇幅以"朝鲜的证据不确定（N. Korean Evidence Called Uncertain）"为题报道说"朝鲜虽然具有对废弃核燃料棒进行再处理以及提取钚的能力，但对于是否拥有核武器，仍然不能下结论"。

而同时，1 月 21 日至 22 日，美韩日三国外交部门也在华盛顿举行了工作级会议，在六方会谈问题上，确定了继续既定方针的政策。美韩日的既定方针是什么呢？2003 年 12 月 3 日至 4 日，美韩日三国的六方会谈负责人曾在华盛顿进行了磋商，就第二轮六方会谈要发表的共同声明拟定了一份文案，参加文案拟定工作的韩国外交通商部次官助理李秀赫表示，文案包括"在综合性、理论性和原则性的层次上和平解决朝核问题和朝鲜的安全保障忧虑等，在存在争议的方面采用间接的含蓄的表达方式"。美韩日三方决定先将这份文案向中俄通报，然后由中方向朝方通报，中方也的确在 12 月初向朝方进行了通报（2003 年 12

月 11 日，《中国外交部发言人刘建超答记者问》），12 月 9 日，朝鲜外务省发言人提出新的方案可能也是出于这一背景。但是，12 月 8 日《纽约时报》引用采访布什政府相关人士的话，报道称美方已与韩日达成了"朝鲜开始可验证地解除核设施和（以后）五个国家为朝鲜提供安全保障的共同协调方案"，很显然，《纽约时报》的报道与李秀赫的表态有差异，布什政府受内部强硬派的影响，又后退了一步。

在 2003 年 12 月初美韩日协调之后，12 月 12 日至 13 日，李秀赫访问北京，与中国外交部副部长王毅进行了会谈。随后，王毅副部长于 12 月 25 日至 26 日访朝，与朝鲜外务省副相金桂冠进行了会谈，并会见了朝鲜外务省第一副相姜锡柱和副相金永日，双方在"争取 2004 年早些时候举行第二轮六方会谈"方面达成了一致。

朝鲜自报"实力"的做法并没有得到布什政府的认可，难以产生实际的政策影响效果，但由于中韩两国在其中尽力居间协调，2004 年 2 月初，第二轮六方会谈的召开开始明朗起来。2 月 3 日，朝鲜方面通过朝鲜中央通讯，以不谈及自己立场的方式宣布第二轮六方会谈将于 2 月 25 日召开的消息。同日，中国外交部也正式公布了这一消息。2 月 7 日至 10 日，朝鲜外务省副相金桂冠应邀访问中国，就第二轮六方会谈所涉及到的各项问题与中国方面举行了工作会谈。[1] 最终，在第一轮六方会谈结束半年之后，第二轮六方会谈于 2004 年 2 月 25 日至 28 日在北京举行。

第二轮六方会谈之所以能够举行，中国的斡旋起到了重要的作用。2003 年 10 底，由中国全国人大常委会委员长吴邦国率领的中国国家代表团访朝时，就继续推进六方会谈进程问题，与朝鲜方面达成了原则性一致，为会谈的持续进行奠定了最为重要的基础。

同时，韩国卢武铉政府的努力也起到了重要作用。尽管朝鲜核危机又一次爆发，但金大中政府时期推进的对朝包容政策并没有受到太大的影响。2003 年 2 月卢武铉政府执政后，面对朝鲜核危机，确定了"解决朝核问题与努力推进韩朝关系并行发展"的政策基调和"不接受朝鲜拥核、通过对话和平解决、韩国发挥积极作用"三项原则，继续推进了金大中政府执政期间启动的南北部长

---

[1] http://www.fmprc.gov.cn/ce/ceun/chn/zt/chwt/t63697.htm.

级会谈、军事领域的会谈以及经济社会领域的会谈。[①]卢武铉政府在积极推进朝韩各领域合作的同时，通过朝韩部长级会谈平台积极说服朝鲜接受多边会谈框架，对于朝鲜接受六方会谈也起到了积极的作用。

另外就是美国方面，布什政府在朝核、六方会谈问题上对朝持强硬立场的同时，并没有把与朝鲜对话的门封死。"纽约渠道"的接触虽然不像过去那样频繁，但仍一直维持着。基于人道主义关切的对朝粮食援助也没有停止，尤其是在与朝鲜的军事交往领域也开着一扇窗。美朝两国军方继 2003 年 7 月中旬就美军士兵遗骸的挖掘工作达成协议后，2004 年 2 月 11 日至 13 日，双方又在泰国曼谷就美军士兵遗骸问题举行了会谈，双方代表团团长仍由美国国防部负责遗骸和战俘问题的副部长助理詹宁斯和朝鲜人民军板门店代表部李灿福担任。在这次会谈中，双方达成了通过板门店陆路运输移交挖掘出的美军士兵遗骸的协议，（［朝］朝鲜中央广播电台，2004 年 2 月 21 日）这个渠道的运行也为朝鲜在六方会谈问题上的灵活表现提供了一定的动力。

2004 年 2 月 25 日至 28 日，第二轮六方会谈在北京钓鱼台国宾馆举行。此轮会谈除朝鲜代表团团长调整为由外务省副相金桂冠担任之外，其他各方代表团团长没有变化。会议以全体会议、团长会议、副团长会议以及双边、多边磋商等方式进行。在第二轮会谈进行的过程中，各方主要围绕着朝鲜弃核、对朝安全保障、核冻结与相应措施、会谈的制度化以及工作小组构成等问题进行了深入的讨论。各方的立场如表 6-2 所示。

第二轮会谈取得了重要的进展，2 月 28 日，会谈发表了具有七项内容的《主席声明》。《主席声明》明确表示各方"将致力于朝鲜半岛无核化，并愿意本着相互尊重、平等协商的精神，通过对话和平解决核问题，维护朝鲜半岛和本地区的和平稳定"，各方"愿和平共存，并同意采取协调一致的步骤，解决核问题和其他关切"。通过这两项内容，六方确认了各方参加六方会谈的精神。更为重要的是，《主席声明》还明确表明了各方在继续推进会谈进程问题上所取得的一致，各方原则上同意于 2004 年 6 月底之前在北京举行第三轮会谈。同时，为

---

① 　相关资料数据，参阅［韩］韩国统一部：《统一白皮书：2004 年》，第 48-132 页。

表 6-2 六方会谈第二轮会谈各方立场

	美国	朝鲜	中国	韩国	日本	俄罗斯
朝鲜弃核	朝鲜以完全、可验证、不可逆的方式弃核（Complete Verifiable Irreversible Dismantlement）。	美国放弃对朝敌对政策时，放弃核武器开发计划。美国对朝敌对政策的标准是：①承诺不侵犯朝鲜；②与朝建立正常外交关系；③不妨碍朝鲜与周边国家的经济合作。	朝鲜应以 CVID 方式弃核。	同美	同美	朝鲜应以 CVID 方式弃核。
对朝安全保障	美国再次确认没有侵犯朝鲜的意图，也不追求政权颠覆。	判断美国是否放弃对朝敌对政策的标准之一就是承诺不侵犯朝鲜。	解决核问题的同时，提供六方会谈框架内的安全保障。	提供由临时性的安全保障，阶段性地强化到书面的多边安全保障。	同中	同中
铀浓缩	强调朝鲜明确说明铀浓缩问题，并应该放弃铀浓缩项目。	否认存在铀浓缩项目。	如果有铀浓缩项目，应该将其包括进冻结和放弃的对象中。	同美	同美	同中
核冻结与相应措施	作为实现 CVID 第一阶段的措施，理解和支持韩国提出的核冻结对能源援助的方案。	为了无核化，作为第一阶段的措施，可以实施核冻结，并要求补偿。	一定的条件下，如果核冻结实现，中方确认考虑参与六方会谈框架内的对朝能源援助。	朝鲜冻结所有的核活动，核物质和相关设施，对之进行证，如朝接受，将研究在冻结期间向朝鲜提供暂时性的能源援助。	同美	同中
结果	通过《第二轮六方会谈主席声明》					

了推进六方会谈，各方还同意成立工作组，以为会谈的进行做准备工作，至于工作组的职能将通过外交渠道商定。

通过第二轮会谈的举行，各方就相关问题广泛交换了意见，虽然并没有消除各自在立场上的分歧，但为继续推进六方会谈，并讨论实质性的问题奠定了基础。

四、第三轮会谈

第二轮会谈结束后，美国的对朝政策没有什么变化，一方面继续通过强化美韩同盟，保持对朝鲜的军事压力，另一方面还在人权问题、支持恐怖主义等问题上向朝鲜施压。3 月 22 日至 28 日，美韩开始举行联合战时增援军演（Reception，Staging，Onward Movement &Integration，简称 RSOI）和"鹞鹰"联合军演。联合战时增援军演是为了在"有事"时美国增援部队有效地展开和部署行动而从 1994 年开始的军演，"鹞鹰"联合军演从 1961 年即开始每年实施。为了保证演习的效果，从 2002 年开始，美韩两国将战时增援军演与"鹞鹰"军演统合在一起，每年 3 月份实施。

4 月 29 日，美国国务院发布《2003 年全球恐怖主义形态报告》（*Patterns of Global Terrorism* 2003）再次将朝鲜与古巴、伊朗等七个国家指定为"支持恐怖主义国家"。与以前不同的是，在 2004 年美国国务院将朝鲜"绑架日本人"问题写进了报告中。从报告对朝鲜的表述来看，包括"绑架问题"在内，基本上是在阐释朝鲜方面的努力，然而报告仍然认为朝鲜"在反对国际恐怖主义的努力中没有采取实质性的合作措施"。文字牵强，前后逻辑不洽，尤其是将"绑架日本人"问题纳入报告中，用心可谓深远。[1] 还有一个值得注意的动向是在这一时期朝鲜的"人权问题"也被作为问题提了出来。4 月 15 日，在日内瓦召开的第 60 届联合国人权委员会以 29 票赞成、8 票反对、16 票弃权的比例，再次通过了由欧盟主导提出的朝鲜人权决议案。[2]

---

[1]　United States Department of State, *Patterns of Global Terrorism 2003*, April 2004, pp.91-92.

[2]　2003 年由欧盟主导的朝鲜人权决议案以 28 票赞成、10 票反对和 14 票弃权的比例予以通过，韩国没有参与。

5 月 17 日，美国国务院向国会提出的年度报告——《支持人权和民主：2003—2004》（*Supporting Human Rights and Democracy，2003-2004*）指责朝鲜的人权状态"非常恶劣"，并表示美国"对此十分担心，将动员多种外交手段施加压力以使其出现肯定性的变化"。而在第三轮六方会谈召开前夕的 6 月 14 日，美国国务院在发表的《人身买卖报告》（*Trafficking in Persons Report*）中又将朝鲜指定为"以强制劳动和性压迫为目的的人身买卖的来源国家"，[①] 美国政府的这些做法都为六方会谈的进行制造着不和谐的音符和气氛。

为了保持对朝鲜的压力，美国副总统切尼于 4 月 10 日至 16 日对中日韩三国进行了访问，就朝核、六方会谈等问题进行了意见沟通。6 月 8 日至 10 日，在美国佐治亚州召开的 G8 首脑会晤也发表了《共同声明》，表示"朝鲜以钚的再处理和铀浓缩两种方法继续追求核武器，违反了国际义务"，八国"强烈支持六方会谈框架，强烈督促以完全、可验证和不可逆的方法解除朝鲜所有与核武相关的计划"。

朝鲜方面在第二轮会谈结束之后，也曾通过外务省发言人发表谈话的形式，对第二轮六方会谈表示失望，认为"六方会谈因美国依旧的'先弃核'主张没有取得任何实质性成果而结束"。（［朝］朝鲜中央通讯，2004 年 3 月 10 日）但是，朝鲜的这种"抱怨"并没有对第三轮六方会谈的如期举行产生太大的影响，也可能这是朝鲜的一种谈判战略，也可能是中国等国家的协调斡旋工作起到了重要的作用。3 月 2 日至 8 日，韩国外交通商部部长潘基文访问了美国和日本，中国外交部副部长戴秉国于 3 月 8 日至 9 日访问了美国。继 3 月 23 日至 25 日，中国外交部部长李肇星应朝鲜外相白南淳的邀请对朝鲜进行访问之后，朝鲜最高领导人金正日也于 4 月 19 日至 22 日对中国进行了非正式访问。而 5 月 22 日，日本首相小泉纯一郎再次对朝鲜进行了为期一天的"闪电式"访问，与朝鲜领导人金正日举行了首脑会谈，尽管双方没有像第一次首脑会谈那样发表《共同宣言》，但小泉首相以会见记者的形式对此次日朝首脑会谈进行了介绍，表示双方在"绑架问题"、核与导弹问题以及邦交正常化问题上再次确认了原来的立场，日本承诺在一至两个月之内对朝鲜进行 25 万吨粮食和相当于 1000 万

---

① Department of State, *Trafficking in Persons Report*, *June*, *2004*, p.103. https://www.state.gov/documents/organization/34158.pdf

美元的医药品援助。韩国方面虽然从 3 月 12 日至 5 月 14 日之间因卢武铉总统遭国会的弹劾处于政治上的不安定时期，但在维持和推进南北关系的发展方面也没有受到太大的影响。

在这样一种气氛与环境中，六方会谈工作小组于 5 月 12 日至 15 日在北京举行了第一次会议。中国外交部朝鲜半岛事务大使宁赋魁、朝鲜外务省北美局副局长李根、美国国务院对朝谈判特别代表（special envoy for negotiations with North Korea）约瑟夫·德特雷尼（Joseph R. De Trani）、韩国外交通商部朝核问题计划团团长赵太庸、俄罗斯外交部亚洲一局副局长萨克宁（V. Sukhinin）和日本外务省亚洲大洋局副局长斋木昭隆分别作为六国的工作小组成员参加了会议。六方围绕着朝鲜弃核第一阶段的"冻结对补偿措施"等第二轮六方会谈提出的核心问题进行了更为具体的讨论，在通过验证透明地实现弃核和冻结这一问题上，六方达成了共识。[①]6 月 21 日至 22 日，六方会谈工作小组又在北京举行了第二次会议，这次会议以第一次会议的讨论为基础，又在半岛无核化的实现、核冻结与对应措施等问题上深入地交换了意见，通过了工作小组概念文件（concept paper），为第三轮六方会谈的举行进行了最后的准备。

6 月 23 日至 26 日，第三轮六方会谈在北京举行，除俄罗斯调整为由俄外交部特使阿列克谢耶夫大使担任外，其他各方团长没有变化。由于已经进行了两次工作小组会议，第三轮会谈所讨论的问题比较集中，主要是朝鲜弃核和相应的补偿问题，在这一问题上各方的立场如表 6-3 所示。

在第三轮会谈的进行过程中，美朝都展现出了一定的灵活，美国方面不再坚持使用朝鲜必须以"完全、可验证、不可逆"，即所谓的"以 CVID 方式弃核"这样的说法，并提出了比较明确、操作性比较强的"初期准备阶段"方案[②]，朝鲜方面也就核冻结的范围和对象方面提出了具体的方案。朝鲜表示以 5MWe 反应堆为代表的启动中的所有核武器开发相关设施、2003 年 1 月 10 日退出《不扩散核武器条约》以来通过再处理活动而获取的改变用途的物质都包括

---

① ［韩］韩国国防部：《外交白皮书：2004》，第 30 页。

② 所谓"初期准备阶段"，即提供临时性多边安全保障，研究朝鲜的能源需求状况，开始讨论从恐怖援助国名单除名和解除经济制裁问题、提供重油（但美国不参与）；弃核相关措施实施后，提供永久性安全保障，解除外交关系正常化的障碍。

表 6-3 六方会谈第三轮会谈各方的立场

	美国	朝鲜	中国	韩国	日本	俄罗斯
朝鲜弃核	朝鲜彻底而透明地放弃核开发计划（不再使用 CVID）。	①美国放弃对朝敌对政策时，朝鲜透明地放弃核武器相关计划；②冻结所有核武相关设施和再处理而生产的物质，冻结期间，中断核武器的制造、移转和试验。	说明了弃核原则。	①在国际性验证下，朝鲜透明彻底地放弃所有的核计划；②提出朝鲜在一定期限内申报，冻结其所有核活动。	同美	同中
与弃核相应的措施	提出阶段性履行相应措施方案。	①要求提供 200 万 KW 的能源援助；②支持恐怖主义国家名单中除名；③解除对朝鲜的经济制裁和锁。	—	核冻结期间提供重油，开始研究朝鲜的能源需求工作，提供暂时性的安全保障，就从恐怖名单除名和缓解制裁问题开始对话。		—
铀浓缩同题	要求朝鲜承认铀浓缩计划，并冻结、废弃。	否认存在铀浓缩计划。	—	同美	同美	—
结果	通过《第三轮六方会谈主席声明》					

在核冻结——不再制造核武器、不再转移核武器、不再进行试验——的范围内。不管朝鲜是真心想推进朝核问题的解决，还是想以此获得更多的补偿，它提出的冻结方案不能说不全面。

在会谈中，韩国也起到了积极的作用，韩国不但提出了冻结期间提供重油、启动朝鲜能源需求研究、提供暂时性安全保障、启动支持恐怖主义国家名单除名与缓解制裁的对话等主张，还表明了在核问题解决过程中，应努力加快消除关系正常化的障碍、为朝鲜与国际社会之间经济合作的发展创造条件、创造南北经济合作的本质性条件等立场与态度。

但是，在第三轮会谈中，美韩日与朝鲜在铀浓缩问题上仍然存在着根本性对立，朝鲜否认存在铀浓缩计划，而美韩日三方则要求朝鲜承认，并将铀浓缩计划纳入到朝鲜核冻结问题的范围之内。

第三轮会谈最后通过了含有八项内容的《主席声明》，《声明》确立了"以循序渐进的方式，按照口头对口头、行动对行动的原则，寻求核问题和平解决"的立场，并原则性同意于 2004 年 9 月底在北京举行第四轮会谈，具体的时间将根据工作组会议的进展，通过外交渠道商定。各方授权工作组尽早开会，具体确定以无核化为目标的第一阶段措施的范围、期限、核查以及对应的措施。

五、第四轮会谈

2004 年 9 月底，第四轮六方会谈并没有能够按照各方在第三轮会谈中的原则约定那样如期举行，其中的主要原因不在朝鲜，而在美国。第三轮会谈刚一结束，朝鲜方面就于 6 月 28 日通过外务省发言人发表谈话的形式对第三轮六方会谈进行了表态，认为："这次会谈在真挚的气氛中进行了讨论，会谈找到了可带来进展的一部分共同的要素。""在以我们提出的'口头对口头，行动对行动'原则为基础的同时，在行动措施以及对以'冻结对补偿'问题进行基本的讨论方面达成了一致，取得了肯定性进展。"（［朝］朝鲜中央通讯，2004 年 6 月 28 日）从朝鲜方面的表态看，它对第三轮会谈比较满意，对第四轮会谈还是抱有一些期待的。

但是，美国的政策并没有沿着第三轮会谈形成的思路往下走，这其中一个很重要的原因就是美国又开始进入了政府换届的大选季。在大选季，除美韩联合军演、防扩散安全倡议训练等既定的政策仍按部就班地执行外，在细化并实际执行第三轮会谈达成的原则性共识方面很难出台一些具体的措施，再加上出现了一些复杂的干扰性因素和事件，使得第四轮六方会谈在一年之后才得以举行。

2004 年 7 月 9 日，美国总统国家安全事务助理赖斯和 7 月 20 日美国国务院副国务卿约翰·博尔顿（John Bolton）在访问韩国谈论朝核问题时都谈到了"利比亚方式"，所谓"利比亚方式"即主动弃核方式。①"利比亚方式"与第三轮会谈所达成的弃核原则是完全不一样的，在第三轮六方会谈已经就朝鲜弃核达成原则性一致的情况下，布什政府的高级人士仍屡次高调强调"利比亚方式"，不能不使各方对美国的意图产生了怀疑。

与此同时，朝鲜人权问题也成为了美国政界在朝鲜问题上的抓手。2004 年 7 月 21 日，美国国会众议院通过了《朝鲜人权法案》（North Korean Human Rights Act）。9 月 29 日，这一法案又在参议院获得通过。该法案将朝鲜政府认定为"实施无数次重大人权侵害、完全接受金正日支配的独裁体制"，而通过该法案的目标是"为了增进朝鲜基本的人权保护、促进进出朝鲜之信息的自由流动、立足于民主性国家体制，促进韩半岛的和平统一"等。有意思的是就在美国国会拿朝鲜人权问题作话柄的 7 月末，发生了一起大规模的"脱北者"入韩事件。7 月 27 日和 28 日，滞留越南的 468 名"脱北者"分两次搭乘韩国情报部门的特别包机进入韩国。9 月 15 日，美国国务院发布年度宗教自由报告，再次将朝鲜指定为压制宗教自由国家。

与提出朝鲜人权问题并行，美国仍通过联合军演等手段对朝鲜施压。2004 年 7 月至 8 月间，2003 年 12 月完成的更具进攻性的"作战计划 5027-04"的脚本被公开。8 月 23 日至 9 月 3 日，美韩举行了"乙支·焦点透镜"联合军演。10 月 26 日，防扩散安全倡议海上联合训练在日本东京湾举行，这次联合训练

①　2003 年 3 月，利比亚主动向英国情报当局表明了废弃铀浓缩核开发计划、放弃生化武器、中断射程超过 300 公里的导弹开发计划。随后利比亚与美英当局进行了三个月的秘密谈判，决定为消除怀疑而邀请两国的专家访问利比亚，并公开了与大规模杀伤性武器相关的设施和资料。通过这样的过程，美英确认了利比亚的弃核意志。2003 年 12 月，美、英、利三方宣布利比亚放弃大规模杀伤性武器。之后，利比亚允许并接受了国际原子能机构和禁止化学武器组织（Organization for the Prohibition of Chemical Weapons，简称 OPCW）的核查。

由日本负责，美国、日本、法国和澳大利亚的舰船、飞机和 900 官兵参加了联合训练。更为值得关注的是驻韩国的联合国军司令部也出现了新的动向。11 月 9 日，联合国军副参谋长、美国空军少将、军事停战委员会美方代表托马斯·凯恩（Thomas P. Kaine）举行记者招待会表示："从今年 9 月开始，联合国军位于龙山美军基地的军事停战委员会办公室将迁至板门店共同警备区域（JSA），明年 9 月之前结束搬迁工作。"关于搬迁的理由，凯恩说得比较含蓄，表示："韩国统一部处于南北交流的中心，军事停战委员会的义务虽然是监督违反《停战协定》的事项，但南北交流正越来越活跃，军事停战委员会正在转换部分业务，以促进、援助南北之间的交流。"但军事停战委员会秘书长卡宾·麦登（Cabin W. Mede）则很直白，明确表示："对进入北边的物资装备进行全面的控制是军事停战委员会的义务。"由韩国进入开城工业园区的物资需经过韩国统一部—韩国国防部—联合国军的检查程序才能进入朝鲜。很明显，军事停战委员会办公室由首尔北迁板门店的主要目的在于服务于调节和控制南北关系发展的节奏与速度。

与美国踌躇、反复的态度相比，第三轮会谈结束后，朝鲜方面的表现一度颇为积极。7 月 14 日，朝鲜外务省发言人就继续推进六方会谈所不可避免的"冻结、验证"问题进行表态。朝方表示："一些舆论说我们的和平性核活动只有在回归《不扩散核武器条约》，并在与国际原子能机构的正常合作下才有可能，我们对此也表示理解。我们虽然反对国际原子能机构的核查，但是我们同意六方会谈参加国的多边视察。如果消除了我们不得不退出《不扩散核武器条约》的根本原因，我们回归《条约》的问题自然就可以解决。而在此之前，不中断和平性的核活动是我们坚定的立场。"

在验证问题上，外务省发言人表示："冻结是走向最终弃核的第一个阶段，随后准备客观性的验证。我们所说的验证是对冻结状态的监视。对我们核设施与核物质的核查问题是进入弃核阶段之后讨论的问题。"（［朝］朝鲜中央通讯，2004 年 7 月 14 日）而作为弃核的第一阶段——朝鲜宣布冻结核设施，作为补偿，美国方面"要解除对朝鲜的经济制裁和封锁，从支恐国家名单除名，直接参与 200 万 KW 的能源补偿"。（［朝］朝鲜中央通讯，2004 年 7 月 24 日）

朝鲜方面的理由是它已经退出了《不扩散核武器条约》，因此没有义务再接受国际原子能机构的核查，但六方会谈参加国实施的多边视察，它是可以接

受的，而对于美国提出的"利比亚方式"，朝鲜明确表示反对。（［朝］朝鲜中央通讯，
2004 年 7 月 24 日）

朝鲜方面这样的补偿要求很难得到已进入执政末期的布什政府的积极回
应。在美国继续实施既定的施压政策的情况下，8 月 16 日，朝鲜以外务省发言
人会见朝中社记者的形式做出了"不参加六方会谈工作小组会议"的表态。（［朝］
朝鲜中央通讯，2004 年 8 月 16 日）

朝方的表态为第四轮六方会谈能否在 2004 年 9 月底举行蒙上了一层阴影。9
月 10 日至 13 日，以中国共产党中央政治局常委李长春为团长的党和政府代表团
应朝鲜劳动党中央和政府的邀请访问了朝鲜。而 9 月 12 日至 14 日，俄罗斯联邦
议会上院议长米罗诺夫也应朝鲜最高人民会议的邀请访问朝鲜。中俄两国的访朝
团均向朝鲜最高领导人金正日转交了各自国家最高领导人的亲笔信，中俄两国的
斡旋起到了一定的作用。在朝鲜最高人民会议常任委员会委员长金永南于 10 月
18 日至 20 日对中国进行正式访问之后，10 月 22 日，朝鲜通过外务省发言人会
见朝中社记者的形式对启动六方会谈问题进行表态。发言人表示说："六方会谈
能够举行取决于美国是否放弃对我们的敌对意识，是否准备好参加以同时行动原
则为基础的一揽子方案的第一阶段'冻结对补偿'，是否准备好为了朝鲜半岛的
无核化而优先讨论南朝鲜的核问题。"（［朝］朝鲜中央通讯，2004 年 10 月 22 日）

但此时美国总统大选在即，布什政府很难再具体推出新的对朝政策，而且
还出现了一个"韩国核问题"，使局势变得更加不透明。所谓"韩国核问题"是
这一时段前后国际上流传出的"韩国曾进行过铀浓缩试验和提取钚"的问题。
根据韩国原子能研究所的工作人员透露，韩国原子能研究所曾在 2000 年进行过
铀浓缩分离试验，并提取了 0.2 克的浓缩铀。不仅如此，韩国原子能研究所还
在 1982 年启动试验用原子反应堆，提取了极微量的钚。这一事件发生后，朝鲜
方面表示："我们不会不将此事件与六方会谈的举行问题联系起来"，（［朝］朝鲜中
央广播电台，2004 年 9 月 11 日）"在南朝鲜秘密核试验事件的真相完全查明之前，我
们不会参加关于我们核计划的讨论。"（［朝］朝鲜中央广播电台，平壤广播电台，2004 年 9
月 16 日）2004 年 10 月 3 日至 6 日，国际原子能机构总干事巴拉迪访问韩国，在
韩国核试验问题上表示说："朝鲜核问题是不能与韩国比较的一个问题，韩国的
核物质试验是单纯的试验。"11 月 26 日，国际原子能机构理事会正式以"主席
结论（Chairman's Conclusion）"的方式对韩国的核物质试验做出了结论。"主席

结论"虽然表示"理事会认同总干事在报告中所叙述的核活动的性质以及对韩国没有遵照《安全保障协定》对这样的活动进行申报而深为忧虑"，但"理事会注意到（韩国）相关的核物质量微少，至今为止没有继续进行未申报试验的征兆，并对韩国所采取的措施和向国际原子能机构提供的积极合作表示欢迎"。[①] 随着国际原子能机构结论的做出，韩国的核物质试验问题最终没有能够成为一个国际性问题，尽管朝鲜方面对国际原子能机构的结论持有强烈的异议。

　　2004 年 11 月 4 日，美国大选尘埃落定，布什赢得了选举，获得连任。11 月 13 日，朝鲜以外务省发言人回答朝中社记者提问的方式对六方会谈表态。发言人表示："我们通过几次机会明确地阐明了朝美之间的核问题通过对话和协商解决、为此不拘泥于会谈形式的立场，我们更没有期待和等待过美国所反对的双边会谈。解决问题的钥匙不在他处，而在美国调整政策的意志。"（[朝]朝鲜中央广播电台，平壤广播电台，2004 年 11 月 13 日）应该说朝鲜外务省发言人所表明的立场展现出了一定的灵活性，这是在美国总统选举结果确定之后朝鲜方面做出的一种姿态。

　　随后中、朝、美之间开展了一些积极的互动。11 月 24 日至 26 日，中国外交部朝鲜半岛事务大使宁赋魁对朝鲜进行了工作访问。11 月 30 日和 12 月 3 日，美朝通过"纽约渠道"进行了两次接触。为了创造使美国政府调整对朝政策的条件和氛围，朝鲜方面还积极地邀请了美国国会议员访问朝鲜。2005 年 1 月 8 日至 11 日，美国国会众议院国际关系委员会民主党干事汤姆·兰托斯（Tom Lantos）一行应邀访问朝鲜。有意思的是，兰托斯不是别人，正是与美国国会国际关系委员会亚太小委员会委员长吉姆·莱奇（Jim Leach）一起提出朝鲜人权法案的议员，而且美国国会的消息人员在兰托斯赴朝之前的 1 月 6 日还通过自由亚洲广播透露说兰托斯是代表美国政府访朝的。在赴朝之前，兰托斯与布什政府以国家安全事务助理赖斯为代表的高级官员进行了讨论。访朝期间，兰托斯与朝鲜最高人民会议常任委员会副委员长杨亨燮、朝鲜外务相白南淳和副相金桂冠等人围绕着核问题及双边关系等问题进行了交谈。

　　就在兰托斯一行结束访问离开朝鲜的 1 月 11 日当天，柯特·韦尔登率领的

---

① 《IAEA：韩国核物质试验主席结论通过》，http://www.tongilnews.com/news/articleView.html?idxno=49889

由六名共和党和民主党议员组成的众议院议员代表团也抵达平壤，至 14 日为止，对朝鲜进行了访问。在朝期间，韦尔登一行与朝鲜最高人民会议常任委员会委员长金永南、朝鲜外务相白南淳、副相金桂冠、人民军板门店代表部李灿福上将等进行了面谈，并参观了主题思想塔、金日成综合大学、平壤地铁和万寿台创作社等地。韦尔登一行带有顺访六方会谈成员国的性质，他们是于 1 月10 日至 11 日访问了俄罗斯之后到达朝鲜的，在结束访朝之后，又陆续访问了韩国、中国和日本三国。

但是，在看到 1 月 20 日开始连任的布什政府并没有什么积极的"表现"之后，朝鲜方面开始向美国施压。2005 年 2 月 10 日，朝鲜提高了规格，发表外务省声明宣布"无限期中断参加六方会谈"。声明表示："如果看看阐释美国政府正式政策立场的政府高层人士的发言，要和我们共存或者转变对朝政策的话，一言半句都找不到。第二届布什政府不仅继承了第一届政府对朝鲜的孤立扼杀政策，而且还更为强化。布什政府超越了敌对政策，将对话的相对方打上暴政前哨基地的烙印，在全面否定我们的情况下，没有再参加六方会谈的任何名分。我们不能像现在这样再过四年，也没有在原点反复的必要，为了应对美国的敌对政策所形成的情势，宣布如下：第一，在认为参会名分具备，会谈结果也可期待的充分的条件和气氛形成之前，不可避免的无限期中断参加六方会谈；第二，为了守护我们人民选择的思想和制度、自由和民主主义，将采取对策加强我们的核武器库。针对布什政府强化对朝鲜的孤立扼杀政策，我们已经退出了《不扩散核武器条约》，为了自卫，已经制造了核武器。我们的核武器无论到哪里都将作为自卫性核遏制力使用。"（［朝］朝鲜中央广播电台、平壤广播电台，2005年 2 月 10 日）

朝鲜在密切地注视着政府换届之时美国的状况，虽然 1 月 20 日布什总统在就任演说中没有使用什么在朝鲜看来过于刺激的言辞，但被布什总统任命为国务卿的赖斯在 1 月 18 日至 19 日的国会听证会上使用了"暴政的前哨基地"一词，使朝鲜颇为失望。2 月 10 日的外务省声明，朝鲜十分郑重地通过中央广播电台、平壤广播电台和中央电视台进行了播报。"无限期中断参加六方会谈""已经制造了核武器"，这些程度严重的表态给朝鲜半岛的局势和六方会谈的前景蒙上了一层更加厚重的阴影。

但是到了 3 月末，朝鲜的立场又出现了一些颇具灵活性的变化。3 月 31

日，朝鲜外务省发言人发表谈话，并通过朝鲜中央广播电台、平壤广播电台和朝中社播报。发言人表示："如要实现朝鲜半岛无核化，应该清算使我们不得不拥有核武器的根源——朝鲜半岛上加重的美国核威胁和建立我们与有关国家的信任关系；如要实现朝鲜半岛无核化，首先应该从美国改变将我们作为先发制人核打击对象、以核战争颠覆我们制度的敌对政策开始；如要实现朝鲜半岛无核化，应该撤除美国在南朝鲜的核武器、完全消除南朝鲜本身可进行核武装的因素，并通过验证进行确认。同时应该中止在朝鲜半岛及其周边所有反对我们的核战争演习，清算核威胁。"

"以后的六方会谈不应该是讨论交换式问题解决方式的自由市场，而应该成为讨论实现朝鲜半岛无核化综合性方案的场所。冻结对补偿那种交换式的讨论问题的时期已经过去。在我们已经成为拥有核武器国家的现在，六方会谈理所当然地应该成为参加国在平等的姿态中解决问题的军控会谈。六方会谈要完成自己的使命，应该成为讨论探索从根本上清算朝鲜半岛及其周边的美国核武器及核战争威胁的场所。"（［朝］朝鲜中央广播电台、平壤广播电台、朝鲜中央通讯，2005 年 3 月 31 日）

3 月 31 日朝鲜外务省发言人的谈话与 2 月 10 日外务省声明相比，相同的一点是均表示朝鲜已经是一个拥核国，不同的一点是与 2 月 10 日外务省声明中"无限期中断参加六方会谈"的表态不同，3 月 31 日的谈话透露出朝鲜可以参加六方会谈，但六方会谈应该是讨论实现朝鲜半岛无核化综合性方案的场所，是在朝鲜已经拥有核武器的情况下进行的军控会谈。

无论朝鲜所主张的六方会谈是一种怎样的会谈，至少朝鲜在参加六方会谈的态度上不像 2 月份那样强硬。朝鲜的立场之所以出现如此的变化主要是有两个原因所致：第一，中国发挥了积极的说服和斡旋作用。就在朝鲜外务省发表声明不久的 2 月 19 日至 22 日，中国共产党中联部部长王家瑞率团访问了朝鲜。访朝期间，王家瑞部长向朝鲜最高领导人传递了中国国家主席胡锦涛的口信，并与朝方讨论了重启六方会谈问题。3 月 22 日至 27 日，朝鲜内阁总理朴凤柱应中国总理温家宝的邀请对中国进行了正式访问。朴凤柱与中国国家领导人就中朝经济合作、地区和国际问题等进行了交谈，并访问了北京、上海、辽宁等地。第二，美国方面也出现了一些在朝鲜看来颇为积极的变化。3 月 9 日，美国国务卿赖斯出席美国国会众议院税收委员会在谈到离散家属问题时说"将研究把在美侨胞的相聚问题纳入到与朝鲜对话的议题中"，透露出了与朝鲜开展对话的可能性。3 月 14 日至 21 日，赖斯巡访印度、巴基斯坦、阿富汗、日本、韩国和中国等六国，在 19 日至 20 日访问韩国时对朝鲜使用了"主权国家"的指称。

在这种背景下，朝鲜外务省第一副相姜锡柱于 4 月 2 日至 5 日访问中国，与中国国务委员唐家璇、外交部副部长戴秉国、武大伟等人围绕着双边关系、朝核与六方会谈等问题深入地交换了意见。但此时布什政府的对朝政策仍未有明显的调整，且释放的信息混乱。4 月 21 日，国务卿赖斯在接受福克斯电视台（FOXTV）采访时表示："在我们认为进入（六方会谈）框架的可能性没有了的时候，存在着将朝核问题提交联合国安理会和采取其他措施的可能性。"而布什总统在 4 月 29 日其第二届任期 100 天之时召开的特别记者会见时，对金正日委员长也使用了"危险的人（dangerous person）"、"暴君（tyrant）"和"饿其民众的人（man who starves his people）"这样一些十分破坏气氛的词汇。美国国务院在 4 月 28 日发布的年度《全球恐怖主义态势报告》中也将朝鲜继续指定为"支持恐怖主义国家"。

朝鲜方面实际上也认识到了布什政府对朝政策不清晰、释放信息混乱的状况，并试图加以引导。5 月初，朝鲜向美方提议召开朝美双方会谈，但遭到布什政府的拒绝，并将朝鲜的提议公之于众。对此，朝鲜外务省发言人在 5 月 8 日通过会见记者的方式表示："朝鲜没有向美方提出过在六方会谈之外举行朝美双边会谈的要求。如果有，那也只是（为了）直接确认美国是否承认我们是主权国家，在六方会谈框架内举行双边会谈的意思是否是事实。这并不是为了朝美之间讨论问题而提议举行会谈，而是为了确认美国的立场根据工作上的程序而进行的。美国如想通过六方会谈解决核问题，停止无视对话的状态、停止侮辱和愚蠢的言行有助于六方会谈重启氛围的形成。"（［朝］朝鲜中央通讯，2005 年 5 月8 日）

为了继续向美国施压，5 月 11 日，朝鲜外务省发言人通过会见记者的形式表示朝鲜"已经结束了从宁边 5MWe 反应堆中提取 8000 根废弃核燃料棒的工作"。发言人表示："最近，我们的相关部门从 5MWe 试验用原子能发电站提取8000 根废弃核燃料棒的作业在最短时间内已经圆满结束。2002 年 12 月，我们曾表示启动一度被冻结的 5MWe 试验用原子能发电站，重启 5 万 KW 和 20 万

KW原子能发电站的建设工程。据此，我们以发展独立性的核动力工业为根本，出于应对局势的防御性目标，正在继续采取必要的措施以扩大核武器库。"（〔朝〕朝鲜中央广播电台、平壤广播电台、朝鲜中央通讯，2005年5月11日）朝鲜外务省发言人的这一表态也同样是通过5月11日的中央广播电台、平壤广播电台和中央通讯三家新闻机构发出的。

也可能是美国国务院新上任的负责东亚及太平洋事务的助理国务卿希尔（Christopher Robert Hill）已经过了磨合期和准备期，进入了工作状态，也可能是朝鲜的软硬兼施起到了一定的作用。5月中旬，美朝之间的"纽约渠道"开始了运转。

克里斯托夫·希尔出生于1952年，1977年进入美国国务院工作，1983年至1985年担任美国驻韩国大使馆经济处秘书。1996年至1999年，他开始担任美国驻马其顿共和国大使，其中1998年和1999年曾担任美国科索沃问题特使；2000年至2004年担任美国驻波兰大使，2004年至2005年担任美国驻韩国大使。2005年2月，希尔任六方会谈美国代表团团长；2005年4月至2009年，任美国国务院负责东亚及太平洋事务的助理国务卿；2009年至2010年担任美国驻伊拉克大使。

5月13日，美国国务院对朝谈判大使约瑟夫·德特雷尼与美国国务院韩国科科长詹姆斯·福斯特（James Foster）访问了朝鲜驻联合国代表处，与朝鲜驻联合国大使朴渊吉和副大使韩成烈进行了接触，这是自2004年12月初之后的第一次接触。德特雷尼向朝鲜方面转达了三点政策信息：第一，国务卿赖斯在3月以后几次表明了朝鲜是"主权国家"的认识，布什政府承认朝鲜的主权，没有攻击或侵略朝鲜的意图。第二，考虑到朝鲜作为弃核的一个条件——要求"安全保障"，如果接受六方会谈重启，美方具有在六方会谈框架内通过美朝双边会谈消除朝鲜在安全保障方面的担忧的意愿。如果朝鲜承诺完全弃核，可接受到周边国家的重油援助。第三，美朝关系正常化以导弹出口、人权弹压、毒品和伪造假币等问题的综合性解决为前提，朴渊吉向德特雷尼表示将向朝鲜政府汇报他转达的信息。6月6日，应朝鲜驻联合国代表处的邀请，德特雷尼和福斯特又赴朝鲜代表处与朴渊吉大使、韩成烈副大使进行了接触和沟通。

局势开始向着明朗的方向发展，6月22日，布什政府宣布通过联合国粮食计划署向朝鲜提供五万吨粮食援助。6月30日至7月1日，由美国外交政策全国委员会（National Committee on American Foreign Policy，简称NCAFP）主办的非公开研讨会在纽约举行，六方会谈朝鲜代表团副团长、外务省北美局局长李根参加，并与德特雷尼进行了接触和交谈。7月9日，美国助理国务卿希尔与朝鲜外务省副相金桂冠在北京进行了会谈，双方达成了第四轮六方会谈于7月最后一周重启的协议。9日当晚，朝鲜通过中央广播电台、平壤广播电台和中央电视台临时报道的形式公布了这一消息。报道说："7月9日六方会谈朝美双方的团长在北京进行了接触。美国方面正式表明了承认朝鲜的主权、没有攻击朝鲜的意图、在六方会谈框架内举行双边会谈的立场。朝鲜方面认为美国方面所表示的立场即是其对'暴政基地'发言的撤回，并决定参加六方会谈。朝美双方达成了将于2005年7月25日开始的那一周举行第四轮会谈的协议。"7月10日，朝鲜外务省发言人通过会见记者的形式正式公布确认了这一立场。

在5月中旬之后，美朝之间缓和的势头发展很快，但美国军方仍坚持了比较强硬的立场。5月26日，美国国防部副部长助理理查德·劳利斯（Richad Lawless）在美国国会众议院亚太小委员会听证会上表示，美国决定暂时中断在朝鲜的美军士兵遗骸挖掘工作，理由是因为通讯问题，考虑到滞留在朝鲜的美国人的人身安全问题。根据美朝双方达成的遗骸发掘协议，2005年的遗骸发掘工作从4月开始至10月结束，共实施五次挖掘，第一次挖掘工作已于5月24日结束，计划从5月28日开始实施第二次挖掘。

6月6日，参加在新加坡举行的第四届亚洲安全对话的美国国防部长拉姆斯菲尔德不但批评了朝鲜政权，而且随行的一位国防部高级官员也表示"美国正在研究将朝鲜核问题提交至联合国"的计划。

很显然，美国军方的步调与国务院并不一致。然而，布什总统的表态最终为国务院希尔等人的工作提供了有力的支持。5月31日，在白宫举行的记者招待会上，布什总统在谈到朝核问题时表示："（我们）正要在六方会谈框架内通过和平的方法解决这一问题……金正日先生如果愿意被周边世界尊敬和接受，应该放弃核开发计划。"布什总统对金正日委员长使用"先生"的称呼不但为国务院的温和派创造了发挥作用的空间，也得到了朝鲜方面的关注和积极的回应。

（［朝］平壤广播电台，2005年6月3日）

　　7 月 12 日至 14 日，中国国务委员唐家璇作为中国国家主席胡锦涛的特别代表访问了朝鲜，在 7 月 13 日与朝鲜最高领导人金正日进行会见时，唐家璇向金正日委员长传达了胡锦涛主席的口信，双方围绕着双边关系和六方会谈等问题交换了意见，为第四轮六方会谈的启动进行了沟通。

　　在各方的努力下，第四轮六方会谈在迟延了近一年之久后终于于 7 月 25 日在北京举行。第四轮会谈之所以能够启动，中国在其中所起到的斡旋和说服作用是显而易见的。从 2004 年 9 月至 2005 年 7 月，中国三次向朝鲜派出了具有相当分量的代表团。另外，韩国卢武铉政府也起到了积极的作用，在六方会谈遭遇障碍处于停滞状态之时，卢武铉政府并没有调整对朝政策，而是继续推进和平包容政策，从而使南北关系的发展维持了稳定的态势。[①]

　　美国方面在 2004 年的踌躇主要是因为大选将至政府将面临换届，另外一个原因是以国防部为代表的强硬派和以国务院为代表的温和派之间存在着一定程度上的意见分歧和相互牵制。在完成政府换届和人事调整之后，新的政府成员发现也没有什么更好的办法来解决朝核问题。从国防部的角度而言，强硬派除了强化驻韩美军的部署对朝施压以及中断遗骸问题的沟通渠道之外，并无更多实际而有效的办法。而将朝核问题提交联合国安理会，朝鲜又没有什么具体违反国际法的行为可使安理会受理，即便是安理会受理，也缺乏足够的理由使安理会出台能够迫使朝鲜调整政策的决议。2005 年 4 月 26 日访问北京的美国助理国务卿希尔曾要求中国中断对朝鲜的石油供应，但遭到中国方面的拒绝。
（*The Washington Post*，May 7，2005.）

　　从朝鲜这方面来看，如果继续僵持下去，一方面有可能会影响到中朝关系和朝韩关系的发展，另一方面也会影响到自己实际利益的获得，而如果在六方会谈框架内能够充分利用朝美双边之间举行会谈的机会，还有可能实现自己的政策目标。

　　虽然只有短短不到一年的时间，依然在北京钓鱼台国宾馆举行的第四轮会谈与第三轮会谈相比已经是物非人异。在六方会谈停滞期间，朝鲜方面宣布已经拥有了核武器，这直接关系到会谈的议题问题。而各方代表团团长除俄朝代

[①]　2004 年韩国的对朝政策以及朝韩在政治、军事和经济各领域的对话，参阅［韩］韩国统一部：《统一白皮书：2005 年》，第 36-77 页。

表团仍由阿列克谢耶夫和金桂冠担任之外，中美韩日均有调整。中方前任代表团团长王毅赴日担任驻日全权大使，团长由卸任驻日大使、转任外交部负责亚洲地区事务的副部长武大伟担任；美方前任代表团团长凯利已于 2005 年 1 月 31 日卸任国务院助理国务卿，团长由驻韩大使转任国务院助理国务卿的希尔担任；韩国前任团长李秀赫已经转任韩国驻德国大使，团长由韩国外交通商部副部长助理宋旻淳担任。韩方做出这种人事调整很重要的一个原因可能是宋旻淳与希尔相熟，希尔 80 年代在美国驻韩国大使馆工作的时候，宋旻淳担任韩国外交部北美局局长。2001 年至 2004 年，希尔担任美国驻波兰大使的时候，宋旻淳也于 2001 年至 2003 年担任韩国驻波兰大使，两人交集颇多。日本代表团团长由亚洲大洋局局长佐佐江贤一郎担任。

第四轮会谈预定在 7 月 25 日召开，金桂冠率领的朝鲜代表团于 7 月 22 日即抵达北京，韩国代表团和美国代表团也分别于 7 月 23 日和 24 日抵达北京。24 日，朝韩代表团进行了双边会谈。25 日，会谈开始，各方进行了双边间的会谈和副团长级工作会谈，美朝代表团则进行了希尔与金桂冠之间的团长会谈。

7 月 26 日会谈正式开始，在开幕式之后各方进行了范围较小的会议，参加人员主要是各方的团长及其辅助人员，同时还进行了多个双边之间的沟通与磋商。7 月 27 日进行了全体会议、各方代表团团长的主旨发言以及双边磋商。

美朝在 7 月 25 日和 26 日进行了第一和第二次双边会谈之后，7 月 28 日和 29 日又进行第三次和第四次双边磋商。7 月 30 日，美朝代表团还一起共进了晚餐，为会谈增添了融洽的气氛。7 月 30 日与会各方一致同意制定共同文件，以反映此轮会谈的成果，并召开了团长会议，讨论了中方准备的共同文件草案。在此之后，从 7 月 31 日至 8 月 2 日，中方结合各方在讨论中提出的意见连续四次修改并提出了共同文件草案，但各方之间仍然不能达成最后的一致。从 8 月 3 日至 5 日，相关各方又进行了多次的双边磋商之后，8 月 7 日召开了六方团长会议，发表了《主席声明》。《主席声明》表示："为了使各方代表团回国向各自政府报告会议情况，进一步研究各自立场，以解决尚存的分歧，会议决定暂时休会。休会期间，各方将继续保持沟通与磋商。第四轮六方会谈下一阶段会议拟于 8 月 29 日开始的一周举行，具体日期另行商定。"①

对于第四轮六方会谈，所有各方形成了默契，不定下闭幕时间，本着直至达成一致的精神进行多种形式的协商，而且会议首先以双边磋商开始，至 8 月 4 日，该代表团之间的双边会谈进行了 72 次之多，从而使第四轮会谈更具特色。从 27 日各方团长的主旨发言看，第四轮会谈第一阶段会谈各方的主张如表 6-4 所示。

表 6–4 六方会谈第四轮会谈第一阶段各方主张

美国	朝鲜	中国	韩国	日本	俄罗斯
①经过核实，朝鲜放弃所有的核计划；②美朝关系可正常化；③可举行三边会谈；④将核心原则放入一揽子方案中	①条件满足时弃核；②确定对朝鲜半岛无核化的共同认识；③以"承诺对承诺"达成无核化的阶段性协议。	①设定相对均衡的最终目标，制定共同文件；②为阶段性的推进，准备基础是很重要的。	①集中解决核问题；②为了准备半岛无核化的基本框架而制定共同文件。	①在弃核到一定阶段时，提供书面的安全保障；②邦交正常化时进行相当规模的经济合作；③要求导弹、人权问题一并解决。	①无核化的对象是与军事目标相关的核活动；②以阶段性行动为前提，研究第一阶段核冻结（冻结对补偿）方案。

第四轮会谈第一阶段会谈之所以没有达成协议，暂时休会，主要是在朝鲜的弃核范围与相关各国相应采取的措施上存在分歧。朝鲜方面强调要拥有和平利用核能的权利，坚持将轻水反应堆写入共同文件，而其他各国在针对朝鲜弃核而应采取的措施上意见不一。

8 月 29 日，朝鲜以外务省发言人会见朝中社记者的方式表示第四轮会谈第一阶段会谈"达成了第二阶段的会谈于 8 月 29 日开始的一周进行的协议，并在不再口头和行动上造成会谈障碍方面取得了谅解"，"但是，美国在会谈一进入休会期就实施'乙支·焦点透镜'军演，并任命朝鲜人权问题特使，使会谈失去了所有重启的可能性。我们已经通过'纽约渠道'通知美方在因战争演习而恶化的气氛得到改善的 9 月中旬再重启会谈，美国方面对此也表示理解。因此我

---

① 《第四轮六方会谈第一阶段会议主席声明》，http://www.china.com.cn/chinese/zhuanti/chwt5/1018527.htm

们的立场是 9 月 12 日开始的一周召开第四轮会谈第二阶段会谈"。（［朝］朝鲜中央广播电台，2005 年 8 月 29 日）

朝鲜所提到了"乙支·焦点透镜"美韩联合军演于 8 月 22 日至 9 月 2 日实施。而 8 月 19 日，布什总统任命其前国内政策辅佐官杰伊·莱夫科维茨（Jay Lefkowitz）担任"朝鲜人权问题特使"。朝鲜方面之所以提议推迟举行第二阶段会谈，一方面可能有如上美国方面的原因，另一方面也是考虑到了中美关系方面的因素。2005 年 9 月 5 日至 8 日，中国国家主席胡锦涛对美国进行国事访问，此前的 8 月 27 日至 30 日，中国外交部副部长兼六方会谈团长武大伟访问了朝鲜，看一看中美首脑会谈的情况，然后再决定自己的政策，也许朝鲜是这样想的。

而几乎与此同时，又有美国的高层人士访朝。8 月 30 日至 9 月 3 日，由美国国会众议院国际关系委员会亚太小委员会主席詹姆斯·里奇为团长的美国国会代表团访问朝鲜，代表团共有七人组成，其中就包括民主党议员托马斯·兰托斯和刚刚被布什总统任命为朝鲜人权问题特使的莱夫科维茨。代表团在朝鲜期间，与朝鲜外务省副相金桂冠就朝核问题进行了会谈。

在休会了 37 天之后，2005 年 9 月 13 日下午五点，六方会谈举行团长会议，第四轮六方会谈第二阶段会谈正式开始。当天中午，美韩代表团团长希尔和宋旻淳自首尔同机抵达北京。希尔首先于 9 月 12 日抵达首尔，并与韩国统一部长郑东泳、外交通商部副部长李泰植和宋旻淳等人交换了意见，进行了沟通。

第二阶段会谈仍然是以双边磋商、团长会议、工作级会议、全体会议等多种形式交叉的方式进行，其核心议题是"朝鲜是否具有和平利用核能的权利及其在共同文件中如何表述"。在会谈中，朝鲜还提出了轻水反应堆建设的问题。经过一周的磋商和谈判，第二阶段的会谈终于取得重大突破，9 月 19 日，六方发表了具有六项内容的《共同声明》。其主要内容如下：

一、六方一致重申，以和平方式可核查地实现朝鲜半岛无核化是六方会谈的目标。朝方承诺，放弃一切核武器及现有核计划，早日重返《不扩散核武器条约》，并回到国际原子能机构保障监督中来。

美方确认，美国在朝鲜半岛没有核武器，无意以核武器或常规武器攻击或入侵朝鲜。韩方重申其依据 1992 年《朝鲜半岛无核化共同宣言》，"不

运入、不部署核武器"的承诺，并确认在韩国领土上没有核武器。1992 年
《朝鲜半岛无核化共同宣言》应予遵守和落实，朝方声明拥有和平利用核
能的权利。

其他各方对此表示尊重，并同意在适当时候讨论向朝鲜提供轻水反应
堆问题。

二、六方承诺，根据《联合国宪章》宗旨和原则以及公认的国际关系
准则处理相互关系。朝方和美方承诺，相互尊重主权，和平共存，根据各
自双边政策，采取步骤实现关系正常化。

朝方和日方承诺，根据《日朝平壤宣言》，在清算不幸历史和妥善处
理有关悬案基础上，采取步骤实现关系正常化。

三、六方承诺，通过双边和多边方式促进能源、贸易及投资领域的经
济合作，中、日、韩、俄、美表示，愿向朝鲜提供能源援助。

韩方重申 2005 年 7 月 20 日提出的有关向朝鲜提供 200 万 KW 电力援
助的方案。

四、六方承诺，共同致力于东北亚地区持久和平与稳定。

直接有关方将另行谈判建立朝鲜半岛永久和平机制，六方同意探讨加
强东北亚安全合作的途径。

五、六方同意，根据"承诺对承诺、行动对行动"原则，采取协调一
致步骤，分阶段落实上述共识。

六、六方同意于 2005 年 11 月上旬在北京举行第五轮六方会谈，具体
时间另行商定。

《9·19 共同声明》的发表意味着六方在朝鲜弃核、重返《不扩散核武器条
约》，美朝、朝日双边关系正常化，六方的经济合作，朝鲜半岛和平机制建立等
重大问题及其推进和落实原则上取得了共识，这些问题中的不少问题涉及到了
朝鲜半岛问题的核心。六方耗时两年，经过四轮谈判将这些涉及到朝鲜半岛问
题中的核心问题及其解决原则提炼出来，并以公开书面声明的形式加以固定和
约束，对于明确什么是朝鲜半岛问题以及如何推进问题的解决奠定了重要的基
础，因此《9·19 共同声明》的发表不能不说是推进朝鲜半岛问题解决进程中的
一项重大突破，《声明》本身也成为了推进朝鲜半岛问题解决的历史进程中一个

里程碑式的文件。

　　但是,《9·19 共同声明》只是在一些重大问题的解决原则方面形成了一定程度上的共识,在实际推进问题的解决方面还需要进一步的明确和细化。朝鲜承诺弃核,承诺"早日重返"《不扩散核武器条约》,并回到国际原子能机构保障监督体制中,其他各方同意"在适当时候讨论"向朝鲜提供轻水反应堆问题。"早日重返""在适当时候讨论",这些都是比较模糊且具不确定性的表述,关于建立永久和平机制的"直接相关方"也同样是一个需要进一步明确的模糊表述,因此,如何推进和落实四轮六方会谈所取得的成果仍然存在着较大的不确定性。会谈结束的次日,即 9 月 20 日,朝鲜就通过外务省发言人发表谈话的形式,对会谈结果进行了表态。发言人表示:"在提供轻水反应堆之时,我们立即重返《不扩散核武器条约》,与国际原子能机构缔结并履行《核安全保障协定》。基本中的基本是美国尽快提供轻水反应堆,这是美国实际接受我们和平核活动的证据。不提供轻水反应堆,在我们放弃已经拥有的核遏制力问题上不要做梦,这是我们一贯的堂堂正正的立场。至现在为止,我们是以美国的强硬派为对象制定我们的政策的,今后也将如此。"([朝]朝鲜中央通讯,2005 年 9 月 20 日)

第七章　踯躅的八年（二）

本章导读

从 2005 年 9 月至 2008 年底，六方会谈这一机制又持续运行了三年多的时间，进行了包括三个阶段的第五轮六方会谈（分别于 2005 年 11 月、2006 年 12 月和 2007 年 2 月举行）、两个阶段的第六轮六方会谈（分别于 2007 年 3 和 2007 年 9 月举行）以及三次单独的六方会谈团长会议（分别于 2007 年 7 月、2008 年 7 月、2008 年 12 月举行）。

作为落实《9·19 共同声明》的措施，在第五轮六方会谈第三阶段会谈和第六轮六方会谈第二阶段会谈上分别签署了两份重要的文件《2·13 共同文件》和《10·3 共同文件》，从而也推动了六方会谈这一机制的持续运行。

但真可谓"人至半山山更陡，船到中游浪更急"，触及到核心问题之后，六方会谈机制每推进一步都需要付出更多的艰辛和努力。

这一阶段的美朝关系因受"澳门汇业银行事件"、朝鲜的导弹发射事件、安理会通过对朝制裁决议以及朝鲜第一次核试等事件的影响，也可谓是斗折蛇行，忽暗忽明。

2006 年美国国会中期选举后，布什政府的对朝政策有所调整，经过双边之间的会谈，解决了"澳门汇业银行问题"，启动了朝鲜三个核实施的"去功能化"和核计划申报进程。经过美朝双边之间的会谈，双方在朝鲜核计划申报书的验证问题也似乎达成了《核验证协议》，但由于受到经济援助不到位等因素的影响，更因为双方在验证方法问题上始终存在着分歧，《核验证协议》最终未得到落实。而随着韩国在 2008 年政府换届和保守政府的执政，随着在金融危机中美国政府的换届和奥巴马政府的上台，美朝关系也随即转入了另外一种运行轨道。

第一节　第一次核试验

一、"汇业银行事件"

在中国等国家的斡旋和说服下，第四轮六方会谈虽然启动，并通过了《9·19 共同声明》，但是幕后的事情绝不简单，之后的会谈进程也绝非平坦顺利，美国政府充分利用各部门的权限在对朝政策上展现出了一种更为复合且复杂的形态。就在 2005 年 6 月 22 日布什政府决定通过世界粮食计划署向朝鲜提供五万吨粮食援助几天之后，布什政府就又从金融方面开始对朝鲜进行钳制。

2005 年 6 月 28 日，布什总统签署了第 13382 号行政命令——《封锁大规模杀伤性武器扩散者及其支持者的财产》（Blocking Property of Weapons of Mass Destruction Proliferators and Their Supporters），对包括三家朝鲜企业在内的朝鲜、伊朗和叙利亚的八家企业进行制裁，这三家朝鲜企业分别是朝鲜矿业开发贸易会社（Korea Mining Development Trading Corporation）、端川商业银行（Tanchon Commercial Bank）、朝鲜连峰总会社（Korea Ryonbong General Corporation）。①

之后，又在《9·19 共同声明》发表四天之前的 9 月 15 日，美国财政部发布了一份题为"根据《爱国者法案》澳门汇业银行为主要洗钱关注（Treasury Designates Banco Delta Asia as Primary Money Laundering Concern under USA PATRIOT Act）"的公告，提出了澳门"汇业银行问题"。该公告明确表示："澳门汇业银行一直为朝鲜政府从事腐败金融活动充当中介（a willing pawn）"，"汇业银行为朝鲜政府机构及其前线公司提供了 20 年以上的金融服务……有证据表明这些机构和前线公司中的一些机构和公司从事非法活动。汇业银行为朝鲜几乎没有任何监督和控制的需要和要求提供订制服务，这家银行也处理朝鲜大部分贵金属的销售，帮助朝鲜机构进行秘密的、数百万美元的存储和提取。"

"汇业银行与朝鲜的特殊关系已经明确地促进了朝鲜政府机构及其前线公

---

① https://www.treasury.gov/resource-center/sanctions/Documents/whwmdeo.pdf

司的犯罪活动。例如，有消息表明汇业银行的高级官员正在与朝鲜官员合作，接受大量包括美元假钞的现金存储，并同意将其投入流通。作为汇业银行一个超过十年的客户，一家著名的朝鲜前线公司从事了无数的非法活动，包括印发伪钞、走私假烟。除此之外，这家前线公司还长期被怀疑介入国际毒品交易，而且汇业银行还代表另一家朝鲜前线公司促进了几起与涉嫌犯罪活动相关的数百万美元的电汇。"[①]

《爱国者法案》第 311 款赋予了美国财政部、司法部、国务院等机构以及适当的联邦金融监管者协商发现是否存在合理的理由以判断外国的管辖权、机构、交易类别或账户类型是"主要的洗钱关切"或要求美国金融机构采取一定的"特别措施"的权力。"特别措施"的范围从强化记录保存或报告义务到中止与指定实体的相关金融关系（banking relationships）。

有意思的是，以帮助朝鲜政府机构或前线公司进行洗钱、走私和贩毒等理由，美国财政部将澳门汇业银行指定为"主要的洗钱关切"的时间点，正是第四轮六方会谈第二阶段会谈的关键时期。虽然这一事件并没有影响到《9·19共同声明》的最后通过，但其所代表的动向却足以引起相关国家的关注、警戒和担心。实际上，早在三年前，美国国务院就成立了"朝鲜工作小组（North Korea Working Group）"，由国务院东亚及太平洋局顾问戴维·阿舍（David Asher）领导，对朝鲜的相关活动开始进行秘密调查。该小组的成员深入到中国港澳地区的一些黑社会组织进行了相关的取证活动。三年前即已着手准备，而在六方会谈取得进展的关键时间节点提出问题，美国政府的用意应该是比较深的。

美国财政部的公告一发，立刻引起了汇业银行储户的担心，因为担心银行破产，遂开始从汇业银行一次性提取存款，导致发生挤兑事件。这种情况发生后，澳门特区政府随即中断了储户提款，也使得汇业银行内朝鲜的账户被冻结，这即是所谓的"汇业银行事件"。

10 月 12 日，美国司法部以与朝鲜共谋流通美元假钞的嫌疑为由发起了对北爱尔兰劳动党党首肖恩·加兰（Sean Garland）的起诉。随后，10 月 21 日，美

[①] "Treasury Designates Banco Delta Asia as Primary Money Laundering Concern under USA PATRIOT Act", https://www.treasury.gov/press-center/press-releases/Pages/js2720.aspx

国财政部又宣布将另外八家朝鲜企业作为对第 13382 行政命令的追加纳入了制裁名单，这八家朝鲜企业是彗星贸易会社（Hesong Trading Corporation）、朝鲜综合设备进口会社（Korea Complex Equipment Import Corporation）、朝鲜国际化学联合会社（Korea International Chemical Joint Venture Company）、朝鲜光星贸易会社（Korea Kwangsong Trading Corporation）、朝鲜富强贸易会社（Korea Pugang Trading Corporation）、朝鲜荣光贸易会社（Korea Ryongwang Trading Corporation）、朝鲜莲河机械联合会社（Korea Ryonha Machinery Joint Venture Corporation）、土星技术贸易会社（Tosong Technology Trading Corporation）。①

　　美国对朝鲜开始实施金融制裁不能不对朝鲜参加六方会谈的意愿产生影响，但 10 月 28 日至 30 日，中国国家主席胡锦涛对朝鲜进行了正式友好访问，中朝双方领导人围绕着六方会谈和中朝经济合作问题进行了深入讨论，在相关问题上达成了一致，并缔结了《经济技术合作协定》，中国的说服工作有力地推动了六方会谈的持续。

　　2005 年 11 月 9 日至 11 日，六方会谈第五轮会谈在北京举行。会谈举行之前，相关国家的工作团队进行了事前的沟通。中国外交部朝鲜半岛事务大使李滨从 10 月 18 日至 30 日，对朝鲜、美国、韩国进行了长达 13 天的访问，参加六方会谈的俄罗斯代表团也于 11 月 5 日至 8 日绕道平壤对朝鲜进行了访问。

　　第五轮会谈的主要议题是讨论如何落实《9·19 共同声明》的问题，美朝之间围绕着宁边核设施的冻结问题分歧较大。同时，朝鲜方面还提出了美国对朝鲜的金融制裁问题。考虑到亚太经合组织（APEC）非正式领导人会议将于 11 月 12 日至 19 日在韩国釜山召开，在中方分阶段举行的建议下，11 月 11 日，第五轮六方会谈第一阶段会谈以发表《主席声明》的形式结束。《主席声明》确认了《9·19 共同声明》确立的"口头对口头、行动对行动"的原则，并"商定尽快举行第五轮会谈第二阶段会谈"。②

　　但是，第五轮会谈第二阶段会谈直到一年之后的 2006 年 12 月 18 日才得

---

① "Treasury Targets North Korean Entities for Supporting WMD Proliferation", https://www.treasury.gov/press-center/press-releases/Pages/js2984.aspx

② 《第五轮六方会谈第一阶段会议＜主席声明＞全文》，http://www.china.com.cn/chinese/zhuanti/chwt5/1027532.htm

以举行，在此期间，朝鲜不但进行了远程导弹发射，而且还进行了第一次地下核试验，从而也使得朝鲜半岛的安全局势发生了完全不同的变化。

二、安理会第 1695 号决议

在第五轮六方会谈举行之前的 11 月 2 日，根据 2004 年 10 月 19 日通过的《朝鲜人权法案》，美国国务院发布了"促进朝鲜内信息自由的措施"，决定对朝鲜采取扩大朝鲜语广播、开办电台、供应磁带和录像带等措施，以促进朝鲜内所谓的"信息自由"。第五轮六方会谈第一阶段会谈结束后，美国继续在人权、宗教等问题上围堵朝鲜，联合国方面也开始以通过决议方式介入朝鲜人权问题。11 月 17 日，第 60 次联合国大会第三委员会通过了《朝鲜人权决议》，这是联合国大会第一次就朝鲜人权问题通过决议。11 月 22 日，美国国务院发布《国际宗教自由报告 2005》，再次将朝鲜指定为宗教自由"特别关注国家（Country of Particular Concern）"。进入到 2006 年之后，美国国务院又分别于 3 月 1 日和 8 日发布了《国际毒品控制战略报告》（*International Narcotics Control Strategy Report*）和《2005 年国家人权实践报告》（*Country Reports on Human Rights Practices*）。《国际毒品控制战略报告》指责"朝鲜政府机构和官员对贩毒所获进行洗白，并通过由澳门金融机构的前线公司所构成的网络介入了伪造纸币和其他犯罪活动"，[1] 而《国家人权实践报告》则认为"朝鲜是金正日一人绝对统治下的独裁政权……朝鲜在法外处决、任意拘留、强制堕胎，监狱溺婴"等诸多方面侵犯人权。[2]

对于美国一方面参加六方会谈，另一方面又在金融制裁、人权等问题上进行围堵的做法，朝鲜方面都是非常敏感的。但在具体的应对上，由于金融制裁构成了更为现实的压力，要求美国解除金融制裁也是最优先的课题。在第五轮会谈第一阶段会谈期间，美朝双方举行了团长会议，双方同意讨论和解决金融制裁问题，但在会谈结束后，美国方面食言，回避与朝鲜讨论这一问题，同时

---

[1] *United States Department of State*，"*International Narcotics Control Strategy Report*，pp. 235—236. https://www.state.gov/documents/organization/62393.pdf

[2] https://2009-2017.state.gov/j/drl/rls/hrrpt/2005/61612.htm

朝鲜半岛能源开发组织执行理事会还于 2005 年 11 月 21 日至 22 日召开了会议，决定结束轻水反应堆建设工程，这使得朝鲜方面十分不满。

2005 年 12 月 20 日，朝鲜通过朝中社发布详报的方式，对朝鲜半岛能源开发组织彻底结束轻水反应堆建设工程和六方会谈问题表态。朝方表示："轻水反应堆工程的完全结束是美国对朝鲜敌对政策的必然产物……对我们而言，强化以我们的石墨反应堆为基础的和平核活动的工作一刻也不能停止。我们将积极发展以 5 万 KW、20 万 KW 以及相关设施为基础的核动力工业，更加快速地建设我们自己的轻水反应堆和开展和平性核活动……摆脱不幸之危机状况的唯一出路是立即解除金融制裁，以相互尊重、和平共存的姿态出席六方会谈。"（[朝] 朝鲜中央广播电台，2005 年 12 月 20 日）2006 年 1 月 8 日，朝鲜通过外务省发言人接受朝中社记者采访的形式再次要求美国解除对朝鲜的金融制裁。

在这种情况下，2006 年 1 月 19 日，中、美、朝三方六方会谈团长武大伟、希尔和金桂冠在北京钓鱼台国宾馆进行了会晤。[①] 而就在一天之前，朝鲜领导人金正日刚刚结束了对中国长达八天（1 月 10 日至 18 日）的非正式访问。为了督促美国解除金融制裁，2 月 9 日，朝鲜通过外务省发言人会见朝中社记者的形式表示愿意加入国际反洗钱公约。为了从侧面影响美国，从 2 月 4 日至 8 日，朝鲜与日本在北京举行了邦交正常化问题会谈。这是朝日政府间对话中断了三年零三个月之后重新启动的政府间对话，而对双边间的问题分三个领域进行对话更是以前所没有过的。此次朝日邦交正常化会谈的相关情况如表 7-1 所示。

表 7-1 朝日邦交正常化会谈（2006.02.04-2006.02.08）

日期	会谈形式及主题	双方代表	
		朝鲜	日本
2 月 4 日	全体会议	宋日昊团长	原口幸市团长
2 月 5 日	绑架问题	金哲浩（外务省亚洲局日本科科长）	梅田邦夫（外务省亚洲大洋局参事）
2 月 6 日	建交	宋日昊团长	原口幸市团长
2 月 7 日	安全保障 绑架问题	郑泰洋（外务省美洲局副局长）	山本忠通（朝核问题大使）
2 月 8 日	全体会议	宋日昊团长	原口幸市团长

---

① http://www.china.com.cn/chinese/zhuanti/chwt5/1098124.htm

这次朝日邦交正常化会谈虽然没有达成具体的协议，但双方在三年零三个月之后重启政府间对话本身以及在会谈议题设置上所展现出的务实性和灵活性，均具有重要的象征性意义。

可能是中美朝三方沟通和朝日邦交正常化会谈的重启影响了美国，2006 年 2 月 23 日，美国国务院正式宣布 3 月 7 日美朝相关人士将在纽约接触讨论金融制裁问题。3 月 7 日，朝鲜外务省北美局局长李根在纽约美国驻联合国代表处与美国财政部、国务院以及国家安全委员会会议的相关人士进行了会面，听取了美方对朝鲜"伪造纸币"问题的说明，美国财政部负责金融犯罪和恐怖资金问题的副部长助理丹尼尔·格拉瑟（Daniel Glaser）和国务院负责东亚及太平洋事务的首席助理国务卿帮办凯思琳·斯蒂芬斯（Kathleen Stephens）参加了说明会。在说明会上，美国财政部方面强调这是为保护美国的金融制度而不可避免要采取的措施，与六方会谈全然没有关系，而李根则表示只要美国对朝继续施压，朝鲜不参加六方会谈的立场是没有变化的。

6 月 1 日，朝鲜外务省发言人发表谈话，一方面公开邀请美国六方会谈团长希尔访问平壤，另一方面表示"如果美国继续对朝鲜的敌对政策，强化施压的程度"，朝鲜为了守护自己的生存权和自主权，将"不得不采取超强硬的措施"。（［朝］朝鲜中央通讯，2006 年 6 月 1 日）朝鲜外务省发言人发表这一谈话的时间正好是朝鲜外相白南淳访问中国期间。从 5 月 30 日至 6 月 6 日，白南淳外相访问中国，5 月 30 日，中国国务院总理温家宝与白南淳外相在中南海举行了会谈。

6 月中旬，所谓的"朝鲜人权问题"开始在日本发酵。6 月 13 日，日本众议院绑架问题委员会在自民、民主和公明三党的支持下通过了《北朝鲜人权法案》。该法案将"绑架问题"的解决规定为"国家的职责"，规定如果"绑架问题"不能取得进展，可对朝鲜实施经济制裁，援助脱离朝鲜者，扶植对脱离朝鲜者援助的非政府组织以及促使日本政府发表"绑架问题年度报告"等。在众议院通过该法案的三天之后，日本参议院也通过了该法案，从而使得日本成为继美国之后第二个可正式使用人权问题作为工具对朝鲜施压的国家。

在美朝间的僵持中，朝鲜开始兑现外务省发言人在 6 月 1 日的表态。7 月 5 日早晨和下午，朝鲜分别在咸镜北道花台郡舞水端和江原道安边郡旗杆岭发射了包括"大浦洞 -2"号远程导弹在内的七枚导弹，发射的导弹大部分落入朝鲜半岛东部海域的东北部，"大浦洞 -2"号导弹飞行不到一分钟，落入日本海，这是朝鲜在 1998 年 8 月 31 日发射"卫星"之后时隔近八年以来的首次发射。与 1998 年 8 月 31 日发射试验完毕几天后才公开表态不同，这次朝鲜在发射后的次日，即 7 月 6 日就通过外务省发言人回答朝中社记者提问的形式对发射行为表态。发言人表示："导弹的成功发射是为了强化自卫性的国防力量，军队正常进行军事训练的一个环节……也是作为主权国家的合法权利。如在六方会谈《9·19 共同声明》所承诺的那样，我们通过对话与协商和平地实现朝鲜半岛无核化的意志至今也没有变化。以后，作为强化自卫性遏制力的一个环节，我们的军队将继续进行导弹发射训练，如果有谁要对此施压，我们将不得不采取另一种形态的、更为强硬的物理性行动措施。"（〔朝〕朝鲜中央广播电台、平壤广播电台，2006 年 7 月 6 日）

朝鲜外务省发言人主要表达了三层意思：第一，导弹发射是主权国家的权利，是正常的军事训练；第二，通过对话与协商实现半岛的无核化，朝鲜对六方会谈的态度是积极的；第三，如果以此为由向朝鲜施压，朝鲜将不得不采取另一种更为强硬的物理性措施，即进行核试验。

针对朝鲜的这次发射，日本方面表现十分积极。在朝鲜发射的当天，日本就联合美国向安理会提出了这一问题，第二天，日本就完成了一份决议草案的起草，日本的激进遭到了中俄和韩国的抵制。7 月 11 日，中国提出了一份主席声明草案，该草案既强调外交解决朝鲜导弹发射问题的重要性，又要求朝鲜遵守曾做出的暂停导弹发射的承诺，[1]但美日对此不予同意。作为一种折中，法国和英国提出了一份"分两步走"的方案，第一步是发表安理会主席声明谴责朝鲜，第二步是通过制裁决议。在这种情况下，7 月 12 日，中俄提出了一份新的决议草案，法英联合美日对其进行了修改之后，7 月 15 日联合国安理会最终通过了含有对朝鲜制裁内容的第 1695 号决议。[2]

安理会第 1695 号决议对朝鲜的导弹发射活动进行了谴责，要求朝鲜暂停所有与弹道导弹计划有关的活动，并就此重新做出其原先关于暂停发射导弹的

---

[1]　Kim Gye-hwan, The Prospects of China's Draft of UN Security Council Resolution, YONHAP NEWS (S. Korea), July 11, 2006, http://www.yonhapnews.co.kr/cgi-bin/naver

[2]　Yong-Joong Lee, "Legal Analysis of the 2006 U.N. Security Council Resolutions Against North Korea's WMD Development", *Fordham International Law Journal*, Volume 31, Issue 1, 2007, pp.6-7.

承诺；提请所有会员国，按照本国的法律授权和立法，并遵循国际法，警惕并防止向朝鲜导弹或大规模杀伤性武器计划转让导弹和导弹相关物项、材料、货物和技术；提请所有会员国，按照本国的法律授权和立法，并遵循国际法，警惕并防止从朝鲜采购导弹和导弹相关物项、材料、货物和技术，以及向朝鲜转移与朝鲜导弹或大规模杀伤性武器计划有关的任何金融资源。①

第 1695 号决议是联合国安理会层面通过的第一个含有对朝制裁内容的决议。此前联合国安理会曾于 1993 年 5 月 11 日因朝鲜退出《不扩散核武器条约》通过了第 825 号决议。但是第 825 号决议只是要求朝鲜重新考虑退出《不扩散核武器条约》的决定，要求朝鲜履行其不扩散的义务，遵守其同国际原子能机构签订的《安全保障协定》。②1998 年 8 月 31 日朝鲜进行"人造卫星"发射之后，联合国安理会也没有做出法律性反应。而此次联合国安理会通过具有制裁内容的决议实际上开启了一个先河，开启了日后朝鲜与以联合国安理会为代表的国际社会之间的所谓"挑衅——制裁——再挑衅——再制裁"的恶性循环，尤其是第 1695 号决议中含有的"提请所有会员国按照本国的法律授权和立法"行事的内容，为联合国会员国进行相关的国内立法奠定了基础。第 1695 号决议通过之后，美国国会参议院于 7 月 25 日便全票表决通过了《朝鲜防扩散法案》（*North Korea Nonproliferation Act of 2006*）。法案规定"美国对从事与朝鲜导弹和大规模杀伤性武器开发以及相关的商品、物质、技术、财源转移业务的个人和公司进行制裁"。③《防扩散法案》原来是针对伊朗和叙利亚的制裁而制定的，在朝鲜发射弹道导弹之后，参议员威廉·弗里斯特（William H. Frist）联合其他七名共和与民主党参议员发起了将朝鲜纳入的提案，于是参议院通过了该法案。9 月 13 日，美国国会众议院国际关系委员会也一致通过了《朝鲜防扩散法案》。

美国国会参众两院全票通过《朝鲜防扩散法案》是在联合国安理会第 1695 号决议通过之后，美国立法机构所采取的一项措施。这一措施为美国政府以核导问题为由制定并出台对朝鲜的制裁措施奠定了国内立法层面的基础。

---

① 《联合国安理会第 1695（2006）号决议》，http://www.un.org/en/ga/search/view_doc.asp?symbol=S/RES/1695(2006)

② 《联合国安理会第 825（1993）号决议》，http://www.un.org/en/ga/search/view_doc.asp?symbol=S/RES/825(1993)

③ https://www.congress.gov/109/plaws/publ353/PLAW-109publ353.pdf

三、第一次核试验

在联合国安理会各主要成员国就朝鲜发射弹道导弹应该做出怎样的反应而折冲樽俎的时候，中朝迎来了《友好合作互助条约》签署 45 周年纪念日。中朝两国分别派出了高级代表团进行了互访，朝鲜派出了以最高人民会议常任委员会副委员长杨亨燮为团长的友好代表团，中方派出了以中共中央政治局委员、国务院副总理回良玉为团长的友好代表团，双方最高领导人分别致了贺电。

7 月 15 日联合国安理会通过第 1695 号决议的次日——7 月 16 日，朝鲜外务省就发表了声明，声明表示不久之前美国就朝鲜进行导弹发射问题"在应以一个声音应对的口号下，拉着联合国"最终通过了决议，"美国这样做是要将美朝之间的问题转换成朝鲜与国际社会的问题，形成反对我们的国际联合"，"由此，我们的尊严和自主权遭到深刻的蹂躏，也导致了形势极度紧张，朝鲜半岛和东北亚地区的和平与安全遭到极大破坏的严重后果"，"我们已经阐明了如果因我们军队自卫性导弹发射训练而对我们施加压力的话，不得不采取更为强硬的物理性行动措施的立场。安理会的决议是美国对朝鲜敌对政策的产物，对此，我们共和国强烈谴责，并将不拘泥于口号而予以全面反击"。（［朝］朝鲜中央广播电台、平壤广播电台，2006 年 7 月 16 日）

朝鲜通过外务省声明的形式表明立场，应该是比较严肃的，但并未得到相关国家的重视，美国不但在金融制裁问题上丝毫不予放松，更是在国会参众两院通过《朝鲜防扩散法案》，为其扩大对朝鲜的制裁奠定了国内立法基础。

而实际上，由于联合国安理会第 1695 号决议的通过，朝鲜的外交环境也的确受到了一定的影响。2006 年 7 月 28 日至 8 月 1 日东盟地区论坛在马来西亚举行，朝鲜派出了以外相白南淳为团长的代表团。白南淳外相在 7 月 31 日结束参加东盟地区论坛的活动之后即前往新加坡进行访问，但是东盟地区论坛在 8 月 1 日发表了《主席声明》，《声明》表示"大部分部长对朝鲜 7 月 5 日的导弹发射表示忧虑，认为这样的试验对地区和平、稳定与安全带来了不利影响（adverse repercussions）"。

为了冲抵安理会第 1695 号决议的影响并督促美国解除金融制裁，8 月 26 日，朝鲜外务省发言人发表谈话表示："解除金融制裁并不是单纯地收回一些被冻结的资金问题，而是与六方会谈以及《9·19 共同声明》的履行直接相关的政治性问题，是衡量美国对朝政策是否变化的一个尺度。""我们的立场是并不乞求与美国共存，而是在平等的原则上履行协议。如果协议得到履行，我们的所得会更多，我们更希望参加六方会谈。""我们在金融领域已经准备了完善的禁止印制伪钞和洗钱等不法行为的法律和制度安排。""通过扩大金融制裁进一步强化施压的状况下，我们将采用一切必要的应对措施以守护我们的思想、制度、自主权和尊严。"（[朝]朝鲜中央广播电台，2006 年 8 月 26 日）

朝鲜外务省发言人的上述发言是针对美国正在推进国内立法，扩大对朝制裁的动向而做出的表态。应该说朝鲜的表态具有灵活的一面，特别是提到"如果协议得到履行……我们更希望参加六方会谈"。9 月 26 日，朝鲜外务省副相崔守贤在第 61 届联合国大会发表主旨演说时，又再次强调了美国不解除金融制裁，朝鲜将不参加六方会谈的立场。

10 月 3 日，朝鲜方面放出了重要信息。该日，朝鲜外务省通过中央电视台、中央广播电台发表了《声明》。《声明》表示：

美国反共和国的孤立扼杀阴谋已经超越了极限点，在最为恶劣的状况正在到来的形势下，我们对事态的发展再也不能袖手旁观。

根据指示，在将采取的强化自卫性战争遏制力的新措施方面，外务省庄严宣布：第一，朝鲜民主主义人民共和国科学研究部门将进行彻底保证安全的核试验；第二，朝鲜民主主义人民共和国将绝对不首先使用核武器，不以核武器相威胁，完全不允许核扩散；第三，朝鲜民主主义人民共和国将以各种方式进行努力以实现朝鲜半岛的无核化，推动世界核裁军和最终消除核武器。

朝鲜外务省声明比平常使用较多的外务省发言人声明、发言人谈话、会见朝中社记者或答记者问等形式，更高一层次，发布的媒体也增加了朝鲜中央电视台。从这种比较严肃的阵势看，外务省宣布的"科学研究部门将进行彻底保证安全的核试验"应该是最高领导和决策机构已经做出的决策。

朝鲜的这种动向引起了不少国家和联合国安理会的注意。10 月 6 日，安理会发表《主席声明》表示："安全理事会对朝鲜民主主义人民共和国外务省 2006 年 10 月 3 日宣布朝鲜将进行核试验的声明深表关切。……这种试验将招致国际社会的普遍谴责，无助于朝鲜解决它所声称的关切，特别是有关加强其安全的关切。安全理事会敦促朝鲜不要进行这种试验……如果朝鲜进行核试验，将明显威胁国际和平与安全，如果朝鲜无视国际社会的呼吁，安全理事会将根据《联合国宪章》赋予的职责采取行动。"[1]

但是，安理会《主席声明》没有能够阻止住朝鲜，10月9日，朝鲜兑现了它10月3日的声明。该日上午10点35分，朝鲜在咸镜北道吉州郡丰溪里核试验基地进行了它的第一次核试验。朝鲜之所以选择这个时间点进行核试验，一个很重要的原因是10月10日是朝鲜劳动党的创建纪念日。按照朝鲜的说法，选择这一时间点进行核试验是将其作为献给朝鲜劳动党的一个盛大礼物。[2]10月6日，朝鲜召开了朝鲜人民军大队长、大队政治指导员大会，金正日会见了参加大会的大队长和政治指导员。10月8日又是金正日出任朝鲜劳动党总书记九周年的日子。在这样一段具有重要政治价值的气氛渲染时期，在针对美国强化制裁的动向已经做出进行核试决策的情况下，朝鲜选择这一时间点进行核试也就比较容易理解了。

在朝鲜进行首次核试之后的当天，朝中社就正式进行了报道。报道说："我们的科学研究部门在10月9日安全成功地进行了地下核试验，据科学的探测和精密的计算，确认此次核试验完全没有放射能泄露这样的危险。核试验百分百是依靠我们的智慧和技术进行的，是给予渴望拥有强大自卫性国防力量的军队和人民极大鼓舞和欣喜的历史性事件。核试验将有助于朝鲜半岛及周边区域的和平与稳定。"（［朝］朝鲜中央广播电台、平壤广播电台，2006年10月9日）

朝鲜的正式报道一出，立即引起了包括中国在内的国际社会的强烈反应。10月9日中国外交部发表的《声明》中使用了"无视国际社会的普遍反对，悍然实施核试验"这样比较严厉的措辞，美国等国则积极推动联合国安理会出台更为严厉的对朝制裁决议。按照美国的设想，新的制裁决议要依照《联合国宪章》第七章进行起草。《联合国宪章》第七章为"对于和平之威胁、和平之破坏及侵略行为之应对办法"，该章第41条规定安理会一旦断定有威胁和平、破

---

① 《安理会主席声明》，2006年10月6日。http://www.un.org/en/ga/search/view_doc.asp?symbol=S/PRST/2006/41

② ［朝］芮正雄：《不可避免的选择》，平壤出版社2016年，第227-228页。

坏和平与侵略行为存在，安理会应决定采取包括"经济关系、铁路、海运、航空、邮、电、无线电及其他交通工具之局部或全部停止，以及外交关系之断绝"在内的措施。而第42条规定如果上述措施"不足或已经证明为不足"，安理会"得采取必要之空海陆军行动，以维持或恢复国际和平及安全"。①如果按照第七章起草新决议，也就意味着对朝鲜动武的内容也有可能被包括进制裁决议中，美国的提议遭到中俄韩等国的反对。最后，10月14日，联合国安理会一致通过了第1718号决议。

安理会第1718决议明确表示：根据《联合国宪章》第七章采取行动，并根据第41条采取措施，含有采取军事行动内容的第42条没有被纳入其中。第1718号决议规定从物资和金融两个大的方面对朝鲜实施制裁，物资方面对包括坦克、装甲车、大口径火炮系统、作战飞机、导弹等常规武器系统及零部件，涉及弹道导弹和其他大规模杀伤性武器开发计划的物项、材料、设备、货物和技术，以及奢侈品的进口实施限制。金融方面，要求所有会员国根据其各自的法律程序，立即冻结本国领土内支持与朝鲜核、其他大规模杀伤性武器以及弹道导弹相关计划的个人或实体，或代表其行事或按其指示行事的个人或实体所直接或间接拥有或控制的资金、其他金融资产和经济资源。为了监督决议的落实情况，第1718号决议还决定成立一个由安理会全体成员组成的安全理事会委员会，要求该委员会"至少每90天向安全理事会报告工作，并提出意见和建议"。②10月23日，由15个安理会成员国家的代表参加的制裁委员会正式成立。

四、《2·13共同文件》

安理会第1718号决议通过后，朝鲜方面在10月17日以外务省发言人发表《声明》的形式做出反应。《声明》一方面主张进行核试验完全属于主权国家自主、合法的行事权力，另一方面对安理会通过《决议》的行为进行了谴责，认为安理会通过决议"不能不看作是对共和国的战争宣言"，"声明"同时还表

---

① 《联合国宪章》，http://www.un.org/chinese/aboutun/charter/chapter7.htm
② 《联合国安理会第1718（2006）号决议》，http://www.un.org/en/ga/search/view_doc.asp?symbol=S/RES/1718(2006)

示"今后，我们将注视美国的动向，并据此采取适当的措施"。（［朝］朝鲜中央广播电台、平壤广播电台，2006 年 10 月 17 日）应该说朝鲜对安理会第 1718 号决议的反应并不是特别强烈，与 7 月 15 日安理会通过第 1695 号决议之后朝鲜外务省发表《声明》相比，规格上要低一级。

美国方面，为了督促相关各方严格执行安理会第 1718 号决议，国务卿赖斯于 10 月 17 日至 21 日对日本、韩国、中国、俄罗斯进行了访问，中国国务委员唐家璇作为中共中央总书记、国家主席胡锦涛的特别代表也于 10 月 18 日至 19 日访问了朝鲜。10 月 19 日，唐家璇面见了朝鲜国防委员会委员长金正日，并向其转达了胡锦涛主席的口信，双方围绕着中朝关系和半岛局势等问题深入交换了意见。

在中国的斡旋和说服下，10 月 31 日，中、朝、美三方六方会谈团长武大伟、金桂冠和希尔在北京进行了非正式会晤，三方一致同意在六方方便的近期举行六方会谈。11 月 1 日，朝鲜通过外务省发言人正式表态，发言人表示 10 月 31 日在中国北京进行了以朝美接触为主的双边、多边间会晤，朝鲜将在六方会谈框架内朝美之间讨论解决金融制裁问题的前提下参加六方会谈。随后，美朝六方会谈团长希尔和金桂冠又于 11 月 28 日至 29 日在北京进行了长达 15 个小时的会晤，讨论了朝核和澳门"汇业银行问题"，并达成了重启六方会谈的协议。

2006 年 12 月 18 日至 22 日，六方会谈机制在停滞了 13 个月之后，第五轮会谈第二阶段会谈在北京举行。此次会谈，韩国代表团团长已经调整为由韩国外交通商部朝鲜半岛和平交涉本部长千英宇担任，俄罗斯代表团团长也调整为由俄驻华大使拉佐夫担任。18 日上午 10 点 50 分，会谈正式开始，而在正式开始之前先举行了六方的团长会。正式会谈开始后首先举行了团体会谈，各代表团团长进行了主旨发言。本次会谈的核心议题是朝核冻结问题与解除对朝鲜的金融制裁问题，会谈开始的前一天，美朝双方就进行了接触，对这两个问题集中交换了意见。11 月末，美朝在北京接触时，美方曾经提出中断启动宁边 5MWe 反应堆等相关核设施、允许国际原子能机构核查、申报核计划以及废弃核试验场等四个方面的问题，第五轮会谈第二阶段会谈启动后，美方依然提出了这些问题，而朝鲜的立场是，解除制裁是讨论这些问题的前提条件，并强调自己已经是拥核国家。

值得注意的是，在本阶段会谈进行的同时，美朝之间从 12 月 19 日至 20

日也在北京就澳门"汇业银行问题"进行了工作级会谈。为了此会谈，美朝均另外派出了代表团，美方代表团团长由财政部负责金融犯罪问题的副部长助理丹尼尔·格拉泽（Daniel Glaser）担任，朝鲜代表团团长则由朝鲜贸易银行行长吴光哲（音）担任，双方另外派团使这一会谈带上了有别于六方会谈的色彩。通过本次会谈，双方没有在金融制裁问题上达成一致意见，但双方约定2007年1月中旬在纽约继续进行会谈。

由于美朝各自固守自己的立场，难以找到折中点，在12月22日下午进行了两个多小时的团长会议之后，第五轮六方会谈第二阶段会谈以中国代表团团长武大伟宣读《主席声明》的形式结束。《主席声明》依旧如第一阶段会谈结束时发表的《主席声明》一样，重申了《9·19共同声明》中的原则，虽然也表示各方"提出了一些初步设想。各方还通过密集的双边磋商，就解决彼此关切事宜坦率、深入地交换了意见"，但没有能够就具体的复会日期达成一致。

2007年1月16日至18日，美国国务院助理国务卿希尔和朝鲜外务省副相金桂冠移师德国，在柏林举行了会谈。双方于16日在美国驻柏林大使馆进行了长达六个小时的会谈，17日下午在朝鲜驻柏林大使馆进行近两个小时的会谈。会谈中，双方集中讨论了《9·19共同声明》的履行方案，并就美国对朝鲜的金融制裁问题交换了意见。

这次会谈是希尔与金桂冠第一次在北京以外的地方进行的会谈，会谈在推进六方会谈和双边关系发展问题上取得了一定的成果。会谈结束后，希尔前往东亚访问韩国、中国和日本三国，在1月19日到达首尔后，希尔表示美朝在柏林的会谈是十分有用和肯定性的，[①]而朝鲜方面也于1月19日通过外务省发言人会见记者的形式对金桂冠与希尔的柏林会谈进行了表态。朝中社的报道表示："这次朝美之间在柏林的会谈是根据双方的协议而举行的……会谈是在公正的气氛中真挚地进行的，达成了一定的协议……为了解决核问题中的障碍问题，我们关注朝鲜和美国之间直接对话的进行。"（[朝]朝鲜中央通讯，2007年1月19日）

柏林在冷战后的美朝关系史上是一个具有重要象征性意义的地方，离开北京，前往柏林，开启与美国之间的直接对话，这是朝鲜所希望的，因此朝鲜外

---

① 美国驻韩大使馆：korean.seoul.usembassy.gov/420_012007.html

务省发言人对朝美直接对话这种对话形式本身就给予了肯定性的评价。

美朝柏林会谈为金融制裁问题的解决和六方会谈的启动创造了条件。2007年1月26日，美国国务院发言人肖恩·麦考马克（Sean McCormack）宣布，美朝之间将于1月30日在北京就澳门"汇业银行事件"举行会谈。同日，美国财政部也正式公布了这一消息。

2007年1月30日，继2006年12月19日至20日在北京进行了第一次会谈之后，由美国财政部负责金融犯罪问题的副部长助理丹尼尔·格拉泽（Daniel Glaser）和朝鲜贸易银行行长吴光哲（音）率领的美朝代表团就澳门"汇业银行问题"在美国驻北京大使馆内进行了第二次会谈。第一次会谈结束后，原来的2007年1月中旬在纽约举行第二次会谈的约定没有得到履行，但是在此期间，双方之间通过书面交流方式就各自的立场和意见进行了沟通，也为本次会谈取得进展奠定了基础。美朝第二次"汇业银行问题"会谈取得了一定的进展，也为第五轮六方会谈第三阶段会谈的启动创造了条件。而在第三阶段会谈进行当中的2月12日，日本《朝日新闻》报道，美国政府已经就有可能解除澳门汇业银行冻结的2400万美元朝鲜资金中的1100万向韩国和日本进行了通报，该报道同时引用一名消息人士的话，说希尔在柏林会谈后曾向韩日方面确认说冻结的朝鲜资金中有1100万美元没有违法。

美朝在澳门"汇业银行问题"上取得的进展有力地推动了六方会谈的进行，经过2月8日至13日五天间各种形式的谈判和磋商，第五轮六方会谈第三阶段会谈取得重大进展，发表了《2·13共同文件》，其主要内容如表7-2所示。

表7-2　《2·13共同文件》的主要内容

主题	达成的协议
朝鲜弃核	①朝方关闭并封存宁边核设施，包括再处理设施。②邀请国际原子能机构人员重返朝鲜并进行国际原子能机构和朝方同意的一切必要的监督和验证。③朝方与其他各方讨论《共同声明》所述其全部核计划清单，包括从废弃核燃料棒中提取出的钚，根据《共同声明》，这些核计划应予放弃。
双边关系正常化	①美朝开始双边谈判，解决悬而未决的双边问题并向全面外交关系迈进。②美将启动不再将朝列为支恐国家的程序，并推动终止对朝适用《与敌国贸易法》的进程。②朝方和日方将开始双边对话，旨在根据《日朝平壤宣言》，在清算不幸历史和妥善处理有关悬案基础上采取步骤实现邦交正常化。

续表

主题	达成的协议
对朝援助	①各方同意合作向朝方提供经济、能源及人道主义援助。为此，各方同意在起步阶段向朝方提供紧急能源援助。首批紧急能源援助相当于五万吨重油，有关援助将于 60 天内开始。②在起步行动阶段和下一阶段期间，朝对其所有核计划进行全面申报，将包括石墨慢化反应堆及后处理厂在内的一切现有核设施"去功能化"，将向朝方提供相当于 100 万吨重油的经济、能源及人道主义援助（其中包括首批相当于五万吨重油的援助）。
落实机制	各方同意在 30 天内启动朝鲜半岛无核化工作组、朝美关系正常化工作组、朝日关系正常化工作组、经济与能源合作工作组与东北亚和平与安全机制工作组这五个工作组。
半岛和平机制	直接有关方将另行谈判，建立朝鲜半岛永久和平机制。
下一轮会谈日期	六方同意于 2007 年 3 月 19 日举行第六轮六方会谈。

《2·13 共同文件》在相当程度上细化了《9·19 共同声明》，使《9·19 共同声明》确立的原则更具有了可操作性，在很大的程度上带有具有约束力的"协议"的性质，恐怕这也是它被称为"共同文件"而不是"声明"的原因。从《共同文件》所规定的朝鲜弃核的内容看，该《文件》超越了 1994 年 10 月美朝签署的《日内瓦框架协议》。《日内瓦框架协议》只是冻结了朝鲜的核开发计划，但没有规定要查明朝鲜核计划的全部，而《共同文件》则规定朝鲜与其他各方讨论其全部核计划清单、对其所有核计划进行申报，这些内容都是《日内瓦框架协议》所没有规定的。在对朝援助方面，《共同文件》明确地确定了各方的援助义务和时间表；在落实机制上，启动了五个方面的工作组，明确了责任、确定了日程、启动了工作机制，这些都在很大程度上推动了此后一段时间内六方会谈机制的顺利进行。从此之后，美朝关系也进入了相对"虽有波折但一直在推进"的一段发展时期，直至 2008 年底。

第二节　踽踽前行

一、中期选举和《2007 年度国防授权法案》

2006 年 11 月之后，布什政府的对朝政策发生了一些明显的变化，一方面在继续坚持和推进联合国安理会框架内对朝制裁的同时，另一方面在美朝双边之间的接触上也采取了比以前更为灵活的政策。2007 年 1 月中旬希尔和金桂冠的柏林会谈，1 月末美国财政部副部长助理格拉泽和朝鲜贸易银行行长吴光哲（音）在北京的会谈，都是布什政府对朝政策有所调整的表现。布什政府之所以做出这种调整，主要有两个方面的原因：第一，美国国内政治上的原因。2006年 11 月 7 日，美国国会进行了中期选举。这次中期选举是在美国国内反对伊拉克战争气氛渐浓的背景下进行的，选举结果将参议院中民主党的席位由原来的44 席增加到 49 席，共和党的席位由原来的 55 席减少到 49 席。众议院中民主党席位由原来的 201 席增加到 234 席，共和党席位由原来的 233 席减少到 201席。州长选举结果为由原来共和民主两党 28 州对 22 州的比例分布变成为 22 州对 28 州。这次中期选举民主党在国会中占据了明显的优势，也意味着共和党的失败。选举之后的第二天，布什就宣布拉姆斯菲尔德辞去国防部部长职务。中期选举共和党的失败以及以拉姆斯菲尔德为代表的布什政府内所谓新保守主义势力的失势为国务院的温和派创造了更多的空间。

　　第二，朝鲜宣布拥核以及进行第一次核试验所呈现出的核事实也是布什政府所必须要面对的。布什政府执政以后，在朝核问题上所采取的政策一直被民主党批评，2006 年 10 月 9 日朝鲜的第一次核试验更是印证了布什政府朝核政策的失败。[①]2006 年 10 月 17 日，由民主党议员主导推进的《2007 年会计年度国防授权法案》（*National Defense Authorization Act for Fiscal Year 2007*）生效。该法案的第 1211 条要求布什政府在 60 天之内任命一名 "朝鲜政策协调官（North Korea Policy Coordinator）"，其职责是：（1）对美国的对朝政策进行全面的、彻底的跨部门的评估；（2）与包括六方会谈参与国在内的其他国家的政府就朝鲜半岛无核化问题进行协商；（3）为与朝鲜就核问题、导弹问题和其他安全问题的谈判提供政策方向和领导。法案还要求协调官在任命后 90 天之内向总统和国会提交一份公开的报告（an unclassified report），并规定这一职位最晚在 2011 年

---

① 　Gregory Moore, "American`s Failed North Korea Nuclear Policy: A New Approach", *Asian Perspective*, Vol.32, No.4, 2008, pp.14-16.

12 月 31 日前结束。[①] 随后，美国六方会谈代表团团长希尔被布什政府任命为对朝政策协调官。

在民主党通过立法渠道对布什政府施加压力的同时，朝鲜的核现实也是布什政府所不能回避的。2006 年 10 月 31 日至 11 月 4 日，美韩经济研究所所长杰克·普里查德，斯坦福大学教授罗伯特·卡林（Robert Carlin），美国国立科学研究所前所长、核专家西格弗里德·赫克以及斯坦福大学教授、核专家约翰·刘易斯等人受朝方邀请访问了朝鲜。这四人中，杰克·普里查德曾在克林顿政府和布什政府执政初期担任过对朝谈判大使，罗伯特·卡林曾担任过美国中央情报局负责东北亚问题的局长，以及 1989 年至 2002 年担任对朝谈判首席顾问。这次访问是由曾经十多次访问过朝鲜的约翰·刘易斯从中牵线协调，在朝鲜进行核试验之前就已经基本确定的。在朝鲜期间，普理查德一行与朝鲜外务省金桂冠副相、李根局长、人民军板门店代表部代表李灿福中将以及宁边核发电站站长李荣燮（音）等人进行了会晤。访朝结束后的 11 月 15 日，普理查德等人在美国华盛顿的国家新闻俱乐部（National Press Club）举行了访朝说明会。在说明会上，普理查德透露说在与金桂冠和李根会晤时，金桂冠和李根表示朝美之间已经达成了"汇业银行解除对冻结账户的冻结，美国不再予以干涉"的谅解，而且双方同意在六方会谈框架内讨论金融制裁问题，伪造货币和洗钱问题通过成立工作小组（working group）进行讨论。重要的是，在说明会上，他们认为过去三年期间朝鲜集中提取了钚并拥有了六至八枚核武器，目前朝鲜在继续提取钚的同时，还在进行着可使导弹搭载的核武器小型化、精密化的作业。[②] 这些信息加重了美国政府相关人士对事情严重性的认识。

二、"汇业银行问题"的解决与"起步阶段"

2007 年 3 月 5 日至 6 日，美朝关系正常化工作组第一次会议在纽约举行。

---

① *PUBLIC LAW 109–364— OCT. 17*, 2006, https://www.congress.gov/bill/109th-congress/house-bill/5122?q=%7B"search"%3A%5B"National+Defense+Authorization+Act+for+Fiscal+Year+2007"%5D%7D&r=5

② http://v.media.daum.net/v/20061116093024892?f=o

双方代表团团长仍为希尔和金桂冠。《2·13 共同文件》通过后，朝鲜方面在履行上十分积极，对于这次关系正常化工作组会议也十分重视。金桂冠在 3 月 1 日即前往美国旧金山与一些非政府组织（NGO）和学者举行了非公开的研讨会，随后于 2 日前往纽约，3 日与已经到达纽约的韩国外交通商部半岛和平交涉本部长千英宇进行了会晤，3 日、4 日又两次与朝鲜半岛能源开发组织理事会执行主任查理斯·卡特曼和美韩经济研究所所长杰克·普理查德进行了会晤。重要的是，在 3 月 5 日上午，金桂冠借参加美国外交政策全国委员会（NCAFP）在韩人社会（Korea Society）大厦举办的非公开研讨会之机，广泛接触了基辛格、奥尔布赖特、温迪·谢尔曼（Wendy R. Sherman）、杰克·普理查德等美国前政要，负责半岛问题的官员以及白宫国家安全会议亚洲事务主任维克多·车（Victor Cha）、国务院韩国科科长金成等现职官员，以及一些研究半岛问题的专家，介绍了相关的情况，听取了这些人的意见。

3 月 5 日下午至 6 日举行的美朝关系正常化工作组会议上，双方围绕着 5MWe 反应堆的关闭与密封、国际原子能机构的核查、建立外交关系、以"绑架问题"为代表的、所谓支持恐怖主义问题以及铀浓缩等问题进行了深入的综合性讨论。

可以预想得到，通过一次关系正常化工作组会议的召开是不可能在关系正常化问题上率先取得突破的，但是如果不启动，朝核问题的解决也不可能取得进展。"口头对口头，行动对行动"，关系正常化问题需要与无核化问题并行推进，同步发展，因此第一次美朝关系正常化问题会谈，双方给予了"总体气氛是有意义和务实"的评价。①

美朝关系正常化工作组会议的召开也推动了朝日关系正常化工作组的启动。在美朝关系正常化工作组第一次会议之后，朝日关系正常化工作组也随即于 2007 年 3 月 7 日至 8 日在越南河内举行了第一次会议。双方代表团基本是 2006 年 2 月在北京举行的邦交正常化谈判的原班人马，朝鲜代表团团长为宋日昊，日本代表团团长为原口幸市。然而，会议的进行气氛远不如美朝关系正常工作组会议那样融洽。会谈中，日本主要提出了"绑架问题"，但遭到朝鲜方面的驳斥。3 月 8 日会谈结束后，宋日昊在会见记者时表示日本又提出了 2002 年

---

① 美国驻韩大使馆：www.korea.usembassy.gov/420_030807.html

已经解决的"绑架者问题",因为日本没有诚意的态度,会谈也没有继续进行下去的必要。但在回答"如果解决了一些问题,朝鲜方面是否答应重启'绑架者问题调查'"的提问时,宋日昊表示,如果日本解除经济制裁、停止对朝总联[①]的打压、开始清算过去历史的话,可以开始,而原口幸市在会见记者时表示,双方表明了各自在包括绑架者问题和清算过去历史问题在内的邦交正常化问题上的立场,将继续交换意见。

因结构性因素的制约,在美朝关系取得突破之前,朝日关系是很难取得突破性进展的。对双方之间存在怎样的问题的认识和判断是一个主观性程度很强的问题,哪些问题必须要提出来解决,哪些问题可以隐忍或忽略,而哪些问题本可以忽略却一定要提出来,将其作为一张牌使用,都具有较强的政策弹性。在很多情况下,某个问题是不是问题,成不成为问题,主要不是取决于问题本身的性质,而是取决于政治上和政策上的需要和决断,因此常常可以看到在谈判中忽略一些问题的时候使用"以大局为重"这样的说辞。不管怎样,既然朝日关系正常化问题已经纳入了六方会谈框架,朝日关系正常化工作组的启动也是有助于六方会谈推进的。尽管它起不到根本性的促进作用,但是要想扯一下后腿,搅一搅局,还是完全可以做得到的。

按照《2·13共同文件》的规定,2007年3月19日至22日,第六轮六方会谈在北京钓鱼台国宾馆如期举行,本轮会谈的主要议题包括"各工作组组长向团长会报告工作组情况""落实起步行动的具体步骤""下一阶段该如何推进"这三个方面。根据各方达成的一致,在第六轮会谈正式启动前,先举行了三个工作组会议。由中方担任组长的无核化工作组于3月17日、18日在钓鱼台召开了首次会议。六方会谈中国代表团团长武大伟,朝鲜驻华使馆公使金成基,美国代表团团长希尔,韩国代表团团长千英宇,日本朝核问题担当大使须田明夫和六方会谈日本代表团团长佐佐江贤一郎,以及俄罗斯外交部无所任大使别尔坚尼科夫参加了磋商,朝鲜方面介绍了国际原子能机构总干事巴拉迪于3月13日至14日受邀访问朝鲜的相关情况。由韩方担任组长的经济与能源合作工作组

---

① 朝总联即"在日本朝鲜人总联合会",成立于1955年5月25日,前身是1945年成立的"在日本朝鲜人联盟"。其宗旨主要为拥护祖国和平统一,保护在日同胞的民主、民族权利,实施民族教育,促进朝日友好与世界和平等。

会议于 3 月 15 日下午在韩国驻华大使馆举行，韩方表示愿意承担起步阶段向朝鲜提供的五万吨重油，由俄罗斯牵头的东北亚和平与安全机制工作组会议于 16 日在俄驻华大使馆举行了首次会议。[①] 而朝美、朝日关系正常化两个工作组，如同前述，分别在纽约和河内举行了第一次会议。

　　就在会谈开始的 3 月 19 日，美国财政部负责金融犯罪问题的副部长助理丹尼尔·格拉泽也在北京发表声明，表示美国和朝鲜已经就澳门汇业银行被冻结的大约 2500 万美元朝鲜资金的处置问题达成了谅解。[②] 在 19 日举行的会谈中，朝鲜代表团团长金桂冠坚持看到澳门汇业银行冻结资金问题解决的证据之后，才同意参加下一阶段的会谈。由于朝鲜方面的坚持，预定 20 日上午举行的团长会议未能举行。20 日下午，希尔和金桂冠虽然进行了双边间的会晤，但也没有能够取得一些成果，结果使得预定于 21 日以解冻朝鲜资金为前提而召开的团长会议，因为朝鲜资金解冻的延迟而未能召开。在这种情况下，3 月 22 日，六方召开了各方团长会议，发表了一个宣布"各方同意暂时休会，尽快复会，继续讨论和制定下一阶段行动计划"的《主席声明》，第六轮六方会谈休会。

　　第六轮六方会谈没有像预先设想的那样顺利，是因为出现了一个很实际而事先却没有想到的问题，即汇业银行冻结的朝鲜资金如何汇出、通过什么途径汇出的问题。格拉泽在 3 月 19 日发表的声明中曾经表示"朝鲜提出将汇业银行冻结的大约 2500 万美元汇至朝鲜对外贸易银行在北京中国银行的账户"，[③] 但中国银行方面比较谨慎。作为一家具有广泛而巨大的国际性业务的大银行，中国银行必然有自己的考虑和关切。虽然美国方面出于多种因素考虑，同意解冻朝鲜的资金，但是，美国财政部最终还是认为澳门汇业银行是有问题的，就在宣布解冻朝鲜资金几天之前的 3 月 14 日，美国财政部宣布切断了澳门汇业银行与美国金融系统的联系，美国财政部宣称："根据美国《爱国者法案》第 311 条最终确定了对澳门汇业银行的规则。在最终规则于 30 天内生效时，美国金融机构将被禁止为汇业银行开立或维护代理账户，从而直接或间接地禁止汇业银行进

[①]　http://www.china.com.cn/news/txt/2007-03/19/content_7976868.htm

[②]　www.treas.gov/press/releases/hp322.htm

[③]　www.treas.gov/press/releases/hp322.htm

入美国金融体系。"① 美国财政部最终的调查结果是认定澳门汇业银行存在问题并切断了它与自己金融系统的联系,这必然在世界金融领域引起连锁反应。就在美国财政部宣布如上决定之后,香港汇丰银行随即中断了与澳门汇业银行的金融来往。

对于中国银行的谨慎以及正常的关切,中国政府方面认为也是可以理解的,毕竟此时只有中国银行一家金融机构真正同有关方面交换了意见。② 作为一家世界性的金融机构,在此问题上持谨慎的态度正是对客户,也是对自己负责任的表现。

3 月 25 日至 4 月 6 日,美国财政部副部长助理格拉泽访问北京,3 月 26 日与朝鲜相关人士进行了会晤,商讨了冻结资金汇出的技术性问题。③4 月 10 日,美国财政部发表声明表示"了解到澳门金融当局已经做好了解除汇业银行所有与朝鲜相关账户的冻结",而同日澳门金融当局也表示"解除汇业银行冻结的朝鲜资金的措施即刻生效,账户户主可以自由的存储与提取",随后美国国务院发言人肖恩·麦考马克重申并确认了这一消息。就这样,在《2·13 共同文件》确定的"起步阶段"的 60 天时限内——4 月 14 日到来的四天之前,美国政府最终正式宣布解除了对汇业银行内朝鲜资金的冻结。朝鲜方面也于 4 月 13 日通过外务省发言人回答朝中社记者提问的形式做出表态说:"我们注意到 10 日美国财政部和澳门汇业银行的表态,我们的金融机构将对美国是否解除对汇业银行的制裁进行确认,确认解除制裁是现实的时候,我们也将采取行动。"(〔朝〕朝鲜中央通讯,2007 年 4 月 13 日)

4 月 8 日至 11 日,由美国新墨西哥州州长比尔·理查森和前退伍军人事务部长(Secretary of Veterans Affairs)安东尼·普林西比(Anthony Principe)率领的由美国民主共和两党人士组成的超党派代表团访问朝鲜。理查森一行在朝期间,朝鲜表示一旦冻结资金问题得到解决,朝鲜立即采取核冻结措施。理查森一行是应朝鲜的邀请而访朝的。4 月 4 日,白宫方面表示说查理森一行的访朝主要是为了美军士兵遗骸的挖掘,除此之外,无其他目的。但是,不但国家安全会

---

① "Treasury Finalizes Rule Against Banco Delta", www.treasury.gov/press/releases/hp315.htm

② 新华社:《第六轮六方会谈暂时休会》,《人民日报》,2006 年 3 月 22 日。

③ www.state.gov/r/pa/prs/dpb/2007/mar/82230.htm

议亚洲事务局局长维克多·车等人在代表团之列，而且布什政府还提供了美国空军军用飞机。代表团在朝鲜期间，除与人民军板门店代表部代表李灿福中将进行了会谈之外，还与朝鲜外相金桂冠进行了会谈，所讨论的问题可想而知。对于理查森一行的这次访朝，朝鲜方面也十分配合，不附带任何条件地将六具美军士兵遗骸移交给理查森一行，并允许他们通过板门店陆路进入韩国，为双边关系的发展创造了良好的气氛。

但是，《2·13共同文件》中所确定的在"起步阶段"内应该履行的措施难以避免地延迟了。4月20日，朝鲜原子能总局局长李济善致函国际原子能机构总干事巴拉迪，朝中社公开了信函的内容。李济善在信函中表示："我们决定在《2·13协议》后60天以内中断宁边核设施的启动，是以美国在30天以内解除对我们在澳门汇业银行资金的冻结为前提的，虽然我们履行《2·13协议》的意志没有变化，但由于至今冻结资金问题还没有完全解决，我们也是不能采取措施的。我们已经做好了准备，一旦确认澳门汇业银行资金的冻结得到解除，即刻邀请国际原子能机构代表团，讨论依照《2·13协议》中止宁边核设施的启动以及对其进行验证、监视的程序问题。"（［朝］朝鲜中央通讯，2007年4月20日）

5月10日，朝鲜驻联合国副代表金明吉对前来采访的韩联社记者表示，美朝之间正在就汇业银行冻结资金的汇出方案进行研究，其中也包括通过美国的金融机构汇出。6月14日，问题最终得到解决。该日，澳门汇业银行的朝鲜资金开始通过美国的纽约联邦储备银行和俄罗斯中央银行转向位于哈巴罗夫斯克的俄罗斯远东商业银行的朝鲜账户。看到资金到账的朝鲜即刻于6月16日以原子能总局局长李济善的名义向国际原子能机构发出了信函，邀请国际原子能机构派出工作代表团访问朝鲜，就中断宁边核设施运行的验证、监视的程序问题进行讨论。两天之后，朝鲜方面也正式向美国六方会谈团长希尔发出了访朝的邀请。希尔接到朝鲜的邀请后，随即于6月21日至22日搭乘美国的专用军机访问了朝鲜，与朝鲜外务相朴义春、外务省副相金桂冠就朝鲜初步措施的履行、下次六方会谈以及六方的外交部部长会谈等问题交换了意见。朝鲜方面表示具有即刻关闭宁边原子反应堆的意愿，并已经做好了下一步"去功能化"的准备。美国方面提出了7月初举行六方会谈团长会晤，7月末召开六方外交部部长会谈的设想，朝鲜方面给予了积极的回应。（［朝］朝鲜中央通讯，2007年6月23日）希尔的此次访朝是自2002年10月凯利访朝之后近五年来美国政府高级官员的首次访朝，具有重要的象征性意义和风向性指示意义。

希尔访朝之后，由副总干事奥利·海诺宁（Olli Heinonen）率领的国际原子能机构工作代表团于 6 月 26 日至 30 日访问朝鲜，代表团共由包括国际原子能机构安全措施局长在内的三名成员组成。在朝期间，代表团与朝鲜原子能总局局长李济善等相关人士就关闭对象、监视小组的规模和活动范围进行了交流和讨论。28 日至 29 日，代表团还前往宁边，察看了宁边的核设施。此次访朝，国际原子能机构方面十分满意。在出行前，对于计划访问察看的宁边核燃料工厂、放射性化学实验室、5MWe 试验用反应堆以及在建中的 50MWe 反应堆，朝鲜方面都给予了积极的配合。通过此次访问，朝鲜和国际原子能机构方面就宁边核设施的封存、关闭的验证方式初步达成了协议。代表团返回后向国际原子能机构理事会汇报了访朝结果，而机构理事会就监视验证问题做出正式决定之后，一旦六方会谈就冻结朝鲜核设施的时间节点达成协议，机构的核查小组即可前往朝鲜。这也就是意味着《2·13 共同文件》规定的起步阶段的结束，第二阶段——"去功能化"阶段的开始。

2007 年 7 月 2 日至 4 日，中国外交部部长杨洁篪访问了朝鲜。随后，朝鲜方面于 7 月 6 日通过外务省发言人回答朝中社记者提问的形式明确表明了中断宁边核设施运行的立场。朝方表示："根据《2·13 协议》，在起步阶段应该向我国提供五万吨重油，现在看来，到 8 月初五万吨可以提供完毕，但是为了尽快推进六方会谈进程，我们正在研究和准备在不等到五万吨全部运来，而是在第一批重油运来时，提前中止核设施运行的问题，并已经向有关方做了通报。"（［朝］朝鲜中央通讯，2007 年 7 月 6 日）朝方的这一表态是相当积极的。就在朝鲜表明立场的当日，韩国政府即选定 SK 能源作为对朝提供五万吨重油的供应商。7 月 14 日上午，由韩国政府提供的第一批 6200 吨重油抵达朝鲜先锋港，随后朝鲜就于 7 月 15 日通过外务省发言人回答朝中社记者提问的形式，正式宣布中断宁边核设施的运行，并允许国际原子能机构人员对其进行监督。虽然朝鲜外务省发言人明确表示国际原子能机构的活动不是核查，而是局限在验证、监督的范围内，（［朝］朝鲜中央通讯，2007 年 7 月 15 日）但毕竟朝鲜政府做出了允许国际原子能机构人员重新回到朝鲜的表态。国际原子能机构理事会在听取访朝团的报告后于 7 月 8 日召开了临时理事会，做出了向朝鲜派出监督验证小组的决定。7 月 14 日朝鲜宣布中断宁边核设施运行的当天，由十名成员组成的国际原子能机构工作人员在时隔五年之后再次抵达朝鲜，并前往宁边开始实施对核设施张贴封条、关闭的监督和验证工作。

第三节　一波三折"去功能化"

一、六方团长会谈

朝鲜宣布中断宁边核设施的运行、国际原子能机构监督验证小组回到朝鲜意味着起步阶段迈出了最重要的一步，等双方在弃核目录问题上达成一致后，从技术的角度上就可以进入下一阶段，即如何使朝鲜的核设施失去功能，如何使朝鲜弃核，而实际上这也是真正的艰难阶段。

2007 年 7 月 18 日至 20 日，第六轮六方会谈团长会谈在北京举行。会谈召开之前的 17 日，美朝双方团长在双方驻北京的大使馆进行了会谈，就"去功能化"以及朝鲜核计划的申报等问题进行了讨论。朝鲜方面再次确认了履行《2·13 共同文件》的意愿，强调如果提供相应的适当补偿，朝鲜即可做出弃核的决定。对于下一阶段，朝鲜主张应该讨论下一阶段措施的目标以及六方会谈当事方的义务、相关行为在概念上的规定问题。至于"去功能化"，朝鲜提出其前提条件是朝美双边对话和美国放弃对朝鲜的敌对政策。美国方面表示希望朝方迅速履行《2·13 共同文件》中规定的朝鲜申报所有核计划和现有核设施的"去功能化"，并将根据朝鲜采取的弃核措施的情况研究支恐国家名单除名以及解除《与敌国贸易法》的适用问题。[①]

本次团长会谈讨论了支恐国家名单除名、半岛和平机制等众多的问题，但主要的议题有两个：一个是朝鲜核计划的申报以及核设施的"去功能化"问题，另一个是向朝鲜提供重油援助问题。

朝鲜方面表明了年内完成核计划的申报，实施"去功能化"的意愿，美国方面表达了追求在布什政府任期内根本解决朝核问题，以及如果朝鲜下定弃核的决心，将提供经济补偿和安全保障的立场。在对朝提供重油援助问题上，朝

---

① ［韩］金国新、余仁坤：《第六轮六方会谈团长会谈结果分析：以 9.19 共同声明的履行过程为中心》，《统一形势分析》，2007 年 9 月，第 12 页。

鲜方面提出作为"去功能化"和申报核计划的相应措施，可接受相当于95万吨重油的其他援助。由于朝鲜接收重油的能力有限，会谈讨论了提供价值等同的其他物品的问题，朝鲜方面表达了"除了重油，还希望在发电站改建、储油设施扩大等方面得到援助"的期望。由于朝鲜方面表示考虑到有限的储油能力，希望每月接收五万吨重油，中韩美俄等国向朝鲜提出了提供重油凭证的方案。

六方团长会谈在7月20日以发表《新闻公报》的形式结束，的主要内容如下：

> 团长会谈就六方会谈下一阶段工作进行了坦诚务实的讨论，达成框架共识：
>
> （一）各方重申，将认真履行在《9·19共同声明》和《2·13共同文件》中做出的承诺。
>
> （二）朝方重申，将认真履行有关全面申报核计划和现有核设施"去功能化"的承诺。
>
> （三）相当于95万吨重油的经济、能源及人道主义援助将向朝方提供。
>
> （四）各方承诺将根据"行动对行动"原则履行各自在《919共同声明》和《2·13共同文件》中承担的义务。
>
> 为落实上述框架共识，会议决定采取以下步骤：
>
> （一）8月底以前，分别召开朝鲜无核化工作组、朝美关系正常化工作组、朝日关系正常化工作组、经济与能源合作工作组和东北亚和平与安全机制工作组会议，讨论落实框架共识的实施方案。
>
> （二）9月上旬在北京召开第六轮六方会谈第二阶段会议，听取各工作组汇报，制定落实框架共识的路线图。
>
> （三）在第六轮六方会谈第二阶段会议后尽快在北京召开六方外长会议，确认履行《9·19共同声明》，推动落实《2·13共同文件》和框架共识，探讨加强东北亚安全合作的途径。

2007年7、8月份的进展颇为顺利，朝鲜的外交也比较活跃。7月30日至

8 月 2 日，东盟地区论坛（ARF）在菲律宾首都马尼拉举行，朝鲜外务相朴义春于 7 月 28 日即启程前往，首先访问了菲律宾。7 月 31 日，朴义春又与六方会谈其他几方的外务长官进行了会晤，就落实《2·13 共同文件》、六方外长会谈等问题交换了意见。特别是在 8 月 1 日，朴义春又与前来参会的美国副国务卿约翰·内格罗蓬特（John Dimitri Negroponte）进行了会谈，双方同意进行合作以更为积极地推进朝鲜弃核的实际方案。

作为落实六方团长会谈所达成的共识框架的步骤，几个工作组也基本按照规定的时间在 8 月底之前举行了会议。8 月 7 日至 8 日，由韩国牵头的经济与能源合作工作组在板门店韩方一侧的"和平之家"举行，六方参加的代表分别为中国外交部朝鲜半岛事务大使陈乃清、韩国外交通商部朝鲜半岛交涉本部长千英宇、朝鲜驻联合国代表处公使金明吉、美国白宫国家安全委员会亚洲经济负责人库尔特·汤（Kurt W. Tong）、日本外务省亚洲大洋局副局长伊原纯一、俄罗斯外交部亚洲一局参赞大卫·杜夫。(中国新闻网，2007 年 8 月 7 日) 会谈中，朝方提出了在"去功能化"阶段作为相应的措施——提供的 95 万吨重油可以以消费型援助和投资型援助两种方式进行，所谓消费型援助即考虑到朝鲜的重油储存能力，每月提供五万吨，其余的以提供朝鲜能源生产设施所需要的设备和材料的方式进行。朝鲜的"去功能化"和核计划申报所需时间较短，而各方提供 95 万吨重油则需要较长时间，因此会议也谈到了由此可能产生的时间差问题。在这次会议上，各方在对朝援助的具体种类、各方分担的比例以及日程方面没有形成一个清晰的方案和路线图。但是，即使在相关国家的援助迟延的情况下，朝鲜仍表达了履行年内"去功能化"承诺的意愿。

8 月 16 日至 17 日，无核化工作组第二次会议在中国沈阳的辽宁友谊会议中心举行。无核化问题是六方会谈最核心的议题，六方会谈中国代表团团长武大伟、美国代表团团长希尔、朝鲜代表团副团长李根、韩国代表团团长千英宇、日本外务省朝核担当大使须田明夫、俄罗斯外交部无所任大使别尔尼坚科夫分别率领本国代表团参加了会谈。会谈地点之所以选在沈阳，一个很重要的原因是除中国之外的其他五方都在沈阳设有领事机构，与国内联系、汇报会议进展情况比较便利。会议讨论的主题是朝鲜核设施的"去功能化"与核计划的申报方案问题。会议以"双边接触＋全体会议"的形式进行，双边接触在于了解各自的立场，相互协调和调整立场，全体会议以朝鲜说明"去功能化"和核计划申报的方案，各方提问的形式进行。在会议进行的过程中，朝鲜方面再次表明其核设施"去功能化"与核计划申报意愿的同时，在具体的范围上，朝鲜提出了宁边 5MWe 反应堆和放射性化学实验室作为"去功能化"和申报的对象，在顺序问题上，朝鲜方面表示出了"没有具体的顺序，将综合性进行"的意见。在触发第二次朝核危机的铀浓缩问题上，朝鲜方面没有像以往那样要求美国拿出证据，而是表明了"具有在核计划申报过程中消除铀浓缩怀疑的意愿"。两天的会议没有在朝鲜核"去功能化"与核计划申报问题上达成具体的协议，朝鲜方面将核"去功能化"与核计划申报限定在 5MWe 反应堆和放射性化学实验室，对此，其他国家好像心里没底儿，究其原因在于不掌握朝鲜核开发的具体信息。

无核化工作组会议结束之后，六方紧接着就又于 8 月 20 日至 21 日在莫斯科举行了东北亚和平与安全机制工作组第二次会议。从各方团长的级别来看，与无核化工作组会议相比，有所降低。美国代表团团长为国务院亚太地区安全合作科长布莱尔·赫尔（Blair Hall），朝鲜代表团团长为外务省北美局副局长玄学奉（音），中国代表团团长为外交部朝鲜半岛事务大使陈乃清，韩国代表团团长为外交通商部朝核外交计划团团长林圣男，日本代表团团长为外务省政策室副局长梅本和义，俄罗斯为牵头国，它的代表团团长为外交部本部大使拉赫马宁。会议的主题主要有两个：其一是"东北亚和平安全合作方案"，其二是"地区信任构筑方案"。在"和平安全合作方案"议题上，各方之间就"需要在建立和平安全机制的目标、原则提出共同意见"这一点上达成了共识。在"地区信任构筑方案"上，各方表示需要时间研究具体的方案。东北亚和平与安全机制的建立是一个牵涉面非常广的大问题，美国方面在这一问题上比较保守，朝鲜方面也知道在这一会议上即使提出具体的方案也很难落实，因而也没有提出什么明确的方案。好在这一会议机制只是工作层次的，在建立合作机制方面做出决定的是六方会谈本会谈，从而也减轻了各方参加会议的压力。无论如何，会议的召开还是取得了一些成果，至少在构建东北亚地区和平与安全机制问题上取得了一些共识，会议举行本身也意味着 7 月 20 日团长会议达成的共识和决定的落实步骤正在得到实施。

7 月 20 日的团长会谈发表的《新闻公报》规定的各工作组召开会议的时限是 8 月底，第二次美朝关系正常化工作组会议稍稍超过了这一时限，在 9 月初才得以举行。

9月1日至2日，美朝关系正常化工作组第二次会议在日内瓦举行，希尔和金桂冠作为双方的团长主导了这次会议的进行。在会上，朝鲜方面再次表明了2007年末全面申报所有核计划，并对所有核设施实施"去功能化"的意愿。在铀浓缩问题上，双方进行了非常友好的讨论，同意该问题与核计划的全面申报一同解决。在支恐国家名单除名问题和结束对朝鲜适用《与敌国贸易法》问题上，双方也在相当程度上取得了共识，美国方面也再次确认了将采取政治经济补偿措施的承诺。[①] 本次会议最重要的一项成果是双方为朝鲜全面申报核计划和核设施的"去功能化"设定了"今年末"（2007年年末）的时间限定，解决了8月中旬在沈阳召开的无核化工作组会议所没有解决的问题。

几天之后的9月5日至6日，朝日关系正常化工作组第二次会议在蒙古国的乌兰巴托举行，朝鲜代表团团长仍由朝鲜外务省朝日会谈大使宋日昊担任，日本代表团由日本外务省日朝邦交正常化谈判大使美根庆树担任。由于几天前的美朝关系正常化工作组会议取得了明显的进展，此次会议，日本方面的态度和政策也出现了一些积极的变化。因为在会议之前，安倍首相曾破天荒地提到过清算与朝鲜关系中的历史问题，因此，第一天的会议，双方集中讨论了清算过去历史的问题。朝鲜方面提出了日本在殖民地时期对朝鲜人民所造成的人、物和精神伤害的补偿问题、在日朝鲜人的地位问题、文化遗产的返还等问题，日本方面则表示出了这些问题都将诚实地予以解决的姿态。第二天的会议，双方讨论了"绑架者问题"。双方决定以《朝日平壤宣言》为基础，为了早日实现邦交正常化，磋商具体的行动措施，在可能的情况下经常举行工作组会议。从这次会议召开的情况看，朝日双方都采取了务实的态度，朝鲜在所坚持的"绑架者问题已经解决"的立场方面展现出了一定程度的灵活，日本则在所坚持的"先解决绑架者问题，后进行建交谈判"的立场方面有所松动。

根据六方会谈团长会议8月底举行五个工作组会议的决定，虽然美朝关系正常化工作组和朝日关系正常化工作组会议稍有延迟，但基本上都得以正常启

---

① *Press Conference at U.S.-DPRK Bilateral Working Group Meeting Christopher R. Hill*, Assistant Secretary for East Asian and Pacific Affairs United States Mission to the United Nations Geneva, Switzerland September 2, 2007. www.korea.usembassy.gov/420_pr0904.html

动，而且美朝关系正常化工作组会议还就朝鲜的核申报与核设施"去功能化"
的时限问题达成了一致，朝日关系正常化工作组会议也出现了积极的信号。

二、《10·3 共同文件》

根据无核化工作组沈阳会议的讨论和美朝关系正常化工作组第二次会议达
成的协议，由美国国务院韩国科科长金成率领的美中俄"朝核去功能化技术组"
在 2007 年 9 月 11 日至 15 日访问了朝鲜。技术组共有九名成员组成，其中美国
专家七名，分别来自于国务院、能源部和国家安全委员会等单位，中俄各一名。
美国专家小组通过板门店由韩国经陆路进入朝鲜后，与中俄两名专家汇合。此
前，金成对韩国进行了访问，与韩国外交通商部朝核外交计划团团长林圣男交
换了意见。之所以由美中俄三方组成技术小组，主要是"去功能化"作业因其
业务上的特殊性，从技术的角度考虑，拥核国更能有效地推进，而六方会谈参
与国中，只有中美俄是拥核国，所以技术组只有美中俄三国的专家组成，当然，
主要是以美国专家为主。技术小组在 9 月 12 日和 13 日视察了宁边 5MWe 反应
堆、放射性化学实验室以及燃料棒制造厂等设施，在 9 月 14 日与朝鲜方面的技
术人员以及原子能总局的负责人就技术性问题进行了商谈。

此次技术小组的访朝是在务实和友好的气氛中进行的，朝鲜方面给予了积
极的合作，不但允许技术小组成员对其核设施进行拍照，而且还提供了设计图
纸。而就在技术小组在朝期间的 9 月 11 日，美国政府决定向朝鲜提供五万吨
重油并向国会提出了 2500 万美元的预算案，这为技术小组与朝鲜方面在"去
功能化"问题上的磋商创造了有利的环境。经过磋商，技术小组与朝鲜方面
在"去功能化"的时间表方案上达成了一致，只等向六方会谈汇报后正式公布
实施。

9 月 27 日至 30 日，第六轮六方会谈第二阶段会谈在北京举行。经过三天
的磋商，会谈取得了重大进展，10 月 3 日发表了《落实共同声明第二阶段行动》
的共同文件，即《10·3 共同文件》[①]。其主要的内容如表 7-3 所示：

---

① http://www.china.com.cn/law/txt/2007-10/03/content_8999262.htm

表 7-3　《10·3 共同文件》的主要内容

议题	协议
半岛无核化	①朝鲜同意对一切现有核设施进行以废弃为目标的"去功能化"。②时限和范围：2007 年 12 月 31 日以前完成对宁边 5 MWe 试验用反应堆、再处理厂（放射化学实验室）及核燃料棒制造厂"去功能化"。③专家组提出的具体措施将由团长会本着各方接受、科学、安全、可验证和符合国际规范的原则批准。美方将牵头实施"去功能化"，并为此提供起步资金。作为第一步，美方将于两周内率专家组赴朝，为"去功能化"做准备。④朝方在 2007 年 12 月 31 日前对其全部核计划进行完整、准确的申报。朝方重申其不转移核材料、核技术或核相关知识的承诺。
相关国家关系正常化	①朝美继续致力于改善双边关系，向实现全面外交关系迈进。以及关于美国启动不再将朝列为支恐国家程序及推动终止对朝适用《与敌国贸易法》进程的承诺，美将按照朝美关系正常化工作组会议的共识，根据朝行动并行履行其对朝承诺。②朝日将根据《朝日平壤宣言》，在清算不幸历史和妥善处理有关悬案基础上认真努力，迅速实现邦交正常化，朝日双方承诺将为此通过充满活力的双边磋商采取具体行动。
对朝援助	向朝鲜提供相当于 100 万吨重油的经济、能源与人道主义援助（包括已向朝鲜提供的十万吨重油），具体援助方式将由经济与能源合作工作组商定。
六方外长会议	各方重申将适时在北京召开六方外长会议，各方同意在外长会议前召开六方团长会议，讨论外长会议的议程。

　　《10·3 共同文件》最为明确的特征是为朝鲜申报全部核计划以及对宁边 5MWe 试验用反应堆、再处理厂以及核燃料制造厂等三个核设施的"去功能化"设定了明确的时间表，而在其他三个方面的规定均是原则性的，这极有可能造成朝鲜的弃核进程与双边关系正常化进程出现时间上的错位和不一致。另外，《10·3 共同文件》将"去功能化"的范围限定在宁边 5MWe 试验用反应堆等三个设施，没有涉及到朝鲜已有的核武器，虽然在朝鲜全部核计划的申报中会涉及到这一问题，但仍会留下已有核武器如何处理的问题。

　　《10·3 共同文件》达成之后，美朝关系发展动向积极，美国政府制定了向朝鲜提供大规模粮食援助、由美国机构负责援助粮食的分配和监督的方针，并将该计划向朝鲜进行了通报。另外，在有一些议员持反对意见的情况下①，10 月 4 日，布什政府开始与国会就将朝鲜从支恐国家名单中的除名问题进行磋商。与此同时，美朝之间的民间交流也开始启动，朝鲜跆拳道代表团从 10 月 4 日至 17 日对美国进行了巡回表演式访问，美国方面也开始推动纽约爱乐乐团 2008 年初访问平壤的演出计划。

在如此的缓和气氛中，根据《10·3 共同文件》中达成的"作为第一步，美方将于两周内率专家组赴朝为'去功能化'做准备"的协议，10 月 11 日至 18 日，由美国国务院韩国科科长金成率领的美国专家小组访问朝鲜，与朝鲜方面就三个核设施在年内"去功能化"的具体措施和方法进行了磋商，最终双方在年内"去功能化"的具体技术性措施上达成了一致：5MWe 试验用反应堆"去功能化"的措施包括拆除冷却塔内的耐火墙砖和拆除控制器驱动装置，再处理厂"去功能化"的措施包括拆除核燃料棒的切割装置和破坏热电池的特定组件，核燃料棒制造厂"去功能化"的措施包括拆除混合浓缩铀和化学物质的反应堆。实际的"去功能化"作业以美国能源部专家为主导进行，所需费用由美国负担。

随后，以美国国务院负责东亚及太平洋事务的助理国务卿帮办亚历山大·阿维佐（Alexander Arvizu）为首的美国代表团与朝鲜方面的相关人士在 10 月 22 日进行了为期一天的工作级接触，就朝鲜履行三个核设施的"去功能化"、全面申报核计划以及美国履行将朝鲜从支持恐怖主义国家名单除名、终止对朝鲜适用《与敌国贸易法》的具体细节问题进行了沟通和磋商。

三、日本的掣肘

与朝鲜核实施的"去功能化"取得进展相平行，2007 年 10 月 29 日至 30 日，由韩国担任组长的经济与能源合作工作组第三次会议在板门店韩方一侧的"和

---

① 以美国国会众议院外交委员会所属议员罗斯·莱赫蒂宁（Ros Lehtinen）为代表的一些共和党议员，于 2007 年 9 月 25 日向国会提出了反对将朝鲜从支持恐怖主义国家名单除名的法案。莱赫蒂宁等人提出的将朝鲜从支恐国家除名的条件是：①中断非法向伊朗、叙利亚等其他支恐国家转移核导技术；②中断向恐怖组织提供训练援助、提供藏身之地以及提供物品和财政援助；③中止伪造美元纸币；④关闭与从事非法资金洗钱有关的劳动党 39 号室；⑤释放具有美国永久居住权的金东植牧师；⑥释放被绑架的 15 名日本人；⑦全部释放被俘的 600 余名韩国俘虏；⑧中断参与恐怖活动。

平之家"举行。中国、美国和俄罗斯代表团团长仍与第二次会议时相同，分别由中国外交部朝鲜半岛事务大使陈乃清、美国白宫国家安全委员会亚洲经济负责人库尔特·汤、俄罗斯外交部亚洲一局参赞大卫杜夫担任，韩国代表团团长由千英宇调整为朝核外交计划团团长林圣男、朝鲜代表团团长由联合国代表处公使金明吉调整为参与无核化工作组会议的外务省北美局副局长玄学峰（音），日本代表团团长则由外务省亚洲大洋局副局长伊原纯一调整为亚洲大洋局日韩经济合作科科长赤崛毅。

会议讨论了与朝鲜三个核设施"去功能化"以及核计划申报相对应的、向朝鲜提供相当于95万吨重油价值援助的方案，会议达成了向朝鲜提供45万吨重油和相当于50万吨重油价值物资援助的协议。重油每月提供五万吨，由于韩国、中国和美国已经分别于7月、9月和10月各向朝鲜提供了五万吨，会议决定11月的五万吨将由俄罗斯提供。但是，日本方面坚持在"目前的状况下，不参加重油援助"的立场。在这种情况下，会议决定包括12月份提供的五万吨在内的30万吨重油供应问题由除日本之外的其他五方通过进一步磋商解决。而50万吨非重油物资主要是提供与发电站改造相关的设备物资，从7月开始以三四个月期间重油的平均价格为基准，中、韩、美、俄四国向朝鲜提供总价值大约2亿美元的发电站设备改造费用援助。由于日本方面坚持参与对朝经济能源援助要与日朝关系取得进展联系起来，其他各方只能暂时撇开日本，因为日朝关系能否取得进展不仅与"绑架问题"的解决相关联，而且与两国之间历史问题的解决也具有重要的关系，而这些问题都不是在短期内能够解决的。

尽管日本方面在拖后腿，但无核化的工作仍在推进。10月中旬，美国专家小组访问朝鲜时与朝方达成的"去功能化"方案在得到六方会谈参与国的确认之后，最终于10月底确定。10月31日，希尔与金桂冠在北京进行了会晤，就三个核设施"去功能化"具体采取的履行措施进行了沟通之后，11月1日，负责"去功能化"作业的美国工作组抵达平壤，从11月5日开始着手进行三个核设施的"去功能化"。对三个核设施的"去功能化"，美国工作组确定采取的主要措施如表7-4所示：

表 7–4 朝鲜核设施"去功能化"的措施

核设施	5MWe 反应堆	再处理厂	核燃料棒制造厂
措施	①提取乏核燃料棒 ②拆除冷却塔的耐火墙砖 ③拆除控制器驱动装置	①拆除核燃料棒的切割装置 ②破坏热电池的特定组件	拆除混合浓缩铀和化学物质的反应堆

对三个核设施的"去功能化"所采取的措施大概有 11 个,"去功能化"的功能设定为措施实施后如要再启动得需要一年以上的时间。

在朝鲜对三个核设施"去功能化"的同时,为履行 10 月底第三次经济与能源合作工作组会谈达成的协议,中国、朝鲜和韩国三国之间形成了一个机制,三国于 11 月 10 日至 13 日在沈阳召开第一次专家会议,以协商具体的履行措施。会议主要讨论了价值相当于 50 万吨重油的发电站改造设备的具体品项和提供方式问题,特别是重点讨论了朝鲜方面希望在年内提供一部分设备器材的问题。朝鲜方面开出了由 18 个品种组成的钢铁器材清单,希望从 11 月中旬开始提供,年底提供完毕。中韩方面考虑到招标、生产和运输等必不可少的工作和程序,表示尽可能在最快的时日内开始提供,三方围绕着供应开始与结束的时间、设备器材筹措招标方式、具体品目的价格和数量等问题进行磋商后,达成了通过国际公开招标方式在年内开始提供优先供应品项的协定。12 月 25 日至27 日,三国又在平壤召开了第二次会议,就向朝鲜第二次提供设备、器材问题达成了协议。

11 月 19 日至 20 日,美朝也在纽约双方驻联合国代表处举行了金融工作会议,这是根据美朝之间在解决澳门"汇业银行问题"时所达成的协议而召开的。美国方面的代表主要是财政部副部长助理丹尼尔·格拉泽,朝鲜代表团团长由财务省对外金融局局长奇光豪担任,外汇管理局局长李哲容(音)以及贸易银行、大成银行(Korea Daesong Bank)的相关人士参加了会议。会议进行之前,朝鲜代表团参加了美国外交政策全国委员会主办的研讨会,与美国的金融专家进行了座谈。会议集中讨论了根除非法的金融活动,使朝鲜加入国际金融体系的方案。美国方面对此次会议非常满意,会议之后,格拉泽表示:"这次会议是建设性的,双方同意为了相互金融关系的正常化将继续进行磋商。"

11 月 27 日至 29 日,由中美韩日俄政府相关人士和专家等十名成员组成的朝核"去功能化"视察团访问朝鲜，中国外交部朝鲜半岛事务大使陈乃清、美国国务院韩国科科长金成、韩国外交通商部朝核外交计划团团长林圣男、日本外务省防扩散科学原子能科科长市川富子参加了视察团。视察团赴宁边参观了朝鲜的核设施现场，直接视察并确认了正在进行的三个核设施的"去功能化"作业。

随后，希尔又于12月3日至5日访问朝鲜。12月3日，希尔考察了宁边地区正在进行的核设施"去功能化"的进展情况，4日与朝鲜外务相朴义春、副外相金桂冠等人讨论了全部核计划的申报问题，5日在离开平壤之前，希尔向朴义春外相转交了布什总统至金正日委员长的亲笔信。12月6日，朝中社报道了布什总统至金正日委员长亲笔信的这一消息，但是没有公开亲笔信的内容。白宫国家安全会议发言人戈登·约翰德罗（Gordon Johndroe）则表示说，12月1日，布什总统致函六方会谈所有参加国的领导人，在信中，再次确认了美国对六方会谈的承诺，并强调朝鲜有必要按照2005年的协议充分而完全申报其核计划（full and complete declaration of their nuclear programs）。但是什么程度算是达到充分而完全的程度，希尔通过访朝并没有与朝鲜方面在这一点上取得一致。随后中国外交部副部长、六方会谈团长武大伟和美国国务院韩国科科长金成又分别于12月17日至19日和12月19日至23日访问了朝鲜，但是《10·3共同文件》所规定的在2007年12月31日之前朝鲜完成三个核设施的"去功能化"和申报全部核计划的工作，已经不可避免地要延迟了，而《10·3共同文件》中所规定的向朝鲜提供相当于100万吨重油的经济能源援助的工作更是滞后，美朝和朝日双边关系正常化也没有什么实质性的进展。

四、朝鲜核计划申报

2008年1月4日，朝鲜外务省发言人发表谈话，对当前的状况进行了表态。外务省发言人表示："《10·3共同文件》规定的时限'2007年12月31日'已经过了，但是除了核设施的'去功能化'之外，其他的事项没有得到履行。从11月初开始至12月31日，在技术上可能的范围内'去功能化'的作业已经结束，提取废核燃料棒的作业——作为最后的工程——也在进行中。但是，其他国家提供设备器材的义务一半都没有履行，将我们从'支持恐怖主义国家名单'中除名和终止对我们国家适用《与敌国贸易法》的美国的义务也处于未履行的状态。关于核申报的问题，事实上我们也都做了。在11月，我们制作了报告书，向美方通报了报告书的内容，并与美国方面就报告书的相关内容进行了充分地磋商。'行动对行动'原则是适用于以《9·19共同声明》为代表的六方会谈达成的所有协议的，在其他国家的义务履行迟延的状况下，我们也将不可避免地根据'行动对行动'原则部分调整核设施'去功能化'作业的速度。"（〔朝〕朝鲜中央通讯，2008年1月4日）

按照朝鲜外务省发言人的说法，朝鲜方面除了履行了核设施"去功能化"的承诺之外，还已经提出了核计划申报书，但这种说法马上就遭到美方的反驳，美国国务院发言人肖恩·麦考马克表示："约定的是向主席国——中国提交最终的报告书，我们至今还没有收到，依然在等待。另外，虽然不能透露细节的内容，但完整、准确的核申报至今还没有做出。"

很显然，美朝之间在朝鲜核计划申报问题上是有分歧的。

在美朝双方因朝鲜核计划申报问题而处于僵持状态的2008年初，中、美、朝、韩之间就此问题进行了一些积极的互动。2008年1月31日至2月2日，美国国务院韩国科科长金成访问朝鲜。访朝之前，金成首先飞抵韩国，与韩国外交通商部和产业资源部的官员就朝鲜核计划的申报、宁边核设施"去功能化"等问题进行了沟通。在朝鲜的两天期间，金成与朝鲜外务省官员就核计划申报问题进行了讨论。2月2日，金成到达北京首都国际机场时对记者表示："访朝期间，没有从朝鲜方面接收到朝鲜提出的核申报目录。"而几乎与金成访问朝鲜的同时，中共中央对外联络部部长王家瑞也率领中联部代表团于1月30日至2月2日访问了朝鲜。

随后，希尔与金桂冠于2月19日在朝鲜驻北京大使馆进行了接触，2月21日，韩国千英宇与金桂冠进行了接触。[①]2月29日至3月1日，希尔再次访问北京，与中国方面就朝鲜的核计划申报问题进行了磋商与沟通。

在中美朝韩之间进行密切沟通的过程中，2月26日，推动了好长一段时间的纽约交响乐团的平壤演出终于成功举行。朝鲜方面从2月18日就开始通过朝中社等各级媒体以及朝总联的《朝鲜新报》公布了演出消息，并对演出活动进

---

① 〔韩〕韩国外交通商部：《外交白皮书2008》，第30页。

行了详细的报道，给予了极高的评价，认为这是"开启新时代的序曲"。（［朝］朝鲜中央通讯，2008 年 2 月 26 日）

在这种由"音乐外交"所创造出的和缓气氛中，2008 年 3 月 13 日至 14 日，美朝两国的代表又一次离开华盛顿和平壤，并脱离北京，在日内瓦举行了会谈。在冷战后的美朝关系史上，日内瓦、柏林甚至还包括新加坡都是具有象征性意义的地方，尤其是前两处。可能是出于某种心理意义上的原因，在日内瓦和柏林举行的会晤会在某种程度上带有正式会谈的性质。3 月 13 日上下午，希尔和金桂冠的会谈分别在美朝两国驻日内瓦代表处举行，会谈结束之后，希尔和金桂冠均对会谈情况表示满意。

在日内瓦会谈的基础上，4 月 8 日，希尔和金桂冠再次会聚于新加坡，就朝鲜的核计划申报问题进行了会谈。在美国驻新加坡大使馆进行的此次会谈取得了重要的进展，双方在朝鲜核计划申报问题上达成了一致。4 月 9 日，朝鲜方面通过外务省发言人会见朝中社记者的方式公布了这一消息。（［朝］朝鲜中央通讯，2008 年 4 月 9 日）

从 2007 年末至 2008 年 4 月《新加坡协议》的达成，美朝之间在朝鲜核计划申报问题上的分歧和争议主要是在所谓朝鲜申报书的完整性问题上。美国方面要求朝鲜的核计划申报书一定要包括朝鲜的"铀浓缩计划"以及"与叙利亚的核合作"问题，而这两项也是朝鲜明确否认的。这说明朝鲜方面所主张的在 2007 年 11 月制作了核计划申报书，并向美方进行了通报的说法是确有其事，只不过是朝鲜的这份申报报告没有达到美国的要求，美国方面要求的是"完整、准确"的、所有核计划的申报。由于美国方面获知朝鲜进口了大量铝管，并怀疑这与铀浓缩项目有关，所以 2007 年 12 月底，朝鲜按照美国的要求使美方人士参观了包括一部分军事设施在内的使用进口铝管的设施，并提供了样本，向美方说明了进口铝管与铀浓缩无关，（［朝］朝鲜中央通讯，2008 年 1 月 4 日）但美国认为这还不够，并表示以朝鲜在 11 月份提交的申报书，无法说服国会支持政府将朝鲜从支持恐怖主义国家名单除名以及终止对其适用《与敌国贸易法》。双方的这种纠缠一直持续到 2008 年 3 月中旬，直到日内瓦会谈上取得了一些进展之后，再到 4 月初通过新加坡会谈达成了协议。

那么，美朝双方在新加坡会谈中达成了怎样的协议呢？实际上是一份折中的方案，主要是在核计划申报内容和申报方式上的折中。在申报内容上，双方同意申报书包括三种内容：第一，迄今为止，朝鲜生产的钚的量；第二，说明铀浓缩计划；第三，与叙利亚的核合作。在申报方式上，分公开申报和秘密申报两种，按照约定应向六方会谈主席国——中国提交的公开申报书中只包括钚的生产情况，而在双方有争议的朝鲜铀浓缩计划以及朝鲜与叙利亚之间核合作的问题上，以非公开谅解备忘录形式只向美方申报。在备忘录中标明美方认为"朝鲜介入了铀浓缩和核扩散活动"，而朝鲜对此以"不进行反驳"的间接方式承认。在谈判中，双方还就"承认"的英文表达词汇是用"admit""acknowledge"还是"understand"反复进行了争论，因为这直接关系到核计划申报之后对申报计划的验证范围的划定问题，[①] 最终双方确定了使用"acknowledge"一词。

这次美朝在朝鲜核计划申报问题上最终能够达成协议，其中一个很重要的原因是美国不但承诺将朝鲜从支持恐怖主义国家名单上除名和终止对朝鲜适用《与敌国贸易法》，而且还承诺对朝鲜提供大规模的粮食援助。对于这次会谈，朝鲜方面十分满意，会谈结束后，就使用了"新加坡协议"这样的说法，但美国方面却有所保留，使用了"暂时协议"的说法。

美朝《新加坡协议》达成之后，希尔前往北京向相关国家说明了美朝新加坡会谈的情况，3月10日一回到华盛顿，他就到美国国会介绍了新加坡会谈的情况。3月14日，布什政府最终做出公开反应，白宫发言人达娜·佩里诺（Dana Perino）在例行新闻发布会上表示，布什总统同意希尔与金桂冠在新加坡达成的协议。

为了对希尔与金桂冠达成的《新加坡协议》进行具体磋商，由美国国务院韩国科科长金成和原子能专家等五人组成的工作组于4月22日至24日访问了朝鲜。金成一行通过板门店由陆路从韩国进入朝鲜，在朝期间，金成与金桂冠等朝鲜外务省和原子能总局的相关人士进行了会谈，就朝鲜将要提交的公开核计划申报书的内容和验证问题与朝鲜方面进行了沟通，金成向朝鲜方面提出公开核计划申报书中应该包括生产的钚的总量、用于开发核武器而使用的钚的量、宁边核反应堆等核设施的运行日志以及各种相关设施的资料等。金成一行结束访朝后，又通过陆路进入韩国，一边在向韩方介绍访朝情况、进行沟通的同时，

---

① http://nk.chosun.com/news/articleView.html?idxno=105202

一边等待着华盛顿方面的指令。而朝鲜方面在 4 月 24 日通过外务省发言人表示："与美国专家组的协商中讨论了以申报书内容为代表的完成履行《10·3 共同文件》的实际性问题……协商在真挚和建设性的气氛中进行，并取得了进展。"

（［朝］朝鲜中央通讯，2008 年 4 月 24 日）

5 月 8 日，由金成率领的美国专家组再次通过板门店陆路访问朝鲜，与朝鲜方面就朝鲜核计划申报书的内容进行了最后的磋商。当日，朝鲜向金成提交了长达 18882 页的报告书。5 月 10 日，金成等人带着七个箱子的朝鲜核申报资料从陆路通过板门店进入韩国。根据 5 月 10 日美国国务院发言人发布的信息，朝鲜提供的这 18882 页的资料内容从 1986 年开始，因此应该包括朝鲜进行的三次再处理作业以及宁边 5MWe 反应堆和核燃料再处理工厂运行的相关记录。[①]

朝鲜国内媒体并没有报道这一消息。5 月 14 日，日本朝总联机关报《朝鲜新报》以《核计划相关文件提供，战略决断的保证措施》为题，对朝鲜采取这一措施的背景做了比较详细的介绍。在金成与朝鲜相关人士的会晤中，朝方表示，将根据美国将朝鲜从支持恐怖主义国家名单除名问题上的措施动向，决定向六方会谈主席国——中国提交报告书，并确认了在美国将朝鲜从支持恐怖主义国家名单除名和向中国提交核计划报告书的 24 小时之内，朝鲜会炸毁宁边的冷却塔。[②]

朝鲜之所以能向美方提供如此翔实的资料，4 月 8 日希尔和金桂冠于新加坡在朝鲜核计划申报问题上达成协议当然是一个重要的原因，但另外一个重要的原因是，双方依据《新加坡协议》中"美国向朝鲜提供经济援助"的承诺，启动了美国对朝鲜的粮食援助。就在金成赴朝前两天的 5 月 6 日至 7 日，美朝两国的代表在平壤就美国向朝鲜提供粮食援助问题进行了会谈，并达成协议。双方约定从 2008 年 6 月开始一年内美国向朝鲜提供 50 万吨粮食援助，其中的 40 万吨通过世界粮食计划署提供，10 万吨通过美国的非政府组织提供，第一批援助粮食在 6 月份提供，而朝鲜允许世界粮食计划署和美国非政府组织的人员监督援助粮食的分配使用。[③]

[①]　www.korean.seoul.usembassy.gov/nk_051008.html

[②]　［韩］韩国国防部：《国防白皮书 2008 年》，第 266 页。

[③]　"Resumption of U.S. Food Assistance to the North Korean People"，www.seoul.usembassy.gov/nk_051608.html

五、朝核计划申报书的验证问题

既然朝鲜已经向美方提供了核计划申报书，接下来要做的事情就是美方对申报书资料的验证以及美国国务院向国会报告启动将朝鲜从支持恐怖主义国家名单中除名等问题。为了协商这些问题，2008 年 5 月 27 日至 28 日，希尔和金桂冠再次会聚北京进行磋商，双方同意在 2 ~ 3 周之内召开美朝核专家会谈就具体的验证方法进行磋商。尽管朝鲜还没有正式向六方会谈主席国——中国提交核计划报告书，但美朝之间在 4 月 8 日之后的积极互动为处于停滞状态许久的六方会谈机制注入了一些动力，自然也引起了其他各方的关注。因此，就在希尔与金桂冠北京会晤期间，韩国新任六方会谈团长金塾以及日本外务省亚洲大洋局局长斋木昭隆也前来北京，探听希尔与金桂冠的会谈结果。希尔在与金桂冠的会谈结束后，28 日晚即与斋木昭隆共进了晚餐，介绍了相关情况。29 日，希尔与中方和韩方团长会晤之后，又前往俄罗斯访问，与俄方进行沟通，许久不见的各方之间密切而积极互动的景象再次出现。

2008 年 6 月 10 日，中美韩日俄五国代表在首尔召开会议，讨论次日在板门店召开的、以"对朝鲜提供经济能源援助"为主题的会议议程。而在此之前，中韩朝三方先于 2008 年 2 月 20 日至 21 日在北京举行了第三次会议，讨论了向朝方第三次提供设备和器材的问题，而后又于 4 月 10 日在北京继续召开第二阶段的会议，就向朝鲜第三次提供设备和器材问题达成了暂时协议——中韩决定分别提供相当于 1.5 万吨和 3.5 万吨重油的器材。[①]在日本方面拒绝向朝鲜提供经济能源援助、俄美方面日渐消极的情况下，中韩两国的积极担当对整个无核化进程的推进起到了重要的推动作用。

6 月 11 日，第四次经济与能源合作工作组会议在板门店韩方一侧的"和平之家"举行，会议达成了暂时协定，决定到 2008 年 10 月之前提供剩余份额的重油，制作 2008 年 8 月之前提供剩余设备器材的协议书，同意优先向朝鲜提供无烟煤、燃气设备等。[②]

同时，6 月 11 日至 12 日，第三次朝日关系正常化工作组会议在北京举行。

---

① ［韩］韩国国防部：《国防白皮书 2008》，第 265 页。
② ［韩］韩国国防部：《国防白皮书 2008》，第 266 页。

自 2007 年 9 月在乌兰巴托举行第二次会议之后，双方虽然又于 2007 年 10 月和 11 月在北京举行了非正式的接触，但第三次会议一直没有能够举行。在美朝关系取得快速进展的情况下，6 月 7 日，朝鲜外务省朝日谈判大使宋日昊与日本外务省亚洲大洋局局长斋木昭隆在北京进行了接触，达成了于 6 月 11 日举行第三次关系正常化工作组会议的协议。在两天的会谈中，双方就相互关心的两国间悬而未决的问题进行了真挚的磋商，朝鲜方面表示愿意实施"绑架问题"的再调查，并表明了合作解决"淀号"事件相关者问题的意愿，日本方面同意解除对日朝间人际往来的限制，解除对日朝间包机航运的限制，允许朝鲜以运送人道主义物资为目的的船只入港。（［朝］朝鲜中央通讯，2008 年 6 月 13 日）

就在第三次朝日关系正常化工作组会议和第四次经济与能源合作工作组会议召开之际，美国国务院韩国科科长金成率领的专家组于 6 月 9 日来到韩国，6 月 10 日再一次通过板门店陆路访朝，与朝鲜方面就对朝鲜提交的核计划申报书的验证问题进行了磋商。而就在这一天，朝鲜外务省发表《声明》，表明了其强烈反对恐怖主义、反对支持恐怖主义的立场。《声明》表示：朝鲜完全支持国际社会反对恐怖主义的国际法体系，为此将积极合作采取有效的措施，并将积极参与国际上的努力以防止可用于核、生化武器、放射性武器的物质、设备以及技术落入恐怖分子及其支援团体之手；作为联合国的成员国，朝鲜将全部履行反对恐怖主义的所有责任和义务。（［朝］朝鲜中央通讯，2008 年 6 月 10 日）朝鲜外务省的这一《声明》，通过朝鲜中央广播电台、平壤广播电台、朝中社以及朝鲜中央电视台播出，这也从一个角度说明了朝鲜方面的郑重程度。

6 月 26 日，朝鲜向六方会谈主席国——中国提交了核计划申报书。同日，美国白宫国家安全事务助理斯蒂芬·哈德利（Stephen Hadley）宣布，美国将在 45 天之内将朝鲜从支持恐怖主义国家名单中除名，并表示布什总统已经承诺并已经通知国会。同时，哈德利还表示美国部分解除了依据《与敌国贸易法》对朝鲜实施的制裁。在对进口朝鲜商品到美国的美国商人许可证发放、美国人参与从第三国至朝鲜的贸易运输、禁止朝鲜政府的一些财政支付等三个方面解除了对朝鲜的制裁，但在美国公民使用挂有朝鲜国旗的船只以及一些种类的资产冻结方面的禁令仍然没有解除。①

---

① 　www.seoul.usembassy.gov/nk_062608.html

6月27日，朝鲜通过外务省发言人会见朝中社记者的形式，对美国着手采取措施将朝鲜从支恐国家名单除名以及部分终止适用《与敌国贸易法》的做法表示欢迎。同日，朝鲜邀请了数十名中美日韩俄等国记者，在美国国务院韩国科科长金成以及美国技术人员的参观下，高调地炸毁了宁边5MWe反应堆的冷却塔。

7月10日至12日，六方会谈团长会谈在北京举行。距离第六轮六方会谈第二阶段会议结束的2007年9月30日已经过去了十个多月的时间，中美朝代表团的团长没有变化，依然由武大伟、希尔和金桂冠担任，但韩日俄代表团的团长随着各自国内情况的变化已经做了调整，韩国代表团团长调整为外交通商部朝鲜半岛和平交涉本部长金塾，日本代表团团长调整为外务省亚洲大洋洲局局长斋木昭隆，俄罗斯代表团团长调整为外交部副部长阿列克谢·博罗达夫金。会议讨论了落实六方会谈第二阶段行动的情况，就全面均衡落实第二阶段行动达成了重要共识，发表了《新闻公报》，其主要内容如下：

一、根据2005年9月19日六方会谈《共同声明》，六方同意在六方会谈框架内建立验证机制，验证朝鲜半岛无核化。

验证机制由六方专家组成，对无核化工作组负责。

验证机制的验证措施包括视察设施、提供查阅文件、技术人员面谈，以及六方一致同意的其他措施。

验证机制在有必要时可以欢迎国际原子能机构对有关验证提供咨询和协助。

验证的具体方案和实施，由无核化工作组根据协商一致原则决定。

二、六方同意在六方会谈框架内建立监督机制。监督机制由六方团长组成。

监督机制的职责是确保各方信守并履行各自在六方会谈框架内做出的承诺，包括不扩散和对朝经济与能源援助。

监督机制将以六方认为有效的方式履行监督职能。六方团长可以授权适当官员履行其职责。

三、六方制定了完成宁边核设施"去功能化"和经济能源援助的时间表。

朝鲜宁边核设施"去功能化"与其他方对朝剩余重油和替代物资援助

同步全面落实。

　　各方对朝重油和替代物资援助争取于 2008 年 10 月底前完成。美俄争取于 2008 年 10 月底前完成剩余对朝重油援助。

　　中韩争取于 2008 年 8 月底以前与朝就提供剩余替代物资签署有约束力的协议。

　　日本表示愿意在环境具备时尽快参与对朝经济与能源援助。

　　朝鲜宁边核设施"去功能化"争取于 2008 年 10 月底前完成。

　　四、六方一致同意进一步深入探讨"维护东北亚和平与安全的指导原则"。

　　五、六方重申适时在北京召开六方外长会。

　　六、六方就落实 9·19 共同声明第三阶段行动初步交换了意见。六方一致同意继续全面推进六方会谈进程，共同致力于东北亚的持久和平与稳定。

　　六方会谈团长会议决定了验证机制和监督机制，规定了具体的验证方法，并就完成宁边核设施的"去功能化"以及对朝鲜提供的经济能源援助规定了时间表。日本方面对参与对朝经济能源援助也展现出灵活的态度，看起来一切都在向着积极的方向发展，但在团长会议进行期间举行的第三次无核化工作组会议没有在验证机制的建立问题上达成一致意见。

　　根据团长会议发布的《新闻公报》的第五条"六方重申适时在北京召开六方外长会"，7 月 23 日，六方外务长官借参加在新加坡举行的东盟地区论坛之机举行了非正式的外长会议。由于《新闻公报》规定六方外长会在北京举行，所以六方将在新加坡举行的此次会议定性为"非正式"会议。会议由中国外长杨洁篪主持，大约进行了一个小时，俄罗斯作为东北亚和平与安全机制工作组的召集方，介绍了过去一段时间内各方在这一问题上的磋商情况，各方再次确认了实现朝鲜半岛无核化的意志，并交换了各方在建立验证机制问题上的立场。有意思的是，通过这次非正式会议，美国国务卿赖斯与朝鲜外相朴义春还进行了会晤，这是在 2004 年鲍威尔与白南淳会晤之后四年以来两国外长的首次会晤。①

────────────

① ［韩］韩联社：《六方外交部部长会谈召开—朝美会晤注目》，http://v.media.daum.net/v/20080723182011514?f=o

为了确立对朝鲜核计划申报书的验证机制，7月31日至8月1日，美国国务院韩国科科长金成与朝鲜外务省北美局局长李根在北京进行了两次接触，但双方仍然没有在朝鲜核计划申报书的验证问题上达成一致意见。双方的分歧主要有两点：第一，根据团长会发布的《新闻公报》，"验证机制的验证措施包括视察设施、提供查阅文件、技术人员面谈，以及六方一致同意的其他措施"这一表述中，没有包括取样，美国试图将取样纳入验证措施中，朝鲜方面不予答应。第二，在国际原子能机构的参与问题上。《新闻公报》规定"验证机制在有必要时可以欢迎国际原子能机构对有关验证提供咨询和协助"。美国方面希望国际原子能机构能够全面参与验证，但朝鲜方面予以拒绝。朝鲜方面之所以拒绝国际原子能机构全面参与验证，在法理上也有它的道理，它认为已经退出了《不扩散核武器条约》，与国际原子能机构签署的《核安全保障协定》也就已经失效，因此，国际原子能机构也就没有了介入朝鲜核计划验证过程的权利。

在美朝之间的僵持中，2008年8月11日至12日，朝日关系正常化工作组第四次会议在沈阳召开。双方讨论了重启"绑架问题"的调查、解除日本对朝鲜的经济制裁、尽早移交"淀号"劫持者以及清算过去的历史等问题。由于受美朝关系以及验证问题停滞不前的影响，在会议上，双方更多的是表态，虽然双方同意继续维持这一会议机制，但要想取得实质性进展也是比较困难的。

8月14日，朝鲜通过其驻中国大使馆向中国外交部通报说朝方停止了中止废弃核燃料棒的提取，这意味着朝方要中断其核设施的"去功能化"作业，一旦这样，运行了数年之久的六方会谈机制所取得的成果都将功亏一篑。[①] 接到这一信息后，美国六方会谈大使金成迅速访问了北京。金成访问北京试图与朝鲜外务省北美局局长李根进行沟通，但李根未到北京。在这种情况下，金成向中国方面的相关人士说明了美国将朝鲜从支恐国家名单除名一事迟延的背景，并就建立朝核计划的验证机制问题与中方进行了沟通。

---

① 2008年7月4日，朝鲜外务省发言人曾发表谈话督促美国遵守"行动对行动"原则。发言人表示，核设施的"去功能化"已经进展到80%的程度，"去功能化"的11个措施已经结束八个，提前履行了本该在废弃核设施的下一阶段才应该履行的措施——炸毁冷却塔，而从支持恐怖主义国家名单中除名的措施还没有生效，终止适用《与敌国贸易法》的措施也不彻底，五国对朝鲜经济补偿的履行程度只有40%。

金成（Sung Kim），1960 年出生于首尔，1973 年遂父母前往美国，先后就读于宾夕法尼亚大学、洛约拉法学院和伦敦经济学院（LL.M），在进入美国国务院之前，曾在洛杉矶县地方检察官办公室担任检察官。2006 年至 2008 年，金成开始担任国务院韩国科科长；2008 年 7 月 31 日至 2011 年，担任国务院助理国务卿帮办、朝核问题特使、六方会谈美国代表团团长；2011 年 6 月至 2014 年 10 月，担任美国驻韩国大使；2014 年至 2016 年 5 月，担任美国国务院助理国务卿帮办、对朝政策特别代表；2016 年 5 月，被任命为驻菲律宾大使。

　　试图与朝鲜沟通而未果，金成于 8 月 16 日返回华盛顿。8 月 17 日，美国向朝鲜提供的 6000 吨重油运抵黄海北道松林市，剩余的 10000 吨也将运抵咸镜北道先锋港，美方按照约定履行向朝鲜提供自己承担份额重油的义务多少为双方的僵持带来些缓和的气氛。8 月 22 日，金成在纽约与朝鲜驻联合国代表处政务公使金明吉进行了接触，双方就朝鲜核计划报告的验证问题进行了具体而实质性的磋商，金成向金明吉提出了一份朝核计划申报书的验证方案，要求朝方给予明确答复。据说，美国的这份验证方案是本着使六方会谈参加国都满意、"完全、正确的核验证"原则而制定的，在内容上不仅包括钚，而且还包括朝鲜与叙利亚的核合作、浓缩铀项目，在验证方法上，不仅包括团长会《新闻公报》中列举的方法，还包括样品提取、随机访问以及允许对未申报设施的验证等。[①]

　　四天之后，朝鲜对美方的提案做出公开答复。8 月 26 日，朝鲜外务省发言人发表《声明》，宣布将中断"去功能化"措施。发言人表示："《10·3 共同文件》中，虽然具有我们提出核计划申报书，美国将我们从支恐国家名单除名的义务，但由于美国拒绝履行协议，造成了解决核问题上的严重难关。六方或朝美之间的任何协议都没有将核申报书的验证问题规定是从名单除名条件的条项，这明确地违反了协议。现阶段，在六方框架内组织验证机构和监督机构是协议事项的全部，而美国却利用协议事项突然提出了对核计划报告书验证应适用于'国际标准'的问题。在美国违反协议事项的情况下，我们不得不依据'行动对行动'原则，采取如下应对措施：第一，即刻中断根据《10·3 共同文件》正在推

[①]　http://nk.chosun.com/news/articleView.html?idxno=108819

进中的核设施'去功能化'措施。该措施在（8月）14日已经发生效力，并已向有关方通报；第二，根据我们有关部门强烈的要求，将马上考虑采取措施对宁边核设施恢复原状。"（［朝］朝鲜中央通讯，2008年8月26日）

严格地说，朝鲜外务省发言人在《声明》中所说的不无道理。6月26日，布什政府宣布将朝鲜从支恐国家名单中除名，45天之内生效，这即是说，至迟在8月10日生效。但此时由于美朝两国在朝鲜核计划申报书的验证问题上不能达成一致，因此美国没有能够在规定的时间内兑现承诺。而双方之所以在朝核计划申报书的验证问题上不能达成一致，7月12日六方会谈团长会通过的《新闻公报》中的确没有明确规定有"提取样品"的方法，而且在国际原子能机构的参与上只是限定在"必要时可以欢迎国际原子能机构对有关验证提供咨询和协助"的程度上，验证的范围也只限定在朝鲜向六方会谈主席国——中国提交的核计划申报书的范围之内，是不包括铀浓缩计划和朝鲜与叙利亚核合作方面的内容的。虽然说朝鲜的做法好像不符合"完全、正确核验证"的精神，但在法律技术上是符合六方以及朝美双方达成的协议的。

外务省发言人发表《声明》后，从9月2日起，朝鲜开始着手进行"原状恢复"作业。9月5日至6日，中美韩日六方会谈团长在北京会晤，交换了各自在朝核计划申报书验证问题上的意见，讨论了朝鲜中断"去功能化"和核设施原状恢复的问题，但朝方代表不予到会，中美韩日四方意见的交换也难以阻止朝方的行为。9月19日，朝鲜外务省发言人通过会见朝中社记者的形式，表示朝鲜从不久前开始正在对宁边的核设施恢复原状。（［朝］朝鲜中央通讯，2008年9月19日）9月22日，朝鲜方面的动向得到证实，国际原子能机构总干事巴拉迪表示，朝鲜已向机构的驻朝人员提出拆除封条和监控摄像机的申请，并已对部分设施恢复了原状。9月24日，国际原子能机构的监督员在朝鲜方面的请求下，拆除了对宁边再处理设施的封条和监控设备，并得到了朝鲜方面即将添加核物质的通报。

在如此紧急的情况下，2008年10月1日至3日，美国国务院助理国务卿希尔访问朝鲜。访朝期间，希尔不但与朝鲜外务相朴义春、副外相金桂冠进行了会晤，而且还与朝鲜人民军板门店代表部李灿福上将进行了会晤。访朝结束之后，希尔并未向媒体透露他是否与朝鲜方面达成协议，只是表示与朝鲜方面进行了"实质性的、具体的讨论"，但从他结束访朝之后依次访问韩国、中国和日本，并就访朝结果进行说明的行迹来看，舆论普遍看好。果然，10 月 10 日，美国国务院发言人肖恩·麦考马克公开了希尔与朝鲜方面达成的"《核验证协议》"。其内容主要如下：（1）朝核问题六方会谈当事国的专家包括不拥核国家的专家参加验证活动；（2）国际原子能机构在验证活动中承担重要的咨询和支持作用；（3）专家可以接近（access）所有申报的设施，对于未申报的设施，在双方同意的基础上，可以接近；（4）同意运用包括提取样品和技术性（forensic）活动在内的科学的程序；（5）验证协议书中包括的所有措施适用于以钚为基础的计划以及任何铀浓缩和扩散活动。此外，六方已经同意用于监督遵守六方文件的监督机制适用于扩散和铀浓缩活动。①

实际上，这份"《核验证协议》"只是美朝协议中的一部分内容，除此之外，美国同意将朝鲜从支恐国家名单中除名，朝鲜则同意重启核设施的"去功能化"。10 月 11 日，美国国务院宣布将朝鲜从支恐国家名单中除名。10 月 12 日，朝鲜外务省发言人通过会见朝中社记者的方式"对美国的行动表示欢迎，朝鲜决定在'行动对行动'原则下重启核设施的'去功能化'，并允许美国和国际原子能机构的监督人员执行任务"。（［朝］朝鲜中央通讯，2008 年 10 月 12 日）

但是，朝鲜方面在 10 月 12 日外务省发言人的表态中没有具体谈到"《核验证协议》"问题，所谓的美朝"《核验证协议》"是美国国务院发言人肖恩·麦科马克和金成大使在新闻发布会上单方面宣布的。这份"《核验证协议》"规定的验证方法包括了 7 月 12 日六方会谈团长会发布的《新闻公报》中所没有包括的"提取样品"，这表示朝鲜在验证方法问题上做出了一定的让步。为了巩固住这一成果，美国接受日本方面的意见，决定下一步在六方会谈框架内将美朝之间的《协议》框定住，因此，美国方面督促中国在 10 月份召集六方会谈团长会议。②

但是，朝鲜方面同意与美国达成这份"《核验证协议》"也是有条件的，即其他五方要落实对朝鲜的经济援助。朝鲜外务省发言人在 10 月 12 日的谈话

---

① "On the Record Briefing: Special Envoy for the Six-Party Talks", www.state.gov/r/pa/prs/ps/2008/oct/110926.htm

② "On the Record Briefing: Special Envoy for the Six-Party Talks", www.state.gov/r/pa/prs/ps/2008/oct/110926.htm

中说得很明白，"以后《10·3 共同文件》是否完全得到履行取决于美国将朝鲜从支恐国家名单除名措施的实际效果，以及五方的经济补偿。"（［朝］朝鲜中央通讯，2008 年 10 月 12 日）10 月 13 日，朝鲜又通过朝鲜中央广播电台发文督促其他五方履行经济补偿义务。朝方认为，美国政府在 10 月 11 日采取措施将朝鲜从支持恐怖主义国家名单中除名是根据《10·3 共同文件》履行政治补偿义务的结束。根据《10·3 共同文件》，五方答应向朝鲜提供相当于 100 万吨重油的能源，但至今只提供了 35 万吨重油和价值 6000 万美元的设备器材，《10·3 共同文件》履行的最终结束取决于五方的经济补偿是否全部到位。（［朝］朝鲜中央广播电台，2008 年 10 月 13 日）

但是，五方的经济补偿要想全部到位也是比较困难的，日本方面首先就采取了抵制的态度。就在美朝宣布达成"《核验证协议》"几天之后的 10 月 15 日，日本政府就召开了两年半以来未曾召开过的"绑架问题对策本部"会议，再次确认了"绑架问题"不解决，不对朝鲜提供重油援助的立场。

2008 年 7 月 12 日，六方团长会谈发表的《新闻公报》规定"各方对朝重油和替代物资援助争取于 2008 年 10 月底前完成"。在这一计划按照规定的日期难以完成的情况下，11 月 2 日，朝鲜外务省发言人发表谈话表示："最近一些势力主张由于在验证问题上朝美平壤协议存在不足，应在六方会谈框架内通过包括提取样品方法的验证文件……这是在验证问题上要使我们让步的不纯阴谋的产物。"而在验证范围、方法上，朝方表示："在验证对象上限定在最终废弃的宁边核设施，在验证方法上限定在现场访问、文件确认以及技术者访谈上，在验证时期上要定于经济补偿完全结束之后。"这个表态实际上等于又否定了 10 月初美朝达成的"《核验证协议》"[①]不仅如此，朝鲜外务省发言人还表示，由于五方经济补偿的迟延，正在采取将提取废弃核燃料棒的速度降低一半的措施予以应对，如果继续迟延，不但将放慢"去功能化"的速度，对六方会谈前景的预测也将会更加困难。（［朝］朝鲜中央通讯，2008 年 11 月 2 日）朝鲜外务省发言人的发言并不只是口头的表态，从 10 月 31 日起，废弃核燃料棒的提取量已经由每日 30 根减少到每日 15 根。

---

① 2008 年 12 月 12 日，《朝鲜新报》发表文章《验证论争，六方结构的歧路》，表示 10 月初美朝平壤协议中没有"提取样品"的规定。

在其他五方的经济补偿难以全部到位的情况下，2008 年 12 月 8 日至 11 日，六方会谈团长会议在北京举行。中国外交部副部长武大伟、朝鲜外务省副相金桂冠、日本外务省亚洲大洋洲局局长斋木昭隆、韩国外交通商部朝鲜半岛和平交涉本部长金塾、俄罗斯外交部副部长博罗达夫金、美国负责东亚及太平洋事务助理国务卿希尔分别率团与会，会议由中国外交部副部长武大伟主持。在四天的会议中，主要讨论了三个议题：第一，全面落实第二阶段行动；第二，朝鲜半岛无核化验证问题；第三，东北亚和平与安全指导原则。会议结束时发表了《主席声明》，《主席声明》的主要内容如下：

> 六方充分肯定在实施《9·19 共同声明》第二阶段行动方面取得的积极进展：对朝鲜宁边相关核设施的"去功能化"；朝鲜关于核设施与核计划的申报；经济和能源援助。会议高度评价各方为此做出的积极努力。
>
> 各方同意根据《103 共同文件》，同步执行朝鲜宁边核设施"去功能化"和向朝提供相当于 100 万吨重油的经济能源援助。各方欢迎国际社会参与对朝援助。韩方作为牵头方将在适当时候召开经济与能源合作工作组会议，协调对朝援助有关事宜。
>
> 各方重申《9·19 共同声明》中可核查地实现朝鲜半岛无核化的目标。各方评估了就验证条款达成共识方面取得的进展。六方欢迎国际原子能机构在验证过程中提供协助和咨询。
>
> 俄罗斯联邦散发了东北亚和平与安全指导原则修改案文。各方就案文进行了讨论，总体反应积极。各方同意俄方作为牵头方于 2009 年 2 月在莫斯科召开相关工作组会议，就上述文件进行进一步讨论。
>
> 各方鼓励朝美、朝日为解决各自关切问题，实现相互关系正常化做出真诚努力。
>
> 六方一致同意继续推进六方会谈进程，为东北亚和世界的和平与稳定做出贡献。
>
> 各方同意早日召开下一次六方会谈会议。

朝鲜方面通过朝中社和《朝鲜新报》的报道对六方会谈团长会议的情况做了比较详细的介绍。朝中社的报道以客观报道为主，但《朝鲜新报》的报道中则重点谈到了"提取样品"问题，表示"朝鲜并不反对在无核化过程中提出验证问题，在验证问题上是以阶段论为基础进行原则性应对的……在欲通过取样来获得掌握朝鲜核计划整体情况之线索的现在，以美国为代表的各方当然应该满足通过相应的行动措施使无核化取得较大进展的条件"。（［日］《朝鲜新报》，2008 年 12 月 12 日）

　　《朝鲜新报》意思是说朝鲜并不反对取样，只是其他各方要履行对朝鲜进行经济补偿的承诺。由于美韩日与朝鲜在取样验证问题上各不相让，这次六方会谈团长会议在这个问题上没有达成一致，《主席声明》中也对这一问题进行了模糊处理。而在日本坚持"绑架问题"不解决即不参与对朝经济援助立场的情况下，《主席声明》采用了"各方欢迎国际社会参与对朝援助"的表述。

　　尽管《主席声明》表示 2009 年 2 月由俄罗斯牵头在莫斯科召开东北亚和平与安全工作组会议，并早日召开下一次六方会谈会议。但布什政府的任期仅剩一月有余，韩国在 2008 年 2 月换届之后，伴随着保守政府的执政，朝韩关系也已经逐步恶化，这些因素使得六方会谈的前景在事实上已经趋向暗淡。而随着 2009 年 1 月美国奥巴马政府的上台执政，朝鲜半岛的安全局势以及美朝关系也的确转入了另外一种运行轨道。

第八章　不对称的威慑

本章导读

　　奥巴马政府是在美国 2008 年爆发金融危机和国际体系的权力结构发生快速变化的背景下于 2009 年 1 月上台执政的。2008 年 2 月，保守的韩国李明博政府上台执政，而 2008 年朝鲜领导人金正日出现健康问题后，朝鲜最高权力的交接问题也提上了日程。这些因素促成了奥巴马政府制定了对东亚的"亚太再平衡"战略和对朝鲜的"战略忍耐"政策，从而也使得在其执政八年期间，"威慑与反威慑"成为了美朝互动的主要方式和主要特征。尽管在奥巴马政府的第一任期后期，美朝进行了三个阶段的高级会谈，并达成了《闰日协议》，但各种复杂因素的存在使得这一协议的实施根本就没有能够得以启动。

　　在这一时期，朝鲜半岛发生了"天安舰事件""延坪岛炮击事件"。以此为契机，美国以强化美韩军事同盟、强化联合军演等方式实施了"亚太再平衡"战略和对朝鲜的军事威慑。而因金正日委员长的逝世处于最高权力交接过渡期的朝鲜则针对相对，于 2009 年 5 月、2013 年 2 月、2016 年 1 月和 9 月进行了四次核试验，并进行了数次的导弹发射试验，从而使得这一期间包括南北关系和美朝关系在内的朝鲜半岛地区局势危浪迭起，成为朝鲜战争结束以来最为危险而紧张的一个时期。

第一节　艰难的对接

一、过早而来的冲突

2008 年下半年以后，日本等国之所以在履行《10·3 共同文件》上采取消极的态度，一个很重要的原因在于美国又一次进入了政府换届期。尽管希尔、金成等美国国务院直接负责的中高层人士一直希望并努力在布什政府任期内将朝核问题的解决推进到一个新的阶段，但政府换届这一可导致国内和国际政策调整的重大事件的来临也会不可避免地踩动对现有政策的刹车。

早在 2008 年 6 月，朝鲜方面即开始关注美国的大选情况。2008 年 6 月 6 日与 9 日，朝总联的《朝鲜新报》连续发表了两篇题为《不可抗拒的大势》和《新变化》的文章，介绍了民主党总统候选人奥巴马的对朝政策，将奥巴马和共和党候选人麦卡恩（John McCain）分别称为"自由派"和"强硬派"，并引用奥巴马参议员"将无条件地与朝鲜最高领导人会面"的表态，显示出对奥巴马的偏好。（［日］《朝鲜新报》，2008 年 6 月 6 日、6 月 9 日）

2008 年 11 月初美国大选前后，朝鲜外务省北美局局长李根访问了美国，除与希尔、金成等人就核验证问题进行沟通之外，观察美国大选的情况也是其重要任务之一。奥巴马当选的消息确定后，朝鲜方面比较兴奋。11 月 10 日，《朝鲜新报》又发表两篇文章，一方面极力称颂奥巴马当选的意义，认为"美国历史上第一位黑人总统的诞生，不仅对美国政治而且对 21 世纪国际关系也将会产生巨大的影响"，另一方面督促美国以新政府上台执政为契机，早日调整对朝政策。（［日］《朝鲜新报》，2008 年 11 月 10 日）朝鲜方面对奥巴马的当选具有相当程度的期待，这可能也是 2008 年 11 月之后朝鲜在核验证问题上的立场转向强硬的一个背景原因。

2009 年 1 月 20 日，奥巴马政府上台执政。上台之后的次日，美国国务院曾试图以国务卿希拉里的名义发表"致朝鲜人民"的口头信息，向朝鲜方面转达将继续推进布什政府后期的对朝政策，但遭到了白宫国家安全会议的阻止，白宫国家安全会议的基本立场是首先与日本、韩国进行沟通和协调后再正面回应朝鲜。①

　　国务院之所以在奥巴马上任伊始就想向朝鲜传达一种友好的信息，是因为在上任之前，奥巴马方面通过若干个渠道向朝鲜提出保持克制、不要进行挑衅的请求，并答应一旦就任，选举时期所承诺的对朝政策基调将兑现和落实为实际政策，这使得朝鲜方面十分期待。为了在与即将上任的奥巴马政府的谈判中占据优势，2009 年 1 月 13 日和 17 日，朝鲜通过外务省发言人谈话和会见朝中社记者的形式，就无核化、朝美关系等问题进行了表态，强调朝鲜半岛核问题的本质是"美国核武器对朝鲜核武器的问题"，"关系正常化与核问题是完全不同的问题"，"如果不清除美国的对朝敌对政策和核威胁的根源，即使过 100 年，我们也不会首先交出核武器"。（［朝］朝鲜中央通讯，2009 年 1 月 13 日、1 月 17 日）

　　从朝鲜外务省发言人的表态看，朝鲜是希望将核问题与朝美关系正常化问题分开谈。实际上早在 2008 年 5 月，朝鲜就已经认识到在所剩已经无几的布什政府任期内是不可解决全部问题的。（［日］《朝鲜新报》，2008 年 5 月 14 日）奥巴马的民主党属性以及竞选期间在美朝关系与朝核等问题上的表态使朝鲜充满了希望，希望在即将开始的奥巴马政府时期能够像 90 年代中后期克林顿政府时期那样，通过若干个渠道去推进朝美关系的发展，这从奥巴马上任前几天朝鲜官方媒体的其他报道中也可以观察得到。2009 年 1 月 12 日和 15 日，朝中社和《劳动新闻》分别发表了题目为《蹂躏和平的军事冒险行为》和《美国应该对朝鲜半岛的和平保障采取负责任的态度》的文章，谴责了美国强化在亚太地区军事力量部署的行为，要求签订和平协定。（［朝］朝鲜中央通讯，2009 年 1 月 12 日；《劳动新闻》，2009 年 1 月 15 日）

　　但是，对奥巴马政府而言，这实际上是很困难的，它不但受制于国内政治结构的制约，而且还受到了东北亚地区国际政治结构的制约。政府换届首先带来的是相关部门人事上的调整和变化，在相关部门和相关岗位上的人事确定之前，针对个别地区和国家具体而明确的政策是难以出台的。在国务院的动向遭到白宫国家安全会议抑制之后，奥巴马政府的对朝政策实际上开始进入酝酿评估期。

---

① Jeffrey A. Bader, Obama and China's Rise: An Insider's Account of America's Asia Strategy, Washington, DC: Brooking Institution Press, 2012, pp.29-30.

奥巴马政府上台一个月之后的 2 月 20 日，国务卿希拉里任命了博斯沃思（Stephen W. Bosworth）担任美国对朝政策特别代表（United States Special Representative for North Korea Policy）。这是奥巴马政府执政后新设的一个职位，应该是从克林顿政府第一任期时的朝鲜问题高级指导小组主任，克林顿第二任期时的朝鲜半岛和平谈判大使、对朝政策协调官和布什政府时期的国务院对朝谈判大使、对朝政策协调官等职位演变过来的一个职位。

　　博斯沃思，1939 年生，2016 年去世。1961 年，博斯沃思毕业于达特茅斯学院（Dartmouth College），获国际关系学士学位，后在乔治·华盛顿大学攻读硕士学位。1979 年至 1981 年、1984 年至 1987 年，他分别担任美国驻突尼斯、菲律宾大使；1990 年至 1994 年，任教于哥伦比亚大学国际与公共事务学院；1995 年至 1997 年，担任朝鲜半岛能源开发组织理事会执行主任；1997 年至 2001 年，担任美国驻韩国大使。2009 年 3 月至 2011 年 10 月，博斯沃思担任美国对朝政策特别代表。

希拉里在任命博斯沃思担任对朝政策特别代表时，要求他监测美国在六方会谈中的表现，努力通过和平的方式实现朝鲜半岛可验证的无核化。①

然而，朝鲜方面却似乎颇为着急。2009 年 1 月底，《朝鲜新报》连续发文，督促奥巴马政府吸取"失去八年"的布什政府的教训，通过与朝鲜的直接对话，从根本上解决朝鲜半岛问题。（［日］《朝鲜新报》，2009 年 1 月 27 日，1 月 30 日）朝鲜的这种自信主要来自于奥巴马政府的人事安排，奥巴马政府上台后，任命了与克林顿政府具有重要人脉关系的希拉里担任国务卿，坎贝尔（Kurt M. Campbell）担任国务院负责东亚及太平洋事务的助理国务卿，而强调美朝对话重要性的前美国国会参议院外交委员会主席拜登（Joe Biden）担任了副总统。在朝鲜看来，这种人事安排在一定程度上反映了奥巴马政府具有脱离布什政府对朝政策轨道和基调的想法。（［日］《朝鲜新报》，2009 年 1 月 27 日）而这一时期中俄朝之间也有一些

---

① U.S.DEPARTMENT OF STATE Office of the Spokesman，"Appointment of Ambassador Stephen Bosworth as Special Representative for North Korea Policy"，www. seoul.usembassy.gov/sec_022009b.html.

积极的互动，2009 年 1 月 21 日至 24 日和 1 月 27 日至 30 日，由中共中央对外联络部部长王家瑞率领的中联部代表团和俄罗斯外交部副部长、六方会谈团长博罗达夫金率领的俄罗斯代表团访问了朝鲜。中联部代表团在 23 日得到了国防委员长金正日的接见，并向金正日转交了中共中央总书记胡锦涛的亲笔信。博罗达夫金在 1 月 29 日与朝鲜外相朴义春进行了会谈。

2 月 2 日，朝鲜人民军总参谋部发言人以会见记者的形式在无核化问题上进行表态，发言人表示，如果美国的核威胁不消除，绝不会弃核。虽然人民军总参谋部发言人的发言主旨与 1 月 13 日外务省发言人的表态一样，但是朝鲜军方直接站出来在无核化问题上表态、阐述立场还是比较罕见的。随后，朝鲜又在国际上所关心的卫星发射问题上放出大招，对美施压。2 月 2 日，伊朗使用"使者 -2"型运载火箭发射"希望号"卫星。2 月 7 日的《劳动新闻》借此发表了题为《任何国家都具有和平利用宇宙的权利》的评论，强调朝鲜作为国际社会的一个成员，具有和平进出宇宙、利用宇宙，参与宇宙科学技术竞争的正当权利。（［朝］《劳动新闻》，2009 年 2 月 7 日）半个多月之后的 2 月 24 日，朝鲜通过宇宙空间技术委员会发言人发表谈话，正式宣布"太空是人类共同的财富，今日宇宙的和平利用正在成为世界性趋势……朝鲜于 1998 年 8 月第一次发射试验卫星'光明星 -1 号'之后，在过去的十年间，为了将宇宙空间技术引领到更高的水平，展开了斗争，在卫星发射领域取得了飞跃性发展。现在以'银河 -2 号'运载火箭发射'光明星 -2 号'试验通信卫星的实质性准备工作正在咸镜北道花台郡的卫星发射场进行"。（［朝］朝鲜中央通讯，2009 年 1 月 24 日）

针对朝鲜这种颇具进攻性的态势，奥巴马政府一方面通过一些渠道告知朝鲜，如果朝鲜不进行火箭发射，将派遣对朝政策特别代表博斯沃思访问平壤，另一方面，奥巴马总统亲自主持国家安全委员会会议，针对政治军事上的突发状况制定对策，并明确指示，如果朝鲜弹道导弹的威胁现实化，战略司令部和太平洋司令部具有防卫美国领土所需要的一切权力。上任之后的奥巴马及其团队实际上已与竞选时期完全不同，他要打破过去 15 年期间前任政府直接面对而却要接受的"挑衅—劫夺—补偿"的循环，表示应以朝鲜所不愿看到的方式打破朝鲜的计划。国防部长盖茨也强调要想使朝鲜回到谈判桌上来，唯一的对策

就是什么都不要提供。① 而曾经主张继承与朝鲜对话政策的国务卿希拉里也开始
认为如果美国过于强调关心六方会谈的持续，就会给朝鲜留下美国热衷六方会
谈的印象，而如果美国对六方会谈稍微采取保留的态度，将六方会谈看作是外
交业绩的中国就会更为努力地说服朝鲜在无核化方面采取措施，最终，国家安
全委员会会议同意了奥巴马、盖茨和希拉里等人的意见。在此之后，奥巴马政
府明确表示了对于"为了对话而对话"的重启不再关心的立场。② 有学者认为从
此时开始，奥巴马政府放弃了竞选期间的对朝政策构想，制定并执行了"如果
朝鲜不首先予以合作，美国将不予合作"的"战略忍耐（strategic patience）"政
策。③ 当然，也有一些学者认为是朝鲜进行火箭发射和第二次核试验之后，美国
才制定了"战略忍耐"政策。

　　2009 年 2 月 3 日至 7 日，由美国前驻韩大使博斯沃思、美国前海军大学教
授乔纳森·波拉克（Jonathan D. Pollack）、国务院前助理国务卿莫顿·阿布拉莫维
茨（Morton Abramowitz）、美国社会科学院的莱恩·希格等七名成员组成的代表
团访问了朝鲜。博斯沃思等人在朝期间，与朝鲜外务省副相金桂冠以及对外贸
易省、人民军等单位的高级官员进行了近十次会谈。2 月 7 日归国途中，波拉
克教授在北京国际机场会见记者时表示"朝鲜虽然认识到六方会谈的重要性，
但是感觉到与多边磋商相比，更偏好朝美直接对话"，"感到朝鲜并不期待六方
会谈取得快速进展或早日找到突破口，而是维持目前的状态，进行等待"。博斯
沃思也表示，"感觉到朝鲜也了解奥巴马政府评估对朝政策需要时间，他们表明
了耐心，没有感觉到朝方要急着发出警告性信息。"④ 但是，博斯沃思等人显然误
读或错判了朝鲜，就在他们于北京进行如上表态的同一天，《劳动新闻》发表的
《任何国家都具有和平利用宇宙的权利》的评论，强调了朝鲜作为国际社会的一
个成员，具有和平进出宇宙、利用宇宙，参与宇宙科学技术竞争的正当权利。

---

① 　Jeffrey A. Bader，Obama and China's Rise: An Insider's Account of America's Asia Strategy，
Washington，DC: Brooking Institution Press，2012，pp.30-31.

② 　Jeffrey A. Bader，Obama and China's Rise: An Insider's Account of America's Asia Strategy，
Washington，DC: Brooking Institution Press，2012，p33.

③ 　［韩］白鹤淳：《奥巴马时期的朝美关系（2009—2012）》，世宗政策研究所，2012 年 12
月版，第 22 页。

④ 　［韩］佚名：《美国专家：朝鲜偏好朝美双边协商》，韩联社，2009 年 2 月 7 日。

回到华盛顿后不久，博斯沃思便于 2 月 20 日被任命为对朝政策特别代表，而 2 月 24 日，朝鲜宇宙空间技术委员会发言人就发表了以"银河 -2 号"运载火箭发射"光明星 -2 号"试验通信卫星的谈话。

2 月 24 日至 28 日，美朝之间又进行了一次半官方性质的互动。朝鲜方面邀请了斯坦福大学核问题专家、国际安全与合作中心主任西格弗里德·赫克和约翰·刘易斯教授访问朝鲜，同行的还有曾在美国国务院和中央情报局工作过的朝鲜问题专家罗伯特·卡林（Robert Carlin）以及美国国务院韩国科前科长戴维·斯特劳普（David Straub）。然而，双方的互动与沟通并没有能够取得积极的成果。

3 月 12 日，朝鲜向国际海事组织（IMO）正式通报，表示将于 4 月 4 日至 4 月 8 日上午 11 点至下午四点之间，利用"银河 -2 号"运载火箭发射"光明星 -2 号"试验通信卫星。朝鲜的这种动向自然引起了美日等国家的关注，美日等国表示，如果朝鲜发射火箭，将在联合国安理会框架内采取制裁措施。对此，3 月 24 日，朝鲜通过外务省发言人会见记者的形式表态说"开拓宇宙空间，用于和平性目标是地球上所有国家平等享有的合法权利"，"六方会谈的参与国日本、美国唯独差别性地否定朝鲜和平利用宇宙的权利，侵害朝鲜的自主权，这是对半岛无核化《9·19 共同声明》中'相互尊重与平等精神'的全面背离"，"由于个别参与国家的敌对行为，使六方会谈最终处于破产的境地，如果不清算敌对关系，即使过 100 年，也不会交出核武器。今日的现实再次验证了我们立场的真理性"，"如果以对话不能消除敌对关系，为了遏制敌对行为，只有更进一步巩固力量，除此之外，无有他途"。（［朝］朝鲜中央通讯，2009 年 3 月 24 日）

2009 年 4 月 1 日至 2 日，G20 峰会在英国伦敦举行。在会议期间，奥巴马总统与韩国李明博总统举行了首脑会晤，双方决定在朝鲜核问题与导弹问题上相互协调，采取一致立场。会晤中，奥巴马总统还向李明博总统发出了正式的访问邀请。参加 G20 会议之后，奥巴马总统计划于 4 月 5 日在捷克的布拉格发表演讲，正式阐述其所倡导的"建设无核世界"的蓝图构想。然而，就在这一天的上午 11 点 20 分，朝鲜利用"银河 -2 号"火箭发射了"光明星 -2 号"人造地球卫星。早在发射之前的 4 月 2 日，朝鲜就以人民军总参谋部的名义发布"重大报道"，对预言将要进行拦截的美日韩进行警告。报道声称："严肃宣布：如果日本不做区分，强行拦截，朝鲜军队将毫不留情，不仅对拦截的手段而且对重要的对象施以果断的报复性反击。美国如果不想承受损失，应该立刻毫不拖延地撤出自己部署的武装力量。南朝鲜傀儡不应该阿谀美日主子，对民族引以为豪的朝鲜的卫星发射进行妨碍。朝鲜的武力处于高度的战斗准备态势，如果看到敌对势力对卫星有细微的拦截动向，将毫不迟疑地进行正义的打击报复。"（［朝］朝鲜中央通讯，2009 年 4 月 2 日）4 月 4 日，朝鲜宇宙空间技术委员会发布通报表示："以'银河 -2 号'火箭发射'光明星 -2 号'试验通信卫星的准备工作已经结束，卫星即将进行发射，为了保障飞机和船舶的航行安全，事先向国际机构和有关国家通报的技术指标没有变化。"（［朝］朝鲜中央通讯，2009 年 4 月 4 日）

根据朝中社的报道，"光明星 -2 号"卫星在发射 9 分 20 秒之后的 11 点 29 分 2 秒钟准确地进入了轨道，卫星以 40.6 度倾斜角度进入近地点 490 公里、远地点 1426 公里的椭圆形轨道，周期 104 分 12 秒。卫星所播放的"金日成—金正日歌曲"旋律和测定资料以 470MHz 向地球播放，在 UHF 频段的中继通讯正在进行中。（［朝］朝鲜中央通讯，2009 年 4 月 5 日）

按照朝鲜的说法，卫星发射显然取得了成功。但是，美国北美空防司令部（North American Aero space Defense Command）和北方司令部（Northern Command）在 4 月 5 日的官方网页上却表示，朝鲜虽然进行了发射，但是没有任何物体进入轨道。

在朝鲜发射卫星九天之后的 4 月 14 日，联合国安理会召集会议审议"防扩散/朝鲜民主主义人民共和国"项目，并发表了《主席声明》。①《主席声明》谴责了朝鲜的发射行为，认为这一行为违背了安理会第 1718（2006）号决议，要求朝鲜不再进行任何发射，并呼吁早日重启六方会谈及其框架内的会谈。② 应该说安理会的反应还是比较温和的，其主要的原因是从法理上看，发射用于和平目的的卫星的确是每个国家应该享有的权利，尽管进行发射使用的是弹道导弹发射技术。

---

① 在联合国安理会发表《主席声明》几天前的 4 月 10 日，日本政府就决定将 2006 年 10 月以来维持的对朝制裁措施延长一年。这些措施主要有：（1）禁止朝鲜船舶入港；（2）禁止进口朝鲜商品；（3）全面禁止朝鲜国籍的人员入境。日本政府还调整了对朝汇款额度和访朝时申报额度的上限。对朝汇款额度的上限由 3000 万日元调整到 1000 万日元，访朝申报额度的上限由 100 万日元调整到 30 万日元。

② 联合国安理会《主席声明》，2009 年 4 月 13 日，http://www.un.org/en/ga/search/view_doc.asp?symbol=S/PRST/2009/7

然而，安理会《主席声明》既没有能够说服奥巴马政府对六方会谈和美朝会谈转向积极，也没有能够抑制住朝鲜继续采取进攻性的举措向美国施压。安理会的《主席声明》一发表，朝鲜立即发表了外务省声明，谴责安理会通过《主席声明》，认为"安理会通过的《主席声明》是强盗式的，历史上安理会从来没有把卫星发射看成问题"，并宣布："第一，将对朝鲜的自主权粗暴侵犯、对朝鲜的尊严严重亵渎的安理会万分不当的处事进行断然谴责反击。第二，朝鲜再无参加六方会谈的必要，这样的会谈绝对再也不会参加，也不会受到其任何协议的约束；为了完善主体性核动力工业的结构，将积极研究自己建设轻水反应堆。第三，为了应对连用于和平目的的卫星也要拦截的敌对势力的军事威胁，将不得不强化核威慑力。为此，将对根据六方协议曾进行'去功能化'的核设施采取措施，恢复原状并正常启动，且作为其中的一个环节，将对从试验性原子能发电站中提取出的全部废弃核燃料棒进行再处理。"（[朝]朝鲜中央通讯，2009年4月14日）

朝鲜方面谴责联合国安理会，而美国则联合日本等国要求对朝鲜实施制裁，并向安理会对朝制裁委员会提出了一份包括十家朝鲜企业在内的制裁名单。据此，对朝制裁委员会在4月24日召开会议决定对朝鲜矿业开发会社、端川商业银行、朝鲜连峰综合会社三家企业实施制裁，这三家企业都是美日提出的制裁名单中的企业。早在2005年，美国就开始在单边框架内针对朝鲜企业实施制裁，安理会第1695号制裁决议尤其是第1718号制裁决议通过后，在联合国框架内开始针对朝鲜的核导开发计划进行制裁，但是并没有具体地选定朝鲜的企业进行制裁。因此，在联合国框架内明确针对朝鲜企业实施制裁，这还是第一次。对朝制裁委员会之所以对这三家企业进行制裁，是因为委员会认为朝鲜矿业开发会社是朝鲜"常规武器和弹道导弹相关装备的主要出口机构"，端川商业银行是"负责买卖常规武器和弹道导弹的制造、组装相关组件的机构"，而朝鲜连峰综合会社是朝鲜防卫领域的综合性公司，在军需物资的贸易中承担着中心性作用。对朝制裁委员会通过对朝鲜这三家企业的制裁决定后，即会将该决定向联合国所有会员国通报，要求会员国冻结这三家企业的资产，并禁止与其贸易。

对朝制裁委员会这份决定的通过立即得到了美日的欢迎，正在伊拉克访问的美国国务卿希拉里表示："很高兴联合国采取了果断的行动。为了实现朝鲜半岛完全的、可验证的无核化，美国将继续施压以使朝鲜回归六方会谈。"日本驻联合国代表高须幸雄也表示："被制裁的企业虽然只有三个，但由于国际社会全部参与制裁，决议的实际效果会更加确定，是一个大成果。"而朝鲜驻联合国副代表朴德勋则表示："对安理会的任何决定都将不会接受，要进行彻底的反击。"①

朝鲜方面果然立刻做出了"反击"。4月25日，朝鲜外务省发言人表示，朝鲜根据4月14日外务省声明，开始对废弃核燃料棒进行再处理作业。（［朝］朝鲜中央通讯，2009年4月25日）而在此一两天之前，俄罗斯外长拉夫罗夫访问了朝鲜。4月23日至24日，访问朝鲜的拉夫罗夫与朝鲜最高人民会议常任委员会委员长金永南和外相朴义春进行了会谈，并转交了俄罗斯总统梅德韦杰夫致金正日委员长的亲笔信。从朝方媒体的报道看，双方在会谈中谈到了双边之间传统的友好合作关系、安理会《主席声明》发表后的形势等。双方认为发射卫星是所有国家的自主权利，俄罗斯方面再次确认了反对对朝鲜实施制裁的立场，并注意到了朝鲜的六方会谈再无必要的主张。

4月29日，朝鲜通过外务省发言人再次发表声明，要求安理会谢罪，并撤回针对朝鲜的所有决议和决定。声明还称，如果安理会不立即向朝鲜谢罪，朝鲜将采取如下措施：第一，为了守护国家的自主权，不得不追加采取自卫性措施，包括核试验和洲际弹道导弹发射试验；第二，决定建设轻水反应堆发电站，作为初步的工程，将立即开始技术开发，以保障自己生产核燃料。（［朝］朝鲜中央通讯，2009年4月29日）

而美韩等国，一方面在联合国框架内推进对朝鲜的制裁，另一方面还在军事上加强了对朝鲜的施压。4月22日，驻韩美军司令华特·夏普（Walter L. Sharp）接受韩国商工商会（The Korea Chamber of Commerce & Industry）的邀请发表演说时表示："即使2012年韩军的战时作战指挥权归还韩国，也将牢牢地维护美韩《共同防御条约》和对韩国的核保护承诺，应对朝鲜偶发状况的计划正在准备中，应急态势已经准备完毕。"4月30日至5月3日，美国海军的"麦凯恩号（McCain：DDG-56）"驱逐舰和"穆斯汀号"导弹驱逐舰（Mustin：DDG-89）进入并停留在韩国东海岸的江原道东海港。

---

① http://www.fnnews.com/news/200904261443282993?t=y；http://www.vop.co.kr/A00000250140.html

在双方之间步步升级的对抗中，朝鲜于 5 月 14 日宣布将在 6 月 4 日对扣留在朝鲜的两名美国女记者进行审判，随后又兑现了外务省发言人在 4 月 14 日发表的声明，于 5 月 25 日进行了第二次核试验。

在奥巴马政府上任两个半月之后，朝鲜利用弹道导弹技术发射了卫星，四个月之后进行了第二次核试验。在伴随着美国政府的换届而进行的人事调整和政策评估过程中，美朝之间就走向了比上届政府时期程度更为严重的对抗与冲突。

二、对抗中的试探

朝鲜于 2009 年 5 月 25 日进行第二次核试验的第二天——5 月 26 日，李明博政府就表示，韩国接受防扩散安全倡议（PSI）的原则，全面参与防扩散安全倡议。随后，联合国安理会于 6 月 12 日召开了第 6141 次会议，通过了安理会第 1874 号（2009）决议。

安理会第 1874 号决议称："决定朝鲜应以完全、可核查和不可逆的方式放弃所有核武器和现有核计划并立即停止所有相关活动，严格履行《不扩散核武器条约》订立的缔约方义务以及国际原子能机构保障监督协定的条款和条件（IAEAINFCIRC/403），向原子能机构提供范围超出这些规定的透明措施，包括让原子能机构接触它可能要求接触和认为有必要接触的人员、文件、设备和设施。"在对朝制裁方面，第 1874 号决议主要是规定了对进出朝鲜的货物检查和金融限制，"呼吁所有国家根据本国权利和立法并遵循国际法，在其领土内，包括在海港和机场，检查所有进出朝鲜的货物"，"决定会员国在有情报提供合理理由令人相信朝鲜船只所载货物中有第 1718 号决议禁止供应、销售、转让或出口的物项时，应禁止本国国民或从本国领土向这些船只提供加油服务"，"呼吁会员国防止提供可能有助于朝鲜的核、弹道导弹或其他大规模杀伤性武器相关计划或活动的金融服务……"，呼吁所有会员国和国际金融和信贷机构不再承诺向朝鲜提供新赠款、金融援助或优惠贷款"等。[①]

安理会第 1874 号决议一出，立即引起了朝鲜方面的反击。6 月 13 日，朝

---

① http://www.un.org/en/ga/search/view_doc.asp?symbol=S/RES/1874(2009)

鲜外务省发表声明表示："外务省根据授权对联合国安理会第 1874 号决议进行坚决的谴责和反击，在开始与美国进行全面对决的现阶段，为了守护民族的尊严和国家的自主权，宣布将采取如下应对措施。第一，新提取的钚全部武器化。现在已经对全部废弃核燃料棒的 1/3 以上进行了再处理。第二，开始铀浓缩作业。根据自己建设轻水反应堆的决定，为了保证核燃料而进行的铀浓缩技术开发成功地进入了试验阶段。第三，如果美国及其追随势力进行封锁，则是战争行为，将进行坚决的军事应对。以报复应对制裁、以全面对决应对对决，这是以朝鲜的先军思想为基础的应对方式。"（［朝］朝鲜中央通讯，2009 年 6 月 13 日）

　　朝鲜在以强硬方式应对安理会制裁决议的同时，还以积极的姿态展示其对六方会谈的拒绝态度。2009 年 7 月，朝鲜连续派出两个代表团参加了多边会议。7 月 15 日，第 15 次不结盟运动领导人会议在埃及举行，朝鲜最高人民会议常任委员会委员长金永南率团参加，在会议上，金永南表示六方会谈已经永远结束。7 月 23 日，第 16 届东盟地区论坛在泰国举行，朝鲜派出了以外务省巡回大使朴根光为团长的代表团参会，朴大使在论坛的演讲中也强调了六方会谈已经永远终结。尽管如此，7 月 23 日闭幕的东盟地区论坛仍然通过了包括督促重启六方会谈内容的《主席声明》。

　　然而，在这期间，安理会对朝制裁委员会根据安理会第 1874 号决议于 7 月 16 日又提出了一份制裁对象包括朝鲜的一些单位和个人、制裁内容涉及到具体商品种类的制裁名单，并提交至联合国安理会。这份名单包括朝鲜的五家单位和五位个人以及两个物品种类。这五家单位是南川江贸易会社、香港电子（Hong Kong Electronics）、朝鲜革新贸易会社、原子能总局、朝鲜檀君贸易会社。这五家单位之所以被列为制裁对象，是因为制裁委员会认为南川江贸易会社是原子能总局下属的单位，负责筹措与核相关的设备。香港电子被怀疑是代理朝鲜矿业贸易会社和端川商业银行与大规模杀伤性武器相关资金的企业。朝鲜革新贸易会社是朝鲜永丰总会社的分社。朝鲜檀君贸易会社被认为是第二科学委员会下属的、负责筹措放射性物资和技术的公司。五位个人是南川江贸易会社干部尹孝进（音）、原子能总局局长李济善、原子能总局干部黄硕华（音）、前宁边原子能研究所所长李洪燮（音）、朝鲜龙岳山总贸易会社干部韩郁路（音）。涉及到的两种物品是电子放电加工使用的特殊石墨和由对位芳纶纤维制作的灯丝和胶带，这两种物品可用于生产导弹。①

安理会对朝制裁委员会所提出的这份制裁名单甚至将朝鲜原子能总局局长李济善都包括进去，对朝鲜的冲击可想而知。7月27日，朝鲜外务省发言人发表谈话，再次表明了朝鲜不再参与六方会谈的主张。（［朝］朝鲜中央通讯，2009年7月27日）

然而，就在美朝的对峙中，8月初出现了令世人颇感震惊的一幕。8月4日至5日，美国前总统克林顿闪电式访问朝鲜，克林顿闪击访朝的直接目的是与朝方商洽释放两名美国女记者之事。对于克林顿的这次访朝，奥巴马政府刚开始是讳莫如深不予评论，而后又刻意强调克氏访朝的私人性质。但从克林顿访朝团队的组成、出行方式以及克林顿本人身份的特殊性方面而言，均带有强烈的官方色彩。随行克林顿访问朝鲜的共有六位人士，包括克林顿担任总统时节的白宫办公厅主任约翰·波德斯塔（John Podesta），克林顿基金会的道格拉斯·班德（Douglas Band），克林顿基金会顾问贾斯汀·库珀（Justin Cooper），道格拉斯·班德之兄、宾夕法尼亚医学院教授罗杰·班德（Roger Band），国务院韩国科前科长大卫·斯特劳普（David Straub）以及美国驻韩大使馆的职员权旻智（音）。

波德斯塔出生于奥巴马的政治故乡芝加哥，在奥巴马获得大选后担任政权交接委员会主席和奥巴马总统的顾问。格拉斯·班德与克林顿一家关系密切，是克林顿的贴身随从，在2008年担任希拉里竞选团队的高级顾问，其兄罗杰·班德在克林顿海外旅行时常常以医师身份随行。而斯特劳普曾于2002年至2004年担任美国国务院韩国科科长，2004年至2006年担任国务院日本科科长，2006年从国务院退休后，曾在韩国首尔国立大学任教一年，而后担任斯坦福大学韩国研究所副所长。

美国潮流电视台（Current TV）的两名女记者——韩裔记者李恩娜（Euna Lee）和华裔记者凌志美（Laura Ling）于2009年3月17日在中朝边境采访时，因进入图们江朝方一侧被朝方扣留。3月31日，朝鲜宣布根据相关部门的调查

---

① http://www.mofat.go.kr/webmodule/htsboard/hbd/hbdread.jsp?typeID=6&boa rdid=235&seqno=323443&c=&t=&pagenum=1&tableName=TYPE_DATABOARD&pc=&dc=&wc=&lu=&vu=&iu=&du=

和两名女记者的供述，确定了两名记者的非法入境与敌对行为嫌疑。4月24日朝鲜方面宣布结束对两名记者的调查后，于5月14日宣布将于6月4日由中央法院对两名女记者进行审判。6月8日，朝鲜中央法院对李恩娜和凌志美各判处12年劳动教养。

在朝鲜方面做出宣判后，美朝双方通过"纽约渠道"进行了接触，朝鲜方面向美方表示，只要一个美国高级代表团访朝并提出要求，朝鲜即可释放两名女记者。既然朝方做出了这样的表态，于是美方开始考虑人选。潮流电视台的创始人之一——原副总统戈尔、前总统卡特以及前国务卿奥尔布赖特都是曾经考虑过的人选，但朝鲜方面比较中意的人选是前总统克林顿。6月下旬，希拉里将派遣克林顿访朝的想法向奥巴马总统做了汇报，并得到了奥巴马总统的支持。①

克林顿一行搭乘的专机直接由美国华盛顿经阿拉斯加航线飞抵朝鲜平壤顺安机场。对于克林顿的访朝，朝鲜方面非常重视，最高人民会议常任委员会副委员长杨亨燮、外务省副相金桂冠前往机场迎接。金正日国防委员长于8月4日亲自与克林顿一行进行了会谈，8月4日晚上，朝鲜国防委员会举行了欢迎晚宴，金正日率领崔泰福、金己男、姜锡柱、金养健、禹东测、金桂冠等人出席。8月5日，朝鲜最高人民会议常任委员会委员长金永南会见了克林顿。从克林顿一行抵达顺安机场时起至离开顺安机场止，朝鲜中央广播电台、朝中社和朝鲜中央电视台等媒体全程迅速详细地报道了克林顿一行的访朝活动。按照朝鲜媒体的报道，克林顿就两名女记者的非法入境和反共和国的敌对行为表示了歉意，并郑重地传达了美国政府的请求，从人道主义角度出发给予宽恕并遣返其回国，金正日委员长根据朝鲜宪法第103条下达了对两名女记者实施特赦予以释放的命令。在会谈中，克林顿还郑重地传达了奥巴马总统就改善两国关系看法的口信。对此金正日表示感谢，并就双方共同关心的问题广泛地交换了意见，双方就两国之间悬而未决的问题在真挚的气氛中坦率深入地进行了讨论，一致认为应以对话解决问题。（［朝］朝鲜中央通讯、朝鲜中央广播电台，2009年8月4日）

从朝方媒体的报道看，克林顿一行的访朝俨然就是官方性质的，国务卿希拉里的丈夫以及奥巴马总统的顾问参加访问团不仅使人自然想到克氏访朝所带

---

① Hillary Rodham Clinton，Hard Choices，Simon & Schuster 2014，pp.51-52.

有的官方性质，而且还要比一般的官方代表团更有意义，连《纽约时报》等美国媒体也认为这次访朝团是"准政府性质的"。但是，奥巴马政府则为克林顿的访朝做了严格的细节性限定，不为克林顿一行的访朝提供财政支持，要求克林顿在朝时间不能超过 24 个小时，甚至还要求克林顿一行在与朝鲜人士的合影中，既不能笑也不能皱眉，① 真可谓是用心良苦。

无论其身份如何特殊，克林顿的一次半官方性质的"人质外交"终究解决不了美朝之间的问题，双方的较劲仍在继续。9 月 3 日，朝鲜以其驻联合国代表的名义致函安理会轮值国主席，表示朝鲜"将全面反击侵害共和国尊严的安理会第 1874 号决议"，并表示朝鲜"处于废弃核燃料棒再处理的最后阶段，正在对提取的钚进行武器化，铀浓缩试验也已成功进行，进入了结束阶段"。（〔朝〕朝鲜中央通讯，2009 年 9 月 4 日）朝鲜向安理会轮值国主席致函，一方面是以 8 月 25 日韩国发射"罗老号"卫星而安理会方面并无特别反应为缘由，另一方面也是想以此向美国施压。

克林顿一行访朝之后，奥巴马政府并无新的举动，对朝政策特别代表博斯沃思将于 9 月 4 日至 6 日访问韩国，但也并没有与朝方进行接触的意思。

美朝之间的较劲直至 2009 年 10 月底方才出现松动的迹象。在此期间，中朝之间曾有过两次积极的互动，其中一次是 9 月 16 至 18 日，分管外交工作的国务委员戴秉国作为中国国家主席胡锦涛的特使访问了朝鲜。另一次是 10 月 4 日至 6 日，中国国务院总理温家宝对朝鲜进行了访问。而美国对朝政策特别代表博斯沃思也分别于 6 月初和 9 月初两次访问北京，美国国务院副国务卿詹姆斯·斯坦伯格（James Steinberg）也于 9 月下旬访问了北京。

在中美、中朝之间进行了积极互动的背景下，10 月 23 日，受美国加州大学邀请，由朝鲜外务省北美局局长李根率领的五人代表团抵达纽约，赴美参加东北亚合作对话（NEACD）。10 月 24 日，李根在纽约美国驻联合国代表处与美国国务院韩国科科长金成进行了大约一个小时的会谈，这是奥巴马政府上任之后近两年来，美朝双方官员的第一次正式接触。10 月 25 日，李根一行前往圣地亚哥参加将于 10 月 26 日至 27 日在此举行的东北亚合作对话。在对

---

① Jeffrey A. Bader, *Obama and China's Rise: An Insider's Account of America's Asia Strategy*, Washington, DC: Brooking Institution Press，2012，pp.35-37.

话举行期间，金成与李根又充分利用这一多边间的 1.5 轨机制进行了双边间的接触与沟通。东北亚合作对话结束后，李根一行再次返回纽约，参加了 10 月 30 日由美国外交政策全国委员会（NCAFP）组织的朝鲜问题研讨会。参加研讨会的朝方人员共有七名，除朝鲜代表团成员之外还有朝鲜驻联合国代表处的金明吉公使和朝鲜和平与裁军研究所的研究员宋日革（音），美国方面参加讨论的人员有前白宫国家安全会议亚洲问题负责人维克多·车、哥伦比亚大学教授查尔斯·阿姆斯特朗（Charles Armstrong）、美国前驻韩大使托马斯·哈伯德（Thomas Hubbard）、美国国会参议员外交关系委员会顾问弗兰克·简努吉（Frank Jannuzi）、美国社会科学院莱恩·希格（Leon V.Sigal）等 12 名，但是奥巴马政府没有派出官员出席此次研讨会。

李根在美国的访问应该是取得了一定的成果。11 月 2 日，朝鲜外务省发言人以会见记者的形式正面公开了李根一行访问美国的情况，但发言人又表示"这次接触不是朝美会谈的预备会谈，因此在接触中没有讨论朝美对话中要讨论的实质性问题"。朝方如此表态的目的是督促美国与朝鲜举行正式的双边对话，因此发言人说："首先举行朝美对话，根据其结果再走向多边对话，而多边对话是包括六方会谈在内的，这是世人皆知的朝鲜的立场"，"朝鲜展现雅量，表明了与美国进行会谈，再进行包括六方会谈在内的多边会谈的立场，现在该由美国做出决断了。"（[朝]朝鲜中央通讯，2009 年 11 月 3 日）

美国方面也果然做出了"决断"。11 月 10 日，美国国务院正式公布了对朝政策特别代表博斯沃思的访朝计划。11 月 17 日，朝鲜方面也通过朝总联的《朝鲜新报》表示美国国务院已向朝鲜通报其对朝政策特别代表博斯沃思将率领由奥巴马政府各部门官员组成的代表团访问朝鲜。（[日]《朝鲜新报》，2009 年 11 月 17 日）

2009 年 12 月 8 日至 10 日，美国政府对朝政策特别代表博斯沃思率领美国政府代表团访问朝鲜，代表团共有七名成员组成，除博斯沃思外，还包括国务院韩国科科长金成，国防部负责东亚事务的副部长助理迈克尔·希弗，白宫国家安全会议亚洲问题负责人丹尼尔·罗素（Daniel Russell），白宫国家安全会议防扩散问题负责人查尔斯·路德斯（Charles Luters）以及一名速记和一名翻译。

博斯沃思一行在访朝之前首先访问了韩国，与韩国外交通商部部长柳明桓、半岛和平交涉本部长魏圣洛等人交换了意见。12 月 8 日，博斯沃思一行从驻韩美军乌山空军基地搭乘专机前往平壤顺安机场，朝鲜方面同样是派出最高人民会议常任委员会副委员长杨亨燮、外务省副相金桂冠等人前往机场迎接。

朝鲜方面于 12 月 11 日通过外务省发言人会见朝中社记者的形式，对博斯沃思的访朝和朝美会谈结果进行了说明。外务省发言人表示，博斯沃思"与外务省负责美国事务的副相进行了会谈，并与外务省第一副相进行了会晤"。"在会晤与会谈中，双方就和平协定的缔结与关系正常化、经济与能源合作、朝鲜半岛无核化等问题进行了广泛、长时间真挚而开诚布公的讨论。通过务实而坦率地讨论，双方加深了相互间的理解，缩小了彼此之间在认识上的分歧，也找到了不少共同点。在重启六方会谈的必要性和履行《9·19 共同声明》的必要性上，也形成了一系列共同的认识。双方决定为了缩小尚存的分歧，今后将继续进行合作。"（［朝］朝鲜中央通讯，2009 年 12 月 11 日）

朝鲜方面的如上表态，从整体上看，还是比较积极的。李根访问美国与金成会谈时，美国方面就博斯沃思访朝提出了两条要求：第一，博斯沃思访朝时要见到外务省第一副相姜锡柱；第二，美朝会晤后，要宣布重启六方会谈。朝鲜方面答应了第一条要求，但在第二条上，朝鲜方面表示朝美双边会谈取得成果后，再重启六方会谈。博斯沃思在平壤期间的确见到了姜锡柱。在六方会谈问题上，虽然朝方没有宣布重启六方会谈，但也表示在这个问题上与美国形成了一系列共同的认识。

博斯沃思访朝结束返回首尔向柳明桓和魏圣洛介绍了访朝情况后，当天就在韩国举行了访朝结果说明会。在说明会上，博斯沃思表示："访朝期间见到了外务省第一副相姜锡柱和副相金桂冠，对在六方会谈框架内实现朝鲜半岛可验证的无核化和《9·19 共同声明》的履行等问题进行了重点讨论"，他此次访朝的"目的是促进重启六方会谈，再次确认全面履行 2005 年《9·19 共同声明》的目标。在与朝方官员的讨论中，传达了奥巴马总统半岛完全的无核化是六方会谈进程的基本课题的意见。""我们开诚布公、真挚的意见交换是十分有用的，我们在六方会谈的必要性和作用的理解上、在《9·19 共同声明》的履行等重要问题上达成一致。对于朝鲜回归六方会谈的时机和方法上还需要再稍稍观察一下，这是一个需要与六方会谈当事国进行进一步讨论的问题。需要强调的一点是，这次访问朝鲜的目的不是为了谈判而是探索性的。我们希望以这次访问平壤为基础，在尽快的时日内重启六方会谈，再次推进朝鲜半岛无核化这一重要的事业。"①

从双方的表态看，通过博斯沃思的这次访朝，双方的确在六方会谈重启问题上达成了一些共识，但双方的表态也透露出彼此间不小的分歧。博斯沃思强调访朝的重点是重启六方会谈，而朝方则表示双方在和平协定的缔结与关系正常化、经济与能源合作等一系列问题上进行了讨论。而在博斯沃思访朝前后，朝鲜通过媒体一方面强调自己的拥核国地位，（［朝］朝鲜中央广播电台，2009 年 11 月 26 日）另一方面强调朝美之间的问题是和平问题，要求与美国签订和平协定，（［朝］《劳动新闻》，2009 年 11 月 23 日；［日］《朝鲜新报》，2009 年 12 月 2 日）进行核裁军。（［朝］《劳动新闻》，2009 年 12 月 16 日）

访朝之后的博斯沃思于 12 月 11 日至 14 日依次访问了中国、日本和俄罗斯后于 15 日回到美国，而朝鲜也于 12 月 18 日通过朝中社报道的形式，公开了博斯沃思在 12 月 9 日会见朝鲜外务省第一副相姜锡柱时转交了奥巴马总统致金正日国防委员长亲笔信一事。

三、诡异的 2010

博斯沃思访朝之后，举行会谈、签署和平协定成为朝鲜对美外交政策的主要议题和政策目标。之所以如此，部分原因是因为博斯沃思访朝期间与姜锡柱、金桂冠等人讨论的话题广泛，谈到了这一问题，另外一个重要的原因是博斯沃思结束访朝后在北京会见记者时，曾有过"讨论朝鲜半岛的和平机制将成为以后美朝双边会谈最优先的课题"的表态。② 在访问莫斯科时，博斯沃思又表示讨论和平机制正成为一个重要的议题。③ 回到华盛顿之后，博斯沃思在记者招待会

---

① 《美国驻华大使馆：博斯沃思访朝说明》，www.korean.seoul.usembassy.gov/nk_121109.htmlb

② Stephen W. Bosworth, "Morning Walk through in Beijing, China," *China World Hotel*, Beijing, China, December 12, 2009.

③ Stephen W. Bosworth, *Remarks on North Korea following meeting with Russia Deputy Foreign Minister*, Moscow, Russia, December 14, 2009.

上又再次表态说将讨论和平机制问题，①而在北京、莫斯科和华盛顿的这些表态
与其在首尔的表态在重点上似乎有着明显的差异。

2010 年新年过后，朝鲜继续着其和平攻势。1 月 11 日，朝鲜外务省发表
声明表示："为了为东北亚的和平与安全、世界的无核化做出贡献，朝鲜半岛的
无核化是朝鲜始终一贯坚持的政策目标。现在六方会谈因对朝制裁而未能举行。
如果朝美要形成信任，应该从缔结和平协定结束敌对关系的根源——停战状态
开始。为此，外务省依据授权，在朝鲜战争爆发六十年的今年向《停战协定》
当事国郑重地提议，早日开始以和平协定取代《停战协定》的会谈。签署和平
协定的会谈如《9·19 共同声明》所指出的那样，可以另行举行，考虑到其性质
和意义，也可以像现在进行中的朝美会谈那样，在为了朝鲜半岛无核化的六方
会谈框架内进行。"（［朝］朝鲜中央通讯，2010 年 1 月 11 日）1 月 18 日，朝鲜外务省发
言人发表谈话，再次要求缔结和平协定。（［朝］朝鲜中央通讯，2010 年 1 月 18 日）随后，
《劳动新闻》以及朝总联的《朝鲜新报》媒体等频频发表评论，强调缔结和平协
定的必要性和正当性。②

2 月 5 日，朝鲜又主动释放善意，宣布释放去年 12 月 25 日因非法进入朝
鲜而被朝方扣留的韩裔美国人罗伯特·朴。罗伯特·朴从事人权运动，2009 年 12
月 25 日从中国一侧跨过图们江进入朝鲜会宁市而被朝鲜当局扣留。2009 年 12
月 29 日，朝方正式公布了对他进行扣留羁押的事实。在罗伯特·朴扣留问题上，
朝鲜并未像扣留潮流电视台的两位女记者那样，充分利用这样的事件开展与美
国的"人质外交"，而是在扣留 42 天之后，在罗伯特·朴接受朝中社记者的采
访，对自己的行为表示"反省"、"惭愧"和"向朝鲜政府真心谢罪"③的情况下，
予以释放。

博斯沃思的访朝以及随后朝鲜方面出现的新动向引起了六方会谈相关国家

---

① Stephen W. Bosworth, "Briefing on Recent Travel to North Korea", Washington DC,
December 16, 2009.

② ［朝］《十分合理而光明正大的提议》，《劳动新闻》，2010 年 1 月 19 日；《缔结和平协定是
为清算冷战最后遗产的世纪性决断》，《劳动新闻》，2010 年 1 月 21 日。［日］《朝鲜新报》分
别于 1 月 25 日、27 日和 30 日，三次分上中下就朝鲜的和平协定会谈提议发表评论。

③ ［朝］佚名：《非法入境的美国公民在会见记者中受到西方对朝鲜的恶意宣传欺骗的告白》，
朝鲜中央通讯，2010 年 2 月 5 日。

之间新的一轮互动。2010 年 2 月 2 日至 4 日，美国国务院负责东亚及太平洋事务的助理国务卿坎贝尔访问韩国。2 月 6 日至 9 日，中国共产党中联部部长王家瑞率团访问朝鲜，金正日委员长会见了王家瑞一行，王家瑞向金正日委员长传递了胡锦涛总书记的口信。(中国外交部发言人马朝旭答记者问，2010 年 2 月 9 日) 随后，朝鲜外务省副相金桂冠从 2 月 9 日至 13 日访问中国，与中国方面就中朝关系与和平协定的缔结、解除制裁、重启六方会谈等促进信任、推进朝鲜半岛无核化相关问题深入地进行了讨论。([朝] 朝鲜中央通讯，2010 年 2 月 13 日) 2 月 23 日，朝鲜劳动党中央国际部部长金英日又率领国际部代表团访问中国。([朝] 朝鲜中央通讯，2010 年 2 月 23 日) 韩国外交通商部朝鲜半岛和平交涉本部长魏圣洛也于同日访华。2 月 24 日，美国国务院对朝政策特别代表博斯沃思到达北京，开始了其对中国、韩国和日本的巡回访问，并向金桂冠发出了访问美国的邀请。

六方会谈是否能够得到重启尚且未知，但各方所展开的频繁而又积极的穿梭外交互动至少使人看到了一些希望，然而这一切因 3 月 26 日发生的"天安舰事件"戛然而止。

2010 年 3 月 26 日晚 9 点 22 分，韩国海军第二舰队所属的"天安号"警戒舰在半岛西部白翎岛附近海上执行警戒作战任务时，发生爆炸而沉没，船上 104 名官兵中的 58 名获得救助，46 名遇难。事件发生后，韩国组成了由 25 名民间专家、22 名军方专家、三名国会推荐委员以及美国、澳大利亚、英国、瑞典的 24 名专家组成的联合调查团，从 3 月 30 日开始进行事件真相调查。联合调查团于 4 月 16 日发布了第一次调查结果，5 月 20 日发布了最后的调查结果。调查结果认为"天安舰是因鱼雷在水中爆炸产生的冲击波和气泡效果断裂而沉没，爆炸位置在燃气轮机室中央至左舷 3 米处，水深 6~9 米的地方，武器系统确定为朝鲜制造的高性能炸药 250 公斤规模的鱼雷"。[①]

但这一结论不但朝鲜方面不接受，而且单独实施过调查的俄罗斯专家不认可，韩国国内的一些民间团体也不认可。2010 年 5 月 31 日至 6 月 7 日，由四名俄罗斯船舶和水下武器专家组成的俄罗斯调查团在韩国进行了为期一周的调查。结果，俄罗斯专家只是下定了"天安舰是基于外部原因而沉没"的暂时结

---

① [韩] 韩国政府：《天安舰被袭事件白皮书》，2011 年，第 294 页。

论，至于最后的结论还需两年至两年半的时间通过进一步的研究才能得出。[①]韩国国内以参与联队为代表的市民团体针对韩国政府的调查状况及结果向国际社会，包括向联合国发表了《参与联队关于天安舰沉没的立场》，主张"不能认为国防部调查团提出的'发现了看上去是朝鲜制造的鱼雷的部分零件以及氧化铝'就是决定性的证据，也不能说没有疑惑地查明了事实真相"，并针对韩国政府的调查结果提出了八项质疑。[②]

朝鲜方面对"天安舰事件"做出的第一次公开反应是 4 月 16 日韩国联合调查团发布第一次调查结果的次日——4 月 17 日。该日，朝中社发表军事评论员文章《天安舰沉没事故"与朝相关说"捏造》，认为"将天安舰沉没事件与朝鲜联系起来是想脱离统治危机的南朝鲜政府阴险的阴谋"。（［朝］朝鲜中央通讯，朝鲜中央广播电台，朝鲜中央电视台，2010 年 4 月 17 日）5 月 20 日，韩国政府调查团发布最终调查结果之后，朝鲜又随即于当日和次日发表了《国防委员会发言人声明》和《祖国和平统一委员会发言人声明》，认为韩国政府的结论是"有意的强盗式的谋略剧、捏造剧"，要求向韩国派遣国防委员会检查团。[③]

在发布了关于"天安舰事件"最后调查结果四天之后的 5 月 24 日，李明博政府发表了"5·24 措施"，从全面禁止朝鲜船舶入港、中断与朝鲜的贸易、禁止国民访朝、禁止新的对朝投资和原则保留对朝援助事业等五个方面对朝鲜实施单边制裁，朝韩关系进一步恶化。

由于"天安舰事件"的发生，美朝之间也中断了所有对话。6 月 4 日韩国常驻联合国代表将"天安舰问题"致函安理会主席，朝鲜代表也于 6 月 8 日致函安理会主席。7 月 9 日，安理会召开了第 6355 次会议，发表了《主席声明》。《主席声明》表示："考虑到由韩国牵头、五国参与的军民联合调查组的结论，其中认为朝鲜应为天安舰沉没负责，安全理事会深表关切。""安全理事会注意到其他有关各方的反应，包括朝鲜表示与此事件毫无关系。""因此，安全理事会谴责导致天安舰沉没的攻击。"

---

① ［韩］尹钟声：《天安舰事件的真实》，Olive 出版社 2011 年版，第 58 页。注：尹钟声时任韩国国防部调查本部长，"天安舰事件"发生后，担任韩国军方联合调查团的团长。

② ［韩］参与联队：《参与联队关于天安舰沉没的立场》，IR-20100601。

③ 多家媒体发布了相关消息：［朝］朝鲜中央通讯，朝鲜中央广播电台，朝鲜中央电视台，2010 年 5 月 20 日；朝鲜中央通讯，朝鲜中央广播电台，2010 年 5 月 21 日。

对于像"天安舰事件"这样一起事发原因有争议、处理不好极有可能对地区安全局势走向产生重大影响的事件，安理会做出了这种审慎的处理。

但是，美朝之间的对峙，尤其是在核问题上的对峙进一步被强化。2010年4月6日，美国国防部发布2010年《核态势评估报告》（*Nuclear Posture Review Report*），其核心内容是再次确认其长期维持的消极安全保障（negative security assurance），即对不拥核国和《不扩散核武器条约》成员国、履行防扩散义务的非拥核国不使用和不威胁使用核武器，但对拥核国或不是《不扩散核武器条约》成员国且进行核扩散的国家，对像朝鲜这样的国家不排除使用核武器和威胁使用核武器。①

4月12日至13日，由47个国家的代表（包括38个国家的元首）参加的核安全峰会在华盛顿举行，峰会发表了《防扩散公报》。朝鲜和伊朗核问题并不是这次峰会的焦点，但是奥巴马总统在新闻发布会上也针对朝鲜问题进行了表态，表示希望朝鲜脱离孤立，重返六方会谈，希望对进行核试验的朝鲜采取制裁措施以改变朝鲜的行为。②5月10日，美国发布《国家安全战略》报告，表示美国追求朝鲜半岛的无核化，如果朝鲜没有核开发计划，可以更大程度地享有与国际社会的政治经济统合，如果无视国际义务，美国将依据国际防扩散规范，采取若干种手段使朝鲜更加孤立。③5月24日，2010年度《不扩散核武器条约》评估会议在纽约联合国总部召开，189个国家参加了本次会议，会议通过的文件督促朝鲜履行《9·19共同声明》的承诺，尽快回归六方会谈，以完全、可验证的方式放弃所有的核武器和运行中的核计划。④

在与美韩的对峙中，2010年5月3日至7日，金正日国防委员长访问中国。在与中国国家主席胡锦涛的会谈中，双方谈到了六方会谈，"双方认为六方会谈各方应该显示诚意，为推进六方会谈进程作出积极努力。朝方表示，坚持朝鲜半岛无核化的立场没有任何改变。朝方愿同各方一道，为重启六方会谈创造有

① U.S. Department of Defense, *Nuclear Posture Review Report*, April 2010.

② Washington Convention Center, "Press Conference by the President at the Nuclear Security Summit", Washington DC, April 13, 2010.

③ The White House, "National Security Strategy", May 2010, pp.23-24.

④ The United Nations, "2010 Review Conference of the Parties to the Treaty on the Non-Proliferation of Nuclear Weapons: Final Document", New York, 2010, p.31.

利条件。"[1]但是，表态归表态，在美韩联合对朝施压的情况下，恢复六方会谈的难度可想而知。

为了进一步向美国施压，2010 年 5 月 12 日，朝鲜通过朝中社和《劳动新闻》宣布"朝鲜的科学工作者成功进行了核聚变试验，取得了令人自豪的成果"，"在开发过程中，设计、制作了朝鲜式独特的热核反应装置，完成了核聚变反应的基础性研究，积累了以朝鲜自己的能力可以完成热核技术的强大科技力量"。（〔朝〕朝鲜中央通讯，《劳动新闻》，2010 年 5 月 12 日）6 月 28 日，朝鲜外务省发言人又通过会见记者的方式表示："为了应对美国持续的敌对政策和军事威胁，朝鲜有必要也应该以新发展的方法进一步强化核遏制力。"（〔朝〕朝鲜中央通讯，《劳动新闻》，2010 年 6 月 28 日）这一表态与朝方 5 月 12 日的表态联系在一起看，很可能意味着朝鲜将计划开发氢弹。

在以号称发展氢弹向美国施压的同时，朝鲜也尝试从侧面与美国方面进行沟通。2010 年 6 月 27 日，军事停战委员会联合国军一侧向朝方提议，为了向朝鲜说明"天安舰事件"，举行将军级会谈。但朝鲜方面认为"军事停战委员会"已是幽灵机构，拒绝了军事停战委员会联合国军一侧的提议，并以朝美军方将军级会谈朝方团长的名义提出了反提议。朝方提出："原来我们做出了向南朝鲜派遣我们的检查团，获得结果后举行北南高级军事会谈的提议。现在这样的立场仍然没有变化。如果南朝鲜当局接受我们的提议，应立即举行北南高级军事会谈的工作级接触，以讨论向南朝鲜派遣国防委员会检查团的问题，讨论北南高级军事会谈的举行日期、场所、双方代表团的构成等问题。"（〔朝〕朝鲜中央通讯，《劳动新闻》，2010 年 6 月 27 日）

朝鲜已经不再承认军事停战委员会的合法性，因而拒绝了联合国军一侧的提议，并向韩国提出了反提议，但这是李明博政府所不能接受的。在这种情况下，美朝军方启动了板门店的接触通道。7 月 15 日，为了对召开将军级会谈讨论"天安舰事件"进行磋商，美朝军方在板门店举行了大校级工作级接触。双方就将军级会谈召开的日期、场所、代表团构成以及会谈的议题等问题进行了讨论，达成了关于客观、科学地解释"天安舰事件"真相的协议。

但实际上，由于美军参加人员身份的模糊性，这种接触的性质也是模糊

---

[1] 新华社：《朝鲜劳动党总书记金正日对我国进行非正式访问》，2010 年 5 月 7 日。

的。对于朝鲜方面而言，美方一侧的参加人员代表的只是美方，而对于美国和韩方而言，美方参加人员代表的是联合国军。但不管怎样，在南北之间严峻的政治军事对峙的状况下，美朝军方之间通过接触进行沟通也是具有着重要而积极的意义的。

在 7 月 15 日进行了第一次接触后，双方又分别于 7 月 23 日、7 月 30 日、8 月 10 日、9 月 16 日、10 月 5 日和 10 月 27 日连续进行了六次接触。在接触中，美国方面提出组建"共同评估小组"，并按照《停战协定》规定的程序对"天安舰事件"进行调查。而朝鲜方面先是主张派出国防委员会检查团，在第四次接触中，提出组建"朝美共同检查团"，第五次接触中又向美方提出将鱼雷发动机、鱼雷设计图等物证带到板门店，双方进行缜密的分析后，召开朝美军方将军级会谈，讨论"天安舰事件"的真相。

值得注意的是，美朝在板门店进行军事接触是在 7 月 9 日联合国安理会通过《主席声明》后，美韩举行大规模联合军演的背景下进行的。7 月 25 日至 28 日，美韩在朝鲜半岛东部海域进行了联合海上军事演习，乔治·华盛顿号核动力航母参加了军演。8 月 16 日至 26 日，美韩进行了"乙支·自由卫士（Ulchi Freedom Guardian）"联合军演。9 月 27 日至 10 月 1 日，美韩又在朝鲜半岛西部海域进行了大规模的联合反潜演习，韩方投入 KDX- Ⅱ驱逐舰两艘、护卫舰与警戒舰各一艘，以及 P-3C 预警机、潜水艇等装备。美军则动员了"麦凯恩号"驱逐舰、"菲茨杰拉德"号导弹驱逐舰 Fitzgerald (DDG-62) 以及 3200 吨级的胜利号水声监听船 Victorious（T-AGOS-19）等参加了军演。

在美韩连续举行大规模联合军演的情况下，参加板门店会谈的不管在名义上是联合国军还是美军，与朝鲜进行这样的接触和会谈，都具有重要的意义。

实际上，美朝之间的接触与沟通还不止于此。2010 年 8 月 25 日至 27 日，美国前总统卡特再次访问朝鲜，卡特此次访朝的直接目的是解救被朝鲜判刑的美国人戈麦斯（Aijalon Gomes）。戈麦斯是"朝鲜民主化运动"成员，2010 年非法进入朝鲜被朝鲜当局扣留，2010 年 7 月 6 日被朝鲜以"非法入境罪"判处八年劳动教养和 7000 万朝元的罚金。据朝方媒体报道说，被判刑后，戈麦斯试图自杀。① 经过美国国务院朝鲜人权问题特使与朝鲜驻联合国代表处的沟通，8月9日至11日，美国国务院负责领事工作的助理国务卿帮办率领两名医生和一名翻译访朝，企图说服朝方释放戈麦斯。这是自2009年12月博斯沃思访朝以后，美国政府相关人士的首次访朝，但从代表团的构成看，访问完全限定在领事及人道主义关怀方面。这次访问没有能够说服朝鲜释放戈麦斯，朝鲜方面要求美国派出一位前政府高官作为特使访朝。奥巴马政府首先考虑的人选是戈麦斯的"关系户"——马萨诸塞州的参议员、担任参议院外交关系委员会主席的约翰·克里（John Kerry）作为特使访问朝鲜，但考虑到他的身份有可能影响美国政府的政策，最后被排除。在这种背景下，前总统卡特成为被考虑的人选。

为了刻意显示卡特访朝的私人性质，此次卡特访朝的随行人员中没有任何美国政府官员，只有他的夫人罗莎琳和卡特中心执行主任约翰·哈德曼。

卡特的私人包机经日本札幌于8月25日下午四点半抵达平壤顺安机场，朝鲜副外相金桂冠和北美局局长李根前往机场迎接。当日，卡特就与朝鲜最高人民会议常任委员会委员长金永南进行了会谈。根据朝鲜媒体的报道，在会谈中，金永南表明了朝鲜方面在半岛无核化和重启六方会谈问题上的意愿。卡特则以美国政府和前总统的名义对戈麦斯的非法入境表示道歉，保证防止此类事件再次发生，并通过金永南委员长转交了"请求伟大的将军行使特赦给予宽容"的书函。金正日委员长接受请求，根据朝鲜宪法第103条，以国防委员长的名义，下达了对戈麦斯实施特赦并予释放的命令。访朝期间，卡特一行还与外务相、外务省负责美国事务的副相围绕着美朝双边关系、六方会谈重启以及朝鲜半岛无核化的实现问题进行了开诚布公的讨论。8月27日，卡特一行与戈麦斯一起离开平壤，副相金桂冠前往机场送行。朝鲜方面认为卡特的此次访朝成为增进朝美之间相互理解、构筑信任的有益契机。（［朝］朝鲜中央通讯，2010年8月25日、27日）

卡特的此次平壤之行，除与金永南进行了会谈之外，应该还与外相朴义春以及负责美国事务的外务省第一副相姜锡柱进行了会谈，但没有见到朝鲜领导人金正日，就在卡特到达平壤的第二天即8月26日，金正日委员长访问中国直

---

① N., "Jimmy Carter gains release of U.S. activist Aijalon Gomes who was detained in North Korea", *The Washington Post*, August 27，2010.

至 8 月 30 日。朝鲜方面这样的安排也有它的道理，虽然卡特与克林顿都是前总统，但考虑到两人对政策的实际影响，在接待上做出一些差别性安排也是符合惯例的。

但是，美朝在板门店的接触以及卡特的访朝都难以改变美韩持续向朝施压的发展态势，美国一方面投入战略资产参与美韩联合军演，另一方面也在经济上强化了对朝鲜的制裁。8 月 30 日，奥巴马总统签署了第 13551 号行政命令，针对朝鲜的高级干部个人和机构实施包括限制购买奢侈品等措施在内的制裁，制裁对象包括朝鲜人民军侦察总局局长金英哲（KimYong Chol）一名个人和青松联合会社（Green Pine Associated Corporation）、人民军侦察总局以及劳动党 39 号室等三个单位。①

在美朝间的接触持续进行中，从 9 月份开始，朝韩之间也进行一些接触。9 月 24 日，朝韩进行了双方红十字会间的工作级接触。9 月 30 日，双方又在板门店进行了军事当局之间的工作级接触。进入到 10 月份之后，中朝之间也进行了积极的交流与互动。10 月 9 日至 11 日，中国共产党代表团访问朝鲜。10 月 12 日至 16 日，朝鲜外务省副相金桂冠访问中国。10 月 16 日至 23 日，朝鲜劳动党友好代表团访问中国。10 月 23 日至 24 日，纪念中国人民志愿军赴朝参战六十周年，中国高级军事代表团访朝。而 10 月 30 日至 11 月 5 日，朝韩双方举行了离散家属团聚活动。

在这种微妙的气氛中，朝鲜面向与美国政府关系密切的美国朝鲜问题专家和前政府官员进行了积极的专家外交活动，连续邀请了三个代表团访问朝鲜。

11 月 2 日至 6 日，韩美经济研究所所长普理查德受邀访问朝鲜。普理查德曾在克林顿政府和布什政府初期担任国务院朝鲜问题大使，此次是以个人身份访朝，访朝期间与朝鲜外务省官员进行了会晤，听取了朝鲜方面在重启六方会谈问题上的立场。普理查德 11 月 6 日在北京会见记者时表示"5MWe 反应堆处于封闭中，冷却塔也处于遭破坏的状态"，"现在不认为朝鲜正在进行（废弃核燃料棒的）再处理或其他举措"。② 但是，朝鲜方面向普理查德一行公开了宁边地

---

① 　N.，"Executive order 13551—Blocking Property of Certain Persons With Respect to North Korea"，Federal Register，Vol.75，No.169，Wednesday，September1，2010.

② 　http://www.dailynk.com/korean/m/read.php?cataId=nk00900&num=87624

区预计 2012 年竣工的 100MWe 试验用轻水反应堆的建设现场。

在邀请普理查德访朝之后，11 月 9 日至 13 日，朝鲜又邀请了斯坦福大学核军控专家约翰·刘易斯教授和斯坦福大学国际安全合作中心主任西格弗里德·赫克访问朝鲜。访朝结束后回到美国的赫克于 11 月 20 日公开发表了一份访朝报告，在报告中，赫克表示朝鲜方面在 11 月 12 日让赫克等人参观了宁边的核研究中心、25-30MWe 轻水反应堆和铀浓缩设施。对于这一处新的具有 2000 台离心机的现代、小工业规模的铀浓缩设施，赫克认为超出了他的估计。朝方人员表示这些离心机是最近完成的，用以生产为新反应堆提供燃料的低纯度浓缩铀。在此前赫克的六次访朝中，朝鲜政府官员和技术专家都否认朝鲜任何铀浓缩活动的存在。[①]

在赫克和刘易斯访朝之后，11 月 15 日至 18 日，朝鲜方面又邀请曾于 1985 年至 1989 年担任美国国务院助理国务卿的莫顿·阿布拉莫维茨（Morton Abramowitz）率团访朝。阿布拉莫维茨率领的访朝团由美国社会科学院的莱恩·希格、新墨西哥州长顾问托尼·南宫（Tony Namkung）以及美国国务院前朝鲜问题负责人乔·维特等四人组成。在与朝鲜方面的交流中，朝方表示，如果 2000 年《朝美联合公报》的内容得到尊重，朝鲜所有的核计划都可以退回去。

朝鲜邀请这三个代表团访朝应该是有计划的活动，对美国的访朝人士公开其轻水反应堆建设现场和铀浓缩工厂，进行尊重《朝美联合公报》的表态，朝鲜方面的目的无非是向美国软硬兼施，将美国拉回到谈判桌前，启动朝美双边会谈。

然而，"延坪岛炮击事件"的发生再次遏制了这种处于萌芽状态中的动向。在美韩进行联合军事演习的过程中，11 月 23 日，朝韩在半岛西部海域的延坪岛发生交火。事件发生后，美韩随即就于 24 日决定从 11 月 28 日至 12 月 1 日在朝鲜半岛西部海域展开新一轮大规模的联合军演。而《劳动新闻》也随即于 11 月 30 日发表文章《核能的和平开发利用是世界性趋势》，正式承认了自己的轻水发电站建设和运行具有数千台圆心分离机的现代化铀浓缩工厂的事实。（[朝]《劳动新闻》，2010 年 11 月 30 日）

[①] Siegfried S. Hecker, *A Return Trip to North Korea's Yongbyon Nuclear Complex*, Center for International Security and Cooperation, Stanford University, November 20, 2010.

在这种高度紧张的氛围中，受朝鲜副外相金桂冠的邀请，12 月 16 日至 20 日，美国新墨西哥州州长比尔·理查森及其助理托尼·南宫访问朝鲜。在朝期间，理查森与金桂冠、朝鲜国防委员会政策局长朴林洙等朝鲜政府和军方的高级官员进行了会谈。会谈中，理查森规劝双方都要采取克制的态度，并将自己与朝鲜方面通过会谈进行沟通的情况以及朝鲜的反应随时通过随行的美国有线电视新闻网的记者进行了公开报道，[①] 有效地缓解了在缺乏沟通的情况下因双方的对峙而日趋紧张的危机态势。

第二节 高级会谈的启动

一、民间层次的互动

进入到 2011 年后，因"天安舰事件"和"延坪岛炮击事件"而引发的朝鲜半岛地区异常紧张的局势有所缓和，美朝之间民间层面的交流互动开始有所活跃，在民间层面互动的基础上，停止了许久的美朝政府层面的高级会谈也终于于下半年得到了启动。

2011 年新年过后，朝鲜方面颇为主动，通过外务省发言人谈话和新闻媒体发文等形式积极呼吁重启六方会谈和朝美对话。2011 年 1 月 26 日，朝鲜外务省发言人发表谈话，表示朝鲜在实现半岛无核化的立场上没有变化，并主张依据"同时行动"原则，履行《9·19 共同声明》。（［朝］朝鲜中央通讯，2011 年 1 月 26 日）1 月 22 日，朝中社引用美国有线电视新闻网对美朝美军士兵遗骸发掘问题的报道，发表题为《不该受到政治性约束的人道主义事业》的文章，督促美方早日重新启动共同遗骸发掘工作。（［朝］朝鲜中央通讯，2011 年 1 月 22 日）在对韩方面，也分别于 1 月 31 日和 2 月 1 日，由朝鲜亚太和平委员会和朝鲜红十字会主席致函韩国统一部和韩国红十字会主席，呼吁早日重启朝韩当局之间和红十字会之间的会谈。

2 月 28 日，美韩开始举行长达两个多月的联合军演，"关键决心"联合军演从 2 月 28 日持续至 3 月 10 日，"鹞鹰"联合军演从 2 月 28 日开始一直持续到 4 月 30 日。2008 年美韩"关键决心"和"鹞鹰"联合军演的实施时间只有

[①] http://www.asiatoday.co.kr/view.php?key=429815

六天（3月2日至7日），2009年12天（3月9日至12日），2010年11天（3月8日至18日），但2011年的美韩联合军演则长达62天（2月28日至4月30日）。不仅如此，美国还继续动员众多的重型战略装备参与了军演，美韩年度联合军演开始向着持续时间长、高频次、动员战略装备参与的方向发展。

在美韩联合军演期间，朝鲜通过外务省发言人谈话、人民军板门店代表部声明、最高司令部发言人谈话以及《劳动新闻》、朝中社评论等方式对美韩联合军演的实施进行了多次的谴责，要求美韩立即停止联合军演，但从措辞、调门等方面来看，朝方谴责批评的程度并不是特别的严厉。与此同时，朝鲜也一直通过《劳动新闻》等媒体继续强调朝鲜的对话意愿和改善北南关系的立场。①

2011年3月8日至11日，受朝方邀请，美联社总裁托马斯·柯利（Thomas Curley）率团访问朝鲜。柯利在朝期间与朝鲜中央通讯社社长金炳浩进行了会谈，在3月11日还受到了朝鲜最高人民会议常任委员会委员长金永南的接见，并进行了会谈。柯利一行访朝的主要目的是与朝方商议在平壤开设分社，美联社下属的电视新闻社（APNT）早在2005年就在平壤设立了办事处，但在平壤没有常驻职员，只是在需要采访报道时，电视新闻社驻香港分社的职员临时前往平壤，短则几日，长则数十日，留驻平壤处理业务，而平时只是通过雇佣的朝鲜职员向香港分社联系传送影像画面。在与金炳浩和金永南的会谈中，柯利提出了在平壤设立分社的希望，认为美联社在平壤开设分社有利于外界对平壤发生的事情进行客观的、符合实际的理解，朝鲜方面同意了柯利的请求。

继美联社代表团访朝之后，美国前总统卡特于4月26日至28日再次访朝。此次访朝，卡特是以非政府组织——元老集团（The Elders）代表团团长的身份前往的，代表团成员中还包括了芬兰前总统马尔蒂·阿赫蒂萨里（Martti Oiva Kalevi Ahtisaari）、挪威前首相格罗·布伦特兰（Gro Harlem Brundtland）以及爱尔兰前总统玛丽·罗宾逊（Mary Robinson）等人。代表团乘专机前往朝鲜前，在北京举行了记者招待会，卡特表示，此次是为了讨论通过无核化缓解朝鲜半岛的紧张态势和朝鲜严重的人道主义问题而访朝的。代表团在4月26日和27日分别与朝鲜外相朴义春和朝鲜最高人民会议常任委员会委员长金永南进行了

① 参见［朝］《劳动新闻》2011年3月16日、17日、19日、29日、30日相关新闻以及朝鲜中央通讯2011年3月16日、17日、19日相关内容。

会谈，并参观了平壤外国语大学、平壤市人民医院、平安南道护士学校等单位。

朝鲜方面通过卡特一行的访朝释放出了一些积极的信息。4月28日，结束访朝的卡特在记者招待会上转达了朝方的意思，表示金正日委员长做好了与李明博总统在任何时候会晤、讨论任何问题的准备，与六方会谈当事国也可以在任何主题上不预设前提条件地进行协商。5月4日，朝鲜方面将朝鲜战争期间牺牲的英国空军中尉威廉·亨顿（William Hinton）的遗骸通过板门店向英国方面进行了移交。

5月10日至12日，朝鲜又邀请了美国宗教界人士、非政府组织撒玛利亚基金会（Samaritan's Purse）的富兰克林·格雷厄姆（Franklin Graham）访问了朝鲜。格雷厄姆曾于2008年7月31日至8月3日和2009年10月13日至15日两次访朝，并曾与朝鲜最高人民会议常任委员会副委员长金英大和外相朴义春进行了会谈。此次访朝，格雷厄姆一行参观了朝鲜的一些联合农场，并与外相朴义春进行了会谈。结束访朝回到美国后，格雷厄姆在福克斯新闻（Fox News）上表示直接看到了朝鲜的饥饿状况，并呼吁对朝鲜进行粮食援助。

民间层面的交流推动了政府层面的互动。5月24日至28日，美国国务院朝鲜人权问题特使罗伯特·金（Robert King）率团访问朝鲜。罗伯特·金访朝的主要目的是对朝鲜的粮食状况进行评估，因此，访问团中包括了美国国务院负责对外援助的国际开发处的官员。在罗伯特·金访朝期间的5月27日，朝鲜宣布释放因"反共和国罪"嫌疑而被逮捕的韩裔美国人全容洙（音）。全容洙还没有经过审判程序，也没有被判刑，因而也牵涉不到特赦等问题。朝鲜方面表示美国前总统卡特和格雷厄姆访朝时都曾提出了全容洙的问题，这次罗伯特·金代表美国政府对全容洙的事情表示遗憾，并表示将尽全力防止此类事件再次发生，而全容洙本人也对自己的犯罪行为供认不讳，朝鲜方面考虑到这些情况，并从人道主义角度出发决定对全容洙予以释放。（［朝］朝鲜中央通讯，2011年5月27日）

朝鲜方面释放的柔和信息继续推动着美朝民间层次互动的发展。6月4日至16日，朝鲜跆拳道示范团访问美国，在波士顿、纽约、特拉华州等地进行了演出。紧接着，朝中社代表团也受美联社的邀请于6月23日至7月1日访问了美国。

二、三次高级会谈

在美朝之间的民间交流积极推进、官方互动谨慎探索的同时,朝鲜在重启六方会谈等问题上继续释放了积极的信号。2011 年 3 月 11 日至 14 日,俄罗斯外交部副部长、六方会谈团长博罗达夫金访问了朝鲜。在访朝期间,博罗达夫金与朝鲜外相朴义春等就双边关系、半岛局势以及六方会谈的重启问题深入交换了意见。在博罗达夫金结束访朝后,朝鲜外务省发言人以会见朝中社记者的形式对双方会谈的情况进行了介绍。发言人说,在会谈中,朝方表示,临时中止核试验和弹道导弹发射、国际原子能机构专家接近宁边地区的铀浓缩设施、在六方会谈框架内讨论铀浓缩问题,在这些问题上采取建设性措施是重要的,朝鲜将不设任何前提条件地参加六方会谈,也不反对在六方会谈框架内讨论铀浓缩问题。([朝]朝鲜中央通讯,2011 年 3 月 15 日)应该说,朝鲜方面释放的这些信息是相当积极的。

5 月 17 日,朝鲜外相朴义春在接受俄罗斯塔斯社的采访时再次表示朝鲜做好了以《9·19 共同声明》为基础,依据同时行动原则,推进半岛无核化的准备,并表示将努力通过与相关当事国的协商,早日重启六方会谈。5 月 20 日至 26 日,金正日国防委员长访问中国,在访问期间,金正日委员长先后在牡丹江、长春、扬州、南京、北京等地考察了工业、农业、科技、商业等与民生相关的项目。在与中国领导人的会谈中,在地区局势和六方会谈问题上,也释放出一些积极的信号。

7 月 21 日至 23 日,第 18 届东盟地区论坛在印度尼西亚的巴厘岛举行,美国国务卿希拉里与会,朝鲜派出了以外相朴义春为团长,包括六方会谈团长李勇浩在内的代表团。此前朝鲜外务省相关人员的职务进行了调整,在外务省第一副相姜锡柱升任副总理之后,金桂冠升任外务省第一副相,李勇浩升任六方会谈团长。7 月 22 日,李勇浩与韩国外交通商部朝鲜半岛和平交涉本部长魏圣洛进行了接触,双方就努力早日重启六方会谈问题达成了协议。7 月 23 日,朝鲜外相朴义春与中国外交部部长杨洁篪、俄罗斯外交部部长拉夫罗夫进行了会谈。7 月 24 日,美国国务卿希拉里发表声明,表示为了讨论六方会谈重启问题,美国已经向朝鲜第一副外相金桂冠发出访问纽约的邀请,"金副相此次访美属于重启六方会谈的'探索性对话(exploratory talk)',为了讨论六方会谈重启问题，将与（美国）政府相关部门的负责官员见面。"

持续了许久的僵持局面迎来了将要打破的契机。

2011 年 7 月 26 日，朝鲜外务省第一外相金桂冠率团经北京前往纽约。7 月 28 日和 29 日，由金桂冠和博斯沃思率领的朝美双方代表团在美国驻联合国代表处举行了高级会谈。这是一次"探索性"的会谈，双方围绕着双边关系、核问题、六方会谈重启等问题广泛地交换了意见。会谈结束后，美国方面对这次会谈给予了积极的评价，认为这是一次"建设性、务实性的会谈"。① 朝鲜方面也通过外务省发言人会见记者的形式表示："双方在真挚、建设性的气氛中对朝美关系、半岛形势和六方会谈问题进行了深入的讨论，认为朝美关系的改善、通过对话以和平方法推进朝鲜半岛的无核化符合各方的利益，决定将继续进行会谈。"（［朝］朝鲜中央通讯，2011 年 8 月 1 日）

但是，双方在六方会谈的重启问题上也存在分歧，甚至可以说是比较严重的分歧。朝鲜方面主张"不设前提条件重启六方会谈"，而美国方面却主张"六方会谈重启前要履行综合性事先措施"，美国方面所要求的"综合性事先措施"指的是朝鲜方面发布暂停大规模杀伤性武器（核、导弹）试验宣言，中止铀浓缩活动（停止铀浓缩设施的运行以及国际原子能机构视察团的确认和监督）、国际原子能机构视察团返回朝鲜以及遵守《9·19 共同声明》。② 对于美国方面提出的这些要求，朝鲜方面并未断然表示反对，而是主张在六方会谈重启后经过谈判才可以做到，但美国方面则主张，只有先做到这些，六方会谈才能重启。

政府层面高级会谈的启动也推动了美朝官方其他领域的合作和民间交流的发展。由于朝鲜方面表示，如果美国方面提出请求，在美军士兵遗骸共同挖掘问题上将进行肯定性研究，于是，8 月 2 日，美国国防部正式致函朝鲜，提议就美军士兵遗骸的共同挖掘工作举行会谈。8 月 23 至 26 日，由其副总裁率领的美联社代表团又一次访问了朝鲜。

进入到 9 月之后，朝韩、中朝和俄朝之间也进行了一些具有积极意义的互

---

① Stephen W. Bosworth, "Remarks After Meeting With North Korean Vice Foreign Minister", New York City, July 29, 2011;

② Victor Cha, *Restart of U.S.-DPRK Negotiations*, Center for Strategic and International Studies, October 18, 2011.

动，为美朝之间的高级会谈营造了积极的气氛。①

　　在这样的气氛中，美朝第二次高级会谈于 10 月 24 日至 25 日举行，但会谈地点则移至瑞士日内瓦。美国代表团由业已退任的博斯沃思担任，六方会谈特使克利福德·哈特（Clifford Hart）也参加了会谈，朝鲜代表团仍由外务省第一副相金桂冠担任。本次会谈双方重点围绕着无核化事先履行措施问题进行了讨论，也讨论了对朝鲜的粮食援助问题。会谈结束后，博斯沃思在会见记者时表示"与朝鲜代表团进行了十分积极的、全方位的、建设性的对话"，是"十分有用的会谈"。朝鲜第一外相金桂冠也在会见记者时表示会谈"根据第一次会谈达成的协议，集中讨论了改善朝美关系的信任构筑措施问题……会谈取得了一系列大的进展。没有达成一致的问题依然存在，对这些问题双方同意进行研究后再次举行会谈予以解决"。②10 月 27 日，朝鲜通过外务省发言人回答朝中社记者提问的形式，对此次会谈的情况进行了介绍，也表示会谈"取得了一系列进展"，但没有披露会谈的详情。（［朝］朝鲜中央通讯，2011 年 10 月 27 日）

　　在美朝举行了第二次高级会谈之后，双方各自开始着手研究尚未达成一致意见的问题。然而，就在这一过程中，朝鲜国内发生重大变故，朝鲜最高领导人、国防委员会委员长金正日于 12 月 17 日突然离世。金正日委员长逝世后，美朝随即在 24 小时内启动了"纽约渠道"。③美国国务卿希拉里也于 12 月 19 日发表声明表示："由于金正日国防委员长的逝世，朝鲜处于全国性哀悼中。我们对朝鲜民众的福祉表示深深的关切，愿一起度过这一困难的时期。我们希望朝鲜新的领导人遵守朝鲜已达成的协议的内容，改善与周边国家的关系，尊重民众的权利，将朝鲜领上和平之路。美国做好了向朝鲜民众提供帮助的准备，督促朝鲜新领导人与国际社会合作，开启朝鲜半岛和平、繁荣以及永久性安全的新时代。"④

　　金正日国防委员长逝世后的第 14 天——2011 年 12 月 30 日，朝鲜召开劳

① 2011 年 9 月 21 日，朝韩在北京举行了无核化问题会谈。9 月 26 日至 30 日，朝鲜内阁总理崔永林率团访问中国。9 月 28 日至 9 月 30 日，俄罗斯外交部第一副部长安德烈·杰尼索夫率团访问朝鲜。

② http://www.dailynk.com/korean/m/read.php?cataId=nk00900&num=92765

③ Senior Administration Official, Office of the Spokesperson, Washington DC, "Background Briefing on the Democratic People`s Republic of Korea", Special Briefing, February 29, 2012.

④ www.korean.seoul.usembassy.gov/p_nk_121911a.html.

动党中央委员会政治局会议，根据金正日国防委员长 10 月 8 日的遗训，推举金正恩为朝鲜人民军最高司令官。2012 年 1 月中旬，朝鲜在"事先措施履行"方面向美国传递出肯定性信息，并试探性地向美国提出营养援助的一部分以谷物形式进行，在数量的要求上也有所提高。①

2012 年 2 月 23 日至 24 日，美朝举行第三次高级会谈，但会谈地点则移至北京。美国代表团长由对朝政策特别代表格林·戴维斯（Glyn Davies）担任，成员包括六方会谈特使克利福德·哈特以及国家安全会议负责半岛问题的悉尼·塞勒（Sydney Seiler）等。朝鲜方面，团长依然由外务省第一副相金桂冠担任，成员包括外务省北美局局长李根、驻联合国副大使韩成烈等人。在此次会谈中，双方就朝鲜半岛的无核化、宁边铀浓缩问题、防扩散问题、人道主义问题（营养援助）、人权问题、"绑架日本人"问题、朝韩对话问题等进行了综合性的讨论。美国方面将无核化问题作为最优先的问题，朝鲜方面则提出了扩大包括谷物在内的营养援助问题。经过两天的会谈，双方最终达成了协议。双方约定达成的协议经本国政府承认后于 2 月 29 日各自在本国首都公布。②

对于这次会谈，美国方面的谈判专家认为尽管金正日委员长离世，但在与朝方的会谈中，看到的不是金正恩时代的"差异性"，而是"连续性和相似性"，认为在金正恩成为最高领导人之后很短的时间内美朝就能够坐在一起对悬而未决的问题启动综合性的讨论，是具有意义的。③的确，朝鲜在经历最高领导人离世这样一个重大变故一个月之后就决定继续启动朝美高级会谈，这也从一个角度反映了朝鲜在发生重大变故过程中所具有的某种程度上的有序。

三、《闰日协议》

2012 年 2 月 29 日，美朝各自公布了被称为《闰日协议》的 2 月 29 日协议

---

① Senior Administration Official, Office of the Spokesperson, Washington DC, "Background Briefing on the Democratic People`s Republic of Korea", Special Briefing, February 29, 2012.

② Senior Administration Official, Office of the Spokesperson, Washington DC, "Background Briefing on the Democratic People`s Republic of Korea", Special Briefing, February 29, 2012.

③ Senior Administration Official, Office of the Spokesperson, Washington DC, "Background Briefing on the Democratic People`s Republic of Korea", Special Briefing, February 29, 2012.

的内容，这是自 2007 年秋第六轮六方会谈第二阶段会谈达成《10·3 共同文件》
后四年半以来，美朝就朝鲜核与导弹问题达成的又一个协议，也是奥巴马政府
执政后，美朝之间达成的第一个政府间协议，特别是考虑到金正日委员长的离
世和金正恩刚刚执政这一点，更具有重要的意义。

但是，从双方约定各自在本国首都分别发布协议内容这一点来看，似乎又
折射着另外的难言之隐，隐藏着另外的含义。2 月 29 日，美国以国务院发言人
维多利亚·纽兰（Victoria Nuland）发表声明的形式公布了美朝《闰日协议》的内
容，朝鲜方面也以外务省发言人回答朝中社记者提问的形式公布了协议的内容。

纽兰所公布的《闰日协议》的主要内容如下：

> 美国代表团在参加美国与朝鲜民主主义人民共和国第三轮探索性双边
> 会谈后刚从北京返回。为改善对话气氛及表示其对无核化的承诺，朝鲜同
> 意落实暂停（moratorium）远程导弹发射、核试验以及宁边的核活动等事宜，
> 包括铀浓缩活动。朝鲜也同意让国际原子能机构核查人员返回，对暂停宁
> 边铀浓缩活动的情况进行核实和监督，并确认 5 兆瓦反应堆及其附属设施
> 已实现去功能化。
>
> 美国仍然高度关注朝鲜在一系列领域的行为，但今天宣布的情况说明
> 对某些问题的处理取得了重要进展，即使这些进展是有限的。为了推动关
> 于我方 24 万吨粮食援助一揽子方案以及对运送这类援助进行必要的密切
> 监督的工作，我们已同意与朝鲜就最后确定必要的行政细节进行会谈。

以下是 2 月 23 日—24 日在北京会谈的要点：

> 美国重申对朝鲜不存在敌意，并准备采取步骤，本着相互尊重主权和
> 平等的精神改善我们双方的关系；
> 美国重申坚持 2005 年 9 月 19 日的《共同声明》。
> 美国承认 1953 年的《停战协定》是朝鲜半岛和平与稳定的基石。有
> 关美国最初提供 24 万吨粮食援助的目标项目以及在继续需要的情况下可
> 能追加援助一事，美国和朝鲜的粮食援助小组将在今后不久为最后确定行
> 政细节举行会谈。

美国准备采取步骤促进人民与人民之间的交流，包括文化、教育和体育等领域。

美国对朝鲜实施的制裁不针对朝鲜人民的生计。[①]

朝方以外务省发言人回答朝中社记者提问的形式公布的《闰日协议》的内容大体如下：

朝美第三次高级会谈于 2 月 23 日至 24 日在北京举行。

在会谈中，讨论了朝美关系改善的信任构筑措施、朝鲜半岛的和平与安全保障以及与重启六方会谈相关的问题。

朝美双方再次确认了履行《9.19 共同声明》的意志，认为在和平协定缔结之前，《停战协定》是朝鲜半岛和平与稳定的基石。

同意同时采取信任构筑措施，作为努力改善朝美关系的一个环节。美国重申不再敌视朝鲜，本着尊重主权和平等的精神做好了改善双边关系的准备。

美国表明了将采取措施在文化、教育、体育各领域扩大人际交流的意愿。

美国提供 24 万吨的营养食品，并决定努力实现追加性的粮食援助，为此，双方决定即刻采取行政性措施。

美国对朝鲜的制裁不针对人民生活等民生领域是明确的，如果六方会谈重启，将优先讨论解除制裁和提供轻水反应堆问题。

双方确认保障朝鲜半岛的和平与安全、改善朝美关系、实现无核化符合各方的利益，并决定继续会谈。

我们根据美国的要求，决定在有成果的会谈进行期间，暂时中止核试验、远程导弹的发射和宁边铀浓缩活动，允许国际原子能机构对我们铀浓缩活动的暂时中止进行监督。

从双方公布的协议的内容看，大体相同，但也不同的地方，而且侧重点不

[①] Victoria Nuland, Department Spokesperson, Office of the Spokesperson, "U.S.-DPRK Bilateral Discussions", Press Statement, Washington DC, February 29, 2012.

一样。首先是美朝各自强调的重点不一样，美国最为关心的是朝鲜的核导计划，所以把这一项放在了其所公布的《闰日协议》的最前边，而朝鲜将其放在了最后边。

其次，关于国际原子能机构核查人员返回朝鲜后的工作问题，美国方面公布的是对宁边铀浓缩活动的暂停情况进行"核实和监督"，"并确认 5 反应堆及其附属设施已实现去功能化"，而朝鲜方面只是说对铀浓缩活动的暂时中止进行"监督"，并没有包括"核实"，也没有针对 5MWe 反应堆及其附属设施的工作规定。

第三，美朝本来是为了重启六方会谈而进行高级会谈的，所以《闰日协议》也就具有了为重启六方会谈 而签订的"事先措施"之协议的性质。但是，在美方公布的内容中并没有太多地提到六方会谈，而在朝鲜的文本中则明确提到如果六方会谈重启，将优先讨论解除制裁和提供轻水反应堆问题。

此外，在美国向朝鲜提供 24 万吨营养食品援助问题的规定上也存在着较大的模糊性，是一次性提供，还是按时间分批提供，如何落实美国一直所强调的对援助粮食分配过程的监督等，都没有较为明确的规定，都还需要进行行政细节方面的磋商。

这些分歧和侧重点的不同一方面反映了双方在相关问题上还没有达成完全的一致，这也是双方没有采取诸如发表共同声明、共同新闻公告等形式，而是约定在同一时间各自分别公布《协议》内容的原因，另一方面也显示了《闰日协议》的脆弱。

第三节 "遏制—反遏制"螺旋

一、"光明星 –3"号卫星发射

美朝之所以能够启动高级会谈并达成《闰日协议》，一方面是因为进入 2011 年之后，围绕着朝鲜半岛的局势出现了一些新的变化，另一方面也是基于美朝双方各自考虑其国内政治状况的结果。2010 年 11 月 2 日，美国国会进行了中期选举，民主党大败。在参议院，民主党由 57 席减少至 53 席，共和党由 41 席增加到 46 席。在众议院，民主党由 255 席下降到 187 席，共和党则由 178

席增加至 239 席。中期选举带有对上台执政近两年隶属于民主党的奥巴马政府执政能力进行评价打分的性质，遭遇这样的败局自然对奥巴马政府产生了压力。2011 年 7 月双方启动高级会谈后，经过 7 月的第一次会谈和 10 月的第二次会谈进入到 2012 年后，美国又即将进入总统选举季，如果能够在朝核问题的解决上取得一定的进展，对于争取连任的奥巴马而言，无疑是加分的政绩。对朝鲜而言，因金正日国防委员长的离世，整个国家陷入了巨大的悲痛之中。在这一特殊时期，与美国的关系如果能够有所改善，无疑也是有利于国家顺利实现最高权力的交接与过渡，有利于国家在这一特殊时期保持稳定的。

但是，正如上节所言，《闰日协议》的脆弱性也是难以掩盖和回避的。果然，仅仅在《协议》内容公布半月之久，即迎来了尖锐的挑战。

2012 年 3 月 16 日，朝鲜宇宙空间技术委员会发言人发表谈话表示，在金日成诞辰 100 周年之际，朝鲜将于 4 月 12 日至 16 日之间在平安北道铁山郡西海卫星发射场以"银河 -3"运载火箭向南方发射"光明星 -3"号实用卫星。发言人称，朝鲜"将完全遵守与和平卫星发射活动相关的国际规约和惯例，最大程度地保障透明性，为增进宇宙科学研究和卫星发射领域的国际信任与强化合作做出贡献。"（［朝］朝鲜中央通讯，2012 年 3 月 16 日）

朝鲜的上述谈话一发表，美国方面立刻指出无论朝鲜发射的是否是卫星，一旦发射火箭即违反了禁止朝鲜发射火箭的联合国安理会第 1718 号决议和第 1874 号决议，因此要求朝鲜取消发射计划，而且美国还中断了对《闰日协议》中承诺的提供粮食援助的履行。在这种情况下，3 月 23 日，朝鲜外务省发言人就卫星发射计划发表谈话，表示："这次实用卫星发射是我们人民献给金日成同志诞辰 100 周年的礼物，是贯彻金正日同志遗训的事业。""我们发射卫星是行使比联合国安理会决议更为重要、反映国际社会总体意志的以宇宙条约为代表的、关于和平利用宇宙的普遍性国际法的自主性、合法性权利。""和平发射卫星是与朝美《2·29 协议》不相干的问题。我们在三次朝美高级会谈中始终一贯地明确表示卫星发射不包括在远程导弹发射之内。""我们要诚实地履行朝美协议的立场没有变化。为了讨论我们铀浓缩活动临时中止的确认程序问题，我们已经向国际原子能机构代表团发出邀请，并诚实地与美国就履行协议进行着沟通。"（［朝］朝鲜中央通讯，2012 年 3 月 23 日）随后，外务省发言人于 3 月 27 日通过回答朝中社记者提问的方式再次表态。朝鲜宇宙空间技术委员会副局长也于 3 月

28 日就发射卫星的重量、发射高度、寿命以及邀请外国专家、记者参观发射活动等技术性问题，以通过会见朝中社记者的形式进行了情况说明。（［朝］朝鲜中央通讯，2012 年 3 月 27 日、28 日）

　　从朝鲜外务省发言人的谈话内容可以看到，美朝三次高级会谈中应该是谈到了朝鲜发射卫星这个问题。2011 年 12 月 15 日，朝鲜官员向美国的半岛问题专家、国务院前东亚及太平洋事务首席助理国务卿帮办李维亚（Evans J.R, Revere）就朝鲜发射火箭和人造卫星进行了说明，朝鲜官员表示这是朝鲜的自主权利，如果美国干涉或反对人造卫星的发射，会使朝鲜的发射决心更加坚定。李维亚将朝鲜的这些表态向美国政府进行了转达。在高级会谈中，美方的谈判者也听到了朝鲜方面相似的表态，并对朝方进行了说服和警告。美方官员向朝鲜方面明确表示，无论朝鲜发射的是卫星还是远程导弹，都一样违反安理会的决议；如果朝鲜发射火箭，无论美朝通过谈判达成怎样的协议，都将被打破。[1]美国方面的谈判者表示在谈判中，金桂冠曾做出了"不发射火箭"的承诺，美国方面也曾要求在《闰日协议》文本中明确包括"中断卫星发射"的字样，但朝鲜方面予以拒绝。

　　事实究竟如何，似乎已经无证可查。但即将进入下届总统大选的奥巴马十分重视这一事件，就在朝鲜卫星发射预告日一周之前的 4 月 7 日，一架美国军用飞机从关岛经过韩国领空直飞平壤，并于当天离开平壤。以奥巴马总统特使身份秘密访问朝鲜的是美国国家情报局（DNI）下属的国家防扩散中心（NCPC）主任约瑟夫·德特拉尼（Joseph R. DeTrani）。德特拉尼到平壤与朝鲜方面进行了怎样的沟通尚且不知，但从美国不去通过畅通的"纽约渠道"而是使用这种更为高级的特使秘访形式，可见事情之机密程度。有韩国专家认为德特拉尼到平壤是极力说服朝鲜在美国大选期间绝对不能进行核试验，并有可能是转达奥巴马总统一旦连任，将与朝鲜开始实质性对话和协商的意愿。[2]5 月 22 日，朝鲜外务省发言人在就 G8 首脑会谈发表的《共同声明》回答朝中社记者提问时，曾

---

① Evans J.R, Revere, "North Korea: There Go Again", Opinion, Brookings Institution, March 20, 2012. http://www.brookings.edu/research/opinions/2012/03/20-north-korea-revere

② ［韩］白鹤淳：《奥巴马时期的朝美关系（2009-2012）》，世宗政策研究所，2012 年 12 月版，第 63 页。

经透露出些许情况，发言人表示"考虑到美国方面提出的担忧事项，我们虽然不再受《闰日协议》的约束，但数周前已向美国方面通报将自我克制实际行为"。（［朝］）朝鲜中央通讯，2012 年 5 月 22 日）

2012 年 4 月 13 日清晨 7 点 38 分，朝鲜利用"银河 -3 号"运载火箭对"光明星 -3"号卫星进行了发射。而在此两天之前的 4 月 11 日，朝鲜召开了朝鲜劳动党第四次党代表者会议，推举了金正日为朝鲜劳动党"永远的总书记"，推举金正恩为党的最高首领——第一书记，中央政治局委员、政治局常委和中央军事委员会委员长。4 月 13 日清晨"光明星 -3"号卫星发射四个小时之后，朝鲜通过朝中社、中央广播电台、平壤广播电台、朝鲜中央电视台以及朝总联的《朝鲜新报》等五家媒体宣布"卫星没能进入轨道"。

朝鲜"光明星 -3"号卫星发射后，美国立即以朝鲜违反联合国安理会第 1718 号决议和第 1874 号决议为由将问题提交至安理会，安理会随即就于 4 月 16 日召开了第 6752 次会议，通过了《主席声明》。《主席声明》强烈谴责朝鲜的发射行为，认为"这次卫星发射，以及使用弹道导弹技术进行的任何发射，即便被形容为卫星发射或空间发射工具，都严重违反了安全理事会第 1718（2006）号和第 1874（2009）号决议"，并指示制裁委员会开展进一步指定实体和物项、更新委员会的个人、实体和物项清单（S/2009/205 和 INFCIRC/254/Rev.9/Part.1）中的信息，并在此后每年进行更新以及更新委员会的年度工作计划等。①

安理会《主席声明》通过后，美国、韩国、日本以及欧盟等国立即将一份包括 40 余家朝鲜企业的制裁名单提交至安理会所属的制裁委员会，②最后鸭绿江开发银行、青松联合会社和朝鲜兴进贸易会社三家朝鲜企业于 5 月 2 日被追加至制裁名单中。③

---

① 联合国安理会《主席声明》，2012 年 4 月 16 日。http://www.un.org/en/ga/search/view_doc.asp?symbol=S/PRST/2012/13

② 制裁委员会下设朝鲜专家小组，它是根据 2009 年联合国安理会第 1874 号决议成立的，由五个常任理事国以及韩国、日本的专家组成，其功能是评估对朝制裁的履行状况，收集、研究、分析与制裁相关的信息，并向制裁委员会提供咨询。

③ 《安理会：青松联合等朝企业三家追加制裁》，http://www.tongilnews.com/news/articleView.html?idxno=98339

安理会《主席声明》并不像决议那样对会员国具有约束力，尽管如此，朝鲜也立即于次日，即 4 月 17 日发表外务省《声明》，针对安理会通过《主席声明》进行反击。朝鲜外务省《声明》表示："主权国家和平性卫星发射活动遭受严重侵害，为此，朝鲜民主主义人民共和国外务省声明如下：第一，对欲践踏我们共和国合法的卫星发射权利的联合国安理会不恰当的处事果断进行全面反击；第二，我们将继续行使根据比联合国安理会决议更为重要的普遍性国际法而产生的公认的自主性宇宙利用权利；第三，对美国以露骨性敌对行为打破的《2·29 协议》，我们也将不再受其约束。我们将脱离朝美协议，根据自己的意愿采取必要的应对措施。"（［朝］朝鲜中央通讯，2012 年 4 月 17 日）

话虽如此，但朝鲜方面在此后一段时间并没有采取进一步的实质性应对措施，应该是考虑到了美国政治进入敏感的选举期这一因素。5 月 3 日，联合国安理会五个常任理事国在维也纳召开的《不扩散核武器条约》评估会议的准备会议上发表了《共同声明》，呼吁朝鲜在核试验方面保持克制。对此，朝鲜方面通过外务省发言人回答朝中社记者提问的形式做出反应。（［朝］朝鲜中央通讯，2012 年 5 月 6 日）5 月 19 日，在美国召开的 G8 峰会通过涉及朝鲜卫星发射活动的《共同声明》后，朝鲜方面也是通过外务省发言人回答朝中社记者提问的形式做出的回应，而且也正是在这一回应中做出了朝鲜"虽然脱离了《2·29 协议》的约束，但在实际行动上正在克制"的表态。（［朝］朝鲜中央通讯，2012 年 5 月 22 日）

2012 年 6 月至 11 月的美朝关系十分平静。6 月至 7 月间，双方只是通过各自的方式对对方偶有批评。8 月美韩举行"乙支·自由卫士"联合军演期间，朝鲜的反应较为强烈。8 月 6 日，以朝鲜人民军板门店代表部代表的名义向美韩联合司令官发送了抗议书。8 月 19 日，朝鲜祖国和平统一委员会等几个机构发表了谴责美韩军演的联合声明。8 月 21 日，朝鲜人民军板门店代表部发表声明谴责美韩军演。但是，在美韩联合军演结束后，局势也就渐渐回归了平静。

11 月 7 日，第 57 届美国总统大选结果出炉，奥巴马获得连任，再次当选为美国总统。平静了近半年的美朝关系也再次迎来了挑战。

二、安理会第 2087 号决议与第三次核试

在奥巴马宣布竞选获胜不到一个月的 2012 年 12 月 1 日，朝鲜宇宙空间技

术委员会发言人发表谈话，宣布朝鲜将于 12 月 10 日至 22 日之间在平安北道铁山郡西海卫星发射场以"银河 -3"号运载火箭发射"光明星 -3 号 2 号机"实用卫星。（[朝]朝鲜中央通讯，2012 年 12 月 1 日）12 月 12 日上午 9 点 49 分，朝鲜利用"银河 -3"号运载火箭进行了"光明星 -3 号 2 号机"卫星的发射，卫星于九分钟之后进入轨道，发射成功。

　　从 2012 年末至 2013 年初，在朝鲜半岛问题相关国家的政治日程中是一个异常敏感的时间段。从美国方面来看，虽然奥巴马再选获胜即将连任，涉及不到政府组成人事的大换血，但也需要对过去四年期间的执政过程和政策效果进行回顾与评估。从韩国方面看，更是敏感，李明博政府的任期即将结束，2012 年 12 月 19 日将进行下届总统大选。2012 年 11 月 8 日至 14 日，中国共产党第 18 次全国代表大会召开，中国也进入了党和政府的换届期。朝鲜选择这样一个敏感时期进行"光明星 -3 号 2 号机"发射，恐怕主要是考虑了国内的政治日程和事项。2012 年 12 月 17 日是朝鲜领导人金正日逝世一周年的日子，发射卫星本是金正日委员长的遗训，4 月 13 日的发射活动失败后，朝鲜方面并没有隐瞒，而是马上公开了发射失败的情况，因此选择在金正日委员长离世一周年之际重新发射，从朝鲜国内政治日程方面看，无疑是很重要的，然而，这在国际上却处于一个敏感的时期。

　　朝鲜发射"光明星 -3 号 2 号机"卫星之后，美国开始进行紧急而广泛的国际动员，在安理会框架内强化对朝鲜的制裁。2013 年 1 月 22 日，联合国安理会召开第 6904 次会议，通过了第 2087（2013）号决议。决议首先谴责了朝鲜在 2012 年 12 月 12 日使用弹道导弹技术进行的发射活动，认为其行为违反了安理会第 1718 号决议和第 1874 号决议，要求朝鲜不再使用弹道导弹技术进行发射，并取消相关计划的所有活动，呼吁包括朝鲜在内的所有会员国全面履行根据第 1718 号决议和第 1874 号决议承担的义务。同时，第 2087 号决议还决定对朝鲜的四名个人和六家单位实施旅行禁令和资产冻结。这四名个人是朝鲜空间技术委员会卫星控制中心负责人朴昌浩（音）、朝鲜西海卫星发射场总负责人张明真（音）、端川商业银行官员罗京洙（音）和金光一（音）。这六家单位分别是朝鲜空间技术委员会、东地银行（EAST LAND BANK）、朝鲜金龙贸易会社（KOREA KUMRYONG TRADING CORPORATION）、土星技术贸易会社（TOSONG TECHNOLOGY TRADING CORPORATION）、朝鲜莲花机械合营会社（KOREA RYONHA MACHINERY JOINT VENTURE CORPORATION）、亿达（香港）国际 [LEADER (HONGKONG) INTERNATIONAL]。①

安理会第 2087 号决议是比较严厉的，是在联合国安理会框架内首次通过的将针对朝鲜一些官员和单位实施的制裁纳入其中的决议。此前早在 2005 年左右，美国就开始在单边框架内针对朝鲜的单位和个人实施制裁，但这种制裁的内容并没有被纳入安理会框架内通过的制裁决议中。2009 年 4 月 5 日朝鲜利用"银河 -2 号"火箭发射了"光明星 -2 号"人造地球卫星之后，安理会下属的对朝制裁委员会在美日等国的主导下曾决定对朝鲜矿业开发会社、端川商业银行、朝鲜连峰综合会社三家企业进行制裁，这也不是在安理会决议框架内通过的。从这一方面来看，第 2087 号决议与此前安理会通过的对朝制裁决议相比，应该说是有一个质的变化。

安理会第 2087 号决议通过之后，立刻就遭到了朝鲜方面的反击。1 月 23日和 24 日，朝鲜外务省和国防委员会分别发表《声明》，对安理会通过对朝制裁决议进行谴责。外务省《声明》表示："在美国的主导下通过的'决议'是为了将我们的卫星发射不法化，阻止我国经济发展和国防力量增强而强化'制裁'的措施，这是一贯的。……今日的现实使我们看到，针对美国对我们的敌对政策应以力量应对，我们所选择的自主·先军之路是正当的。对于目前的局势，外务省宣布如下：第一，对于侵害我国的自主权，要扼杀我们和平卫星发射权利的联合国安理会的处事予以谴责和反击；第二，我们将继续依据关于和平利用宇宙的普遍性国际法行使自主、和平的卫星发射权利；第三，在美国的敌对政策没有丝毫变化这一点日益清晰的状况下，在世界的无核化实现之前，朝鲜半岛的无核化也是不可能的，这是我们最终下定的结论；第四，为了应对美国的制裁和压迫，我们将采取扩大和强化包括核遏制力在内的物理性应对措施。"

（[朝] 朝鲜中央通讯，2013 年 1 月 13 日）

1 月 24 日，朝鲜国防委员会发表的《声明》表示："这次以美国为主、通过幕后交涉形成基本框架、成员国举手通过的安理会决议，使我们看到了美国的对朝敌对政策正在进入一个危险的阶段。而且也可以说，本应该站在建立公

---

① 联合国安理会《第 2087 号决议》。http://www.un.org/en/ga/search/view_doc.asp?symbol=S/ⒼES/2087(2013)&referer=http://www.un.org/en/sc/documents/resolutions/2013.shtml&Lang=E

正世界秩序前列的大国们在美国的专横和强权面前正在毫不犹豫地放弃应该坚守的基本原则。对于安理会通过制裁决议，国防委员会宣布：第一，对于联合国安理会通过的所有对朝制裁决议予以全面反击。第二，美国对我们的敌对政策正在进入一个更危险的阶段，全部的力量应该是倾注于实现以美国为首的大国们的无核化，而不是朝鲜半岛的无核化。以后为了保障包括朝鲜半岛在内的地区和平与安全，即使进行对话和协商，也将不再有将朝鲜半岛的无核化纳入日程的对话。第三，为了粉碎美国及其追随势力的对朝敌对政策，守护国家和民族的自主权，将进入全面对决战。我们将继续发射的卫星、远程火箭，将进行的水平更高的核试验，都是针对美国的。对此，我们并不掩饰。"（［朝］朝鲜中央通讯，2013 年 1 月 24 日）

朝鲜外务省《声明》和国防委员会《声明》表达了三点共同的信息：第一，美国的对朝敌对政策进入了一个新的阶段；第二，朝鲜半岛的无核化是不可能的；第三，将继续进行核导开发，强化物理性应对措施。2013 年 1 月 26 和 28 日，《劳动新闻》和朝中社分别发表政论和评论，再次表达了外务省和国防委员会《声明》的意思。（［朝］《劳动新闻》，2013 年 1 月 26 日；朝鲜中央通讯，2013 年 1 月 28 日）

2013 年 2 月 3 日，朝鲜召开了劳动党中央军事委员会扩大会议，中央军事委员会委员，人民军最高司令部成员，海军、航空与反航空军、战略火箭军等兵种的相关领导参加了会议，会议讨论了强化军事力量和组织问题。（［朝］朝鲜中央通讯，2013 年 2 月 3 日）随后，朝鲜又于 2 月 11 日召开了劳动党中央政治局会议，会议通过了《以胜利者的大庆典迎接共和国创建 65 周年和祖国解放战争胜利 60 周年的决定书》。朝中社于 2 月 12 日报道了劳动党中央政治局会议的召开情况。（［朝］朝鲜中央通讯，2013 年 2 月 12 日）而就在这一天的上午 10 点 57 分，朝鲜在咸镜北道吉州郡丰溪里核试验场进行了第三次核试验。同日，朝鲜外务省发言人就第三次核试验发表谈话表示："第三次核试验是应对美国对朝敌对行为的自卫性措施。原来我们既没有一定要进行核试验的必要，也没有计划。这次核试验的主要目标是展示我们军队和人民对美国敌对行为的愤怒，展示我们守护自主权的意志和能力。我们的核试验是不违反国际法的正当的自卫性措施。这次核试验是我们最大程度地保持克制力的一次应对措施。如果美国继续敌视，搅乱局势，（我们）将不得不采取第二次、第三次应对措施。"（［朝］朝鲜中央通讯，2013 年 2 月 12 日）

三、"制裁 + 威慑—反威慑"螺旋

2013 年初对于美韩两国而言都处于政府换届的敏感期。美国奥巴马总统从 1 月 20 日开始连任，韩国朴槿惠政府从 2 月 25 日开始上台执政。实际上，从进入选举期开始，最高决策层就已经很难再出台重要的政策了，相关方之间的互动主要由执行层依据体制和机构的运行惯性而决定。包含着针对朝鲜一些官员和单位进行制裁的安理会第 2087 号决议的通过显然刺激了朝鲜，使朝鲜感觉到美国的敌对政策进入了一个新阶段，而随后朝鲜决定进行并无预定计划的第三次核试验又在某种程度上影响了奥巴马政府第二任期和韩国新上台的朴槿惠政府的对朝政策，从而使得 2013 年之后的美朝互动演变成一种运行机制十分简单的"制裁 + 威慑—反威慑"模式，也使得 2013 年之后的美朝关系基本上是沿着这样一种简单线性的恶性循环路径和逻辑发展。

在朝鲜进行第三次核试验之后，美国双管齐下，一方面在联合国安理会框架内推动新的制裁决议的通过，另一方面动员大规模兵力参与美韩联合军演，强化对朝鲜的威慑。在朝鲜进行第三次核试验后不到四个小时，奥巴马总统就发表了声明，对朝鲜的核试验进行谴责，认为朝鲜的核试验行为是"严重的挑衅行为（a highly provocative act）""破坏了地区稳定，违反了若干个联合国安理会决议规定的朝鲜的义务""朝鲜的核导计划对美国的国家安全和国际和平与安全构成了威胁""美国将继续采取必要的措施防护自己和盟友，将强化和盟友与伙伴间的紧密协调，并与六方会谈伙伴、联合国安理会以及联合国其他成员国一起采取更严厉的行动"。[①]

2 月 15 日，美国国会众议院通过了由共和党议员爱德华·罗伊斯（Edward R. Royce）提出的决议案（H.RES65）。决议案谴责朝鲜的核试验行为，重新确认了对韩国和日本的保护承诺，呼吁中国对朝鲜领导人施压，遏制其挑衅行为，放弃核导开发计划，遵守所有有关的国际协议和决议，防止被朝鲜用于核导计划的非法技术、军事装备和双重用途的物品通过其领土、水域和领空转运。决议案呼吁美国政府适用所有可能追求对朝鲜附加的制裁，运用合法的权力和资源保护美国的利益不受朝鲜非法行为的侵害，并支持总统强化美国弹道导弹防

---

① Barack Obama: "Statement on the Situation in North Korea", February 12, 2013.

御系统的承诺。^①美国国会参议院一些共和党和民主党议员也于 2 月 15 日联合发起了"禁止朝鲜核扩散法案"。

而在朝鲜进行第三次核试验的当天晚上，联合国安理会就召集了紧急会议，发表了《新闻公告》，对朝鲜核试验进行强烈谴责，并表示联合国安理会成员将立即开始相应的工作，在安理会决议层面上采取相应的措施。^②

3 月 7 日，联合国安理会召开第 6932 次会议，会议通过了第 2094（2013）号决议。安理会第 2094 号决议无论从措辞还是实际措施方面，比安理会前期针对朝鲜核导开发活动通过的制裁决议都更加严厉，认为朝鲜"正在滥用《维也纳外交和领事关系公约》赋予的额度特权和豁免权"，表示"最严厉谴责朝鲜违反并公然无视安理会的相关决议进行核试验"，"谴责朝鲜正在进行的所有核活动，包括铀浓缩活动"。

与此前安理会通过的对朝制裁决议相比，第 2094 号决议在两个方面强化了对朝鲜的制裁：其一是强化了对朝鲜的金融制裁，决议"呼吁各国采取适当措施，禁止朝鲜银行在本国领土开设新的分行、附属机构或代表处，还呼吁各国禁止朝鲜银行同其管辖范围内的银行进行新的合营、获取这些银行的股权或同其建立或保持代理关系，以防止提供金融服务"，"呼吁各国采取适当措施，禁止本国领土内或受其管辖的金融机构在朝鲜开设代表处或附属机构或银行账户……"

其二是强化了对进出朝鲜货物的检查，决议"决定所有国家在有情报提供合理理由令人相信货物中有第 1718（2006）号、第 1874（2009）号、第 2087（2013）号决议或本决议禁止供应、销售、转移或出口的物项时，都应检查在其境内或在其境内过境的源于朝鲜或运往朝鲜或由朝鲜或其国民或代表它们行事的个人担任中介或给予协助的所有货物，以确保这些规定得到严格执行"。此外，第 2094 号决议还追加对朝鲜三名个人和两家单位进行旅行禁止或资产冻结，并将全氟润滑剂、耐腐蚀特种钢、火工厉阀、高氯酸钠等涉核、涉导和化

---

① 　*H.RES.65.* https://www.congress.gov/bill/113th-congress/house-resolution/65?q=%7B"search"%3A%5B"H.RES+65+North+Korea"%5D%7D&r=1

② 　Security Council Press Statement on Nuclear Test Conducted by Democratic People's Republic of Korea. http://www.un.org/press/en/2013/sc10912.doc.htm

学武器的物项、材料、设备以及珠宝首饰、游艇、赛车等奢侈品列入制裁范围。被追加制裁的三名个人分别是朝鲜矿业发展贸易公司代表严正男（音）、副代表高哲在（音）、端川商业银行官员文正哲（音），两家单位是朝鲜第二自然科学院和朝鲜复合设备进口公司。①

在联合国安理会层面推动通过对朝制裁决议的同时，另一方面，美国还通过强化与韩国的联合军演，加强了对朝鲜的军事威慑。从 2013 年 3 月 1 日起，美韩开始实施"鹞鹰"年度联合军事演习，"鹞鹰"联合军演为期两个月，从 3 月 1 日起至 4 月 30 日止。在此期间，从 3 月 11 日至 21 日，同时实施"关键决心"联合军演。"关键决心"联合军演除一万余名韩国士兵和 3500 名美军参与之外，还动员了作为"联合国军司令部"成员的丹麦、英国、澳大利亚、哥伦比亚、加拿大等国家的一部分兵力。为期两个月的"鹞鹰"联合军演动员了 20 余万韩国士兵和海外增援的一万余名美国士兵参加，演习科目包括地面机动、空中、海上、海军陆战队登陆作战、特殊作战等 20 余个。驻日本横须贺基地的美国第七舰队所属的"乔治·华盛顿号"航母战斗群、部署在美国太平洋空军基地的 F-22"猛禽"隐形战斗机和"B-52H"战略轰炸机、驻守在日本冲绳的美国海军陆战队第三远征军等战略资产参与了"鹞鹰"联合军演。

对于 2013 年春季的美韩联合军演，朝鲜方面认为与 2012 年的联合军演相比，虽然在参演人员的规模和演习时间上差不多，但性质却完全不同，朝方认为美韩动员核战略资产参与军演是不寻常的征兆，认为朝鲜半岛上最恶劣的危机状况已经到来。② 为此，朝鲜方面采取了一系列措施。

3 月 5 日，朝鲜人民军最高司令部发言人发表《声明》，表示："依据授权，针对目前形成的险恶局势，将采取如下重大措施：第一，为了应对敌对行为，将连续采取更为强大的第二次、第三次应对措施；第二，宣布从 3 月 11 日开始，《停战协定》完全无效；第三，全面中止板门店军事代表部的活动，包括中断朝美军方之间的联络电话。"（［朝］朝鲜中央通讯，2013 年 3 月 5 日）

3 月 7 日，朝鲜外务省发言人针对美韩联合军演发表《声明》表示："'关

---

① 《联合国安理会第 2094（2013）号决议》。http://www.un.org/en/ga/search/view_doc.asp?symbol=S/RES/2094(2013)

② ［朝］芮正雄：《不可避免的选择》，平壤出版社 2016 年，第 247 页。

键决心'和'鹞鹰'演习是针对朝鲜实施先发制人打击的北侵核战争演习。美国打着'年度演习'的烟幕,投入航空母舰、战略轰炸机等武力,更不能忽视的是,此次演习是在'防止核扩散'的名义下,由美国主导,与'安理会'通过新的制裁决议同时进行。在这样的情况下,通过外交解决的机会已经消失,只剩下军事应对。外务省发言人依据授权阐明如下立场:第一,美国要在核战争的导火线前点火,为了守护国家的最高利益,我们将行使先发制人进行核打击的权利;第二,在第二次朝鲜战争难以避免的时刻,警告由1950年的朝鲜战争给朝鲜民族留下怨恨的联合国安理会,不要重蹈罪恶的前辙。"([朝]朝鲜中央通讯,2013年3月7日)

3月8日,朝鲜祖国和平统一委员会发言人发表《声明》表示:"遭到毁灭的北南关系超越了危险阶段,造成核战争可能爆发的险恶状况,针对目前的严重事态,依据授权,宣布采取如下应对措施:第一,全面废除北南之间互不侵犯相关的所有协议,从3月11日起,北南之间的互不侵犯协议全面无效;第二,完全废弃《朝鲜半岛无核化共同宣言》;第三,关闭北南之间的板门店联络渠道。"([朝]朝鲜中央通讯,2013年3月8日)

3月9日,朝鲜外务省发言人再发《声明》,对联合国安理会通过制裁决议进行谴责,并表示:"将对美国对朝敌对政策的产物——'制裁决议'进行全面反击,将让全世界看到,作为美国制造'制裁决议'的代价,朝鲜的拥核国、卫星发射国的地位是如何永久化的。"([朝]朝鲜中央通讯,2013年3月9日)

3月21日,朝鲜最高司令部发言人针对美韩"关键决心""鹞鹰"联合军演回答朝中社记者提问。3月26日,朝鲜的反应进一步升级,最高司令部针对美国的B-52战略轰炸机于3月25日在韩国进行核弹投弹训练发表《声明》,宣布"从即刻起,包括战略火箭军部队和远程炮兵部队等所有野战炮兵集团军进入一号战斗准备态势"。([朝]朝鲜中央通讯,2013年3月26日)朝鲜外务省也于同日就美国B-52战略轰炸机进行投弹训练发表《声明》,表示"现在朝鲜半岛上的核战争不是表面意义上的,而是具有了现实性意义。外务省依据授权向联合国安理会公开通报因美国和南朝鲜的挑衅而在朝鲜半岛形成的核战争状况",并宣布"我们的军队和人民进入了反美全面对决战的最后阶段"。([朝]朝鲜中央通讯,2013年3月26日)

2013年春季美韩与朝鲜之间的这场对抗对朝鲜半岛地区局势的发展产生了

重要的影响。首先是对朝韩关系的发展产生了重大影响，由于美韩两国大规模联合军演的实施，2013 年 3 月 30 日，朝鲜中央特区开发指导总局发言人发表谈话表示："在北南关系完全处于破产和战争前夜的严酷状况下，维持开城工业园区本身就是极不正常的事情。"4 月 8 日，负责南北关系的劳动党书记金养健发表重大措施谈话，宣布全部撤离在开城工业园区工作的朝鲜务工人员，暂时关闭园区，其存废与否将进行进一步研究。（［朝］朝鲜中央通讯、朝鲜中央广播电台，2013 年 4 月 8 日）

自 2008 年 2 月李明博政府执政以来，随着朝韩关系的恶化，金大中、卢武铉政府时期发展起来的朝韩间的经济合作逐渐停滞，开城工业园区可以说是仅存的成果。在南北之间的联络渠道逐被关闭的情况下，开城工业园区的运行本身实际上已经超越了其经济上的意义，成了维系南北关系发展的象征。此时，朝鲜宣布暂时关闭工业园区的运行，自然具有向韩国当局施压的意图，但也反映了朝方对形势严峻程度的认识。

其次，这场对抗强化了朝鲜的拥核意志，使拥核上升为朝鲜劳动党的路线，并使朝鲜将拥核路线法律化，从而使得朝鲜半岛的无核化更加艰难，也直接影响了此后美朝之间的互动方式。在美韩与朝鲜的对抗中，3 月 31 日，朝鲜劳动党召开中央委员会会议，会议最重要的议题是"关于适应现形势和发展要求，实现决定性转折的党的任务"，通过了《关于经济建设与核武建设并进，走向强盛国家建设》的决议。① 随后，第 12 届最高人民会议第七次会议于 4 月 1 日召开，会议修改了宪法，通过了"关于更加巩固自卫性拥核国地位"的法令和《宇宙开发法》，通过了"关于设立宇宙开发局的决定"。②

联合国安理会针对朝鲜发射"光明星 -3 号 2 号机"卫星通过第 2087 号决议后，朝鲜外务省和国防委员会发表的《声明》已经表达出"朝鲜半岛的无核化是不可能的"信息。而此次朝鲜劳动党中央委员会会议将"经济建设与核武

---

① 此次朝鲜劳动党中央委员会会议另外两个议题是：①关于向将于 2013 年 4 月 1 日召开的第 12 届最高人民会议第七次会议提出的干部问题；②关于组织问题。朴凤柱当选为政治局委员，崔富一等三人当选为政治局候补委员。

② 此外，朝鲜第 12 届最高人民会议第七次会议还对内阁和国防委员会的人事进行了调整，内阁总理崔永林卸任，由朴凤柱担任。国防委员会委员金正阁、李明秀卸任，金格植、崔富一当选为国防委员会委员。

建设"并进路线作为党的路线提出，随后又通过最高立法机构会议将这一路线上升为法律，这些都意味着朝鲜将坚定地沿着拥核这条路走下去，也意味着未来朝鲜半岛无核化之路的艰难。

2013 年 4 月 12 日，美国国务卿凯利开始访问韩国、日本和中国三国。4 月 15 日，凯利在与日本首相安倍会谈时表示美国与朝鲜进行对话的门敞开着，但责任在于朝鲜，朝鲜应该采取有意义的措施使人看到并尊重做出的承诺。凯利释放出可以与朝开展对话的信息，但对美方的提议，朝方随即在 4 月 16 日以外务省发言人发表谈话的形式正式拒绝。

不仅如此，朝鲜还在 4 月 27 日宣布结束了对 2012 年 12 月 21 日以反共和国敌对犯罪为由被逮捕的韩裔美国人裴俊浩的预审，4 月 30 日朝鲜最高法院以颠覆国家阴谋罪判处裴俊浩 15 年劳动教养。

3、4 月的危机过后，中朝之间进行了积极的互动。5 月 22 日至 24 日，朝鲜人民军总政治局局长崔龙海作为朝鲜最高领导人金正恩特使访华。5 月 22 日，崔龙海与中国共产党中联部部长王家瑞进行了会谈，23 日参观了北京经济开发区，并与中共中央政治局常委刘云山进行了会谈，24 日在中国人民解放军八一大楼与中央军委副主席范长龙进行会谈后，在人民大会堂得到了习近平主席的接见，崔龙海向习近平主席递交了金正恩第一委员长的亲笔信。

进入 6 月以后，朝鲜半岛的局势进一步缓和。朝鲜方面颇为主动，分别向韩国和美国提出了进行对话的提议。6 月 6 日，朝鲜祖国和平统一委员会发言人发表特别谈话，表示"祖国和平统一委员会根据授权，提议以'6·15'为契机，为了开城工业园区正常化和重启金刚山观光，举行北南当局间的对话"。（［朝］朝鲜中央通讯，朝鲜中央广播电台，2013 年 6 月 6 日）6 月 16 日，朝鲜国防委员会发言人发表重大谈话，表示："国防委员会依据授权阐明如下重大立场：持续激化朝鲜半岛紧张局势的元凶不是别人，正是美国。朝鲜半岛的无核化是朝鲜军队和人民不变的意志和决心。为了消除朝鲜半岛的紧张局势，实现地区的和平与安全，提议朝美之间举行高级对话。在对话中，缓解军事紧张态势问题，以和平机制取代停战机制问题，美国提出的无核世界秩序问题等双方愿意讨论的问题都可以进行讨论，对话的场所和日期可以由美方决定。"（［朝］朝鲜中央通讯，2013 年 6 月 16 日）

但朝方的提议没有得到美韩方面的积极回应。韩国方面要求与劳动党中央统一战线部部长金养健进行对话，因为"级别"问题，朝鲜举行当局间对话的提议最后无果，美方对朝鲜的提议也无动于衷。

6月18日至22日，朝鲜外务省第一副相金桂冠访问中国，19日中朝外交部门就朝鲜半岛局势和双方关系等地区与国际问题举行了战略对话，21日金桂冠与国务委员杨洁篪和外交部部长王毅进行了会谈。（2013年6月18日外交部发言人华春莹答记者问）

中朝外交部门战略对话举行之后，朝鲜外交比较积极，先是于7月6日至9日邀请了联合国秘书长负责体育领域的顾问莱姆克（Willfried Lemke）访问朝鲜，朝中社报道说莱姆克的访朝是"为了开发与和平"。莱姆克一行在朝期间，参观了朝鲜的一些体育设施，并前往元山访问了建设中的马息岭滑雪场建设现场。随后，朝鲜又于7月15日至19日邀请了欧洲议会朝鲜半岛关系小组代表团访问朝鲜，朝鲜最高人民会议议长崔泰福于18日会见了该代表团。

8月26日至30日，朝鲜又邀请了中国外交部朝鲜半岛事务特别代表武大伟访问朝鲜，武代表访朝期间与朝鲜外务省第一副相金桂冠进行了会谈。在此期间，朝鲜又以裴俊浩的释放问题为由邀请了美国国务院朝鲜人权问题特使罗伯特·金访问朝鲜。美国国务院也于8月27日公布了罗伯特·金将于8月30日至31日的访朝计划，但朝鲜方面随后又以美国部署在关岛的"B-52"战略轰炸机参与了8月19日至29日在韩国举行的美韩"乙支·自由卫士"联合军演为由，拒绝了罗伯特·金的访朝。

拒绝了罗伯特·金访朝之后，朝鲜方面随即就又邀请了美国前职业篮球选手罗德曼于9月3日访朝，这是罗德曼的第二次访朝。2013年2月26日，HBO公司为了录制4月初播放的一档节目，组织了美国全国篮球协会一个代表团访朝，罗德曼是成员之一。访朝期间，该代表团与朝鲜篮球选手进行了友谊比赛，金正恩第一委员长观看了比赛，并就此与罗德曼相识。9月7日，金正恩第一委员长会见了罗德曼，同他一起观看了篮球比赛，并共进了晚餐。在前往朝鲜之前，罗德曼曾在北京机场表示此次访朝的目的是裴俊浩的释放，但罗德曼的此次访朝，也没有能够解决裴俊浩的释放问题。然而，12月7日，朝鲜方面主动释放了扣留的美国人迈瑞欧·纽曼（Merrill Newman）。纽曼是一名曾参加过朝鲜战争的美国老兵，已经85岁。2013年10月中旬前往朝鲜旅游，10月26日在由平壤飞往北京的飞机上被朝鲜方面以间谍嫌疑为由拘捕。11月30日，朝中社报道说纽曼承认了他对朝鲜的敌对和犯罪行为，进行了谢罪，并公开了谢罪书。12 月 7 日，朝鲜方面发表了从人道主义角度对纽曼进行赦免释放的消息。

纽曼已经 85 岁，从人道主义角度考虑予以释放这是朝鲜需要考虑的一种因素，但是美国有线电视新闻网援引一名要求匿名的美国政府高级官员的话说，美国和朝鲜当局之间就纽曼的释放问题进行了直接的对话，① 美朝之间的对话很可能是通过"纽约渠道"进行的。自 2013 年 6 月朝鲜开始倡议进行对话之后，朝鲜半岛的局势有所缓和，朝鲜方面也比较积极，9 月 16 日至 20 日，朝鲜外务省第一副相金桂冠借参加中国国际问题研究院主办"纪念《9·19 共同声明》发表八周年国际学术会议"之机再次访华，并与中国方面就重启六方会谈和朝鲜半岛局势等问题交换了意见。随着形势的变化，美朝之间通过"纽约渠道"就个别问题进行的接触也逐渐得到了恢复。

但是，这种围绕着具体的细小问题而进行的低层级的接触根本无法推动双方在战略层面的良性互动，奥巴马政府在战略上一方面继续强化美韩同盟，加强对朝鲜的"延伸性威慑"，另一方面，保持"战略忍耐"，不与朝鲜进行正面的、积极的互动。2014 年至 2015 年两年期间，朝鲜软硬两手屡做尝试，试图撬动奥巴马政府调整对朝政策，但奥巴马政府始终稳坐钓鱼台，不予正面回应。

2014 年 1 月初，朝鲜方面再次邀请罗德曼访朝。2014 年 1 月 20 日，裴俊浩在平壤会见记者督促美国政府进行努力以使自己早日获得释放，但美国政府方面态度冷淡。1 月 27 日至 31 日，美国国务院对朝政策特别代表格林·戴维斯（Glyn Davies）率团出访中、日、韩三国，但这多属于工作层面的交流沟通访问，并不预示着美国政策的调整。戴维斯依次与中国政府朝鲜半岛事务特别代表、六方会谈团长武大伟，韩国外交通商部朝鲜半岛事务特别代表赵太庸，日本外务省亚洲与大洋洲事务总干事井原纯一就朝核问题进行讨论后，于 1 月 31 日返回华盛顿。

2 月 21 日至 3 月 4 日，朝鲜战略火箭部队进行了火箭发射训练。3 月 3 日，朝鲜主动释放了 2012 年 8 月赴朝观光，因散布宗教宣传资料而被朝方扣留

① ［韩］佚名：《美国人纽曼被北韩扣留 42 天后获释放的原因》，《朝鲜日报》，2013 年 12 月 11 日。http://news.chosun.com/site/data/html_dir/2013/12/11/2013121100433.html

的澳大利亚人约翰·肖特（John Short）。（［朝］朝鲜中央通讯，2014 年 3 月 3 日）

3 月 14 日，朝鲜通过国防委员会发表声明，针对美国的对朝敌对政策，阐明了朝方的原则性立场：第一，美国应该做出政策性决断，全面撤回与其时代错误性的对朝敌对政策相关的所有措施。第二，对于朝鲜的核遏制力，美国不应该愚蠢地"要先弃核是对朝政策基干"的把戏。自卫性的核遏制力是为了守护自主权而具备的，既不是交易手段，也不是讨价还价的物品。第三，美国应该中止其新的对朝政策的一个环节——在人权问题上的阴谋。

国防委员会是朝鲜的最高领导机构，它发表的声明规格是比较高的，应该说是代表了朝鲜最高决策层的政策动向。国防委员会在声明中明确表示美国"应该放弃破旧不堪的对朝敌对政策，确立现实性的新对朝政策，做出符合大势的政策性决断"。（［朝］朝鲜中央通讯，2014 年 3 月 14 日）随后，朝鲜又于 3 月 30 日通过发表外务省声明、4 月 11 日国防委员会政策局发言人谈话、4 月 21 日外务省发言人谈话等方式针对美国的对朝政策进行表态，要求美国调整对朝鲜的敌对政策。（［朝］朝鲜中央通讯，2014 年 3 月 30 日、4 月 11 日、4 月 21 日）

朝鲜方面这一系列的表态应该是针对 4 月份奥巴马总统的东亚之行进行的。4 月 23 日至 29 日，奥巴马总统顺访日本、韩国、马来西亚和菲律宾四国，其第二站是韩国，4 月 25 日中午抵达，26 日下午离开。实际在韩国逗留仅 20 多个小时的奥巴马总统参观了韩国国家战争纪念馆，游览了景福宫，出席了商界领袖的圆桌会议，但其重点是 25 日下午与朴槿惠总统的首脑会谈，双方《联合简报》（Joint Fact Sheet）的发表以及 26 日上午与朴槿惠总统一同访问位于首尔市中心龙山的美韩联合司令部。在 25 日双方发表的《联合简报》中，尽管提到了双方在气候变化、能源、科技、网络以及卫生领域的合作，但强调的重点是美韩同盟以及朝鲜核与导弹的威胁，表示将重新考虑 2015 年韩军战时作战指挥权的移交问题，并继续"乙支·自由卫士"、"关键决心"和"鹞鹰"三大联合军演，加强美、韩、日三方之间的情报交流与合作，以应对朝鲜核与导弹的威胁。

奥巴马在其东亚之行的韩国站，丝毫没有提及六方会谈以及改善美朝关系等。而就在其到达韩国的当天，即 4 月 25 日，朝中社发布消息称，美国游客马修·托德·米勒（Matthew Todd Miller）4 月 10 日在入境审查过程中撕毁了朝鲜发放的观光证，并说是"选择朝鲜为避难之处，亡命而来"，因而违反了秩序，现在朝鲜相关部门已经扣留了米勒，正在进行调查。（［朝］朝鲜中央通讯，2014 年 4 月 25 日）然而这没有能够撬动丝毫，"人质"的外交功能与作用似乎已经丧失。

5 月之后，朝鲜继续其和平攻势，采取了三项重要的措施。第一，以仁川亚运会为契机，努力改善与韩国的关系；第二，寻求与日本关系的突破；第三，面向中东、非洲、东南亚、欧洲等地区开展积极的外交。

在对韩关系方面，5 月 23 日，朝鲜奥运会委员会宣布决定向 9 月 19 日至 10 月 4 日在韩国仁川举行的第 17 届亚运会派出代表团，并表示已经向亚奥理事会进行了正式通报，将根据理事会和组委会的规定提交申请。（［朝］朝鲜中央通讯，2014 年 5 月 23 日）

6 月 26 日，朝韩在开城召开了开城工业园区共同委员会会议，讨论开城工业园区的重新启动问题。6 月 30 日，朝鲜通过国防委员会向韩国政府提出特别提案。朝方表示："国防委员会以开启改善北南关系新的转折局面的断然决心特别提议：第一，双方再次保证在民族面前根据自主原则解决北南之间积累的所有问题。提议遵守北南之间签署的所有声明、宣言和协议并彻底履行。劝告南侧中止拿我们的核遏制力说事儿，诽谤我们的'并进路线'。呼吁从 7 月 4 日零时开始做出政策决定，全面中止相互之间的诽谤和中伤，全面中止心理谋略行为。第二，双方在和平统一原则下，在全民族、全世界面前展示全面中止将北南关系驱向战争边缘的所有敌对军事行为，形成和平气氛的坚定决心。提议从 7 月 4 日凌晨零点开始全面中止包括朝鲜西海热点水域在内的对峙界线上所展开的所有军事敌对行为。为了创造如仁川亚运会等北南之间即将进行的交流与接触的氛围，要求即刻取消 8 月与美国进行的'乙支·自由卫士'联合军演。第三，在民族精神和民族大团结的原则下，为了准备和解、合作与民族繁荣的新转折，双方采取实际性的措施。"（［朝］朝鲜中央通讯，2014 年 6 月 30 日）

7 月 7 日，朝鲜再次发表政府声明，向韩方提议"全面中止北侵战争演习"，在核问题上中止与外部势力的合作，推进北南之间联邦联合式统一方案，中止相互之间的诽谤，并宣布向仁川亚运会派出应援团。（［朝］朝鲜中央通讯，2014 年 7 月 7 日）

在对日关系方面，5 月 26 日至 28 日，朝日两国在瑞典斯德哥尔摩举行了局长级会谈。朝鲜外务省大使宋日昊和日本外务省亚洲大洋局局长井原纯一分别担任双方代表团团长，双方决定尽早开展紧密磋商，并就双边关系等问题达成了具有十项内容的协议。①

　　7月4日，日本方面按照5月28日达成的协议正式宣布解除对朝鲜的制裁措施，而朝鲜方面也随即于当日宣布成立特别调查委员会，开始实施调查。为了展现诚意，朝鲜方面赋予了特别调查委员会极大的权力，赋予其可以对包括国防委员会在内的所有机关进行调查的权力，如果需要还可以动员相关机构和个人参与。特别调查委员会委员长由国防委员会负责安全问题的参事兼国家安全保卫部副部长徐大河担任，副委员长由国家安全保卫部参事金明哲（音）和人民保安省局长朴明植（音）担任。（［朝］朝鲜中央通讯，2014年7月4日）

　　在同中东、非洲、东南亚和欧洲等地区国家的外交方面，5月下旬，朝鲜派出了以外相李洙墉为团长的代表团，巡访中东和非洲，访问了莫桑比克、阿尔及利亚、科威特、冈比亚、加蓬、卡塔尔、黎巴嫩、叙利亚等国。8月2日至15日，外相李洙墉又利用参加在缅甸举行的东盟地区论坛之机率团访问了老挝、越南、缅甸、印度尼西亚和新加坡等国。9月6日至22日，朝鲜劳动党中央书记姜锡柱率团访问了德国、比利时、瑞士、意大利和蒙古等国。9月14日至10月3日，外相李洙墉又连续访问了伊朗、美国和俄罗斯等国。②

　　应该说朝鲜在面向非美国家的外交上取得了一定的成绩，在一定程度上牵制了美国，缓解了美国通过强化美韩日同盟和联合国制裁所带来的压力。在对韩关系上，虽然没有实质性的改善，但利用参加仁川亚运会之机，特别是10

---

①　朝日协议内容包括：第一，双方再次阐明了根据《平壤宣言》实现邦交关系正常化的意愿，决定为了构建信任和改善关系，诚实地解决双方间的问题；第二，在朝鲜方面为了全面调查，设立特别调查委员会开始调查的时间节点上，日本方面决定解除人际往来规定，解除汇款和携带金额方面的特别规定措施，解除出于人道主义目的的朝鲜国籍船舶进入日本港口的禁止措施；第三，日方决定在适当的时期研究对朝鲜实施人道主义援助；第四，日方决定根据《平壤宣言》协商在日朝鲜人的地位问题；第五，日方决定就朝鲜领域内日本人的遗骸和墓地处理、扫墓访问等问题与朝方进行磋商，并采取必要的措施；第六，日方决定继续对朝鲜行踪不明者的调查，并制定对策；第七，朝方决定对包括日本人遗骸、墓地、滞留的日本人、日本人配偶、绑架被害者、行踪不明者等在内的所有问题同时并进进行全面的、综合性调查；第九，为此，设立特别调查委员会，调查与确认的结果随时向日方通报，如果发现生存者，在使其回国问题上，采取必要的措施；第十，双方决定迅速实施调查，实现双方相互所希望的相关人士的面谈，相关场所的访问，并共享相关资料。

②　2014年9月14日至19日，外相李洙墉利用参加在伊朗举行的亚非法律协商组织第五十三次会议之机率团访问伊朗；9月22日至29日，李洙墉利用参加第六十九次联合国大会之机率团访问美国；10月1日至3日，李洙墉率团访问俄罗斯。

月 4 日，朝鲜高层三位要员——国防委员会副委员长、人民军总政治局局长黄炳誓，劳动党中央书记崔龙海和统一战线部部长金养健乘飞机前往仁川参加第17 届亚运会闭幕式，并与韩国青瓦台国家安保室室长金宽镇、统一部部长柳吉在等进行了午餐会谈，缓解了南北之间的紧张局势。10 月 27 日至 30 日，日本外务省亚洲大洋局局长伊原纯一也率领日本政府代表团访问朝鲜，朝方向其通报了特别调查委员会的调查情况，双方还进行了工作级会谈。（［朝］朝鲜中央通讯，2014 年 10 月 30 日）

但是，美朝之间的对峙与僵持状况依然没有任何的改善。2014 年 6 月份，美国索尼影视娱乐公司制作的电影《采访》（The Interview）即将上映的预告使美朝之间的敌意氛围更加浓厚。在 2014 年 6 月 25 日——朝鲜战争爆发 64 周年之际，朝鲜外务省发言人针对电影《采访》发表了声明。声明表示，在美国公然出现了以亵渎和暗杀朝鲜最高领导人为脚本的电影预告，将要加害朝鲜最高领导人的企图公然制作成电影是最露骨的恐怖行为，是战争行为，如果美国政府默认、庇护电影的上映，朝鲜将采取无情地应对措施。（［朝］朝鲜中央通讯，2014年 6 月 25 日）

7 月 16 日至 21 日，美韩举行联合海上训练，参加训练的美国"乔治·华盛顿号"核动力航母早在 7 月 11 日就进驻釜山港，而朝鲜方面则以人民军战略部队进行"战术诱导弹"发射试验和训练做出回应。"战术诱导弹"是朝鲜方面使用的词汇，在美国看来，则是短程导弹。由于短程导弹在技术上还不能与使用弹道导弹技术的中远程导弹相提并论，因而在法理上还构不成对朝鲜实施制裁的理由，美国方面便推动联合国安理会于 17 日举行非公开讨论会，并发表了对朝鲜发射短程导弹予以谴责的《声明》。[①] 而朝鲜方面随即就于 7 月 19 日发表外务省声明，对联合国安理会的行为进行谴责。（［朝］朝鲜中央通讯，2014 年 7 月 19 日）

不仅如此，美国方面还从人权方面加强了对朝鲜的压制。2014 年 6 月 29日，美国国会众议院一致通过了《强化对朝制裁法案》（North Korea Sanctions

---

① 　可能是由于举行的是非公开的讨论会，联合国安理会文件数据库中没有安理会《声明》的文本。

Enforcement Act of 2014），并将《在美离散家属见面法修正案》一并通过。[①]11 月
18 日，第 69 届联合国大会第三委员会又通过了由欧盟和日本联合提出的《关
于朝鲜民主主义人民共和国人权状况的决议案》。

联合国大会通过《朝鲜人权状况的决议案》后，即刻引发了朝鲜方面的强
烈反应。朝鲜分别于 11 月 20 日和 23 日发表外务省发言人声明和国防委员会声
明，对美日等国进行谴责，外务省发言人声明措辞强烈，表示"在美国的对朝
敌对政策使我们更加不能克制进行新的核试验的情况下，将无限制地强化我们
应对美国武力干涉、武力进攻阴谋的战争遏制力"。（［朝］朝鲜中央通讯，2014 年 11 月
20 日）国防委员会声明虽然没有提到要进行新的核试验，但也表示"为了无情地
粉碎针对朝鲜而耍弄的人权疯狂把戏，朝鲜的军队和人民将按照已经宣布的那
样，进入不曾有的超强硬应对战"。（［朝］朝鲜中央通讯，2014 年 11 月 23 日）

在如此的气氛中，2014 年 11 月 24 日，发生了索尼影业公司遭到号称为
"和平卫士（Guardians of Peace）"黑客组织攻击的事件。该日，一个来自于"和
平卫士"的面目狰狞的霓虹色骷髅出现在索尼公司的电脑屏幕上。几天之后，
攻击黑客开始在网络上发布索尼公司的内部数据。攻击者使用数据共享中心发
布了索尼公司的诸多影片、高管的内部邮件，财务数据、影片合同、明星的个
人信息以及员工健康记录等。12 月 5 日，索尼公司的员工被威胁说如果不与公
司签署解约合同，将受到物理性伤害（physical harm），威胁字符来源不详。12
月 8 日，"和平卫士"明确要求索尼公司不要上映影片《采访》。12 月 16 日，
"和平卫士"威胁说将会攻击上映影片的电影院，从而使得许多院线表示考虑
到观众的安全，拒绝上映该片，最后索尼公司不得已于 12 月 17 日决定暂停
（suspend）该片的上映。

事件一发生，索尼公司和美国政府方面的调查人员几乎同时将怀疑的目光
对准了朝鲜，他们确认攻击者使用的恶意软件与先前怀疑是朝鲜发起的对美国
和韩国目标攻击时使用的软件具有惊人的相似，[②]还发现攻击中使用了朝鲜文字

[①]　https://www.congress.gov/bill/113th-congress/house-bill/1771?q=%7B"search"%3A%5B"H.
R.1771+North+Korea"%5D%7D&r=1

[②]　Stephan Haggard, Jon R. Lindsay, "North Korea and the Sony Hack: Exporting Instability
Through Cyberspace", *Asia Pacific*, No.117, May 2015.

等这样一些证据。

12 月 19 日，美国联邦调查局发布调查结论称"朝鲜对索尼公司的攻击再次确认网络威胁是美国国家安全所面临的最为严重的危险之一"。同日，奥巴马总统在其年终记者招待会上表示将进行"相称性反应（respond proportionally）"，以美国"选择的地点、时间和方式做出反应"。①

黑客攻击索尼公司事件是朝鲜"所为"的说法被提出之后，随即就遭到了朝鲜方面的驳斥。12 月 8 日，朝鲜国防委员会政策局发言人通过回答朝中社记者提问的方式予以否认，认为是"支持、同情"朝鲜的"正义行为"。在 12 月 19 日，美国联邦调查局公布调查结论后，朝鲜一方面于 12 月 20 日通过外务省发言人回答朝中社记者提问的方式对美国的结论进行反驳，并提议与美方进行共同调查，另一方面又于 12 月 21 日通过国防委员会政策局发表声明表示"朝鲜将超越相称性反应，针对白宫、五角大楼以及恐怖的根据地美国本土全部进行超强硬应对"。（［朝］朝鲜中央通讯，2014 年 12 月 20 日、2014 年 12 月 21 日）12 月 27 日，朝鲜国防委员会政策局发言人针对美国酝酿对朝制裁的动向发表谈话，再次表明索尼公司遭黑客攻击事件与朝鲜无关，并表示将针对美国的"相称性反应"实施未曾有的超强硬应对战。（［朝］朝鲜中央通讯，2014 年 12 月 27 日）

2014 年就这样过去了，在美朝的对峙中，在双方关系没有任何有意义的进展中，在带着双方因索尼公司事件而分别要采取"相称性反应"和"超强硬应对"的悬念中，2015 年新年悄然来临。

2015 年 1 月 1 日上午 9 点 36 分至 10 点 4 分，朝鲜领导人金正恩通过朝鲜中央电视台发表 2015 年《新年致辞》。金正恩第一委员长在《新年致辞》中重点强调了朝鲜各部门在 2014 年所取得的成绩，在对韩对美等对外领域，呼吁南北双方尊重已经达成的协议，超越思想和制度，以符合民族共同利益的方式解决统一问题，并表示将采取一切努力推进北南之间的对话和协商取得实质性进展，呼吁美国中止大错而特错的对朝敌对政策和侵略阴谋，大胆地转换政策。金正恩委员长 2015 年的《新年致辞》整体调子温和，实际上反映了朝鲜 2015 年国家发展战略的总基调。

然而就在 1 月 2 日，2015 年新年的第二天，在夏威夷度假的奥巴马总统

① http://www.chinadaily.com.cn/world/2014-12/20/content_19131230.htm

兑现其"相称性反应"的表态，签署了第 13687 号行政命令（executive order），宣布对朝鲜政府的"挑衅、不安定和压制性（provocative, destabilizing and repressive）"行为和政策实施追加制裁。[①] 第 13687 号行政命令中并没有指明此次追加制裁的对象，据美联社透露说此次追加制裁涉及到了朝鲜人民军侦察总局、朝鲜矿业和开发贸易总会社、檀君贸易会社等三家单位和十名个人。[②]

新年过后的半岛局势并不平静，除奥巴马总统签署行政命令对朝鲜实施追加制裁外，1 月 5 日，韩国的"脱北者"团体在军事分界线一带向朝鲜发放了数十万张传单。1 月 22 日，奥巴马总统又采取了更为刺激的做法。该日，奥巴马总统接受美国著名网站 Youtube 的采访，在朝鲜问题上大尺度表态，表示"朝鲜政权是地球上最野蛮、残酷的政权"，是"最为孤立的国家""随着时间的流逝，这样的政权将会崩溃"，美国将"继续对朝鲜施压"，通过网络对其进行渗透。奥巴马作为总统直接站出来在朝鲜问题上接受著名网站采访，甚至说出"朝鲜将会崩溃"这样的话，这是不多见的，这大概也是奥巴马总统所说的将对朝鲜进行"相称性反应"的一部分。

2015 年 1 月末，美国国务院对朝政策特别代表金成访问中韩日三国。在访问中国时，金成曾向朝鲜提议"在第三国相见"。在看到金成发出的这一信息后，朝鲜方面立即向金成发出了访问平壤的邀请，但遭到了美方的拒绝。金成之所以做出这种动议一方面是基于美国国务院发生人事变化后的一种象征性表态，另一方面也是作为中高层人士对奥巴马总统几天前接受媒体采访时强硬发言的一种缓冲，并不预示着美国对朝政策的调整。金成原为美国六方会谈团长，2014 年 11 月，被任命为国务院对朝政策特别代表兼国务院负责东亚及太平洋事务的助理国务卿帮办。结束对东亚三国的访问之后，金成于 2 月 4 日出席了美国战略与国际研究中心和韩国国立外交院共同举办的主题为"韩国的统一与美国"的研讨会，并强调说美国的对朝政策没有变化，美国"将与国际社会合作强化对朝鲜的制裁，特别是要确认维持对针对索尼公司实施网络攻击的行为

---

① *Executive Order*, http://www.presidency.ucsb.edu/ws/index.php?pid=108103

② "Obama issues executive order slapping North Korea with new sanctions over 'destructive, coercive' cyber attack on Sony", http://www.dailymail.co.uk/news/article-2894817/Obama-issues-executive-order-slapping-North-Korea-new-sanctions.html

进行制裁的必要性"。^①

　　针对奥巴马总统的异常做法，朝鲜也做出了强烈回应。2月4日，朝鲜通过国防委员会发表声明，向美国正式通报，表示"只要美国再叫嚣使我们崩溃，我们的军队和人民既没有与美国相对而坐的必要，也没有进行往来接触的想法"。（［朝］朝鲜中央通讯，2015年2月4日）

　　新年伊始的这种开局使2015年的美朝关系没有任何的好转与改善。从年初开始，除了维持对朝多边和单边框架内的制裁外，美国还联合其盟友从军事、人权以及财政和支恐等几个方面加强了对朝鲜的威慑与遏制。其中，财政和支恐方面因法理性理由不足，稍有些保留。

　　在军事方面，3月2日至24日，美韩实施年度"关键决心"和"鹞鹰"联合军演。4月14日至16日，美韩两国在华盛顿召开了美韩统合防御对话（Integrated Defense Dialogue），双方决定成立"威慑战略委员会"，进一步具体化了针对朝鲜核与导弹的所谓"四D"战略，在韩国部署"萨德"系统的工作也开始非正式推进。6月，美韩两国为了在战术层面上提高联合作战能力，组建了美韩联合师团。^②11月，第47次美韩年度安全协商会议批准了以条件为基础移交韩国军队战时作战指挥权的计划，^③这意味着韩国军队战时作战指挥权的移交将无限期后延。

　　人权方面，3月27日，联合国人权理事会第28次会议以27票赞成、六票反对和14票弃权的比例又一次通过了日本和欧盟联合提出的《朝鲜人权决议案》。6月23日，联合国人权机构正式在首尔开设了朝鲜人权问题办公室。在对朝鲜的财政和金融限制方面，美国财务部金融犯罪执法网络（The Financial Crimes Enforcement Network，简称为FinCEN）于2月16日再次发布了关于朝鲜的金融交易预警，认为"朝鲜和伊朗是洗钱与支恐的最危险国家"。

　　在支恐方面，5月11日，美国国务院根据《武器出口控制法》和总统行政命令，将朝鲜、伊朗、叙利亚和委内瑞拉指定为"反恐行动不合作（not cooperating fully）"国家，并向美国国会做了正式通报。在2014年索尼公司遭

---

① http://www.tongilnews.com/news/articleView.html?idxno=110805
② ［韩］韩国国防部：《国防白皮书2016》，2016年版第131页。
③ ［韩］韩国国防部：《国防白皮书2016》，2016年版第132页。

受网络攻击和朝鲜于 2015 年 5 月 9 日发射潜射弹道导弹（submarine-launched ballistic missile，简称 SLBM）之后，以美国国会参议院外交委员会东亚太平洋小委员会委员长科里·加德纳（Cory Gardner）为代表的一些议员发起了将朝鲜再次指定为"支恐国家"，并实施追加制裁的提案。

在奥巴马政府从各方面下手钳制朝鲜的同时，美国的一些非政府组织从社会发展和人道主义角度也对朝鲜进行了援助。如美国的一个名为"一个绿色高丽亚运动"（One Green Korea Movement，简称 OGKM）的非政府组织于 5 月 6 日向朝鲜提供了相当于 30 万美元的苗木种子。8 月 26 日，非政府组织美国爱心又向朝鲜提供了价值 50 万美元的医药品援助。非政府组织的对朝援助活动虽然难以影响和改变政府层面的主流决策，但却在一定程度上能够缓解和冲抵政府层面的政策所产生的恶性影响，尤其是心理层面的影响。

针对美韩的钳制，朝鲜方面也做出了针锋相对的表态。2015 年 3 月下旬"萨德"问题凸显后，也成为了美朝之间的一个问题。3 月 26 日，朝鲜外务省发言人发表谈话表示"在南朝鲜部署'萨德'是对朝鲜进行军事打击的准备，是为了遏制中国和俄罗斯在准备有利的条件。"为此，朝鲜"将强化战争遏制力量"（［朝］朝鲜中央通讯，2015 年 3 月 26 日）。4 月 30 日，朝鲜外务省裁军与和平研究所发言人表示，为了应对在韩国部署的"萨德"系统，"将不得不强化军事力量"（［朝］朝鲜中央通讯，2015 年 4 月 30 日）。5 月 8 日，朝鲜国家宇宙开发局发言人发表谈话称"在必要的时期，在确定的场所，继续发射和平卫星是我们不变的立场"。（［朝］朝鲜中央通讯，2015 年 5 月 8 日）

5 月 8 日，朝鲜做出了行动性反应，在咸镜南道新浦附近的海上发射了潜艇发射的弹道导弹"KN-11"。5 月 9 日下午 4 点 25 分至 5 点 23 分之间，朝鲜又在元山虎岛半岛附近的东部海上向东北方向发射了三枚"KN-01"型舰对舰导弹。5 月 20 日，朝鲜国防委员会政策局发言人发表声明表示，朝鲜的"核打击手段已经在很久前就进入了小型化、多种化阶段。中程火箭、远程火箭的精密化、智能化也到达了可以保证最大命中概率的阶段"。（［朝］朝鲜中央通讯，2015 年 5 月 20 日）

虽然在 5 月份朝鲜针对美国的钳制做出了实质性的行动反应，但整体来看，2015 年朝鲜还是比较克制的。在经历了 8 月份朝韩之间令人担心的"八月危机"后，从 9 月份开始，朝鲜方面屡屡在发射"卫星"或核试验方面表态。9

月 14 日，朝鲜宇宙开发局局长接受朝中社记者提问时，表示"迎接劳动党创建 70 周年，先军朝鲜的卫星将在我们党决定的时间和场所继续冲出大地高高地飞向苍穹"（［朝］朝鲜中央通讯，2015 年 9 月 14 日）。9 月 15 日，朝鲜原子能研究院院长在接受朝中社记者提问时，表示："如果美国和敌对势力继续致力于无区别的敌对政策，我们做好了在任何时候以核可靠性予以回答的万无一失的准备。"（［朝］朝鲜中央通讯，2015 年 9 月 15 日）10 月 4 日，朝鲜领导人金正恩在《劳动新闻》发表题为《伟大的金日成、金正日同志党的伟业必胜不败》的纪念文章，表示："更多地生产我们式的（具有）威力的尖端武装装备，不断地强化我们的核遏制力。"（［朝］《劳动新闻》，2015 年 10 月 4 日）朝鲜方面不断地强硬表态使"十月挑衅说"弥漫于国际社会，但是，朝鲜并没有再做出在美国等国看来是"挑衅"的举动。

朝鲜的目的在于以此压迫美国使其与朝鲜对话。2015 年 10 月 19 日的《朝鲜新报》说的很明确，"朝鲜希望的是以美国放弃敌对政策与缔结和平协定的信任为基础确立永久和平"。但美国对朝政策特别代表金成在 10 月 20 日出席参议院外交委员会委员长鲍勃·考克（Bob Corker）主持的主题为"关于朝鲜无核化与人权问题挑战"的听证会时表示，对朝鲜提出的讨论和平协定问题"不关心"。10 月 22 日，美国的"里根"号核动力航母、宙斯盾驱逐舰等战略装备进驻韩国釜山港，参加美韩大规模联合海上训练。同日，美国国务院反恐问题副协调官希拉里·约翰逊（Hilary Boucher Johnson）在出席国会众议院外交委员会听证会时，表示"为了判断是否重新指定朝鲜为支恐国家，正在对必要的情报进行定期研究"。

不仅美国如此，英国以及欧盟等国家和国际组织也加强了对朝鲜的施压。2015 年 9 月 29 日，英国外交部发布了对朝鲜实施金融制裁的对象名单，包括朝鲜人民军次帅玄哲海、国防委员会副委员长吴克烈、金永春在内的 33 名个人和包括劳动党 39 号室、人民军侦察总局、朝鲜矿业开发贸易会社等 36 家单位被列入制裁名单。10 月份，朝鲜对欧盟人权事务特别代表斯塔夫罗斯·兰普里尼季斯（Stavros Lambrinidis）发出了访问朝鲜的邀请，但欧盟方面态度消极，最终以"延期"方式予以婉拒。11 月 20 日，第 70 次联合国大会第三委员会尽管有 50 票反对，19 票弃权，最终仍以 112 票再一次通过了关于朝鲜人权问题的决议案。进入 12 月之后，美国方面又出现了"追加指定特别制裁对象"的动向。为此，朝鲜通过外务省发言人谈话的形式于 12 月 16 日表示："如果美国继续执

着于敌对政策，将只能得到与美国的希望正好相反的结果。"（［朝］朝鲜中央通讯，
中央广播电台，2015 年 12 月 16 日）

四、针锋相对的 2016

朝鲜的表态不虚，2016 年新年刚刚过去，朝鲜就兑现了它在 2015 年 12 月
份的表态，连续释放大招。1 月 6 日上午 10 点，朝鲜在咸镜北道吉州郡的丰溪
里进行了第四次核试验。在随后发表的政府声明中，朝鲜表示："根据朝鲜劳动
党的战略决心，成功进行了主体朝鲜的第一次氢弹试验。""通过百分百依靠我
们自己的智慧、技术和力量而进行的此次试验，完全证明了新开发的试验用氢
弹技术数据的正确性，科学地阐明了小型化氢弹的威力。""只要美国不改变穷
凶极恶的对朝鲜的敌对政策，即使天塌下来，我们也不会中断核开发或弃核。
为了可靠地保证主体革命伟业的千万年未来，我们的军队和人民将不断地在质
量上强化我们正义的核遏制力。"（［朝］朝鲜中央通讯，朝鲜中央广播电台，2016 年 1 月 6 日）

一个月之后的 2 月 7 日，朝鲜又进行了"光明星 -4"号地球观测卫星的发
射。2 月 7 日正是中国农历的除夕之日，该日上午 9 点，朝鲜利用运载火箭于
平安北道铁山郡西海卫星发射场成功地进行了发射。朝鲜当天就通过中央广播
电台、朝中社和中央电视台对国家宇宙开发局公布的卫星数据进行了报道。朝
鲜国家宇宙开发局表示卫星飞行 9 分 46 秒之后准确进入轨道，轨道的倾斜角为
97.4 度，近地点 494.6 公里，远地点 500 公里，卫星绕行周期为 92 分 24 秒。

面对朝鲜这连续进行的"挑衅"大招，美日韩等国首先做出了强烈反应。
2 月 10 日，韩国朴槿惠政府做出了全面中断开城工业园区运营的决定，3 月 8
日又独自出台了针对朝鲜的制裁措施，日本政府也于 2 月 10 日做出了对朝实施
单边制裁的决定。

美国奥巴马政府则于 2 月 18 日签署生效了《2016 年对朝制裁和政策强化
法案》（*North Korea Sanctions and Policy Enhancement Act of 2016*）。该《法案》
早在 2015 年 2 月 5 日即已发起，但推进速度较为缓慢，在朝鲜进行第四次核试
验后，进程加快。2016 年 1 月 12 日，美国国会众议院以 418 票赞成，2 票反对
的比例通过了该《法案》。2 月 10 日，美国国会参议院修正后以 96 票赞成，零
票反对的比例通过。随后，众议院又以 408 票赞成，2 票反对的比例通过了修

正案，最后奥巴马总统于 2 月 18 日签署生效。该《法案》内容广泛，从调查、禁止行为和惩罚，对朝鲜扩散行为、人权滥用和非法行为的制裁，改善人权状况等三个方面，尤其是人权方面加大了对朝鲜的制裁和施压力度。第一个方面规定了总统在实施相关涉事调查方面的权力和义务，要求总统去调查涉及到朝鲜的任何人（个人或实体）与制裁活动相关的可靠信息，并定期向国会汇报总统的努力。要求国务院在对当前政策和可能的替代方案进行全面的机构间审查的基础上汇报美国的对朝政策，包括朝鲜的大规模杀伤性武器和导弹计划，人权暴行，严重破坏网络安全的活动，并包括适当的立法或行政建议。第二个方面规定该《法案》敦促总统指定朝鲜为初级清洗黑钱的司法管辖区，采取措施捍卫金融体系，防止朝鲜逃避制裁及其非法活动，并督促其他国家及时执行加强监督，防止朝鲜滥用国际金融体系。第三个方面要求总统制定一个不受限制且廉价的、朝鲜民众可接近的大众电子交流计划；要求国务院提交一份报告，详细介绍美国应对朝鲜人权状况的战略。最后，该法案还授权 2017 至 2021 财年拨款用于向朝鲜播放节目，促进朝鲜内部的信息自由，为朝鲜民众提供电子大众传播的计划，在未经政府许可的情况下向朝鲜之外的朝鲜人提供人道主义援助等。①

2016 年 3 月初，国际社会对朝鲜的第四次核试验也做出反应。3 月 2 日，联合国安理会第 7638 次会议通过了对朝鲜实施制裁的第 2270（2016）号决议。与安理会此前通过的其他对朝制裁决议相比，第 2270 号决议具有如下两个特点：第一，加强了针对煤炭、铁矿石等朝鲜大宗商品出口的制裁。"决定朝鲜不得从其领土，或由其国民，或使用悬挂其国旗的船只或飞机直接或间接供应、销售或转让煤、铁、铁矿石，所有国家均应禁止本国国民或使用悬挂其船旗的船只或飞机从朝鲜购买这些材料，不论它们是否源于朝鲜领土。"决议初步规定了在油品燃料方面的对朝制裁措施："决定所有国家均应防止本国国民，或从本国国土，或使用悬挂本国国旗的船只或飞机向朝鲜领土出售或供应航空燃料，包括航空汽油、石脑油类航空燃油、煤油类航空燃油、煤油类火箭燃料，不论这些燃料是否源于本国领土。"第二，扩大了明确针对朝鲜个人和实体的制裁。

---

① https://www.congress.gov/bill/114th-congress/house-bill/757?q=%7B"search"%3A%5B"North+Korea+Sanctions+and+Policy+Enhancement+Act+of+2016"%5D%7D&r=7

第 2270 号决议将朝鲜第二自然科学研究院院长崔春植（音）、朝鲜劳动党中央军需工业部部长李万健等 16 名个人以及朝鲜国家防务科学院、原子能工业省、军需工业部、国际宇宙开发总局、劳动党中央 39 号室、人民军侦察总局、朝鲜第二经济委员会、清川江航运公司、大同信贷银行等 12 家政府机构和企业列入制裁名单。① 如此多的党政机构以及高级官员被明确列入安理会制裁名单，这还是第一次。

随后，2016 年"关键决心"和"鹞鹰"美韩年度联合军演也开始实施。"关键决心"联合军演从 3 月 7 日开始至 18 日结束，"鹞鹰"联合军演从 3 月 7 日开始一直持续到 4 月 30 日，30 万名韩国士兵和 17000 名美国士兵参加联合军演，美国继续动员核动力航母、战略轰炸机等战略资产参与联合军演。且 2016 年的美韩联合军演与以往不同，这是第一次根据"作战计划 5015"制订演练计划并予以验证的联合军事演习，针对性、挑衅性和刺激性都更加强烈。

安理会第 2270 号决议的通过以及美韩大规模年度联合军演的实施引起了朝鲜的强烈反弹。3 月 4 日，朝鲜政府发言人发表声明，对安理会通过第 2270 号决议予以谴责，并表示将进行坚决反击。在美韩开始实施联合军演的 3 月 7 日，朝鲜国防委员会发表声明，宣布朝鲜军队和人民"进入总攻势"，将采取可对敌人进行无情消灭打击的先发制人式军事打击应对方式。（[朝]朝鲜中央通讯、中央广播电台，2016 年 3 月 7 日）从 3 月 10 日起，朝鲜分别于 3 月 10 日、3 月 18 日、4 月 15 日、4 月 23 日、4 月 27 日和 4 月 28 日进行了弹道导弹发射试验。其间，为了向美国施加压力，朝鲜还对两名美国人进行了有罪宣判。3 月 16 日，朝鲜最高法院以从事"反共和国敌对行为"为由宣布判处扣押中的美国大学生奥托·瓦努比尔（Otto Warmbier）15 年劳动教养。4 月 29 日，朝鲜最高法院又以从事"颠覆国家阴谋行为和间谍行为"为由，宣布判处扣押中的韩裔美国人金东哲十年劳动教养。

2016 年 5 月初，美韩联合军演结束，局势稍微缓和。朝鲜于 5 月 6 日至 10 日召开了劳动党第七次全国代表大会，这是自 1980 年朝鲜劳动党召开第六次全国代表大会以来首次召开的全国代表大会。在劳动党第七次全国代表大会

① 《安理会第 2270（2016）号决议》，http://www.un.org/en/ga/search/view_doc.asp?symbol=S/⑬ES/2270(2016)

上，选举了新的中央领导机构，调整了中央委员会、中央军事委员会的领导体制，朝鲜劳动党"七大"的召开是金正恩于 2012 年 4 月成为朝鲜最高领导人以来四年期间进行的各种调整的一个总结。随后，朝鲜在 6 月 29 日又召开了第 13 届最高人民会议第四次会议，修改了宪法，对相关的国家机构进行了调整，将原来的国防委员会调整为国务委员会，金正恩担任国务委员会委员长。劳动党"七大"和第 13 届最高人民会议第四次会议的召开标志着金正恩领导体制的正式确立。

劳动党"七大"之后，朝鲜一方面继续进行着弹道导弹发射试验，加快了开发进程，另一方面还向韩美发起和平攻势。在 5 月 27 日、28 日和 31 日，朝鲜连续三次进行了弹道导弹发射试验之后，6 月 10 日，朝鲜以共和国政府、政党、团体联席会议参加者的名义向美国发表了公开信，要求美国做出放弃对朝敌对政策的决定。6 月 13 日，朝鲜外务省也向联合国秘书处致公开信，要求联合国在"朝鲜半岛的局势缓和与统一问题的解决上做出积极贡献"。6 月 23 日，朝鲜进行了"火星-10"中远程弹道导弹发射试验，导弹最高飞行高度达到了 1413.6 公里，飞行距离 400 公里。朝中社表示此次发射试验证明了"朝鲜式弹道火箭的飞行动力学特性和稳定性、可控性以及新设计的结构和动力系统的技术性特征，验证了再进入区间战斗部的热阻特性以及飞行稳定性"。(〔朝〕朝鲜中央通讯，2016 年 6 月 23 日)

而美国方面，奥巴马政府则根据 2 月 18 日签署的《2016 对朝制裁和政策强化法案》在 7 月 6 日向议会提出了《朝鲜人权蹂躏和审查报告》(Report on Human Rights Abuses or Censorship in North Korea)。在报告中，奥巴马政府详细描述了朝鲜的人权状况，并在附录中列出了因"人权蹂躏"而将要对之实施制裁的个人和单位名单。[1] 美国财务部随后发布了制裁公告，这份制裁名单共包括八家单位和 15 名个人。这八家单位分别是国防委员会、劳动党中央组织指导部、国家安全保卫省及其监狱局、人民保安省及其惩教局、劳动党中央宣传宣动部以及人民军侦察总局，而这 15 名个人则包括国务委员会委员长金正恩、副委员长李勇武、吴克烈、黄炳誓，以及委员、人民保安相崔富一，人民武力部

---

[1]　U.S. Department of State，*Report on Human Rights Abuses or Censorship in North Korea*，https://www.state.gov/j/drl/rls/259366.htm

部长朴英植，宣传宣动部部长金己男等。

以人权问题为由将一个国家的最高领导人列入制裁名单并实施制裁，这在美国的历史上还是第一次。对此，7月8日，朝鲜外务省发表声明，要求美国立刻无条件撤销针对朝鲜最高尊严实施的制裁措施，如果美国拒绝朝方的要求，朝鲜方面将立即关闭朝美之间所有的外交接触空间和通道。声明同时还表示为了彻底粉碎美国的敌对行为，将采取超强硬应对措施。（［朝］朝鲜中央通讯、中央广播电台，2016年7月8日）8月24日凌晨5点30分左右，朝鲜在咸镜南道的新浦进行了潜水艇弹道导弹（SLBM）的发射试验。9月5日中午时分，朝鲜向半岛东部海域发射了三枚弹道导弹。9月9日上午9时30分，朝鲜在咸镜北道吉州郡丰溪里核试验场进行了第五次核试验。几个小时后，朝鲜以核武器研究所发表声明的形式正式表态确认。核武器研究所的声明表示："在这次核试验中，朝鲜人民军战略炮兵部队对可在战略弹道火箭搭载的标准化、规格化的核弹头的结构、动作特性、性能和威力进行了最终验证确认。""这次核试验是对以美国为首的敌对势力威胁和制裁阴谋的实际应对措施……面对美国的核战争威胁，为了保卫我们的尊严和生存权，为了守护真正的和平，将继续采取强化核武力质量的措施。"（［朝］朝鲜中央通讯，2016年9月9日）

朝鲜的反击随即又引发了国际社会的强烈反应。9月6日，联合国安理会发表新闻声明对朝鲜的弹道导弹发射行为进行了谴责。[1] 在朝鲜进行第五次核试验的当天，美国总统奥巴马就发表声明对朝鲜进行谴责，表示美国将永远不会接受朝鲜的核武器国地位，并将采取包括追加制裁在内的重大措施予以应对。纽约时间9月18日，美国国务卿克里、韩国外交通商部部长尹炳世和日本外相岸田文雄针对朝鲜第五次核试验问题在纽约举行了三方会议，并发表了共同声明。会议以美韩日三方协调应对朝鲜核试验和诱导国际社会对朝施加更大的压力为主要议题，在完全、有效执行联合国安理会第2270号决议、针对朝鲜第五次核试验通过新的安理会决议和为切断朝鲜的核导开发项目资金而推进各自的制裁措施等方面达成了协议。

9月21日，两架美国"B-1B"战略轰炸机从关岛安德森空军基地起飞，飞

---

[1]　"Security Council Press Statement on Democratic People's Republic of Korea Ballistic Missile Launches", https://www.un.org/press/en/2016/sc12509.doc.htm

至距离朝鲜半岛军事分界线仅 30 公里的京畿道抱川市永平里美军射击训练场上空，然后着陆在韩国乌山驻韩美军空军基地。

在"B-1B"飞临朝鲜半岛军事分界线向朝鲜"秀肌肉"的同时，在外交方面，为了向朝鲜施压，美国还向与朝鲜具有外交关系的国家正式提出了中断、降级外交关系的要求。美国国务院负责东亚及太平洋事务的助理国务卿丹尼尔·拉塞尔（Daniel Russel）在 9 月 28 日美国国会参议院外交委员会亚洲太平洋小委员会的听证会上对此进行了披露与说明。

10 月 15 日，第 71 届联合国大会第三委员会以不表决的协商方式通过了欧盟和日本提出的朝鲜人权问题决议（A/C.3/71/L23）。11 月 29 日，美国国会参议院通过了督促推进离散家属团聚的决议，为推进在美国的朝鲜人与朝鲜国内亲戚的相逢、团聚奠定了法律基础。

11 月 30 日，联合国安理会举行第 7821 次会议，通过了第 2321（2016）号决议。决议"促请所有会员国减少朝鲜外交使团和领事馆的工作人员人数"，并"决定所有国家均应采取步骤，限定每个朝鲜外交使团和领事馆在其境内银行里只能有一个账户，朝鲜派驻的每个外交官和领事官只能有一个账户"。决议"决定朝鲜不得从其领土，或由其国民，或使用悬挂其国旗的船只或飞机直接或间接供应、销售或转让煤、铁、铁矿石，所有国家均应禁止本国国民或使用悬挂其国旗的船只或飞机从朝鲜购买这些材料"。其中对朝鲜的煤炭出口进行了数额限定，"自决议通过之日起至 2016 年 12 月 31 日，出口到所有会员国的总金额不超过 53495894 美元或总量不超过 1000866 公吨（以其中低者为准）的朝鲜原产煤炭总额，自 2017 年 1 月 1 日起，每年出口到所有会员国的总金额不超过 400870018 美元或总量不超过 7500000 公吨（以其中低者为准）的朝鲜原产煤炭总额。"除此之外，安理会第 2321 号决议还决定对朝鲜驻埃及大使朴春日、朝鲜驻缅甸大使金锡哲、朝鲜第二自然科学院院长张昌河等 11 名个人和朝鲜联合开发银行、朝鲜大成银行、朝鲜大成贸易总公司等十家企业实施旅行禁令和资产冻结。

12 月 2 日，美国又在单边框架内出台了针对朝鲜的制裁措施，财政部宣布对朝鲜第二自然科学院院长张昌河、朝鲜第二经济委员会主席赵春龙、金哲男等七名个人和高丽航空、高丽银行、朝鲜石油探测公司、大元工业公司、朝鲜对外建筑总公司等 16 家单位进行制裁，内容涉及到交通、矿业、能源和金融服务等领域，冻结被制裁个人和实体在美国司法管辖范围内的资产，禁止他们到美国旅行，并禁止美国公民与上述个人或实体进行交易。[1]2017 年 1 月 11 日，美国财政部海外资产控制办公室又将朝鲜劳动党中央宣传宣动部副部长崔辉、金与正、朝鲜劳动党中央组织指导部副部长赵甬元、人民保安部政治部主任姜必勋、国家安全保卫部咸镜南道局长金日南、国家安全保卫部长金元弘、朝鲜劳动党中央组织指导部副部长闵炳哲等七人以及劳动省、国家计划委员会两家机构列入追加制裁名单。[2]

2016 年就这样在美朝之间针锋相对的对峙中过去了。伴随着 2016 年的过去，奥巴马政府的第二届任期也即将结束。从 2009 年 1 月至 2017 年 1 月，执政八年的奥巴马政府的对朝政策与 1993 年 1 月至 2001 年 1 月执政八年的克林顿政府的对朝政策截然不同，除了 2011 年下半年开始举行的三次高级会谈之外，奥巴马政府执政八年期间，美朝之间基本是处于对峙状态。同为民主党政府，但在对朝政策上为什么却是如此的不同？奥巴马政府执政前期，在相当程度上是持续而不是改变了共和党布什政府的对朝强硬政策，而在其第二任期，对朝政策的强硬程度则是远远超过了布什政府时期。在奥巴马政府时期的美国对朝政策上，已经几乎看不到民主与共和两党的分歧。是什么因素在起着作用，影响和规制着奥巴马政府的对朝政策呢？大体来看，主要有三种因素：第一，美国总体上的东亚战略。奥巴马政府是在美国爆发金融危机与国际权力格局发生着快速变化的背景下上台的，在这种背景下，奥巴马政府上台后制定并出台了"亚太再平衡"的东亚战略。这种战略的出台直接导致了美国对半岛政策的变化，导致美韩同盟进一步走向强化。第二，朝鲜因素。2008 年朝鲜领导人金正日的健康出现问题后，朝鲜最高权力的继承问题提上政治议事日程。2011 年 12 月金正日委员长的离世使朝鲜进入了最高权力的交接与过渡期。第三，韩国因素。朝鲜进入最高权力的交接与过渡期这一事实激发了韩国保守政府的统一志向，特别是 2013 年 12 月"张成泽事件"发生后，朴槿惠政府对朝鲜政局不

---

[1] "Treasury Sanctions Individuals and Entities Supporting the North Korean Government and its Nuclear and Weapons Proliferation Efforts", https://www.treasury.gov/press-center/press-releases/ⓖages/jl0677.aspx

[2] https://www.treasury.gov/resource-center/sanctions/OFAC-Enforcement/Pages/20170111.aspx

稳的认识更加夸大，提出"统一大博论"，认为统一时代即将来临。这三种因素的综合直接塑成了奥巴马政府的对朝政策，使其表现出一方面强化美韩同盟，加强对朝鲜的"延伸威慑"，另一方面不与朝鲜对话，保持"战略忍耐"的双重特征，而"战略忍耐"这一术语本身就来自于 2009 年担任李明博政府统一部长官的玄仁泽。①

美国对朝政策的这种特征伴随着政府的换届和特朗普政府的上台执政，是延续还是变化呢？自 2016 年 10 月以来，因"闺密干政"事件，韩国政局出现动荡，2016 年 12 月 9 日，韩国国会以 234 票赞成、56 票反对、2 票弃权、7 票无效的比例通过了对朴槿惠总统的弹劾案。朝鲜领导人金正恩上台已近五年，权力交接与过渡期也已过去，政权进一步趋向稳定。这两种因素又会对美国政府的对朝政策产生怎样的影响呢？

---

① ［韩］申锡昊：《奥巴马为什么没能像特朗普这样对待金正恩？》，理思出版社 2018 年版，第 4 页有一段描述：2009 年 7 月 20 日访问韩国的奥巴马政府负责东亚及太平洋事务的助理国务卿坎贝尔（Kurt Campbell）与韩国统一部长玄仁泽座谈时，玄仁泽表示："金正日可以活三至五年，在朝鲜出现急变事态时，韩国和美国应该为了半岛的统一而行事。"坎贝尔问道："美韩两国应该制定怎么的对朝政策呢？"在沉默的五秒钟之后，玄仁泽答道："战略忍耐和压迫是必要的。"坎贝尔睁大了眼睛，表示："真是好主意，抱歉不引用你，可以使用这一术语吗？"奥巴马政府对朝政策的标签"战略忍耐"就是这样开始的。

第九章　怒与火

本章导读

2017 年 1 月特朗普政府上台后虽然制定了"极限施压与接触"的对朝政策，但终 2017 年全年主要表现为"极限施压"，而朝鲜则制定了"超强应对"的对美政策，从而使 2017 年的美朝关系"无缝"延续了奥巴马政府后期的美朝关系形态，使 2017 年美朝之间的相互威慑再度升级，演奏了一首"怒与火"的上升螺旋曲。

在这一年中，朝鲜进行了中远程战略火箭"北极星 -2""火星 -12"和洲际弹道火箭"火星 -14""火星 -15"的发射试验，进行了第六次核试验，从而完成了"完善国家核力量的历史大业、火箭强国事业"。

而美国在通过其战略资产的大规模参与进一步强化与韩国的联合军演，强化对朝鲜军事威慑的同时，于经济领域，在联合国安理会通过第 2371 号决议、第 2345 号决议、第 2375 号决议全方位强化对朝经济制裁的同时，还在单边框架内以国会通过议案、总统签署行政命令等方式，使用包括次级制裁在内的各种手段在金融、进出口贸易等各个方面强化了对朝鲜的经济制裁力度。

第一节　无缝对接

一、"极限施压与接触"

2017 年 1 月 20 日，特朗普在华盛顿宣誓就任第 45 任美国总统。随着美国政府的换届和特朗普政府的上台，美国是否会调整对朝政策，特朗普政府将制定什么样的对朝政策，也随即成为了负责研究朝鲜半岛与东北亚问题的政策界和学术界所关注的主要问题。这在很大程度上是由于特朗普总统本人的"不靠谱"且难以预测的个性特性所造成的，而且在竞选时期，作为候选人的特朗普也曾经表示过如若当选，可以与朝鲜领导人"见面谈一谈"，这使包括朝鲜人在内的不少人产生了想象。然而，"见面谈一谈"，从特朗普上任之初的政策方向看，只不过是由于没有政治负担随口而出的轻率之言。但是，上台之后的特朗普政府的确调高了朝鲜问题在其日程中的优先性。

2017 年 2 月初，刚刚上任的美国国防部长马蒂斯（James Norman Mattis）访问韩日，这是马蒂斯的首次出访，且将韩国排在了日本之前，美国新任防长将韩国置于首访地还是 20 年前的 1997 年威廉·科恩（William Cohen）出任防长之时。马蒂斯将首访地放在处于政治动荡中的韩国，其用意很明显，主要是稳定美韩关系，尤其是军事同盟关系，督促加快"萨德"系统的部署进程。同时，美方展示特朗普政府对朝鲜半岛问题和朝核问题的重视。

2 月 10 日，特朗普总统与来访的日本首相安倍在华盛顿会晤后于新闻发布会上表示，美日两国在太平洋地区具有很多共同的利益，而航行自由和防御朝鲜的核导威胁具有"非常非常高的优先性（a very, very high priority）"。[①] 双方发表的《共同声明》也表示："美日强烈督促朝鲜放弃核与弹道导弹计划，不再采取进一步的挑衅行为……也将致力于严厉执行联合国安理会对朝鲜的决议。"[②]2月 13 日，特朗普总统在与来访的加拿大总理贾斯廷·特鲁多共同举行的新闻招

---

① http://www.presidency.ucsb.edu/ws/index.php?pid=123196&st=North+Korea&st1=

② http://www.presidency.ucsb.edu/ws/index.php?pid=123192&st=North+Korea&st1=

待会上再次表示:"朝鲜是一个大大的问题(a big, big problem),我们将非常强硬地予以应对。"[1]

执政之初的特朗普政府虽然在认识上提高了朝鲜核导问题的重要性,但是对于如何解决朝鲜的核导问题、制定什么样的对朝政策仍是没有具体的政策方案。

然而,朝鲜的对美政策却是有着具体的政策目标和预案。朝鲜方面对于2016年11月美国大选的选举结果虽然稍有一些否定性评价,[2]但对于特朗普政府的上台与执政,并没有给予过激言辞的评论。在特朗普就任总统两天之后的1月22日,朝鲜通过《劳动新闻》和平壤广播电台对此进行了报道:"共和党的唐纳德·特朗普在美国就任第45任美国总统,该日总统的就职仪式在华盛顿举行。"报道文字简单,不带任何评论。然而,就在安倍首相访美期间的2017年2月12日,朝鲜进行了"新型战略武器系统——地对地中远程战略导弹'北极星-2'的发射试验"。根据美国和韩国方面公布的数据,此枚导弹最高飞行高度550公里,在飞行500公里后落入朝鲜半岛东部海域,朝鲜领导人金正恩亲临现场观摩并指导了此次发射试验。朝鲜的此种举动直接使特朗普产生了"朝鲜是一个大大问题"的想法。

朝鲜为什么要在这种敏感的时期进行"北极星-2"中远程战略导弹的发射试验呢?2017年1月26日朝鲜外务省发言人发表的谈话阐释得很明白——朝鲜"将根据自主的强国、拥核国的地位积极发展对外关系",它的目的是希望或迫使特朗普政府接受朝鲜"自主强国、拥核国家"的地位,使特朗普政府在接受这种现实的基础上制定对朝政策。

朝鲜试图影响和塑造美国新政府对朝政策的这种努力,实际上早在美国大选结束之后就已经开始。美国大选结束时的2016年11月9日,针对美国国家情报总监詹姆斯·克拉珀(James R. Clapper, Jr.)10月25日在美国对外关系协会

---

[1] http://www.presidency.ucsb.edu/ws/index.php?pid=123338&st=North+Korea&st1=

[2] 2016年11月24日,朝中社和《劳动新闻》发表题为《接受破灭宣告的美国式民主》。文章转述了国内外对美国该届大选的批评("历史上最为卑劣的选举""直接损坏美国的道德性价值和民主主义守护国形象的选举"),并认为"美国式的民主主义并不是真正的民主主义,而是最为反动颓废的,接受之,即走上了葬送国家和民族命运之路"。参见[朝]朝鲜中央通讯,《劳动新闻》,2016年11月24日。

（Council on Foreign Relations，简称为 CFR）主办的研讨会上就"朝鲜将不会弃核"的发言，朝鲜就通过朝中社发表评论表示："这是美国对朝政策总破产的明确告白……选举中，无论谁当选，对于朝核问题，美国的政策方向都会转换。"（［朝］朝鲜中央通讯，2016 年 11 月 9 日）11 月 10 日，朝鲜又通过朝中社和《劳动新闻》发表题为《美国对朝鲜的制裁暗杀阴谋定会破产》的文章，文章表示："美国所希望的朝鲜弃核是旧时代的妄想，朝鲜拥核与核武力的强化是今日无可争辩的现实，奥巴马政府的对朝敌对政策只是给明年将执政的新政府留下了应面对主体的核强国这一更加困难的负担而已。"（［朝］朝鲜中央通讯、《劳动新闻》，2016 年 11 月 10 日）

事实上，在奥巴马政府连续两届执政仍未解决朝核问题和即将换届的情况下，美国学术界和政策界也的确进入了进行状况评估、制定新的政策的窗口期。尽管是非主流的，美国国内舆论也出现了下届政府应在接受朝鲜拥核的基础上制定对朝鲜政策的声音。针对这种声音，2016 年 11 月 25 日，朝中社、《劳动新闻》和朝鲜中央广播电台三家媒体同时发表题为《应慎重进行战略选择》的评论文章，认为"这是看到了共和国的战略地位和朝美之间力量结构而做出的评价"。（［朝］朝鲜中央通讯、《劳动新闻》、朝鲜中央广播电台，2016 年 11 月 25 日）11 月 28 日，针对美国国家情报总监詹姆斯·克拉珀 10 月 25 日在美国对外关系协会研讨会上"朝鲜将不会弃核"的发言，朝中社、《劳动新闻》和朝鲜中央广播电台再次发表题为《政策性错误导致破产》的评论，表示"这是对共和国现状的客观评价"。（［朝］朝鲜中央通讯、《劳动新闻》、朝鲜中央广播电台，2016 年 11 月 28 日）

为了从政策层面释放明确的信息，2016 年 10 月底访问日韩的美国国务院常务副国务卿安东尼·布林肯（Antony J. Blinken），于 10 月 27 日在东京举行的美日韩外交副部长会议和 28 日在首尔举行的第四次美韩高级战略协商会上表示，美国"不会接受朝鲜为拥核国，也不会容忍拥核"。对此，朝中社发表题为《需要现实性思考》的文章，认为这是"时代错误、依然守旧的思考方式……美国不应该执拗于不可能的事情，应该正确地看看现实"。朝鲜所说的"现实"，就是朝鲜已经是拥核国家，特朗普政府应该接受这一现实并制定新的对朝政策。

特朗普政府上台后，朝中社和《劳动新闻》又连续于 2017 年 1 月 24 日和 25 日发表题为《成为无用之物的对朝制裁阴谋》和《美国应从奥巴马对朝政策的破产中寻找教训》的形势解说和评论，表示："奥巴马八年间的对朝政策的总结是绝对不能挫败朝鲜……如果不看现实，重蹈过去的覆辙，得到的只有惨祸。"（［朝］朝鲜中央通讯、《劳动新闻》，2017 年 1 月 24 日）"从奥巴马政府对朝政策中应该找到的教训是在与我们的对决中，美国绝对不会赢得胜利……现在美国应该下定决心放弃对朝鲜的敌对政策。"（［朝］朝鲜中央通讯、《劳动新闻》，2017 年 1 月 25 日）

然而，美国对朝政策的决定机制并不是按照朝鲜所希望的逻辑运行的，2月 12 日"北极星 -2"型中远程战略导弹的发射试验立即就招致国际社会的强烈反应。2 月 13 日，联合国安理会召集紧急会议并一致发表了《新闻声明》。《新闻声明》强烈谴责朝鲜的中远程战略导弹的发射活动，呼吁联合国所有会员国加倍努力全面执行安理会在朝鲜问题上的决议，并表示安理会将继续密切监测发展状况，根据安理会先前表示的决心采取进一步的重大措施。[1]

在美韩日三边层次上，2 月 14 日，美韩日三国通过视频会议，确认了三国在朝鲜发射导弹问题上的情报共享和进行紧密合作的决定。在单边层次上，美国国会中以参议院外交关系委员会东亚及太平洋小委员会委员长科里·加德纳为首主张迅速推进"萨德"系统在韩国的部署以及强化针对与朝鲜进行贸易的第三国企业和机构实施次级抵制（Secondary Boycott）的言论也迅速扩散。

与此同时，2 月 13 日发生在马来西亚吉隆坡国际机场持朝鲜外交护照的朝鲜公民金哲突然死亡的事件所引发的各种猜测和解读，也进一步恶化了特朗普政府对朝鲜的认识环境。

3 月初，美韩开始了一年一度的春季大规模联合军演。动荡的韩国政局不仅没有影响到美韩联合军演的实施，而且与 2016 年的联合军演相比，时间更长，动员的兵力和战略资产更多。"鹞鹰"联合军演从 3 月 1 日开始，一直持续到 4 月 30 日。"关键决心"联合军演从 3 月 13 日持续到 3 月 27 日。美军共有10000 余名士兵参加，其中包括来自于美国本土的 3600 余名增援兵力。韩国则有 29 万兵力参加。联合军演依据"作战计划 5015"实施，也包括模拟利用"萨德"系统对朝鲜的导弹进行拦截的训练。"卡尔·文森"号核动力航母、41000 吨级的"好人理查德（Bonhomme Richard）"号两栖攻击舰、25000 吨级的"绿湾（Green Bay）"号登陆舰、15000 吨级的"亚什兰（Ashland）"号登陆舰以及鱼

---

[1] "Security Council Press Statement on Democratic People's Republic of Korea's Ballistic Missile Launch", https://www.un.org/press/en/2017/sc12716.doc.htm

鹰直升机等重型装备参与了联合军演。

3月10日，韩国宪法法院通过了韩国国会针对总统朴槿惠的弹劾案，韩国提前进入总统大选期，政治方向更加不透明。为了塑造东北亚局势的发展方向，3月15日至19日，美国国务卿蒂勒森（Rex Tillerson）访问日本、韩国和中国三国。这是蒂勒森就任国务卿之后的首次海外出访，也是继国防部长马蒂斯之后特朗普政府的又一重要官员将首次海外出访地放在了东北亚地区。蒂勒森于3月17日上午十点乘专机从日本抵达韩国乌山驻韩美军空军基地后，立即转乘直升机飞往非武装地带，来到担任共同警备区警备任务的柏尼法斯营（Camp Bonifas），与将校们共进了午餐。3月17日下午，在韩国外交通商部与部长尹炳世举行的共同记者招待会上，蒂勒森表示，奥巴马政府等待朝鲜在无核化问题上态度变化的"战略忍耐"政策现在结束了，现在朝鲜的威胁不仅对地区而且对美国和全世界都是威胁，美国将采取使朝鲜弃核的综合性措施，将探索外交、安全、经济等所有形态的措施，研究所有的选项。

蒂勒森访问韩国之后，美国国务院对朝政策特别代表尹汝尚（Joseph Yun）也在结束对中国访问后于3月20日至23日访问了韩国。访韩期间，尹汝尚与韩国各政党的总统候选人进行了会晤，阐释了美国在"萨德"部署与朝核问题上的立场。

3月31日，美国财政部对朝鲜实施追加制裁，将其认为与朝鲜的大规模杀伤性武器及其金融网络有关的一家机构和11名个人列入制裁名单，其中驻俄罗斯的金融机构代表三人，驻中国的贸易机构和金融机构代表五人，驻越南的金融机构和海洋运输公司代表两人，驻古巴的贸易公司代表一人。[①]

而在2017年初，美国国会一些对朝鲜持强硬立场的共和党与民主党的国会议员则发起了再次将朝鲜指定为支持恐怖主义国家的议案。继众议院共和党议员泰德·坡（Ted Poe）于1月12日发起之后，参议院共和党议员泰德·克鲁斯（Ted Cruz）也于3月21日发起议案。4月3日，美国国会众议院全体会议以394票赞成、1票反对的压倒性比例通过了"朝鲜支恐国家指定法案（*North*

---

① "Treasury Sanctions Agents Linked to North Korea's Weapons of Mass Destruction Proliferation and Financial Networks"，https://www.treasury.gov/press-center/press-releases/Pages/sm0039.aspx

Korea State Sponsor of Terrorism Designation Act of 2017）"（H.R.497）。①

在同日召开的参议院全体会议上，还通过了"谴责朝鲜发展多枚洲际弹道导弹以及其他目的（*Condemning North Korea's development of multiple intercontinental ballistic missiles*，*and for other purposes*）"的议案。该议案谴责朝鲜发展洲际弹道导弹，欢迎在韩国部署"萨德"系统，督促中国停止对韩国的外交和经济反制，再次确认美国支持分层、综合、多层次的导弹防御系统和对同盟与美韩日三边合作的承诺。最后，该议案呼吁中国使用其重要的影响力（its considerable leverage）对朝鲜领导人施压，以使其停止挑衅行为，放弃和解除其核导项目，遵守联合国安理会所有相关决议；呼吁美国全面执行对朝鲜所有现行的经济制裁，并不断寻求调整制裁体制以解决该体制在技术上的缺陷，呼吁国务院采取全面而严厉的外交努力督促盟国和其他国家全面实施和建立现有的对朝鲜的国际制裁体制。②

2017 年国际金融机构的对朝金融制裁也逐渐加强。据 2017 年 3 月 7 日的《华尔街日报》报道，环球同业银行金融电信协会（Society for Worldwide Interbank Financial Telecommunication，简称 SWIFT）在数周前宣布不再为朝鲜的东方银行（Bank of EastLand）、大成银行和光鲜银行（Korea Kwangson Banking Corporation）三家国营银行提供服务，3 月 16 日，环球同业银行金融电信协会再次宣布不再为朝鲜四家银行提供服务。③这是继 2016 年 10 月 21 日在法国巴黎举行的金融行动特别工作组（Financial Action Task Force，简称 FATF）对朝实施金融制裁之后的又一举措。2016 年金融行动特别工作组举行全体会议，并发表了公开声明，将朝鲜指定为"应对措施（counter-measures）对象国家"。声明呼吁其成员，并敦促所有司法管辖区采取有效的应对措施，并根据适用的联合国安理会决议实施有针对性的金融制裁，以保护其金融部门免受来

---

① https://www.congress.gov/search?q=%7B"source"%3A"legislation"%2C"search"%3A%5B"North%20Korea"%2C"North%20Korea%20Nonproliferation%20Act%20of%202006"%2C"H.R.479"%5D%7D&searchResultViewType=expanded

② https://www.congress.gov/bill/115th-congress/house-resolution/92?q=%7B"search"%3A%5B"H.Res.92"%5D%7D&r=1

③ ［韩］韩尚赫记者：《北银行，从国际结算网完全退出》，《朝鲜日报》，2017 年 3 月 17 日。http://news.chosun.com/site/data/html_dir/2017/03/17/2017031700439.html

自朝鲜的洗钱、资助恐怖主义和大规模杀伤性武器扩散融资（ML/FT/PF）风险。在有关安理会决议要求的情况下，各地区应采取必要措施关闭在其领土内现有的朝鲜银行分支机构、子公司和代表处，并终止与朝鲜银行的往来关系（correspondent relationships）。[①]

虽然朝鲜外务省发言人表示"事实上我们的银行已经从很久以前就与环球同业银行金融电信协会没有了关系"，但实际上这些措施对于切断朝鲜的银行与其他国家的银行之间的业务关系还是很有作用的。

2017 年 4 月 6 日至 7 日，中国国家主席习近平应邀对美国进行国事访问。4 月 6 日，在美国佛罗里达州海湖庄园，习近平主席和特朗普总统举行了会晤，就中美关系与共同关心的重大国际和地区问题深入交换了意见。就在中美首脑会晤一周之后，特朗普政府正式将其对朝政策命名为"极限施压与接触（Maximum pressure and engagement）"政策。这是特朗普政府自上台之后经过两个多月的评估而出台的，与布什政府评估克林顿政府的对朝政策用时五个多月相比，特朗普政府可谓迅即。4 月 15 日，美联社最初以"特朗普的朝鲜战略：'极限施压和接触'"为题进行了报道。[②]4 月 17 日，美国国务院负责东亚及太平洋事务的代理助理国务卿苏珊·桑顿（Susan A. Thornton，中文名董云裳）就朝鲜半岛状况和美国的对朝政策进行了特别说明。[③]

二、"超强应对"

美国政府换届前后，朝鲜引导改变美国对朝政策的努力并没有达到预期的效果。特朗普政府不但没有放松奥巴马政府一直持续的对朝鲜的"延伸威慑"和施压政策，力度反而更强，这使得朝鲜也只能沿着过去的方式和路径往下走。

---

① http://www.fatf-gafi.org/publications/high-riskandnon-cooperativejurisdictions/documents/public-statement-october-2016.html

② Matthew Pennington，"Trumpstrategyon N. Korea: Maximum pressure and engagement"．https://www.yahoo.com/news/trump-strategy-nkorea-maximum-pressure-engagement-183705009--politics.html

③ Susan A. Thornton，"Briefing on the Situation on the Korean Peninsula"，April 17，2017．https://www.state.gov/r/pa/prs/ps/2017/04/270216.htm

3月1日，美韩联合军演开始后，3月2日，朝鲜人民军总参谋部发言人发表谈话表示："美帝和南朝鲜傀儡再次在我们面前强行实施万分危险的核战争演习，我们的军队将按照已经宣布的那样采取超强硬的应对措施。如果美帝和南朝鲜傀儡在我们共和国自主权行事的领域，哪怕是点燃一点火花，我们将立即进行无情的军事应对。与美国对朝敌对政策保持同调，盲目地参与此次北侵战争演习的追随势力将成为我们军队的打击目标。"（［朝］朝鲜中央通讯、朝鲜中央广播电台，2017年3月2日）

4月7日，美国对叙利亚发动突然军事打击，向叙利亚政府军控制的军用机场发射了60枚"战斧"巡航导弹。对此，朝鲜外务省发言人于4月8日发表谈话表示："美国的侵略和干涉正在走向极度傲慢的程度……一些人认为美国此次对叙利亚的军事打击是指向我们的一种'警告性'行动，对此，我们并不惊讶。""今日的现实正在实际证明着力量仍应以力量应对，大力强化我们核武力的选择是千万次的正确……为了应对美国日益盲目的战争活动，我们将多方强化自卫性国防力量，将以我们的力量守护我们。"（［朝］朝鲜中央通讯、朝鲜中央广播电台，2017年4月8日）

4月15日是金日成主席诞辰105周年的日子，朝鲜在平壤金日成广场举行了盛大的阅兵式。作为一种动员方式和展示人民军意志的方式，朝鲜的阅兵式与半岛南侧正在实施的美韩联合军演形成了一种鲜明的对阵态势。

4月21日，朝鲜外务省发言人针对特朗普政府的对朝政策发表谈话，表示朝鲜是"对美国所拥有的任何选择和手段都具有充分应对能力的核强国，也将不会回避美国的任何选择"；朝鲜的"超强硬应对包括同时出其不意实施陆地、海上、水中、空中先发制人打击在内的多种方式"，"针对美国的挑衅种类和程度，相对应的我们式的强硬应对将即刻进行"，"全面战争以全面战争、核战争以我们式的核打击，毫不犹豫地进行针锋相对的应对"。（［朝］朝鲜中央通讯，2017年4月21日）

随后，朝鲜人民军举行了大规模的各军种联合打击示威，朝鲜领导人金正恩亲自观览了打击示威活动。4月26日的朝中社以不明确披露打击示威进行的时间与地点的形式进行了报道。（［朝］朝鲜中央通讯，2017年4月26日）

总体来看，在美韩实施联合军演的3、4月间，朝鲜的反应是比较温和的，以口头抗议为主，4月28日，朝鲜进行了"火星-12"型弹道导弹的发射试验，但发射失败。4月期间，朝鲜方面以外务省发言人谈话、答记者问、人民军总参谋部发言人答记者问、人民军总参谋部发言人声明、亚洲太平洋和平委员会发言人声明、青年同盟中央委员会发言人谈话等形式，对美韩的联合军演进行了严厉谴责。

有可能是5月9日韩国将举行大选的缘故，尽管美国对朝鲜的"极限施压"毫不松缓，但朝鲜方面看起来比较克制。除了5月6日以"涉嫌从事反共和国敌对行为"为由扣押了曾经运营平壤科学技术大学的工作人员——美国公民金学松之外，（［朝］朝鲜中央通讯，2017年5月7日）并无在美国看来过于"挑衅"的举动。5月9日，韩国举行了总统大选，共同民主党候选人文在寅以41%的得票率当选为韩国第19任总统。

但是从5月中旬之后开始至5月底，朝鲜的应对方式发生了大幅度变化，体现出其超强硬的风格，连续采取了在美国看来十分刺激、十分具有挑衅性的"超强应对"举措。

5月14日凌晨4时58分，朝鲜进行了新开发的地对地中远程战略弹道火箭"火星-12"的发射试验。据朝中社报道，"火星-12"火箭按照预定的飞行轨道，最高飞行高度达到了2111.5公里，在飞行787公里后正确击中了设定在公海上的目标，金正恩观看并亲自下达了发射命令。（［朝］朝鲜中央通讯，2017年5月15日）

在报道了"火星-12"发射试验之后，朝中社又分别于5月22日、5月28日和5月30日对朝鲜进行"北极星-2"型中远程战略弹道火箭、"新型反航空拦截制导武器系统"的试验射击以及"装备了精密控制制导系统弹道火箭"的发射试验进行了报道。在5月22日的报道中，朝鲜方面宣称："不久前，进行了可将美国太平洋司令部所在地的夏威夷和阿拉斯加置于射程圈的新型中远程战略弹道火箭'北极星-2'的成功发射，以其气势，展开了波澜壮阔的攻坚战，中远程战略弹道弹'北极星-2'的系列生产准备已经结束，为实战装备部队而进行了最后的发射试验，金正恩赴现场参观了发射活动。通过此次发射，履带式自动发射车的冷发射系统、弹道弹能动区间飞行时制导和稳定系统、阶段分离特性、大推力固体发动机启动和作业特征的可靠性和正确性得到完全验证。"（［朝］朝鲜中央通讯，2017年5月22日）

在5月28日和30日的报道中，朝鲜方面分别表示金正恩参观了"新型反航空拦截制导武器系统"的试验射击和金正恩"对装备了精密控制制导系统弹道火箭的发射试验进行了指导，通过此次发射试验，检查了装备着具有控制翼的战斗部的弹道火箭在能动飞行区间的飞行稳定性，在中间飞行区间依靠小型热喷射发动机的速度校正以及姿势稳定化系统的正确性得到再次确证"。([朝]朝鲜中央通讯，2017年5月28日、30日)

朝中社5月22日、28日和30日的报道都没有明确提及朝鲜进行试验发射的具体时间和地点，但对进行发射试验的技术性目标都进行了比较详细的说明，朝鲜如此做的目的是什么？5月23日朝鲜外务省发言人在回答朝中社记者提问时说的很明白："我们已经实际展示了对包括美国太平洋司令部的巢穴夏威夷和阿拉斯加在内的太平洋作战地带的全部进行核攻击的能力，也充分具备了对侵略的大本营——美国本土进行全部歼灭的能力。"([朝]朝鲜中央通讯，2017年5月23日)

朝鲜方面如此的"超强应对"一直持续到2017年11月底，其中包括9月3日进行第六次核试验这样的大招。而美国和国际社会对朝鲜"超强应对"的反应也是越来越强烈，从而使2017年美朝之间的相互威慑与遏制走上了一个更为恶性的"上升螺旋"。

第二节 "'怒与火'的上升螺旋"

一、再加压

2017年3月23日，联合国安理会就朝鲜的不扩散问题召开第7904次会议，通过了第2345（2017）号决议，该决议并没有增加新的对朝制裁措施，主要是"决定将第1874（2009）号决议第26段规定并经第2094（2013）号决议第29段修订的专家小组任务期延至2018年4月24日"。① 在朝鲜于5月中旬开始提高弹道导弹的发射试验频率后，联合国安理会于5月15日和5月22日连续发表《新闻声明》，对朝鲜4月28日、5月14日、5月21日的弹道导弹发射

---

① Security Council, *Resolution 2345(2017)*，http://www.un.org/en/ga/search/view_doc.asp?symbol=S/RES/2345(2017)

行为进行了强烈谴责。①6月2日，联合国安理会又再次就朝鲜的不扩散问题召开了第 7958 次会议，通过了第 2356（2017）号决议，对朝鲜的弹道导弹发射试验活动进行了"最强烈的谴责"②。

从美国单边层面的举措看，4 月中旬特朗普政府以"极限施压与接触"明确其对朝政策的基本框架后，对朝实施更为严厉的制裁成为了美国政界的主流共识。5 月 4 日，美国国会众议院通过了由共和党议员爱德华·罗伊斯（Edward R. Royce）于 3 月 21 日发起的议案——《封锁朝鲜和制裁现代化法案》（*Korean Interdiction and Modernization of Sanctions Act*）（H.R1644）。该议案修订了奥巴马政府于 2016 年通过的《制裁朝鲜和政策强化法案》（*The North Korea Sanctions and Policy Enhancement Act*），要求从金融网络开始完全拍断、禁止朝鲜的美元化贸易，对朝鲜的矿产、煤炭、原油以及纺织品贸易进行制裁，禁止第三国雇佣朝鲜劳工，禁止朝鲜船舶使用外国港口等，并在强化对朝制裁方面，向总统和国务院提出了更多的要求。③

为了加强对朝鲜的军事压力，5 月 31 日，美国"卡尔·文森"号和"罗纳德·里根"号两个核动力航母战斗群在朝鲜半岛东部海域进行了联合训练。

6 月 1 日，美国财政部再次加码，宣布对朝鲜实施追加制裁，将朝鲜国务委员会、朝鲜人民军、人民武力部三家机构确认为制裁对象，将朝鲜计算机中心、朝鲜锌工业集团、松一贸易公司（Songi Trading Company）等六家朝鲜企业、俄罗斯独立石油公司（Independent Petroleum Company）以及高丽银行的驻北京代表等三名个人指定为制裁对象，列入制裁名单。④这是美国国务院首次因朝鲜核导开发问题将俄罗斯的公司列入制裁名单，实际上意味着美国开始针对第三国实施次级制裁。

---

① "Security Council Press Statement on Democratic People's Republic of Korea's Ballistic Missile Launches", https://www.un.org/press/en/2017/sc12821.doc.htm；https://www.un.org/press/en/2017/sc12831.doc.htm

② Security Council，*Resolution 2356(2017)*，http://www.un.org/en/ga/search/view_doc.asp?symbol=S/RES/2356(2017)

③ https://www.congress.gov/bill/115th-congress/house-bill/1644?q=%7B"search"%3A%5B"HR+1644"%5D%7D&r=1

④ "Treasury Sanctions Suppliers of North Korea`s Nuclear and Weapons Proliferation Programs", https://www.treasury.gov/press-center/press-releases/Pages/sm0099.aspx

对于美国的施压，朝鲜针锋相对。6月9日，朝鲜进行了新型地对舰巡航导弹发射试验，朝鲜领导人金正恩参观了发射活动。据朝中社报道说，这是朝鲜国防科学院第一次进行的比原来的武器体系更为先进的地对舰巡航火箭的发射试验。（［朝］朝鲜中央通讯，2017年6月9日）而美韩两国则于6月20日在朝鲜半岛上空进行了空军联合军事训练，美军的两架"B-1B"战略轰炸机参与了联合军事训练。

在2017年年中，对抗中的美朝也进行了一次1.5轨对话，并因"个别事由"进行了外交接触。5月8日至9日，朝鲜外务省北美局局长崔善姬与华盛顿的智库新美国基金会（New America Foundation）的苏珊娜·迪马吉奥（Suzanne DiMaggio）、美国驻联合国前大使托马斯·皮克林（Thomas R. Pickering）、美国国务院前负责不扩散与军控问题特别助理罗伯特·艾因霍恩（Robert Einhorn）以及美国太平洋舰队前司令官威廉·法伦（William Fallon）等在挪威首都奥斯陆进行了一次对话，美国国务院对朝政策特别代表尹汝尚也利用这一机会与崔善姬进行了秘密接触。但这种对话并不能改变美朝关系运行的主轨，美国国务院负责东亚及太平洋事务的发言人安娜·里奇 - 艾伦明确表示参加对话的美国前政府人士都是以个人身份参与的，没有携带美国政府的任何信息，美国官方的这种表态大大降低了奥斯陆接触的意义。

6月12日，为了协商被朝鲜判刑的美国大学生奥托·瓦姆比尔的释放问题，尹汝尚利用民航飞机率领一个医疗队访问了平壤，与朝鲜方面进行了数个小时的磋商之后，朝鲜方面从人道主义考虑同意释放瓦姆比尔，6月13日尹汝尚带着已经处于昏迷状态的瓦姆比尔返回美国。早在特朗普上台不久后的2017年2月，国务卿蒂勒森曾向特朗普汇报了被朝鲜判刑或羁押的四名美国人的情况，特朗普指示蒂勒森"采取所有适当的措施"。在这种情况下，尹汝尚才于5月与崔善姬在奥斯陆进行了秘密接触。6月6日，尹汝尚应朝鲜驻联合国代表处的邀请，与朝鲜驻联合国大使慈成男接触时得知瓦姆比尔的健康状况，遂报告于国务卿蒂勒森后，在特朗普总统的同意下访问了朝鲜，并在平壤会见了其他三名被朝方判刑或羁押的美国人。①

---

① 《美国国务院："尹汝尚，在平壤与三名美国人面谈"》，http://m.tongilnews.com/news/articleView.html?idxno=121129

对于尹汝尚的访朝，一些专家和媒体非常关注，认为有可能成为美朝进行直接对话的契机，但美国国务院对这种看法直接给予了否定，认为这完全是与美国公民相关的"独立问题（separate issue）"。

瓦姆比尔回美一周之后于 6 月 19 日死亡，这使得笼罩在美朝关系发展前景上的悲观气氛更加凝重。

二、"八月危机"

继"四月危机"之后，进入到 2017 年 8 月之后，朝鲜半岛又迎来了"八月危机"。在 8 月之前的 7 月，朝鲜分别于 7 月 4 日和 28 日进行了两次洲际弹道火箭"火星 -14"的发射试验。7 月 4 日是美国的独立纪念日，属于敏感日子。根据 7 月 5 日朝中社和朝鲜中央广播电台的报道，7 月 4 日上午，朝鲜进行了洲际弹道火箭"火星 -14"的发射试验。报道称，发射的火箭按照预设的飞行轨道，最高飞行高度达到了 2802 公里，在飞行了 933 公里之后准确地击中了在朝鲜东部公海上设定的目标水域。而发射"火星 -14"火箭的目的在于验证可以搭载新开发的大型核弹头的洲际弹道火箭的技术性数据和特征，特别是最终验证以新开发的碳复合材料生产的洲际弹道火箭战斗部前端耐热性和结构稳定性为代表的再进入战斗部的所有技术性特性。通过此次发射，发射台的分离特性、能动区间的阶段性制导、稳定系统和结构系统的技术性特性、阶段分离体动作的正确性和可靠性、战斗部分离后中间区间战斗部的姿势控制特性，尤其是再进入时战斗部的耐高温性等技术得到了全部验证。（［朝］朝鲜中央通讯，2017 年 7 月 5 日）在 7 月 4 日"火星 -14"发射试验之后一直到 7 月中旬，朝鲜举行了一系列的庆祝"火星 -14"洲际弹道火箭成功发射的活动。

7 月 28 日晚，朝鲜再次进行了"火星 -14"洲际弹道火箭的第二次发射试验。根据 7 月 29 日朝中社的报道，此次发射的火箭最高飞行高度 3724.9 公里，飞行距离 998 公里，在飞行 47 分 12 秒之后正确命中了在公海上设定的水域。报道称，此次发射试验的目的是最终确认以可搭载大型核弹头的洲际弹道火箭的最大飞行距离为代表的武器系统的全部技术特性，同时也是为了给丧心病狂、大放厥词的美国以严重的警告。（［朝］朝鲜中央通讯，2017 年 7 月 29 日）

美国方面，自 6 月 1 日美国财政部因朝鲜的核导开发问题宣布对俄罗斯独立石油公司实施次级制裁后，6 月 29 日，美国财政部又宣布对两名中国公民孙伟（音）、李红日（音）和大连宇联船务公司（Dalian Global Unity Shipping Co., Ltd）实施制裁，并宣布丹东银行是朝鲜非法金融活动的通道，为主要的洗钱关切外国银行，[①] 开始对中国实施次级制裁。

而随着朝鲜进行"火星 -14"洲际弹道火箭的发射试验，美国和国际社会对朝鲜的进一步施压也随之而来。7 月 27 日，美国国会参议院以 98 票赞成、2 票反对的比例通过了对朝鲜、俄罗斯和伊朗的一揽子制裁法案。该法案是在 5 月 4 日美国国会众议院通过《封锁朝鲜和制裁现代化法案》之后将俄罗斯和伊朗纳入其中，并于 5 月 25 日由众议院再次以 419 票赞成、3 票反对的比例通过的基础上，再由参议院通过。随后，特朗普总统于参议院通过 6 天之后的 8 月 2 日签署了该法案。

与 7 月 27 日美国国会参议院通过法案的同一日，美国国会众议院还一致通过了《朝鲜旅游控制法案》（North Korea Travel Control Act）（H.R.2732），该法案规定除美国财政部发放一般或特别许可之外，禁止美国司法管辖的个人所有的赴朝旅游。[②]

8 月 5 日，联合国安理会召开第 8019 次会议，通过了第 2371（2017）号决议，该决议对朝鲜贸易公司和银行的九名干部以及朝鲜外贸银行、朝鲜民族保险总公司等四家机构进行资产冻结和旅行禁止。同时，该决议在对朝鲜矿产品的出口贸易实施制裁的基础上，还将朝鲜海产品的出口纳入制裁范围，并"决定各国须禁止由本国国民或在本国境内与朝鲜实体或个人开设新的合资企业或合作实体，或通过追加投资扩大现有的合资企业"。[③]

8 月 22 日，美国财政部再次单边追加对朝鲜的制裁，以帮助已被指定的支持朝鲜核导开发项目的个人介入朝鲜的能源贸易、帮助朝鲜劳务输出，以及使

---

① "Treasury Acts to Increase Economic Pressure on North Korea and Protect the U.S. Financial System", https://www.treasury.gov/press-center/press-releases/Pages/sm0118.aspx

② "North Korea Travel Control Act", https://www.congress.gov/bill/115th-congress/house-bill/2732?q=%7B"search"%3A%5B"North+Korea"%2C"North+Korea+07%5C%2F27%5C%2F2017"%5D%7D&r=2

③ Security Council, *Resolution 2371(2017)*, http://www.un.org/en/ga/search/view_doc.asp?symbol=S/RES/2371(2017)

被制裁的朝鲜企业利用美国和国际的金融系统为由，对十家企业和六名个人实施制裁。十家企业中，中国企业六家，俄罗斯一家、朝鲜一家以及总部设在新加坡的企业两家。六名个人中，俄罗斯人四名、朝鲜人一名，中国人一名。[①]

　　在单边和多边框架内强化对朝经济制裁的同时，美韩等国也在安全方面加强了对朝鲜的威慑。在朝鲜进行第一次"火星-14"发射试验后，7月8日，美国空军两架战略轰炸机"B-1B"从关岛爱德森空军基地出发，飞至朝鲜半岛上空进行了实弹射击训练。与此同时，美军两架"F-16"战斗机和韩国军队两架"F-15K"战斗机也参加了实弹射击训练。在朝鲜于7月28日进行第二次"火星-14"发射试验后，美韩又立即做出应对，8月29日凌晨，美韩进行了联合导弹发射训练，美八军和韩军分别发射了地对地弹道导弹（ATACMS）和"玄武-2"型导弹。文在寅政府则于7月29日召开国家安全保障会议，决定在已经部署了两台"萨德"系统发射车的基础上，再追加临时部署四台发射车。

　　针对美韩的强硬应对以及联合国安理会第2371号决议，8月8日，朝鲜人民军发言人发表声明，表示："为了压制和牵制关岛的主要基地，给美国以严重的警告信号，朝鲜人民军正在对以同时发射四枚中远程战略弹道火箭'火星-12'进行关岛包围射击的方案进行慎重地研究。发射的'火星-12'将通过日本的岛根县、广岛县、高知县上空，飞行距离为3356.7公里，在飞行1065秒后击中关岛周边30~40公里的海上水域。"8月10，朝鲜人民军战略军司令金乐检再次提到了这一方案，（［朝］朝鲜中央通讯，2017年8月9日、8月10日）而8月14日，朝鲜最高领导人金正恩视察了朝鲜人民军战略军司令部，并在司令部指挥所听取了金乐检大将关于关岛包围射击的方案。根据8月15日朝中社和朝鲜中央广播电台的报道，朝鲜战略军已经完成了关岛包围射击的准备，正在等待党中央的命令。（［朝］朝鲜中央通讯、朝鲜中央广播电台，2017年8月15日）虽然因朝鲜领导人金正恩于8月16日决定暂缓这一方案的执行，包围关岛射击方案最后未能实施，但其所引发的紧张态势则是显而易见的。

　　8月21日，美韩两国开始实施年度"乙支·自由卫士"联合军演，此次联合军演持续到了8月31日，共有五万名韩国军队和包括七千名海外增援部队在

---

①　"Treasury Targets Chinese and Russian Entities and Individuals Supporting the North Korean Regime", https://www.treasury.gov/press-center/press-releases/Pages/sm0148.aspx

内的 15000 名美军参加。美国太平洋舰队司令哈里·哈里斯（Harry Harris）、美国战略军司令官约翰·海登（John Hyten）亲赴演习现场，澳大利亚、加拿大、哥伦比亚、丹麦、新西兰、荷兰、英国等七个曾参加联合国军的代表观看了军演。

而就在美韩军演期间的 8 月 29 日，朝鲜进行了中远程战略弹道火箭的发射训练，朝鲜领导人金正恩亲赴现场参观了发射训练。8 月 29 日也是个有意义的日子，正是在 107 年前的 8 月 29 日，《韩日合并条约》生效。朝鲜在该日的发射训练中动员了 "火星 -12" 中远程战略弹道火箭，发射的火箭按照预定的轨道，飞跃日本北海道的渡岛半岛和襟裳岬上空，命中了于北太平洋海上设定的目标水域。朝方明确表示这是应对美韩 "乙支·自由卫士" 联合军演而进行的武力示威的一种方式。（[朝] 朝鲜中央通讯、朝鲜中央广播电台，2017 年 8 月 30 日）

三、未结束的危机

8 月的对峙危机并未随着 8 月的过去而结束，针对朝鲜 8 月 25 日和 29 日飞跃日本上空的弹道火箭发射活动，联合国安理会于 8 月 29 日召开会议，并发表了《主席声明》，对朝鲜的发射活动进行了 "强烈的谴责"，并 "要求朝鲜不再使用弹道导弹技术进行任何进一步发射，并停止一切与其弹道导弹计划有关的活动"。[1] 然而，在 8 月结束仅仅三天之后 9 月 3 日的中午时分，朝鲜又释放大招，进行了第六次核试验。

根据 9 月 3 日朝中社和朝鲜中央广播电台的报道，该日，朝鲜领导人金正恩视察了 "核武器兵器化事业"，并召开了朝鲜劳动党中央政治局常务委员会会议，听取了核武器研究所关于推进核武器兵器化研究工作状况的汇报，讨论了劳动党第七次全国代表大会提出的作为实现完成国家核武力最后阶段目标的一个环节——进行搭载于洲际弹道火箭的氢弹试验问题，会议通过了 "关于为完成实现国家核武力最后阶段目标的一个环节，进行搭载于洲际弹道火箭的氢弹试验" 决定。然后，金正恩委员长在军需工业部于 9 月 2 日提交的氢弹试验准

---

[1] Security Council, "Statement by the President of the Security Council", http://www.un.org/en/ga/search/view_doc.asp?symbol=S/PRST/2017/16

备工作结束的报告上签署了"同意，在9月3日12点进行"的意见。（［朝］朝鲜中央通讯、朝鲜中央广播电台，2017年9月3日）

朝鲜进行第六次核试验后，朝鲜核武器研究所随后通过朝中社、朝鲜中央广播电台、平壤广播电台发表了"第六次核试验进行与结果"的声明，声明表示："此次试验的目的是检验确认搭载于洲际弹道导弹战斗部的氢弹制作中使用新的威力调整技术和内部结构设计的正确性和可靠性。""通过实验，再次确认了氢弹一阶系统的压缩技术和分裂连锁反应的启动操纵技术的精密性，也再一次证实了一阶系统和二阶系统核物质的利用率达到了设计水平。""通过核弹头爆破试验和各种弹道火箭发射试验，也再次确认了经过充分研究的集群型核爆破控制系统的可靠性。"声明称，此次试验"完全成功"，"明确地展示了不仅我们主体制造的核弹已经高度精密化，而且核战斗部动作的可靠性得到牢固保障，我们核弹头的设计和制作技术达到了可根据打击对象和目标进行随意调整核弹威力的高水平。对于实现国家核武力完成的最终阶段目标将成为具有非常意义的契机"。（［朝］朝鲜中央通讯、朝鲜中广播电台、平壤广播电台，2017年9月3日）

朝鲜进行第六次核试验后，联合国安理会比以往做出了更快的反应。9月4日安理会召开了紧急会议，9月11日，安理会召开第8042次会议，通过了第2375（2017）号决议。第2375号决议强烈谴责朝鲜的核试行为，在海上拦截货船，对向朝鲜出口冷凝液、液化天然气、精炼石油产品、原油以及向朝鲜出口纺织品等方面做了严格的限制规定。在石油产品方面，决议决定从2017年10月1日起至2017年12月31日止，初步为期三个月，朝鲜采购或经由会员国领土或由会员国国民，或使用悬挂本国国旗的船只或飞机，直接或间接向朝鲜供应、销售或转让至多500000桶精炼石油产品；从2018年1月1日起为期12个月及以后每年至多2000000桶精炼石油产品。且在原油方面，决议"决定所有会员国在本决议通过后12个月期间向朝鲜供应、出售或转让的原油量，不得超过本决议通过前12个月内会员国供应、出售或转让的数量"，除非制裁委员会事先根据个案情况批准仅为朝鲜国民民生之目的且与朝鲜核计划或弹道导弹计划或与先前通过的相关决议或本决议所禁止的其他活动无关。在纺织品方面，"决定朝鲜不得从其领土或由其国民、或使用悬挂其国旗的船只或飞机，直接或间接供应、销售或转让纺织品（包括但不限于布料以及部分或全部完成的服装产品），决定所有国家须禁止本国国民或使用悬挂本国国旗的船只或飞机从朝鲜采购这些物项，而不论它们是否源于朝鲜领土，除非委员会根据个案情况事先批准"。

同时，第 2375 号决议还决定对朝鲜中央军事委员会、劳动党中央组织指导部和宣传宣动部三个机构以及朝鲜中央军事委员会委员、人民武力部部长朴英植个人实施资产冻结和旅游禁止的制裁。[1] 这是继 2016 年 3 月通过的第 2270 号决议决定对朝鲜劳动党中央军需工业部、39 号室、侦察总局等机构实施制裁后，在联合国安理会层面又一次针对朝鲜劳动党中央机构实施的制裁。

针对联合国安理会的制裁动向，朝鲜外务省发言人于 9 月 4 日就通过回答朝中社记者提问的形式表示："搭载于洲际弹道火箭的氢弹试验在我们选择的并进道路上是一定要经历的正常工程，无论是谁都不能挑毛拣刺。"（［朝］朝鲜中央通讯、朝鲜中央广播电台，2017 年 9 月 5 日）9 月 11 日，针对安理会即将出台的制裁决议，朝鲜外务省发表声明表示："如果美国在联合国安理会操纵通过更严厉的非法'制裁决议'，我们一定要美国付出与其相应的代价……我们将采取的下一措施将使美国陷入史无前例的困惑。"（［朝］朝鲜中央通讯，2017 年 9 月 5 日）在第 2375 号决议通过后，朝鲜立即做出了实际反应，9 月 15 日朝鲜在平壤顺安一带进行了中远程战略火箭"火星 -12"的发射训练，金正恩委员长参观了发射训练，并亲自下达了发射命令。发射的火箭飞跃日本北海道上空，准确击中了在太平洋上设定的目标水域。（［朝］朝鲜中央通讯，2017 年 9 月 16 日）

在朝鲜进行了第六次核试验之后，美国舆论界出现了在韩国重新部署战术核武器和开发最新型小型核弹的主张。联合国安理会也于 9 月 15 日发表《新闻声明》，谴责朝鲜发射"火星 -12"中远程战略导弹的行为，并要求所有的会员国全面、彻底、立即履行安理会制裁决议。[2]9 月 19 日，特朗普总统在联合国大会发表演讲。在演讲中，特朗普总统针对朝鲜使用了异常严厉、出格的词汇，指责朝鲜进行核导开发和朝鲜的人权问题，说朝鲜是一个"鄙视民众和人民福祉的堕落政权"，并表示美国具有很强的实力和耐心，但如果它被迫保卫自己和盟友，美国则"别无选择，只有彻底消灭朝鲜。火箭人正在为自己和其体制执

---

[1] 《联合国安理会第 2375（2017）号决议》，http://undocs.org/S/RES/2375(2017)

[2] "Security Council Press Statement on Democratic People's Republic of Korea's Ballistic Missile Launch", https://www.un.org/press/en/2017/sc12994.doc.htm

行一次自杀任务"。

　　为了进一步加强对朝鲜施压，9 月 21 日，特朗普总统签署了第 13810 号行政命令（Executive Order）。该行政命令规定对与从事涉朝经济活动的个人或实体在美或以后来美的财产或财产利益予以冻结，不得转让、支付、汇出、提取或进行其他处理，外国人具有利益的飞机或轮船在着陆朝鲜任何一地或停泊朝鲜港口之后从其离开之日起 180 天之内不得着陆美国任何一地或停泊于美国的任何港口，冻结任何来自、去向或通过一个由财政部部长认定为朝鲜人拥有或控制或曾经转移朝鲜人具有利益资金的外国银行账户的美国境内资金、以后来美资金、由美国人拥有或控制的资金，不得转让、支付、汇出、提取或进行其他处理。① 第 13810 号行政命令在制裁朝鲜问题上赋予了美国财政部更多的职权。9 月 26 日，美国财政部再次将朝鲜的农业开发银行、国际工业发展银行等八家银行和朝鲜银行驻中国、俄罗斯、利比亚和阿联酋等国的 26 名代表指定为制裁对象。②

　　特朗普总统和美国政府的举措招致了朝鲜方面的强烈反弹，9 月 22 日，朝鲜领导人金正恩以国务委员会委员长的名义发表声明，指责特朗普总统"在联合国舞台上公然流露出彻底毁灭一个主权国家的反人类意志"，并表示："他的发言并没吓唬或阻止我，反而证明了我选择的道路是正确的，是要走到底的路。""不管特朗普想到了什么，他将会目睹超乎其想象的结果。必须、必须以火惩治美国的疯老头。"（[朝]《劳动新闻》，2017 年 9 月 22 日）

　　话虽这样说，但可能是召开朝鲜劳动党中央七届二中全会的缘故，10 月份的朝鲜并没有做出过多在美国看来是"挑衅"的举动。10 月 7 日，朝鲜劳动党召开了第七届中央委员会第二次会议，会议的议程有两项，其一是关于应对当前形势的几项任务，其二是组织问题。朝鲜领导人金正恩在报告中指出："我们的核武器是在美国的核威胁中为了守护祖国的命运和自主权，我们的人民长期浴血奋战的宝贵成果，是为了坚定守护朝鲜半岛和东北亚地区的和平与稳定，可靠地保证朝鲜民族的自主权、生存权和发展权的强大遏制力。""通过今天的

---

①　"Executive Order 13810", http://www.presidency.ucsb.edu/ws/index.php?pid=128329

②　"Treasury Sanctions Banks and Representatives Linked to North Korean Financial Networks", https://www.treasury.gov/press-center/press-releases/Pages/sm0165.aspx

形势和现实，我们党紧握经济建设和核武建设并进路线，沿着主体的社会主义道路奋力前进是千真万确的，今后也应不变地沿着这条道路前进。"

在组织问题上，劳动党中央七届二中全会对中央政治局委员、候补委员，中央军事委员会委员，中央委员会委员、候补委员进行了罢免和补选，选举了中央委员会副委员长，任命了劳动党中央部分部门的部长和部分道的党委员长。补选的中央政治局委员、候补委员、中央委员、中央候补委员分别为5名、4名、16名和28名。(〔朝〕《劳动新闻》，2017年10月8日)政治局补选的比例到达了30%，中央委员会补选的比例达到了16%左右。

尽管10月份的朝鲜十分安静，但美国仍于10月16日至20日与其盟友在朝鲜半岛东西部海域进行了大规模的、名称为"对特殊部队作战（Maritime-Counter-Special Operations Forces，简称MCSOF）"的联合军演，以"罗纳德·里根"号核动力航母、俄亥俄级核潜艇"密西根"号（SSGN-727）等美军战略资产和韩国的"世宗大王"号宙斯盾驱逐舰为代表的40艘舰艇以及"P-3"海上巡逻机、阿帕奇直升机、"F-15"等美韩的海空军力量参加了军演。随后从10月23日开始，驻韩美军又进行了为期五天的"非战斗人员撤离行动（Non-Combatant Evacuation Operation，简称NEO）"训练，这是驻韩美军继2017年6月实施"勇敢渠道（Courageous Channel）"训练之后又一次实施的针对危急情况下撤离包括28500名驻韩美军士兵在内的23万余名在韩美国人的训练。

10月28日，美韩两国在首尔举行了第49次安保协商会议，两国针对在朝鲜半岛及其附近地区扩大美国的战略资产循环部署问题上达成了一致，并表示"注意到美国海空军的战略资产在朝鲜半岛展开的频度和强度正在增加"。①

11月初，特朗普总统开始了其长达13天的东亚巡访之旅。11月5日至7日，特朗普访问日本，并与日本首相安倍举行了首脑会晤，讨论了两国间的贸易和共同应对朝鲜威胁的问题。

11月7日至8日，特朗普总统访问韩国。7日正午12点半，总统专机抵达驻韩美军乌山空军基地之后，特朗普总统立即前往位于京畿道平泽的美国最

---

① 《第四十九次韩美安保协商会议共同声明》，http://www.mnd.go.kr/user/boardList.action?command=view&page=1&boardId=I_43915&boardSeq=I_5231291&titleId=null&id=mnd_0107040100 00&siteId=mnd

大海外军事基地——"汉弗莱斯营地（Camp Humphreys）"，与美军将士共进午餐，并听取了美韩联合司令部关于朝鲜核导威胁的报告。下午，特朗普总统与文在寅总统举行了首脑会晤。11 月 8 日，美韩两国就特朗普总统的国事访问结果发表了《联合新闻公告》。在《联合新闻公告》中，两国首脑"承诺在对朝政策上将继续进行紧密的协商、沟通与合作"。特朗普总统强调，"保护美国及其盟国免受朝鲜的攻击是最优先的考虑，为了防御美国及其盟国免受日益增长的朝鲜的威胁，美国具有使用核与常规武器等所有范围的军事力量的准备"。同时，两国首脑还决定"为了应对朝鲜的威胁，通过尖端军事资产的获得和扩大美国的战略资产在朝鲜半岛和周边地区的循环部署，强化美韩同盟的防卫态势和能力"，而"为了应对朝鲜的核导威胁，两国首脑再次确认推进美韩日三国的安全合作，继续进行三国间的导弹预警训练和反潜艇作战训练，扩大情报共享"。韩国同意在未来三年内通过对外军事销售（Foreign Military Sales，简称FMS）和直接商业销售（Direct Contractor Sales）向美国购买 130 亿美元的军事装备。

特朗普总统在访问了日本和韩国之后，又陆续访问了中国、越南和菲律宾。而在特朗普总统结束其东亚五国之行回到美国之后不久，美国国务院于 11 月 20 日宣布将朝鲜再次指定为支持恐怖主义国家。[①] 美国财政部也于次日，即 11 月 21 日又将一名中国公民、包括四家中国企业和九家朝鲜企业在内的 13 家实体以及 20 艘朝鲜船只指定为制裁对象。[②]

美国再次指定朝鲜为支持恐怖主义国家并宣布追加制裁后，朝鲜方面于 11 月 22 日通过外务省发言人回答朝中社记者提问以及亚太和平委员会发言人声明的形式对美国进行了指责，并要求特朗普政府撤销指定和实施的制裁，从形式和使用的语言风格上看，朝鲜的反应似乎并不强烈。然而几天之后的 11 月底，朝鲜方面再放大招。

11 月 29 日凌晨 2 点 48 分，在朝鲜领导人金正恩的亲自指导下，朝鲜于平壤郊区的平城进行了洲际弹道火箭"火星 -15"的发射试验。根据朝中社的报道，

---

① 　https://www.state.gov/j/ct/list/c14151.htm

② 　"Treasury Sanctions Trading, Labor, and Shipping Companies and Vessels to Further Isolate North Korea", https://www.treasury.gov/press-center/press-releases/Pages/sm0220.aspx

朝鲜此次发射试验的目的是"确定新开发的'火星 -15'型武器体系的战术技术标准和动作的可靠性。""发射的火箭最大高度达到了 4475 公里，飞行距离 950 公里，在飞行 53 分钟之后，准确地落在朝鲜东部公海上的预定目标水域。""通过此次发射试验确认了武器系统的所有参数正确地满足了设计要求，可以根据战略武器系统使命充分保障战斗环境中的可靠性。尤其验证了经过中间飞行区段姿势操纵及速度校正的命中性、利用推力矢量控制的大功率发动机和比推力高的发动机的动作正确性，以及相应的制导及稳定化体系设计参数的正确性。确认了新研制的九轴自行发射架的机动及起重能力、发射系统的动作可靠性，同时重新确证了已被确认的操纵及稳定化技术、多级分离及启动技术、战斗部在再入大气层环境下的可靠性。"（［朝］朝鲜中央通讯、朝鲜中央广播电台，2017 年 11 月 29 日）

11 月 29 日中午 12 点，朝鲜就新型洲际弹道火箭"火星 -15"的试射成功，通过朝中社、朝鲜中央广播电台、平壤广播电台发表《政府声明》，声明表示："在金正恩同志受朝鲜劳动党和共和国政府的委托进行指导下，'火星 -15'型洲际弹道火箭于主体 106（2017）年 11 月 29 日 2 时 48 分，在首都平壤近郊发射。"而值得关注的是朝鲜在《政府声明》中还表示"金正恩委员长观摩了新型洲际弹道火箭'火星 -15'型试射成功，并自豪地宣布完善国家核力量的历史大业、火箭强国事业今天终于完成"。（［朝］朝鲜中央通讯、朝鲜中央广播电台、平壤广播电台，2017 年 11 月 29 日）

朝鲜进行"火星 -15"型洲际弹道火箭发射之后，美韩两国立即于 12 月 4 日至 8 日进行了历史上最大规模的联合空中军事训练。代号为"警戒王牌（Vigilant Air Component Exercise，简称 Vigilant ACE）"的联合空中军事训练共动员了包括六架美国"F-22 猛禽"隐形战斗机在内的 230 余架飞机参加。12 月 11 日至 12 日，美日韩三国又针对朝鲜有可能的潜射弹道导弹（SLBM）发射行为在韩国和日本附近海域进行了探测、追踪的预警训练。与此同时，特朗普政府的主要人士也纷纷发出了给予强硬应对的声音。美国白宫国家安全事务助理麦克马斯特（Herbert Raymond McMaster）在 12 月 2 日加利福尼亚州举行的"里根国防论坛"表示："美国的最大威胁就是朝鲜，与朝鲜发生战争的可能性与日俱增。"美国国会共和党参议员林赛·格雷厄姆（Lindsey Graham）则表示："现在是应该从韩国撤离美国人的时候了。"国务卿蒂勒森、国家安全事务助理麦克马斯特、美国驻联合国大使黑莉等人主张对朝鲜实施全面海上封锁，强化对朝鲜的制裁。

联合国安理会于 12 月 15 日召开紧急会议之后又于 22 日召开了第 8151 次会议，通过了第 2397（2017）号决议。第 2397 号决议对朝鲜进口原油和精炼石油产品数量进行了严格的限定，每年进口原油不得超过 400 万桶或 52.5 万吨，精炼石油产品不得超过 50 万桶。决议在对朝鲜的粮食农产品、机械、电气设备、稀土、木材、工业机械、运输车辆、钢铁和其他金属的进出口做出了禁止规定的同时，为了堵塞走私，第 2397 号决议还对可疑船只实施海上拦截做出了规定。此外，第 2397 号决议还对朝鲜进行了人权问题的指责，对朝鲜人民武力省以及包括 14 名驻海外金融代表和劳动党中央政治局候补委员兼军需工业部第一副部长李炳哲、军需工业部副部长金钟植在内的 16 名个人实施资产冻结和旅游禁令。[1]

安理会第 2397 号决议通过后，美国财政部也随即于 12 月 26 日将李炳哲和金钟植指定为制裁对象，列入制裁名单。[2]

喧嚣的 2017 年就这样在紧张、激烈、刺激的对抗中过去了。虽然美国国务卿蒂勒森在 2017 年 5 月 3 日的演讲中提出，如果朝鲜放弃核导开发，美国将对朝鲜做出不要求改变朝鲜的国家体制、不要求搞垮金正恩政权、不急于南北统一、美军不跨过将朝鲜半岛分为南北两部分的北纬 38 度线进攻朝方等承诺的所谓"四不"政策，虽然特朗普总统将其对朝政策标榜为"极限施压与接触"，但 2017 年特朗普政府对朝政策的核心是"极限施压"，并与朝鲜的"超强应对"相对撞，从而演奏了 2017 年朝鲜半岛局势这曲"愤怒"对"烈火"的主旋律。

岁末的 12 月 18 日，特朗普政府发布了新的《国家安全战略报告》（National Security Strategy），在新的《国家安全战略报告》中，特朗普政府将"保护美国的国土、人民和美国的生活方式"、"促进美国的繁荣"、"以力量保持和平"以及"提高美国的影响力"定义为美国的关键国家利益或四大支柱，而影响美国世界地位的挑战和趋势主要来自于修正主义国家、地区独裁者以及圣战恐怖主

[1] 《联合国安理会第 2397（2017）号决议》，http://undocs.org/zh/S/RES/2397(2017)

[2] "Treasury Sanctions Senior North Korean Officials Involved in Weapons Development"，https://home.treasury.gov/news/press-releases/sm0245

义者。在新世纪的竞争中，美国将重建美国的军事力量，并运用所有的国家工具以保护和平。对于朝鲜，特朗普政府在《国家安全战略报告》中十数次提及，言辞激烈，认为朝鲜是一个"饿其民众"而追求可杀死数百万美国人之能力的国家，美国随时准备着以压倒性的力量应对朝鲜的侵略，并将改进推动朝鲜半岛无核化的选项。①

12月29日，朝中社也发表了一篇文章，文章回顾了2017年的"四月危机"、朝鲜进行炮兵部队和特殊作战部队的训练，以及"北极星-2""火星-12""火星-14""火星-15"等型号洲际弹道火箭的发射试验过程，认为"2017年是围绕着朝鲜半岛的世界政治格局和力量关系发生根本性转换而要特别记写的一年"，并表示"朝美对决的主导权已经牢牢地掌握在我们手中，未来朝鲜半岛的局势将按照我们的决心和意志而演变"。（［朝］朝鲜中央通讯，2017年12月29日）

一边态度强硬，一边信心满满。未来的美朝关系会怎样发展，朝鲜半岛的局势又是否会按照朝鲜的决心和意志而演变，已经完成核力量与火箭强国建设这一历史大业的朝鲜又将制定怎样的对美政策，2017年的岁末为世间留下了一定的想象空间。

---

① The White House，*National Security Strategy of the United States of America*，December 2017

第十章　变奏

本章导读

2017 年危如累卵的半岛地区局势在 2018 年初快速发生变奏，以平昌冬奥会的举办为契机，朝韩首先实现和解，并进而推动了美朝关系和半岛局势发生了令人目不暇接的炫丽变化。

对于朝鲜半岛地区而言，2018 年堪称首脑会晤之年。在这一年期间，中朝首脑实现了三次会晤，南北首脑实现了三次会晤，美韩首脑实现了两次会晤，而美朝首脑则实现了两国历史上的首次首脑会晤。

以首脑会晤为主要互动模式，以朝韩《板门店宣言》、新加坡美朝《联合声明》、朝韩《九月平壤共同宣言》等文件的签署为契机，朝鲜半岛地区也再次启动了无核化进程与和平进程，从而使 2018 年朝鲜半岛地区局势总体保持了缓和的发展态势。

但是，仍然需看到，尽管在美朝首脑新加坡会晤，签署《联合声明》就双边建立新型关系、建立半岛和平机制以及朝核问题原则性达成协议之后，美国国务卿蓬佩奥两次访朝，但美朝双方仍未能够启动实务性的工作级谈判，这也再次意味和预示着问题的复杂。特朗普政府在最高层面维持着与朝鲜积极良性互动的同时，也在联合国安理会框架和单边框架内维持、强化着对朝鲜的经济制裁，从而使美朝关系在新加坡首脑会晤之后展现出互动积极却无甚进展的发展态势。

尽管如此，朝鲜半岛整体缓和的趋势、美朝高层积极互动的态势仍在持续。因此，尽管前路漫漫，但希望之星也仍然在闪烁。

第一节　奥运契机

一、南北先行

2018 年的 1 月 1 日，按照长期形成的惯例，朝鲜领导人金正恩发表了一年一度的《新年致辞》。在《新年致辞》中，金正恩委员长回顾了朝鲜在 2017 年所取得的各项成就，尤其是强调"完成了国家核武力建设的历史大业……共和国拥有了任何力量任何方法都无法扭转的强而可靠的战争遏制力。""美国绝不敢对我国发动战争。美国应该明白，美国本土全境都在我们的核打击范围之内，核按钮始终放在我的办公桌上，这并不是威胁，而是事实。"

金正恩委员长表示 2018 年"我们应把在核武力建设中取得的历史性胜利作为新发展的基础，为了在社会主义强国建设事业的各条战线上取得新的胜利，发起革命的总攻势。""'发起革命的总攻势，在社会主义强国建设事业的各条战线上争取新的胜利！'这就是我们应该高举的革命口号。"而在"今年社会主义经济建设中的中心任务是根据朝鲜劳动党第七届中央委员会第二次全体会议提出的革命性应对战略要求，加强国民经济的自立性和主体性，改善人民生活"。

在对这些问题进行了说明之后，金正恩委员长在《新年致辞》中重点阐释了北南关系问题，他表示："现在的形势要求北南不拘于过去，改善北南关系，确立决定性措施以打开自主统一的突破口"，"北南之间首先要缓和尖锐的军事紧张状态，营造朝鲜半岛的和平环境"，"要积极营造向往民族和解与统一的气氛"。对于韩国"即将举办的冬季奥运会，那将是展示我们民族威望的好契机，我们衷心希望奥运会成功举办。从这样的立场出发，我们具有采取包括派遣代表团在内的必要措施的意愿。为此，北南当局可举行紧急会谈"。（［朝］《劳动新闻》，2018 年 1 月 1 日）

在 2018 年《新年致辞》中，金正恩委员长在改善朝韩关系方面透露出重大的政策意愿信息。

朝方释放的政策信息即刻得到了韩国方面的积极回应，文在寅政府随即向朝方提出举行高级会谈的建议，并被朝方接受。2018 年 1 月 9 日，朝韩在板门店举行了自 2015 年 12 月以来的第一次政府间高级会谈，朝鲜祖国和平统一委员会委员长李善权和韩国统一部长官赵明均率团参加。经过磋商，双方在如下三个问题上达成了一致，并发表了《联合新闻公告》。第一，为了使在"南侧"举行的平昌冬季奥运会和冬季残奥会成功进行，使其成为提高民族地位的契机，双方决定进行积极的合作。为此，"北侧"决定向平昌冬奥会派遣高级代表团和民族奥林匹克委员会代表团、选手团、祝愿团、艺术团、参观团、跆拳道表演团和记者团，"南侧"保障提供必要的便利。第二，双方决定共同努力缓和军事紧张状况，创造朝鲜半岛的和平环境，促进民族和解与团结。双方一致认为应该消除现在的军事紧张状况，为此同意召开军事当局间的会谈，同意在多个领域促进接触、往来、交流与合作，谋取民族的和解与团结。第三，双方决定尊重南北之间的宣言，南北间的所有问题，由整个民族作为朝鲜半岛问题的当事者通过对话与协商解决。为此，双方同意与改善南北关系的高级会谈一起，举行各领域的会谈。[①]

随后，朝韩双方又分别于 1 月 15 日和 17 日在板门店军事分界线北侧的统一阁和南侧的和平之家举行了朝方向平昌冬奥会派遣艺术团的工作级接触和高级会谈工作级会谈，对朝鲜参加平昌冬奥会的具体细节问题进行了磋商。[②]

2 月 9 日傍晚，平昌冬奥会开幕。该日下午 1 点 46 分，由朝鲜最高人民会议常任委员会委员长金永南为团长、包括金正恩委员长的特使——朝鲜劳动党中央第一副部长金与正在内，由 22 名成员组成的高级代表团乘金正恩委员长的专机抵达韩国仁川机场。在为期两天三夜的访韩行程中，朝鲜代表团参加了观看平昌冬奥会开幕式、与文在寅总统会见并共进午餐、观看朝韩联合冰球队与瑞士队的比赛、参加韩国国务总理和统一部长官举办的招待午餐和晚餐、观看朝鲜艺术团的演出等活动。特别是 2 月 10 日朝鲜代表团在青瓦台与文在寅总统会谈时，金与正特使向文在寅总统转交了金正恩委员长的亲笔信，并正式向文

① ［韩］韩国统一部南北会谈本部：《南北高级会谈——2018.1.9 板门店和平之家共同新闻公告》，http://dialogue.unikorea.go.kr/ukd/ba/usrtaltotal/View.do

② ［韩］韩国统一部南北会谈本部：《南北高级会谈工作会谈》，http://dialogue.unikorea.go.kr/ukd/ba/usrtaltotal/View.do

在寅总统发出了访问平壤的邀请。

朝韩以平昌冬奥会为契机，为改善和推进南北关系的发展创造了十分温暖的环境。朝韩运动员代表身穿特殊的队服，高举朝鲜半岛旗，又一次联合入场，这一刻激动了万千的南北民众。2月25日，平昌冬奥会闭幕，朝鲜方面又派出了以朝鲜劳动党副委员长、统一战线部部长金英哲为团长的高级代表团访问韩国。随后，双方于2月27日在板门店军事分界线北侧的统一阁就朝鲜派出代表团和选手团参加平昌冬季残奥会的问题进行了磋商，并达成了协议。①

朝韩间以奥运为契机首先实现了和解。2017年5月执政后，文在寅总统于7月访问德国时，就其对朝政策发表了著名的"柏林构想"。2017年11月，文在寅政府正式提出了"和平与繁荣的朝鲜半岛"政策，②从而为南北关系的改善奠定了政策基础。

二、斡旋平昌

为了借平昌冬奥会举办之机转圜半岛局势，文在寅政府真可谓煞费苦心。早在2017年11月，韩国就积极推动联合国大会通过了"通过体育和奥林匹克理想建设和平美好世界"的决议。③2017年12月19日，文在寅政府正式向美方提议将2018年春季举行的美韩"关键决心"和"鹞鹰"联合军演推迟至平昌冬奥会之后，但美国方面却对此反应冷淡。12月19日，访问加拿大的美国国务卿蒂勒森在与加拿大外交部部长佛里兰共同举行的记者会见中，在回答记者关于美韩推迟联合军演问题的提问时表示"我不知道"。然而，在2018年1月初，美国的态度出现变化，接受了韩国政府的提议，同意将"关键决心"和"鹞鹰"联合军演推迟至4月中旬以后。

对于平昌冬奥会开幕式，美国派出了以副总统彭斯为团长的代表团，但是白宫说得很明白，"彭斯副总统并不只是为了剪彩而去参加平昌冬奥会开幕式的"，

---

① ［韩］韩国统一部南北会谈本部：《平昌冬季残奥会工作会谈》，http://dialogue.unikorea. go.kr/ukd/ba/usrtaltotal/View.do

② ［韩］韩国统一部：《文在寅的朝鲜半岛政策——和平与繁荣的朝鲜半岛》，2017年版。

③ "Building a peaceful and better world through sport and the Olympic ideal"，http://www.un.org/ en/ga/search/view_doc.asp?symbol=A/RES/72/6

他还有其他的活动日程。彭斯并不是直飞韩国的，而是首先访问了位于阿拉斯加的埃尔曼多夫—理查森联合基地（Joint Base Elmendorf–Richardson），听取了美国北方司令部关于导弹防御系统的报告，参观了北美航空司令部（NORAD）阿拉斯加基地的运行，然后前往日本，与安倍首相举行会谈并访问了驻日美军横田空军基地之后才于2月8日抵达韩国的。抵达韩国的彭斯副总统在2月9日晚上参加平昌冬奥会开幕式之前，首先访问了位于平泽的"天安舰"纪念馆，并在平泽参加了由"脱北者"参加的恳谈会，死亡的美国大学生瓦姆比尔的父亲也随同彭斯参加了恳谈。在2月9日傍晚六点由文在寅总统主持的平昌冬奥会开幕式纪念拍照仪式上，彭斯不仅迟到，而且与除朝鲜代表团团长金永南之外的其他参会的国家领导人互致问候后，随即离场，前后只有五分钟时间。而在观看平昌奥运会广场开幕式时，彭斯与金永南、金与正前后排相邻而坐，但始终没有交接目光。

2月10日傍晚，彭斯结束了在韩国的访问日程，在驻韩美军乌山空军基地乘专机离开韩国。从彭斯所率代表团的组成以及来韩线路和日程的设计与安排可以看出特朗普政府的用意，有韩国媒体爆料说在美韩之间磋商彭斯副总统访韩日程的过程中，美方曾向韩方提出在日程安排上回避与朝鲜人士碰面的要求。因此，对于冬奥会开幕式拍照仪式，彭斯以有与美国代表团见面的约定为由而拒绝参加，尽管韩国方面持续进行说服工作，但在拍照仪式开始前一个小时的傍晚5点，彭斯方面最后向韩国通报不参加。然而，在美韩日三方间达成进行拍照环节的一致之后，彭斯才来到拍照场所，随后文在寅总统两次规劝说"既然来了，希望和朋友们打打招呼"，彭斯这才进场与除金永南委员长之外的其他人打了招呼。

彭斯副总统真的不愿意与朝鲜方面的人士见面吗？据韩联社引用《华盛顿邮报》2月20日的报道，彭斯副总统计划在2月10日下午与金与正和金永南等朝方人士在青瓦台举行秘密会面，但就在会面前两个小时，朝鲜方面取消了该项日程。早在2018年1月下旬，美国中央情报局在得到朝鲜方面传递的"愿在彭斯访韩期间与其见面"的信息后就开始研究此事。为此，2月2日，白宫召开了由特朗普总统主持的会议，副总统彭斯、彭斯办公室主任艾尔斯、国家安全事务助理麦克马斯特、白宫办公厅主任约翰·凯利（John Kelly）、国务卿蒂勒森以及国防部长马蒂斯参加了会议，中央情报局局长蓬佩奥（Mike Pompeo）以电话方式参与，会议最终做出了对朝鲜的提议给予回应的决定。2月5日，彭斯副总统出国前决定接受朝方的邀请，而会面的场所、方法等具体事项是在 2 月 8 日抵达韩国之后才决定的。①彭斯并非不愿意与金与正和金永南会面，只是会面的目的不是要与朝鲜进行磋商，而是将会面作为直接向朝鲜转递特朗普政府对朝强硬立场的机会。从其公开的行程看，的确传递出了这样的信息，而在彭斯抵达韩国的 2 月 8 日，朝鲜方面也举行了人民军建军 70 周年阅兵式，大概是双方公开日程中映射出的强硬意识影响了预定的秘密会面。而无论原因如何，美朝双方的代表没能在首尔会面也意味着文在寅政府努力以南北对话推进美朝对话的一次挫折。

对文在寅政府而言，它希望将平昌冬奥会的举办作为转圜朝鲜半岛局势的一种契机，因此在开幕式期间，它在美朝之间极尽周旋，希望有所突破，但从美国特朗普政府的角度而言，它还没有如此的设想和打算，它认为朝鲜 2018 年开年之后在改善南北关系上所做的举动只是战术上的变化，其目的在于分化美韩。因此在 2018 年 1 月朝韩之间为了平昌奥运会的成功举办而进行密切磋商的时候，美国继续出台了针对朝鲜的制裁措施，丝毫没有放松的意思。2018 年 1 月 24 日，美国财政部又将朝鲜 16 名驻海外的实体和金融机构代表、包括两家中国公司和朝鲜石油工业部在内的九家实体和六艘船只指定为制裁对象，列入制裁名单。②2 月 23 日，美国财政部再次将一名台湾人以及注册地涉及到香港、中国大陆、台湾、新加坡等地的 27 家实体和悬挂朝鲜、科摩罗、巴拿马、坦桑尼亚等国国旗的 28 艘船只指定为制裁对象。③3 月 1 日，美国财政部又发布了对朝鲜制裁的补充规定。④尽管借平昌冬奥会的举办之机，朝韩关系在改善，但特朗普政府对朝鲜的"极限施压"仍在继续。

而文在寅政府以发展南北关系推进美朝关系的努力也仍在进行。3 月 5 日，

① ［韩］佚名：《彭斯—金与正青瓦台会面，朝提议做出计划后两个小时前取消》，韩联社，2018 年 2 月 21 日。

② "Treasury Sanctions North Korean Overseas Representatives, Shipping Companies, and Chinese Entities Supporting the Kim Regime", https://home.treasury.gov/news/press-releases/sm0257

③ "North Korea Designations; Publication of North Korea Vessel Advisory", https://www.treasury.gov/resource-center/sanctions/OFAC-Enforcement/Pages/20180223.aspx

④ "Reissuance of North Korea Sanctions Regulations", https://www.treasury.gov/resource-center/sanctions/OFAC-Enforcement/Pages/20180301.aspx

作为对朝鲜派出代表团和特使访问韩国的回访，文在寅政府派出了以青瓦台国家安保室长郑义溶为团长，由国情院院长徐勋、统一部次官千海城等十名成员组成的特别使节团访问朝鲜。金正恩委员长接见了特使团，并与韩方特使团共进了晚宴。在与郑义溶等人的谈话中，金正恩表达了希望"北南关系改善"的愿望，就举行北南首脑会晤等问题与韩国特使团交换了意见，并指示相关部门尽快采取实际措施。（[朝]朝鲜中央通讯，2018年3月6日）

南北关系在发展，而南北关系的发展是否能够促动美朝关系的发展呢？2月25日，因参加平昌冬奥会闭幕式而访韩的朝鲜劳动党中央副委员长、统一战线部部长金英哲表示，朝鲜"具有和美国进行对话的意愿"。3月3日，朝鲜外务省发言人通过回答朝中社记者提问的形式，对这一立场再次进行了确认。平昌冬季残奥会的举行时间是3月9日至18日，对于延期至4月中旬的美韩联合军演，美国国防部于2月22日表态说平昌残奥会结束后经过与韩国协商后再公布日程。特朗普政府上台后，美国驻韩大使一直空缺，曾经被提名为驻韩大使的维克多·车于2月初被撤销提名，担任美国国务院对朝政策特别代表的尹汝尚也于2月27日宣布辞职。无论是美国内部，还是朝鲜半岛局势，似乎都处在了一个呼之欲出的变化节点上。

第二节　走向新加坡

一、特氏的急转身

3月6日访问平壤返回首尔之后的韩国特使团团长郑义溶公开发表了具有如下六项内容的访朝结果：第一，4月底，朝韩在板门店韩方一侧的和平之家举行第三次南北首脑会晤；第二，开通南北首脑热线，在首脑会晤举行之前，进行第一次通话；第三，朝鲜表明了在消除军事威胁、体制安全得到保障时，坚持无核化立场；第四，朝鲜表明了在无核化问题和朝美关系正常化问题上与美进行对话的意愿；第五，朝鲜保证在对话期间不进行核试验和洲际弹道火箭发射试验，不针对韩国使用核武器和常规武器；第六，朝鲜将邀请韩方的跆拳道表演团和艺术团访问平壤。

郑义溶的访朝结果说明具有非常重要的意义，朝方借郑义溶之口间接表达了重大的政策取向信息。不仅如此,郑义溶似乎还另有使命在身。果然,访朝之后的郑义溶和徐勋,马不停蹄地于3月8日启程访美,随后发生的则是一出戏剧性的变化。

郑义溶和徐勋是华盛顿时间3月8日下午两点半到达的白宫,到达之后,与白宫国家安全事务助理麦克马斯特进行了会谈,但此时郑义溶和徐勋仍不确定是否能够得到特朗普总统的接见。[①] 然而,随后传出的消息是特朗普总统与郑义溶和徐勋进行了会谈,郑义溶向其传递了朝鲜金正恩委员长的信息。更令人惊奇的是,美国有线电视新闻网(CNN)于华盛顿时间3月8日下午七点报道说,特朗普总统将有重大消息发布(major announcement)。随后,郑义溶和徐勋利用白宫的新闻设施发布了"特朗普总统表明了希望5月与金正恩委员长会晤的意愿"。重大发布内容简短,但却震耳欲聋,使人瞠目结舌,难以置信。

作为美国国家总统,让前来访问的别国特使团借白宫之地,替自己发声,这恐怕是国际关系史上难以看到的"奇景",但无论这一"奇景"是怎么导演出来的,都标志着文在寅政府以南北关系对接美朝关系的努力取得了重大的成果。俗话说,君子一言,驷马难追,更何况是世界第一大国的总统呢。

郑义溶和韩国在朝美之间承担了传声筒的作用,朝美双方都在通过郑义溶之口向对方传递着政策信息。韩方的努力终于取得成效,3月31日至4月1日的复活节周末期间,美国中情局局长、国务卿提名者迈克·蓬佩奥秘密访朝,访朝期间与金正恩委员长进行了数次会谈。

而在蓬佩奥访朝之前的3月25日至28日,金正恩委员长非正式访华,访华期间,习近平主席与金正恩委员长进行了会谈,这是自2011年5月已故朝鲜领导人金正日最后一次访华之后七年来中朝首脑的首次会晤,意义重大。

同时,南北关系也在发展。3月15日,韩国组建了以青瓦台秘书室长任钟皙为委员长的南北首脑会谈准备委员会。3月29日,朝韩双方就首脑会谈问题在板门店朝鲜一侧的统一阁召开了高级会谈,发表了《联合新闻公告》,宣布2018年南北首脑会谈将于4月27日在板门店韩方一侧的和平之家进行,关于仪式、安保、新闻报道等问题的工作级会谈将于4月4日在板门店韩方一侧进

---

① [韩]全钟哲记者:《郑义溶、徐勋特使团上午9点在白宫会见特朗普》,http://news.kbs.co.kr/news/view.do?ncd=3616241&ref=D

行，关于通信问题的工作级会谈的日期和场所随后确定。同日，韩国由 66 名成员组成的赴平壤演出的艺术团、跆拳道示范团的先遣队通过直飞航线访问朝鲜，随后由 120 名成员组成的演出团于 3 月 31 日访朝。

南北关系的发展再次起到了催化剂的作用。华盛顿时间 4 月 9 日，特朗普总统在白宫召开的阁僚会议上公开了美国政府正在与朝鲜进行接触的事实，并表示将在 5 月或 6 月初与朝鲜金正恩委员长进行会谈。特朗普政府又往前走了一步。

二、一波两折

2018 年 4 月 20 日，朝鲜也往前走了一大步，做出了重大决定。该日，朝鲜劳动党中央召开七届三中全会，宣布 2013 年 3 月劳动党中央会议提出的并进路线取得了重大胜利，提出了以经济建设为中心的新战略路线。会议决定自 2018 年 4 月 21 日开始中止核试验和洲际弹道火箭发射试验，为了透明地保证中止核试验，将废弃朝鲜北部的核试验场。（［朝］《劳动新闻》，2018 年 4 月 21 日）

朝鲜的这一决定是对 3 月 6 日郑义溶访朝结果说明的确认，有力地支撑和推动了南北关系的发展。4 月 27 日，南北首脑会晤在板门店韩方一侧的和平之家如期举行，这在南北关系上是双方之间举行的第三次首脑会晤。与 2000 年和 2007 年的首脑会晤均在平壤举行不同，这是在板门店举行的首脑会晤，当金正恩委员长步行跨越板门店那一道只有几厘米高的水泥分界线，并执已在此等候的文在寅总统之手再次跨越分界线来到北方一侧时，这次南北首脑会晤已经注定将要载入国际关系史册。此次南北首脑会晤发表了共有三条 13 款内容的《板门店宣言》，不但为南北关系的恢复、改善与发展确立了原则、指明了方向，还确认了"通过完全弃核实现半岛无核化的共同目标"。

就在这一天，美国参议院也通过了对蓬佩奥的听证，投票通过了特朗普总统对其担任国务卿的提名。5 月 2 日，蓬佩奥正式走马上任，宣示就任美国第 70 任国务卿。

由中情局长转任国务卿之后的蓬佩奥随即于 5 月 9 日以特朗普总统的特使身份对朝鲜进行了第二次访问。而就在蓬佩奥访朝前夕，金正恩委员长第二次访问中国，与习近平主席在中国大连进行了会晤。蓬佩奥一行于华盛顿时间 5

月7日晚上从华盛顿特区附近的安德鲁斯空军基地搭乘美国空军757专机，经过驻日美军横田空军基地，于9日上午八点半抵达平壤顺安国际机场，美国国务院负责领事工作的助理国务卿卡尔·里实（Carl Risch）以及美联社和《华盛顿邮报》的两名记者随行，朝鲜劳动党统一战线部部长金英哲和国际部部长李洙墉前往机场迎接。蓬佩奥一行在平壤共停留了13个小时，与劳动党中央副委员长金英哲进行了两次约一个小时的会谈，与金正恩委员长进行了大约90分钟的会谈。5月9日晚上九点多钟，蓬佩奥一行与朝方释放的三名韩裔美国人一道回国。华盛顿时间5月10日凌晨两点43分，蓬佩奥一行抵达安德鲁空军基地，特朗普总统携夫人梅拉尼娅和副总统彭斯等人亲自前往机场迎接。华盛顿时间5月10日晚上11点37分，特朗普总统通过自己的推特宣布了美朝双方将于6月12日在新加坡举行会晤这一重大消息。

蓬佩奥的平壤之行以及特朗普总统的表态使朝鲜颇受鼓舞。5月12日，朝鲜通过外务省公告的形式宣布："为了透明地保障核试验的中止，废弃核试验场的仪式将于5月23日至25日进行。废弃将以爆破方式坍塌所有坑道、完全封闭入口，然后再撤除地面所有观测设备、研究所、警备区分队的建筑物这样的顺序和方式进行。""与废弃核试验场的同时，撤离所有警备人员和研究人员，完全封闭核试验场周边区域"，并决定邀请由"中国、俄罗斯、美国、英国、南朝鲜"的记者组成的国际记者团赴现场采访。（［朝］《劳动新闻》，2018年5月13日）

作为落实朝鲜劳动党中央七届三中全会决议的具体措施，朝鲜外务省的公告应该说是很积极的。但几天之后，情势又变得微妙起来。5月16日，朝鲜方面以美韩空军举行"超级雷霆（Max Thunder）"联合空军演习为由，通过朝中社报道的方式，宣布"中止"预定于该日举行的南北高级会谈。（［朝］《劳动新闻》，2018年5月16日）同日，朝鲜外务省第一副相金桂冠则直接站出来发表谈话。在谈话中，金桂冠点名指责了白宫国家安全事务助理博尔顿，并表示如果美国执意要求朝鲜单方面弃核，朝鲜将不得不重新考虑是否参加即将举行的朝美首脑会晤。（［朝］《朝鲜中央通讯》，2018年5月16日）5月24日，朝鲜外务省副相崔善姬也站出来指责副总统彭斯，并表示如果美国"亵渎我们的善意，继续骄纵无度地行事，我将向最高领导层提出再考虑朝美首脑会晤的问题"。（［朝］《朝鲜中央通讯》，2018年5月24日）

金桂冠和崔善熙直接出来指责美方，尤其是点名批评博尔顿，是因为在蓬佩奥第二次访朝之后，特朗普政府相关人士放出了一些杂音。美国当地时间 5 月 13 日，蓬佩奥参加福克斯新闻的一档节目《福克斯新闻星期天》(*Fox News Sunday*) 时表示，如果朝鲜完全放弃核计划，美国将允许美国民间资本大规模对朝投资。同一日，博尔顿也在接受美国 ABC 电视台采访时表示为了实现永久、可验证、不可逆的无核化，应完全废除朝鲜铀浓缩和钚的再处理能力。博尔顿在采访中提出了所谓的 PVID (permanent, verifiable, irreversible dismantling) 以及"利比亚式"弃核方式。5 月 21 日，美国副总统彭斯接受福克斯电视台采访时再次谈到了利比亚弃核方式，并表示在政策桌案上从来没有排除过军事选项。

面对特朗普政府高官接二连三的公开表态，朝方不能再保持沉默。如果继续保持沉默不做回应，沉默本身就有可能会成为一种政策信息的表达，这样也将会进一步鼓舞美方的保守人士。因此，朝鲜连续通过外务省第一副外相金桂冠和副外相崔善姬发表谈话对美方高官的表态予以回应。但应该看到，朝鲜的反应还是有所保留的。金桂冠作为第一副外相，自 20 世纪 90 年代后期开始主导朝鲜的对美外交，与美国打交道数十年，经历无数次谈判，经验十分丰富，但由于身体问题，已经不再负责一线工作，这次由他站出来表态，朝方的回旋余地较大。崔善姬刚刚由外务省北美局局长的职位升任负责对美工作的副外相，在她表态的最后一句很明显地透露出所做的回应是有可能向决策层建议的执行层的想法。同时，无论是金桂冠，还是崔善姬，都对特朗普政府的人士做了区分，直接点了博尔顿和彭斯的名，但保留了国务卿蓬佩奥。朝鲜敏锐而清楚地看到了特朗普政府高层人士之间在朝核问题和对朝政策上存在的不同意见，因此，朝方的回应仍属于向美方施加压力的范畴。5 月 24 日，也就是崔善姬发表谈话的当日，朝鲜按照预定计划在国际记者采访团的见证下，炸毁了丰溪里核试验场。

然而，华盛顿时间 5 月 24 日，特朗普总统以致金正恩委员长书信的形式宣布取消将于 6 月 12 日在新加坡举行的美朝首脑会晤，特朗普总统的理由是朝方在近期的表态中展现出"巨大的愤怒和公开的敌意 (tremendous anger and open hostility)"，因此感到目前不适宜举行首脑会晤。[1]

---

[1] https://www.whitehouse.gov/briefings-statements/letter-chairman-kim-jong-un/

特朗普总统的表态为美朝首脑会晤和双方关系的走向蒙上了一层阴影，但从特朗普总统信函的内容看，似乎也并不是特别的悲观。特朗普总统在信中表达了渴望与金正恩委员长会晤的心情，并表示"如果你改变了关于这次最为重要的峰会的想法，请不要犹豫，立即致电或致函给我"。[①] 对于特朗普总统的这种带有暗示的信息，朝方立即做出了回应。5 月 25 日，朝鲜外务省第一副相金桂冠再次通过朝中社发表谈话进行表态。在谈话中，金桂冠对特朗普总统为举行朝美首脑会晤所具有而任何历届美国总统所没有的勇气给予了高度评价。金桂冠表示崔善姬外相的表态中所具有的"巨大的愤怒和公开的敌意"，"事实上不过是对双方首脑会晤前夕美国压迫朝鲜单方面弃核的过渡言行所激起的反驳"，"美方突然单方面宣布取消会谈，是我们没有想到的事情，对此，不得不感到十分意外"。"我们国务委员会委员长也认为如果与特朗普总统见面，将启动一个美好的开端，并倾注了所有的努力进行了准备"，"我们再次向美方重申：我们具有在任何时候以任何方式坐下来解决问题的意愿。"（[朝]朝鲜中央通讯，2018 年 5 月 24 日）金桂冠的这次表态与上一次不同，此次表态不是金桂冠个人的意见表达，而是接受指示发表的谈话，并在表态中明确地说明了朝鲜最高领导人金正恩的态度。

三、终会狮城

特朗普总统至金正恩委员长信函中的留有余地以及金桂冠奉最高领导人指示发表的谈话中透出的积极信息很快就打开了双方的僵持。从 5 月 27 日和 5 月 29 日开始，美朝双方分别在板门店和新加坡举行了工作级会谈。从 5 月 30 日至 6 月 2 日，朝鲜劳动党中央副委员长、统一战线部部长金英哲作为金正恩委员长的特使对美国进行了访问。

导致美朝迅速摆脱龃龉状态的不仅仅是美朝双方彼此心有向往，韩国也起到了重要的刺激作用。

按照 5 月初美韩双方商定的议程，5 月 21 日至 24 日，文在寅总统访美。21 日至 24 日，看起来不短，但实际上文在寅总统一行在美访问的时间不到 24

---

① https://www.whitehouse.gov/briefings-statements/letter-chairman-kim-jong-un/

小时。此次访问的日程是 5 月初商定的，然而 5 月中旬美朝之间开始口头较劲，在这种背景下，文在寅总统此次访美的主要目的是与美方进行沟通协调，说服美国，力促 6 月 12 日的新加坡美朝首脑会晤不出差池。但是，文在寅总统的此次访美效果并不理想。华盛顿时间 5 月 22 日上午，文在寅总统与美国白宫国家安全事务助理博尔顿、国务卿蓬佩奥等人进行了座谈，随后，又与特朗普总统进行了单独会谈。然而，就在文在寅总统回国之后，特朗普总统立即就宣布了取消美朝新加坡首脑会晤的决定，而白宫做出这一决定的时间是 5 月 17 日。由于特朗普政府决定不向即将访问华盛顿的文在寅总统通报该决定，因此，文在寅总统在访问华盛顿期间尽管与特朗普总统以及博尔顿和蓬佩奥等人进行了会晤，但没有得到关于该决定的任何信息。

特朗普政府的做法不能不使文在寅政府感到十分尴尬。但随后，南北关系再现一浪。5 月 26 日，朝韩双方在板门店闪击举行了 2018 年的第二次首脑会晤，而且会晤的地点定在了朝方一侧的统一阁。5 月 27 日上午 10 点，文在寅总统在青瓦台亲自面向媒体发表了第二次南北首脑会谈的结果说明。文在寅总统表示，金正恩委员长在《板门店宣言》之后再次表明了实现半岛完全无核化的意志，强调了为了朝美首脑会晤成功举行将进行合作的意愿。他表示，南北双方领导人再次确认了朝美首脑会晤应该成功举行以及半岛无核化和永久和平机制的进程绝对不能中断，并决定将进行紧密的合作，为此，双方决定将于 6 月 1 日举行高级会谈，并就举行军事当局会谈和红十字会会谈以磋商缓解军事紧张问题和离散家属相逢问题达成了协议。① 朝韩之间闪击举行的又一次首脑会晤以及所取得的成果无疑为美朝间僵局的打开提供了促动力。

当地时间 5 月 30 日，金英哲副委员长抵达美国纽约肯尼迪国际机场，当天晚上，蓬佩奥即前往纽约与金英哲在美国驻联合国副大使的官邸中共进了晚餐，参加晚宴的还有美国中央情报局韩国中心主任安德鲁·金。蓬佩奥通过自己的推特展示了晚餐的场景，并表示与金英哲"进行了美好的工作晚餐"。5 月 31 日，蓬佩奥与金英哲在纽约进行了一整天的会谈。6 月 1 日下午，金英哲抵达华盛顿，访问了白宫，并得到了特朗普总统的接见，在与特朗普总统进行了 90 分钟的会谈之后，向其转交了金正恩委员长的亲笔信。随后，特朗普总统就发

---

① https://www1.president.go.kr/articles/3440

布了美朝于 6 月 12 日在新加坡举行首脑会谈的消息。

金英哲此行是继 2000 年 10 月朝鲜国防委员会副委员长、人民军总政治局局长赵明录访美以后 18 年以来朝鲜高级官员的首次访美，具有重要的实际意义和象征意义。在首脑会晤是否举行的十字路口，美朝双方需要最接近决策层的官员直接会晤进行相关问题的磋商。金英哲是被美国财政部列入制裁名单的人物，特朗普政府特事特办，在金英哲的访美问题上采取了灵活的态度，也间接展示了在首脑会晤问题上的立场。而金英哲等人一到美国，美国方面在机场接待和警卫方面所给予的、几乎等同于国家元首级的待遇也透露出相当积极的政策信息。

从金英哲启程访美之前的 5 月 27 日起，美朝双方在板门店朝方一侧的统一阁就新加坡首脑会晤的具体议题和日程开始进行磋商。美国代表团团长由驻菲律宾大使金成担任，成员包括国家安全委员会负责半岛问题的艾莉森·胡克（Allison Hooker）、国防部负责亚太事务的部长助理薛瑞福（Randall Schriver）以及国务院的官员。朝方代表团团长由崔善姬副相担任，成员包括外务省北美局代理局长崔强日等。但是，板门店的实务谈判进行得并不顺利，双方原定的日程为 5 月 27 日至 30 日，但谈判一直持续到 6 月 8 日。尽管通过金英哲的访美，美朝双方确定了 6 月 12 日新加坡首脑会晤的日程，但首脑会晤时要发表的共同文件以什么形式呈现，应该包括什么样的内容、涉及什么问题、如何表述，等等，这些问题都只能通过实务层面的磋商才能解决。但板门店的实务谈判最终也没有谈拢，最后双方决定移步新加坡继续磋商。[①]

与此同时，美朝双方从 5 月 29 日开始至 6 月 5 日在新加坡举行的谈判主要是就首脑会晤的场所、仪式、警卫、保安等问题进行的磋商。美国代表团由白宫办公厅副主任乔·哈金（Joe Hagin）领衔，5 月 27 日就前往新加坡。朝鲜代表团长由国务委员会部长金昌善担任，于 5 月 28 日前往新加坡。经过磋商，双方基本商定了首脑会晤的场所、警卫和保安等问题。随后，金昌善于 6 月 6 日返回北京，经过短暂的停留后于 6 月 7 日再次返回新加坡，历史上的美朝第一次首脑会晤似乎万事俱备。

6 月 12 日上午九点，在全世界的瞩目下，美国总统特朗普和朝鲜国务委员

---

① http://news.heraldcorp.com/view.php?ud=20180608000423

会委员长金正恩在新加坡嘉佩乐酒店实现了历史性的握手。在进行合影留念后，两位领导人进行了约 30 分钟的单独会谈，随后进行了由美方的蓬佩奥、博尔顿以及白宫办公厅主任约翰·凯利，朝方的金英哲、李洙墉和李勇浩参加的扩大会谈。扩大会谈之后，双方共进了工作午餐，并利用这一时机进一步交换了意见。午餐结束后，特朗普总统和金正恩委员长还一起散了步。下午一点半，两位领导人签署了《联合声明》。

美朝新加坡《联合声明》的内容主要包括以下四项：

> 第一，美国和朝鲜承诺依照两国人民对和平及繁荣的愿望建立新型美朝关系；
>
> 第二，美国和朝鲜为了在朝鲜半岛建立长久稳定的和平机制将共同努力；
>
> 第三，朝鲜重申了 2018 年 4 月 27 日签署的《板门店宣言》，承诺努力实现朝鲜半岛的完全无核化；
>
> 第四，美国和朝鲜承诺进行战俘和失踪人员遗骸的挖掘，已经确认挖掘的遗骸立即送还。

美朝新加坡首脑会晤和《联合声明》的签署意义重大，这是双方关系史上的首次首脑会晤和首次由两国元首签署的文件。朝方对这次首脑会晤评价极高，6 月 13 日的《劳动新闻》在第一版详细描述了首脑会晤的过程，认为这是"一件符合时代发展要求，划时代转换朝美关系的具有重大意义的重大事件"。（〔朝〕《劳动新闻》，2018 年 6 月 13 日）美国政府方面也给予了高度评价，白宫在当地时间 6 月 11 号就公开了新加坡首脑会谈的详细日程。首脑会谈结束后，特朗普总统于下午四点在嘉佩乐酒店亲自举行了长达一个多小时的记者招待会，对首脑会谈的情况进行了说明，认为"与金委员长的相见是真诚、直率和建设性的"，"双方准备开创一段新历史，掀开两国关系的新篇章"。①

美朝新加坡首脑会晤是两国最高领导之间的首次会晤，是 2018 年继中朝

---

① *Press Conference by President Trump*, June 12, 2018. https://www.whitehouse.gov/briefings-statements/press-conference-president-trump/

两次首脑会晤、朝韩两次首脑会晤和美韩一次首脑会晤之后朝鲜半岛地缘政治中的第六次首脑会晤。继朝韩《板门店宣言》之后，美朝《联合声明》再次确认了实现朝鲜半岛无核化与建立半岛和平机制这两个目标。因此，美朝新加坡首脑会晤的举行与《联合声明》的签署标志着 2018 年年初以来所启动的朝鲜半岛和平进程与无核化进程的持续，标志了这两个进程的推进取得了重大的阶段性成果。但是，不可否认的是，由于准备时间仓促，中间出现两次反复，尽管实务工作团队进行了艰苦的谈判，美朝之间在无核化进程与半岛和平机制的建立等具体问题上并没有达成一致，因此美朝《联合声明》只是对一些重要原则的确认，也因此遭到了美韩两国的一些保守学者和政府官员的批评，认为《联合声明》中没有包括 CVID 等内容，过于原则性而令人失望。

第三节 高点之后的踯躅

一、蓬氏的第三次访朝

美朝领导人新加坡会晤之后，为了创造落实美朝《联合声明》的环境和气氛，美韩两国在暂停联合军演方面又采取了两项重要的措施。6 月 19 日美韩两国军方宣布暂停预定在 8 月份实施的"乙支·自由卫士"联合军演的所有计划活动。6 月 22 日，美韩再次宣布无限期暂停美韩海军陆战队联合军演计划（Korea Marine Exercise Program，简称 KMEP）。

7 月 6 日至 7 日，美国国务卿蓬佩奥第三次访问朝鲜。蓬佩奥一行搭乘的专机于 6 日上午 11 点抵达平壤顺安国际机场，随行人员有国家安全委员会负责半岛问题的艾莉森·胡克、驻菲律宾大使金成、国务院负责东亚事务的助理国务卿帮办黄之瀚（Alex Wong）、中情局朝鲜半岛中心主任安德鲁·金以及国务院发言人海瑟·诺尔特（Heather Nauert）等人。朝鲜劳动党中央副委员长金英哲、外相李勇浩、国务委员会部长金昌善等人前往机场迎接。7 月 6 日下午，美朝双方在百花园招待所进行了近三个小时的会谈，美国方面的上述人员均参加了会谈，朝方参与会谈的人员有金英哲、副外相崔善姬、外务省北美局局长崔强日、统一战线部统一战略策略室室长金圣惠等。7 日上午的会谈从九点开始一直到下午三点，共持续了六个小时。7 日下午四点，蓬佩奥一行离开平壤前往日本之前在机场对记者表示，双方就进行废弃导弹发动机试验场的工作级会谈问题达成了一致，双方还将于 7 月 12 日在板门店就遗骸送还问题举行磋商，而美国国务院则表示双方就组建包括无核化验证等核心问题在内的工作小组问题达成了一致。从美方的反应来看，本次高级会谈"虽然问题复杂"，但双方"在所有问题上都取得了进展"。[①]

然而，事情并非如此简单。在赴平壤之前，蓬佩奥通过自己的推特表达了与朝鲜最高领导人见面的期待，但金正恩委员长没有接见蓬佩奥一行。而且，与蓬佩奥的乐观表态不同，朝鲜方面在蓬佩奥等人一离开平壤就通过外务省发言人发表谈话的形式表示对美方在"初次高级会谈中表现出的态度和立场感到非常遗憾"。发言人强调："我们期待美方携带符合朝美首脑会谈的精神，对构筑信任有所帮助的方案，并具有给以相应回馈的想法，但美方却背离新加坡首脑会谈的精神，又是 CVID，又是申报，又是验证，只是单方面提出强盗式的无核化要求。而对作为防止形势恶化与战争的基本问题——朝鲜半岛和平机制的建立问题一点都不谈，对已经达成协议的终战宣言问题则提出这样那样的条件和借口，采取向后拖延的立场。"[②]

蓬佩奥第三次访朝是落实美朝新加坡《联合声明》之旅，从双方的表态看，此次高级会谈应该谈到了无核化、建立半岛和平机制、美军士兵遗骸送还、组建工作级会谈团队等问题，并就一些问题达成了一致。但从双方的表态不同这一点看，在实现半岛无核化的具体路径上，双方没有达成一致，所以才有朝鲜外务省发言人在乐观表态的蓬佩奥一离开平壤就发表遗憾表态的谈话，向外界平衡一下蓬佩奥发出的信息。但朝鲜方面绝不是完全驳斥美方和蓬佩奥，因为在上述表态的同时，外务省发言人还表示："在无核化的意志可被动摇的危险局面下，分阶段同时行动原则是最快实现朝鲜半岛无核化的捷径……（朝鲜）仍如既往一样，坚守着对特朗普总统的信任。"而且，蓬佩奥还带走了金正恩委员

[①] ［韩］李光吉：《朝美就"废弃导弹发动机试验场""板门店美军遗憾送还"等实务进行会谈，金正恩委员长未出席面谈》，http://www.tongilnews.com/news/articleView.html?idxno=125449

[②] ［韩］李光吉：《核武器、核物质、核设施及验证——朝美日理解的"完全无核化"范围究竟如何》，http://www.tongilnews.com/news/articleView.html?idxno=125458

长致特朗普总统的亲笔信。

华盛顿时间 7 月 9 日，特朗普总统通过推特形式对美朝高级会谈表态说："我相信金正恩会尊重我们签署的协议，特别重要的是我们的握手，我们在朝鲜无核化问题上取得了一致。"随后，特朗普总统又于华盛顿时间 7 月 12 日通过推特形式公开了金正恩委员长的亲笔信。

金正恩委员长的亲笔信以朝语和英文双版形式写成，朝文版有金正恩委员长的签名，在书信中，金正恩委员长表示：

> 亲爱的总统阁下：
> 24 日前与阁下在新加坡具有深刻意义的初次相逢以及我们共同签署的联合声明已经真的成为意义深刻之旅程的开始。
> 我对总统阁下为了两国关系改善和联合声明的忠实履行正在倾注的热情而独特的努力致以深深的谢意。
> 我坚信，为开拓朝美之间新的未来，我和总统阁下坚定的意志和真诚的努力、独特的方式一定会结出美好的成果。
> 希望对总统阁下不变的信任和信赖在今后的实践过程中更加巩固，确信朝美关系改善的突破性进展将促进我们的再次相逢。

特朗普总统公开金正恩委员长书信的推特标题是"来自于北韩金正恩委员长的非常好的信息（note），重大的进展正在取得"，且用醒目的大号字体标出。特朗普总统连发推特赞扬美朝高级会谈，并高调公开金正恩委员长的亲笔信，是因为朝鲜外务省发言人谈话后，美国的一些主流媒体和一些民主党人士认为蓬佩奥的第三次访朝没有取得什么成果，进而对特朗普政府提出了批评的缘故。而且，朝鲜方面也真的没有按照与蓬佩奥达成的协议于 7 月 12 日在板门店就送还美军士兵遗骸问题与美方举行会谈。7 月 12 日上午，"联合国军司令部"所属的美军相关人士到了板门店，但朝方相关人士没有出场，所以特朗普总统才高调公开金正恩委员长的亲笔信。

三天之后的 7 月 15 日，美朝双方在板门店举行了将军级会谈。美国代表团团长为"联合国军"副参谋长、驻韩美军参谋长迈克尔·米尼汉（Michael A. Minihan）少将，朝鲜代表团团长为人民军驻板门店代表郭哲熙（音）少将。双方原定于 7 月 12 日就美军士兵遗骸问题举行工作级会谈，但 7 月 12 日朝方通过板门店直接联络渠道向美方表示准备不足，不能出席，请求谅解，提议于 7 月 15 日召开将军级会谈，并得到了"联合国军"方面的同意。这是 2009 年以来九年间美朝举行的首次将军级会谈，会谈是建设性的。随后，双方又于 7 月 16 日在板门店朝方一侧的统一阁举行了工作级会谈，并达成了于 7 月 27 日送还 55 具美军士兵遗骸的协议。

7 月 27 日是一个具有重要象征意义的日子，65 年前的 7 月 27 日，《朝鲜停战协定》在板门店签署。此日清晨 5 点 55 分，从韩国乌山驻韩美军空军基地起飞的美空军 C17"环球霸王"（Globemaster）运输机抵达朝鲜元山，运载 55 具美军士兵遗骸于 11 点返回乌山基地，来回由美国空军两架战斗机护卫。C17 运输机一离开元山，美国白宫立即发表声明表示："今天，（金正恩）委员长正在履行他对总统承诺的一部分，送还我们失踪的美国士兵。我们为朝鲜的行动和积极变化的势头而感到鼓舞。""今天的行动代表了重新启动从朝鲜送还遗骸以及在朝鲜重启合作寻找仍未回家的大约 5300 具美国士兵遗骸的重要一步。"[1] 特朗普总统也通过自己的推特对金正恩委员长表示了感谢。当这 55 具美军士兵遗骸于 8 月 1 日被运抵夏威夷珍珠湾的希卡姆空军基地时，特朗普总统通过推特再次表达了对金正恩委员长的感谢，而随这 55 具美军士兵遗骸抵达美国的还有金正恩委员长至特朗普总统的亲笔信。

二、蓬氏的第四次访朝

2018 年 8 月 4 日，第 25 届东盟地区论坛在新加坡举行，美国国务卿蓬佩奥和朝鲜外相李勇浩率各自的代表团参会。在 8 月 4 日举行的东盟地区论坛外长会上，蓬佩奥利用会见记者的机会表示："为了实现金委员长承诺的最终、完全、可验证的朝鲜无核化，维持对朝鲜的外交、经济压力是重要的。"而李勇浩则在论坛的演说中表示："保障朝美联合声明得到完全履行的关键是构筑信任，为了朝美之间形成充分的信任，双方的同时行动一定是必须的，需要从可以做

---

[1] https://www.whitehouse.gov/briefings-statements/statement-press-secretary-repatriation-remains-north-korea/

的开始，一步步按照顺序的阶段性方式（推进）。如果美国只主张首先履行联合声明的第三项（半岛完全的无核化）和第四项（美军士兵遗骸的挖掘与送还），我们只主张首先履行第一项（朝美建立新型关系）和第二项（建立朝鲜半岛永久和平机制），构筑信任是困难的，联合声明的履行本身也将会遭遇难关。"蓬佩奥和李勇浩的发言基调仍然是针锋相对。尽管如此，蓬佩奥和李勇浩仍然进行了"快速而有礼节"的交流，而参加美国代表团的美国驻菲律宾大使金成还将特朗普总统的亲笔信转交给李勇浩，以作为对金正恩委员长 8 月初至特朗普总统亲笔信的回复。

8 月 23 日，国务卿蓬佩奥宣布斯蒂芬·比根（Stephen Biegun）担任美国国务院对朝政策特别代表，与这一任命一同宣布的还有蓬佩奥与比根将于下周一一起访问朝鲜的消息。比根曾长期担任美国国会议员的外交政策顾问，在小布什政府时期任职于美国国家安全委员会，还曾担任国家安全事务助理赖斯的助手。而在被任命为对朝政策特别代表之前，比根是福特汽车公司负责与外国政府关系部门的副总裁。[①]

尹汝尚于 2018 年 2 月 27 日辞职后，美国国务院对朝政策特别代表这一职位一直空缺，5 月初蓬佩奥转任国务卿之后直接负责对朝事务，但毕竟国务卿是主掌全球事务的角色，所有的时间和精力都放在朝鲜事务上是不可能的。蓬佩奥一宣布对比根的任命，就想与其一并访朝，一方面是因为自己难以专心于朝鲜事务，希望借访朝之机将比根推出，由比根接手涉朝事务，另一方面也是更主要的——想要启动美朝之间的实务性谈判，以落实美朝新加坡《联合声明》。然而，蓬佩奥与比根的访朝计划宣布之后仅过一天就被特朗普总统叫停。

8 月 24 日，特朗普总统通过自己的推特表示已经要求国务卿蓬佩奥取消访朝计划。特朗普之所以要求蓬佩奥取消访朝之行是因为"在这样一个时点上，他感到在半岛无核化问题上不能取得充分的进展（sufficient progress）"。"这样一个时点"指的就是中美间正在发生的贸易摩擦。特朗普总统认为由于美国在中美贸易问题上采取了更为强硬的立场，他不相信中国仍会像从前那样在无核化问题给予美国帮助，所以期待蓬佩奥在中美贸易问题解决后不久的将来再访朝，而在此期间，他希望向金正恩委员长转递最温暖的问候和敬意，并期待不

---

① https://www.state.gov/r/pa/ei/biog/285520.htm

久后的相见。

在美朝之间的互动再次陷入僵持之际，文在寅政府又一次站到了前沿。9月5日，韩国派出了以国家安保室室长郑义溶为团长的总统特使团访问朝鲜。韩国特使团与金正恩委员长进行了面谈，并转交了文在寅总统至金正恩委员长的亲笔信。9月6日，郑义溶发布了访朝结果，宣布：（1）南北将于9月18日至20日在平壤举行首脑会晤，下周初在板门店举行高级会谈，讨论礼仪、安保、通讯、报道等问题；（2）金正恩委员长再次确认了半岛完全无核化的意志，表明了与美合作的意愿；（3）以首脑会晤为契机，商定相关构筑信任与防止武力冲突的具体方案；（4）在首脑会晤之前，开通南北共同联络事务所；（5）金正恩委员长表示自己对特朗普总统的信任没有变化，并表明了在其第一任期内实现半岛无核化的意志。

朝鲜又一次通过韩国向美国传递出了重要的信息，特朗普总统随后于华盛顿时间9月6日通过自己的推特对金正恩委员长的表态表示感谢。9月7日，朝鲜与"联合国司令部"在板门店就美军士兵遗骸的挖掘问题举行了高级会谈。利用这一机会，朝鲜方面向美方人士再次转交了金正恩委员长致特朗普总统的亲笔信，而特朗普总统随即就在会见记者时表示金正恩委员长的亲笔信就在来美途中。

9月9日是朝鲜建国70周年的大庆之日，朝鲜举行了盛大的阅兵式，而朝鲜在阅兵式上没有展示自己的核导武器。这一信息也迅速被美方捕捉到，特朗普总统随即连发两次推特，表示"（阅兵式的）主题是和平与经济建设……这是从朝鲜而来的重大而肯定性的声明"，并对金正恩委员长表示了感谢。9月10日，白宫发言人桑德斯在新闻发布会上表示，特朗普总统已经收到了金正恩委员长的亲笔信，这是一封"十分温暖、十分肯定的书信，它的主要目的是请求（request）、咨询另一次首脑会晤的日程。对此，我们持开放的（态度），并已进入协调的进程中"。①

尽管特朗普总统叫停了蓬佩奥的第四次访朝计划，但美朝最高领导人之间通过亲笔信这种形式依然保持着良性的沟通。

---

① https://www.whitehouse.gov/briefings-statements/press-briefing-press-secretary-sarah-sanders-cea-chairman-kevin-hassett-091018/

9 月 18 日至 20 日，文在寅总统访问平壤，朝韩举行了 2018 年的第三次首脑会晤。这次首脑会晤取得了巨大的成功，双方不仅签署了《九月平壤共同宣言》和作为附件的《履行板门店宣言的军事议定书》，而且文在寅总统还在平壤 "五一" 体育场面向 15 万名平壤市民发表了演讲，展现了双方之间的高度互信。特别是朝鲜方面通过《九月平壤共同宣言》的签署在半岛无核化问题上又一次主动采取了措施。在《宣言》的第五条中，朝鲜决定："同意首先永久废弃东仓里发动机试验场和火箭发射架，并允许有关国家专家参观。""若美国本着 '6·12' 朝美联核查员的精神采取相应措施，朝方愿意将继续采取永久废弃宁边核设施等进一步的措施。"①

朝韩间的积极互动以及朝方的积极表态再次为美朝之间的互动提供了动力。朝韩首脑会晤还没结束，蓬佩奥就于华盛顿时间 9 月 18 日发表《新闻声明》(Press Statement)，对朝韩首脑会晤的成功表示祝贺，"对双方再次确认包括在美国和国际原子能机构核查员在场的情况下永久拆除宁边所有的核实施在内的半岛无核化的美朝《联合声明》表示欢迎。同时，对金委员长完成先前宣布的在美国和国际核查员在场的情况下拆除东仓里试验场的决定表示欢迎"，美方认为 "这是金委员长与特朗普总统在新加坡首脑会晤中达成的，是走向朝鲜最终、彻底、可验证的无核化的一个步骤。基于这些重要的承诺，美国做好了立即启动谈判改善美朝关系的准备。……并已经向下周参加联合国大会的李勇浩外相发出了举行会谈的邀请。另外我们也已经向朝鲜发出尽早派出代表在奥地利维也纳与我们的朝鲜政策特别代表比根举行会谈的邀请"。②

蓬佩奥通过声明向朝鲜发出了举行双轨会谈的邀请，但在声明中，蓬佩奥表示，在美国和国际原子能机构核查员在场的情况下永久拆除宁边所有的核实施是新加坡美朝《联合声明》所规定的，在美国和国际核查员在场的情况下拆除东仓里的设施也是金正恩委员长与特朗普总统在新加坡会晤时达成一致的。这是蓬佩奥对朝韩《九月平壤共同宣言》做了有利于自己的解释，还是 6 月美朝新加坡首脑会晤时就这些问题已经达成一致，只是没有写入《联合声明》中，

① 参见《九月平壤共同宣言》。

② "On the Outcome of Summit Meeting Between President Moon and Chairman Kim"，https://www.state.gov/secretary/remarks/2018/09/286039.htm

则不得而知，但蓬佩奥的提议起到了推进局势向前发展的效果。

9月21日正在密苏里州游说的特朗普总统表示两日前收到了金正恩委员长漂亮的亲笔信，但他没有披露书信的内容，只是屡次强调与金委员长具有"十分友好的关系"。9月26日，蓬佩奥与李勇浩在纽约举行了会谈，双方确定了蓬佩奥于10月赴朝进行第四次访问的日程。从国务院发言人希瑟·诺尔特通过推特发布的信息看，对蓬佩奥的访朝邀请是以金正恩委员长的名义发出的，蓬佩奥访朝的目的是"进一步推进以最终、完全、可验证的朝鲜无核化为代表的新加坡美朝首脑会谈的约定，并为了准备特朗普总统与金正恩委员长的第二次会晤"。

10月7日上午九点左右，蓬佩奥一行抵达平壤顺安机场，朝鲜劳动党中央副委员长金英哲率国务委员会部长金昌善、朝鲜亚洲太平洋和平委员会副委员长朴哲、统一战线部统一战略室室长金圣惠等前往机场迎接。随同蓬佩奥访朝的有国务院对朝政策特别代表比根、中情局半岛中心主任安德鲁·金、驻菲律宾大使金成、国家安全委员会负责半岛问题的胡克等。蓬佩奥一行首先于10月6日访问了日本，并与日本首相安倍晋三、外相河野太郎就双方的相关政策问题进行了沟通。

蓬佩奥一抵达平壤就与金正恩委员长进行了两个小时的会谈。双方参加会谈的人员都是小范围的，美方的参加人员除蓬佩奥之外，只有比根和安德鲁·金，而朝方除金正恩委员长之外，只有金与正和翻译。会谈之后，金正恩委员长在百花园迎宾馆设宴款待了蓬佩奥，除参加会谈的人员之外，金英哲副委员长也参加了午宴。

结束访朝之后，蓬佩奥一行前往韩国，在此之后，又前往中国进行了访问。对于蓬佩奥的此次平壤之行，美朝双方都给予了积极的评价。华盛顿时间10月7日，美国国务院发言人希瑟·诺尔特正式表态说双方进行了"建设性的讨论"，双方"讨论了美朝新加坡《联合声明》中的四项内容，也讨论了即将举行的第二次首脑会晤及其场所、地点的选择问题，双方同意指示各自的工作级团队尽快相见，加强对主要余留问题的讨论以落实新加坡《联合声明》。此外，金委员长还邀请了核查员访问丰溪里核试验场以证实它已经不可逆的被拆除"。①蓬佩奥和特朗普总统也分别通过自己的推特表示这是一次"良好的访问""十分成功的上午""很好的会谈"。朝方也表示说："金正恩委员长向蓬佩奥评价了正在发生积极变化的半岛局势，对于无核化解决的方案和双方的担心事项进行了详细说明，并建设性地交换了意见。""双方同意尽快举行工作级磋商以准备第二次首脑会晤，并讨论了与此相关的程序性问题和方法。""金正恩委员长对与蓬佩奥国务卿进行十分建设性的、很好的会谈，对双方可以充分地理解各自的立场、进行意见交换给予高度评价，表示满意。"（［朝］《劳动新闻》，2018 年 10 月 8 日）

美朝双方对此次蓬佩奥平壤之行结果的评价并不完全一致，但有一点是一致的，即尽快启动工作级会谈的问题。新加坡首脑会晤之后，双方的工作级谈判一直没有启动起来。8 月下旬，比根被任命为美国国务院对朝政策特别代表之后，美国的团队组建基本完成，但朝方一直没有明确由谁来对接比根。7 月初蓬佩奥第三次访朝时，朝鲜外务省副相崔善姬和北美局长崔强日曾经参加了金英哲领衔的与蓬佩奥一行的会谈，但此次蓬佩奥访朝之际，崔善姬恰恰前往中国和俄罗斯访问，这是巧合，还是另有用意，不得而知。但不管如何，通过蓬佩奥的此次访朝，双方同意尽快启动工作级会谈，也算是取得的一个进展。

三、未完待续

蓬佩奥第四次访朝之后，第二次美朝首脑会晤提上了日程。特朗普总统数次提到了第二次美朝首脑会晤的场所问题。为了准备第二次首脑会晤，金英哲副委员长也准备再次访美。10 月 19 日，蓬佩奥在接受美国之音记者采访时表示希望一周半左右之后在美国与朝方的对接人（counterpart）举行高级会谈。理论上，与美国国务卿对接的人应该是朝鲜外相，但蓬佩奥四次访朝，与其对接的均是金英哲，因此，蓬佩奥所说的朝方对接人应该是金英哲，而于 10 月 29 日至 30 日访韩的美国国务院对朝政策特别代表比根也表示说"美方十分期待与

---

① "Secretary Pompeo's Meeting in Pyongyang Democratic People's Republic of Korea", https://2017-2021.state.gov/secretary-pompeos-meetings-in-pyongyang-democratic-peoples-republic-of-korea/index.html

朝鲜尽快举行工作级磋商"。10 月 31 日,蓬佩奥在接受电台主持人劳拉·英格拉哈姆(Laura Anne Ingraham)采访时表示将于下周与朝方的对应人举行会谈。华盛顿时间 11 月 5 日,美国国务院正式发布《新闻声明》表示:"国务卿蓬佩奥和对朝政策代表比根将于 8 日赴纽约,与朝鲜劳动党中央副委员长金英哲举行会谈,讨论新加坡《联合声明》中包括实现最终、全面可验证的朝鲜无核化在内的四项内容取得进展问题。"①

然而,两天之后的 11 月 7 日,美国国务院又发表《新闻声明》表示:"预定本周在纽约的美朝会谈将延期,我们将在各自的日程允许的时候再举行会议,正在进行的对话将继续进行。"蓬佩奥与金英哲的会谈为什么会延期? 美国有线电视新闻网(CNN)援引美国国务院副发言人罗伯特·帕拉迪诺(Robert Palladino)的表态说延期完全是出于日程的原因。11 月 8 日,韩国外交部长官康京和在韩国国会外交统一委员会表示,美朝高级会谈延期是由朝方向美方提议的,朝方认为日程紧张,对此,美方已经向韩方进行了说明。

美国国务院是 11 月 5 日正式宣布三天之后的 11 月 8 日美朝举行高级会谈的消息,从日程上看,的确十分紧张。而同时,在这一时段,还有两件重要的政治日程也在进行。其一是 11 月 6 日举行的美国国会中期选举,其二是 11 月 9 日在华盛顿举行的中美外交安全对话。

尽管推迟了高级会谈,但美朝双方仍然在相互释放着积极的信息。11 月 16 日,朝中社报道说朝鲜"相关机关决定将美国公民劳伦斯驱逐出境","10 月 16 日美国公民劳伦斯通过朝中边境非法进入朝鲜境内被相关机关扣留……在调查过程中,劳伦斯交代说是根据美国中央情报局的指示非法入境的"。对美国的非法入境者扣留一个月即宣布驱逐,类似的事件中很少有如此处理的,([朝]《朝鲜中央通讯》,2018 年 11 月 16 日)而美方也在释放着良性的信息。11 月 22 日,美国国防部长詹姆斯·马蒂斯宣布 2019 年春举行的美韩"鹞鹰"联合军演将缩小规模。11 月 23 日,联合国安理会所属的对朝制裁委员会批准了免除对朝韩铁路联合调查项目的制裁。11 月 26 日,美国太平洋空军司令查尔斯·布朗(Charles Brown)表示应韩国方面的请求,美国的轰炸机将不在朝鲜半岛上空飞行。

---

① "Secretary Pompeo's Travel to New York City", https://2017-2021.state.gov/secretary-pompeos-travel-to-new-york-city-2/index.html

　　美朝首脑新加坡会晤之后，两国元首之间以亲笔信的方式保持着最高层的沟通，虽然蓬佩奥通过两次访朝仍然没有能够启动双方工作级的会谈，但通过"纽约渠道"也保持着通畅的工作级沟通，从而使双方关系维持了总体平稳的发展态势。

　　但是，必须注意到，特朗普政府对朝政策中所坚持的强硬一面。尽管美朝双方举行了历史上的首次首脑会晤，并签署了《联合声明》，但美国的对朝制裁不但没有放松，其或有强化之势。从8月初至12月，美国财政部九次对朝鲜实施追加制裁。8月3日，美国财政部海外资产控制办公室（OFAC）宣布对朝中俄各一家公司和一名朝鲜公民实施制裁。[①] 8月15日，美国财政部升级特别指定国民名单（Specially Designated Nationals List），将朝鲜华丽银行等五家金融机构列入名单。[②] 8月21日，美国财政部海外资产控制办公室宣布对违反联合国安理会决议与朝鲜从事"船对船"油品交易的两家俄罗斯企业和六艘船舶实施制裁。[③] 9月6日和9月13日，美国财政部海外资产控制办公室以从事恶意（malign）网络活动为由对一家朝鲜企业、一名朝鲜公民实施制裁，对位于中国和俄罗斯的两家朝鲜网络企业维持制裁。[④] 此后，美国财政部又分别于10月4日、10月25日、11月19日、12月10日连续四次针对朝鲜更新特别指定国民名单，特别是12月10日的更新，将朝鲜劳动党中央副委员长、组织指导部部长崔龙海，国家安全保卫部部长郑景泽，朝鲜劳动党中央宣传宣动部长朴光浩列入了制裁名单。[⑤]

　　在通过举行首脑会晤、签署《联合声明》塑造了重大缓和气氛的背景下，美方又单方面连续升级对朝鲜的制裁，尽管这些行为不能产生实质性的制裁效果，但其所发出的政策信息不能不对朝鲜的对美政策产生影响，也许这也是造

---

① "Treasury Targets Russian Bank and Other Facilitaters Of North Korean United Nations Security Council Violations", https://home.treasury.gov/news/press-releases/sm454.

② https://www.treasury.gov/resource-center/sanctions/OFAC-Enforcement/Pages/20180815.aspx

③ "Treasury Targets Russian Shipping Companies for Violations of North Korea-related United Nations Security Council Resolutions", https://home.treasury.gov/news/press-releases/sm463.

④ "Treasury Targets North Korea for Multiple Cyber-Attacks", https://home.treasury.gov/news/press-releases/sm473；"Treasury Targets North Korea-Controlled Information Technology Companies in China and Russia", https://home.treasury.gov/news/press-releases/sm481

⑤ https://www.treasury.gov/resource-center/sanctions/OFAC-Enforcement/Pages/20181210.aspx

成美朝间工作级会谈迟迟不能启动的原因之一。从某种角度而言，对美国 2018 年下半年这种软硬并使的两手政策，朝鲜方面保持了足够成熟的"战略忍耐"。

在美朝双方高层保持良性沟通而承担更为重要功能的工作级会谈又难以启动的情况下，韩国对接美朝的发力空间日渐狭小。《九月平壤共同宣言》及《军事议定书》签署后，韩国的主要努力方向放在了重点推进南北关系的发展上，在南北军事合作、构筑信任领域取得了重要的进展，在南北铁路、道路连接方面也启动了实施共同调查项目。为了协调美国的对朝制裁与南北合作两个方面可能存在的冲突，2018 年 10 月 30 日，美韩双方利用美国国务院对朝政策特别代表比根访韩之机，就成立美韩工作组以协调美韩两国的对朝政策达成了一致。南北实施铁路连接共同调查等项目均是通过韩国与美国的协调，以特事特办的临时处理方式得到美方的允许而实施的。

2018 年下半年朝鲜半岛地区局势就是在这样一种状态下度过的，虽然也不时呈现出令人心动之刻，但已经不像上半年那样令人眼花缭乱、目不暇接。由于触及到一些根本性、实质性的问题，从而也使得各方的互动呈现出一种"船到中游浪更急，人到半山路更陡"的态势。

2019 年 1 月 1 日，一如既往，朝鲜领导人金正恩发表了《新年致辞》，8000 多字的《新年致辞》阐述国内状况的篇幅占据了三分之二之多，发展"自立经济"则是其中的关键词汇，在对韩、对美方面，金正恩委员长也释放出十分积极的信息，表示"已做好将在任何时候再次与美国总统会晤的准备"（〔朝〕《劳动新闻》，2019 年 1 月 1 日）。而特朗普总统也于 2019 年 1 月 1 日通过自己的推特予以回应说"也期待着与清楚地意识到朝鲜拥有巨大经济潜力的金委员长相见"。

从双方最高领导人新年伊始发出的信息看，至少在双方最高层之间仍在延续着 2018 年良性互动的发展态势。最高层间的良性互动是否能够自上而下带动工作层良性互动的启动，从而为实质性落实新加坡《联合声明》、建立新型美朝关系，进而突破 30 年来虽历经数次尝试而始终不得突破的循环周期，让我们拭目以待，且致以美好的祝愿吧。

参考文献

一、英文文献

专著、研究报告

Benjamin A. Gilman, *Report to The Speaker U.S. House of Representatives*, North Korea Advisory Group: November 1999.

Colin Powell, *My American Journey*, New York: Random House, 1995.

Department of Defense, *A Strategic Framework for the Asian Pacific Rim: Looking toward the 21th Century.* Department of Defense Report to Congress, Washington, D.C., April 1990.

Ghulam Murtaza Khoso, *Chronology of Conflict and Cooperation in Northeast Asia: Post-Cold War Era*, Published by Area Study Centre, Far East & South East Asia, University of Sindh, Jamshoro, Sindh –Pakistan . 2006.

Hillary Rodham Clinton, *Hard Choices*, Simon & Schuster 2014.

IISS, *North Korean Security Challenges: A Net Assessment.*, London: IISS, 2011.

Joel S. Wit, Daniel B. Poneman, Robert L. Gallucci, *Going Critical: The First North Korean Nuclear Crisis*, Washington, D.C.: Brooking Institution Press, 2004.

Jonathan D. Pollack, *The United States, North Korea, and the End of the Agreed Framework*, NAVAL WAR COLLEGE REVIEW, 2003.

Jeffrey A. Bader *Obama and China's Rise: An Insider's Account of America's Asia Strategy*, Washington, DC: Brooking Institution Press, 2012.

Leon V. Sigal, *Disarming Strangers: Nuclear Diplomacy with North Korea*, Princeton: Princeton University Press, 1998.

Michael J. Mazarr, *North Korea and The Bomb: A Case Study in*

Nonproliferation, St. Martin's Press, 1995.

Michael O'Hanlon, Mike M. Mochizuki, *Crisis On The Korean Peninsula: How to deal with a Nuclear North Korea*, McGraw-Hill, 2003.

Philip Zelikow and Condoleezza Rice, *Germany Unified and Europe Transformed*, Cambridge: Harvard University Press, 1995.

Richard L. Armitage, *A Comprehensive Approach to North Korea*, Institute for National Strategic Studies, Number 159, March 1999.

U, S.Department of State, *Patterns of Global Terrorism 2003*, April 2004.

U.S. Department of Defense, *Nuclear Posture Review Report*, April 2010.

U, S.Department of State, *Report on Human Rights Abuses or Censorship in North Korea*, February, 2016.

William J. Perry Special Advisor to the President and the Secretary of State, *Review of United States Policy Toward North Korea: Findings and Recommendations*, October 12, 1999.

2. 文章

C. Kenneth Quinones, "North Korea: From Containment to Engagement," in Dae-Sook Suh and Chae-Jin Lee, ed., North Korea After Kim Il Sung, Boulder, London: Lynne Rienner, 1998.

C. Kenneth Quinones, " Korean Peninsula Energy Development Organization (KEDO)A Bridge Too Far?" International Studies Association Conference Chicago March 2006.

C. Kenneth Quinones, "Dualism in the Bush Administration's North Korea Policy", *Asian Perspective*, Vol. 27, No.1, 2003.

Don Oberdorfer, "N. Korea is Far From A-Bomb, Video Indicates," *The Washington Post*, June 4, 1992.

Don Oberdorfer, "My Private Seat at Pyongyang's Table," *The Washington Post*, Opinion section, 10 November 2002.

David Wright and Timur Kadyshev, "The North Korean Missile Program: How Advanced Is It?" *Arms Control Today*, 24-3, 1994.

Earl Swisher, "The Adventure of Four Americans in Korea and Peiking in 1855", *Pacific Historical Review* XXI (August, 1952).

George W. Bush, "Remarks by President Bush and Polish President Kwasniewski," Washington, D.C., January 14, 2013.

Gregory Moore, "American`s Failed North Korea Nuclear Policy: A New Approach", *Asian Perspective*, Vol.32, No.4, 2008.

Hajime Izume, "American Policy Toward North Korea and Japan's Role", Masao Okonogi ed., *North Korea at the Crossroads*(Tokyo: Japan Institute of International Affairs, 1988).

International Atomic Energy Agency, GENERAL CONFERENCE, GC(XXXVII)/1084 26 September 1993.

Jared S. Dreicer, "How Much Plutonium Could An IRT Research Reactor Like North Korea`s Produce?" *Science & Global Security*, 2000, Volume 8.

Joseph S. Bermudez Jr., A History of Ballistic Missile Development in the DPRK, Monterey: Monterey Institute of International Studies, 1999.

Jonathan D. Pollack, "The United States, North Korea, and The End of The Agreed Framework", *Naval War College Review*, Summer 2003, Vol. LVI, No. 3.

Kim Byung Hong, "North Korea`s Perspective on the U.S.-North Korea Peace Treaty," *Journal of Northeast Asian Studies*, Vol.13, No.4, 1994.

Richard H. Solomon, Assistant Secretary of State for East Asian and Pacific Affairs, "*The Last Glacier: The Korean Peninsula and the Post-Cold War Era*", (Subcommittee on Asia and the Pacific, Committee on International Relations, U.S. House of Representative, February 11, 1991).

Song Young Sun, "The Korean Nuclear Issue," *Korea and World Affairs*, Vol.15, No.3, 1991.

Stanley O. Roth, U.S. Policy toward Asia: Where we've been, where we need to go, (To the Asia Society), January 11, 2001. USKOREA@PD.STATE. GOV.

Stephen W. Bosworth, "Morning Walkthrough in Beijing, China", China

World Hotel, Beijing, China, December 12, 2009.

Stephan Haggard, Jon R. Lindsay, "North Korea and the Sony Hack:Exporting Instability Through Cyberspace," *Asia Pacific*, No.117, May 2015.

Siegfried S. Hecker *"A Return Trip to North Korea's Yongbyon Nuclear Complex,"* Center for International Security and Cooperation, Stanford University November 20, 2010.

Tyler Dennett, "President Roosevelt's Secret Pace with Japan", Current History (Oct. 1924).

T.R. Reid, "North Korea Will Discuss Nuclear Plant Inspection," *The Washington Post*, May 30, 1991.

Testimony of The Assistant Secretary of State For East Asian and Pacific

Affairs, Ambassador Winston Lord, House Committee on International Relations, Subcommittee on Asia and The Pacific, March 19, 1996.

U.S. DEPARTMENT OF STATE Office of the Spokesman, "Appointment of Ambassador Stephen Bosworth as Special Representative for North Korea Policy".

U.S. State Department Spokesman Richard Boucher, *State Department Noon Briefing*, March 9, 2001, usinfo.state.gov.

Victor Cha, "Restart of U.S.-DPRK Negotiations," Center for Strategic and International Studies, October 18, 2011.

Yong-Joong Lee, "Legal Analysis of the 2006 U.N. Security Council Resolutions Against North Korea's WMD Development," *Fordham International Law Journal*, Volume 31, Issue 1, 2007.

二、朝（韩）文献

［朝］芮正雄：《不可避免的选择》，平壤出版社，2016 年版。

［朝］金日成：《关于我们人民为了社会主义建设和祖国统一的斗争：与美国共产党代表团的谈话（1988.6.24）》，《金日成著作集》（第 41 集），朝鲜劳动

党出版社 1995 年版。

　　［韩］金昌勋：《韩国外交：昨日与今天》，多乐园 2002 年版。

　　［韩］林东源：《南北高级会谈和北韩的协商战略》，载《北韩的协商战略与南北关系》，庆南大学极东问题研究所 1997 版。

　　［韩］郑文宪：《南北韩和美国：南北关系的浮沉》，梅峰出版社 2004 年版。

　　［韩］徐柱锡：《韩美安保协力 50 年的再照明》，韩国国防研究院研究报告书，1996 年。

　　［韩］郭台焕：《韩半岛非核化问题与展望》，《统一问题研究》第 4 卷，1 号，1999 年春。

　　［韩］张哲运：《南北韩核政策比较研究》，韩国庆南大学 2005 年硕士论文。

　　［韩］徐辅赫：《脱冷战期的朝美关系》，善仁出版社 2004 年版。

　　［韩］柳锡烈：《朝核问题与美朝关系》，载《社会科学研究》第 19 卷，1993 年。

　　［韩］洪容杓：《北韩的导弹开发战略》，统一研究院，1999 年。

　　［韩］张哲云:《南北韩导弹竞争史：玄武 Vs. 火星》，善仁出版社 2015 年版。

　　［韩］白鹤淳：《奥巴马时期的朝美关系（2009—2012）》，世宗政策研究 2012—12。

　　［韩］尹钟声：《天安舰事件的真实》，Olive 出版社 2011 年版。

　　［韩］朴洪永（音）:《日本对朝鲜导弹问题的观点：对劳动 1 号、大浦洞 1、2 号，光明星 2 号发射的反应和措施》，载《国际问题研究》11—2，2011 年。

　　［韩］金国新、余仁坤：《第 6 轮六方会谈团长会谈结果分析：以 9·19 共同声明的履行过程为中心》，载《统一形势分析》2007—09。

　　［韩］韩国国防部：《外交白皮书：2004》。

　　［韩］国防部军史编纂研究所：《韩美军事关系史》，2003 年。

三、资料来源媒体

朝鲜《劳动新闻》、朝鲜中央通讯

中国新华通讯社、中国《人民日报》

美国《华盛顿邮报》、美国《纽约时报》、美国有线电视新闻网

韩国放松公社、韩国《朝鲜日报》、韩国《中央日报》

日本《朝鲜新报》

四、部分国际组织、政府机构网站和数据库

朝鲜半岛能源开发组织（KEDO）：http://www.kedo.org/au_history.asp

国际原子能机构：https://www.iaea.org

联合国：http://www.un.org

美国国务院：https://www.state.gov

美国白宫：https://www.whitehouse.gov

美国财政部：https://home.treasury.gov

美国国防部：https://www.defense.gov

美国国会：https://www.congress.gov

美国驻韩国大使馆：https://kr.usembassy.gov

韩国统一部：https://www.unikorea.go.kr/unikorea/

韩国国防部：http://www.mnd.go.kr/mbshome/mbs/mnd/index.jsp

韩国青瓦台：http://www.president.go.kr

中国外交部：https://www.fmprc.gov.cn/web/

美国加州大学圣塔芭芭拉分校：美国总统项目数据库 https://www.presidency.ucsb.edu

韩国统一部南北会谈本部：南北会谈数据库 https://dialogue.unikorea.go.kr/ukd/main/userMain/main.do

中国《人民日报》数据库：http://data.people.com.cn/rmrb/20220222/ 1?code=2

后 记

2019 年新年伊始美朝双方发出的信息是美好的，但接下来双方关系没能按照这一方向向前发展。2019 年 2 月 27 日至 28 日，金正恩委员长和特朗普总统在越南首都河内进行了第二次会谈，但没有留下书面形式的会谈成果。四个月之后的 6 月 30 日，在韩国总统文在寅的斡旋下，金正恩委员长和特朗普总统再次会晤于板门店，进行了近一个小时的会谈，并在两三周内启动工作级谈判问题上达成了一致。但是，双方的工作级谈判直到 10 月 5 日才在瑞典斯德哥尔摩启动，且当天即宣告破裂。

此后，双方关系再无新的进展，直至今日。

笔者对美朝关系的系统性研究始于 2009 年。该年 10 月，中国社会科学出版社出版了笔者的专著《朝鲜半岛的安全结构》，这是从 2000 年代初开始的研究项目的成果，这一研究的结论是"美朝关系是影响朝鲜半岛安全结构变迁的最主要变量"。基于这样一种研究结论和认识，从 2009 年起，笔者开始对冷战后的美朝关系进行研究，并得到了中国政法大学校级人文社科项目的支持。校级项目的研究持续了三年，于 2012 年结项，在研期间，发表了几篇相关论文，积累了一些资料。在此基础上，笔者以同样的题目申报了 2013 年国家社科基金项目，并成功立项。国家社科基金项目共进行了五年，于 2018 年结项，本书即是国家社科基金项目的研究成果，也可以说是笔者持续十年之研究的成果。

使笔者积十年之力从事该问题研究的原因首先是学者研究问题和研究领域的体系性考虑。人的精力十分有限，集中于一个问题领域连贯而系统地进行研究，并形成一些精致的研究成果，对学界的贡献无疑是更为专业而独到的。另外一个重要的原因是，尽管近年来美朝关系跌宕起伏，吸引世人关注，但迄今为止，无论是我国学术界，还是国际学术界，都还没有一部系统梳理美朝关系发展脉络的专著。正是十多年前的研究发现和中外学界的研究现状促成了笔者在前期研究之后持续对美朝关系进行系统研究的出发点和动力。

然而，十多年来的研究历程真可谓是披荆斩棘、呕心沥血，尽管远未达到"通秘义"的境界，但用"白首穷经"来形容并不为过。这其中，最大的困难是研究资料的匮乏，其次是研究问题的复杂。如何最大程度地收集和挖掘出所需要的研究资料，如何围绕主线而又不遗漏有用的次要，如何用尽可能详尽的资料，客观、有逻辑且系统地把三十年美朝关系的发展演变脉络讲清楚，使学界和社会公众更全面、更清楚地认识和理解这一问题，这是笔者从事这一项研究的初心。然而，力有不逮，只能勉强为之，众多疏漏，还望读者予以谅解。

从事研究不易，从事朝鲜半岛问题研究尤为不易。在此，借拙作的出版之机，对华艺出版社张星社长、严炬副社长、刘泰原副社长和梅雨主任所给予的热情关怀和大力支持致以最衷心的感谢；对认真、严谨、敬业的赵旭编辑、郑实编辑和郑再帅编辑为拙作的出版所付出的辛勤和汗水致以最衷心的感谢。最后，借拙作的出版之机，对长期以来对笔者的研究工作给予大力支持与帮助，在出版过程中给予极大关怀与关照的亲爱的领导和朋友们致以最衷心的感谢。没有各位领导和朋友们的大力支持与帮助，拙作不可能付梓刊行。对此，笔者非铭记于心，无以为谢。

韩献栋

2022 年初春于北京